JR・私鉄の路線＆駅の全プロフィール

関東全線全駅

『鉄道ダイヤ情報』編集部 編

はじめに

■ 本書について

　関東地方を走るJR全線と私鉄全線の歴史、車窓、車両の解説と、全駅それぞれの略歴、特徴などを簡単にまとめています。掲載線区は『東京時刻表』（交通新聞社）の掲載エリアで、さらに鋼索鉄道（ケーブルカー）を加えています。

■ 各解説について

　各線区をそれぞれ「歴史」「車窓」「車両」「駅解説」の4項目に分けています。

- ●歴史　　その線区の開業から現在までの略史
- ●車窓　　その線区のポイントとなる車窓
- ●車両　　その線区を通常走る車両の形式や運転区間（2024年4月現在）
- ●駅解説　下表参照

なお、駅数には他線との分岐駅も含みます。

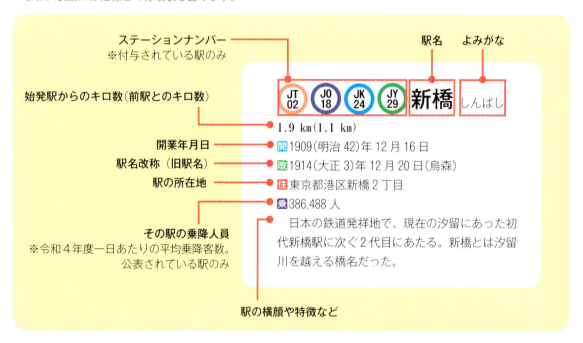

■ 駅解説について

　駅の開業年や改称などの見解に差異がある駅があります。また、記載している由来には、諸説ある場合があります。

■ 愛称線区名と正式線区名について

　通常、線名として呼ばれているのは愛称線区である場合が多いのですが、本書では、整理する上で分かりやすく、現在もそのベースとなっている正式線区名に基づいて分類しています。そのため、実際に聞かれる線名が本書に無いケースもあります。

　右頁に、正式線名と愛称線名の一覧表を掲載していますので、参考にしてください。

※京成電鉄松戸線は、2025年3月31日までは新京成電鉄新京成線

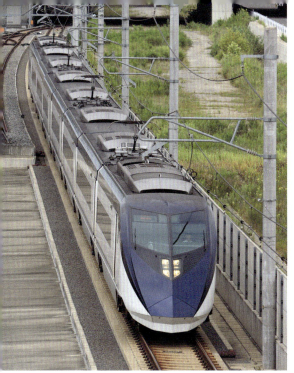

【上】実際には複数の鉄道会社に分かれているが、成田スカイアクセス線というひとつの愛称名を持たせて、その沿線の性格までもが分かりやすく周知されている。印旛日本医大～成田湯川　2013.8.2

【右上】京浜東北線は、戦前から長く愛称線名として使われている例で、「線名ではなく車両に対しての呼び名」と説明されたこともあった。2019.8.29　東十条

【右】現在は「東武アーバンパークライン」とも呼ばれているが、こちらが愛称名で野田線が正式線名。より親しみやすい路線への願いも込められている。六実～新鎌ヶ谷　2018.3.2

一般的な愛称線区と正式線名

会社名	愛称線区名	区　間	正式路線名
JR東日本	宇都宮線	東京～上野～宇都宮～黒磯間	東北本線
	上野東京ライン	大宮～上野～東京～品川～横浜間	東北本線(大宮～尾久～上野～東京間)・東海道本線
	湘南新宿ライン	大宮～新宿～横浜～大船間	東北本線・山手線・東海道本線
	埼京線	大崎～新宿～池袋～赤羽～大宮間	山手線・赤羽線(池袋～赤羽間)・東北本線(赤羽～武蔵浦和～大宮間)
	山手線	品川～新宿～池袋～田端～東京～品川間	山手線(品川～新宿～池袋～田端間)・東北本線・東海道本線
	京浜東北線	大宮～東京～横浜間	東北本線(大宮～田端～東京間)・東海道本線
	横須賀線	東京～品川～武蔵小杉～横浜～大船～久里浜間	東海道本線(東京～品川～武蔵小杉～横浜～大船間)・横須賀線
	高崎線	東京～上野～大宮～高崎間	東北本線(東京～上野～尾久～大宮間)・高崎線
	常磐線	品川～東京～上野～日暮里～水戸～岩沼間	東海道本線(品川～東京間)・東北本線(東京～日暮里間)・常磐線
	中央線快速	東京～神田～御茶ノ水～新宿～高尾～大月間	東北本線(東京～神田間)・中央本線・山手線(代々木～新宿間)・中央本線
	中央・総武線各駅停車	千葉～御茶ノ水～代々木～新宿～三鷹間	総武本線(千葉～御茶ノ水)、中央本線・山手線(代々木～新宿間)・中央本線
	横浜線	八王子～新横浜～東神奈川～横浜～大船間	横浜線・東海道本線(東神奈川～横浜間)・根岸線
	東京アドベンチャーライン	青梅～奥多摩	青梅線
	奥久慈清流ライン	水戸～安積永盛、上菅谷～常陸太田	水郡線
東武鉄道	東武スカイツリーライン	浅草～北千住～東武動物公園間	伊勢崎線
	東武アーバンパークライン	大宮～春日部～柏～船橋間	野田線
首都圏新都市鉄道	つくばエクスプレス	秋葉原～守谷～つくば	常磐新線
京成電鉄	成田スカイアクセス線	京成高砂～印旛日本医大～成田空港間	北総鉄道・京成成田空港線(印旛日本医大～成田空港間)
東京都交通局	東京さくらトラム	三ノ輪橋～王子駅前～大塚駅前～早稲田間	都電荒川線
東京臨海高速鉄道	りんかい線	新木場～国際展示場～大崎間	臨海副都心線
ゆりかもめ	ゆりかもめ	新橋～国際展示場正面～有明～豊洲間	東京臨海新交通臨海線
宇都宮ライトレール	ライトライン	宇都宮～芳賀・高根沢工業団地間	宇都宮芳賀ライトレール線
埼玉新都市交通	ニューシャトル	大宮～内宿間	伊奈線
横浜市交通局	ブルーライン	あざみ野～新横浜～横浜～湘南台間	1・3号線
	グリーンライン	日吉～中山間	4号線
富士山麓電気鉄道	富士急行線	大月～富士山～河口湖間	大月線・河口湖線

もくじ

●各駅解説凡例

開 開業年月日　　住 住所
改 駅名改称（旧駅名）　乗 乗降人員（令和4年度）

●表記について

駅数には接続駅も含みます

JR愛称線区一覧・・・・・・・・・・・・・・・・・・・ 3

東海道本線系統

東海道本線・横須賀線・・・・・・・・・・・・ 6
車窓メモリアル 日劇と有楽町繁華街・・・・・・・・・・・ 13
山手線・赤羽線・・・・・・・・・・・・・・・・ 14
南武線・・・・・・・・・・・・・・・・・・・・・・・ 16
鶴見線・・・・・・・・・・・・・・・・・・・・・・・ 19
武蔵野線・・・・・・・・・・・・・・・・・・・・・ 21
横浜線・・・・・・・・・・・・・・・・・・・・・・・ 23
根岸線・・・・・・・・・・・・・・・・・・・・・・・ 25
相模線・・・・・・・・・・・・・・・・・・・・・・・ 26
御殿場線・・・・・・・・・・・・・・・・・・・・・ 28
伊東線・・・・・・・・・・・・・・・・・・・・・・・ 30

中央本線系統

中央本線・・・・・・・・・・・・・・・・・・・・・ 32
車窓メモリアル サブカルチャーの町・・・・・・・・・・・ 39
青梅線・五日市線・・・・・・・・・・・・・ 40
八高線・・・・・・・・・・・・・・・・・・・・・・・ 43

東北本線系統 ・・・・・・・・・・・・・・・・・・ 45

東北本線（埼京線を含む）・・・・・・ 46
車窓メモリアル 関東平野の広がりと鉄道撮影名所・・ 53
常磐線・・・・・・・・・・・・・・・・・・・・・・・ 54
車窓メモリアル お化け煙突と東京スタジアム・・・・ 59
水郡線・・・・・・・・・・・・・・・・・・・・・・・ 60
高崎線・・・・・・・・・・・・・・・・・・・・・・・ 62
車窓メモリアル 夜行日帰りの時代・・・・・・・・・・・・ 65
川越線・・・・・・・・・・・・・・・・・・・・・・・ 66
上越線・・・・・・・・・・・・・・・・・・・・・・・ 68
両毛線・・・・・・・・・・・・・・・・・・・・・・・ 70
吾妻線・・・・・・・・・・・・・・・・・・・・・・・ 72
水戸線・・・・・・・・・・・・・・・・・・・・・・・ 74
日光線・烏山線・・・・・・・・・・・・・・・ 76
信越本線・・・・・・・・・・・・・・・・・・・・・ 78

総武本線系統

総武本線・・・・・・・・・・・・・・・・・・・・・ 80
京葉線・・・・・・・・・・・・・・・・・・・・・・・ 84
成田線・鹿島線・・・・・・・・・・・・・・・ 86
車窓メモリアル 東京湾だった地域の車窓・・・・・・・ 89
外房線・・・・・・・・・・・・・・・・・・・・・・・ 90
内房線・・・・・・・・・・・・・・・・・・・・・・・ 93
東金線・久留里線・・・・・・・・・・・・・ 96
各 新幹線・・・・・・・・・・・・・・・・・・・ 98

JR 車庫一覧・・・・・・・・・・・・・・・・・・・・・・・・ 100
JR・私鉄 廃線一覧・・・・・・・・・・・・・・・・・・ 102

私鉄線トビラ　愛称線区一覧・・・・・・・・・ 103

東武鉄道・・・・・・・・・・・・・・・・・・・・・ 104
車窓メモリアル ターミナル駅の貫禄・・・・・・・・・・ 119
京急電鉄・・・・・・・・・・・・・・・・・・・・・ 120
車窓メモリアル 横浜大空襲のリアル・・・・・・・・・・ 127
東急電鉄・・・・・・・・・・・・・・・・・・・・・ 128
車窓メモリアル 電鉄文化とその変化・・・・・・・・・・ 137
西武鉄道・・・・・・・・・・・・・・・・・・・・・ 138
車窓メモリアル 観光開発の個性・・・・・・・・・・・・・ 148
京王電鉄・・・・・・・・・・・・・・・・・・・・・ 149
車窓メモリアル 京王閣と京王遊園プール・・・・・・・ 157
小田急電鉄・・・・・・・・・・・・・・・・・・・ 158
車窓メモリアル ロッキード式の短命・・・・・・・・・・ 167
京成電鉄・・・・・・・・・・・・・・・・・・・・・ 168
車窓メモリアル 先進的だった谷津遊園・・・・・・・・・ 175
京成電鉄松戸線（新京成電鉄）・・・・・・ 176
東京メトロ・・・・・・・・・・・・・・・・・・・ 179

車窓メモリアル 東京の立体感・・・・・・・・・・・・・・・ 195
東京都交通局・・・・・・・・・・・・・・・・・ 196
相模鉄道・・・・・・・・・・・・・・・・・・・・・ 207

各都県の私鉄

神奈川県（含　静岡県、山梨県）・・・・・・ 211
横浜市交通局・・・・・・・・・・・・・・・・・ 212
横浜シーサイドライン・・・・・・・・・ 216
江ノ島電鉄・・・・・・・・・・・・・・・・・・・ 218
箱根登山鉄道・・・・・・・・・・・・・・・・・ 220
伊豆急行・・・・・・・・・・・・・・・・・・・・・ 222
富士山麓電気鉄道・・・・・・・・・・・・・ 224
伊豆箱根鉄道・・・・・・・・・・・・・・・・・ 226
横浜高速鉄道・・・・・・・・・・・・・・・・・ 229
湘南モノレール・・・・・・・・・・・・・・・ 230
大山観光電鉄・十国峠・・・・・・・・・ 231
車窓メモリアル 旧街道と鉄道・・・・・・・・・・・・・・・ 232

茨城県・・・・・・・・・・・・・・・・・・・・・・・・・ 233
ひたちなか海浜鉄道・・・・・・・・・・・ 234
鹿島臨海鉄道・・・・・・・・・・・・・・・・・ 236
関東鉄道・・・・・・・・・・・・・・・・・・・・・ 238
筑波観光鉄道・・・・・・・・・・・・・・・・・ 241
車窓メモリアル 筑波鉄道と筑波山・・・・・・・・・・・ 242

栃木県・・・・・・・・・・・・・・・・・・・・・・・・・ 243
野岩鉄道・・・・・・・・・・・・・・・・・・・・・ 244
真岡鐵道・・・・・・・・・・・・・・・・・・・・・ 246
宇都宮ライトレール・・・・・・・・・・・ 248
車窓メモリアル 路面電車の趨勢・・・・・・・・・・・・・ 250

群馬県・・・・・・・・・・・・・・・・・・・・・・・・・ 251
わたらせ渓谷鐵道・・・・・・・・・・・・・ 252
上毛電気鉄道・・・・・・・・・・・・・・・・・ 254
上信電鉄・・・・・・・・・・・・・・・・・・・・・ 256
車窓メモリアル 小さな路線の壮大な夢・・・・・・・・ 258

埼玉県・・・・・・・・・・・・・・・・・・・・・・・・・ 259
埼玉新都市交通・・・・・・・・・・・・・・・ 260
埼玉高速鉄道・・・・・・・・・・・・・・・・・ 262
流鉄・・・・・・・・・・・・・・・・・・・・・・・・・ 264
秩父鉄道・・・・・・・・・・・・・・・・・・・・・ 265
車窓メモリアル 川と鉄道の親和性・・・・・・・・・・・ 268

千葉県・・・・・・・・・・・・・・・・・・・・・・・・・ 269
北総鉄道・・・・・・・・・・・・・・・・・・・・・ 270
千葉モノレール・・・・・・・・・・・・・・・ 272
舞浜リゾートライン・・・・・・・・・・・ 274
山万・芝山鉄道・・・・・・・・・・・・・・・ 275
小湊鐵道・・・・・・・・・・・・・・・・・・・・・ 276
いすみ鉄道・・・・・・・・・・・・・・・・・・・ 278
銚子電気鉄道・・・・・・・・・・・・・・・・・ 280
千葉ニュータウン鉄道・・・・・・・・・ 282
東葉高速鉄道・・・・・・・・・・・・・・・・・ 283
車窓メモリアル 長く駅横に置かれていた廃車体・・ 284

東京都・・・・・・・・・・・・・・・・・・・・・・・・・ 285
東京モノレール・・・・・・・・・・・・・・・ 286
ゆりかもめ・・・・・・・・・・・・・・・・・・・ 288
多摩都市モノレール・・・・・・・・・・・ 290
首都圏新都市鉄道・・・・・・・・・・・・・ 292
東京臨海高速鉄道・・・・・・・・・・・・・ 294
御岳登山鉄道・高尾登山電鉄・・・・・・ 295
車窓メモリアル わずか300mのモノレール線・・・・ 296

索引・・・・・・・・・・・・・・・・・・・・・・・・・・・・・・ 297

4

東海道本線系統

東海道本線 東京～※沼津 品川～新川崎～鶴見 鶴見～横浜羽沢国大 ※正式区間は～神戸	**鶴　見　線** 鶴見～扇町 浅野～海芝浦 武蔵白石～大川
横須賀線 大船～久里浜	**武蔵野線** 鶴見～西船橋 ※その他、貨物支線あり
山　手　線 品川～田端	**横　浜　線** 東神奈川～八王子
赤　羽　線 池袋～赤羽	**根　岸　線** 横浜～大船
南　武　線 川崎～立川 尻手～浜川崎	**御殿場線** 国府津～沼津
	伊　東　線 熱海～伊東

東海道本線・横須賀線
とうかいどうほんせん・よこすかせん

区間・距離	東京～神戸 589.5km／品川～新川崎～鶴見 17.8km／鶴見～横浜羽沢国大 8.8km／大垣～美濃赤坂 5.0km／大垣～関ケ原 13.8km
駅数	155／2／2／1／0
運転方式	電化
全通	1934(昭和9)年12月1日＊新橋～神戸間は1889(明治22)年7月1日＊東京～神戸間は1914(大正3)年12月20日／1929(昭和4)年8月21日／1919(大正8)年8月1日／1944(昭和19)年10月11日

区間・距離	大船～久里浜 23.9km
駅数	9
運転方式	電化
全通	1944(昭和19)年4月1日

▲最新の特急型車両はE261系。首都圏と伊豆地方を結ぶ特急「サフィール踊り子」として運転されている。オールグリーン車で、カフェテラスを備えたラグジュアリーな車内が魅力だ。東海道本線早川～根府川 2020.9

歴史

【東海道本線】

　1869(明治2)年の廟議において東京と京都を結ぶ幹線の建設が討議され、のちに東海道幹線と中山道幹線が有力候補となり、最終的に中山道幹線を建設することが決定。ところが実際に測量が開始されると、山岳地帯が多く難工事が予想されることとなった。中でも碓氷峠は最大の難所であり、この区間の工期だけでも相当な時間を要すると判断された。鉄道局長官に就任した井上勝は、内閣総理大臣の伊藤博文に中山道ルートは難関にして早期開業は難しいという意見書を提出した。その結果、「第1回帝国議会が開催される1890(明治23)年までに全通させることを条件に東海道ルートに変更する」という変更案が討議され、1886(明治19)年7月13日に閣議決定された。すでに中山道幹線の建設資材を運ぶことを目的とした武豊～熱田～長浜～敦賀間の建設が行なわれており、1883(明治16年)5月1日に長浜～関ヶ原間、1886(明治19)年3月1日には武豊～熱田間が開業していた。

　1887(明治20)年7月11日に横浜～国府津間、1888(明治21)年9月1日に大府～浜松間、1889(明治22)年2月1日に国府津～御殿場～沼津～静岡間、同年4月16日には静岡～浜松間が開業。長浜～大津間は琵琶湖を船で渡るが、新橋～神戸間が結ばれた。

　1889(明治22)年7月1日、長浜～米原～馬場(現在の膳所駅)および深谷(長浜～関ヶ原間の駅・後に廃止)～米原間が開業し、新橋～神戸間が1本のレールで結ばれた。全線の所要時間は下り20時間50分、上り20時間10分で、1往復が全線を直通運転した。

　1912(明治45)年6月15日、新橋～神戸間の最急行1・2列車が新橋～下関間の特別急行1・2列車となった。この列車には日本の政財界の要人や貴賓、外国人が乗車することを考慮し、日本の最高水準の設備とサービスを導入した。最後部には1等展望車を連結し、英語が話せる列車長が乗

▶ 横須賀・総武快速線のE235系1000番代は2020(令和2)年12月にデビュー。山手線と同じ形式だが、伝統のブルー&アイボリーホワイトのカラーリングが踏襲されているほか、グリーン車が連結されている。
横須賀線北鎌倉～鎌倉　2022.6.27

▲ E231系とE259系成田エクスプレスがすれ違う。東京～小田原間は貨物線などが並行しており、頻繁に列車が行き交っている。
東海道本線戸塚～大船　2022.6.27

▲ 相模鉄道とのレール締結式。東海道本線系統の支線も、ついに私鉄とレールが繋がり、新横浜駅を中心に新たな流れを生んだ。
羽沢横浜国大駅　2019.3.28

務するなど、国際列車としての風格とサービスが兼ね備えられていた。1929(昭和4)年8月に鉄道省は特急1・2列車と特急3・4列車に付ける愛称を公募した結果、1・2列車は「富士」、3・4列車は「櫻」の愛称を付けることが決定した。続いて1930(昭和5)年10月1日には東京～神戸間を9時間で結ぶ第3の特急列車として、1・2・3等超特急11・12列車「燕」が登場した。東京～大阪間の所要時間は特急「富士」の10時間50分が最速であったが、2時間30分ほど短縮する8時間20分の運転となった。

1934(昭和9)年12月1日、丹那トンネル開通に伴うダイヤ改正が実施された。東海道本線国府津～沼津間が御殿場経由から熱海経由となり、約12kmの距離の短縮と勾配の緩和が図られた。これにより、東京～大阪間の所要時間は特急「燕」が約20分、特急「富士」「櫻」と急行列車は30～40分の時間短縮となった。

戦後は1949(昭和24)年6月1日に「日本国有鉄道」が発足すると、同年9月15日に大規模なダイヤ改正が実施され、東京～大阪間に戦後初となる特急「へいわ」が運転を開始した。1950(昭和25)年1月1日から「へいわ」は「つばめ」に改称され、同年6月1日には姉妹列車となる特急「はと」が運転を開始した。1956(昭和31)年11月19日、東海道本線全線電化完成に伴うダイヤ改正が実施された。全区間が電気機関車牽引となった客車特急「つばめ」「はと」の所要時間は7時間30分となった。

1958(昭和33)年10月1日に20系客車を使用した寝台特急「あさかぜ」、同年11月1日に151系を使用した電車特急「こだま」が登場し、東京～大阪間を6時間50分で結ぶようになった。1960(昭和35)年6月1日、客車特急「つばめ」「はと」が151系電車化され、客車の「展望車」に代わる「パーラーカー」を連結した。

1961(昭和36)年10月1日、のちに「サン・ロク・トオ」と呼ばれる全国白紙ダイヤ改正が実施された。全国各地で特急・急行列車が大増発された改正で、東海道本線では151系電車特急が「こだま」2往復、「つばめ」2往復に加えて、「富士」2往復、「はと」1往復、「おおとり」1往復の計8往復となった。

1964(昭和39)年10月1日、東海道新幹線開業に伴うダイヤ改正が実施され、新幹線と競合する151系電車特急は全廃となった。東海道本線は東京・名古屋・大阪圏の中京離特急列車や通勤・通学電車の路線へと変貌する始まりとなった。

1973(昭和48)年10月1日、貨物支線の汐留～東京貨物ターミナル～塩浜操間、1976(昭和51)年3月1日に貨物支線の浜川崎～鶴見間、1979(昭和54)年10月1日に貨物支線の鶴見～横浜羽沢～戸塚間が開業した。平塚～小田原間が複々線化され、旅客線と貨物線が分離した。1980(昭和55)年10月1日に東海道本線と横須賀線の分離が行われ、横須賀線が東京～品川間の地下線と品川～鶴見間の品鶴線を使用することになった。

1987(昭和62)年4月1日、国鉄分割民営化により、東日本旅客鉄道(JR東日本)が承継。日本貨物鉄道(JR貨物)は第二種鉄道事業者になった。1994(平成6)年12月3日、東京～博多間の元祖ブルートレインの寝台特急「あさかぜ1・4号」が廃止となり、寝台特急列車が終焉の時を迎えようとしていた。

1998(平成10)年7月10日に285系寝台電車が寝台特急「出雲3・2号」「瀬戸」に投入され、新たに「サンライズ出雲」「サンライズ瀬戸」の愛称が付けられた。時代のニーズに合わせた個室中心の夜行列車は人気となったが、従来の開放寝台の夜行列車は利用客数が減少の一途を辿っていた。2006(平成18)年3月18日に東京～出雲市間の寝台特急「出雲」、2008(平成20)年3月15日に東京～大阪間の寝台急行「銀河」、2009(平成21)年3

7

▲かつての長距離列車街道の伝統を孤軍奮闘で伝える285系「サンライズ出雲・瀬戸」。今や全国でも唯一の寝台特急列車だ。新子安付近　2005.2.24

▲東海道本線東京口を代表する優等列車は特急「踊り子」。E257系のカラーが相模湾に映える。根府川～真鶴　2020.9

月14日に寝台特急「はやぶさ／富士」が廃止となった。
　2010(平成22)年3月13日、武蔵小杉駅に品鶴線のホームが設置され、南武線と東急東横線の接続駅となった。2015(平成27)年3月14日に上野東京ラインが開業し、東北本線・高崎線・常磐線の列車が直通運転を開始した。2019(令和元)年11月30日に品鶴線の大崎～鶴見～横浜羽沢間で相鉄線との相互直通運転が開始され、相鉄との境界駅となる羽沢横浜国大駅が開業した。

【横須賀線】
　東海道本線大船駅から分岐し、鎌倉駅、逗子駅、横須賀駅を経由して久里浜駅に至る路線。横須賀に海軍鎮守府、観音崎に陸軍の砲台があることから、日本海軍・陸軍の要請により鉄道建設が進められることになった。1887(明治20)年3月10日の閣議で横須賀鉄道の建設が可決され、1889(明治22)年6月16日に大船～横須賀間が開業した。1909(明治42)年10月12日に横須賀線の名称が設定され、同年12月20日の東京駅開業から新橋～横須賀間の列車が東京駅発着となった。また、1924(大正13)年12月25日の田浦～横須賀間の複線化で、大船～横須賀間が複線となった。全線電化完成後の1925(大正14)年12月13日から東京～横須賀間に電気機関車牽引の客車列車、1930(昭和5)年3月15日からは東京～横須賀間を1時間8分で結ぶ電車運転が開始した。1944(昭和19)年4月1日に横須賀～久里浜間が延伸開業した。
　1960(昭和35)年4月20日に大船電車区が開設され、これまで田町電車区に配置されていた横須賀線用のスカ色の70系電車が同区へ転属している。
　1980(昭和55)年10月1日、東海道本線と横須賀線の線路が分離され、東京～品川間は東京トンネルの地下線、品川～鶴見間は品鶴線、鶴見～戸塚間は東海道本線の貨物線(別に貨物新線を建設して旧線を横須賀線用とした)を走るようになった。
　1987(昭和62)年4月1日の国鉄分割民営化ではJR東日本が継承し、JR貨物が大船～田浦間の第二種鉄道事業者となった。2001(平成13)年12月1日に湘南新宿ラインが運行を開始し、東北本線・高崎線方面から新宿駅を経由して横須賀線まで乗り入れるようになった。横須賀線・総武快速線の相互直通運転による東京駅・千葉駅・総武本線・成田線・外房線・内房線方面に直通するだけでなく、今度は渋谷駅・新宿駅・池袋駅・大宮駅を経由して東北本線・高崎線方面へも直通することで利便性が大幅に向上している。

車窓
【東海道本線】
　東京～品川間は東京都心の繁華街やビル群が車窓に広がる。品川～横浜間は古くからの商店街や住宅が密集した地域で、東京・川崎・横浜の都市風景を車窓に映して走る。横浜を過ぎると大船までは新興住宅地の雰囲気、大船からは工場と住宅地が続く。小田原を過ぎると相模湾の青い海が車窓に広がり、根府川付近まで海辺に沿って走る。熱海が近づくと温泉宿やホテルが建ち並ぶ風景となり、東京の奥座敷のひとつとして名高い熱海温泉の玄関口に到着する。この先は丹那トンネルを抜けて函南、富士山が近づ

いて三島、御殿場線が接続する沼津へと走る。

【横須賀線】
　東京～品川間の地下トンネルを抜けると品鶴線に入り、タワーマンションが建つ武蔵小杉、多摩川を越えて東海道本線と合流して横浜に到着。横浜～大船間は東海道本線と複線並列で、戸塚駅では相互に同方向の列車の乗り換えができる。
　北鎌倉～鎌倉間は円覚寺の山門など古都鎌倉の雰囲気を感じる風景が広がり、トンネルの間に挟まれた短いホームの田浦駅を過ぎると、軍艦が停泊する横須賀港が見えてくる。

車両
【東海道本線】
　東京～出雲市・高松間の寝台特急「サンライズ出雲・瀬戸」や伊豆・成田空港方面の特急列車、品川発着の常磐線方面の特急列車が運転されている。「サンライズ出雲・瀬戸」は後藤総合車両所出雲支所(中イモ)配置の285系7両編成(I1～I3編成)と、大垣車両区(海カキ)配置の285系3000代7両編成(I4～I5編成・後藤総合車両所出雲支所に常駐)、「成田エクスプレス」は鎌倉車両センター(都クラ)配置のE259系6両編成(Ne001～Ne022編成)、伊豆方面の「サフィール踊り子」は大宮総合車両センター東大宮センター(都オオ)配置のE261系8両編成(RS01・RS02編成)、「踊り子」「湘南」はE257系2000代9両編成(NA01～NA13編成)およびE257系2500代5両編成(NC31～NC34編成)が運用されている。
　快速・普通列車は、国府津車両センター(都コツ)配置のE231系1000番代10両編成(K-01～K42編成)と付属編成のE231系6000代5両編成(S-01～S-34編成)、E233系3000代10両編成(E-01～E-17編成)と付属編成のE233系3000代5両編成(E-51～E-74編成)、小山車両センター(都ヤマ)配置のE231系1000番代10両編成(U501～U591編成・欠番あり)と付属編成のE231系1000番代5両編成(U2～U118編成・欠番あり)、E233系3000番代10両編成(U618～U633編成)と付属編成のE233系3000番代5両編成(U218～U235編成)が運用されている。熱海駅から先はJR東海所属の車両のほか、沼津駅まで上記のE231系1000番代10両編成・E233系3000番代10両編成が直通運転している。
　大宮～東京～横浜～大船間の京浜東北線は、さいたま車両センター(都サイ)配置のE233系1000番代10両編成(101～183編成)が運用されている。東神奈川～横浜間には横浜線から乗入れる鎌倉車両センター(都クラ)配置のE233系6000番代8両編成(H001～H028編成)がある。

【横須賀線】
　鎌倉車両センター(都クラ)配置のE235系1000番代11両編成(F01～F43編成)と付属編成のE235系1000番代4両編成(J01～J40編成)が運用されている。E235系1000番代は2020(令和2)年12月21日から営業運転を開始した4ドア近郊型車両で、基本編成の4・5号車に2階建てグリーン車を組み込んでいる。

Mile stone
東海道本線

首都圏から西へ向かう一大幹線として発展。
その歩みには、鉄道の最先端がここにあった。

▲日本初の幹線用ディーゼル機関車DD50形の列車試乗会。品川駅 1953.4.3

▲東海道本線全線電化による特急「つばめ」出発式。十河国鉄総裁が臨席。東京駅　1956.11.19

▲新型電車特急「こだま」出発式では、十河国鉄総裁が臨席。東京駅 1958.11.1

▲155系修学旅行電車「ひので」の出発式。東海道新幹線開業前は、修学旅行も在来線が使われた。品川駅　1959.4.20

▲東京～大阪間の特別急行列車「はと」復活運転の出発式。東京駅 1982.7.24

▲東京発の九州ブルートレイン最後の列車、寝台特急「富士・はやぶさ」最終日。東京駅　2009.3.14

駅解説
東海道本線

東京 とうきょう

0.0 km(0.0 km)
開 1914(大正3)年12月20日
住 東京都千代田区丸の内一丁目
乗 693,316人

　旧新橋ターミナルに次ぐ2代目で、皇居の入口に構える象徴的な位置に設けられた。東京とは京都に対する東の都の意味がある。

東京駅丸の内広場　2018.3.26

有楽町 ゆうらくちょう

0.8 km(0.8 km)
開 1910(明治43)年6月25日
住 東京都千代田区有楽町2丁目
乗 233,476人

　日本有数のビジネス街で、劇場や放送局など、情報文化の発信地。戦国時代の武将、織田有楽斎に由来すると言われる。

**新橋** しんばし

1.9 km(1.1 km)
開 1909(明治42)年12月16日
改 1914(大正3)年12月20日(烏森)
住 東京都港区新橋2丁目
乗 386,488人

　日本の鉄道発祥地で、現在の汐留にあった初代新橋駅に次ぐ2代目にあたる。新橋とは汐留川を越える橋名だった。

新橋駅の原点、旧新橋停車場0マイル標識　2014.5.26

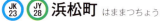**浜松町** はままつちょう

3.1 km(1.2 km)
開 1909(明治42)年12月16日
住 東京都港区海岸1丁目
乗 225,734人

　昭和27年に寄贈され、毎月26日に着替えられるホームの小便小僧が見守る。17世紀末、浜松出身の権兵衛がこの地の名主役を勤めたことが町名の由来。

田町 たまち

4.6 km(1.5 km)
開 1909(明治42)年12月16日
住 東京都港区芝5丁目
乗 218,592人

　田畑に建つ町屋が語源で、芝田町という旧町名もあった。東側には広大な田町車両センターが広がる。

高輪ゲートウェイ たかなわげーとうぇい

5.9 km(1.3 km)
開 2020(令和2)年3月14日
住 東京都港区港南2丁目
乗 18,494人

　高輪とは高台上の直線道を意味し、16世紀、江戸城を攻める北条氏と上杉氏の戦いが初出。元来、江戸の玄関口の性格が駅名にも込められた。

高輪ゲートウェイ駅　2024.9.25

品川 しながわ

6.8 km(0.9 km)
開 1872(明治5)年5月7日
住 東京都港区高輪3丁目
乗 497,300人

　旧東海道1番目の宿場町で駅は町の北側にあたり、開業時は寂しい海辺にあった。東海道新幹線や山手線が接続する南のターミナルとしての機能を併せ持ち、エキナカが充実している。

品川駅　2024.9.25

大井町 おおいまち

9.2 km(2.4 km)
開 1914(大正3)年12月20日
住 東京都品川区大井1丁目
乗 154,926人

　品川区の南東部にあたり、地名は光福寺の井戸に由来するという。北側に東京総合車両センターがある。

大森 おおもり

11.4 km(2.2 km)
開 1876(明治9)年6月12日
住 東京都大田区大森北1丁目
乗 145,136人

　この辺りは海岸に面した大森林があり、大杜と呼んだ。モースが移動中の列車内から発見した大森貝塚は駅の北。

蒲田 かまた

14.4 km(3.0 km)
開 1904(明治37)年4月11日
住 東京都大田区蒲田5丁目
乗 227,292人

　深い沼地だったことが地名の由来だが諸説ある。江戸時代は梅の名所で、鎌田梅屋敷と呼ばれたあたり。南に大田運輸区があり、当駅折り返しの設定がある。

川崎 かわさき

18.2 km(3.8 km)
開 1872(明治5)年6月5日
住 神奈川県川崎市川崎区駅前本町
乗 351,752人

　新橋～横浜間開業時からの駅。六郷川の渡船地や川崎大師の玄関口、近代は京浜工業地帯として発展。地名は多摩川河口のデルタから。

鶴見 つるみ

21.7 km(3.5 km)
🔓1872(明治5)年9月13日
🏠神奈川県横浜市鶴見区鶴見中央1丁目
🚃132,048人

　京浜工業地帯の中核のひとつ。その工業地帯を結ぶ鶴見線の乗り場が離れているが、鶴見臨港鉄道という別会社だった時代の名残。

 新子安 しんこやす

24.8 km(3.1 km)
🔓1943(昭和18)年11月1日
🏠神奈川県横浜市神奈川区子安通2丁目
🚃39,038人

　駅名は旧村名の子安村から。東側には京急新子安駅が隣接しており、戦前は京急が解説した海水浴場があった。

 東神奈川 ひがしかながわ

27.0 km(2.2 km)
🔓1908(明治41)年9月23日
🏠神奈川県横浜市神奈川区東神奈川1丁目
🚃64,020人

　私鉄の横浜鉄道(現・JR横浜線)が東海道線との接続駅として開業。海神奈川駅への貨物線が分岐していた。地名は駅名から採られている。

 横浜 よこはま

28.8 km(1.8 km)
🔓1872(明治5)年5月7日(旧暦)
🏠神奈川県横浜市西区高島2丁目
🚃681,072人

　JR、私鉄、地下鉄が接続する神奈川県随一のターミナル駅。初代横浜駅(現・桜木町駅)から3代目にあたり、1928(昭和3)年10月15日に当地に移転。

  保土ケ谷 ほどがや

31.8 km(3.0 km)
🔓1887(明治20)年7月11日
🔄1931(昭和6)年10月1日《程ヶ谷》
🏠神奈川県横浜市保土ケ谷区岩井町
🚃55,268人

　平安時代は「榛谷(はんがや)」で、旧東海道4番目の宿場町。東海道線の駅だが電車の横須賀線のみが停車する。

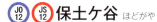 東戸塚 ひがしとつか

36.7 km(4.9 km)
🔓1980(昭和55)年10月1日
🏠神奈川県横浜市戸塚区品濃町
🚃97,832人

　地元の請願駅で、大正時代の「武蔵駅(仮)」計画にさかのぼる。保土ヶ谷駅との間に明治20年築、現役最古と言われる清水谷戸トンネルがある。

 戸塚 とつか

40.9 km(4.2 km)
🔓1887(明治20)年7月11日
🏠神奈川県横浜市戸塚区戸塚町
🚃186,036人

　旧東海道戸塚宿が西側に。そして現在の川崎競馬場の前身にあたる戸塚競馬場開設時に東口が開設された。平安後期に、この地を開発した戸塚修六郎友晴が由来とされる。

 大船 おおふな

46.5 km(5.6 km)
🔓1888(明治21)年11月1日
🏠神奈川県鎌倉市大船1丁目
🚃168,498人

　大船駅に近い粟船山が地名由来の一説。明治32年発売の大船軒サンドウヰッチは駅の名物。昭和4年に築造が開始され、昭和35年に完成した大船観音が西側で見守る。

 藤沢 ふじさわ

51.1 km(4.6 km)
🔓1887(明治20)年7月11日
🏠神奈川県藤沢市藤沢
🚃191,714人

　公共施設なども集まる藤沢市の中核駅。旧東海道藤沢宿は駅から北へ1km。藤沢=淵沢で、太古は遊行寺のあたりまで海だったという。

辻堂 つじどう

54.8 km(3.7 km)
🔓1916(大正5)年12月1日
🏠神奈川県藤沢市辻堂
🚃105,146人

　かつて辻という場所に不動堂(宝珠寺)があったことが語源の一説。童謡『浜辺の歌』は作詞家・林古渓の辻堂東海岸の思い出が元といわれる。

茅ケ崎 ちがさき

58.6 km(3.8 km)
🔓1898(明治31)年6月15日
🏠神奈川県茅ヶ崎市元町1丁目
🚃97,064人

　地名はイネ科のチガヤが海岸に多く見られたことから。サザンオールスターズや加山雄三など、アーティストを輩出した町でもある。

平塚 ひらつか

63.8 km(5.2 km)
🔓1887(明治20)年7月11日
🏠神奈川県平塚市宝町
🚃104,550人

　平塚市の中心駅。地名は高見王の子、政子の埋め塚に由来する。名高い「七夕まつり」は終戦後の復興まつりが起源。

大磯 おおいそ

67.8 km(4.0 km)
🔓1887(明治20)年7月11日
🏠神奈川県中郡大磯町東小磯
🚃14,030人

　海水浴場の発祥地のひとつとされる。伊藤博文や吉田茂など、政界の重鎮が別荘を構えた保養地としても知られ「政界の奥座敷」とも。

二宮 にのみや

73.1 km(5.3 km)
🔓1902(明治35)年4月15日
🏠神奈川県中郡二宮町二宮
🚃22,016人

　地名は相模国の二宮、川勾神社にちなむ。旧東海道大磯宿と小田原宿の間で「梅沢の立場」と呼ばれた。

国府津 こうづ

77.7 km(4.6 km)
🔓1887(明治20)年7月11日
🏠神奈川県小田原市国府津4丁目
🚃9,594人

　語源は相模国府の港。御殿場線が東海道本線だった時代は機関車付け替えの基地だった駅で、現在もJR東日本国府津車両センターがある車両の要地。

鴨宮 かものみや

80.8 km(3.1 km)
🔓1923(大正12)年6月1日
🏠神奈川県小田原市鴨宮
🚃21,062人

　鎮守の賀茂社の地として加茂宮があったことが地名の一説。新幹線の鴨宮実験線が最寄りで新幹線発祥地とも。

小田原 おだわら

83.9 km(3.1 km)
🔓1920(大正9)年10月21日
🏠神奈川県小田原市栄町1丁目
🚃58,522人

　小田原市の中心駅で神奈川県西部の要衝。古名は「こゆるぎ」で、後北条氏の城下町、旧東海道の宿場町として発展。

早川 はやかわ

86.0 km(2.1 km)
🔓1922(大正11)年12月21日
🏠神奈川県小田原市早川1丁目
🚃2,530人

　駅名は北側を流れる川名から。早川漁港が目の前にあり、小さな木造駅舎が現役。

根府川 ねぶかわ

90.4 km(4.4 km)
🔓1922(大正11)年12月21日
🏠神奈川県小田原市根府川

　相模湾を見下ろす絶景で知られ関東の駅百選のひとつ。地名は当地の開拓者に由来するのが一説。

真鶴 まなづる

95.8 km(5.4 km)
🔓1922(大正11)年12月21日
🏠神奈川県足柄下郡真鶴町真鶴
🚃5,292人

　真鶴半島の基部にあたる。町名、駅名にもなった半島名は、鶴が羽を広げた形が由来。

湯河原 ゆがわら

99.1 km(3.3 km)
🔓1924(大正13)年10月1日
🏠神奈川県足柄下郡湯河原町宮下
🚃10,016人

　『万葉集』にも詠まれた古湯で、弘法大師や

役行者、行基などの発見伝説がある湯河原温泉の最寄り駅。

 熱海 あたみ

104.6 km(5.5 km)
開 1925(大正14)年3月25日
住 静岡県熱海市田原本町
乗 19,512人

熱海温泉の玄関駅。江戸時代は将軍御用達の湯で、海中から温泉が噴き出した「あつうみが崎」が転じた地名と言われる。

熱海駅　2019.2.7

 函南 かんなみ

114.5 km(9.9 km)
開 1934(昭和9)年12月1日
住 静岡県田方郡函南町大竹190-6
乗 2,865人

駅名は町名から。函＝箱根山で、その南に位置することから。駅は丹那トンネルの出口すぐに位置する。

CA 02 三島 みしま

120.7 km(6.2 km)
開 1934(昭和9)年12月1日
住 静岡県三島市一番町16-1
乗 49,868人

旧伊豆国の国府、そして三嶋大社の門前町として発展した。三嶋＝伊豆諸島を指すと言われる。現在の駅は2代目にあたる。

 沼津 ぬまづ

126.2 km(5.5 km)
開 1889(明治22)年2月1日
住 静岡県沼津市大手町1-1-1
乗 34,995人

地名は富士山の伏流水により沼が多いことから。沼津市の玄関駅で、東海道本線が御殿場経由時代は、機関車付け替え駅として国府津駅同様、重要な駅だった。

 西大井 にしおおい

品川から 3.6 km(3.6 km)
開 1986(昭和61)年4月2日
住 東京都品川区西大井1丁目
乗 31,864人

貨物線だった品鶴線にあり、東海道新幹線が頭上を走る。横須賀・総武快速線や湘南新宿ラインの列車が停車する。

 武蔵小杉 むさしこすぎ

10.0 km(6.4 km)

JO 14 JS 14 新川崎 しんかわさき

12.7 km(2.7 km)
開 1980(昭和55)年10月1日
住 神奈川県川崎市幸区鹿島田
乗 45,222人

日本三大操車場のひとつ、新鶴見信号場に接し、建設費を地元が負担して誕生。周辺の操車場跡地で徐々に街づくりが進められている。

 横浜

22.0 km(9.3 km)

羽沢横浜国大
はざわよこはまこくだい

武蔵小杉から 16.6 km(16.6 km)
開 2019(令和元)年11月30日
住 神奈川県横浜市神奈川区羽沢南2-471
乗 29,336人(相模鉄道を含む)

相模鉄道との共同使用駅で、相模鉄道が管轄している。横浜羽沢貨物駅に隣接し、鉄道空白地帯だった羽沢地区の発展が期待されている。

横須賀線

JO 08 JS 08 北鎌倉 きたかまくら

大船から 2.3 km(2.3 km)
開 1927(昭和2)年5月20日
改 1930(昭和5)年10月1日(北鎌倉仮停車場)
住 神奈川県鎌倉市山ノ内
乗 15,884人

鎌倉の北部にあたり、円覚寺の敷地にあたる。周辺は寺院が多く、鎌倉観光人気のエリア。

 鎌倉 かまくら

4.5 km(2.2 km)
開 1889(明治22)年6月16日
住 神奈川県鎌倉市小町1丁目
乗 76,464人

鎌倉市の玄関駅で、江ノ島電鉄が接続。鎌倉幕府の拠点として知られ、古刹、史跡が集まる。鎌＝窯、倉＝谷で地形を表すなど、語源には諸説。

 逗子 ずし

8.4 km(3.9 km)
開 1889(明治22)年6月16日
住 神奈川県逗子市逗子1丁目
乗 48,142人

逗子市の玄関駅。マリンスポーツや別荘など、リゾート地として知られる。延命寺の地蔵尊を安置する厨子など、語源には諸説。

JO 05 東逗子 ひがしずし

10.4 km(2.0 km)
開 1952(昭和27)年4月1日
住 神奈川県逗子市沼間1丁目
乗 8,690人

駅名は「逗子市の東部」で、地元による請願駅。相対式ホーム2面2線。

JO 04 田浦 たうら

13.8 km(3.4 km)
開 1904(明治37)年5月1日
住 神奈川県横須賀市田浦町1丁目
乗 3,924人

長浦湾に臨む段丘中にあり、北側に海上自衛隊施設、南に田浦梅林がある。入り組んだ海岸線＝手浦が一説。

 横須賀 よこすか

15.9 km(2.1 km)
開 1889(明治22)年6月16日
住 神奈川県横須賀市東逸見町1丁目
乗 9,026人

横須賀本港を北に臨み、海上自衛隊や米軍施設などがある。歴史的に軍関係の物資輸送の拠点駅としても機能した。

JO 02 衣笠 きぬがさ

19.3 km(3.4 km)
開 1944(昭和19)年4月1日
住 神奈川県横須賀市衣笠栄町2丁目
乗 14,310人

地域のランドマーク、衣笠山が語源のひとつ。衣笠山公園は桜の名所。

 久里浜 くりはま

23.9 km(4.6 km)
開 1944(昭和19)年4月1日
住 神奈川県横須賀市久里浜1丁目
乗 10,832人

久里浜の入口駅で、東京湾フェリーで房総半島へアクセス可。開業当初は軍事輸送が主目的で、広い構内を持つ。

鎌倉駅　2017.3.22

車窓メモリアル

|東海道本線| |有楽町界隈|

日劇と有楽町繁華街

絵葉書『東京名所』から「日本劇場」。円形の劇場の右側すぐ横を、鉄道が走っていた。
所蔵：山口雅人

　東京駅に発着する東海道線の列車にとって、そのひとつ隣の有楽町は印象に残る車窓だろう。東京駅は巨大ターミナル駅が広がるだけに、繁華街を覗き見るような光景との対比が鮮やかである。

　有楽町とは戦国武将の織田有楽斎に由来する地名が一説で、江戸時代は大名屋敷のあったあたりと言うが、近代は劇場や新聞社などのメディアが集まり、情報文化の中枢として発展した。

　その中、昭和時代のランドマークといえば、なんといっても日劇であった。正式には日本劇場といい、1933（昭和8）年の完成。当時としては大規模の4000人収容のスケールに加え、アールデコ調の装飾や円形の正面デザインという斬新なスタイルで、「陸の竜宮」とも呼ばれた。戦前、李香蘭の来日公演の際には観客の行列が劇場を7回り半伸びてしまい、混乱して中止となったり、戦中は館内で風船爆弾が製造されたりしたなどの逸話も残っている。1981（昭和56）年2月15日に閉館。最後の公演となった「サヨナラ日劇フェスティバル」には、別れを惜しむ多くのファンがその最後を見届けた。

　奇しくも戦中の空襲、連合軍の接収からも逃れたために、戦後も長く映画や演劇の劇場として使われ、その特徴的な建物が長くこの地にあったこともあるが、やはり線路沿いに建っていために、車窓から楕円形の外観が目を引いたことも、ランドマークとして認知されていた理由であろう。しかも有楽町を通る列車は通勤通学電車から東海道本線や新幹線などの長距離列車まで多様だったため、日常に限らない人の目に入りやすかったことも一因であろう。映画『ゴジラ』の第一作では、ゴジラが日劇を壊すシーンがあり、そのシンボリックな位置づけが感じられる。

　現在、有楽町マリオンがその跡地に建っている。

山手線・赤羽線
やまのてせん・あかばねせん

区間・距離	品川～田端 20.6km	区間・距離	池袋～赤羽 5.5km
駅数	17	駅数	4
運転方式	電化	運転方式	電化
全通	1903(明治36)年4月1日全通	全通	1885(明治18)年3月1日全通

▲ 埼京線の誕生以降、赤羽線の役割は大きく変わった。そのルーツはは山手線同様、日本鉄道時代の品川線に遡る。写真はE233系試運転の様子。
十条～赤羽　2013.5.10

◀ JR東日本の次世代の主力形式であるE235系は、2015年に山手線に投入された。
恵比寿～目黒　2017.9.13

歴史

　1883(明治16)年7月28日に上野～熊谷間を開業した日本鉄道が、官設鉄道品川～横浜間の路線に接続する川口～品川間の路線を計画。1885(明治18)年3月1日に品川～赤羽間が開業し、官設鉄道との間で連絡運輸を開始した。これが赤羽線・山手線のルーツになる路線で、1901(明治34)年8月12日に板橋～目白間に池袋駅を新設。1903(明治36)年4月1日に日本鉄道豊島線池袋～田端間が開業し、品川～池袋～田端間の山手線が全通した。1906(明治39)年11月1日に日本鉄道が国有化され、1909(明治42)年10月12日に池袋～赤羽間が赤羽線、品川～新宿～池袋～田端間が山手線となった。

　1909(明治42)年12月16日、全線の電化が完成し、烏森(現：新橋)～品川～池袋～田端～上野間および池袋～赤羽間の電車運転を開始した。1925(大正14)年3月28日、品川～池袋～田端間の複々線化が完成し、山手線と山手貨物線が分離した。同年3月31日には池袋～赤羽間も複線化された。また、同年11月1日に神田～上野間の高架鉄道が開通し、山手線の環状運転が開始された。

　1956(昭和31)年11月19日、田町～田端間の電車線の複々線が完成し、山手線と京浜東北線の分離運転となった。1971(昭和46)年3月7日の線路名称の一部改正により、山手線は「やまのてせん」に改められた。1972(昭和47)年7月15日には「山手線(赤羽～品川間および池袋～田端間)」を「山手線(品川～新宿～田端間)」と「赤羽線(池袋～赤羽間)」に改め、路線の所属が東北線から東海道線に変更された。

　赤羽線は池袋～赤羽間の折り返し運転をしていたが、1985(昭和60)年9月30日に赤羽～武蔵浦和～大宮間が開業し、池袋～川越間の直通運転が開始されると、赤羽線は埼京線と呼ばれることになった。1986(昭和61)年3月3日、山手貨物線を使用して新宿への乗入れが開始され、1996(平成8)年3月16日には恵比寿駅、2002(平成14)年12月1日に大崎駅へ延伸すると同時に東京臨海高速鉄道りんかい線との相互直通運転を開始した。なお、2001(平成13)年9月21日の湘南新宿ラインの開業以降、山手貨物線は運転頻度の高い旅客路線となっている。

車窓

　東京都心部を環状運転しており、名だたる高層ビルや東京タワー、郊外に延びる民鉄各線の列車などが見どころだが、ほぼすべての区間が複々線以上の線路配置となり、首都圏を走るJR各線の車両も車窓を飾る。一方、戸籍上の区間である品川～田端間は、都心にありながら意外にもアップダウンが展開する。品川や田端の海食崖や目黒川や神田川、渋谷川の谷など。武蔵野台地が東京湾に落ち込むあたりという、東京の地形の原形が分かる車窓である。

車両

【山手線】東京総合車両センター(都トウ)配置のE235系0番代11両編成・01～50編成が運用されている。E235系は2015(平成27)年11月30日

から営業運転を開始した4ドア通勤形車両で、0番代は山手線のみで使用されている。車両基地は大崎、夜間滞泊の電留線は池袋にあり、外回りは早朝に田町始発、夜間に品川止まり、外回り・内回りともに大崎・池袋始終着の列車がある。

【赤羽線】川越車両センター（都ハエ）配置のE 233系 7000番代10両編成・101～138編成が運用されている。E 233系は2013（平成25）年6月1日

から営業運転を開始した4ドア通勤形車両で、7000番代は埼京線大崎～川越間で使用されている。車両基地は南古谷、夜間滞泊の電留線は新宿、池袋、大宮（ホーム留置）にあり、早朝は川越・南古谷・指扇・大宮・池袋発、夜間は池袋・大宮・川越（川越着後に南古谷まで回送）着がある。

また、東京臨海高速鉄道との相互直通運転を行なっているため、同社の70-000形10両編成・Z 1～Z 10編成も運用されている。

駅解説

山手線

 大崎 おおさき

品川から 2.0 km(2.0 km)
開 1901（明治34）年2月25日
住 東京都品川区大崎1丁目
乗 236,978人（東京臨海高速鉄道を含む）

駅名は旧村名から。今やオフィスや商業などの複合施設が集まり、ビジネスと住環境が一体となった町に。

JY23 **五反田** ごたんだ

2.9 km(0.9 km)
開 1911（明治44）年10月15日
住 東京都品川区東五反田1丁目
乗 204,974人

江戸時代、目黒川沿いの水田が一区画五反あったことが地名の語源。隣駅の大崎副都心とともに、五反田バレーとして変わりつつある。

JY22 **目黒** めぐろ

4.1 km(1.2 km)
開 1885（明治18）年3月16日
住 東京都品川区上大崎2丁目
乗 167,540人

目黒川沿いにルートが採れなかったため、目黒ではなく品川区にある。高級住宅街の町として知られる。

恵比寿 えびす

5.6 km(1.5 km)
開 1906（明治39）年10月30日
住 東京都渋谷区恵比寿南1丁目
乗 225,204人

ビール工場の銘柄名が地名と駅名になった珍しい例。今やハイセンスな商業施設が集まり、おしゃれな町に。

渋谷 しぶや

7.2 km(1.6 km)
開 1885（明治18）年3月1日
住 東京都渋谷区道玄坂1丁目
乗 585,262人

新宿、池袋に並ぶターミナル駅で、常に若者文化が磨かれる町。語源ともなった渋谷川の谷底に位置し、地下鉄が高架駅で接続する。

JY19 **原宿** はらじゅく

8.4 km(1.2 km)
開 1906（明治39）年10月30日
住 東京都渋谷区神宮前1丁目
乗 115,448人

ファッション&カルチャーが育まれる町。ここでは、明治神宮より山手線の方が誕生が古く、江戸時代の千駄ヶ原が地名の語源。

JY18 JB11 **代々木** よよぎ

9.9 km(1.5 km)
開 1906（明治39）10月23日
住 東京都渋谷区代々木1丁目
乗 102,192人

"代々大きな木"が語源と言われ、御苑東門にあったもみの木がそれとも。昭和時代の予備校から、今は公園や神宮の最寄り駅へ。

新宿 しんじゅく

10.6 km(0.7 km)
開 1885（明治18）年3月1日
住 東京都新宿区新宿3丁目
乗 1,205,116人

甲州街道に後年成立した宿場町、内藤新宿が語源。私鉄、地下鉄、バスタが集結する巨大ターミナル駅で、世界有数の乗降客数を誇る。

JY16 **新大久保** しんおおくぼ

11.9 km(1.3 km)
開 1914（大正3）年11月15日
住 東京都新宿区百人町1丁目
乗 87,104人

"コリアタウン"の異名のごとく、他文化共生の町として知られ、今ではアジア一円からの移民者が集まる。

JY15 **高田馬場** たかだのばば

13.3 km(1.4 km)
開 1910（明治43）年9月15日
住 東京都新宿区高田馬場1丁目
乗 334,530人

徳川家光の馬術訓練所と、高台にあったことが由来の一説。西武新宿線が接するBIG BOXがランドマーク。

JY14 **目白** めじろ

14.2 km(0.9 km)
開 1885（明治18）年3月16日
住 東京都豊島区目白3丁目
乗 61,680人

江戸五色不動のひとつ、目白不動尊に由来。学習院大学や邸宅などが集まる、都内でも有数の閑静な一帯。

池袋 いけぶくろ

15.4 km(1.2 km)
開 1903（明治36）年4月1日
住 東京都豊島区南池袋1丁目
乗 917,582人

袋状の窪地に池が点在していた地形が、地名の由来とも。小さな信号所だった駅が私鉄の接続によって一大ターミナルに変貌した。

JY12 **大塚** おおつか

17.2 km(1.8 km)
開 1903（明治36）年4月1日
住 東京都豊島区南大塚3丁目
乗 97,018人

戦前は東京有数の繁華街で、大塚三業地があったほど。駅周辺はビル化が進むが、都電との接続構造は変わらず。

JY11 **巣鴨** すがも

18.3 km(1.1 km)
開 1903（明治36）年4月1日
住 東京都豊島区巣鴨1丁目
乗 126,844人

鴨が巣を作った、州が点在する湿地帯など、由来には諸説ある。高岩寺（とげぬき地蔵尊）にともない商店街が発達し「おばぁちゃんの原宿」として有名。

JY10 **駒込** こまごめ

19.0 km(0.7 km)
開 1910（明治43）年11月15日
住 東京都豊島区駒込2丁目
乗 81,812人

駒を込める＝馬の休憩場、馬を飼う場所の意味で、江戸時代の地名。江戸時代の大名庭園だった六義園は南へ徒歩7分。

赤羽線

JA13 **板橋** いたばし

池袋から 1.8 km(1.8 km)
開 1885（明治18）年3月1日
住 東京都北区滝野川7丁目
乗 60,236人

旧中山道石神井川に架かった板の橋が由来。旧板橋宿にあたり、江戸四宿のひとつだった。駅の北側を旧中山道が通る。

JA14 **十条** じゅうじょう

3.5 km(1.7 km)
開 1910（明治43）年11月1日
住 東京都北区上十条1丁目
乗 64,214人

江戸時代、野菜の生産地だった十条村のあたりで、近代、東京砲兵工廠ができ当駅が誕生した。今は十条銀座商店街が賑わいを見せる。

南武線

なんぶせん

区間・距離	川崎〜立川 35.5km／尻手〜浜川崎 4.1km
駅数	25／4
運転方式	電化
全通	1929(昭和4)年12月12日全通／1930(昭和5)年3月25日全通

▲武蔵野貨物線が並行しているため、立川〜府中本町間では貨物列車も通過する。ＥＨ200形とタンク貨車。
谷保〜西府　2014.10.24

◀南武線の主力Ｅ233系。首都圏西郊を横断する各私鉄線を串刺しにするルートで、利用価値が高い。
久地〜津田山　2023.12.14

歴史

1927(昭和2)年3月9日、多摩川の砂利輸送を目的に設立された南武鉄道により、川崎〜登戸間および矢向〜川崎河岸間が開通した。同年11月1日に登戸〜大丸(現：南多摩)間、1928(昭和3)年12月11日に大丸〜屋敷分(現：分倍河原)間、1929(昭和4)年12月12日に分倍河原〜立川間が開業し、南武鉄道川崎〜立川間が全通した。開業当初から電化しており、電車運転が行なわれている。

また、1930(昭和5)年3月25日に尻手〜浜川崎間が開業。1944(昭和19)年4月1日に南武鉄道が国有化され、全区間が南武線となった。1966(昭和41)年9月30日に全線の複線化が完成。1990(平成2)年12月20日に武蔵小杉〜武蔵溝ノ口間(両端駅は地平)、2005(平成17)年10月9日に矢野口駅、2013(平成25)年12月23日に矢野口〜稲城長沼〜南多摩間が高架化している。

なお、1972(昭和47)年5月25日に矢向〜川崎河岸間の貨物線が廃止となっている。

車窓

京浜工業地帯の一翼を担う川崎市の玄関口である川崎は、ホテルや商業施設が林立する繁華街。東海道本線や京急電鉄本線・大師線が接続する交通の要衝で、夕方以降の車窓にはネオンが輝いている。次の尻手は浜川崎支線が接続しており、新鶴見信号場と浜川崎方面を結ぶ貨物線もあり、この先も沿線に大小の工場が見えるが、沿線の宅地化が進んでいる。武蔵小杉駅は湘南新宿ラインが開業以降、高層マンション(タワマン)が立ち並ぶ住宅街となって、ひと昔前とはガラリと風景が変わった。東急田園都市線が接続する武蔵溝ノ口や小田急小田原線が接続する登戸など、商業施設と住宅が密集したエリアとなる。

登戸から稲城長沼にかけては多摩川梨の果樹畑があったが、宅地化が急ピッチで進んでわずかに残るだけとなった。稲田堤から南多摩にかけて高架化(稲田堤駅は地平)が行なわれ、沿線の風景が俯瞰できるようになった。南多摩〜府中本町間で並走してきた多摩川を渡るが、上流側には地下トンネルから出てきた武蔵野線(貨物線)の橋梁がある。右手奥に東京競馬場を見て府中本町に到着。武蔵野線(旅客線)は南武線の上下線の間に島式ホームと引上げ線がある。この先は密集した住宅街で、ホーム脇に立川機関区の跡地がある西国立を出ると中央本線と合流して立川に到着する。

車両

鎌倉車両センター中原支所(都ナハ)配置のＥ233系8000番代6両編成・Ｎ1〜Ｎ35編成とＥ233系8500番代6両編成・Ｎ36編成が、川崎〜矢向・武蔵中原・武蔵溝ノ口・登戸・稲城長沼・立川間で運用されている。昼間時間帯は川崎〜立川間で快速運転があり、下りは稲城長沼、上りは登戸で緩急連絡が行なわれている。

E233系8000番代は南武線用として新造された車両で、2014(平成26)年10月4日から運用を開始。N36編成は青梅線用の車両を転属・改造した車両で、8500番代を名乗っている。2025(令和7)年3月改正から全線でワンマン運転を開始する予定で、ワンマン仕様に改造されている。

南武支線尻手～浜川崎間は、2024(令和6)年3月16日改正からE127系2両編成・V1～V2編成が運用されている。205系1000番代2両編成も、引き続き一部が運用されている。E127系は新潟地区で使用されていた車両で、南武支線以外では第三セクター鉄道のえちごトキめき鉄道(JR東日本から譲渡)で活躍している。

なお、車両基地は武蔵中原駅に隣接した旧中原電車区、夜間の留置電留線は矢向、武蔵溝ノ口、宿河原、稲城長沼にある。

駅解説

南武線

JN02 尻手 しって
川崎から 1.7 km (1.7 km)
開 1927(昭和2)年3月9日
設 1928(昭和3)年2月8日(尻手停留場)
　1928(昭和3)年6月13日(尻手仮停車場)
　1929(昭和4)年頃(尻手停留場)
住 神奈川県川崎市幸区南幸町3丁目
乗 26,138人

南武線浜川崎支線が分岐。尻手=後方を意味し「矢向村の端」という説が一説。

JN03 矢向 やこう
2.6 km (0.9 km)
開 1927(昭和2)年3月9日
住 神奈川県横浜市鶴見区矢向6丁目
乗 32,696人

駅前から商店街が延び、賑やかな下町の雰囲気。矢向=川が合流する所を意味するという。

JN04 鹿島田 かしまだ
4.1 km (1.5 km)
開 1927(昭和2)年3月9日
設 1928(昭和3)年8月26日(鹿島田停留場)
　1928(昭和3)年9月29日認可(鹿島田仮停車場)
　1944(昭和19)年4月1日(鹿島田停留場)
住 神奈川県川崎市幸区鹿島田
乗 30,816人

西側にタワーマンションがそびえ、新川崎駅も近い。地名は鎌倉時代、鹿島神宮から勧請された鹿島大神に由来。

AA05 平間 ひらま
5.3 km (1.2 km)
開 1927(昭和2)年3月9日
設 1944(昭和19)年4月1日(平間停留場)
住 神奈川県川崎市中原区田尻町
乗 24,786人

駅名は旧村名からで、駅周辺は住宅地。西側には江戸時代初期に開削され、南武線に沿ったルートで流れる二ヶ領用水が流れる。

JN06 向河原 むかいがわら
6.6 km (1.3 km)
開 1927(昭和2)年3月9日
設 1940(昭和15)年8月5日(向河原)
　1944(昭和19)年4月1日(日本電気前)
住 神奈川県川崎市中原区下沼部
乗 13,202人

西側にNEC玉川事業所があり、専用改札口もある。駅名は多摩川の流路が変わり飛び地となり、川の向こう側に位置していたことに由来。

JS15 JO15 JN07 武蔵小杉 むさしこすぎ
7.5 km (0.9 km)
開 1927(昭和2)年11月1日
設 1931(昭和6)年9月16日(グラウンド前)
住 神奈川県川崎市中原区小杉町3丁目
乗 199,938人

横須賀線、東急線が接続。駅周辺の再開発によってタワーマンションや商業施設が建ち並び、抜群の利便性もあって首都圏有数の発展を見せる。

JN08 武蔵中原 むさしなかはら
9.2 km (1.7 km)
開 1927(昭和2)年3月9日
住 神奈川県川崎市中原区上小田中6丁目
乗 50,214人

駅名は旧国名＋地名で、中原=中原街道に由来する。等々力緑地へは北東へ500m。

JN09 武蔵新城 むさししんじょう
10.5 km (1.3 km)
開 1927(昭和2)年3月9日
設 1944(昭和19)年4月1日(武蔵新城停留場)
住 神奈川県川崎市中原区上新城2丁目
乗 63,470人

JN10 武蔵溝ノ口 むさしみぞのくち
12.7 km (2.2 km)
開 1927(昭和2)年3月9日
住 神奈川県川崎市高津区溝口
乗 145,660人

東急電鉄が接続。江戸時代は大山街道の宿場町、そして二ヶ領用水で農業が発達。現代はタワーマンションや商業施設が集まる近代的な都市景観になっている。

JN11 津田山 つだやま
13.9 km (1.2 km)
開 1941(昭和16)年2月5日
設 1943(昭和18)年4月9日認可(日本ヒューム管前停留場)
　1944(昭和19)年4月1日(日本ヒューム管前)
住 神奈川県川崎市高津区下作延
乗 6,806人

駅名は北東にある七面山の別称で、開発を行なった玉川電気鉄道の社長、津田興二に因む。

JN12 久地 くじ
14.9 km (1.0 km)
開 1927(昭和2)年8月11日
設 1942(昭和17)年4月16日(久地梅林)

武蔵小杉駅。南武線、横須賀総武快速線、湘南新宿ライン、東急東横線が接続する。四方へのアクセスが格段に向上し、2005年～2020年の18年間で179％の人口増加率となっている。タワーマンションが林立する町は、首都圏でも有数だ。2010.1.25

🏠 神奈川県川崎市高津区久地
🚉 25,094人

　江戸時代の名所、久地梅林で親しまれた地。駅の北側で二ヶ領用水を渡る。

宿河原 しゅくがわら

16.2 km (1.3 km)
🔓 1927 (昭和2)年3月9日
🏠 神奈川県川崎市多摩区宿河原3丁目
🚉 15,146人

　相対式ホーム2面2線。長年、川崎市に住んだ藤子・F・不二雄のミュージアムへは南へ1km。駅北側でカーブする道はは砂利取り線の跡。

JN14 登戸 のぼりと

17.3 km (1.1 km)
🔓 1927 (昭和2)年3月9日
🏠 神奈川県川崎市多摩区登戸
🚉 141,596人

　小田急線と接続。「多摩川の流路変更で陸地になった」のが語源のひとつ。多摩区役所は西へ500ｍ。

JN15 中野島 なかのしま

19.5 km (2.2 km)
🔓 1927 (昭和2)年11月1日
🔁 1929 (昭和4)年8月1日認可 (中野島停留場)
🏠 神奈川県川崎市多摩区中野島
🚉 26,154人

　駅名は旧村名だが、多摩川の中州を意味する。かわいい時計台が設置された駅舎が目印。

JN16 稲田堤 いなだづつみ

20.8 km (1.3 km)
🔓 1927 (昭和2)年11月1日
🔁 1928 (昭和3)年8月7日認可 (稲田堤停留場)
🏠 神奈川県川崎市多摩区菅稲田堤1丁目
🚉 43,754人

　地名は多摩川右岸の桜並木の呼び名からで、日清戦争戦勝記念で稲田村が植えたもの。京王線とは徒歩連絡で350ｍ。

JN17 矢野口 やのくち

22.4 km (1.6 km)
🔓 1927 (昭和2)年11月1日
🔁 1944 (昭和19)年4月1日 (矢野口停留場)
🏠 東京都稲城市矢野口
🚉 17,174人

　矢野口＝谷の入口。旧鶴川街道を含む再開発で、駅周辺が整備され、商業施設が増えている。

JN18 稲城長沼 いなぎながぬま

24.1 km (1.7 km)
🔓 1927 (昭和2)年11月1日
🏠 東京都稲城市東長沼
🚉 14,460人

　青渭神社に伝わる細長い沼が語源で、多摩川氾濫原による沼地に由来。稲城市役所は南へ750ｍ。

JN19 南多摩 みなみたま

25.5 km (1.4 km)

🔓 1927 (昭和2)年11月1日
🏠 東京都稲城市大丸
🚉 11,418人

　駅名は旧郡名からで、地名は古多摩川の船着き場「大麻止ノ津」からとも。駅周辺の再開発が進み、マンションやホテルなどが建つ。

JN20 JM35 府中本町 ふちゅうほんまち

27.9 km (2.4 km)
🔓 1928 (昭和3)年12月11日
🏠 東京都府中市本町1丁目
🚉 28,108人

　武蔵野線が接続。府中市のＪＲ線側入口の駅で、武蔵国総社の大國魂神社が最寄り。東京競馬場への専用改札口がある。

府中本町駅　2024.12.16

JN21 分倍河原 ぶばいがわら

28.8 km (0.9 km)
🔓 1928 (昭和3)年12月11日
🔁 1929 (昭和4)年12月11日（？）（屋敷分）
🏠 東京都府中市片町2丁目
🚉 70,012人

　京王線と接続。商店や大型商業施設などが集まる駅前。府中市西郊の拠点としても機能する。

分倍河原駅　2024.12.16

JN22 西府 にしふ

30.0 km (1.2 km)
🔓 2009 (平成21)年3月14日
🏠 東京都府中市本宿町1丁目
🚉 18,184人

　駅名は旧村名で「府中の西」から。ＪＲ化後

西府駅の開業式　2009.3.14

に誕生した新しい駅だが、戦前は甲州街道交差点付近に旧西府駅があった。

JN23 谷保 やほ

31.6 km (1.6 km)
🔓 1929 (昭和4)年12月11日
🏠 東京都国立市谷保
🚉 18,140人

　国立市の南部を支える。谷＝ヤツで湿地で、鎌倉期の谷保郷のあたり。野暮天の語源となったと言われる谷保天満宮は南西へ300ｍ。

JN24 矢川 やがわ

33.0 km (1.4 km)
🔓 1932 (昭和7)年5月20日
🏠 東京都国立市石田
🚉 15,248人

　駅名は付近を流れる川名で、流れが速い＝矢の意味。島式ホーム1面2線。

JN25 西国立 にしくにたち

34.3 km (1.3 km)
🔓 1929 (昭和4)年12月11日
🏠 東京都立川市羽衣町1丁目
🚉 17,884人

　駅名は「国立の西」で、所在地は立川市。国鉄時代は周辺に立川機関区があり、その痕跡を構内に残す。

JN26 JC19 立川 たちかわ

35.5 km (1.2 km)

南武支線

JN51 八丁畷 はっちょうなわて

尻手から 1.1 km (1.1 km)
🔓 1930 (昭和5)年12月25日
🏠 神奈川県川崎市川崎区池田1丁目
🔁 1944 (昭和19)年4月10日 (八丁畷停留場)
🚉 18,114人 (京急電鉄を含む)

　京急電鉄と接続。川崎駅の西側にあたり、繁華街へも至近。かつては川崎駅へ貨物線があり、カーブする敷地が東側に見て取れる。

JN52 川崎新町 かわさきしんまち

2.0 km (0.9 km)
🔓 1930 (昭和5)年3月25日
🏠 神奈川県川崎市川崎区渡田山王町

　かつての小田操車場跡で敷地の広さが残る。西側は川崎運河跡を中心とし京都を模した開発が行なわれた京町と平安町だ。

JN53 小田栄 おださかえ

2.7 km (0.7 km)
🔓 2016 (平成28)年3月26日
🏠 神奈川県川崎市川崎区小田栄

　工場地から住宅地へ変わり、人口が増加している地域。駅名は地名からだが住民の投票も行なわれた。

JN54 JI08 浜川崎 はまかわさき

4.1 km (1.4 km)

鶴見線
つるみせん

区間・距離	鶴見～扇町 7.0km／浅野～海芝浦 1.7km／武蔵白石～大川 1.0km
駅数	10／2／1
運転方式	電化
全通	1930（昭和5）年10月28日／1940（昭和15）年11月1日／1926（大正15）年3月10日

▲海に近い駅として知られる海芝浦駅。鶴見線は工場地帯を走る路線だ。2025.1.9

歴史

鶴見～扇町間の本線（7.0km）と、浅野から分岐して海芝浦までの支線（海芝浦支線1.7km）、武蔵白石から分岐して大川までの支線（大川支線1.0km）がある路線。1924（大正13）年に浅野財閥が中心となって設立した鶴見臨港鉄道がルーツとなる路線で、1926（大正15）年3月10日に浜川崎～弁天橋間と大川支線が開業した。沿線の工業地帯の貨物専用線として建設された路線で、1928（昭和3）年8月18日に浜川崎～扇町間、1930（昭和5）年10月28日には鶴見仮停車場～弁天橋間が開業した。同時に全線の電化が完成し、沿線の工場への通勤輸送として旅客営業も開始された。

1932（昭和7）年6月10日には浅野～新芝浦、1934（昭和9）年12月23日に鶴見仮乗降場～鶴見間が開業した。これにより、鶴見で省鉄、浜川崎で南武鉄道と接続する旅客鉄道としても利便性が向上した。1940（昭和15）年11月1日には新芝浦～海芝浦間が延伸開業し、現在の鶴見線の骨格が完成した。

1943（昭和18）年7月1日、戦時買収私鉄に指定されて国有化され、国鉄鶴見線としての歴史がスタートした。1982（昭和57）年11月15日に浅野～鶴見川口間の貨物支線、1986（昭和61）年11月1日には安善～浜安善間の貨物支線が廃止となった。

1987（昭和62）年4月1日の国鉄分割民営化ではJR東日本が路線を継承した。なお、浅野～扇町間と浅野～新芝浦間、武蔵白石～大川間は、JR貨物が第2種鉄道事業となっている。

1996（平成8）年3月15日、大川支線のクモハ12形が運行終了したため、急カーブに設置されていた武蔵白石の大川支線用ホームが廃止となり、大川支線の列車は武蔵白石の手前で分岐するスタイルになった。

車窓

ほぼ全線が京浜工業地帯の工場群の中を走るため、車窓には工場、倉庫、運河などが広がる。元々、沿線の工場の貨物輸送を行なうために私鉄の鶴見臨港鉄道が敷設。旅客営業も沿線の工場への職員輸送が中心で、朝夕の通勤時間帯を中心に運転されている。その意味では、関東地方の鉄道線の中でも、かなり異色の存在と言えるだろう。

東京湾沿いの埋め立て地に建設された京浜工業地帯には地名地番がなく、鶴見臨港鉄道の開業時には沿線の大地主や関係する実業家から取られた駅名が多く存在した。浅野は浅野財閥創設者の浅野総一郎、安善は安田財閥の安田善次郎、鶴見小野は地元大地主の小野信行、武蔵白石は日本鋼管の白石元治郎、大川は製紙王の大川平三郎が駅名の由来となる。このほか、浅野家の家紋が扇であったことから扇町、芝浦製作所（後の東芝）の工場に隣接することから新芝浦、海芝浦、第一京浜国道（国道15号線）の上

を跨ぐから国道、曹洞宗総本山・総持寺の前にあるから本山(廃止)など、面白い由来の駅名が揃っている。

なお、海芝浦駅は京浜運河に面してホームがあり、改札口の外は東芝エネルギーシステムズの京浜事業所用地で、一般の旅客は改札口から出ることができない構造になっていることで知られる。ホームのすぐ下は運河で、"海に一番近い駅"と評されることもある。一般旅客のためにホームに隣接して「海芝公園」が併設されている。

車両

鎌倉車両センター中原支所(都ナハ)配置のＥ131系1000番代3両編成・Ｔ１〜Ｔ８編成が、鶴見線鶴見〜扇町・大川・海芝浦間で運用されている。Ｅ131系1000番代は2023(令和5)年12月24日から営業運転を開始した車両で、2024(令和6)年3月16日改正からワンマン運転を実施。なお、車両基地は弁天橋駅に隣接した旧弁天橋電車区(鶴見線営業所)にある。

駅解説

鶴見線

JI02 国道 こくどう

鶴見から0.9 km(0.9 km)
開1930(昭和5)年10月28日
住神奈川県横浜市鶴見区生麦5丁目
　駅名は国道1号線(現在の第一京浜)に面していることから。昭和の雰囲気を残す構内で知られる。

国道駅　2025.1.9

JI03 鶴見小野 つるみおの

1.5 km(0.6 km)
開1936(昭和11)年4月1日
改1943(昭和18)年7月1日(工業学校前停留場)
住神奈川県横浜市鶴見区小野町
　駅名は町名からで、江戸末期の地主名を採った小野新田に由来する。

JI04 弁天橋 べんてんばし

2.4 km(0.9 km)
開1926(大正15)年3月10日
住神奈川県横浜市鶴見区末広町1丁目
　島式ホーム1面2線。駅名は近隣の弁財天に由来する。漁師の守護神だったという。

弁天橋駅　2025.1.9

JI05 浅野 あさの

3.0 km(0.6 km)
開1926(大正15)年3月10日
住神奈川県横浜市鶴見区末広町2丁目
　駅名は浅野財閥の創設者、浅野総一郎から。京浜工業地帯の発展に貢献し、鶴見臨港鉄道の設立者。

浅野駅　2025.1.9

JI06 安善 あんぜん

3.5 km(0.5 km)
開1926(大正15)年3月10日
改1943(昭和18)年7月1日(安善通)
住神奈川県横浜市鶴見区安善町1丁目
　駅名は安田財閥の創設者、安田善次郎に由来。鶴見臨港鉄道も支援していた。大川支線が分岐する。

安善駅　2025.1.9

JI07 武蔵白石 むさししらいし

4.1 km(0.6 km)
開1931(昭和6)年7月25日
改1936(昭和11)年3月17日認可(武蔵白石停留場)
住神奈川県川崎市川崎区白石町
　駅名は日本鋼管の創業者、白石元治郎に由来。大川支線の乗り換え駅だったが、1996(平成8)年に大川支線のホームが廃止された。

JI08 JN54 浜川崎 はまかわさき

5.7 km(1.6 km)
開1918(大正7)年5月1日
住神奈川県川崎市川崎区鋼管通り5丁目
　一般道を挟んで南武線が接続。乗り換えは一度改札を出る構造。駅名は「川崎の海岸沿い」から。

JI09 昭和 しょうわ

6.4 km(0.7 km)
開1931(昭和6)年3月20日
改1943(昭和18)年7月1日(昭和停留場)
住神奈川県川崎市川崎区扇町
　駅名は最寄りの昭和肥料川崎工場(当時)に由来。現在も西側に昭和電工工場が広がる。

JI10 扇町 おうぎまち

7.0 km(0.6 km)
開1928(昭和3)年8月18日
住神奈川県川崎市川崎区扇町
　鶴見線の終点で、駅名は浅野財閥の総帥、浅野総一郎の家紋(扇型)から。

海芝浦支線

JI51 新芝浦 しんしばうら

浅野から0.9 km(0.9 km)
開1932(昭和7)年6月10日
住神奈川県横浜市鶴見区末広町2丁目
　駅名は芝浦製作所(東芝)からで、すでにあった芝浦駅に対して「新」を冠した。駅は旭運河に面している。

JI52 海芝浦 うみしばうら

1.7 km(0.8 km)
開1940(昭和15)年11月1日
住神奈川県横浜市鶴見区末広町2丁目
　改札口が東芝の工場入口に直結。駅名も東芝の前身・芝浦製作所と、海沿いであることから。ホーム目の前は京浜運河だ。

大川支線

JI61 大川 おおかわ

武蔵白石から1.0 km(1.0 km)
開1926(大正15)年3月10日
住神奈川県川崎市川崎区大川町
　製紙会社を興した製紙王、大川平三郎から駅名が採られている。

大川駅　2025.1.9

20

武蔵野線
むさしのせん

区間・距離	府中本町～西船橋 71.8km	運転方式	電化
駅数	23	全通	1978（昭和53）年10月2日

▲開業当時は、むしろ貨物列車の方が主役だった武蔵野線。現在も首都圏を通る重要なルートだ。西国分寺 2024.4.16

◀E231系の武蔵野線カラー。首都圏郊外の外周をつなぐようなルートで、開業以来、都市の拡大とともに利用者が延びてきた。 新三郷付近 2019.3.10

歴史

東北方面と東海道方面を結ぶ山手貨物線の輸送量が増大したため、迂回する新線として武蔵野線が計画された。東海道本線・中央本線と東北本線・常磐線を結ぶため、鶴見～府中本町～浦和～松戸～西船橋間を結ぶ外環状線とし、当時の貨物列車運行に必要な広大なヤードを三郷付近に建設することになった。南武線と連絡する府中本町駅から鶴見方面へは地下を走る貨物専用線とし、府中本町～西船橋間では旅客輸送を行なうことになった。

1973（昭和48）年4月1日、府中本町～南浦和～新松戸間および貨物支線の国立～新小平間、新秋津駅と西武鉄道分界点間、西浦和～与野間、南流山～馬橋間、南流山～北小金間が開通し、府中本町～新松戸間で旅客輸送、北府中～南流山間で貨物輸送が開始された。

1976（昭和51）年3月1日、鶴見～新鶴見操車場～府中本町間が開業し、同区間および府中本町～北府中間で貨物輸送が開始された。1978（昭和53）年10月2日に新松戸～西船橋間が延伸開業し、府中本町～西船橋間で旅客輸送が開始された。

1987（昭和62）年4月1日、国鉄分割民営化により、東日本旅客鉄道（JR東日本）が継承し、日本貨物鉄道（JR貨物）が第二種鉄道事業者になった。1988（昭和63）年12月1日から京葉線への直通運転が開始された。また、武蔵野線を経由する臨時列車が設定され、東海道本線、中央本線、東北本線、常磐線、京葉線の各線間を結ぶ利便性が活用されている。

車窓

開業当時は田園風景の広がる中を走り抜けていたが、沿線の宅地化が急ピッチで進み、マンションや団地なども建ち並ぶようになった。府中本町～新秋津間にはトンネルが3カ所あるが、その先は高架区間も多く視界が開けている。途中での他線との接続も数多く、乗換駅を中心に乗客が増減するなど、首都圏の外周を結ぶ路線らしい面を見せる。開業当初は貨物列車の合間に旅客列車が走っていたが、現在は旅客列車がメインである。

また、沿線に競馬場や競輪場、オートレース場などがあることから、ギャンブル路線と揶揄されることもあった。府中本町駅近くの東京競馬場や船橋法典駅近くの中山競馬場などが混雑する時は、メインレース終了後に臨時列車を運転することもある。

車両

京葉車両センター配置の209系500番代8両編成・M71～M77編成・M81～M84編成と、E231系8両編成・MU1～MU43編成が、武蔵野線および直通する京葉線で運用されている。府中本町～南船橋・新習志野・東京間のほか、東所沢・南越谷発着・吉川美南発の区間運転が設定されている。

また、中央線八王子駅から国立・新小平を結ぶ連絡線を経由して武蔵野線に入り、西浦和から東北本線への連絡線を経由して東北本線大宮駅を結ぶ「むさしの号」、東北本線大宮駅から武蔵野線への連絡線を経由して西船橋駅・京葉線新習志野駅・海浜幕張駅を結ぶ「しもうさ号」が設定されており、中央線および京葉線方面から東北・上越・北陸新幹線などの利用客の利便性が図られている。

駅解説

武蔵野線

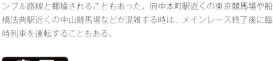

JM34 北府中 きたふちゅう
府中本町から1.7km（1.7km）

開 1956（昭和31）年9月1日
住 東京都府中市晴見町2丁目
乗 24,102人

JM33 JC17 西国分寺 にしこくぶんじ
3.9 km(2.2 km)

JM32 新小平 しんこだいら
7.4 km(3.5 km)
開 1973(昭和48)年4月1日
住 東京都小平市小川町2丁目
乗 20,568人
　駅名は「小平市の新しい駅」で、同市唯一のJR駅。半地下の珍しい構造を持つ。

JM31 新秋津 しんあきつ
13.0 km(5.6 km)
開 1973(昭和48)年4月1日
住 東京都東村山市秋津町5丁目
乗 69,908人
　先に開業していた西武池袋線秋津駅に400m。乗り換え客が多く、商店街が形成されている。

JM30 東所沢 ひがしところざわ
15.7 km(2.7 km)
開 1973(昭和48)年4月1日
住 埼玉県所沢市東所沢5丁目
乗 28,562人
　駅名は「所沢市の東部」から。駅が誕生して以降、周辺に宅地や商業施設が建ち、新たな町に成長している。

JM29 新座 にいざ
19.7 km(4.0 km)
開 1973(昭和48)年4月1日
住 埼玉県新座市野火止5丁目
乗 38,552人
　新座市唯一の鉄道駅で貨物ターミナルが近接。奈良時代、新羅からの渡来人が住んだ新羅郡を、平安時代に新座郡に改名したと言われる。武蔵野の面影を残す平林寺は南へ1.5km。

JM28 北朝霞 きたあさか
22.8 km(3.1 km)
開 1973(昭和48)年4月1日
住 埼玉県朝霞市浜崎1丁目
乗 127,052人
　東武東上線朝霞台駅との乗換駅で、駅名は「朝霞市の北部」から。

JM27 西浦和 にしうらわ
27.8 km(5.0 km)
開 1973(昭和48)年4月1日
住 埼玉県さいたま市桜区田島5丁目
乗 26,466人
　駅名は「旧浦和市の西部」から。南側には大規模な田島団地が広がる。

JM26 JA21 武蔵浦和 むさしうらわ
29.8 km(2.0 km)
開 1985(昭和60)年9月30日
住 埼玉県さいたま市南区別所7丁目
乗 93,186人
　埼京線が接続。東西南北のアクセスに優れており、周辺はタワーマンションなどの高層ビル群になっている。

JM25 JK42 南浦和 みなみうらわ
31.7 km(1.9 km)

JM24 東浦和 ひがしうらわ
35.4 km(3.7 km)
開 1973(昭和48)年4月1日
住 埼玉県さいたま市緑区東浦和1丁目
乗 51,774人
　駅名は「旧浦和市の東部」から。周辺は宅地化されているが、東側は柴川流域で公園や農地、調整池がある。

JM23 東川口 ひがしかわぐち
39.2 km(3.8 km)
開 1973(昭和48)年4月1日
住 埼玉県川口市戸塚1丁目
乗 70,092人
　埼玉高速鉄道が接続。駅の開業によって東川口の名が定着し北側の地名が続いた。

JM22 南越谷 みなみこしがや
43.5 km(4.3 km)
開 1973(昭和48)年4月1日
住 埼玉県越谷市南越谷1丁目
乗 135,630人
　東武伊勢崎線新越谷駅と接続。乗り換え客が多く、駅前に商業施設が林立。

JM21 越谷レイクタウン こしがやれいくたうん
46.3 km(2.8 km)
開 2008(平成20)年3月15日
住 埼玉県越谷市レイクタウン
乗 52,350人
　大きな調整池とともに市街地整備された越谷レイクタウンの最寄。日本最大級のショッピングセンターを持つ街開きとともに開設された。

JM20 吉川 よしかわ
48.2 km(1.9 km)
開 1973(昭和48)年4月1日
住 埼玉県吉川市木売1丁目
乗 31,308人
　中川左岸にあたる。江戸時代は有数の水田地帯で、早稲米の産地で知られた。

JM19 吉川美南 よしかわみなみ
49.8 km(1.6 km)
開 2012(平成24)年3月17日
住 埼玉県吉川市美南
乗 11,812人
　駅周辺の区画整理で急速に宅地化や商業化が進む地域。美しい南部という願いが地名に込められている。

JM18 新三郷 しんみさと
51.3 km(1.5 km)
開 1985(昭和60)年3月14日
住 埼玉県三郷市新三郷ららシティ2丁目
乗 26,394人

旧武蔵野操車場跡地の再開発地で、大型商業施設が集まる地域。開業当時は上下線ホームが約300m離れていて、ギネスブックに登録されていたほど。

JM17 三郷 みさと
53.4 km(2.1 km)
開 1973(昭和48)年4月1日
住 埼玉県三郷市三郷1丁目
乗 24,746人
　江戸川右岸で、市名は3つの村が合併したことから。つくばエクスプレス三郷中央駅が南にあり、ともに三郷市の足を支えている。

JM16 南流山 みなみながれやま
55.4 km(2.0 km)
開 1973(昭和48)年4月1日
住 千葉県流山市南流山
乗 67,124人
　江戸川左岸で、流鉄と平行するルートで町を支える。当駅が開業してから地名も南流山に。

JM15 JL25 新松戸 しんまつど
57.5 km(2.1 km)

JM14 新八柱 しんやはしら
61.6 km(4.1 km)
開 1978(昭和53)年10月2日
住 千葉県松戸市日暮
乗 44,370人
　京成電鉄八柱駅と接続。旧村名「八柱村」がルーツだがこの地ではなく、むしろ八柱霊園の最寄り駅として名付けられ定着した。

JM13 東松戸 ひがしまつど
64.0 km(2.4 km)
開 1998(平成10)年3月14日
住 千葉県松戸市東松戸1丁目
乗 38,434人
　北総鉄道北総線と接続。駅周辺は都市化されたが、まだ郊外には農地が残る。武蔵野線の開業後、一部地名も東松戸になった。

JM12 市川大野 いちかわおおの
65.9 km(1.9 km)
開 1978(昭和53)年10月2日
住 千葉県市川市大野町3丁目
乗 20,918人
　梨の産地で、駅周辺にも果樹園がある。駅名は市名＋町名から。

JM11 船橋法典 ふなばしほうてん
68.9 km(3.0 km)
開 1978(昭和53)年10月2日
住 千葉県船橋市藤原町1丁目
乗 32,488人
　「日蓮上人が法を伝えた地＝法典」とするのが一説。中山競馬場の最寄り駅として知られ、週末のみ開けられる南側の専用改札口から、法典門まで地下道が通じている。

JM10 JB30 西船橋 にしふなばし
71.8 km(2.9 km)

横浜線
よこはません

区間・距離	東神奈川～八王子 42.6km	運転方式	電化
駅数	20	全通	1908(明治41)年9月23日

▲横浜線のルーツは、甲信地方や八王子などで生産された生糸を横浜港へ輸送する横浜鉄道。つまり、日本のシルクロードであった。現在はE233系が主力だ。長津田～成瀬　2017.7.13

歴史

　横浜港から海外へ輸出する八王子の生糸を輸送することを目的として、1908(明治41)年9月23日に横浜鉄道東神奈川～八王子間の全線が開業した。1909(明治42)年2月1日に青梅鉄道、1910(明治43)年1月21日に川越鉄道が国鉄線を経由して連絡運輸を開始し、青梅・川越エリアからの貨物輸送も担う路線となった。1910(明治43)年4月1日に横浜鉄道は鉄道院が借り受けて営業することとなり、1911(明治44)年12月10日には東神奈川～海神奈川間の貨物線が開通した。
　1917(大正6)年10月1日に借入中の横浜鉄道全線が国有化され、横浜線となった。1925(大正14)年4月4日に東神奈川～原町田(現・町田)間の電化が完成したが、東海道本線電化のための試験的なものであり、電気機関車の試運転が行われた。1932(昭和7)年10月1日、東神奈川～原町田間で電車運転が開始され、桜木町駅まで直通運転となった。原町田駅で運転系統が分離され、1933(昭和8)年10月1日には原町田～八王子間には気動車が投入された。
　1936(昭和11)年1月、相模鉄道(現・JR相模線)が橋本～八王子間に乗り入れを開始し、茅ケ崎～八王子間の運転が行なわれるようになった。1941(昭和16)年4月5日に原町田～八王子間の電化が完成し、全線で電車運転が開始された。戦後は1964(昭和39)年10月1日に東海道新幹線が開業し、新横浜駅が新設された。1980(昭和55)年4月1日に原町田駅が小田急線の線路近くに移転し、小田急線新原町田駅と横浜線原町田駅は町田駅に改称した。
　1987(昭和62)年4月1日、国鉄分割民営化により、東日本旅客鉄道(JR東日本)が承継。長津田～八王子間が日本貨物鉄道(JR貨物)の第二種鉄道事業者となった。1988(昭和63)年3月6日に最後まで単線であった相原～八王子間の複線化が完成し、全線が複線電化路線となった。1991(平成3)年3月16日に相模線の電化完成により、相模線の列車の一部が横浜線八王子まで乗り入れ運転を開始(気動車時代の復活)した。なお、2022(令和4)年3月12日改正で相模線の乗入れ運転が廃止され、相模線のE131系500番代4両編成は橋本駅折り返しのみとなった。

車窓

　新横浜や町田、橋本、八王子の周辺は、オフィスビルや商業施設、商店街を形成しているほか、沿線全域が東京・横浜のベッドタウンになっており、大規模な住宅地やマンションが建ち並ぶ風景を車窓に見ることができる。淵野辺から橋本にかけては工場や米軍の相模補給廠などもあり、横浜線の歴史の一端を見ることができる。

車両

　鎌倉車両センター(都クラ)配置のE233系6000番代8両編成(H001～H028編成)が、大船・磯子・桜木町・東神奈川～町田・橋本・八王子間で運用されている。東神奈川での線内折り返し運転が基本で、早朝に中山・小机始発の下り列車が設定されている。また、昼間時間帯に横浜線内で快速運転となる桜木町～八王子間の快速列車、京浜東北・根岸線に直通する各駅停車が設定されている。

駅解説

JH14 大口 おおくち
2.2 km (2.2 km)
開 1947(昭和22)年12月20日
住 神奈川県横浜市神奈川区大口通り
乗 34,742人

地名は師岡熊野神社へ詣でる使者が同地で大口袴に着替えて正装したことから。駅前から大口商店街が延びる。

JH15 菊名 きくな
4.8 km (2.6 km)
開 1926(大正15)年9月1日
住 神奈川県横浜市港北区菊名7丁目
乗 86,452人

東急東横線が接続。地名は「菊名一族が支配した」「丘がせり出す地形のクク」など諸説。

JH16 新横浜 しんよこはま
6.1 km (1.3 km)
開 1964(昭和39)年10月1日
住 神奈川県横浜市港北区篠原町
乗 102,884人

東海道新幹線、東急、相鉄線が接続、横浜の副都心として発展する町の入口で、横浜北部交通の結節点。

JH17 小机 こづくえ
7.8 km (1.7 km)
開 1908(明治41)年9月23日
住 神奈川県横浜市港北区小机町
乗 17,854人

地名は、鶴見川に向かって突き出す城山(旧小机城址)が小さな机に見えることから。日産スタジアムの最寄り駅。

JH18 鴨居 かもい
10.9 km (3.1 km)
開 1962(昭和37)年12月25日
住 神奈川県横浜市緑区鴨居町1丁目
乗 64,204人

鴨が多く生息していたことが由来の一説。ららぽーと横浜が北へ0.5km。

JH19 中山 なかやま
13.5 km (2.6 km)
開 1908(明治41)年9月23日
住 神奈川県横浜市緑区寺山町
乗 72,192人

横浜市営地下鉄が接続。駅名は町名から。周辺は都市化が進むが、駅の北0.2kmに恩田川左岸の農地が広がる。

JH20 十日市場 とおかいちば
15.9 km (2.4 km)
開 1979(昭和54)年4月1日
住 神奈川県横浜市緑区十日市場町
乗 35,222人

横浜市営地下鉄が接続。駅名は町名から。周辺は都市化が進むが、駅の北0.2kmに恩田川左岸の農地が広がる。

JH21 長津田 ながつた
17.9 km (2.0 km)
開 1908(明治41)年9月23日
住 神奈川県横浜市緑区長津田4丁目
乗 107,012人

東急田園都市線、横浜高速鉄道こどもの国線と接続。旧大山街道の宿場町で、長い津田=広大な農地が一説。

JH22 成瀬 なるせ
20.2 km (2.3 km)
開 1979(昭和54)年4月1日
住 東京都町田市南成瀬1丁目
乗 32,738人

1960年代以降に宅地開発され、戸建ての住宅地が広がる。鎌倉期の武士、成瀬四郎太郎の居館があったのが由来の一説。

JH23 町田 まちだ
22.9 km (2.7 km)
開 1908(明治41)年9月23日
改 1980(昭和55)年4月1日(原町田)
住 東京都町田市原町田1丁目
乗 190,030人

小田急小田原線と接続。多摩地域有数の商業地でエキナカも充実。町=区画で、区画された田が、由来の一説。

町田駅のスマートホームドア　2019.7.2

JH24 古淵 こぶち
25.7 km (2.8 km)
開 1988(昭和63)年3月13日
住 神奈川県相模原市南区古淵2丁目
乗 40,730人

長く農地が広がる地域だったが、当駅の誕生で急速に開発。大型ショッピングセンターなども集まる。由来は淵=地形が由来の一説。

JH25 淵野辺 ふちのべ
28.4 km (2.7 km)
開 1908(明治41)年9月23日
住 神奈川県相模原市中央区淵野辺3丁目
乗 65,502人

駅周辺は宅地化されているが、青山学院大学相模原キャンパスや桜美林大学、相模原市立博物館など、文教地域の側面を持つ。

JH26 矢部 やべ
29.2 km (0.8 km)
開 1957(昭和32)年10月1日
住 神奈川県相模原市中央区矢部3丁目
乗 22,186人

江戸時代中期に開拓された矢部新田のあたりで、現在は全域が市街地化。北側に米軍相模補給廠が横たわる。

JH27 相模原 さがみはら
31.0 km (1.8 km)
開 1941(昭和16)年4月5日
住 神奈川県相模原市中央区相模原1丁目
乗 51,766人

相模原市の中心駅。駅名は市名からで、旧国名や相模原台地を表す。北側に相模原スポーツ・レクリエーションパークがある。

JH28 橋本 はしもと
33.8 km (2.8 km)
開 1908(明治41)年9月23日
住 神奈川県相模原市緑区橋本6丁目
乗 113,998人

相模線、京王相模原線が接続する交通の要衝。中央リニア新幹線新駅も計画され、相模原市の副都心に発展しつつある。

JH29 相原 あいはら
35.7 km (1.9 km)
開 1908(明治41)年9月23日
住 東京都町田市相原町
乗 17,816人

相原町は江戸時代の相原村で、語源は平安末期の豪族、粟飯原氏にさかのぼる。

JH30 八王子みなみ野 はちおうじみなみの
38.6 km (2.9 km)
開 1997(平成9)年4月1日
住 東京都八王子市みなみ野1丁目
乗 32,578人

都市整備公団による「みなみ野シティ」の町開きとともに駅が開業。新しい生活圏が生まれた。旧地名は宇津貫町だった。

JH31 片倉 かたくら
40.0 km (1.4 km)
開 1957(昭和32)年12月28日
住 東京都八王子市片倉町
乗 9,698人

1942(昭和17)年に設置された信号所がルーツ。宅地化が進むが、駅西側に片倉城址がある。地名は戦国時代に遡るという。

片倉駅　2024.12.16

JH32 八王子 はちおうじ
42.6 km (2.6 km)

根岸線
ねぎしせん

区間・距離	横浜～大船 22.1km
駅数	12
運転方式	電化
全通	1973(昭和48)年4月9日

▲根岸線は京浜東北線や横浜線の電車がほぼ直通する利便性もあり、開通後、沿線の丘陵地区のベットタウン化が一気に進んだ。関内駅付近　2011.3.24

▲根岸線は、根岸の製油所からの石油輸送を担う貨物列車のメインルートでもある。ＥＦ210形とタンク貨車。
根岸～山手　2011.3.24

歴史

1872(明治5)年10月14日、日本初の鉄道が新橋～横浜間に開業した。当時の横浜駅は現在の桜木町駅で、根岸線の一部の歴史がスタートした。1914(大正3)年8月15日、東海道本線のスイッチバックを解消するため、2代目の横浜駅が開業して初代横浜駅は桜木町駅となった。同年12月20日、東京駅開業と同時に高島町駅までの電車運転が開始され、翌1915(大正4)年12月30日には高島町駅を廃止して、電化と同時に桜木町駅までの電車運転となった。1957(昭和32)年4月3日、桜木町～大船間の桜大線が鉄道建設審議会で着工線として承認され、1959(昭和34)年5月23日に磯子までの建設工事に着工した。

開業以来、東海道本線の一部であったが、1964(昭和39)年5月19日に桜木町～磯子間が開通し、横浜～磯子間の名称が根岸線となった。1970(昭和45)年3月17日に磯子～洋光台間、1973(昭和48)年4月9日には洋光台～大船間が延伸開業し、根岸線が全通した。

1987(昭和62)年4月1日、国鉄分割民営化により、東日本旅客鉄道(JR東日本)が承継。日本貨物鉄道(JR貨物)が第二種鉄道事業者となった。桜木町で高島貨物線、根岸で神奈川臨海鉄道本牧線、大船で東海道貨物線に接続しており、現在は桜木町～根岸間で貨物列車(石油輸送のタンク車)が運行されている。このほか、コンテナ貨物列車や総合車両製作所横浜事業所(横須賀線逗子駅)からの甲種輸送列車が根岸線を使用することがある。

車窓

大半が高架橋の上を走るため車窓の風景が楽しめ、横浜から石川町にかけて繁華街・横浜スタジアム、山手付近で閑静な住宅街、根岸から新杉田にかけて石油精製工場をはじめとする工場群、洋光台から本郷台にかけては高層マンションや大規模な団地が車窓を飾る。

車両

さいたま車両センター(都サイ)配置のＥ233系1000番代10両編成(101～183編成)と鎌倉車両センター(都クラ)配置のＥ233系6000番代8両編成(Ｈ001～Ｈ028編成)が使用されている。根岸線内の折り返し運転はなく、京浜東北線のＥ233系1000番代10両編成は大宮・南浦和・赤羽・東十条～蒲田・桜木町・磯子・大船間、横浜線のＥ233系6000番代8両編成は八王子・橋本～磯子・大船間で運用されている。

駅解説

桜木町 さくらぎちょう
横浜から2.5km(2.5km)
開 1915(大正4)年8月15日
住 神奈川県横浜市中区桜木町1丁目
乗 129,396人

1872(明治5)年開業の初代横浜駅にあたり、鉄道造成地と旧海岸線の間の川・桜木川にちなむ。横浜中心部の駅で、横浜市営地下鉄が接続。

JK10 関内 かんない
3.0km(0.5km)
開 1964(昭和39)年5月19日
住 神奈川県横浜市中区港町1丁目
乗 89,568人

横浜市営地下鉄と接続。横浜スタジアムの最寄り駅。江戸時代、外国人との関所・関門に由来。その内側を関内と呼んだ。

JK09 石川町 いしかわちょう
3.8km(0.8km)
開 1964(昭和39)年5月19日
住 神奈川県横浜市中区石川町2丁目
乗 55,458人

元町の中華街の最寄り。地名は鎌倉時代の石河村が初出で、石が多く流れる川に由来する。

JK08 山手 やまて
5.0km(1.2km)

開 1964(昭和39)年5月19日
住 神奈川県横浜市中区大和町2丁目
乗 31,370人

町名は日本初のワイシャツ専門店・大和屋から。高校2校が最寄りで学生が多く利用する。

JK07 根岸 ねぎし
7.1km(2.1km)
開 1964(昭和39)年5月19日
住 神奈川県横浜市磯子区東町
乗 38,304人

駅名は旧町名「中根岸町」から。根岸湾沿いにあり、南に製油所、北に根岸森林公園がある。

JK06 磯子 いそご
9.5km(2.4km)
開 1964(昭和39)年5月19日
住 神奈川県横浜市磯子区森1丁目
乗 33,260人

北に磯子区役所、東に工場。中世、この地域を拠点にした平子氏の異名・磯子が由来の一説。

JK05 新杉田 しんすぎた
11.1km(1.6km)
開 1970(昭和45)年3月17日
住 神奈川県横浜市磯子区新杉田町
乗 63,944人

横浜シーサイドラインが接続。根岸湾沿いで、東側が工場地帯、西側が住宅地。

JK04 洋光台 ようこうだい
14.1km(3.0km)
開 1970(昭和45)年3月17日
住 神奈川県横浜市磯子区洋光台3丁目
乗 34,732人

1966(昭和41)年から開発された住宅地で、地名は「東京湾から昇る美しい朝日」に由来している。

JK03 港南台 こうなんだい
16.0km(1.9km)
開 1973(昭和48)年4月9日
住 神奈川県横浜市港南区港南台3丁目
乗 53,908人

昭和40年代の宅地開発で生まれた町で、商業施設や学校が揃う。開発前は蛍が飛ぶ里山だったという。

JK02 本郷台 ほんごうだい
18.5km(2.5km)
開 1973(昭和48)年4月9日
住 神奈川県横浜市栄区小菅ヶ谷1丁目
乗 33,922人

駅名は、この地域の村名・本郷村に由来する。駅南側は旧米軍大船倉庫跡地の再開発による。

大船 おおふな
22.1km(3.6km)--

相模線

さがみせん

区間・距離	茅ヶ崎〜橋本 33.3km
駅数	18
運転方式	電化
全通	1931(昭和6)年4月29日

▲ひと昔前は八高線や川越線とともに、首都圏に残る非電化区間として知られていた相模線も、最新のＥ131系500番代が投入されている。国府津車両センター 2021.9.22

歴史

1916(大正5)年6月26日、軽便鉄道条例に基づいて茅ヶ崎〜橋本間の免許が相模軽便鉄道に下付され、1917(大正6)年12月18日に会社が設立された。東海道線茅ヶ崎を起点に寒川を経て相模川に沿って北上し、横浜線に接続する軽便鉄道を敷設する計画であった。1921(大正10)年9月28日、茅ヶ崎〜寒川〜川寒川間が開業した。相模川で採取される上質な砂利の販売は同社の収入源となっており、茅ヶ崎まで馬力で運搬していた砂利輸送を貨物列車に切り替えた。1922(大正11)年5月10日に寒川〜四之宮間の貨物支線が開業した。1926(大正15)年4月1日に寒川〜倉見間、同年7月15日には倉見〜厚木間が延伸開業した。

1929(昭和4)年7月30日に厚木〜橋本間の起工式が行なわれ、1931(昭和6)年4月29日に同区間が延伸開業し、相模鉄道茅ヶ崎〜橋本間が全通した。1936(昭和11)年1月15日から横浜線橋本〜八王子間の乗り入れが開始された。1943(昭和18)年4月1日には相神中鉄道を吸収合併し、茅ヶ崎〜橋本間の相模線、横浜〜厚木間の神中線の2路線を運行する鉄道会社となった。1944(昭和19)年6月1日、南武鉄道、青梅鉄道とともに相模鉄道相模線茅ヶ崎〜橋本間・寒川〜西寒川間(西寒川〜四之宮は廃止)が買収・国有化され、相模線となった。

1954(昭和29)年9月30日、寒川〜西寒川間の旅客営業が廃止されたが、1960(昭和35)年11月15日に再開された。1984(昭和59)年3月31日、寒川〜西寒川間の支線が廃止となり、4月1日から茅ヶ崎〜橋本間の本線のみとなった。

1987(昭和62)年4月1日、国鉄分割民営化により、東日本旅客鉄道(ＪＲ東日本)が承継。日本貨物鉄道(ＪＲ貨物)が茅ヶ崎〜厚木間・南橋本〜橋本間の第二種鉄道事業者となった。1991(平成3)年3月16日に全線電化完成にともなう電車化が行なわれた。電化開業時から使用されてきた205系500番代が2022(令和4)年2月25日に運用を終了し、同年3月12日改正からＥ131系のワンマン運転が開始された。なお、同日から横浜線橋本〜八王子間への乗入れ運転が廃止された。

車窓

かつては田園風景と雑木林の点在する閑静な風景が広がっていたが、急

速な宅地化が進んで駅付近は住宅密集地となってきた。宮山付近で相模一ノ宮として知られる寒川神社の大鳥居が車窓を飾るほか、小田急小田原線や相鉄本線が接続する海老名駅界隈では、小田急電鉄の車両基地・海老名検車区や大型の商業施設などが建ち並ぶ新都市の姿が広がっている。

車両

国府津車両センター(都コツ)配置のE 131系500番代4両編成(G 01〜G 12編成)が運用されている。なお、G 11・G 12編成には線路設備モニタリング装置が搭載されている。

駅解説

相模線

北茅ケ崎 きたちがさき
茅ケ崎から1.3 km(1.3 km)
開 1940(昭和15)年2月1日
改 1944(昭和19)年6月1日(日東)
住 神奈川県茅ケ崎市茅ケ崎3丁目
　駅名は「茅ケ崎市の北部」から。西側は工業地帯、東側は宅地と商業地と、駅周辺は特徴的。

香川 かがわ
3.4 km(2.1 km)
開 1921(大正10)年9月28日
住 神奈川県茅ケ崎市香川
乗 10,660人
　駅周辺は住宅地が広がる。隣の下寺尾村から小出川に乗って梅の香りが漂ってきたという故事が由来。

寒川 さむかわ
5.1 km(1.7 km)
開 1921(大正10)年9月28日
住 神奈川県高座郡寒川町岡田
乗 12,100人
　島式ホーム1面2線の地上駅で、寒川町役場や町民センターの最寄り。10世紀の『倭名類聚抄』にも記載される地名。

宮山 みややま
7.2 km(2.1 km)
開 1931(昭和6)年7月1日
改 1944(昭和19)年6月1日(宮山停留場)
住 神奈川県高座郡寒川町宮山
　駅名は地名からで、相模国一宮の寒川神社が最寄り。単式ホーム1面1線で、木造駅舎の構内。

倉見 くらみ
8.6 km(1.4 km)
開 神奈川県高座郡寒川町倉見
住 1926(大正15)年4月1日
　島式ホーム1面2線の構内で、南を東海道新幹線が走る。

大正15(1926)年築のコンクリート製駅舎は線内最古。2024.12.17

門沢橋 かどさわばし
10.0 km(1.4 km)
開 1931(昭和6)年7月1日
改 1944(昭和19)年6月1日(門沢橋停留場)
住 神奈川県海老名市門沢橋
　西側を住宅地、東側には田畑が点在。駅名は地名からで、永池川と相模川が合流点にかかる橋・門川橋が転化したと言われる。

社家 しゃけ
11.6 km(1.6 km)
開 1926(大正15)年7月15日
住 神奈川県海老名市社家
　島式ホーム1面2線で、アーチ形のコンクリート製駅舎がユニーク。駅名は地名からで、神職が多く住んでいたことが由来。

厚木 あつぎ
14.2 km(2.6 km)
開 1926(大正15)年7月15日
住 神奈川県海老名市河原口
乗 29,357人(小田急線を含む)
　小田急線が接続。駅名の厚木は相模川の対岸に位置し、駅開設時は徒歩連絡していた。

海老名 えびな
15.9 km(1.7 km)
開 1987(昭和62)年3月21日
住 神奈川県海老名市扇町
乗 25,678人
　小田急線、相模鉄道線と接続。3線が接続する要地となり、駅周辺を中心に大型商業施設やホテル、複合ビルなどが増えている。相模鉄道時代からの接続線も、貨物線として残っている。

入谷 いりや
18.9 km(3.0 km)
開 1935(昭和10)年6月23日
住 神奈川県座間市入谷西
　単式ホーム1面で、周辺は田園地帯。駅名は地名から。

相武台下 そうぶだいした
20.6 km(1.7 km)
開 1931(昭和6)年4月29日
改 1938(昭和13)9月29日(座間新戸)

相武台下駅　2024.12.17

1940(昭和15)年(陸士前)
住 神奈川県相模原市南区新戸
　駅名は、昭和天皇が近隣にあった陸軍士官学校を相武台と呼称したことから。現在は西側に畑地、東側崖上は米軍座間キャンプが広がる。

下溝 しもみぞ
23.5 km(2.9 km)
開 1931(昭和6)年4月29日
住 神奈川県相模原市南区下溝
　駅名は地名からで、相模川の河岸段丘崖下の湧水に由来する。単式ホーム1面1線。

原当麻 はらたいま
24.8 km(1.3 km)
開 1931(昭和6)年4月29日
住 神奈川県相模原市南区当麻
　島式ホーム1面2線。近隣は住宅が広がるが、古墳群があり、当麻山無量光寺は12世紀の創建という、歴史ある地域。

番田 ばんだ
26.9 km(2.1 km)
開 1931(昭和6)年4月29日
改 1944(昭和19)年6月1日(上溝)
住 神奈川県相模原市中央区上溝
　島式ホーム1面2線で、周辺は宅地化が進む。地名は相模原台地の中段にあることに由来し、かつては養蚕が盛んだった。

上溝 かみみぞ
28.4 km(1.5 km)
開 1931(昭和6)年4月29日
改 1935(昭和10)年11月7日(相模横山)
　　1944(昭和19)年6月1日(本上溝)
住 神奈川県相模原市中央区上溝7丁目
乗 11,032人
　単式ホーム1面1線の高架駅。段丘上に設けられ、周辺は高台の住宅地が広がる。

南橋本 みなみはしもと
31.3 km(2.9 km)
開 1931(昭和6)年4月29日
改 1940(昭和15)年(大河原)
　　1941(昭和16)年4月1日届出(相模町停留場)
　　1944(昭和19)年6月1日(相模町)
住 神奈川県相模原市中央区南橋本2丁目
乗 9,990人
　駅名は「橋本駅の南」から。駅南側を中心に工場地帯となっているが、一方で再開発も進み、住宅地や商業地も整備されてきている。

橋本 はしもと
33.3 km(2.0 km)

御殿場線

ごてんばせん

区間・距離	国府津〜沼津 60.2km	運転方式	電化
駅数	19	全通	1889(明治22)年2月1日

▲御殿場線313系。丹那トンネル開通前の東海道本線であり、複線時代の敷地など、幹線としての構造物がいたるところに残されている。岩波〜裾野 2014.2.22

歴史

1872(明治5)年10月14日の新橋〜横浜間の官設鉄道の開業後、東京と大阪を結ぶ官設鉄道の建設が進められた。横浜から京都まで東海道に沿った路線が計画され、現在の御殿場線が箱根越えのルートとなった。1889(明治22)年2月1日、国府津〜御殿場〜沼津〜静岡間が開業し、新橋〜静岡間を結ぶ列車が運転を開始した。1891(明治24)年に小山駅(現在の駿河小山駅)〜御殿場駅〜沼津駅間、1901(明治34)年には国府津〜山北駅〜小山駅間の複線化が完成し、東京と大阪を結ぶ幹線としての風格が整った。

東京〜下関間の特急「富士」「櫻」や東京〜神戸間の特急「燕」が、後部に補助機関車を連結して箱根越えに挑んでいたが、1934(昭和9)年12月1日に東海道本線は丹那トンネル経由の新線となり、国府津〜御殿場〜沼津間は御殿場線として歴史を刻むこととなった。

幹線からローカル線に格下げとなった御殿場線は、戦局が悪化した1943(昭和18)年7月11日には不要不急路線として、線路を供出するために単線化された。沿線には、今でも複線であったと思われる用地が点在している。

特急・急行列車が走らなくなった御殿場線であったが、箱根エリアの観光開発を手掛けていた小田急電鉄が、新宿から御殿場に直通する気動車準急の運転を計画した。1955(昭和30)年10月1日、小田急電鉄の新松田と御殿場線の松田を結ぶ短絡線が使用開始し、小田急電鉄のキハ5000形を使用した新宿〜御殿場間の準急列車が登場した。新たな観光ルートを走る準急列車は好評を博し、キハ5100形を増備して1日4往復の列車が運転されるようになった。なお、開業時から電車運転であった小田急電鉄の歴史の中で唯一の気動車列車で、御殿場線内も同社の運転士が乗務した。

1968(昭和43)年4月27日に国府津〜御殿場間の電化が完成すると、東京〜御殿場間に165系電車急行「ごてんば」が登場した。同年7月1日には御殿場〜沼津間の電化が完成し、小田急電鉄の乗り入れ列車が3000形SSE車(5両編成)に置き換えられた。なお、東京〜御殿場間の急行「ごてんば」は、1985(昭和60)年3月14日改正で廃止となった。

1987(昭和62)年4月1日の国鉄分割民営化ではJR東海が継承し、JR貨物が第二種鉄道事業者となった。1991(平成3)年3月16日、JR東海が371系電車を投入し、新宿〜御殿場〜沼津間の相互乗り入れ運転を開始した。小田急電鉄は初の2階建て車両を組み込んだ20000形RSE車に変更となり、急行「あさぎり」の列車種別も特急となった。JR東海・小田急電鉄ともに2階建て車両の2階席はグリーン車(小田急線内はスーパーシート)を導入するなど、新宿から沼津・西伊豆エリアの観光に力を入れるようになった。

2012(平成24)年3月17日、特急「あさぎり」の運転区間が新宿〜御殿場間になるとともに、車両は小田急電鉄の60000形MSE車に統一された。2018(平成30)年3月17日には長年親しまれた「あさぎり」の愛称が「ふじさん」に変更となっている。

車窓

下曽我付近の梅林、松田から谷峨にかけての急勾配が神奈川県側の見どころで、急勾配の途中に複線時代の名残のトンネルが映し出される。駿河小山からは静岡県で、車窓いっぱいに富士山の雄姿を見ることができる。分水嶺となる御殿場を出ると、沼津までは下り勾配で、富士山とともに開けた水田地帯を進み、市街地の風景が映し出されると東海道本線と合流して沼津に到着する。

車両

小田急電鉄の特急ロマンスカー「ふじさん」3往復が松田〜御殿場間に乗り入れており、現在の御殿場線唯一の優等列車となる。車両は60000形6両編成で、御殿場方が非貫通の流線形スタイル、松田方は貫通形となっている。

普通列車はJR東海・静岡車両区(静シス)配置の315系3000番代4両編成(U1〜U8編成)、313系2500番代3両編成(T1〜T17編成)、313系2600番代3両編成(N1〜N10編成)、313系3000番代2両編成(V1〜V14編成)、313系2300・2350番代2両編成(W1〜W9編成)、313系1300番代2両編成(L1〜L8編成)、211系6000番代2両編成(GG1〜GG9編成)が運用されている。編成両数は2〜6両で、主に昼間時間帯に運転される313系2両編成はワンマン運転を行なっている。

駅解説

CB01 下曽我 しもそが
国府津から3.8 km(3.8 km)
開 1922(大正11)年5月15日
住 神奈川県小田原市曽我原805-1
乗 2,325人

島式ホーム1面と蔵風の駅舎が建つ。名所・曽我梅林へは南東へ0.5 km。駅名は旧村名「下曽我村」に由来する。

CB02 上大井 かみおおい
6.5 km(2.7 km)
開 1948(昭和23)年6月1日
住 神奈川県足柄上郡大井町上大井
乗 876人

鎌倉時代の『吾妻鏡』に記される大井の庄のあたり。西日除けのひょうたんを植えたことから通称、ひょうたん駅。

CB03 相模金子 さがみかねこ
8.3 km(1.8 km)
開 1956(昭和31)年12月25日
住 神奈川県足柄上郡大井町金子
乗 1,030人

駅名は地名から。鎌倉時代、藤原秀郷の子孫、松田義常がいた地域で鍛冶屋が多かったことが語源と言われる。

CB04 松田 まつだ
10.2 km(1.9 km)
開 1889(明治22)年2月1日
住 神奈川県足柄上郡松田町松田惣領1879-3
乗 5,510人

小田急線新松田駅が近接し、松田町役場も北へ0.3km。地名は中世以来の郷名・松田に由来。

CB05 東山北 ひがしやまきた
13.1 km(2.9 km)
開 1956(昭和31)年12月25日
住 神奈川県足柄上郡山北町向原
乗 1,475人

駅名は「山北町の東」からで地元の請願駅。東側を東名高速道路が並行する。

CB06 山北 やまきた
15.9 km(2.8 km)
開 1889(明治22)年2月1日
住 神奈川県足柄上郡山北町山北
乗 919人

東海道本線時代は主要駅で、駅前には演芸場や呉服屋などもあったほど。今も山北町の中心駅で、町役場が近接。

CB07 谷峨 やが
20.0 km(4.1 km)
開 1947(昭和22)年7月15日
住 神奈川県足柄上郡山北町谷峨
乗 175人

信号所として開設され、地元の要望で1947(昭和22)年に旅客駅になった。童謡『汽車ポッポ』に歌われたあたりだ。

CB08 駿河小山 するがおやま
24.6 km(4.6 km)
開 1889(明治22)年2月1日
改 1912(明治45)年7月1日(小山)
　　1952(昭和27)年1月1日(駿河)
住 静岡県駿東郡小山町小山
乗 598人

東海道本線の駅として開業。島式ホーム1面2線。町の東部にある台地が小さな山に見えることが語源の一説。

CB09 足柄 あしがら
28.9 km(4.3 km)
開 1947(昭和22)年9月15日
住 静岡県駿東郡小山町竹之下4011
乗 756人

足柄峠のふもとの地域にあたり、足柄小学校などが近隣に。島式ホーム1面2線。

CB10 御殿場 ごてんば
35.5 km(6.6 km)
開 1889(明治22)年2月1日
住 静岡県御殿場市新橋1898-3
乗 8,038人

御殿場市の中心駅で富士山や箱根観光の入口。徳川家康が御殿の建設を命じた地・御殿の場所が語源。

CB11 南御殿場 みなみごてんば
38.2 km(2.7 km)
開 1962(昭和37)年7月20日
住 静岡県御殿場市竈
乗 522人

駅名は「御殿場市の南部」からで、地名「竈」は12世紀、源頼朝の「富士の巻狩(今で言う戦闘訓練)」に由来すると言われる。

CB12 富士岡 ふじおか
40.6 km(2.4 km)
開 1944(昭和19)年8月1日
住 静岡県御殿場市中山
乗 1,880人

駅名は旧村名から。1911(明治44)年開設時は信号所。旅客駅昇格当初は軍関係者専用駅だった。

CB13 岩波 いわなみ
45.3 km(4.7 km)
開 1944(昭和19)年12月8日
住 静岡県裾野市岩波字下ノ田64-1
乗 3,045人

1911(明治44)年開設の信号所が前身。地名は岩が波のように連なっている様子から。

CB14 裾野 すその
50.7 km(5.4 km)
開 1889(明治22)年2月1日
改 1915(大正4)年7月15日(佐野)
住 静岡県裾野市平松字滝ノ窪378-11
乗 4,147人

裾野市の中心駅。自動車産業が盛んでトヨタ自動車が開発する「Woven City(技術実証都市)」構想が進んでいる。

CB15 長泉なめり ながいずみなめり
53.5 km(2.8 km)
開 2002(平成14)年9月7日
住 静岡県駿東郡長泉町納米里
乗 1,722人

旧長泉村は長窪地区と小泉荘による合成地名。単式ホーム1面1線で、御殿場線でもっとも新しい駅。

CB16 下土狩 しもとがり
55.6 km(2.1 km)
開 1898(明治31)年6月15日
改 1934(昭和9)年10月1日(三島)
住 静岡県駿東郡長泉町下土狩字新田東1283-9
乗 2,450人

東海道本線当時の三島駅で、豆相鉄道(現在の伊豆箱根鉄道駿豆線)も接続していた。地名は中世の国衙領で「土狩郷」から。地名は平安時代の荘園「大岡荘」から。

CB17 大岡 おおおか
57.8 km(2.2 km)
開 1946(昭和21)年1月15日
住 静岡県沼津市大岡2477
乗 2,376人

地名は平安時代の荘園「大岡荘」から。単式ホーム1面1線。

CB18 / CA03 沼津 ぬまづ
60.2 km(2.4 km)

伊東線

いとうせん

区間・距離	熱海～伊東 16.9km	運転方式	電化
駅数	6	全通	1938(昭和13)年12月15日

歴史

熱海から下田、松崎を経て大仁に至る路線として計画されたが、政府の緊縮財政により熱海～伊東間が単線・電化で建設されることになった。伊豆半島の山が海に迫る険しい地形や軟弱な地層が建設工事に支障をきたしたが、1935(昭和10)年3月30日に熱海～網代間、1938(昭和13)年12月15日に網代～伊東間が開通し、伊東線が全通した。

1949(昭和24)年2月、東京～伊東間に毎週土曜運転の下り準急列車が運転を開始した。戦後の復興もまだの時代であったが、週末に熱海や伊東の温泉で過ごす夢を実現できる列車の誕生となった。同年4月に修善寺発着の車両が併結され、同年10月には「いでゆ」の愛称が付けられた。さらに同年12月から下りが土曜、上りは日曜に運転される準急「いこい」が東京～伊東・三島間に設定されるなど、週末を伊豆の温泉で過ごすための列車が徐々に増加していった。

1950(昭和25)年10月1日、東京～伊東・修善寺間に80系電車を使用した週末準急「あまぎ」の運転が開始された。これまで旧形客車を使用した列車であったが、当時最新鋭の80系電車が運用されたため、新婚旅行の利用が増加したという。戦後復興から高度経済成長へと日本社会が変化を遂げると、伊豆への週末準急列車は増発が行なわれた。1961(昭和36)年3月1日から日光～東京～伊東間に157系電車を使用した準急「湘南日光」が登場。特急列車に匹敵する車内設備を備えた157系電車での運転は好評を博した。

1963(昭和36)年12月10日、伊東駅と伊豆急下田駅を結ぶ伊豆急行が開業した。伊東線の建設時に下田まで計画されたが、実現には至らなかった区間が開業したことにより、東京～伊東間の国鉄の準急列車は伊豆急下田駅まで乗り入れることになり、東伊豆エリアが人気の観光スポットとしてクローズアップされることになった。

1964(昭和39)年11月1日から157系電車を使用した急行「伊豆」、同車両を使用した特急「あまぎ」、185系電車の特急「踊り子」や251系電車の特急「スーパービュー踊り子」など、時代のニーズに応える列車が登場した。伊豆方面は首都圏からの観光客を受け入れる体制が続けられ、伊東線は東海道本線と伊豆急行線を繋ぐ役目を果たしている。

車両

東京・新宿～伊豆急下田間に大宮総合車両センター東大宮センター(都オオ)配置のE261系8両編成RS01・02編成の特急「サフィール踊り子」、E257系2000番代9両編成NA01～NA13編成の特急「踊り子」が伊東線を通過する優等列車となる。特急「サフィール踊り子」は全車グリーン車(プレミアムグリーン・4人用グリーン個室・6人用グリーン個室を設置)の豪華な車両で、事前予約制のカフェテリアが連結されている。

普通列車は朝夕を中心に上野東京ライン高崎・籠原・宇都宮・小金井～伊東間の列車が運転され、小山車両センター(都ヤマ)配置のE231系6100番代・E233系3000番代10両編成または同センターのE231系1000番代・E233系3000番代5両編成U2～U118編成(欠番あり35本)が運用されている。

また、熱海～伊東・伊豆高原・伊豆急下田間の普通列車は伊豆急行の車両で、2100系7両編成「リゾート21」R3・R4編成、8000系3両編成TA1～TA8編成・TB1～TB7編成(6両編成で使用)、3000系4両編成Y1・Y2編成が運用されている。

車窓

熱海・来宮・伊豆多賀・伊東付近で相模湾の風景が映し出されるほか、熱海・網代・伊東の温泉街の旅館・ホテル、土産物店などが車窓を彩る。特に宇佐美～伊東間はテレビ宣伝で有名なホテルやレジャー施設が海辺に建ち並び、温泉と海のリゾート地の雰囲気が車内に伝わってくる。

▲東伊豆地方の基部を担う伊東線。走る車両は東京からの優等列車と伊豆急行の車両が中心だ。写真は伊東線を走る伊豆急行8000系。来宮～伊豆多賀　2016.6.15

駅解説

JT22 来宮 きのみや

熱海から 1.2 km (1.2 km)
1935(昭和10)年3月30日
静岡県熱海市福道町

駅名は近隣の来宮神社から。東海道本線が並行しているが、伊東線のみにホームがある。

JT23 伊豆多賀 いずたが

6.0 km (4.8 km)
1935(昭和10)年3月30日
静岡県熱海市上多賀

相対式ホーム2面2線で、駅舎が1番線側にある。上多賀を見下ろす山の中腹にある。

JT24 網代 あじろ

8.7 km (2.7 km)
1935(昭和10)年3月30日
静岡県熱海市下多賀

網代漁港が最寄り。網を入れる漁場の意味で、今も海産物が名物。

JT25 宇佐美 うさみ

13.0 km (4.3 km)
1938(昭和13)年12月15日
静岡県伊東市宇佐美

地名は中世、宇佐美氏の拠点から。童謡『みかんの花咲く丘』の舞台。

JT26 伊東 いとう

16.9 km (3.9 km)
1938(昭和13)年12月15日
静岡県伊東市湯川3丁目
12,042人(伊豆急行を含む)

伊豆急行線と接続。江戸時代、徳川家光に献上された名湯の町。中世の荘園、伊東荘にさかのぼる。一年を通して温暖な気候に恵まれた温泉地で、アクセスの良さもあって伊豆半島有数の観光地にもなっている。

中央本線系統

中央本線	神田～代々木
	新宿～※甲府
	※正式区間は～名古屋
青 梅 線	立川～奥多摩
五日市線	拝島～武蔵五日市
八 高 線	八王子～倉賀野

中央本線
ちゅうおうほんせん

区間・距離	東京〜名古屋 396.9km／岡谷〜塩尻 27.7km
駅数	108／4
運転方式	電化
全通	1919(大正8)年3月1日／1906(明治39)年6月11日

▲中央本線東京方のルーツは1889年に開業した私鉄の甲武鉄道だ。中央線開業130周年のラッピングトレインが登場した。阿佐ヶ谷付近　2019.5

歴史

　1884(明治17)年4月22日、甲武馬車鉄道の建設を東京・神奈川・埼玉の3知事に出願したのがはじまりで、1886(明治19)年11月10日に新宿〜八王子間の馬車鉄道敷設免許が下付された。同時期に蒸気鉄道の出願者が出てきたため、同社は動力を馬力から蒸気に変更して出願。1888(明治21)年3月31日に甲武鉄道会社発起人に免許状が下付され、同年7月1日に建設工事に着手した。

　1889(明治22)年4月11日、甲武鉄道新宿〜立川間が開業し、4往復のうち1往復は官設鉄道新橋〜立川間の直通列車を運転した。所要時間は新宿〜立川間が1時間、新橋〜立川間は1時間44〜45分であった。同年8月11日には立川〜八王子間が延伸開業し、4往復の列車が八王子発着となった。所要時間は新宿〜八王子間が1時間14〜17分、新橋〜八王子間は1時間55分となった。

　新宿から甲州街道沿いに東京市内へ路線延長する計画であったが、軍部の意向もあって新宿〜四谷〜飯田町間の免許を出願。1893(明治26)年3月1日に免許状が下付された。1894(明治27)年7月に陸軍の委嘱を受けて青山練兵場への軍用線および青山軍用停車場の建設に着手し、同年9月17日に完成した。同年10月9日に甲武鉄道市街線新宿〜牛込間が開業した。1895(明治28)年4月3日に牛込〜飯田町間が開業し、同年12月30日に新宿〜飯田町間の複線化が完了した。

　甲武鉄道は四ツ谷から烏森や有楽町方面への路線延長を計画し、免許状を出願したが免許状下付申請却下となった。1898(明治31)年12月1日に飯田町〜鍛冶町間の仮免許状が下付され、1900(明治33)年4月25日に建設免許状が下付された。1904(明治37)年8月21日に飯田町〜中野間の電化が完成し、同区間で電車併用運転が開始された。同時に円板式自動信号機を設置し、汽車電車併用運転ならびに自動信号機使用の最初となった。同年12月31日に飯田町〜御茶ノ水間が電車専用線として複線・電化開業し、中野〜御茶ノ水間で電車運転が開始された。1906(明治39)年10月1日、鉄道国有法により甲武鉄道は買収・国有化された。

　時代を遡った1893(明治26)年2月6日の鉄道会議で、中央線八王子〜諏訪・西筑摩郡〜名古屋間の線路が答申された。1896(明治29)年12月に中央線八王子〜甲府間の建設工事が着工され、削岩機に初めて電動機を使用して笹子トンネル掘削工事が進められた。1901(明治34)年8月1日に八王子〜上野原間、1902(明治35)年6月1日に上野原〜鳥沢間、同年10月1日に鳥沢〜大月間、1903(明治36)年2月1日に大月〜初鹿野(現・甲斐大和)間、同年6月11日に初鹿野〜甲府間、同年12月15日に甲府〜韮崎間、1904(明治37)年12月韮崎〜富士見間、1905(明治38)年11月25日

32

▲高尾以西のいわゆる"山区間"を211系が走る。
猿橋〜鳥沢　2018.5.10

▲甲武鉄道時代から少しずつ都心へとターミナルを伸ばした中央本線。四ツ谷〜御茶ノ水間はもと江戸城の外堀沿いを活用した。
御茶ノ水〜水道橋　2019.5

▲複々線の中野〜三鷹間は、東京メトロ東西線も乗り入れる。05N系と特急「あずさ」の顔合わせの瞬間。西荻窪付近　2018.2.14

に富士見〜岡谷間、1906(明治39)年6月11日に岡谷〜塩尻間が開業した。すでに開業していた篠ノ井〜塩尻間を編入し、中央線は八王子〜篠ノ井間の路線となった。

1906(明治39)年10月1日、鉄道国有法により買収・国有化された甲武鉄道の御茶ノ水〜八王子間が編入され、御茶ノ水〜篠ノ井間を結ぶようになった。1908(明治41)年4月19日に御茶ノ水〜昌平橋間が延伸開業し、1909(明治42)年10月12日の国有鉄道線路名称制定により、昌平橋〜篠ノ井間が中央東線となった。

一方、名古屋から建設工事の始まった中央西線は、1900(明治33)年7月25日に名古屋〜多治見間、1902(明治35)年12月21日に多治見〜中津川間が開業した。さらに1908(明治41)年8月1日に中津川〜坂下間、1909(明治42)年7月15日に坂下〜三留野(現・南木曽)間、同年9月1日に三留野〜野尻間が延伸開業し、同年10月12日の国有鉄道線路名称制定により、名古屋〜野尻間が中央西線となった。同年12月1日に野尻〜須原間、1910(明治43)年10月5日に須原〜上松間、同年11月25日には上松〜木曽福島間が延伸開業し、中央西線名古屋〜木曽福島間が開通した。

中央東線は塩尻から名古屋方面へ向けて延伸工事を進め、1909(明治42)年12月1日に塩尻〜奈良井間が延伸開業。塩尻〜篠ノ井間を支線として、中央東線が昌平橋〜奈良井間となった。1910(明治43)年10月5日に奈良井〜藪原間、同年11月25日に藪原〜宮ノ越間、そして1911(明治44)年5月1日に宮ノ越〜木曽福島間が延伸開業し、中央東線と中央西線は木曽福島駅で接続。これにより、昌平橋〜塩尻〜名古屋間が中央本線、塩尻〜篠ノ井間が篠ノ井線となった。

1912(明治45)年4月1日、昌平橋〜万世橋間が延伸開業し、昌平橋駅が廃止となった。1919(大正8)年3月1日に万世橋〜東京間が延伸開業し、中野〜新宿〜御茶ノ水〜東京〜品川〜渋谷〜新宿〜池袋〜田端〜上野で山手線直通の「の」の字運転を開始した。電化区間は東京〜中野間であったが、1919(大正8)年1月25日に中野〜吉祥寺間、1922(大正11)年11月20日に吉祥寺〜国分寺間が電化した。

1925(大正14)年4月2日に代々木〜新宿間の汽車線と電車線が分離され、複々線となった。同年11月1日には神田〜上野間の高架鉄道が開通し、山手線の環状運転が開始されたのに伴い、中央線と山手線の「の」の字運転が終了した。1927(昭和2)年3月1日に汽車線が増設された代々木〜信濃町間、1928(昭和3)年5月11日に電車線が増設された新宿〜中野間が複々線となり、汽車線と電車線の分離・複々線化が進められた。

1928(昭和3)年11月15日に飯田橋駅が開業し、牛込駅と飯田町駅の電車線ホームが廃止された。1929(昭和4)年3月5日に国分寺〜国立間、同年6月16日に国立〜立川間の電化が完成し、東京〜立川間で電車運転を開始した。同年3月16日には信濃町〜飯田町間の汽車線増設により複々線化され、飯田町〜中野間の複々線化が完成した。1930(昭和5)年12月20日に立川〜浅川(現・高尾)間の電化が完成し、東京〜浅川間の電車運転が開始された。1931(昭和6)年4月1日に浅川〜甲府間が電化し、八王子〜甲府間で電気機関車の運転が開始された。1933(昭和8)年9月15日に飯田町〜御茶ノ水間が複々線化され、御茶ノ水〜中野間の汽車線と電車線が分離された。これに伴い、東京〜中野間に急行電車の運転を開始した。また、1934(昭和9)年4月2日、国分寺〜東京競馬場前間の支線が開業した。

戦後は1951(昭和26)年4月14日に三鷹〜武蔵野競技場前間の支線が開業し、電車運転が開始された。1952(昭和27)年に国分寺〜北府中信号場〜下河原間の貨物支線が開業。1959(昭和34)年10月31日限りで武蔵野競技場への支線が廃止となった。戦前に甲府駅まで電化開業して以来、非電化のままであったが、1962(昭和37)年5月21日に上諏訪〜辰野間が電化し、飯田線の電車が上諏訪まで乗り入れを開始した。1964(昭和39)年8月23日に甲府〜上諏訪間、1965(昭和40)年5月20日に辰野〜塩尻間および篠ノ井線塩尻〜南松本間が電化し、同年7月1日から新宿〜松本間に165系電車急行「アルプス」などが運転を開始した。1966(昭和41)年12月12日には新宿〜松本間に181系電車特急「あずさ」が運転を開始し、

33

▲懸案だった三鷹〜立川間の連続高架化も2003年にスタートし、次第に工事が進んだ。2010年、西国分寺〜立川間を最後に完成した。
立川〜国立　2010.11.7

▲松本方面との重要な幹線のため、貨物列車もいくつか設定されている。写真はＥＨ200形とタンク貨車。塩山〜勝沼ぶどう郷　2018.4.3

▲特急「踊り子」などで使用されているＥ257系は、中央本線でデビューした。西国分寺付近　2008.7.30

東京と信州を結ぶ幹線としての風格が備わった。

　1966(昭和41)年4月28日に中野〜荻窪間の高架・複々線が完成し、荻窪〜竹橋間で営団地下鉄東西線との直通運転を開始した。中央線緩行電車の荻窪延伸運転および快速電車の休日運転を開始した。1969(昭和44)年4月6日に荻窪〜三鷹間も高架・複々線が完成し、御茶ノ水〜三鷹間の快速線と緩行線が分離運転となった。なお、中野〜三鷹間は快速線の全駅にホームが設置された。緩行線が三鷹まで運転され、営団地下鉄東西線との相互直通運転は津田沼〜三鷹間となった。

　1973(昭和48)年4月1日に武蔵野線と接続する西国分寺駅が開業し、国分寺〜東京競馬場前間の支線が廃止となった。1982(昭和57)年5月17日に塩山駅が移転し、中央東線の駅スイッチバックが解消された。1983(昭和58)年7月5日に岡谷〜みどり湖〜塩尻間の新線が開通し、岡谷〜辰野〜塩尻間が支線となった。

　1987(昭和62)年4月1日、国鉄分割民営化により、東日本旅客鉄道(ＪＲ東日本)が中央東線を承継。日本貨物鉄道(ＪＲ貨物)が第二種鉄道事業者となった。重複していた東京〜神田間は東北本線、代々木〜新宿間は山手線の所属になった。1996(平成8)年3月16日に八高線八王子〜高麗川間が電化し、東京〜立川〜拝島〜高麗川間の直通列車が運転を開始した。2009(平成21)年1月11日に連続立体交差事業区間である三鷹〜立川間の下り線の高架化が完了し、同年12月6日には上り線の三鷹〜国分寺間、2010(平成22)年11月7日に全区間が高架化され、三鷹〜立川間の立体交差化が完成した2020(令和2)年3月13日、中央本線の快速電車車両による緩行線運用が終了となり、中央・総武線各駅停車は千葉〜御茶ノ水〜三鷹間の終日運転となった。

車窓

　東京〜高尾間は都心部のビル群、商業施設、住宅地、駅前商店街が車窓を飾り、高尾から小仏峠を越えると美しい渓谷の風景も広がる。大月からは上り勾配となり、険しい山中を抜けて甲府盆地に入る。勝沼ぶどう郷駅付近では広大なぶどう畑、さらに桃の果樹園も車窓に映し出される。甲府〜小淵沢〜茅野間は山岳路線で、果樹園の広がる奥に八ヶ岳連峰、さらに南アルプスの山並みが車窓に迫る。諏訪湖の輝く湖面と温泉街が過ぎると、塩嶺トンネルを抜けて塩尻に到着する。

車両

　松本車両センター(都モト)配置のＥ353系9両編成(Ｓ101〜Ｓ120編成)＋付属編成のＥ353系3両編成(Ｓ201〜Ｓ211編成)が、千葉・東京・新宿〜松本・南小谷間の特急「あずさ」と東京・新宿〜甲府・竜王間の特急「かいじ」、新宿〜河口湖間の特急「富士回遊」、東京〜八王子間の特急「はちおうじ」、東京〜青梅間の特急「おうめ」に運用されている(白馬〜南小谷間、「はちおうじ」・「おうめ」での運転は2025年3月で終了)。基本は新宿方1〜3号車の付属編成＋4〜12号車の12両編成で、大月で分割する「富士回遊」には付属3両編成が使用されている。

　東京〜武蔵小金井・立川・豊田・八王子・高尾・大月・河口湖・青梅間の中央線快速電車は、豊田車両センター(都トタ)配置のＥ233系12両編成(Ｔ1〜Ｔ42・Ｔ71編成)とＥ233系12両編成(Ｈ43〜Ｈ59編成)が運用されている。東京〜大月・河口湖間は東京方8両編成＋付属4両編成のＨ編成限定で、富士山麓電気鉄道線には付属4両編成が乗り入れている。

　千葉・津田沼・西船橋〜中野・三鷹間の中央線・総武線各駅停車は、三鷹車両センター(都ミツ)配置のＥ231系500番代10両編成(Ａ501〜Ａ552編成)・Ｅ231系10両編成(Ｂ10〜Ｂ27編成・欠番あり)が運用されている。東京メトロ東西線経由の三鷹・中野〜西船橋・津田沼間の快速・普通列車には、Ｅ231系800番代10両編成(Ｋ1〜Ｋ7編成)が運用されている。

　立川・高尾〜大月・甲府・小淵沢・松本間の普通列車は、長野総合車両センター(都ナノ)配置の211系0・2000番代6両編成(Ｎ601〜Ｎ614編成)と211系1000・3000番代3両編成(Ｎ301〜Ｎ339編成)が運用されている。茅野〜辰野〜塩尻間の普通列車は、松本車両センター(都モト)配置のＥ127系2両編成(Ａ1〜Ａ12編成)を中心に運用されている。

Mile stone
中央本線

通勤路線、山岳路線の両面の性格と、
新宿駅や東京駅のターミナル〜内陸部との大動脈という性格
を併せ持っていた。

▲キハ25形によるＤＣ準急「房総」。房総への列車はこの頃からすでに新宿発の列車が運転されていた。新宿駅　1960.7

▲高尾〜相模湖間の小仏トンネルの複線化工事。1962.9.6

▲スイッチバック時代の初狩駅。現在でも複雑な構内の敷地に面影が残っている。1971.5.19

▲新宿〜甲府間の新しい電車特急が誕生。「あずさ1号」出発式。
甲府駅　1972.10.2

▲新宿駅アルプスの広場は、夜行列車に乗るハイカーの待合所になっていた。現在は「アルプス化粧室」の名のみ残っている。
新宿駅アルプスの広場　1979.1.13

▲オール2階建て電車の215系が、初めて中央本線を走行。
西国分寺駅　1993.5.9

35

駅解説

 御茶ノ水 おちゃのみず
神田から1.3 km(1.3 km)
1904(明治37)年12月31日
東京都千代田区神田駿河台2丁目
160,278人

学生の町、楽器店の町と多くの表情を持つ。高林寺の湧水がお茶をたてる水に献上された故事に由来。

御茶ノ水駅　2024.12.9

JB17 水道橋 すいどうばし
2.1 km(0.8 km)
1906(明治39)年10月24日
東京都千代田区三崎町2丁目
125,776人

東京ドームや後楽園ホールへの最寄り。水道橋とは、江戸時代に架けられた掛樋(水道の橋)があったことから。

JB16 飯田橋 いいだばし
3.0 km(0.9 km)
1928(昭和3)年11月15日
東京都千代田区飯田橋4丁目
124,120人

徳川入府の際、案内した飯田喜兵衛から飯田町と付けられ、外堀の端にも命名された。旧留置線跡にホームが移動し、急カーブが解消された。

JB15 市ケ谷 いちがや
4.5 km(1.5 km)
1895(明治28)年3月6日
東京都千代田区五番町
92,626人

外堀跡沿いにあり、春の桜は有名。駅の南側は江戸時代の大名屋敷、近代の高級住宅地で、閑静なエリアだ。

JC04 JB14 四ツ谷 よつや
5.3 km(0.8 km)
1894(明治27)年10月9日
東京都新宿区四谷1丁目
159,008人

周辺の4つの谷、甲州街道沿いの4つの屋など由来には諸説。迎賓館や大学、高級住宅街など、独特の表情を持つ。

JB13 信濃町 しなのまち
6.6k km(1.3 km)
1894(明治27)年10月9日
東京都新宿区信濃町
38,594人

信濃守の官職だった永井尚政の下屋敷があったことに由来。駅の南に神宮外苑や神宮球場、西に慶応義塾大学病院がある。

JB12 千駄ケ谷 せんだがや
7.3 km(0.7 km)
1904(明治37)年8月21日
東京都渋谷区千駄ヶ谷1丁目
29,220人

谷間に稲が千駄あったから、茅の原で千駄の茅を刈り取ったなどの由来は諸説。東京体育館、国立競技場の最寄り駅。

JY18 JB11 代々木 よよぎ
8.3 km(1.0 km)

JC05 JB10 JY17 JA11 JS20 新宿 しんじゅく
9.0 km(0.7 km)

JB09 大久保 おおくぼ
10.4 km(1.4 km)
1895(明治28)年5月5日
東京都新宿区百人町1丁目
44,558人

大きな窪地があったことが由来の一説。周辺は多国籍タウンの雰囲気で、アジア料理店なども多い。

JB08 東中野 ひがしなかの
11.5 km(1.1 km)
1906(明治39)年6月14日
1917(大正6)年1月1日(柏木)
東京都中野区東中野4丁目
68,824人

西側を山手通、東側を神田川と坂の途中に駅がある。周辺は住宅街。柏木とは地域の旧称。

JC06 JB07 中野 なかの
13.4 km(1.9 km)
1889(明治22)年4月11日
東京都中野区中野5丁目
239,692人(東京メトロを含む)

中野区の玄関駅。サブカルチャーの町とも言われ、活気ある中野サンモール商店街がある。「武蔵野台地の中ほど」など語源は諸説。

中野駅　2011.5.13

JC07 JB06 高円寺 こうえんじ
14.8 km(1.4 km)
1922(大正11)年7月15日
東京都杉並区高円寺南4丁目
86,592人

古着屋やライブハウスなど、若者文化の町。江戸時代は鷹狩りの地で、徳川家光が宿鳳山高円寺を気に入り、村名を「高円寺村」に改名したのが由来。

JC08 JB05 阿佐ケ谷 あさがや
16.0 km(1.2 km)
1922(大正11)年7月15日
東京都杉並区阿佐谷南3丁目
76,512人

桃園川の浅い谷が由来の一説。関東大震災後、移住者が増えた地域で、七夕まつり、ジャズストリートなどの地域イベントが多い。

JC09 JB04 荻窪 おぎくぼ
17.4 km(1.4 km)
1891(明治24)年12月21日
東京都杉並区上荻1丁目
152,460人

関東大震災後に移住者が増え、与謝野晶子はその一人。南にある荻外荘は、旧近衛文麿宅だ。荻が多く自生していたことが由来の一説。

JC10 JB03 西荻窪 にしおぎくぼ
19.3 km(1.9 km)
1922(大正11)年7月15日
東京都杉並区西荻南3丁目
79,272人

通称「ニシオギ」と呼ばれ、荻窪とはちょっと違う個性が人気の町。アンティークショップやカフェなどが集まる。

JC11 JB02 吉祥寺 きちじょうじ
21.2 km(1.9 km)
1899(明治32)年12月30日
東京都武蔵野市吉祥寺南町1丁目
237,730人

住みたい町として常に上位にランクイン。交通至便、ショッピング、グルメ、公園などがそろう。江戸城内に由来する吉祥寺の門前の住民が移住し、吉祥寺村としたのが始まり。

JC12 JB01 三鷹 みたか
22.8 km(1.6 km)
1930(昭和5)年6月25日
東京都三鷹市下連雀3丁目
158,830人

地名は「三領の鷹場」から。戸建て住宅が広がる閑静な郊外で文士の町。武者小路実篤や山本有三のほか、太宰治はたびたび三鷹を著作に登場させている。

JC13 武蔵境 むさしさかい
24.4 km(1.6 km)
1889(明治22)年4月11日
1919(大正8)年7月1日(境)
東京都武蔵野市境1丁目
116,492人

西武多摩川線が接続。駅周辺のショッピング施設の充実で知られる。また、東京都水道局境浄水場が駅の北側に。駅名は旧国名＋町名で、江戸時代の開発者の名、境本が語源の一説。

高架化記念出発式　武蔵小金井駅　2009.12.12

東小金井 ひがしこがねい
JC14

26.1 km（1.7 km）
開 1964（昭和39）年9月10日
住 東京都小金井市梶野町5丁目
乗 55,210人

　駅名は「小金井市の東部」で、地元の請願によって誕生した。南に住宅街が広がり、東京農工大小金井キャンパスも接する。

武蔵小金井 むさしこがねい
JC15

27.8 km（1.7 km）
開 1926（大正15）年1月15日
住 東京都小金井市本町6丁目
乗 106,684人

　小金井市の中心駅。東京学芸大学や小金井公園などが市内にある一方で、駅周辺は商業施設やオフィスビルが集まる。

国分寺 こくぶんじ
JC16

30.1 km（2.3 km）
開 1889（明治22）年4月11日
住 東京都国分寺市本町2丁目
乗 189,468人

　西武国分寺線と多摩湖線が接続。奈良時代、全国に建てられた国分寺に由来し跡地が駅の南に。かつて分岐していた下河原線の敷地が、南側の駅ビルになっている。

西国分寺 にしこくぶんじ
JC17 JM33

31.5 km（1.4 km）
開 1973（昭和48）年4月1日
住 東京都国分寺市西恋ヶ窪2丁目
乗 50,840人

　駅名は「国分寺駅の西」から。接続する武蔵野線開業とともに誕生。駅を中心に町が形成され「ニシコク」の愛称で親しまれている。

国立 くにたち
JC18

33.2 km（1.7 km）
開 1926（大正15）年4月1日
住 東京都国立市北1丁目
乗 90,396人

　一橋大学や国立音楽大学などが集まる文教都市。駅名は国分寺と立川の一字を採ったもので、のちに行政名も1951（昭和26）年、谷保村から国立町に改名されている。

国立駅　2013.8.26

立川 たちかわ
JC19 JN26

36.2 km（3.0 km）
開 1889（明治22）年4月11日
住 東京都立川市曙町2丁目
乗 288,914人

　南武線と青梅線、多摩都市モノレールが接続。立川市の中心駅で首都圏西郊を代表する町のひとつで、立川飛行場跡地の開発が発展を後押しした。多摩川の高い水音「立ち」など、由来には諸説。

立川駅　2011.4.8

日野 ひの
JC20

39.5 km（3.3 km）
開 1890（明治23）年1月6日
住 東京都日野市大坂上1丁目
乗 42,746人

　日野市の中心駅で、原風景をイメージした古民家風駅舎で知られる。府中国府の狼煙台・火野など、由来には諸説ある。

豊田 とよだ
JC21

41.8 km（2.3 km）
開 1901（明治34）年2月22日
住 東京都日野市豊田4丁目
乗 58,778人

　北に大工場や郊外型ショッピングセンター、南は住宅街、さらに西に豊田車両センターがあり、生活拠点の町が形成。豊かな田んぼが由来の一説。

八王子 はちおうじ
JC22 JH32

46.1 km（4.3 km）
開 1889（明治22）年8月11日
住 東京都八王子市旭町1丁目
乗 144,202人

　首都圏西郊の要衝で横浜線と八高線が分岐。多摩地域を代表する町のひとつに発展している。深沢山（八王子城）に牛頭天王と8人の王子が現れたという故事に由来。

西八王子 にしはちおうじ
JC23

48.5 km（2.4 km）
開 1939（昭和14）年4月1日
住 東京都八王子市千人町2丁目
乗 55,998人

　駅名は「八王子駅の西側」から。中央線のアクセスの良さから宅地化が進み、八王子郊外の生活都市になっている。

高尾 たかお
JC24

51.8 km（3.3 km）
開 1901（明治34）年8月1日
改 1961（昭和36）年3月20日（浅川）
住 東京都八王子市高尾町
乗 47,870人

　京王高尾線が接続。北口の木造駅舎は大正天皇の大喪列車の始発駅「新宿御苑仮停車場」を移築したもので、北方にある皇室御陵を見つめている。

高尾駅の天狗像は1978年に設置　20011.4.8

相模湖 さがみこ
JC25

61.3 km（9.5 km）
開 1901（明治34）年8月1日
改 1956（昭和31）年4月10日（与瀬）
住 神奈川県相模原市緑区与瀬
乗 3,496人

　相模ダムの完成で相模湖が誕生したことから駅名を改称。相模湖観光の拠点になっている。

藤野 ふじの
JC26

65.0 km（3.7 km）

開1943(昭和18)年7月15日
住神奈川県相模原市緑区小渕
乗3,630人

駅名は地域名称で、フジの花が咲く野が語源。相模川の河岸段丘面に駅と町が成立している。

 上野原 うえのはら

68.5 km(3.5 km)
開1901(明治34)年8月1日
住山梨県上野原市新田
乗8,412人

上野原市の中心駅で、相模川の河岸段丘崖に駅がある。駅の北側に、崖上に広がる平原の語源通りの地形に町が広がる。

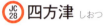 四方津 しおつ

72.7 km(4.2 km)
開1910(明治43)年12月15日
住山梨県上野原市四方津
乗2,448人

地名は「四方を山に囲まれた所」を指し、桂川段丘面に駅があるが、北側に住宅地・コモアしおつが広がっており、駅前とは斜行エレベーター、コモア・ブリッジで繋がっている。

 梁川 やながわ

76.3 km(3.6 km)
開1949(昭和24)年4月1日
住山梨県大月市梁川町網之上

地名は簗かけ場があったことから。島式ホーム1面2線で、駅舎とホームがこ線橋で結ばれる構内。

 鳥沢 とりさわ

79.9 km(3.6 km)
開1902(明治35)年6月1日
住山梨県大月市富浜町鳥沢

旧甲州街道の宿場町で、上鳥沢宿と下鳥沢宿の合宿形態だった。地名は西の猿橋と東の犬目の中間で、十二支から鳥沢と名付けた、という説も。

 猿橋 さるはし

84.0 km(4.1 km)
開1902(明治35)年10月1日
住山梨県大月市猿橋町殿上

地名は日本三奇橋・猿橋から。猿の橋渡しをヒントに架橋したと言われ、江戸時代の浮世絵などにも描かれている。

 大月 おおつき

86.5 km(2.5 km)
開1902(明治35)年10月1日

大月駅　2006.9.22

住山梨県大月市大月1丁目
乗8,260人

大月市の中心駅。桂川の広い河岸段丘上にあり、甲州街道の宿場町として発展し、養蚕や絹織物の特産地だった。

 初狩 はつかり

92.6 km(6.1 km)
開1910(明治43)年2月10日
住山梨県大月市初狩町下初狩

かつてはスイッチバック駅で現在も名残がある。旧甲州街道初狩宿で、本陣跡などが面影を伝える。

 笹子 ささご

99.1 km(6.5 km)
開1903(明治36)年2月1日
住山梨県大月市笹子町黒野田

甲州街道きっての難所、笹子峠のふもとで、旧宿場町として栄えた町。開業当初はスイッチバックの駅だった。地名は笹が多く生えていたことから。

 甲斐大和 かいやまと

105.2 km(6.1 km)
開1903(明治36)年2月1日
改1993(平成5)年4月1日(初鹿野)
住山梨県甲州市大和町初鹿野

笹子トンネルの出口にあたり、単式ホーム1面1線と島式ホーム1面2線。近隣の景徳寺で最期を迎えたと言われる武田勝頼の像が北側に立つ。

 勝沼ぶどう郷 かつぬまぶどうきょう

111.2 km(6.0 km)
開1913(大正2)年4月8日
改1993(平成5)年4月1日(勝沼)
住山梨県甲州市勝沼町菱山

日本ワイン発祥地で特産ワインのPRで駅名が改称。周辺にはぶどう畑が広がるほか、駅前には桜600本の甚六桜公園がある。

 塩山 えんざん

115.6 km(4.4 km)
開1903(明治36)年6月11日
住山梨県甲州市塩山上於曽
乗2,998人

地名は山名で、市域にある「塩ノ山」から。武田信玄が推奨したといわれる保存食、枯露柿の名産地。

 東山梨 ひがしやまなし

118.8 km(3.2 km)
開1957(昭和32)年2月5日
住山梨県山梨市三ヶ所

相対式ホーム2面2線の構内。地元の請願駅で、甲府市郊外の宅地化も進み東山梨団地が近隣にある。

 山梨市 やまなしし

120.9 km(2.1 km)
開1903(明治36)年6月11日
改1962(昭和37)年1月15日(日下部)
住山梨県山梨市上神内川
乗2,888人

山梨市市制にあわせて改称。山梨=ヤマナシの木で、奈良時代から山梨郡として記録されている。

春日居町 かすがいちょう

123.7 km(2.8 km)
開1954(昭和29)年12月1日
改1993(平成5)年4月1日(別田)
住山梨県笛吹市春日居町別田393-5

古代、春日という地で、居=住む場所。果樹栽培が盛んで、種無しブドウの発祥地。春日居温泉としても知られる。

石和温泉 いさわおんせん

126.5 km(2.8 km)
開1903(明治36)年6月11日
改1993(平成5)年4月1日(石和)
住山梨県笛吹市石和町松本177-1
乗5,010人

石和温泉の玄関駅。1961(昭和36)年に温泉が湧出し、当初は青空温泉だった。温泉と果物の町で、北にある山梨岡神社は県名の語源とも。

酒折 さかおり

129.9 km(3.4 km)
開1926(大正15)年2月11日
住山梨県甲府市酒折1丁目

日本武尊東征の帰路に立ち寄ったとされる酒折宮に知られる地域。坂道が折れ曲がった「坂折」が由来の一説。

甲府 こうふ

132.8 km(2.9 km)
開1903(明治36)年6月11日
住山梨県甲府市丸の内1丁目
乗23,780人

山梨県都の駅。戦国時代の武田氏の拠点で、江戸時代の甲州街道の宿場町。「甲斐国の府中」が地名の由来。

開業103周年記念「かふふ驛煉瓦ひろば」竣工　2006.6.11

車窓メモリアル

中央本線　中野界隈

サブカルチャーの町

駅のホームから見えた中野サンプラザ。
この車窓もまた、中野をシンボリックな町に印象付けた。
2015.4.25
撮影：山口雅人

　中央本線の下り列車は新宿駅を出発すると大きく西へカーブするが、そのカーブが終わると中野である。東京のサブカルチャー発信地とも言われ、中野サンプラザがランドマークとして君臨したことからも伺えるように若者を中心に人気があり、それでいて中野サンモールなどの活気あふれる商店街もあり、新宿や東京なども乗り換えなしで行ける地の利から、利便性が高い生活都市としても知られる。

　中央本線は、この中野～立川間がほぼ直線であるが、これは当初、甲州街道や青梅街道添いの住民から敷設計画の反対を受け、仕方なく地図上に定規で直線に計画線を敷いたという定説は有名で、そもそも中央本線沿線は江戸時代までは雑木林や桑畑であった。中野が発展するのは1889（明治22）年に甲武鉄道（中央本線の前身）が開通し、陸軍の施設ができてからだが、以後、鉄道の力は大きく、それまでは青梅街道沿いや甲州街道沿いが主だった賑わいが、中央線沿線に引き寄せられた。のちに青梅街道沿いには西武軌道が、甲州街道沿いには京王帝都が鉄道を敷いて、中央線の後を追っている。

　今日の中野の印象を作ったもののひとつは、1973（昭和48）年に開館した全国勤労青少年会館、中野サンプラザであろう。中野駅北口から徒歩で行ける近さとともに、収容2000名規模の客席数を持つイベントホールがコンサートやテレビ番組の公開収録に使われて、大いに知名度を上げた。コンサートなどで他地域から常に若者集まり、中野のサブカル文化を常に刺激してきた側面がある。

　もっとも、中野の歴史をさかのぼると江戸時代、「生類憐みの令」による犬保護のための犬小屋が設置され、徳川吉宗が好んで鷹狩りに訪れたところであり、ある意味、これもサブカルだったと言えるかもしれない。

青梅線・五日市線

おうめせん・いつかいちせん

区間・距離	立川～奥多摩 37.2km
駅数	25
運転方式	電化
全通	1944(昭和19)年7月1日

区間・距離	拝島～武蔵五日市 11.1km
駅数	7
運転方式	電化
全通	1925(大正14)年4月21日

▲東京アドベンチャーラインの愛称を持つ青梅線。全線で多摩川左岸に沿って走る。二俣尾～軍畑　2018.10.14

▲私鉄の五日市鉄道が前身の五日市線は、セメント輸送線としても機能した。
武蔵引田　2016.4.30　写真：結解学

歴史

【青梅線】

　1894(明治27)年11月19日、軌間が762mmの青梅鉄道立川～青梅間が開業した。1895(明治28)年12月28日に青梅～日向和田間が開業。この区間は貨物線であったが、1898(明治31)年3月10日から旅客営業を開始。1908(明治41)年2月18日には軌間を1,067mmに改軌した。1920(大正9)年1月1日に日向和田～二俣尾間が延伸開業し、1923(大正12)年4月25日に立川～二俣尾間が電化した。

　1929(昭和4)年5月3日、社名を青梅電気鉄道に変更。同年9月1日に二俣尾～御嶽間が延伸開業した。1931(昭和6)年11月15日、南武鉄道の立川駅との間に貨物連絡線が開業し、青梅電気鉄道の貨物列車が南武鉄道に直通運転を開始した。

　1944(昭和19)年4月1日、青梅電気鉄道は買収・国有化され、青梅線となった。同年7月1日に御嶽～氷川(現・奥多摩)間が延伸開業。この区間は奥多摩電気鉄道が建設中であった未成線で、開業前の4月1日に買収・国有化されていた。

　1987(昭和62)年4月1日、国鉄分割民営化により、東日本旅客鉄道(JR東日本)が承継。日本貨物鉄道(JR貨物)が第二種鉄道事業者となった。1996(平成8)年3月16日の八高線電化で、八高線から立川までの直通運転を開始した。2022(令和4)年3月12日に朝夕に設定されていた八高線の直通運転を廃止した。

【五日市線】

　1925(大正14)年4月21日、五日市鉄道拝島仮停車場～五日市(現・武蔵五日市)間が開業した。同年5月15日に青梅電気鉄道拝島駅まで延伸して仮停車場を廃止。同年6月1日に五日市駅を武蔵五日市駅に改称し、同年9月20日に武蔵五日市～武蔵岩井間が延伸開業した。1930(昭和5)年7月13日、青梅電気鉄道の南側を通るルートで立川～拝島間が開業し、立川～武蔵五日市～武蔵岩井間の路線となった。1940(昭和15)年10月3日に南武鉄道に吸収合併され、南武鉄道五日市線となった。1943(昭和18)年4月1日、青梅電気鉄道とともに南武鉄道は買収・国有化され、青梅線・南武線・五日市線となった。同年10月11日には青梅線と重複する立川～拝島間が戦時下の不要不急線として休止になり、戦後も復旧することなく廃止となった。

　1961(昭和36)年4月17日、全線電化が完成して電車運転となった。1971(昭和46)年2月1日、大久野～武蔵岩井間が廃止となり、武蔵五日市～大久野間は貨物支線となった。1982(昭和57)年11月15日には貨物支線も廃止となり、五日市線は拝島～武蔵五日市間となっている。

車窓

【青梅線】
　立川～青梅間は市街地の中を走るが、青梅～奥多摩間は線路愛称「東京アドベンチャーライン」が示すように、多摩川の渓谷に沿うように走るため、車窓の風景が美しい絵画のように見える区間が多くある。

【五日市線】
　熊川～東秋留間で多摩川の鉄橋を渡る時に視界が開け、奥多摩の山並みを遠望できる。野菜畑や雑木林ののどかな風景が続き、山が迫ってくると高架橋に上がって武蔵五日市駅に到着する。

車両

【青梅線】
　立川～青梅間の中央線直通列車は、豊田車両センター（都トタ）配置のE233系12両編成（T1～T42・T71編成）とE233系12両編成（H43～H59編成）が運用されている。

【青梅線・五日市線】
　立川～青梅間の普通列車は、豊田車両センター（都トタ）配置のE233系6両編成（青660～青669編成）とE233系4両編成（青461・462・464編成）が運用されている。なお、青梅～奥多摩間はE233系4両編成（P518・521・523～525編成）のワンマン運転となる。

駅解説

青梅線

JC51 西立川 にしたちかわ
立川から 1.9 km (1.9 km)
開 1930（昭和5）年7月16日
住 東京都立川市富士見町1丁目
乗 11,858人
　駅名は「立川駅の西」。駅の北側には国営昭和記念公園が広がり、南側にはマンションが並ぶ。

JC52 東中神 ひがしなかがみ
2.7 km (0.8 km)
開 1942（昭和17）年7月1日
改 1944（昭和19）年4月1日（東中神停留場）
住 東京都昭島市玉川町1丁目
乗 12,954人
　駅名は「中神駅の東」から。相対式ホーム2面2線と橋上駅舎の構内。

JC53 中神 なかがみ
3.6 km (0.9 km)
開 1908（明治41）年7月19日
住 東京都昭島市朝日町1丁目
乗 21,206人
　駅名にもある中神とは旧村名。相対式ホーム2面2線と橋上駅舎の構内。

JC54 昭島 あきしま
5.0 km (1.4 km)
開 1938（昭和13）年12月25日
改 1959（昭和34）年10月1日（昭和前）
住 東京都昭島市昭和町2丁目
乗 43,414人
　市名は戦後、昭和村と拝島村が合併して誕生。駅の北にはその語源のひとつとも言われる昭和飛行機工業の工場が広がる。

JC55 拝島 はいじま
6.9 km (1.9 km)
開 1894（明治27）年11月19日
住 東京都昭島市松原町4丁目

乗 52,628人
　八高線、五日市線、西武拝島線が接続する要衝。駅名は旧村名で、多摩川の中洲に流れついた大日如来観音像を拝んだことに由来するという。

JC56 牛浜 うしはま
8.6 km (1.7 km)
開 1944（昭和19）年7月1日
住 東京都福生市牛浜
乗 8,038人
　駅名は旧村名で、古くから牛の放牧地だったことが由来のひとつ。

JC57 福生 ふっさ
9.6 km (1.0 km)
開 1894（明治27）年11月19日
住 東京都福生市本町
乗 27,684人
　福生市の中心駅で市役所が最寄り。旧村名「福生村」に由来するが、北方からの敵を塞ぐ要地を意味するとも。

自由通路がある福生駅　2024.12.12

JC58 羽村 はむら
11.7 km (2.1 km)
開 1894（明治27）年11月19日
住 東京都羽村市羽東1丁目
乗 22,878人
　駅名は旧村名から。現在は工業都市だが、かつては農業が盛んで、玉川上水の取水口が作られている。

JC59 小作 おざく
14.1 km (2.4 km)
開 1894（明治27）年11月19日
住 東京都羽村市小作台5丁目
乗 27,972人
　駅名は旧村名から。江戸時代は農業が盛んで、米や野菜の生産地だった。羽村堰や玉川上水なども、関わりが深い。
　JR3線と私鉄1線が接続する広い構内。2024.12.12

JC60 河辺 かべ
15.9 km (1.8 km)
開 1927（昭和2）年2月20日
住 東京都青梅市河辺町5丁目
乗 23,176人
　町名は「多摩川の河辺」から。青梅市東郊の住宅地のほか、駅前に河辺温泉がある。

JC61 東青梅 ひがしおうめ
17.2 km (1.3 km)
開 1932（昭和7）年10月10日
住 東京都青梅市東青梅1丁目
乗 11,542人
　駅名は「青梅市の東部」から。青梅線は当駅から西が単線となり、単式ホーム1線だが、複線用地は確保されている。

JC62 青梅 おうめ
18.5 km (1.3 km)
開 1894（明治27）年11月19日
住 東京都青梅市本町
乗 10,382人
　多摩川扇状地の扇頂にある町。平将門の梅木が青い実で残っていた故事が地名の由来。大正期のコンクリート製駅舎が戦前のモダニズムを醸している。

青梅駅の駅舎は旧青梅鉄道時代の本社社屋だ
2006.4.29

JC63 宮ノ平 みやのひら
20.6 km (2.1 km)
開 1914（大正3）年4月1日
住 東京都青梅市日向和田2丁目
　島式ホーム1面2線で、待避線もある構内。開業当初は貨物駅だった。駅名は地域名から。

JC64 日向和田 ひなたわだ
21.4 km (0.8 km)
開 1895（明治28）年12月28日
住 東京都青梅市日向和田3丁目
　単式ホーム1面1線でログハウス風の駅舎た

建つ。駅名は駅周辺の地名に由来する。

🅙🅒65 石神前 いしがみまえ
22.4 km (1.0 km)
開 1928 (昭和3) 年10月13日
改 1944 (昭和19) 年4月1日 (楽々園)
　1947 (昭和22) 年3月1日 (三田村)
住 東京都青梅市二俣尾1丁目

　駅名は隣接する石神社から。大正時代、青梅鉄道が開設した遊園地「青梅鉄道楽々園」があった。

🅙🅒66 二俣尾 ふたまたお
23.6 km (1.2 km)
開 1920 (大正9) 年1月1日
住 東京都青梅市二俣尾4丁目

　駅名は地名からで、川の合流点を指す。島式ホーム1面で側線を持つ構内。

🅙🅒67 軍畑 いくさばた
24.5 km (0.9 km)
開 1929 (昭和4) 年9月1日
改 1944 (昭和19) 年4月1日 (軍畑停留場)
住 東京都青梅市沢井1丁目

　駅の東にある辛垣城での北条氏の戦が由来。単式ホーム1面1線。

🅙🅒68 沢井 さわい
25.9 km (1.4 km)
開 1929 (昭和4) 年9月1日
住 東京都青梅市沢井2丁目

　地名は多摩川の支流が集まる沢と古地名・井に由来。東京の老舗酒造所がある。

🅙🅒69 御嶽 みたけ
27.2 km (1.3 km)
開 1929 (昭和4) 年9月1日
住 東京都青梅市御岳本町

　御岳山や武蔵御嶽神社の入口の駅で、多くのハイキング客が利用する。駅名もこの山にちなみ、唐破風屋根の神社風駅舎になっている。

御嶽駅は御岳山の入り口　2018.7.18

🅙🅒70 川井 かわい
30.0 km (2.8 km)
開 1944 (昭和19) 年7月1日
住 東京都西多摩郡奥多摩町川井

　地名は「川の合流点」で、駅の南側で多摩川と大丹波川が合流する。近隣の川井八雲神社は地域の守り神。

🅙🅒71 古里 こり
31.6 km (1.6 km)
開 1944 (昭和19) 年7月1日

住 東京都西多摩郡奥多摩町小丹波

　駅名は地域名からで、河岸段丘上の小丹波集落にある。地域の守り神、熊野神社には農村舞台と石桟敷があり、東京都文化財指定。

🅙🅒72 鳩ノ巣 はとのす
33.8 km (2.2 km)
開 1944 (昭和19) 年7月1日
住 東京都西多摩郡奥多摩町棚沢

　紅葉の名所、鳩ノ巣渓谷の最寄り駅。熊野神社に伝わる奉納獅子舞は8月の第三日曜日。

🅙🅒73 白丸 しろまる
35.2 km (1.4 km)
開 1944 (昭和19) 年7月1日
住 東京都西多摩郡奥多摩町白丸

　白丸ダムと白丸湖が最寄り。水上アクティビティや秋の紅葉など、奥多摩の人気観光スポット。

🅐🅐74 奥多摩 おくたま
37.2 km (2.0 km)
開 1944 (昭和19) 年7月1日
改 1971 (昭和46) 年2月1日 (氷川)
住 東京都西多摩郡奥多摩町氷川
乗 1,614人

　奥多摩湖ほか奥多摩観光の拠点駅で、山小屋風の駅舎がランドマーク。奥多摩町役場も駅前にある。

「おくたまマルシェ」開催日の奥多摩駅
2017.11.18

五日市線

🅙🅒81 熊川 くまがわ
拝島から 1.1 km (1.1 km)
開 1931 (昭和6) 年5月28日
住 東京都福生市熊川北

　駅名は地名からで、単式ホーム1面1線。駅の北側に玉川上水が流れ、熊川分水がある。

🅙🅒82 東秋留 ひがしあきる
3.5 km (2.4 km)
開 1925 (大正14) 年4月21日
住 東京都あきる野市野辺
乗 8,086人

　駅名は旧村名から。島式ホーム1面2線で、上下線それぞれに踏切が設置されている。

🅙🅒83 秋川 あきがわ
5.7 km (2.2 km)
開 1925 (大正14) 年4月21日
改 1987 (昭和62) 年3月31日 (西秋留)
住 東京都あきる野市油平

乗 11,464人

　宅地化が進むエリアで、東京サマーランドの最寄り駅。あきる野市役所へは東へ0.7km。

🅙🅒84 武蔵引田 むさしひきだ
7.2 km (1.5 km)
開 1926 (大正15) 年10月1日
改 1944 (昭和19) 年4月1日 (病院前)
住 東京都あきる野市下引田
乗 7,222人

　駅名は旧国名＋旧村名。郊外型の巨大なショッピングモールが北方にあり、宅地開発も進む。南側は畑地が広がる。

平屋の駅舎が残る　2024.12.12

🅙🅒85 武蔵増戸 むさしますこ
8.5 km (1.3 km)
開 1925 (大正14) 年4月21日
改 1925 (大正14) 年5月16日 (増戸)
住 東京都あきる野市伊奈
乗 4,390人

　駅名は旧村名から。単式ホーム1面と島式ホーム1面2線の構内で列車交換も行なわれる。

2011年完成の駅舎　2024.12.12

🅙🅒86 武蔵五日市 むさしいつかいち
11.1 km (2.6 km)
開 1925 (大正14) 年4月21日
改 1925 (大正14) 年6月1日 (五日市)
住 東京都あきる野市館谷
乗 7,154人

　五日市は秋川の谷口集落で、木材や炭の集散地として発展。5日ごとの市が立ったことが由来。現在は秋川渓谷の観光拠点にも。

秋の渓谷や奥多摩登山の拠点、武蔵五日市駅
2024.12.12

八高線

はちこうせん

区間・距離	八王子〜倉賀野 92.0km
駅数	23
運転方式	電化（八王子〜高麗川）・非電化（高麗川〜倉賀野）
全通	1934(昭和9)年10月6日

▲八高線は、関東山地東麓に成立した谷口集落の町を通りながら八王子〜倉賀野間を結ぶ。高麗川以南は電化されE231系が活躍する。　金子〜箱根ヶ崎　2019.3.13

歴史

「東京府八王子ヨリ埼玉県飯能ヲ経テ群馬県高崎ニ至ル鉄道」として改正鉄道敷設法別表第51号に記載された路線で、北と南から敷設工事が開始された。1931(昭和6)年7月1日に八高北線倉賀野〜児玉間が開業し、続いて同年12月10日に八高南線八王子〜東飯能間が開業した。1933(昭和8)年1月15日に八高北線児玉〜寄居間、同年4月15日に八高南線東飯能〜越生間、1934(昭和9)年3月24日に八高南線越生〜小川町間が開業。同年10月6日に八高南線小川町〜寄居間が開業し、八高北線編入の八高南線を改称した八高線八王子〜倉賀野間が全通した。

1987(昭和62)年4月1日、国鉄分割民営化により、東日本旅客鉄道（JR東日本）が承継。日本貨物鉄道（JR貨物）が第二種鉄道事業者となった。1996(平成8)年3月16日、八王子〜高麗川間が電化し、高麗川駅を境に八高線の運転系統が電化・非電化区間で分離した。川越線川越駅（南古谷始発もある）まで直通運転が開始され、さらに拝島駅から青梅線・中央線への直通運転も行なわれるようになった。

2007(平成19)年3月18日から中央線直通の東京行きがE233系4両編成となったが、2022(令和4)年3月12日改正で八王子〜高麗川〜川越間がワンマン運転となり、それに伴って中央線東京への直通運転が終了した。

車窓

八王子〜高麗川間は、古くから甲州街道の宿場町として栄えた八王子の市街地を抜け、多摩川を渡れば青梅線や西武拝島線と接続する拝島。箱根ヶ崎界隈で特産の狭山茶の茶畑も車窓を飾るが、飯能の市街地が広がり、入間川を渡って東飯能、そして高麗川からは川越線に入る。

高麗川〜高崎間は、電化区間が住宅密集地を走るのに対し、非電化区間は里山の風景が点在する。駅周辺は住宅街や商店街などがあるが、駅間では田園風景や雑木林などが見える。東武東上線が接続する小川町は東京のベッドタウンとして発展。東武東上線と秩父鉄道が接続する寄居など古くからの街並みが広がっている。北藤岡駅を出ると高崎線と合流し、八高線の線路が終わる倉賀野に到着する。

車両

電化区間は、川越車両センター（都ハエ）配置のE231系3000番代4両編成（41〜46編成）と209系3500番代4両編成（51〜55編成）が、八王子〜高麗川〜川越間で運用されている。全列車がワンマン運転で、八王子〜川越間の直通列車がメインとなる。なお、早朝3本は川越車両センター出庫のため、南古谷駅始発となる。

非電化区間は、ぐんま車両センター（都クン）配置のキハ110・111・112形が1〜3両編成で運用されており、多くの列車がワンマン運転となる。

駅解説

北八王子 きたはちおうじ
八王子から 3.1 km (3.1 km)
🔓 1959(昭和34)年6月10日
🏠 東京都八王子市石川町
🚶 13,014人

戦後生まれの駅で、開設後、周辺に工場が集まった。駅名は「八王子市の北部」から。

小宮 こみや
5.1 km (2.0 km)
🔓 1931(昭和6)年12月10日
🏠 東京都八王子市小宮町

町名のルーツは近世の領名・小宮領と言われる。相対式ホーム2面2線。

拝島 (JC55) はいじま
9.9 km (4.8 km)

東福生 ひがしふっさ
12.7 km (2.8 km)
🔓 1931(昭和6)年12月10日
🏠 東京都福生市武蔵台1丁目

駅名は「福生市の東部」から。駅の東側は国道16号線で、その東には横田基地がある。

青梅線福生駅とも近い　2024.12.12

箱根ケ崎 はこねがさき
15.7 km (3.0 km)
🔓 1931(昭和6)年12月10日
🏠 東京都西多摩郡瑞穂町大字箱根ケ崎

狭山丘陵の西端にあたる。北500mにある狭山池の呼称・筥の池が地名の語源とされる。

金子 かねこ
20.5 km (4.8 km)
🔓 1931(昭和6)年12月10日
🏠 埼玉県入間市南峯

駅名は地域名から。入間市唯一のJR駅で、周辺は狭山茶の一大産地。

東飯能 ひがしはんのう
25.6 km (5.1 km)
🔓 1931(昭和6)年12月10日
🏠 埼玉県飯能市東町1丁目
🚶 10,076人

西武池袋線と接続。駅名は「飯能市の東部」からで、市役所は北へ約350m。

高麗川 こまがわ
31.1 km (5.5 km)
🔓 1933(昭和8)年4月15日
🏠 埼玉県日高市原宿
🚶 7,538人

駅名は西側を流れる川名からで、古代、高句麗からの渡来人に由来する。川越線が分岐する。

毛呂 もろ
36.9 km (5.8 km)
🔓 1933(昭和8)年4月15日
🏠 埼玉県入間郡毛呂山町岩井
🚶 1,330人

毛呂山町の玄関駅で、東の東武越生線東毛呂駅と東西で町を支える。毛呂＝ムラ、高句麗語の「もど」など、諸説ある。

越生 おごせ
39.6 km (2.7 km)
🔓 1933(昭和8)年4月15日
🏠 埼玉県入間郡越生町越生

東武越生線と接続。関東三大梅林のひとつ、越生梅林へは東へ3km。越生＝尾根越し説が有力。

明覚 みょうかく
44.8 km (5.2 km)
🔓 1934(昭和9)年3月24日
🏠 埼玉県比企郡ときがわ町番匠475-2番地

ログハウス風の駅舎を持つ。駅名は旧村名や妙覚寺が転化したなど諸説。ときがわ町役場へは北東へ1km。

小川町 おがわまち
52.8 km (8.0 km)
🔓 1934(昭和9)年3月24日
🏠 埼玉県比企郡小川町大塚
🚶 8,810人(東武鉄道を含む)

東武東上線と接続。小川町の中心駅で、和紙や絹などの伝統産業で知られ「武蔵の小京都」とも。町を流れる槻川が地名の由来。

竹沢 たけざわ
56.3 km (3.5 km)
🔓 1934(昭和9)年10月6日
🏠 埼玉県比企郡小川町勝呂

単式ホーム1面1線で、かつては交換施設もあった。駅舎内に約1000冊の本が置かれて自由に読むことができる。

折原 おりはら
60.3 km (4.0 km)
🔓 1934(昭和9)年10月6日
🏠 埼玉県大里郡寄居町西野入

単式ホーム1面1線。西側にハイキング地で知られる標高227mの車山がそびえる。山頂から鉢形城の曲輪が見えるのが山名の一説。

寄居 よりい
63.9 km (3.6 km)
🔓 1933(昭和8)年1月25日
🏠 埼玉県大里郡寄居町寄居
🚶 6,545人(東武鉄道・秩父鉄道を含む)

東武鉄道、秩父鉄道と接続。荒川の谷口集落で、寄居町の中心駅。ここでは秩父鉄道が最初に開通している。

用土 ようど
68.4 km (4.5 km)
🔓 1933(昭和8)年1月25日
🏠 埼玉県大里郡寄居町用土

駅舎は地域の交流施設を兼ねた造り。藤田康邦の隠居所とされる用土城址は南へ650m。

松久 まつひさ
71.1 km (2.7 km)
🔓 1933(昭和8)年1月25日
🏠 埼玉県児玉郡美里町甘粕

駅名は旧村名からで、美里町唯一の駅。ブルーベリー生産で知られ、植栽面積は約40ha。

児玉 こだま
75.9 km (4.8 km)
🔓 1931(昭和6)年7月1日
🏠 埼玉県本庄市児玉町児玉2482番地

駅名は旧町名からで、児玉町の中心部にあたる。江戸時代の国学者、塙保己一の出身地で、旧宅へは北西へ2km。

丹荘 たんしょう
80.0 km (4.1 km)
🔓 1931(昭和6)年7月1日
🏠 埼玉県児玉郡神川町植竹

駅名は旧村名からで、現在の神川町役場が駅に南にある。かつて上武鉄道が分岐しており、廃線跡が西へ延びる。

群馬藤岡 ぐんまふじおか
84.7 km (4.7 km)
🔓 1931(昭和6)年7月1日
🏠 群馬県藤岡市藤岡
🚶 2,058人

神流川と鮎川に挟まれた肥沃な台地。江戸時代の日野絹や明治時代の養蚕などで栄えた藤岡市の玄関駅。富士浅間神社＝富士岡が語源の一説。

群馬藤岡駅　2024.12.31

北藤岡 きたふじおか
88.4 km (3.7 km)
🔓 1961(昭和36)年2月21日
🏠 群馬県藤岡市立石

高崎線との分岐点にあり、もとは信号所だった。駅名は「藤岡市の北部」から。

倉賀野 くらがの
92.0 km (3.6 km)

東北本線系統

東北本線	東京〜※黒磯 日暮里〜尾久〜赤羽・ 赤羽〜武蔵浦和〜大宮 ※正式区間は〜盛岡
常磐線	日暮里〜※勝田 ※正式区間は〜岩沼
水郡線	水戸〜常陸大子 上菅谷〜常陸太田
高崎線	大宮〜高崎
川越線	大宮〜高麗川
上越線	高崎〜※水上 ※正式区間は〜宮内
両毛線	小山〜新前橋
水戸線	小山〜友部
日光線	宇都宮〜日光
烏山線	宝積寺〜烏山
信越本線	高崎〜横川

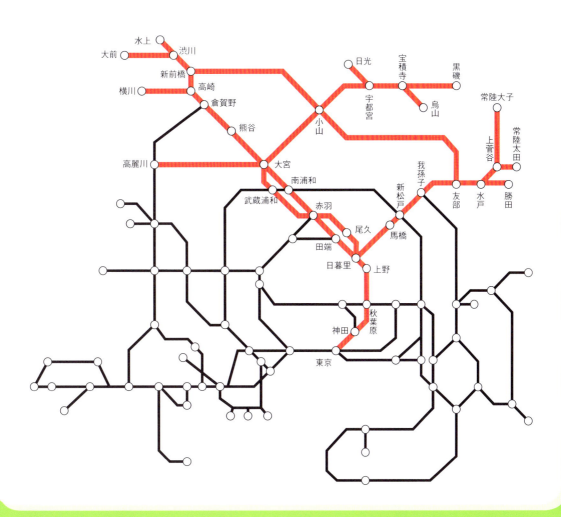

東北本線

とうほくほんせん

区間・距離	東京～盛岡 535.3km／日暮里～尾久～赤羽 7.6km／岩切～利府 4.2km
駅数	167／1／2
運転方式	電化／交流電化 20,000 V（黒磯～盛岡）
全通	1891(明治24)年9月1日＊上野～東京開業は1925(大正14)年11月1日／1929(昭和4)年6月20日／1890(明治23)年4月16日

▲東北本線の東京～大宮間は、新幹線開業前は東北、上越、信越方面を結ぶ幹線として機能した。幾本もの長距離優等列車が往来した区間を、今はE231系などの新鋭通勤車両が行き交う。尾久～赤羽　2013.10.30

歴 史

1872(明治5)年9月12日(太陽暦10月14日)、新橋(現・旧新橋停車場跡)～横浜(現・桜木町)間に日本初の鉄道が開業した。東西両京を結ぶ鉄道建設に続き、政府は主要な路線を選定して官設鉄道での開業を目指したが、1877(明治10)年2月15日に勃発した西南戦争で国庫を使い果たし、1880(明治13)年10月に中山道幹線東京～高崎間の工事着手の取消しを要請する事態となった。ていた。1881(明治14)年2月20日に右大臣岩倉具視邸において岩倉具視・蜂須賀茂韶・伊達宗城ら鉄道会社首唱発起人16人を決め、岩倉「演述覚書」を華族に発表。鉄道会社設立の必要、線路の計画、出願手続きの要綱などを説明した。同年5月21日に池田章政らが日本鉄道会社創立を出願し、同年8月11日に仮免許状が下付。そして、同年11月11日に政府は日本鉄道会社特許条約書を下付した。これにより、日本鉄道会社が東京～仙台～青森間と鉄道局代行による東京～前橋間の敷設工事を行なうことになった。

1882(明治15)年10月に上野～川口間の建設工事から着工し、まずは1883(明治16)年7月28日に上野～熊谷間が開業した。1985(明治18)年3月16日に分岐点となる大宮駅が開業し、同年7月16日に大宮～栗橋・中田仮～宇都宮間が開業した。栗橋～中田仮間は利根川の渡し船で運航されたが、1886(明治19)年6月17日に利根川橋梁が完成し、上野～宇都宮間が開通した。建設工事は急ピッチで進められ、同年10月1日に宇都宮～那須(現・西那須野)、同年12月1日に那須～黒磯間、1887(明治20)年7月16日に黒磯～郡山間、同年12月15日に郡山～塩竈(のちの塩釜港)間が開業。上野～川口間の工事着工から5年で上野～仙台間が開通し、直通列車が1往復設定された。

1888(明治21)年10月11日に増田(現・名取)～岩切間、1890(明治23)年4月16日に岩切～一ノ関間、同年11月1日に一ノ関～盛岡間が開業し、仙台～盛岡間に2往復の旅客列車が運転を開始した。また、上野～秋葉原間の貨物線も開通している。1891(明治24)年9月1日には盛岡～青森間が開業し、上野～青森間が全通した。上野発青森行き、青森発上野行きの旅客列車が各1本運転を開始した。

1897(明治30)年2月25日、宇都宮～片岡間の線路変更工事が完成し、岡本・氏家経由の新線が開通した。旧区間では西鬼怒川・東鬼怒川の2本の鬼怒川を渡り、夏季の増水時の橋脚・護岸にかかる補修費がかさんでい

▲埼京線は、戸籍上は東北本線の支線。赤羽線と山手線へと直通している利便性で、沿線が大きく発展した。写真は北与野駅付近とE233系7000番代。2015.11.16

▲東京〜上野間は、戸籍上は東北本線。御徒町付近をE233系3000番代と京浜東北線がたびたび顔を合わせる。2015.5.19

▲宇都宮〜宝積寺間は、烏山線の車両も乗り入れる。写真は烏山線のEV-E301系。氏家〜蒲須坂　2014.1.23

▲宇都宮線で活躍した205系600番代。今はE131系にバトンを譲っている。岡本〜宝積寺　2014.1.23

ため、2つの鬼怒川が合流して1本となった現在地に変更。古田・長久保経由線が廃止となった。

1906(明治39)年11月1日、日本鉄道が買収・国有化され、上野〜青森間および上野〜前橋間を結ぶ日本最大の私設鉄道は官設鉄道となった。1909(明治42)年10月12日の国有鉄道線路名称制定により、上野〜青森間は東北本線、岩切〜塩竈間は塩竈線となった。同年12月16日に上野〜田端間が電化して、烏森(現・新橋)〜品川〜(山手線)〜田端〜上野間において電車運転が開始された。上野〜日暮里間は電車線1線増の5線、日暮里〜田端間は電車線1線増の複々線となった。1919(大正8)年3月1日に東京〜万世橋間に電車専用線が開通し、中野〜四ツ谷〜東京〜品川〜渋谷〜池袋〜田端〜上野間の「の」の字運転が開始された。

1925(大正14)年11月1日、神田〜上野間の高架鉄道が開通し、山手線が環状運転を開始。京浜電車は東京〜上野間を延長し、東北本線東京〜秋葉原間が複線、秋葉原〜上野間は3線が開通した。これにより、東北本線の起点が上野駅から東京駅に変更となった。1928(昭和3)年2月1日に田端〜赤羽間が電化し、田端〜赤羽間に電車線を2線増設した。同年4月1日には東京〜上野間に列車線が複線電化で開通した。1929(昭和4)年6月20日に日暮里〜尾久〜赤羽間が複線で開通し、王子〜赤羽間に貨物線を2線増設して6線化した。同年12月15日に赤羽〜蕨間に貨物線2線を増設し複々線化、1931(昭和6)年4月10日には上野〜日暮里間の回送線を複線化して8線となり、日暮里〜田久間に回送線を2線増設して複々線とし、現在の線路配置となる基が築かれた。1932(昭和7)年7月15日に蕨〜大宮間の貨物線が2線増設され、上野〜大宮間の複々線化が完了した。1944(昭和19)年11月15日に岩切〜陸前山王〜品井沼間が開業し、塩竈線岩切〜陸前山王間が複線化されて東北本線に編入された。

1954(昭和29)年4月15日、東京〜秋葉原間を5線、秋葉原〜上野間を4線とし、同区間の2線において新たに電車運転を開始した。1956(昭和31)年7月9日に陸前山王〜品井沼間を旅客列車の路線に変更し、塩釜駅と新松島駅(現・松島駅)が開業。陸前山王〜塩竈間の旅客営業を廃止した。

同年11月19日に東京〜上野間を6線化、上野〜日暮里間を10線化、日暮里〜田端間を6線化して使用を開始した。これにより、京浜東北線と山手線の電車が品川〜田端間で分離運転されることとなった。

1958(昭和33)年12月15日に宇都宮〜宝積寺、1959(昭和34)年5月22日に宝積寺〜黒磯間が直流電化した。同年7月1日には黒磯〜白河間の交流化が完成し、交流電気機関車の運転が開始された。1960(昭和35)年3月1日に白河〜福島間、1961(昭和36)年3月1日に福島〜仙台間が交流電化された。東北本線・常磐線の急行・準急列車に使用する交直両用急行形電車の開発も進められ、直流の153系電車の交直流タイプとして1962(昭和37)年7月21日に451系交直両用電車が竣工した。1965(昭和40)年10月1日、仙台〜盛岡間が交流電化し、新登場の481系交直両用特急形電車を使用して上野〜盛岡間に特急「やまびこ」が運転を開始した。

1968(昭和43)年8月5日に千曳〜野辺地間が新線に切替え、東京〜青森間の全線複線化が完成。同年8月22日に盛岡〜青森間が交流電化し、東京〜青森間の全線複線電化が完成した。同年9月25日に赤羽〜与野間に電車線を2線増設して6線化し、赤羽〜大宮間の旅客線と電車線が分離された。同年10月1日の全国白紙ダイヤ改正では、上野〜青森間に583系寝台特急形電車が投入され、昼行特急「はつかり」(常磐線経由から東北本線経由に変更)と夜行寝台特急「はくつる」「ゆうづる」で運転を開始した。

1982(昭和57)年6月23日、東北新幹線大宮〜盛岡間が先行開業し、上野〜大宮間に185系200番代14両編成の「新幹線リレー号」が運転を開始した。同年11月15日には上越新幹線大宮〜新潟間が開業した。東北新幹線は本格的な開業となり、上野〜仙台・青森間の特急「はつかり」「ひばり」などの在来線特急列車が全廃となり、「はつかり」は盛岡〜青森間の新幹線連絡特急列車となった。1985(昭和60)年9月30日、赤羽〜大宮間の新幹線高架橋に在来線の線路が併設され、東北本線の別線となる埼京線が開業した。赤羽線池袋〜赤羽間、川越線大宮〜川越間を直通する運転が開始され、池袋〜川越間を埼京線と呼ぶようになった。1986(昭和61)

▲大宮工場、鉄道博物館など、東北本線と高崎線が分岐する大宮は、鉄道の一大ジャンクション。2016.3.17

▲広大だった国鉄大宮操車場跡地の再開発として、首都圏の副都心機能を兼ねた街づくりが進められた。さいたま新都心の基幹駅、さいたま新都心駅開業前日の様子。2000.3.31

▲車窓名所のひとつが芋坂跨線橋。鉄道建設によって無くなった芋坂の名を残し、正岡子規、夏目漱石、田山花袋の作品にも登場する。
鶯谷〜日暮里　2015.6.25

年3月3日には山手貨物線を利用して新宿まで乗り入れるようになった。
　1987(昭和62)年4月1日、国鉄分割民営化により、東日本旅客鉄道(JR東日本)が承継。1988(昭和63)年3月13日から大宮〜田端〜池袋〜新宿の東北・山手貨物線を経由して、新宿・池袋〜小金井・宇都宮・黒磯間の普通電車が運転を開始した。1990(平成2)年3月10日から上野〜尾久〜赤羽〜大宮〜黒磯間で宇都宮線の線路愛称が使用されるようになった。1996(平成8)年3月16日に埼京線は新宿から恵比寿まで延伸された。
　2001(平成13)年12月1日、新宿経由で宇都宮線と横須賀線の直通運転を開始し、路線名称は湘南新宿ラインとなった。2002(平成14)年12月1日に東北新幹線盛岡〜八戸間が延伸開業し、盛岡〜目時間が第三セクターのIGRいわて銀河鉄道、目時〜八戸間は第三セクターの青い森鉄道に移管された。埼京線は恵比寿から大崎まで延伸され、東京臨海高速鉄道りんかい線との相互直通運転を開始した。2007(平成19)年3月18日に名取〜仙台空港間を結ぶ仙台空港鉄道との相互直通運転を開始した。
　2010(平成22)年12月4日、東北新幹線八戸〜新青森間が延伸開業し、八戸〜青森間が第三セクターの青い森鉄道に移管された。東北本線は東京〜盛岡間となり、在来線では山陰本線、東海道本線に次ぐ3番目に長い路線となった。かつては東京〜青森間の営業キロが739.2kmの日本一長い路線であった。2015(平成27)年3月14日に東京経由で宇都宮線と東海道本線の直通運転を開始し、路線名称は上野東京ラインとなった。同年5月30日に東北本線塩釜と仙石線高城町を結ぶ連絡線が開業し、路線名称は仙石東北ラインとなった。2019(令和元)年11月30日に埼京線は相鉄線との相互直通運転を開始し、川越〜大宮〜新宿〜大崎〜羽沢横浜国大〜海老名間の直通列車が設定された。

車窓

　東京〜大宮間はオフィスビルや商業施設、マンション、住宅地が密集した市街地で、高架橋の上を走る埼京線からは北関東の山並みが遠望できる。大宮の市街地を抜けると田園地帯で、宇都宮付近まで新興住宅地が点在。宇都宮以遠は都市部の駅周辺に商業施設やビルがあるほかは田園風景が続く。日光連山、那須連峰などの名山も美しい。

車両

　東京〜大宮間の特急列車は、大宮総合車両センター東大宮センター(都オオ)配置のE257系5両編成(OM51〜OM55・NC31〜NC34編成)が、上野〜鴻巣・本庄・高崎間の特急「あかぎ」および上野〜長野原草津口間の特急「草津・四万」に運用されている。
　上野東京ライン・湘南新宿ラインを経由する伊東・沼津・熱海・小田原・二宮・国府津・平塚〜小山・宇都宮間の快速・普通列車は、国府津車両センター(都コツ)配置のE231系1000番代10両編成(K-01〜K42編成)と付属編成のE231系1000番代5両編成(S-01〜S-34編成)、E233系3000番代10両編成(E-01〜E-17編成)と付属編成のE233系3000番代5両編成(E-51〜E-74編成)、小山車両センター(都ヤマ)配置のE231系1000番代10両編成(U501〜U591編成・欠番あり)と付属編成のE231系1000番代5両編成(U2〜U118編成・欠番あり)、E233系3000番代10両編成(U618〜U633編成)と付属編成のE233系3500番代5両編成(U218〜U235編成)が運用されている。
　京浜東北線の快速・各駅停車は、さいたま車両センター(都サイ)配置のE233系1000番代10両編成(101〜183編成)が、大宮・南浦和・赤羽・東十条・上野〜蒲田・桜木町・磯子・大船間に運用されている。なお、東京〜田端間(山手線)には東京総合車両センター(都トウ)配置のE235系11両編成(01〜50編成)も使用されている。
　埼京線の快速・各駅停車は、川越車両センター(都ハエ)配置のE233系7000番代10両編成(101〜138編成)が、川越・大宮・赤羽〜新宿・大崎・新木場・海老名間で運用されている。なお、東京臨海高速鉄道の70-000形10両編成(Z1〜Z10編成)も使用されている。
　宇都宮〜黒磯間の普通列車は、小山車両センター(都ヤマ)配置のE131系600番代3両編成(TN1〜TN15編成)が3・6両編成で運用されている。なお、宇都宮〜宝積寺間には小山車両センター(都ヤマ)配置のEV—E301系2両編成(V1〜V4)も使用されている。

Mile stone
東北本線

首都圏と東北各地を結ぶ大幹線だった東北本線は、
多くの線がこの線に接続し、まさに動脈として機能した。

▲大宮〜宇都宮間電化開通。東北本線は東海道筋より遅れて近代化が進んだ。1958.4.14

▲5月の大型連休で混雑する上野駅コンコース。こうした雑踏は変わらないが、上野駅はすっかり変わった。1961.5

▲東北近代化の最初の列車、特急「はつかり」用キハ81系の大宮〜小山間試運転。大宮機関区 1960.9.15

▲特急街道だった新幹線開通前の東北本線は、特急列車のすれ違いが随所で見られた。小山〜宇都宮間 1972.11.30

▲東武鉄道の特急と日光アクセスでしのぎを削った準急「日光」。東北本線利根川鉄橋 1959.9.6

▲東北新幹線が大宮暫定開業。上野〜大宮間をピストン輸送した「新幹線リレー号」 1982.10.28

49

駅解説

東北本線

  神田 かんだ

東京から1.3 km（1.3 km）
開 1919（大正8）年3月1日
住 東京都千代田区鍛冶町2丁目
乗 162,092人

中央本線が分岐し、東京メトロ銀座線と接続。神田＝神の田で、神社の神田を指すが、神田明神が由来とも。

   秋葉原 あきはばら

2 km（0.7 km）
開 1890（明治23）年11月1日
住 東京都千代田区外神田1丁目
乗 381,012人

1869（明治2）年の大火後に設置された防火の神・秋葉神社に由来する。かつては電気街、今はサブカルチャーの町として賑わう。

  御徒町 おかちまち

3 km（2.3 km）
開 1925（大正14）年11月1日
住 東京都台東区上野5丁目
乗 111,742人

江戸時代、下級武士の「御徒衆」が住んでいたことから。駅北側のアメ横は、戦後の闇市から発展した商店街で、買い物客で賑わう。

    上野 うえの

3.6 km（1.3 km）
開 1883（明治16）年7月28日
住 東京都台東区上野7丁目
乗 295,554人

首都圏北のターミナル。地平ホームは頭端式で、かつては信越、上越、北陸、東北への長距離列車がたくさん発着した。

上野駅 2015.4.30

  鶯谷 うぐいすだに

4.7 km（3.4 km）
開 1912（明治45）年7月11日
住 東京都台東区根岸1丁目
乗 42,224人

元禄年間、寛永寺の住職が鶯を放したことに由来。朝のホームでは鶯の鳴き声が放送される。

   日暮里 にっぽり

5.8 km（2.4 km）
開 1905（明治38）年4月1日
住 東京都荒川区西日暮里2丁目
乗 185,568人

もともと新堀と呼ばれた行楽地で、日が暮れるのも忘れるほどの所から日暮しの里と呼ばれた。常磐線分岐し、京成線が接続する。

  西日暮里 にしにっぽり

6.3 km（3.9 km）
開 1971（昭和46）年4月20日
住 東京都荒川区西日暮里5丁目
乗 168,512人

駅名は「日暮里の西」から。日暮里・舎人ライナーが接続する。地下鉄千代田線との乗り換え駅として誕生した。

 田端 たばた

7.1 km（3.2 km）
開 1896（明治29）年4月1日
住 東京都北区東田端1丁目
乗 74,582人

戸籍上は山手線の終点。田端とはたんぼの端を意味し荒川の沖積地の水田が由来とされる。戦前は文人が多く住んだ田端文士村で知られる。

 上中里 かみなかざと

8.8 km（5.6 km）
開 1933（昭和8）年7月1日
住 東京都北区上中里1丁目
乗 13,094人

駅名は旧村名「中里村」から。国立印刷局や尾久車両センターに囲まれた地で、住宅地が多い。

 王子 おうじ

9.9 km（4.3 km）
開 1883（明治16）年7月28日
住 東京都北区王子1丁目
乗 108,168人

東京メトロ南北線と都電荒川線が接続。地名は王子神社に由来。享保年間に徳川吉宗が整備した桜の名所、飛鳥山公園が隣接する。

 東十条 ひがしじゅうじょう

11.4 km（7.1 km）
開 1931（昭和6）年8月1日
改 1957（昭和32）年4月1日（下十条）
住 東京都北区東十条3丁目
乗 41,732人

旧村名「十条村」に由来する。都心へのアクセスに加え商店街なども発達し、住宅地として人気。

  赤羽 あかばね

13.2 km（6.1 km）
開 1885（明治18）年3月1日
住 東京都北区赤羽1丁目
乗 173,036人

埼京線が分岐し首都圏東西へ直通できる要衝。商店街や飲食店が充実している町で知られる。地名は赤土（赤埴）が多く見られた土地から。

 川口 かわぐち

15.8 km（9.7 km）
開 1910（明治43）年9月10日
改 1934（昭和9）年2月15日（川口町）
住 埼玉県川口市栄町3丁目
乗 142,708人

江戸時代から鋳物の産地で「キューポラの町」。今は都心に近く住環境が注目されている。荒川と芝川の合流点「川の口」がその由来。

 西川口 にしかわぐち

17.8 km（8.1 km）
開 1954（昭和29）年9月1日
住 埼玉県川口市並木町2丁目
乗 100,892人

駅名は「川口の西側」から。歓楽街だったが、近年は中華料理店が増え、西川口チャイナタウンとも。

 蕨 わらび

19.7 km（11.6 km）
開 1893（明治26）年7月16日
住 埼玉県蕨市中央1丁目
乗 102,934人

旧中山道蕨宿。戦後は中小の工場地だったが、住宅地や商業施設が増加。1946（昭和21）年に始まった青年祭は成人式の起源と言われる。

 南浦和 みなみうらわ

22.5 km（10.9 km）
開 1961（昭和36）年7月1日
住 埼玉県さいたま市南区南浦和2丁目
乗 102,616人

駅名は浦和の南部から。さいたま車両センターがあり始発電車が多い駅として知られる。

 浦和 うらわ

24.2 km（13.3 km）
開 1883（明治16）年7月28日
住 埼玉県さいたま市浦和区高砂1丁目
乗 168,232人

埼玉県都の駅。古くは玉蔵院や調神社の門前町で、江戸時代は旧中山道浦和宿。近代は教育機関が集まる文教都市。

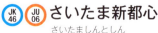 北浦和 きたうらわ

26.0 km（12.7 km）
開 1936（昭和11）年9月1日
住 埼玉県さいたま市浦和区北浦和3丁目
乗 90,170人

駅名は浦和の北部から。1面2線の島式ホームを持つ。駅の西南には埼玉県立近代美術館がある。

与野 よの

27.6 km（14.9 km）
開 1912（大正元）年11月1日
住 埼玉県さいたま市浦和区上木崎1丁目
乗 48,254人

旧与野市の玄関駅。14世紀の文献に「武蔵国与野郷」が記録、江戸時代は市場町として発展した。

さいたま新都心 さいたましんとしん

28.7 km（13.8 km）
開 2000（平成12）年4月1日

住 埼玉県さいたま市大宮区吉敷町4丁目
乗 98,664人

　旧国鉄大宮操車場の広大な跡地再開発で誕生した「さいたま新都心」の玄関駅。東京都心の機能を補完する役割も持ち、新しい都市拠点として機能している。

 大宮 おおみや

30.3 km(16.5 km)
開 1885(明治18)年3月16日
住 埼玉県さいたま市大宮区錦町
乗 452,498人

　四方からのJR線が結節する首都圏北の一大要衝。駅を中心に大小商業施設が集結し、常に賑わっている。氷川神社の「大いなる宮居」が語源。

大宮駅 2015.12.15

土呂 とろ

33.3 km(16.8 km)
開 1983(昭和58)年10月1日
住 埼玉県さいたま市北区土呂町1丁目
乗 27,762人

　地名は「芝川の水流が滞る所」が一説。見沼代用水の土呂河岸があったあたり。

東大宮 ひがしおおみや

35.4 km(18.6 km)
開 1964(昭和39)年3月20日
住 埼玉県さいたま市見沼区東大宮4丁目
乗 60,468人

　駅名は「大宮の東部」で、開設当時は土呂駅がなかった。駅の東側に東大宮操車場があり、かつては長距離列車の車両が並んだ。

蓮田 はすだ

39.2 km(20.6 km)
開 1885(明治18)年7月16日
住 埼玉県蓮田市本町
乗 35,256人

　蓮田市の玄関駅。地名は蓮が多く咲いていたことからで、見沼代用水によって稲作が盛んになった。首都圏のベットタウンとして住宅地化が進む。

白岡 しらおか

43.5 km(22.9 km)
開 1910(明治43)年2月11日
住 埼玉県白岡市小久喜
乗 22,208人

　白岡市の玄関駅で、市役所が駅の東にある。地名は正福院貝塚の貝殻が白く輝いて見えたことが一説。

新白岡 しんしらおか

45.9 km(23 km)
開 1987(昭和62)年2月26日
住 埼玉県白岡市新白岡7丁目
乗 12,100人

　近隣にある白岡ニュータウンの駅として開設。住宅地を中心に商業施設や公共施設が整理されている。

久喜 くき

48.9 km(25.9 km)
開 1885(明治18)年7月16日
住 埼玉県久喜市久喜中央2丁目
乗 60,450人(東武鉄道を含む)

　東武伊勢崎線が接続。久喜市の玄関駅で市役所が東へ0.5km。九鬼が語源の一説で、近年はアニメ作品の舞台として人気を集める。

東鷲宮 ひがしわしのみや

51.6 km(25.7 km)
開 1981(昭和56)年4月15日
住 埼玉県久喜市西大輪
乗 16,236人

　駅名は「鷲宮地域の東側」からで、その地名は鷲宮神社に由来する。駅の東側には東鷲宮ニュータウンの集合住宅群が広がる。

栗橋 くりはし

57.2 km(31.5 km)
開 1885(明治18)年7月16日
住 埼玉県久喜市栗橋北1丁目
乗 20,902人

　日光街道の宿場町で栗橋の渡しで知られるが、唯一の関所があった所。利根川右岸でもあり、舟運の要所でもあった。東武日光線が接続。

古河 こが

64.7 km(33.2 km)
開 1885(明治18)年7月16日
住 茨城県古河市本町1丁目
乗 21,624人

　『万葉集』に書かれる許我が由来で、古代水上交通の要衝だった。戦国時代は古河公方の拠点、江戸時代は古河藩の城下町、日光街道の宿場町と歴史を歩んだ。別名「関東の小京都」。

野木 のぎ

69.4 km(36.2 km)
開 1963(昭和38)年2月16日
住 栃木県下都賀郡野木町大字丸林
乗 7,212人

　農業が盛んな地域だが、駅を中心に宅地化が進み分譲地が広がる。島式ホーム1面2線の構内。

間々田 ままだ

73.3 km(37.1 km)
開 1894(明治27)年4月1日
住 栃木県小山市乙女3丁目
乗 7,092人

　鎌倉時代「乙女郷」にあたり、オト＝崖や傾斜地、メ＝接点で、思川に接する台地の端と由来する。思川の乙女河岸で栄えた。

小山 おやま

80.6 km(43.5 km)
開 1885(明治18)年7月16日
住 栃木県小山市城山町3丁目
乗 37,678人

　小山市の玄関駅で、水戸線と両毛線が分岐。平安時代の『和名抄』に登場し「思川から見た小さな山」が語源と言われる。

小金井 こがねい

88.1 km(44.6 km)
開 1893(明治26)年3月25日
住 栃木県下野市小金井
乗 6,702人

　駅名は地名から。日光街道小金井宿にあたり、一里塚や本陣跡がああある。

自治医大 じちいだい

90.7 km(46.1 km)
開 1983(昭和58)年4月27日
住 栃木県下野市医大前
乗 5,736人

　駅名は近接する自治医科大学からで、アクセスを目的に開設された。近年は宅地化も進んでいる。

石橋 いしばし

95.4 km(49.3 km)
開 1885(明治18)年7月16日
住 栃木県下野市石橋
乗 8,118人

　下野市の中心駅で合併前の石橋町にある。江戸時代、日光街道石橋宿で石製の橋に由来する。

雀宮 すずめのみや

101.8 km(52.5 km)
開 1895(明治28)年7月6日
住 栃木県宇都宮市雀の宮1丁目
乗 8,178人

　地名は997(長徳3)年創建の雀宮神社に由来。日光街道を往来する将軍や諸大名が参拝した古社。

宇都宮 うつのみや

109.5 km(57.0 km)
開 1885(明治18)年7月16日
住 栃木県宇都宮市川向町
乗 62,482人

　栃木県都の駅で日光線が分岐する。平安時代は「宇豆宮」で、一宮が訛った、内の宮など諸説がある。大谷石の産地、餃子の町だが、近年は工業都市としても発展、ライトレールの開通で脚光を浴びている。

岡本 おかもと

115.7 km(58.7 km)
開 1897(明治30)年2月25日
住 栃木県宇都宮市下岡本
乗 4,024人

　宇都宮市街地の北郊で、米や野菜の生産地だが、駅の南に広大な平出工業団地が横たわる。

宝積寺 ほうしゃくじ
121.2 km(62.5 km)
[開]1899(明治 32)年 10 月 21 日
[住]栃木県塩谷郡高根沢町大字宝積寺
[乗]3,688 人
烏山線が分岐。もとは下阿久津で、当地にあった寺院にちなんで改名された。南側の宝積寺バイパスを中心に新興住宅地ができている。

宝積寺駅 2014.5.14

氏家 うじいえ
127.1 km(64.6 km)
[開]1897(明治 30)年 2 月 25 日
[住]栃木県さくら市氏家
[乗]5,422 人
地名は平安～鎌倉期にこの地を治めていた豪族、氏家氏に由来。さくら市役所が東側にある。

蒲須坂 かますさか
131.6 km(67.0 km)
[開]1923(大正 12)年 2 月 11 日
[住]栃木県さくら市蒲須坂字西原
開業当初は信号所で、現在は 2 面 3 線。地名の由来は不明だが、蒲が咲く坂が一説。

片岡 かたおか
135.5 km(68.5 km)
[開]1897(明治 30)年 6 月 5 日
[住]栃木県矢板市片岡
2 面 2 線の構内で、かつては中線があった。地名の由来は不明だが、一方に偏った丘という地形が考えられている。

矢板 やいた
141.8 km(73.3 km)
[開]1886(明治 19)年 10 月 1 日
[住]栃木県矢板市扇町 1 丁目
[乗]4,452 人
矢板市の玄関駅で、市役所や文化会館が集まる。地名は平安後期にこの地を治めた塩谷氏に関連。かつては当駅から東武矢板線が分岐していた。

野崎 のざき
146.6 km(73.3 km)
[開]1897(明治 30)年 2 月 25 日
[住]栃木県大田原市薄葉字狩野
大田原市の西端にあたり、箒川左岸。駅名は旧村名から。片岡駅と同様、2 面 2 線の構内。

西那須野 にしなすの
151.8 km(78.5 km)
[開]1886(明治 19)年 10 月 1 日
[改]1891(明治 24)年 5 月 1 日(那須)
[住]栃木県那須塩原市永田町
[乗]6,418 人
駅名は「那須野が原の西部」から。大正～昭和初期に塩原温泉に塩原御用邸があり、その最寄り駅として貴賓室が設けられていた。

那須塩原 なすしおばら
157.8 km(79.3 km)
[開]1898(明治 31)年 11 月 28 日
[改]1982(昭和 57)年 6 月 23 日(東那須野)
[住]栃木県那須塩原市大原間
[乗]8,788 人
東北新幹線開通時に改名し、栃木県北部の拠点駅として大きく発展。駅名は那須地区と塩原地区の双方が組み合わされている。

黒磯 くろいそ
163.3 km(84.0 km)
[開]1886(明治 19)年 12 月 1 日
[住]栃木県那須塩原市本町
[乗]4,118 人
旧黒磯市の中心部にある。皇室の那須御用邸の最寄り駅でもあり、お召列車も発着した。直流と交流の切り替え駅で、東北本線運行上の要所だった。

尾久支線

[JU03] 尾久 おく
日暮里から 2.6 km(2.6 km)
[開]1929(昭和 4)年 6 月 20 日
[住]東京都北区昭和町 1 丁目
[乗]18,970 人
尾久車両センターが隣接。江戸時代はゴボウの産地、大正期にはラジウムの温泉地にもなった。地名は「江戸の奥」とも。

[JK38] [JU04] [JA15] [JS22] 赤羽 あかばね
7.6 km(4.0 km)

埼京線

[JA16] 北赤羽 きたあかばね
赤羽から 1.5 km(1.5 km)
[開]1985(昭和 60)年 9 月 30 日
[住]東京都北区赤羽北 2 丁目
[乗]34,182 人
駅名は地名から。新河岸川右岸にあたる地域で、プラットホームの一部は新河岸川上にある。

[JA17] 浮間舟渡 うきまふなど
3.1 km(1.6 km)
[開]1985(昭和 60)年 9 月 30 日
[住]東京都北区浮間 4 丁目
[乗]39,514 人
北区と板橋区の境界にあり、双方の地名をあわせた駅名。浮間＝浮島、舟戸＝渡船が由来とされ、水辺の地勢の反映している。

[JA18] 戸田公園 とだこうえん
5.5 km(2.4 km)
[開]1985(昭和 60)年 9 月 30 日
[住]埼玉県戸田市本町 4 丁目
[乗]61,830 人
駅名は近接の公園から。夏の戸田橋花火大会は恒例行事。

[JA19] 戸田 とだ
6.8 km(1.3 km)
[開]1985(昭和 60)年 9 月 30 日
[住]埼玉県戸田市大字新曽字柳原
[乗]38,518 人
戸田市の中心駅のひとつで市役所が近接。江戸時代は御鷹場で、旧中山道の「戸田の渡し」も知られた。

[JA20] 北戸田 きたとだ
8.2 km(1.4 km)
[開]1985(昭和 60)年 9 月 30 日
[住]埼玉県戸田市大字新曽字芦原
[乗]40,932 人
駅名は「戸田市の北部」から。1 面 2 線の高架駅で、高層マンションなども駅前に建つ。東京外環道が北側で交差している。

[JA21] [JM26] 武蔵浦和 むさしうらわ
10.6 km(2.4 km)

[JA22] 中浦和 なかうらわ
11.8 km(1.2 km)
[開]1985(昭和 60)年 9 月 30 日
[住]埼玉県さいたま市南区鹿手袋 1 丁目
[乗]23,698 人
駅名は「旧浦和市の中心部」から。武蔵野貨物線と接続している。駅の東の別所沼は旧浦和宿の名物、近代、文化人や財界人が移り住んで文教都市の礎となった所。

[JA23] 南与野 みなみよの
13.5 km(1.7 km)
[開]1985(昭和 60)年 9 月 30 日
[住]埼玉県さいたま市中央区鈴谷 2 丁目
[乗]34,856 人
駅名は「旧与野市の南部」から。市街地化が進み、駅東側の鴻沼川沿いも開発が続いている。

[JA24] 与野本町 よのほんまち
15.1 km(1.6 km)
[開]1985(昭和 60)年 9 月 30 日
[住]埼玉県さいたま市中央区本町東 2 丁目
[乗]27,414 人
駅名は「旧与野市の中心部」から。さいたま市中央区役所などの公共施設が近隣にある。

[JA25] 北与野 きたよの
16.2 km(1.1 km)
[開]1985(昭和 60)年 9 月 30 日
[住]埼玉県さいたま市中央区上落合 2 丁目
[乗]19,964 人
駅名は「旧与野駅の北部」から。さいたま新都心の西側にあたり、サブアクセス駅としても利用されている。

[JK47] [JU07] [JA26] [JS24] 大宮 おおみや
18.0 km(1.8 km)

車窓メモリアル

東北本線 東大宮〜蓮田間

関東平野の広がりと鉄道撮影名所

上野駅を目指して朝の東北本線を上ってきた寝台特急「あけぼの」。この頃も、まだ周辺はのどかだった。東大宮〜蓮田　1988.11.22

　今では"宇都宮線"とも呼ばれるが、正式名称は東北本線で東京〜青森間を結ぶ大幹線だった。東北新幹線が開通する前、この線に多士済々な優等列車が昼夜を問わず往来していたのを、ご記憶の方も多いことだろう。とくに冬は圧巻で、雪を載せた列車が次々と上ってくる光景は、東北との大動脈ぶりを感じるのに充分だった。

　そんな東北本線が首都圏と東北を結ぶ大動脈だった時代、下り列車の車窓は、大宮を出ると一気に風景に変わった。それまでのビル街や住宅群から田畑や雑木林となり、いよいよ都心を抜け出した、という実感が湧いたのが、この東大宮〜蓮田間である。

　そんな広々とした車窓が展開する場所ということは、外から見ると列車がよく見える場所ということ。実はこの区間、鉄道撮影地としてファンにはよく知られた、いわゆる撮影名所だった。遮るものが少なく、初心者でも比較的簡単に列車の写真が撮れたからだが、むしろ都心からもっとも近い"開けた"場所だったことに大きな意味があった。中高生でも行こうと思えばお小遣い程度の電車賃で行けたし、近いから思い立ってからでも行けたからである。

　それともうひとつ、国鉄らしい特徴もあった。

　昭和の時代、国鉄線（現在のJR線）は近距離列車より長距離列車の比重が大きく、また自ら不動産事業を行なった私鉄の沿線に比べて宅地開発がされていなかった。そのため、都心から郊外へ向かう列車に乗ると、こうした「一気に郊外になる感じ」の車窓地点がどの線にもあった。東海道本線の保土ヶ谷〜戸塚間（東戸塚駅の開業前）などもその例で、こちらも都心から一番近い、"開けた"鉄道撮影地。言うなれば東大宮〜蓮田間の東海道本線版だった。

　こうした市街地化の広がり方の特徴がよく分かったのは都心の外周を走る武蔵野線の開業時の車窓で、都心から郊外へ向かう鉄道線との交差付近のみが市街地化されていた。首都圏を手のひらに例えると、鉄道が開通している指に沿って宅地化されているが、指と指の間はまだ開発されていなかったのだ。

　東大宮〜蓮田という駅名に東北本線の長距離列車を思う人は一定の世代や一定の趣味人に限られるだろうが、首都圏の都市開発の特徴を物語っていた側面もあり、市街地化や直通運転化が進む現在は、隔世の感がある。

常磐線
じょうばんせん

区間・距離	日暮里〜岩沼 343.1km
駅数	78
運転方式	電化／交流電化 20,000 V（藤代〜岩沼）
全通	1898（明治31）年8月23日

▲常磐線のE657系特急「特急ひたち」は、上野〜品川間へ直通している。新橋〜品川　2017.9.13

歴史

1889(明治22)年1月16日、のちに常磐線の一部となる水戸鉄道水戸〜小山間が開業した。1892(明治25)年3月1日、水戸鉄道は日本鉄道に買収され、日本鉄道の水戸線となった。1895(明治28)年7月1日に水戸〜友部駅が開業し、同年11月4日に日本鉄道の土浦線土浦〜友部間が開業。1896(明治29)年12月25日に日本鉄道の土浦線田端〜土浦間と隅田川線田端〜隅田川間が開通し、上野〜田端〜土浦〜水戸間の線路が結ばれた。水戸駅から先は磐城線として建設され、1897(明治30)年2月25日に水戸〜平(現・いわき)間、同年8月29日に平〜久ノ浜間、同年11月10日に中村(現・相馬)〜岩沼間、1898(明治31)年4月3日に原ノ町〜中村間、同年5月11日に小高〜原ノ町間、そして同年8月23日に久ノ浜〜小高間開業し、田端〜岩沼間が全通した。1901(明治34)年8月8日に田端〜岩沼間の線路名称を統合して海岸線となった。さらに1905(明治38)年4月1日には日暮里〜三河島間が開通し、現在の常磐線の路線が完成した。

1906(明治39)年3月31日に鉄道国有法が制定され、同年11月1日には日本鉄道が政府に買収されて国有化された。1909(明治42)年10月12日の国有鉄道線路名称制定では、日暮里〜岩沼間は常磐線の名称となった。

開業当初は単線であったが、複線化が推進されて日暮里〜平間は1924(大正13)年6月20日の勿来〜植田間の複線化で完了した。

開業当初は全線非電化であったが、1936(昭和11)年12月11日に日暮里〜松戸間が電化した。戦後の1949(昭和24)年6月1日に松戸〜取手間が直流電化し、上野〜取手間が国電運転区間となった。1958(昭和33)年10月10日に東北初の特急列車として、上野〜青森間に客車特急「はつかり」が登場した。東北本線福島経由に比べて勾配が緩く、列車運転密度も少なかったからである。1960(昭和35)年12月10日には国鉄初の特急用気動車となるキハ80系(先頭車両はキハ81形)に置き換え、所要時間の短縮を図った。

1961(昭和36)年6月1日、取手〜勝田間が交流電化され、上野〜勝田間に401系交直両用電車(通称：赤電)が運転を開始した。直流と交流を切り替えるデッドセクションが取手〜藤代間に設置され、走行中に運転席で電源を切り換える車上切換え方式となった。国鉄の交流電化は仙山線で試験・実用化が実証されたもので、北陸本線・鹿児島本線・常磐線で取り入れられた。特に常磐線は沿線の石岡市に気象庁の地磁気観測所があり、直流電化すると漏洩電流が観測に悪影響を与えるため、漏洩電流の発生を抑えることができる交流電化が必要であった。1962(昭和37)年10月1日に

▶ 東京都心部との直通で運転される列車で使用されるE531系。常磐線は取手～藤代間のデッドセクションを境に東京側が直流、仙台側が交流に分かれるため、交直流型車両が活躍する。
石岡～高浜 2017.8.9

▲ E655系によるお召列車。JAXAなどへ訪問する国賓のために運転された。
藤代～佐貫 2017.11.28

▲ 柏付近は緩行線と快速線に分かれた複々線で整備され、頻繁で電車が交換する。柏～北柏 2021.3.24

勝田～高萩間、1963(昭和38)年5月1日に高萩～平間、同年9月30日に平～草野間が交流電化された。

1965(昭和40)年にスタートした国鉄第三次長期計画「五方面作戦」では、常磐線綾瀬～取手間の複々線化工事が推進され、1971(昭和46)年4月20日改正では、快速線に上野～取手間の快速電車、緩行線には営団地下鉄千代田線と相互直通運転する各駅停車が走る運転形態となった。常磐緩行線のみ停車する駅から上野駅まで行く場合、途中の快速停車駅での乗り換えが必要となり、さらに西日暮里駅経由とした場合に営団地下鉄の運賃が加算されたため、乗客の混乱を招いて新聞紙上を賑わせた。1978(昭和53)年3月31日には営団地下鉄千代田線が全線開業し、小田急線本厚木駅と常磐線我孫子間の直通運転がスタートした。

1987(昭和62)年4月1日、国鉄分割民営化により、東日本旅客鉄道(JR東日本)が承継。日本貨物鉄道(JR貨物)が第二種鉄道事業者となった。1989(平成元)年3月11日、JR東日本が初めて新製した交直両用特急形電車651系が常磐線の特急「スーパーひたち」で運転を開始した。2011(平成23)年3月11日の東日本大震災にては甚大な被害を受け、順次復旧はしたものの、一部区間では代行バスによる運転が続いた。2020(令和2)年3月14日に富岡～浪江間が運転再開して全線が復旧している。

2015(平成27)年3月14日、上野東京ラインが開業し、特急「ひたち」「ときわ」と快速列車の一部が品川駅発着に変更となった。この改正から「スーパーひたち」「フレッシュひたち」の愛称が「ひたち」「ときわ」となった。2016(平成28)年3月26日改正から相互直通運転の車両運用が拡大し、E233系2000番代10両編成が小田急線代々木上原～伊勢原間、小田急4000形が常磐線綾瀬～取手間に運用されるようになった。2022(令和4)年3月12日に上野東京ライン品川発着の列車が増加し、昼間時間帯は品川～土浦間と土浦以遠の列車を分離。土浦駅での同一ホームでの乗り換えとなった。2023(令和5)年3月18日に水戸～いわき間、2024(令和6)年3月16日には土浦～水戸間といわき～原ノ町間で、E531系5両編成によるワンマン運転が開始された。

車窓

日暮里駅を出るとすぐに右へカーブし、常磐線へと入る。隅田川右岸の密集地を過ぎ、北千住は今や東武鉄道や地下鉄、つくばエクスプレスなどと接続する一大ターミナルだ。荒川、江戸川を渡り、新松戸で武蔵野線をやり過ごすと柏。 沿線有数の商業地で、大型商業施設が多く集まっている。

我孫子は成田線が分岐するが、手賀沼も近く首都圏郊外の風情に。取手を過ぎて交流区間に入ると田園風景が広がるようになり、土浦付近ではレンコン畑や霞ケ浦、筑波山などが車窓に映し出される。左側から近づいてくる水戸線と友部で合流し、春に梅の花が車窓を彩る偕楽園を過ぎると水戸に到着する。日立までは工場や車両基地などが続いている。

車両

勝田車両センター(都カツ)配置のE657系10両編成(K1～K19編成)が、品川～いわき・原ノ町、仙台間の特急「ひたち」と品川・上野～土浦・勝田・高萩間の特急「ときわ」に運用されている。

品川・上野～土浦・水戸・勝田・高萩間の快速・普通列車は、勝田車両センター(都カツ)配置のE531系10両編成(K401～K426編成)と付属編成のE531系5両編成(K451～K483・K551～K557編成)が、10両編成または付属5両編成を連結した15両編成で品川・上野～土浦・水戸・勝田・高萩間に運用されている。

土浦～原ノ町間の普通列車は、勝田車両センター(都カツ)配置のE531系5両編成(K451～K483・K551～K557編成)も運用されており、同区間でワンマン運転が行われている。また、勝田車両センター(都カツ)配置のE501系10両編成(K701～K704編成)が土浦～いわき間で運用されている。

Mile stone

近代に入り、炭鉱需要から建設が進められた常磐線だが、
日暮里～岩沼間では東北本線のバイパスとしての役割もあった。

常磐線

▲常磐線70系電車が初めて有楽町駅に入線試験。その後2年間、通勤時間帯のみ常磐線が乗り入れた。有楽町駅　1954.4.7

▲1958年10月1日、東京以北では初めての特急列車「はつかり」が誕生。上野～青森間を常磐線経由で結んだ。上野駅　1958.11

▲上野～勝田間電化開業。祝賀電車の401系出発式。上野駅　1961.6.1

▲綾瀬～我孫子間の複々線化が完成した。地下鉄千代田線と相互乗り入れ式。我孫子駅　1971.4.19

▲科学万博・つくば85が開催。最寄りの常磐線にアクセス駅「万博中央」が開設された。当地に、のちに「ひたち野うしく」として再開業している。万博中央駅　1985.3.6

▲在来線が優位に立つ常磐線沿線は、新型の特急車両が次々に投入されてきた。特急「スーパーひたち」出発式。上野駅　1989.3.11

駅解説

JJ03 三河島 みかわしま
日暮里から 1.2 km (1.2 km)
開 1905(明治 38)年 4 月 1 日
住 東京都荒川区西日暮里 1 丁目
乗 21,102 人

　駅名は旧町名からで当初は貨物駅だった。近年はコリアタウンとしても知られる。

ホーム横を貨物線が通る　三河島駅　2009.7.17

JJ04 南千住 みなみせんじゅ
3.4 km (2.2 km)
開 1896(明治 29)年 12 月 25 日
住 東京都荒川区南千住 4 丁目
乗 30,962 人

　駅名は「千住の南」だが、17 世紀、日光街道千住宿が発展し、南宿とも呼ばれた。下町の風情だった町も再開発が進み、高層マンションも建つ。

JJ05 北千住 きたせんじゅ
5.2 km (1.8 km)
開 1896(明治 29)年 12 月 25 日
住 東京都足立区千住旭町
乗 367,648 人

　日光街道や奥州街道千住宿に由来。14 世紀、新井政次が荒川で千手観音像を引き上げた故事が地名の語源。首都圏北東部の鉄道の要衝。

JL19 綾瀬 あやせ
7.7 km (2.5 km)
開 1943(昭和 18)年 4 月 1 日
住 東京都足立区綾瀬 3 丁目
乗 349,331 人(東京メトロを含む)

　地名は綾瀬川からで、降雨のたびに氾濫し「あやし(不思議の意味)の川」と呼ばれていたことから。

JL20 亀有 かめあり
9.9 km (2.2 km)
開 1897(明治 30)年 5 月 17 日
住 東京都葛飾区亀有 3 丁目
乗 74,798 人

　漫画作品の舞台で有名。江戸時代、低湿地で稲を干す光景が亀の甲羅に見えたことから亀無と呼ばれ、縁起上亀梨、亀有と改名された。

JL21 金町 かなまち
11.8 km (1.9 km)
開 1897(明治 30)年 12 月 27 日
住 東京都葛飾区金町 6 丁目
乗 91,280 人

タワーマンションなどの再開発が進む一方、水元公園など自然環境にも恵まれた町として人気。地名は室町時代の資料にも登場する。

JJ06 JL22 松戸 まつど
15.7 km (3.9 km)
開 1896(明治 29)年 12 月 25 日
住 千葉県松戸市松戸
乗 169,190 人

　江戸時代、水戸街道の宿場町として栄え、現在は首都圏有数の衛星都市。馬津が転化したというのが語源の一説。

E231 系デビューの出発式　松戸駅　2002.3.3

JL23 北松戸 きたまつど
17.8 km (2.1 km)
開 1952(昭和 27)年 5 月 1 日
改 1958(昭和 33)年 12 月 25 日(北松戸仮停車場)
住 千葉県松戸市上本郷
乗 38,220 人

　駅名は松戸の北部から。誕生当初は松戸競輪場の仮停車場だった。駅の西側に北松戸工業団地が広がる。

JL24 馬橋 まばし
19.1 km (1.3 km)
開 1898(明治 31)年 8 月 6 日
住 千葉県松戸市馬橋
乗 44,232 人

　地名は長津川に架かっていた馬の鞍型の橋・馬橋から。駅の周辺は住宅街。流鉄流山線が接続。

JL25 JM15 新松戸 しんまつど
20.7 km (1.6 km)
開 1973(昭和 48)年 4 月 1 日
住 千葉県松戸市幸谷字深追
乗 67,350 人

　武蔵野線が接続し、流鉄幸谷駅とも近い。計画当初の駅名は「北馬橋」だった。

JL26 北小金 きたこがね
22.0 km (1.3 km)
開 1911(明治 44)年 5 月 1 日
住 千葉県松戸市小金 8 番地
乗 41,352 人

　小金地域の中心駅。地名は室町時代の小金領からで、水戸街道小金宿、さらに馬の育成地・小金牧があった。

JL27 南柏 みなみかしわ
24.5 km (2.5 km)

開 1953(昭和 28)年 10 月 1 日
住 千葉県柏市南柏 1 丁目
乗 57,886 人

　駅名は柏市の南部から。戦後の開業で、ベッドタウンとして急速に発展。

JJ07 JL28 柏 かしわ
26.9 km (2.4 km)
開 1896(明治 29)年 12 月 25 日
住 千葉県柏市柏 1 丁目
乗 217,640 人

　首都圏北東部の一大都市の中心駅で、東武鉄道が接続する。語源は手賀沼の「河岸場」が転化したとも言われる。

JL29 北柏 きたかしわ
29.2 km (2.3 km)
開 1970(昭和 45)年 4 月 10 日
住 千葉県柏市根戸字中馬場
乗 33,120 人

　駅名は柏市の北部から。貨物駅として誕生したが、急速な宅地化による旅客需要が増加した。

JJ08 JL30 我孫子 あびこ
31.3 km (2.1 km)
開 1896(明治 29)年 12 月 25 日
住 千葉県我孫子市本町 2 丁目
乗 53,636 人

　成田線が分岐。手賀沼の北岸が近く、自然と調和した住環境が整備。志賀直哉や武者小路実篤など白樺派の拠点となり、北の鎌倉とも呼ばれた。

JJ09 JL31 天王台 てんのうだい
34.0 km (2.7 km)
開 1971(昭和 46)年 4 月 20 日
住 千葉県我孫子市柴崎台 1 丁目
乗 30,780 人

　駅名は旧地名「天王裏」からで、牛頭天王を祭る社が由来。我孫子市東郊の住宅地として発展。

JJ10 JL32 取手 とりで
37.4 km (3.4 km)
開 1896(明治 29)年 12 月 25 日
住 茨城県取手市中央町
乗 44,324 人

　関東鉄道が接続。利根川左岸、水戸街道の取手宿あたりで、現在は駅周辺で再開発が進む。戦国時代、大鹿太郎左衛門の砦が語源の一説。

取手駅でのE231系一般公開　2002.2.9

57

藤代 ふじしろ
43.4 km(6.0 km)
🔓1896(明治29)年12月25日
🏠茨城県取手市宮和田1131
🚃10,054人

駅名は旧町名からで、その中心に駅がある。水戸街道藤代宿に由来し、小貝川の環境に接した町になっている。

龍ケ崎市 りゅうがさきし
45.5 km(2.1 km)
🔓1900(明治33)年8月14日
🔄2020(令和2)年3月14日(佐貫)
🏠茨城県龍ケ崎市佐貫町647
🚃19,674人

関東鉄道竜ヶ崎線が接続し、竜ヶ崎市の入口をも意味する駅名。旧駅名は旧町名で、平安時代の佐貫氏に由来する。

牛久 うしく
50.6 km(5.1 km)
🔓1896(明治29)年12月25日
🏠茨城県牛久市牛久町282
🚃20,644人

牛久沼や小野川などに恵まれた牛久市の中心駅で、高さ120mの牛久大仏がある。牛になった小僧が沼に身を投げた伝説「牛食う沼」が語源。

ひたち野うしく ひたちのうしく
54.5 km(3.9 km)
🔓1998(平成10)年3月14日
🏠茨城県牛久市ひたち野西三丁目
🚃11,648人

科学万博の臨時駅「万博中央駅」の跡地に誕生。商住が近接した町が駅を中心に形成されている。

荒川沖 あらかわおき
57.2 km(2.7 km)
🔓1896(明治29)年12月25日
🏠茨城県土浦市荒川沖東2丁目1-6
🚃13,084人

「氾濫を繰り返す乙戸川＝荒れ川」が一説。駅を中心としたベットタウンが広がっている。

土浦 つちうら
63.8 km(6.6 km)
🔓1895(明治28)年11月4日
🏠茨城県土浦市有明町1-30
🚃26,686人

ペルチ土浦オープン時の土浦駅　2009.7.23

霞ヶ浦や筑波研究学園都市など、自然と文化に恵まれた土浦市の玄関駅。茨城県南部の経済拠点を担う。

神立 かんだつ
69.9 km(6.1 km)
🔓1895(明治28)年11月4日
🏠茨城県土浦市神立中央
🚃9,334人

鹿島神宮の神様はこの地から出雲へ立つという言い伝えが由来。土浦市北郊で、駅前に商業地、宅地が広がる。

高浜 たかはま
76.4 km(6.5 km)
🔓1895(明治28)年11月4日
🏠茨城県石岡市北根本245
🚃1,768人

駅名は東側に接する地域名「高浜」から。単式ホーム1面と島式ホーム1面で3線からなる構内。恋瀬川の霞ケ浦河口に位置し、建設工事は難航したという。

石岡 いしおか
80.0 km(3.6 km)
🔓1895(明治28)年11月4日
🏠茨城県石岡市国府1-1-17
🚃9,126人

石岡市の中心駅で、東に石岡市役所がある。古代、常陸国の国府があったところで常陸府中と呼ばれていた。

羽鳥 はとり
86.5 km(6.5 km)
🔓1895(明治28)年12月1日
🏠茨城県小美玉市羽鳥2665
🚃4,112人

古代、このあたりは鷹狩り場と言われ、地名の語源とも。単式ホーム1面と島式ホーム1面で3線の構内を持つ。

岩間 いわま
91.9 km(5.4 km)
🔓1895(明治28)年11月4日
🏠茨城県笠間市下郷4439
🚃2,210人

駅名は旧町名から。駅西側に聳える愛宕山は筑波山地の北東部にあたり、風穴山と呼ばれた。山頂に愛宕神社がある。

友部 ともべ
98.8 km(6.9 km)
🔓1895(明治28)年7月1日
🏠茨城県笠間市友部駅前1-24
🚃5,736人

水戸線が分岐。駅名は旧村名「南友部村」から。駅隣接の日本たばこ産業友部工場では、紙たばこの「刻み」を製造している。

内原 うちはら
103.5 km(4.7 km)
🔓1889(明治22)年1月16日
🏠茨城県水戸市内原町69

🚃4,522人

駅名は町名から。2面3線の地上駅で内原町の中心駅。

赤塚 あかつか
109.3 km(5.8 km)
🔓1894(明治27)年1月4日
🏠茨城県水戸市赤塚1-1866
🚃10,900人

駅名は地域名からだが、水戸市編入前は赤塚村だった。駅南部が区画整理され、郊外型大型商業施設が立ち並ぶ。

偕楽園 かいらくえん
113.5 km(4.2 km)
🔓1925(大正14)年2月2日
🔄1967(昭和42)年2月1日(公園下)
1969(昭和44)年10月1日(偕楽園仮乗降場)
1987(昭和62)年4月1日(偕楽園臨時乗降場)
🏠茨城県水戸市常磐町字神崎下6090

日本三名園、偕楽園の最寄り駅。臨時駅で、春の梅まつり開催時に営業される。

水戸の梅まつり　2003.2.22

水戸 みと
115.3 km(1.8 km)
🔓1889(明治22)年1月16日
🏠茨城県水戸市宮町1-1-1
🚃53,776人(鹿島臨海鉄道を含む)

茨城県都の玄関駅。徳川御三家のひとつ、水戸徳川家の拠点として知られる。地名は水の出入口を意味し、那珂川と千波湖の間の台地の先端を指すと言われる。

駅ビル「エクセルみなみ」一期工事の完成時
2011.5.25

勝田 かつた
121.1 km(5.8 km)
🔓1910(明治43)年3月18日
🏠茨城県ひたちなか市勝田中央1-1
🚃22,697人(ひたちなか海浜鉄道を含む)

旧勝田市の中心駅で、ひたちなか海浜鉄道が接続する。駅周辺に日立製作所の巨大な工場地が広がり、企業城下町になっている。

車窓メモリアル

常磐線　南千住

お化け煙突と東京スタジアム

工事中の尾竹橋公園。
後方にお化け煙突が
望見える。
写真提供：荒川区

1967（昭和42）年の
東京スタジアムと南千住の町。
写真提供：荒川区

　常磐線の名物車窓というより、東京のランドマークのひとつであったのが千住の「お化け煙突」だ。これは、1964（昭和39）年まで千住桜木町（現在の帝京科学大学あたり）にあった千住火力発電所の煙突のことで、高さ約83メートルあり、見る角度によって1本にも4本にも見えることからこう呼ばれた。実際には4本だったが、細長い菱形の4つ角に建てられていたため、角度によってはいくつか重なって見えた。見る位置が動く電車からは、進行とともに見える本数が変わったために、常磐線や京成線の乗客の目に印象が強かったのだろう。1950年代～1960年代の映画には多く登場している。
　お化け煙突を継ぐように、千住の名物になったのが1962（昭和37）年開場の東京スタジアムだ。プロ野球チーム、大毎オリオンズ（のちのロッテオリオンズ、現在の千葉ロッテマリーンズ）の本拠地で、オーナーが私財を打って建設したと言われている。当時最新のプロ野球用球場で、日程の関係で東映フライヤーズ（現在の北海道日本ハムファイターズ）や国鉄スワローズ（現在のヤクルトスワローズ）なども使用したが、やはり1970（昭和45）年、ロッテオリオンズがこの球場でリーグ優勝を決めたのは、球場史においてひとつのエポックであっただろう。
　この球場は、南千住駅から西に300メートルほど、現在の荒川総合スポーツセンターあたりで、当時のアメリカ、サンフランシスコのキャンドルスティック・パークがモデルとされ、下町の真ん中に大きな球場ビルがそびえ建つロケーションだった。別名「光の球場」は、そんな光景をよく表しており、とくにナイトゲームの時は常磐線の車窓や南千住駅からもその明かりが見えたという。

水郡線
すいぐんせん

区間・距離	水戸〜安積永盛 137.5km ／ 上菅谷〜常陸太田 9.5km
駅数	40 ／ 5
運転方式	非電化
全通	1934(昭和9)年12月4日 ／ 1899(明治32)年4月1日

▲キハE130系が主力で活躍中。下菅谷〜後台　2020.2.18

歴史

　1897(明治30)年11月16日、太田地域の商人が出資して設立した太田鉄道の水戸〜久慈川間が開業した。1899(明治32)年4月1日、資金難から工事が進まなかった久慈川に架ける橋梁が完成し、久慈川〜太田(現・常陸太田)間が延伸開業した。多額の資金を十五銀行から借り入れていたが返済ができず、十五銀行が設立した水戸鉄道(2代)に事業を譲渡することになり、1901(明治34)年10月21日に同線は水戸鉄道に買収された。

　水戸鉄道は上菅谷駅から分岐して常陸大宮方面への路線を計画し、1918(大正7)年6月12日に上菅谷〜瓜連間、同年10月23日に瓜連〜常陸大宮間が開業した。同社はさらに郡山を目指して大郡線として延伸することとなり、1922(大正11)年12月10日に常陸大宮〜山方宿間、1925(大正14)年8月15日に山方宿〜上小川間、1927(昭和2)年3月10日に上小川〜常陸大子間を延伸開業した。

　1927(昭和2)年12月1日、水戸鉄道が買収・国有化され、水戸〜常陸大子と上菅谷〜常陸太田間を水郡線とした。水郡線は文字通り水戸と郡山を結ぶ路線として延伸されることになった。1929(昭和4)年5月10日に笹川(現・安積永盛)〜谷田川間の水郡北線が開業し、常陸大子までは水郡南線となった。水郡南線は1930(昭和5)年4月16日に常陸大子〜東館間、1931(昭和6)年10月10日に東館〜磐城塙間、1932(昭和7)年11月11日に磐城塙〜磐城棚倉間が延伸開業し、白棚鉄道(東北本線白河〜磐城棚倉間)と接続した。

　水郡北線は1931(昭和6)年10月30日に谷田川〜川東間を延長開業。東北本線に接続する笹川駅が安積永盛駅に改称された。1934(昭和9)年12月4日に磐城棚倉〜川東間が延長開業して北線と南線が繋がって全通したため、全区間を水郡線に改称した。

　1987(昭和62)年4月1日、国鉄分割民営化により、東日本旅客鉄道(JR東日本)が継承した。1992(平成4)年3月1日に水郡線営業所が発足し、水戸〜常陸太田・郡山間の列車運行管理を行っている。なお、2011(平成23)年7月16日に路線愛称を「奥久慈清流ライン」とすることが決定した。

車窓

　車窓に久慈川の美しい流れが映し出される区間が多く点在する。山方宿から中豊まで久慈川の流れとともに進み、同区間で久慈川を11回渡る。ツツジと紅葉の美しさで有名な矢祭山、常陸大子付近のリンゴ畑など、自然豊かな清流と里山の風景が車窓を飾る。

車両

　水郡線統括センター(都スイ)配置のキハE130形・キハE131形・キハE132形が2〜4両編成で運用されている。キハE131形＋キハE132形(トイレなし)は基本2両編成、キハE130形は両運転台車で1両または2両で増結用だ。また、キハE130形＋キハE130形の2両編成がある。

駅解説

常陸青柳 ひたちあおやぎ

水戸から1.9 km(1.9 km)
開1897(明治30)年11月16日
改1927(昭和2)年12月1日(青柳)
住茨城県ひたちなか市枝川363

水戸市街地に対して那珂川対岸。付近に青柳公園や水戸市公設地方卸売市場がある。

常陸津田 ひたちつだ

4.1 km(2.2 km)
開1935(昭和10)年9月1日
住茨城県ひたちなか市津田西山2171-1

那珂川の河岸段丘崖にあり、単式ホーム一面。段丘上に戸建て住宅地が広がりつつある。昭和19年に休止、同28年に復活。

後台 ごだい

6.5 km(2.4 km)
開1935(昭和10)年9月1日
住茨城県那珂市後台宿東695

単式ホーム一面。駅周辺は畑地が広がり、家が点在する風景が続く。

下菅谷 しもすがや

7.8 km(1.3 km)
開1897(明治30)年11月16日
住茨城県那珂市菅谷4106

2面2線の相対式ホームと木造駅舎の構内。那珂市立第一中学校が駅の北西に立つ。昭和16年に休止、同28年に復活。

中菅谷 なかすがや

9.0 km(1.2 km)
開1935(昭和10)年9月1日
住茨城県那珂市菅谷4300-2

3つある菅谷地区の中間駅で、その地名は戦国時代に記録があるとも言う。西に農地、東に宅地が広がる。昭和16年に休止、同29年に復活。

上菅谷 かみすがや

10.1 km(1.1 km)
開1897(明治30)年11月16日
住茨城県那珂市菅谷4496
乗1,262 人

島式ホームと単式ホームの3線の構内。駅の東側に那珂市役所がある。

常陸鴻巣 ひたちこうのす

13.4 km(3.3 km)
開1918(大正7)年6月12日
住茨城県那珂郡那珂町大字鴻巣1362

瀟洒な駅舎がある単式ホーム1線の構内。スイレンや白鳥観察の文洞溜が最寄り。

瓜連 うりづら

16.7 km(3.3 km)
開1918(大正7)年6月12日
住茨城県那珂市瓜連

久慈川と那珂川に刻まれた広い丘陵地にある町。古徳溜池はオオハクチョウの飛来地。

静 しず

18.1 km(1.4 km)
開1919(大正8)年2月1日
改1927(昭和2)年12月1日(静停留場)
住茨城県那珂市下大賀

駅名は近隣の静神社から。常陸国二宮で伝承では9世紀の創建。『常陸国風土記』の「静織の里(綾織の技術)」に由来するとされる。

常陸大宮 ひたちおおみや

23.4 km(5.3 km)
開1918(大正7)年10月23日
住茨城県常陸大宮市南町966
乗1,644 人

久慈川と玉川が刻んだ丘陵上にある常陸大宮市の中心駅で、市役所や文化センターが最寄り。大宮とは甲神社の尊称、甲大宮から。

玉川村 たまがわむら

28.8 km(5.4 km)
開1922(大正11)年12月10日
住茨城県常陸大宮市東野4580

駅名は旧村名から。地元のコミュニティ施設を併設したロッジ風の駅舎が建つ。

野上原 のがみはら

32.5 km(3.7 km)
開1956(昭和31)年11月19日
住茨城県常陸大宮市野上字三丁1234-1

駅名は地域名から。久慈川の河岸段丘上にあり、駅周辺は山里の風景。

山方宿 やまがたじゅく

35.2 km(2.7 km)
開1922(大正11)年12月10日
住茨城県常陸大宮市山方904

地名は上杉一族の山方能登守盛利が居城を構えたことに由来。南郷街道の宿場町でもあった。地域の公民館が合築する駅舎が建つ。

中舟生 なかふにゅう

37.9 km(2.7 km)
開1956(昭和31)年11月19日
住茨城県常陸大宮市舟生堂下296-1

久慈川右岸にあり、その地名から舟生との関係が考えられる。単式ホーム1線の無人駅。

下小川 しもおがわ

40.7 km(2.8 km)
開1925(大正14)年8月15日
住茨城県常陸大宮市盛金2358

久慈川右岸に沿って相対式ホームの駅がある。久慈川にかかる平山橋は沈下橋になっている。

西金 さいがね

44.1 km(3.4 km)
開1926(大正15)年3月21日
住茨城県久慈郡大子町大字西金381-1

駅名は地域名から。久慈川左岸の町で、駅舎は地域のコミュニティセンターを兼ねる。

上小川 かみおがわ

47.3 km(3.2 km)
開1925(大正14)年8月15日
住茨城県久慈郡大子町大字頃藤3528-2

久慈川の段丘面に成立した頃藤にあり、駅舎には地域のコミュニティセンターが同居している。

袋田 ふくろだ

51.8 km(4.5 km)
開1927(昭和2)年3月10日
住茨城県久慈郡大子町袋田1928

名勝・袋田の滝の最寄り駅で東へ3km。単式ホーム1面1線で、ログハウス風の駅舎が建つ。

常陸大子 ひたちだいご

55.6 km(3.8 km)
開1927(昭和2)年3月10日
住茨城県久慈郡大子町大字大子710
乗446 人

久慈川と押川の合流点にあたる大子町の玄関。りんごや茶、奥久慈しゃもなどの特産がある。

南酒出 みなみさかいで

上菅谷から2.5 km(2.5 km)
開1935(昭和10)年9月1日
住茨城県那珂市南酒出字船岡久保903-1

駅名は地名から。駅周辺は畑地と住宅が点在する。昭和16年に休止、同28年に復活。

額田 ぬかだ

3.6 km(1.1 km)
開1898(明治31)年4月19日
住茨城県那珂市額田南郷

駅名は地名からで、古代豪族の額田部氏に由来する説がある。

河合 かわい

6.7 km(3.1 km)
開1899(明治32)年9月7日
住茨城県常陸太田市上河合町

駅名は地名からで川の合流点を指す。久慈川と山田川が駅の南で合流している。昭和16年に佐竹として休止、昭和29年に復活している。

谷河原 やがわら

8.2 km(1.5 km)
開1935(昭和10)年9月1日
改1954(昭和29)年10月21日(佐竹)
住茨城県常陸太田市磯辺町七反田

単式ホーム1面で駅舎は無い構造。駅は広大な田んぼに囲まれている。

常陸太田 ひたちおおた

9.5 km(1.3 km)
開1899(明治32)年4月1日
改1927(昭和2)年12月1日(太田)
住茨城県常陸太田市山下町1043

奈良時代初期の『常陸国風土記』に太田郷として記載される町の玄関駅。戦国時代は佐竹氏の拠点で、水戸光圀が晩年を過ごした。

高崎線
たかさきせん

区間・距離	大宮〜高崎 74.7km
駅数	19
運転方式	電化
全通	1884(明治17)年5月1日

▲ 旅客は新幹線に譲ったが、在来線は首都圏と新潟との最短距離であり、貨物列車が大いに活躍している。写真は勾配区間に強いEH200形機関車による貨物列車。　行田〜熊谷　2014.4.5

◀ 新潟や長野、富山、石川方面への長距離列車が走った高崎線も、今は通勤型のE231系が活躍している。行田〜熊谷　2014.4.5

歴史

　1877(明治10)年2月15日に勃発した西南戦争で国費を使い果たした明治政府は、東京と京都を結ぶ幹線建設以外に予算を組めない状態となっていた。鉄道頭の井上勝は鉄道国有論者であったが、思うように建設計画が進まない状況に陥っていたため、岩倉具視や伊藤博文が提唱した私有資本を用いた鉄道建設を受け入れざるを得なくなった。1881(明治14)年11月11日、政府は日本鉄道会社特許条約書を下付。日本鉄道会社による東京〜青森間、鉄道局代行による東京〜前橋間の敷設工事が進められることとなった。

　1882(明治15)年10月に上野〜川口間の工事に着工。1883(明治16)年7月28日に上野〜熊谷間が開業し、1日2往復の旅客列車の運転を開始した。所要時間は2時間24分と大幅な時間短縮となり、鉄道が地域の発展に必要不可欠な存在であることを示した。同年10月21日に熊谷〜本庄間、同年12月27日に本庄〜新町間、1884(明治17)年5月1日に新町〜高崎間が開業した。同年6月25日に上野〜高崎間の鉄道開業式が行なわれ、現在の高崎線が全通した。同年8月20日には前橋まで延伸され、上野〜前橋間を結ぶようになった。当時の群馬県は一大養蚕地であり、輸出する絹織物や生糸などを横浜港まで運搬するルートが整備された。

　1906(明治39)年11月1日、買収・国有化され、上野〜前橋間および上野〜青森間を結ぶ日本最大の私鉄・日本鉄道は官設鉄道となった。1909(明治42)年10月12日の国有鉄道線路名称制定により、大宮〜高崎間が高崎線、上野〜青森間は東北本線、高崎〜前橋〜小山間は両毛線となった。

　1947(昭和22)年4月1日、高崎〜水上間が電化開業し、高崎線も高崎操〜高崎間が電化した。1952(昭和27)年4月1日には大宮〜高崎操間が電化し、上野〜高崎〜水上間の電車運転が開始された。1961(昭和36)年10月1日、上野〜長野〜大阪間を結ぶ気動車特急「白鳥」が登場し、高崎線初の特急列車となった。1962(昭和37)年6月10日には上野〜新潟間の161系電車特急「とき」、1966(昭和41)年10月1日には上野〜長野間の181系特急「あさま」が運転を開始。東京と新潟・長野方面を結ぶ大動脈の一翼を担う路線となっていた。1982(昭和57)年11月15日に上越新幹線大宮〜新潟間が開業したのに伴い、上野〜新潟間を結ぶ在来線の特急「とき」が廃止となった。

　1987(昭和62)年4月1日、国鉄分割民営化により、東日本旅客鉄道(JR東日本)が承継。日本貨物鉄道(JR貨物)が第二種鉄道事業者となった。1997(平成9)年10月1日に高崎〜長野間の北陸新幹線(長野行新幹線)が開業すると、信越本線に直通する特急「あさま」「白山」などの優等列車が廃止となり、中距離の特急列車が残るのみとなった。沿線の宅地化が進んでいたこともあり、通勤・通学を主体としたダイヤが組まれるようになっていた。

　2001(平成13)年12月1日に湘南新宿ラインが開通し、一部の列車は同線を経由して東海道本線へ直通運転を開始。乗り換えなしで新宿・横浜方面に行けるようになった。2004(平成16)年7月8日から快速・普通列車の編成中にグリーン車の組み込みが開始され、同年10月16日から高崎線でグリーン車の営業が開始された。東海道本線や横須賀線の普通列車の専売特許のようであったグリーン車連結が、首都圏全域に拡大していくこと

Mile stone 高崎線

新潟や長野とのアクセス線から北部関東の生活路線へ。
高崎と大宮の両拠点を結ぶだけに、物流の要衝を担う重責は今も続いている。

▲烏川橋梁の付け替え工事。鏑川との合流点にあたり、川幅は広い。新町～倉賀野 1972.12.6

▲倉賀野～高崎間の高崎操車場は、1943年に開設された。ヤード式が全廃され、広大な跡地の再開発が進められている。1974.2.5

▲倉賀野駅の東にある日本オイルターミナル高崎営業所。このあたりはかつてビール工場などの大工場があり、現在より専用線が多くあった。北関東の物流拠点である。倉賀野付近 1982.12.10

▲185系300番代リニューアル車による特急「草津」。この形式は153系の後継として登場し、首都圏を中心に様々な線区で活躍した。 尾久～赤羽 2008.6.11

▲651系はJR東日本発足後、初の特急車両。特急「スーパーひたち」として活躍後、直流専用化改造で1000番代となり、特急「スワローあかぎ」「草津」に使用された。行田～熊谷 2014.4.5

となった。2025(令和7)年3月には、中央快速線東京～高尾・大月間と東京～青梅間の全列車にもグリーン車2両が連結される。

2015(平成27)年3月14日に上野～東京間の東北本線の線路が復活整備され、これまで上野駅発着であった高崎線の列車の大半が、上野東京ラインを経由して東海道本線へ直通運転を開始した。現在、前橋・高崎～小田原間の直通列車が、湘南新宿ライン・上野東京ライン経由で運転されている。

車窓

1960年代になると高崎線沿線の田園地帯は宅地化され、新興住宅地として発展した。それでも、熊谷を過ぎると畑地などが増え関東平野の広さが感じられるようになる。深谷付近の車窓に名産の「深谷ネギ」の畑があり、背景には男体山、赤城山、榛名山の山々、さらに上越国境の三国山脈や浅間山を遠望できる。左側から八高線のレールが近づき、北藤岡が見えると間もなく烏川鉄橋。倉賀野を過ぎると高崎の広い構内に入る。

車両

大宮総合車両センター東大宮センター(都オオ)配置のE257系5両編成(OM51～OM55・NC31～NC34編成)が、上野～鴻巣・本庄・高崎間の特急「あかぎ」および上野～長野原草津口間の特急「草津・四万」に運用されている。

快速・普通列車は、国府津車両センター(都コツ)配置のE231系1000番代10両編成(K-01～K-42編成)と付属編成のE231系1000番代5両編成(S-01～S-34編成)、E233系3000番代10両編成(E-01～E17編成)と付属編成のE233系3000番代5両編成(E-51～E-74編成)、小山車両センター(都ヤマ)配置のE231系1000番代10両編成(U501～U591編成・欠番あり)と付属編成のE231系1000番代5両編成(U2～U118編成・欠番あり)、E233系3000番代10両編成(U618～U633編成)と付属編成のE233系3000番代5両編成(U218～U235編成)が運用されている。

快速・普通列車は、上野東京ライン・湘南新宿ラインを経由して東海道本線と直通運転を行なっており、伊東・沼津・熱海・小田原・二宮・国府津・平塚～籠原・深谷・高崎・新前橋・前橋間で運転されている。

駅解説

宮原 みやはら

大宮から 4.0 km (4.0 km)
🚉 1948(昭和23)年7月15日
🏠 埼玉県さいたま市北区宮原町3丁目
🚊 41,116人

駅名は町名からで、旧加茂宮村と吉野原村の両村の字が採られている。

上尾 あげお

8.2 km (4.2 km)
🚉 1883(明治16)年7月28日
🏠 埼玉県上尾市柏座1丁目
🚊 72,670人

旧中山道上尾宿で、尾根の上という地形が由来という。高崎線の開通によって、農業から工業やサービス業へ変わった。

北上尾 きたあげお

9.9 km (1.7 km)
🚉 1988(昭和63)年12月17日
🏠 埼玉県上尾市原新町
🚊 27,468人

上尾市北部の位置からの駅名で、地域住民の

公募による。駅周辺には住宅街が広がる。

桶川 おけがわ
11.8 km(1.9 km)
開 1885(明治18)年3月1日
住 埼玉県桶川市南1丁目
乗 44,298人

旧中山道桶川宿にあたり、紅花の生産で知られていた。大宮台地の高いところ＝川が起きる所が語源の一説。

北本 きたもと
16.4 km(4.6 km)
開 1928(昭和3)年8月1日
改 1961(昭和36)年3月20日(北本宿)
住 埼玉県北本市北本1丁目
乗 31,176人

もとは本宿村で、南にあった同名村と区別して北本宿村とした旧村名が語源。駅を中心とした首都圏のベッドタウンである。

北本駅　2002.4.4

鴻巣 こうのす
20.0 km(3.6 km)
開 1883(明治16)年7月28日
住 埼玉県鴻巣市本町1丁目
乗 33,450人

旧中山道鴻巣宿で、ひな人形の町として知られる。国府があった「国府の州」が語源の一説。

北鴻巣 きたこうのす
29.7 km(9.7 km)
開 1984(昭和59)年11月3日
住 埼玉県鴻巣市赤見台1丁目
乗 12,618人

駅名は鴻巣市の北部に位置することから。通勤通学至便な駅周辺に集合住宅が建ち並んでいる。

吹上 ふきあげ
27.3 km(2.4 km)
開 1885(明治18)年3月1日
住 埼玉県鴻巣市吹上本町1-1-1
乗 15,070人

旧中山道吹上宿で日光脇往還が交差した地。鴻巣市合併前は吹上町で、風が吹き上げる地が語源の一説。

行田 ぎょうだ
29.6 km(2.3 km)
開 1966(昭和41)年7月1日
住 埼玉県行田市壱里山町
乗 10,808人

『万葉集』などにも登場する行田郷のあたりで、田んぼが広がる風景、行く田が語源の一説。県名の語源にもなった埼玉古墳群がある。

熊谷 くまがや
34.4 km(4.8 km)
開 1883(明治16)年7月28日
住 埼玉県熊谷市筑波2丁目
乗 50,636人

旧中山道熊谷宿で、近年は日本一暑い町ともいわれる熊谷市の中心駅。上越新幹線と秩父鉄道が接続する。

籠原 かごはら
41.0 km(6.6 km)
開 1909(明治42)年12月16日
住 埼玉県熊谷市新堀713番地
乗 24,790人

駅名は地域の小字名から。当駅では15両編成の電車の切り離しが行なわれるときがあり、駅南側や北西にに電留線がある。

深谷 ふかや
45.8 km(4.8 km)
開 1883(明治16)年10月21日
住 埼玉県深谷市西島町3-1-8
乗 17,074人

旧中山道深谷宿で肥沃な土壌から生まれる深谷ねぎで知られる。紙幣の顔となった実業家、渋沢栄一の生誕地。

深谷駅は、東京駅建設に使用されたレンガの製造工場が近いということから、東京駅風の駅舎だ　2013.12.20

岡部 おかべ
50.1 km(4.3 km)
開 1909(明治42)年12月25日
住 埼玉県深谷市岡2661番地
乗 5,548人

島式ホーム2面4線の地上駅。台地上の地形から岡と呼ばれ、岡部藩の陣屋があった。

本庄 ほんじょう
55.7 km(5.6 km)
開 1883(明治16)年10月21日
住 埼玉県本庄市銀座3丁目
乗 16,116人

本庄市の玄関駅。平安末期にこの地を治めた本庄氏に由来し、近世は本庄宿として旧中山道最大の宿場町とも言われた。

神保原 しんぽはら
59.7 km(4.0 km)
開 1897(明治30)年11月15日
住 埼玉県児玉郡上里町大字神保原
乗 4,742人

駅名は旧村名からで、石神村、忍保村、八町河原村の一字を採ったもの。上里町役場が最寄り。

新町 しんまち
64.2 km(4.5 km)
開 1883(明治16)年12月27日
住 群馬県高崎市新町2150番地
乗 5,968人

旧中山道で「新たに設けられた宿場町」が語源。周辺は住宅地で、関越自動車道藤岡JCが駅の東側。

倉賀野 くらがの
70.3 km(6.1 km)
開 1887(明治20)年5月1日
住 群馬県高崎市倉賀野町
乗 3,316人

地名は鎌倉時代、この地に城砦を構えた倉賀野氏から。旧中山道宿場町として発展した所で、現在は八高線の分岐駅でもある。

高崎 たかさき
74.7 km(4.4 km)
開 1884(明治17)年5月1日
住 群馬県高崎市八島町
乗 54,598人

通説では16世紀の井伊直政による築城の際「成功高代」から採った地名。旧中山道高崎宿で群馬県随一の交通の要衝、商業の町として発展。

高崎駅　2015.9.11

車窓メモリアル

高崎線　昭和のレジャー

夜行日帰りの時代

ホームが登山客であふれていた、1956（昭和31）年ハイシーズンの土合駅。1956.8

　高崎線といえば今でこそ通勤路線だが、上越新幹線開業前は東北本線並みに長距離優等列車が多数走り、首都圏から上越線と信越本線への橋渡しを担っていた。普通列車に乗ると、駅で優等列車3本一気に抜かれることすらあったものだ。

　その中、長距離移動ならぬ、レジャー主導の中距離夜行列車が高崎線をたくさん走った時代がある。昭和の頃、夏の登山と冬のスキーといえば、週末レジャーの典型。しかもまだ週休二日制などは無い。そのため、都心からおおよそ3時間程度で行ける場所はとくに人気があった。すなわち土曜深夜に都心を発ち、日曜夜に帰ってくる「夜行日帰り」である。

　群馬県の谷川岳登山は人気だった。上野からの適度な距離、標高1900m級の山岳地。しかも土合駅という山間の最寄り駅があり、ここは谷川岳と指呼の間だ。

　このように、気軽な谷川岳登山を可能にしたのは、上越線の存在ゆえである。群馬県と新潟県を直結する路線だが、上越線ができるまで、首都圏～新潟を結ぶ鉄道は現在の信越本線（一部しなの鉄道・えちごトキめき鉄道）がメインで、長野へ大きく迂回していた。これは当然、谷川岳を擁する三国山脈が間に聳えるためである。

　この直下を貫く清水トンネルが1931（昭和6）年に開通して、現在の上越線が出来上がったが、この清水トンネルの掘削距離を短くするために前後をループ線として標高を稼ぐルートを採ったことから、結果として土合駅は谷川岳により近い駅になった。

　現在の土合駅は上下線で地上駅と地下駅に分かれているが、最初に開業したのは上り線側の地上駅で、下り線は1967（昭和42）年9月28日に開通した新清水トンネルのルートである。

　登山は大正期の大衆化や学校登山などの行事から親しむ人が多く、土合駅も戦前から登山客に愛用されていた。1956（昭和31）年の写真からも、その勢いを感じることができる。

65

川越線

かわごえせん

区間・距離	大宮〜高麗川 30.6km
駅数	10
運転方式	電化
全通	1940(昭和15)年7月22日

▲高度経済成長期、急速に沿線人口が増加した川越線。全線電化や一部区間の複線化、埼京線との直通など、近代化が進んだ。武蔵高萩〜高麗川　2019.3

歴 史

東京を経由せずに東海道本線と東北本線を結ぶという軍事的な政策により、1934(昭和9)年に改正鉄道敷設法の別表に追加されたのが「埼玉県大宮ヨリ川越ヲ経テ飯能付近ニ至ル鉄道」。軍事優先の時代であったため、すぐに建設工事が進められ、1940(昭和15)年7月22日に川越線大宮〜高麗川間が開業した。このうち、大宮〜川越間には1906(明治39)年4月16日に開業した埼玉県初の電車運転となる川越電気鉄道があった。同社は1922(大正11)年11月に西武鉄道(現在とは別会社)となり、大宮経由で東京へ向かう人で賑わっていた。しかし、川越線が開通すると業績が低迷していた西武鉄道大宮線は運転休止となり、1941(昭和16)年2月25日に廃止となった。

戦後は蒸気機関車が牽引する列車が走る首都圏のローカル線であったが、1970年代から東京のベッドタウン化が進むと国電並みの混雑路線となり、単線・非電化では輸送力が限界に達していた。1980(昭和55)年5月に沿線4市町による「国鉄川越線複線電化促進協議会」が発足し、国鉄に対し抜本的な改良を求めていった。1982(昭和57)年6月23日に東北新幹線大宮〜盛岡間が開業し、上野への延伸が急務とされていた。新幹線の建設に反対する住民に新たな在来線を新幹線高架橋に併設する案が受け入れられ、同時に川越線の電化直通運転が計画された。1985(昭和60)年9月30日、川越線の全線電化と大宮〜日進間の複線化が完成し、埼京線池袋〜大宮間との直通運転が開始された。

1987(昭和62)年4月1日、国鉄分割民営化により、東日本旅客鉄道(JR東日本)が承継。1996(平成8)年3月16日には八高線と直通運転が開始された。川越駅を境に大宮方は埼京線、高麗川方は八高線と直通する運転体系となった。2002(平成14)年12月1日に埼京線経由で東京臨海高速鉄道りんかい線との相互直通運転が開始された。2022(令和4)年3月12日に川越〜高麗川間でワンマン運転が実施され、南古谷始発の下り列車を含めて全列車がワンマンとなっている。

車窓

沿線はベッドタウン化でマンションや住宅が建ち並んでいるが、指扇～南古谷間の荒川の広い河川敷とその先の田園風景が一服の清涼剤となる。川越は「小江戸」と呼ばれるほど栄えた城下町で、駅周辺にも商業施設が数多くある。川越～高麗川間は武蔵野の面影が残る雑木林などが残っているが、この区間も徐々に宅地化が進行している。

車両

埼京線直通の快速・普通列車は、川越車両センター(都ハエ)配置のE233系7000番代10両編成(101～138編成)が、川越・南古谷・指扇～池袋・新宿・東京臨海高速鉄道りんかい線新木場・相模鉄道本線海老名間で運用されている。川越車両センターの入出庫は南古谷と指扇の2駅で行われており、朝夕の上り列車は南古谷・指扇始発となる。

川越～高麗川間の普通列車は、川越車両センター(都ハエ)配置のE231系3000番代4両編成(41～46編成)と209系3500番代4両編成(51～55編成)が、川越～高麗川・八高線八王子間で運用されている。なお、早朝の下り3本は川越車両センターのある南古谷始発となる。

駅解説

日進 にっしん
大宮から3.7 km(3.7 km)
開 1940(昭和15)年7月22日
住 埼玉県さいたま市北区日進町2丁目
乗 23,622人

駅名は旧村名で、1873(明治6)年に設立された日進学校(現在の日進小学校)に由来する。

西大宮 にしおおみや
6.3 km(2.6 km)
開 2009(平成21)年3月14日
住 埼玉県さいたま市西区西大宮1丁目
乗 22,658人

駅名は地名から。相対式ホーム2面2線で橋上駅舎を持つ。大宮の西郊にあり、埼京線直通で宅地化が進んだ。

西大宮駅の開業式　2009.3.14

指扇 さしおうぎ
7.7 km(1.4 km)
開 1940(昭和15)年7月22日
住 埼玉県さいたま市西区大字宝来
乗 18,238人

駅名は旧村名からで、傾斜地のサシ、崖や湿地のオギが語源の一説。荒川左岸域で、駅の西側に荒川橋梁が架かる。

南古谷 みなみふるや
12.4 km(4.7 km)
開 1940(昭和15)年7月22日
住 埼玉県川越市大字並木
乗 15,064人

駅名は古谷の南部から。駅周辺は宅地化が進むが、肥沃な農地が広がるあたりで、野菜や果物の生産が盛ん。

南古谷駅　2025.1.17

川越 かわごえ
16.1 km(3.7 km)
開 1940(昭和15)年7月22日
住 埼玉県川越市脇田本町
乗 67,692人

川越市の中心駅のひとつ。江戸の風情を残しつつ、首都圏のベッドタウン、近郊農業の町と、首都圏有数の衛星都市を形成。

西川越 にしかわごえ
18.7 km(2.6 km)
開 1940(昭和15)年7月22日
住 埼玉県川越市大字小ケ谷

単式ホーム1面1線。駅名は川越市の西部から。駅の西側に入間川が流れる。

的場 まとば

指扇駅　2025.1.17

的場駅　20251.17

20.9 km(2.2 km)
開 1940(昭和15)年7月22日
住 埼玉県川越市大字的場
乗 5,834人

江戸時代、弓道場があったことが地名の一説。北東1kmには東武東上線霞ヶ関駅があり、住宅街が広がっている。

笠幡 かさはた
23.8 km(2.9 km)
開 1940(昭和15)年7月22日
住 埼玉県川越市大字笠幡
乗 5,234人

駅名は地名から。宅地化が進む駅周辺だが、南側に東京オリンピックの会場になった名門・霞ヶ関カンツリークラブがある。

武蔵高萩 むさしたかはぎ
27.0 km(3.2 km)
開 1940(昭和15)年7月22日
住 埼玉県日高市大字高萩
乗 6,108人

戦前は航空士官学校があり、昭和天皇が利用した貴賓室があったことで知られる。今は橋上駅舎となり、駅周辺の宅地化が進む。

武蔵高萩駅　2025.1.17

高麗川 こまがわ
30.6 km(3.6 km)

八高線と接続　2022.7.8　写真：解結学

上越線
じょうえつせん

区間・距離	高崎〜宮内 162.6km／越後湯沢〜ガーラ湯沢 1.8km
駅数	33／1
運転方式	電化／交流電化 25,000 V
全通	1931(昭和6)年9月1日／1990(平成2)年12月20日

▲上越新幹線開業前は特急「とき」や急行「佐渡」が駆け抜けた上越線は、貨物列車の重要路線だ。EH200形とコンテナ貨車。津久田〜岩本 2011.6.5

▶上毛三山に臨み、三国山地を貫く上越線は、車窓の変化が楽しい。
岩本〜津久田 2018.11.24

歴史

　東西両京を結ぶ鉄道建設は中山道幹線として敷設が進められ、1884(明治17)年5月1日には日本鉄道により上野〜高崎間が開業。高崎からは官設鉄道が建設にあたり、1885(明治18)年10月15日に高崎〜横川間が開業した。新潟へは中山道幹線から分岐し、長野、直江津、長岡を経由するルートが決定し、直江津〜長岡〜新潟間は北越鉄道が建設することとなっていた。距離的には三国峠を越える直線ルートが圧倒的に時間短縮となることから、地元有志による毛越鉄道が発起。1895(明治28)年6月に上越鉄道に改名して仮免許を受けたが、資金調達が難航して上越鉄道は解散。帝国議会に建議案が提出されるも建設に至ることはなかった。太平洋側と日本海側を結ぶ鉄道は碓氷峠越えの信越本線に頼らざるを得ない状況で、軍事輸送にも支障をきたすことが懸念された。そして1918(大正7)年2月に「群馬県下高崎ヨリ新潟県下長岡ニ至ル鉄道」を含む改正鉄道敷設法が可決され、群馬県側から上越南線、新潟県からは上越北線の建設工事が進められることになった。

　1920(大正9)年11月1日に上越北線宮内〜東小千谷間、1921(大正10)年7月1日に上越南線新前橋〜渋川間、同年8月5日に上越北線東小千谷〜越後川口間、1922(大正11)年8月1日に上越北線越後川口〜越後堀之内、1923(大正12)年9月1日に越後堀之内〜浦佐間、同年11月18日に上越北線浦佐〜塩打間が開業した。北と南から延伸が行なわれ、1924(大正13)年3月31日に上越南線渋川〜沼田間、1925(大正14)年11月1日には上越北線が越後湯沢駅まで延伸開業し、上越北線は宮内〜越後湯沢間が全通した。

　上越南線は1926(大正15)年11月20日に沼田〜後閑間、1928(昭和3)年10月30日に後閑〜水上間が開業し、上越南線新前橋〜水上間が開通した。そして1931(昭和6)年9月1日に清水トンネル(当時は湯檜曽〜越後中里間)が開通し、水上〜越後湯沢間が延伸開業。上越南線が上越北線を編入して上越線となった。水上駅構内に電気機関車を配置した機関区が設置され、水上〜石打間が電化開業している。

　1947(昭和22)年4月1日に高崎〜水上間、同年10月1日に石打〜宮内間が電化され、高崎〜長岡間が前後の高崎線・信越本線よりも先に全線電化した。複線化も順次行われ、1967(昭和42)年9月28日には新清水トンネルの開通で湯檜曽〜土樽間が複線化。下り線は新清水トンネル経由となり、トンネル内に土合駅のホーム(改札口まで486段)が設置された。

　1987(昭和62)年4月1日、国鉄分割民営化により、東日本旅客鉄道(JR東日本)が承継。日本貨物鉄道(JR貨物)が第二種鉄道事業者となった。1990(平成2)年12月20日、越後湯沢〜ガーラ湯沢間の支線が開業。上越

新幹線の車庫引込線で、上越線の支線であるが新幹線車両で運行される。

車窓

沿線は田園風景が広がるが、次第に赤城山と榛名山の裾野を分け入ってゆく。群馬総社付近で桑畑、渋川から水上までは利根川が車窓に登場し、深山幽谷の趣の中を走る。

ちなみに、水上からは山岳地帯を走り、長いトンネルで三国山脈の谷川岳を越える。越後湯沢からは八海山をはじめとする越後平野に続く山並みを車窓に映し、信濃川の流れが見えるとすぐに信越本線と合流する。

車両

高崎～水上間は、高崎車両センター（都タカ）配置の211系3000番代4両編成（A9～A61編成・欠番あり）および211系3000番代3両編成（A4～A47編成・欠番あり）が運用されている。なお、3両編成は2本連結した6両編成で運用されている。

ちなみに、水上～長岡間は、新潟車両センター（新ニイ）配置のE129系4両編成（B1～B27編成）およびE129系2両編成（A1～A34編成）が運用されている。

なお、越後湯沢～六日町間には北越急行ほくほく線の快速・普通列車が乗り入れており、HK100形が運用されている。

駅解説

高崎問屋町 たかさきとんやまち
高崎から 2.8 km (2.8 km)
開 2004(平成16)年10月16日
住 群馬県高崎市貝沢町
乗 7,300人

1967(昭和42)年に日本初の卸売業者団地として開設された高崎問屋街に近接。群馬県と高崎市が駅整備にも出資して誕生した。

井野 いの
4.0 km (1.2 km)
開 1957(昭和32)年12月20日
住 群馬県高崎市井野町
乗 3,892人

相対式ホーム2面2線で、もともとは信号所として開設された。高崎市街近郊で戦国時代から見られる地名。

新前橋 しんまえばし
7.3 km (3.3 km)
開 1921(大正10)年7月1日
住 群馬県前橋市古市町
乗 10,288人

両毛線が分岐するが上越線開業時に駅が誕生。のちに町名も駅名に倣っている。前橋市西郊の拠点。

群馬総社 ぐんまそうじゃ
12.0 km (4.7 km)
開 1921(大正10)年7月1日
住 群馬県前橋市総社町植野
乗 3,054人

地名は上野国総社神社から。単式ホーム2面と木造駅舎がある構内。

八木原 やぎはら
17.7 km (5.7 km)
開 1921(大正10)年7月1日

八木原駅　2024.12.31

住 群馬県渋川市八木原
乗 1,768人

かつての三国街道八木原宿にあたる。単式ホームと島式ホーム、木造駅舎がある。

渋川 しぶかわ
21.1 km (3.4 km)
開 1921(大正10)年7月1日
住 群馬県渋川市渋川1651-4
乗 5,438人

赤城山と榛名山に囲まれた三国街道渋川宿にあたり「渋いカナ色の川」「川の合流域」など語源には諸説ある。渋川市の玄関駅で、伊香保温泉が最寄り。

敷島 しきしま
27.5 km (6.4 km)
開 1924(大正13)年3月31日
住 群馬県渋川市赤城町敷島354-7

駅名は旧村名から。敷島温泉の最寄り駅で、駅舎はモダンなデザイン。

敷島駅　2024.12.31

津久田 つくだ
30.5 km (3.0 km)
開 1948(昭和23)年1月1日
住 群馬県渋川市赤城町津久田2854-2

中世の城郭、津久田城の町で、一節には津久田姓の発祥地とも。赤城山山頂の大沼を水源とする沼尾川が利根川と合流する。

岩本 いわもと
36.3 km (5.8 km)
開 1924(大正13)年3月31日
住 群馬県沼田市岩本町

単式ホーム2面2線で、駅名は町名から。利根川に接し、対岸に伏田発電所がある。

沼田 ぬまた
41.4 km (5.1 km)
開 1924(大正13)年3月31日

住 群馬県沼田市清水町
乗 2,880人

中世沼田城の町で、戦国武将が領有を争った要衝。町の中心地は薄根川と片品川が刻んだ河岸段丘上にあり、天空の城下町とも。

沼田駅　2024.12.31

後閑 ごかん
46.6 km (5.2 km)
開 1926(大正15)年11月20日
住 群馬県利根郡みなかみ町後閑1237

戦国時代の城郭、後閑館があった地域。三国山を源のひとつとする赤谷川と利根川の合流点にあたる。

上牧 かみもく
53.7 km (7.1 km)
開 1928(昭和3)年10月30日
住 群馬県利根郡みなかみ町上牧2145

大正時代に開湯された上牧温泉の最寄り駅。画家の山下清が逗留した湯治場だ。

水上 みなかみ
59.1 km (5.4 km)
開 1928(昭和3)年10月30日
住 群馬県利根郡みなかみ町鹿野沢96
乗 498人

水上温泉郷や谷川岳観光の拠点で、清水トンネルに挑む機関車付け替え駅でもあった。地名は水源地を意味すると言われ、ひらがなの町名は若山牧水『みなかみ紀行』に倣ったもの。

上越国境の麓、水上駅　2020.2.5

69

両毛線

りょうもうせん

区間・距離	新前橋～小山　84.4km
駅数	17
運転方式	電化
全通	1889(明治22)年12月26日

▲両毛線は、両毛地域で生産された生糸や桐生織などの織物輸送のために建設。2024年で誕生135年という長い歴史を持つ。現在は211系などの通勤通学列車が主流である。大平下～岩船　2014.12.1

歴史

　1887(明治20)年5月17日、群馬県特産である生糸や絹織物を東京・横浜に輸送するのを目的とした両毛鉄道創立の命令書が交付され、同年7月から栃木～佐野間、8月には栃木～小山間の敷設工事が開始された。1888(明治21)年5月22日に小山～足利間、同年11月15日に足利～桐生間が開業した。1889(明治22)年11月20日には桐生～前橋間が開業し、両毛鉄道小山～前橋間が全通した。

　1884(明治17)年6月25日に上野～高崎間が開業した日本鉄道は、同年8月20日に高崎～前橋間を延伸開業した。前橋駅は現在地よりも高崎寄りに位置していたため、1889(明治22)年12月26日に両毛鉄道の前橋駅まで延伸し、日本鉄道と両毛鉄道が前橋駅で接続した。1897(明治30)年1月1日に両毛鉄道は全区間を日本鉄道に譲渡し、日本鉄道は後の高崎線、東北本線、常磐線を結ぶ両毛線と水戸線を自社に加え路線網を拡充した。

　1906(明治39)年11月1日、日本鉄道が国有化され、1909(明治42)年10月12日の国有鉄道線路名称制定により、小山～桐生～前橋～高崎間が両毛線となった。1921(大正10)年7月1日、高崎～渋川間の上越南線が開業し、高崎～新前橋(新設)間は両毛線の線路と単線並列で上越南線の線路が敷設された。1957(昭和32)年12月20日、両毛線が新前橋～小山間になり、高崎～新前橋間は上越線の複線区間となった。

　1987(昭和62)年4月1日、国鉄分割民営化により、東日本旅客鉄道(JR東日本)が承継。日本貨物鉄道(JR貨物)が第二種鉄道事業者となった。

車窓

　新前橋～前橋間で利根川を渡り、高架橋の上から群馬県の県庁所在地の街並みを望むと前橋。後方に浅間山の優美な山容を眺め、田園地帯を進む。赤城山が姿を現すと国定、榛名山も遠望できる。沿線は古くから繊維産業が盛んな地で、わたらせ渓谷鐵道が接続する桐生を出ると栃木県に入る。田園風景の中にビニールハウスが点在するが、栃木特産のイチゴ栽培が行なわれている。ブドウ畑の先にある太平山を眺め、古くから商業で栄えた栃木を過ぎれば、思川を渡って小山駅に到着。両毛線のホームは新幹線高架下の離れたところにあり、東北本線・水戸線との乗り換えには少し時間がかかる。

車両

　高崎発着で運転される普通列車は、高崎車両センター(都タカ)配置の211系3000番代4両編成(A9～A61編成・欠番あり)および211系3000番代3両編成(A4～A47編成・欠番あり)が運用されている。なお、3両編成は2本連結した6両編成で運用されている。

　前橋発着のグリーン車付き普通列車は、国府津車両センター(都コツ)配置のE233系3000番代10両編成(E-01～E-17編成)またはE231系8000番代10両編成(K-01～K-42編成)、小山車両センター(都ヤマ)配置のE233系3000番代10両編成(U618～U633編成)またはE231系1000番代10両編成(U501～U541・U584～U591編成)が運用されている。列車は上野東京ラインまたは湘南新宿ラインを経由して、東海道本線平塚・国府津・小田原・熱海～前橋間で運転されている。

駅解説

前橋 まえばし
新前橋から 2.5 km (2.5 km)
開 1884(明治 17)年 8 月 20 日
住 群馬県前橋市表町 2 丁目
乗 17,682 人

赤城山のふもと、群馬県都の玄関駅。利根川の橋・厩橋が語源で、江戸時代は前橋藩の城下町、近代は生糸産業、近年は商工業が発展している。

前橋大島 まえばしおおしま
6.3 km (3.8 km)
開 1999(平成 11)年 3 月 12 日
住 群馬県前橋市天川大島町 1324 番地
乗 2,862 人

東前橋工業団地が近接。近年大型商業施設が進出する前橋市の南部を担う。

駒形 こまがた
9.5 km (3.2 km)
開 1889(明治 22)年 11 月 20 日
住 群馬県前橋市小屋原町
乗 5,248 人

前橋市街地を流れ、灌漑用水路でもある広瀬川と桃ノ木川の合流点近く。北関東自動車道駒形 IC もあり、前橋市南部を支える。

伊勢崎 いせさき
15.3 km (5.8 km)
開 1889(明治 22)年 11 月 20 日
住 群馬県伊勢崎市曲輪町 3 丁目
乗 10,592 人

伊勢崎市の玄関駅で、東武伊勢崎線と接続。16 世紀、赤石城を攻め落とし、一部を伊勢神宮に寄進した「伊勢の前」が語源。北関東有数の工業都市として発展している。

C61 凱旋記念セレモニー　2011.11.3

国定 くにさだ
21.1 km (5.8 km)
開 1889(明治 22)年 11 月 20 日
住 群馬県伊勢崎市国定町 2 丁目
乗 2,846 人

江戸時代末期の侠客、国定忠治に由来。墓がある養寿寺は駅の北東約 1km。

岩宿 いわじゅく
27.5 km (6.4 km)
開 1889(明治 22)年 11 月 20 日
改 1911(明治 44)年 5 月 1 日（大間々）
住 群馬県みどり市笠懸町阿佐美 1500 番地
乗 2,278 人

日本で最初に旧石器時代遺跡に認定された岩宿遺跡は駅の北西 1km。東 1km には桐生ボートレース場がある。

桐生 きりゅう
31.5 km (4.0 km)
開 1888(明治 21)年 11 月 15 日
住 群馬県桐生市末広町
乗 6,658 人（わたらせ渓谷鐵道を含む）

奈良時代から絹織物の産地で、多くの産業遺産がある。語源は桐の群生地、霧の発生地が一説。

小俣 おまた
37.1 km (5.6 km)
開 1889(明治 22)年 11 月 20 日
住 栃木県足利市小俣町

町名は、足利氏の支族だった小俣氏に由来。島式ホーム 1 面 2 線。

山前 やままえ
41.7 km (4.6 km)
開 1897(明治 30)年 4 月 1 日
住 栃木県足利市鹿島町 2 丁目

駅名は旧村名からで、地域の集落名・山下と大前の一字をとったもの。西 1km の足利大学の関係者が多く利用する。

足利 あしかが
46.2 km (4.5 km)
開 1888(明治 21)年 5 月 22 日
住 栃木県足利市伊勢町
乗 5,514 人

植物のカガに由来するのが一説で、平安末期、足利氏が拠点を置いたところ。足利市の玄関駅で、足利学校が駅北側に。南を流れる渡良瀬川対岸に、東武鉄道足利市駅がある。

あしかがフラワーパーク あしかがふらわーぱーく
52.4 km (6.2 km)
開 2018(平成 30)年 4 月 1 日
住 栃木県足利市迫間町字本郷 533 番

駅名は近接する観光施設から。園のシンボルである大藤をはじめ、四季折々の花木で人気を集める。

あしかがフラワーパーク駅　2018.4.1

富田 とみた
53.3 km (0.9 km)
開 1893(明治 26)年 2 月 18 日
住 栃木県足利市駒場町

駅名はこの地域名から。あしかがフラワーパーク駅開業までは、当駅が最寄りだった。相対式ホーム 2 面 2 線。

佐野 さの
57.8 km (4.5 km)
開 1888(明治 21)年 5 月 22 日
住 栃木県佐野市若松町
乗 6,222 人（東武電鉄を含む）

佐野市の玄関駅。日光街道の宿場町として発展し、近年は佐野ラーメンの町とも。「東山道の左側」「山に囲まれた地・狭野」など語源には諸説。

岩舟 いわふね
65.1 km (7.3 km)
開 1889(明治 22)年 10 月 10 日
改 1902(明治 35)年 3 月 1 日（岩船）
住 栃木県栃木市岩舟町

駅名は栃木市合併前の旧町名からで、駅の北側に聳える岩船山に由来。船の形に似ていると言われ、この地域のランドマークだ。

大平下 おおひらした
69.2 km (4.1 km)
開 1895(明治 28)年 3 月 8 日
改 1918(大正 7)年 10 月 16 日（富山）
住 栃木県栃木市大平町富田

駅名は旧町名からで駅の北にある大平山が語源。桜や紅葉の名所として親しまれている。

栃木 とちぎ
73.6 km (4.4 km)
開 1888(明治 21)年 5 月 22 日
住 栃木県栃木市沼和田町 1-1
乗 8,616 人

東武日光線と接続。神明宮の千木と鰹木が 10 本に見え、これを十千木と呼んだことから語源の一説。蔵や商家が残る小江戸の町。

栃木駅　2018.11.11

思川 おもいがわ
79.0 km (5.4 km)
開 1911(明治 44)年 4 月 10 日
住 栃木県小山市大字松沼

駅名は付近を流れる川名からで、寒川郡胸形神社の主祭神、田心姫の田と心を縦書きにしたことに由来するという。

小山 おやま
84.4 km (5.4 km)

吾妻線
あがつません

区間・距離	渋川～大前 55.6km
駅数	18
運転方式	電化
全通	1971(昭和46)年3月7日

▲吾妻川沿いをゆく吾妻線は、沿線で採掘された鉄鉱石輸送を担った。現在は観光路線でもあり、上州きっての名湯、草津温泉や四万温泉へのアクセス線だ。小野上～祖母島　2023.8.1

歴史

1931(昭和6)年9月の満州事変以来、日本鋼管群馬鉄山(吾妻郡六合村)で採掘された鉄鉱石を同社の京浜製鉄所に輸送し、軍需産業向けの鉄の生産を行うことを目的に計画された路線。上越線渋川駅から分岐し、中之条を経て長野原(現・長野原草津口)までの建設工事が行なわれ、1945(昭和20)年1月2日に渋川～長野原間の長野原線と長野原～太子間の日本鋼管専用線が開通した。当初は鉄鉱石を輸送する貨物営業のみであったが、同年8月5日に渋川～中之条間、11月20日に中之条～岩島間、1946(昭和21)年4月20日に岩島～長野原間で旅客営業が開始された。また、長野原～太子間の専用線は1952(昭和27)年10月1日に国鉄長野原線となり、1961(昭和36)年9月1日から旅客営業が開始されたが、1966(昭和41)年10月1日に貨物営業が廃止となり、1970(昭和45)年11月1日には営業休止となった。

1967(昭和42)年6月10日、渋川～長野原間の電化が完成した。長野原以西は嬬恋線として嬬恋までの工事が進められ、さらに信越本線豊野まで延伸する計画であった。1971(昭和46)年3月7日に長野原～大前間が電化開業し、渋川～大前間の線名を吾妻線に改称した。なお、同年5月1日に営業休止中の長野原～太子間が廃止となった。

1987(昭和62)年4月1日、国鉄分割民営化により、東日本旅客鉄道(JR東日本)が承継した。2014(平成26)年10月1日、八ツ場ダム建設に伴う岩島～長野原草津口間の新線切り換えが行われ、川原湯温泉駅が新線上に移転した。現在、上野～長野原草津口間に特急「草津・四万」が運行され、草津温泉や四万温泉への旅行客で賑わっているが、末端の長野原草津口～大前間は利用客数が減少し、鉄道輸送の存続が討議されている。

車窓

利根川に合流する吾妻川に沿って走り、川の流れと田園風景が車窓に映し出される。中之条付近でブドウ畑やリンゴ畑を見て岩島へ。岩島～長野原草津口間は新線に切り換えられた区間で、以前は日本一短いトンネル(全長7.2m)をくぐり抜けたが、現在はトンネルと新線上に建設された川原湯温泉駅などの構築物を車窓に走る。長野原草津口の先では吾妻川の渓谷や嬬恋村特産のキャベツ畑、山並みを車窓に見ることができる。

車両

大宮総合車両センター東大宮センター(都オオ)配置のE257系5両編成

（OM 51～OM 55・NC 31～NC 34 編成）が、上野～長野原草津口間の特急「草津・四万」に運用されている。

高崎・新前橋発着で運転される普通列車は、高崎車両センター（都タカ）配置の211系3000番代4両編成（A 9～A 61 編成・欠番あり）および211系3000番代3両編成（A 4～A 47 編成・欠番あり）が運用されている。なお、3両編成は2本連結した6両編成で運用されている。

駅解説

金島 かなしま
渋川から5.5 km(5.5 km)
開 1945(昭和20)年8月5日
住 群馬県渋川市川島

　駅名は旧村名からで、地域内の地名・金井、島に由来。西側を上越新幹線が交差し、建設時は資材搬入に活用された。

祖母島 うばしま
7.7 km(2.2 km)
開 1959(昭和34)年2月10日
住 群馬県渋川市祖母島

　日本武尊が、この地で祖母に似た優しい女性に出会ったという伝説が残る地域。武内神社は15世紀の勧請。

小野上 おのがみ
11.9 km(4.2 km)
開 1945(昭和20)年11月20日
住 群馬県渋川市村上 3330

　駅名は旧村名から。駅の北側で安山岩の砕石が行なわれ、搬出駅にもなっている。

小野上駅　2024.12.31

小野上温泉 おのがみおんせん
13.7 km(1.8 km)
開 1992(平成4)年3月14日
住 群馬県渋川市村上 376

　美肌効果がある美人の湯で知られる小野上温泉の最寄り駅。温泉センターや宿泊施設が近接。

市城 いちしろ
16.4 km(2.7 km)
開 1945(昭和20)年11月20日
住 群馬県吾妻郡中之条町大字市城

　上野国9カ所の勅旨牧のひとつだった馬の放牧場・市代牧が語源。単式ホーム1面1線。

中之条 なかのじょう
19.8 km(3.4 km)
開 1945(昭和20)年8月5日
住 群馬県吾妻郡中之条町伊勢町
乗 1,584 人

　中之条町の玄関駅で、四万温泉や沢渡温泉、吾妻川や四万川などの釣り、ハイキング観光の拠点。吾妻郡の中央・中之庄が語源の一説。

群馬原町 ぐんまはらまち
22.9 km(3.1 km)
開 1945(昭和20)年8月5日
住 群馬県吾妻郡東吾妻町大字原町

　駅名は町名の「原町」から。東吾妻町の役場があり、大型商業施設が集中する地域になっている。

群馬原町駅　2024.12.31

郷原 ごうばら
26.3 km(3.4 km)
開 1945(昭和20)年4月20日
住 群馬県吾妻郡東吾妻町大字郷原

　地名は「吾妻郷の原」で、郡の中心地という意味。養蚕業の地で、大きな古民家も残る地域。

矢倉 やぐら
28.0 km(1.7 km)
開 1959(昭和34)年11月10日
住 群馬県吾妻郡東吾妻町大字矢倉

　樹齢約1400年という神代杉がある矢倉鳥頭神社が最寄り。地名は見張り台や倉庫などの意味。

岩島 いわしま
30.5 km(2.5 km)
開 1945(昭和20)年8月5日
住 群馬県吾妻郡東吾妻町大字岩下

　駅名は旧村名から。上流に吾妻峡があり、その先の八ッ場ダムによる迂回新線になる。

岩島駅　2024.12.31

川原湯温泉 かわらゆおんせん
37.0 km(6.5 km)
開 1946(昭和21)年4月20日
改 1991(平成3)年12月1日(川原湯)
住 群馬県吾妻郡長野原町大字川原湯

　12世紀に源頼朝が発見したという川原湯温泉の最寄り駅。八ッ場ダム建設により、2014(平成26)年10月1日に現在地へ移転している。

川原湯温泉駅　2024.12.31

長野原草津口 ながのはらくさつぐち
42.0 km(5.0 km)
開 1945(昭和20)年1月2日
住 群馬県吾妻郡長野原町長野原
乗 1,360 人

　観光地やリゾート地である長野原町の駅で、役場が吾妻川の対岸にある。草津温泉へは駅前からバスが接続。

群馬大津 ぐんまおおつ
44.2 km(2.2 km)
開 1971(昭和46)年3月7日
住 群馬県吾妻郡長野原町大字大津

　単式ホーム1面1線で、北側に中央小学校や長野原警察署がある。

羽根尾 はねお
46.4 km(2.2 km)
開 1971(昭和46)年3月7日
住 群馬県吾妻郡長野原町大字羽根尾

　この地域を治めた中世の豪族・羽尾氏に由来すると言われ、羽根尾城があった。島式ホーム1面2線。

袋倉 ふくろぐら
49.3 km(2.9 km)
開 1971(昭和46)年3月7日
住 群馬県吾妻郡嬬恋村大字袋倉

　駅名は地域名から。嬬恋とは日本武尊が東征の帰り、亡き妻を思い「吾嬬者耶」と嘆いた伝説に由来する。

万座・鹿沢口 まんざ・かさわぐち
52.2 km(2.9 km)
開 1971(昭和46)年3月7日
住 群馬県吾妻郡嬬恋村大字鎌原

　万座温泉や鹿沢温泉への入口。駅の北西を吾妻川が流れ、旧草軽電鉄の橋台跡がある。

大前 おおまえ
55.3 km(3.1 km)
開 1971(昭和46)年3月7日
住 群馬県吾妻郡嬬恋村大字大前

　「大前」とは12世紀、源頼朝が設置した厩から、御厩村が語源とも。嬬恋村役場は駅の北側、吾妻川の対岸にある。

水戸線
みとせん

区間・距離	小山〜友部 50.2km
駅数	16
運転方式	電化(友部〜小田林:交流20,000V)
全通	1889(明治22)年1月16日

▲青ラインをまとったE531系が主力車両として活躍中だ 2025.1.21

歴史

1887(明治20)年1月19日、東京府および茨城県の有志者により、水戸〜小山間の鉄道建設を意図した水戸鉄道会社創立請願書を政府に提出したのが、水戸線のはじまりとなる。同年5月24日に創立願が認可され、8月から測量に着手した。上野〜郡山間が開業していた日本鉄道小山駅に乗り入れるルートで建設が進められ、1889(明治22)年1月16日に水戸〜小山間が開業した。小山駅には前橋〜小山間を結ぶ計画の両毛鉄道(小山〜桐生間が開業)が乗り入れており、東京と栃木・群馬・茨城の3県を結ぶ交通の要衝となった。

1892(明治25)年3月1日、水戸鉄道は日本鉄道に買収され、さらに1906(明治39)年11月1日には日本鉄道が国有化され、小山〜水戸間は官設鉄道となった。1909(明治42)年10月12日の国有鉄道線路名称制定により、小山〜友部間が水戸線、友部〜水戸間は常磐線になった。戦後は1950(昭和25)年8月23日に間々田駅と結城駅を結ぶ上野方面への短絡線(小山駅の構内扱い)が開通した。小山駅でスイッチバックしていた貨物列車の直通運転が開始され、1962(昭和37)年10月1日には短絡線を経由して上野〜真岡・水戸間を結ぶ気動車準急「つくばね」が設定された。1967(昭和42)年2月1日に全線が交流電化され、小山〜小田林間に交直デッドセクションが設置された。これにより、同年3月20日から401系電車の運転が開始され、1968(昭和43)年10月1日改正から「つくばね」は451系電車急行となった。1985(昭和60)年3月14日改正で急行「つくばね」が廃止となり、翌年11月1日改正以降は短絡線が使用されず、2006(平成18)年度に短絡線が撤去されている。

1987(昭和62)年4月1日の国鉄分割民営化により、東日本旅客鉄道が継承し、日本貨物鉄道が第二種鉄道事業者となった。2000(平成12)年12月2日に定期貨物列車が廃止となり、2021(令和3)年3月13日から全列車がワンマン運転となっている。

車窓

沿線の都市部以外は田園風景や雑木林などが続き、茨城県の名峰「筑波富士」とも呼ばれる筑波山が車窓を飾る。途中の下館で第三セクター鉄道の真岡鐵道(下館〜茂木間)と関東鉄道常総線(取手〜下館間)が接続する。真岡鐵道では土休日を中心にSL列車「もおか」を運行しており、下館でC12形蒸気機関車に遭遇することもある。

車両

　勝田車両センター（都カツ）配置の交直流近郊形電車 E 531 系 5 両編成が運用される。全列車が普通列車で、小山〜下館・友部間の線内運転のほか、朝夕に高萩・勝田始終着の常磐線直通列車が運転される。車両はステンレス車体に青色の帯を巻いたデザインで、友部寄りの 3 両がセミクロスシート、小山寄りの 2 両はロングシートとなる。基本番代の K 451 〜 K 483 編成のほか、準耐寒耐雪構造（東北本線黒磯〜新白河・白河間にも運用）とした 3000 番代の K 551 〜 K 557 編成がある。なお、2021（令和 3）年 3 月 13 日から全列車がワンマン運転を行っている。

　また、K 451 編成は勝田車両センター（勝田電車区）開設 60 周年を記念して、勝田電車区に最初に配置された 401 系「赤電」をモチーフとしたラッピングが施されている。E 531 系には常磐線・上野東京ラインで運用されるグリーン車 2 両組み込みの 10 両編成（5 両編成を連結した 15 両編成も運用）があり、K 423 編成も「赤電」ラッピングが施されている。

駅解説

小田林 おたばやし
小山から 4.9 km（4.9 km）
開 1945（昭和 20）年 4 月 1 日
住 茨城県結城市大字結城立ノ山
　結城市の西郊にあり、南を結城中学校が接する。単式ホーム 1 面 1 線の構内。

結城 ゆうき
6.6 km（1.7 km）
開 1889（明治 22）年 1 月 16 日
住 茨城県結城市大字結城 7490-2
乗 3,484 人
　結城市の中心駅。中世の城下町として発展し、結城紬で知られる。単式ホーム 1 面と島式ホーム 1 面。

東結城 ひがしゆうき
8.3 km（1.7 km）
開 1937（昭和 12）年 12 月 1 日
住 茨城県結城市大字結城上小塙
　単式ホーム 1 面の構内。結城市の東にあたり、鬼怒川右岸がすぐ。

川島 かわしま
10.4 km（2.1 km）
開 1889（明治 22）年 4 月 16 日
改 1889（明治 22）5 月 25 日（伊佐山）
住 茨城県筑西市伊佐山 168-1
　地名は伊佐氏の居城だった伊佐山を指すとされる。かつては北側にあった工場まで専用線があり、セメント輸送が行なわれていた。

玉戸 たまど
12.5 km（2.1 km）
開 1988（昭和 63）年 6 月 20 日
住 茨城県筑西市玉戸 1675-1
　単式ホーム 1 面 1 線で簡易駅舎がある。農地が中心の周辺だが、南側を中心に工場や郊外型商業施設が建つ。

下館 しもだて
16.2 km（3.7 km）
開 1889（明治 22）年 1 月 16 日
住 茨城県筑西市乙 86
乗 7,310 人（真岡鐵道を含む）
　関東鉄道と真岡鐵道が接続する広い構内で、駅前に筑西市役所本庁舎が建つ。板谷波山記念館や下館城跡などの観光地もある。

新治 にいはり
22.3 km（6.1 km）
開 1895（明治 28）年 9 月 15 日
住 茨城県筑西市新治 2003-3
　地名は記紀にも記述され、古代の郡役所である新治郡衙跡が駅の北 1.5 km にある。

大和 やまと
25.9 km（3.6 km）
開 1988（昭和 63）年 6 月 20 日
住 茨城県桜川市高森 926
　駅名は旧村名。市名は合併した 3 町村の中心に流れる川名から。桜川市役所へ南へ 3km ほど。

岩瀬 いわせ
29.6 km（3.7 km）
開 1889（明治 22）年 1 月 16 日
住 茨城県桜川市犬田 1365
　石材業が盛んな旧岩瀬町の中心駅。桜で知られる桜川が町内を流れる。筑波鉄道跡のつくばりんりんロードが南へ分岐する。

岩瀬駅　2025.1.21

羽黒 はぐろ
32.8 km（3.2 km）
開 1904（明治 37）年 4 月 1 日
住 茨城県桜川市友部 1553
　東 2km に羽黒山城跡や羽黒山二所神社がある羽黒山がそびえる。高貴光明の石と呼ばれる羽黒青糠目石というブランド石材で知られる。

羽黒駅　2025.1.21

福原 ふくはら
37.0 km（4.2 km）
開 1890（明治 23）年 12 月 1 日
住 茨城県笠間市福原 2144
　島根県の出雲大社からの分霊を受けた常陸国出雲大社の最寄り駅で、駅舎デザインもモチーフになっている。

稲田 いなだ
40.1 km（3.1 km）
開 1898（明治 31）年 5 月 8 日
住 茨城県笠間市稲田 2333
　白の貴婦人と呼ばれ、東京駅や国会議事堂にも使われた稲田御影石の産地。駅前に石の百年館がある。

笠間 かさま
43.3 km（3.2 km）
開 1889（明治 22）年 1 月 16 日
住 茨城県笠間市下市毛
乗 2,244 人
　日本三大稲荷のひとつ、笠間稲荷神社の門前町。広く使われる笠間焼で知られる地域だ。

笠間駅　2025.1.21

宍戸 ししど
48.5 km（5.2 km）
開 1889（明治 22）年 1 月 16 日
改 1889（明治 22）5 月 25 日（太田町）
住 茨城県笠間市太田町
　駅名は明治時代に発足した町名からで、この地域を支配していた古代豪族の名と言われる。

宍戸駅　2025.1.21

友部 ともべ
50.2 km（1.7 km）

日光線・烏山線
にっこうせん・からすやません

区間・距離	宇都宮～日光 40.5km
駅数	7
運転方式	電化
全通	1890(明治23)年8月1日

区間・距離	宝積寺～烏山 20.4km
駅数	8
運転方式	非電化(EV運転)
全通	1923(大正12)年4月15日

▲日光線の主力だった205系の後継として登場したE131系600番代。宇都宮運転所　2021.8.19

▲蓄電池駆動式という、非電化区間の新たな可能性を見せる烏山線のEV-E301系。烏山　2017.5.1

歴史

【日光線】

　日光鉄道が計画した日本鉄道宇都宮駅と日光を結ぶ路線で、1890(明治23)年6月1日に日本鉄道の手により宇都宮～鹿沼～今市間が開業した。同年8月1日に今市～日光間が開業し、日本鉄道の宇都宮～日光間が全通した。1906(明治39)年11月1日、日本鉄道が国有化され、1909(明治42)年10月12日の国有鉄道線路名称制定により、宇都宮～日光間は日光線となった。

　1929(昭和4)年10月1日に浅草～東武日光間を結ぶ東武鉄道が開業し、国際観光都市日光への旅客争奪戦が始まったが、電車運転・短距離の東武鉄道が優位であった。戦後は1959(昭和34)年9月22日に全線が電化され、優勢であった東武鉄道に対抗するため、157系電車を使用した東京～日光間の準急「日光」、新宿～日光間の準急「中善寺」を運転。東武鉄道もデラックスロマンスカーで対抗して日光への観光客の争奪戦が続いたが、次第に東武鉄道優勢で幕を閉じることになった。1982(昭和57)年6月23日の東北新幹線開業で輸送体系が変わり、宇都宮～鹿沼～日光間を結ぶローカル線となっていった。

　1987(昭和62)年4月1日、国鉄分割民営化により、東日本旅客鉄道(JR東日本)が承継。2022(令和4)年3月12日に全列車ワンマン運転となった。

【烏山線】

　1912(明治45)年2月28日、宝積寺～烏山間の軽便鉄道敷設が議会で可決された。資金難などで敷設工事は遅れたが、1923(大正12)年4月15日に全線が開通し、同年5月1日に盛大な開業式が行われた。

　1987(昭和62)年4月1日、国鉄分割民営化により、東日本旅客鉄道(JR東日本)が承継。2014(平成26)年3月15日、宝積寺駅と烏山駅にパンタグラフから集電し、電車の蓄電池に充電する設備が完成したのに伴い、日本初の蓄電池駆動電車EV-E301系の運転を開始した。2017(平成29)年3月4日に気動車列車の運行を終了し、全列車がEV-E301系を使用したワンマン運転となった。

車窓

【日光線】

　田園風景が続く中、工場や木工団地、住宅地が点在する。今市付近では日光杉並木が車窓を彩り、男体山をはじめとする日光国立公園の山並みを見ることができる。

【烏山線】

　田園風景と丘陵地帯、荒川・江川の清流や渓谷美が車窓に広がる美しい風景を見ることができる。滝～烏山間の景勝地・龍門ノ滝付近から烏山にかけて特産の梨畑も見える。

車両

【日光線】

　小山車両センター(都ヤマ)配置のE131系600番代3両編成(TN1～TN15編成)が全区間で運用されている。

【烏山線】

　小山車両センター(都ヤマ)配置のEV-E301系2両編成(V1～V4編成)が宇都宮・宝積寺～烏山間で運用されている。EV-E301系は大容量の蓄電池を搭載して駆動する国内初の営業用電車で、「ACCUM(アキュム)」の愛称が付けられている。

駅解説

日光線

鶴田 つるた
宇都宮から 4.8 km（4.8 km）
開 1890（明治23）年6月1日
住 栃木県宇都宮市西川田町
乗 2,470人

　宇都宮市街の南部にあたり、中学校や公園が近接する生活圏にある。

鹿沼 かぬま
14.3 km（9.5 km）
開 1890（明治23）年6月1日
住 栃木県鹿沼市上野町
乗 3,410人

　日光街道の宿場町として栄え、木工業が盛んな鹿沼の玄関駅で、町を挟んで東武鉄道新鹿沼駅がある。

鹿沼駅　2014.5.14

文挟 ふばさみ
22.4 km（8.1 km）
開 1890（明治23）年6月1日
住 栃木県日光市小倉

　相対式ホーム2面2線。駅名にも採られた町

文挟駅　2014.5.14

烏山線きっての名所「龍門の滝」　2017.5.1

名は「日光奉行から江戸への信書の中継地」が一説。

下野大沢 しもつけおおさわ
28.2 km（5.8 km）
開 1929（昭和4）年11月1日
住 栃木県日光市土沢

　相対式ホーム2面2線。日光街道大沢宿で栄えた地域。

今市 いまいち
33.9 km（5.7 km）
開 1890（明治23）年6月1日
住 栃木県日光市平ヶ崎
乗 1,832人

　日光街道と会津西街道が分岐する交通の要衝で、大谷川の河岸段丘上、町の南側に位置している。

今市駅　2014.5.14

日光 にっこう
40.5 km（6.6 km）
開 1890（明治23）年8月1日
住 栃木県日光市相生町
乗 1,596人

　日光とは男体山の旧名・二荒山を「にこう」と呼んだことが一説。国際観光地のJR線の玄関駅で、大正元年築の木造駅舎がシンボル。

烏山線

下野花岡 しもつけはなおか
宝積寺から 3.9 km（3.9 km）
開 1934（昭和9）年8月15日
住 栃木県塩谷郡高根沢町大字花岡字漆原

　単式ホーム1面1線。駅周辺は広大な農地が広がる。

仁井田 にいた
5.9 km（2.0 km）
開 1923（大正12）年4月15日
改 1925（大正14）年4月1日（熱田）
住 栃木県塩谷郡高根沢町大字文挟

　北側に広大な農地、南に町がある。もとは熱田村と呼んだ。

鴻野山 こうのやま

日光駅　2014.5.14

8.3 km（2.4 km）
開 1934（昭和9）年8月15日
住 栃木県那須烏山市鴻野山

　地名の鴻野山は、古代の役所跡と言われる長者ヶ平官衙遺跡を有する。

大金 おおがね
12.7 km（4.4 km）
開 1923（大正12）年4月15日
住 栃木県那須烏山市大金

　縁起がいいとして入場券が人気で、敷地内には大金神社がある。

大金駅　2015.8.12

小塙 こばな
15.3 km（2.6 km）
開 1934（昭和9）年8月15日
住 栃木県那須烏山市小塙

　地名の塙は小高い丘を意味する。駅と小塙の集落は蛇行する荒川の段丘上にある。

滝 たき
17.5 km（2.2 km）
開 1954（昭和29）年6月1日
住 栃木県那須烏山市滝

　駅名は、近接の龍門の滝から。大蛇が住むという伝説が由来で、滝上を烏山線が通り、列車＋滝の風景が有名。

烏山 からすやま
20.4 km（2.9 km）
開 1923（大正12）年4月15日
住 栃木県那須烏山市南2丁目
乗 832人

　那珂川右岸にあり、応永年間、烏が金の幣束を落としたという山に築城した山城・烏山城が由来。以来、城下町として栄えた。

信越本線
しんえつほんせん

区間・距離	高崎〜横川 29.7km／直江津〜新潟 136.3km
駅数	8／42
運転方式	電化
全通	1885(明治18)年10月15日／1904(明治37)年5月3日

歴史

1883(明治16)年8月6日、政府は東西両京を結ぶ幹線として高崎から中仙道を経由して大垣に至る路線を内定した。1884(明治17)年6月25日に日本鉄道上野〜高崎間が開業し、同年7月2日に太政大臣が中山道幹線から新潟に至る路線を官設鉄道にすることを指令。1885(明治18)年10月15日に官設鉄道高崎〜横川間が開業したが、1886(明治19)年7月19日に政府は幹線建設を中山道から東海道に変更することを公布。のちの信越本線は高崎から長野、直江津を経て新潟に至る路線となった。新潟への鉄道は直江津から建設工事が始まっており、1886(明治19)年8月15日に直江津〜関山間、1888(明治21)年5月1日に関山〜長野間、同年8月15日に長野〜上田間、同年12月1日に上田〜軽井沢間が開業した。そして1893(明治26)年4月1日に横川〜軽井沢間がアブト式鉄道で開業し、高崎〜直江津間が全通した。

直江津〜新潟間は北越鉄道が建設することとなり、1897(明治30)年5月13日に春日新田(現・直江津〜黒井間)〜鉢崎(現・米山間)が開業したのにはじまり、同年8月1日に鉢崎〜柏崎間、11月20日に柏崎〜北条間と沼垂〜一ノ木戸(現・東三条)間が開業した。最後の区間は沼垂〜新潟(初代)間で、1904(明治37)年5月3日に開業して、高崎〜新潟間が全通した。1907(明治40)年8月1日に北越鉄道が国有化され、1909(明治42)年10月12日の国有鉄道線路名称制定により信越線となった。この後、途中駅から分岐する支線が建設され、1913(大正2)年4月1日に直江津〜糸魚川間が北陸本線、1914(大正3)年6月1日に新津〜新発田間が村上線、同年11月1日に新津〜津川間は岩越線として分離独立した。

横川〜軽井沢間の碓氷峠越えは急勾配の難所であり、1912(明治45)年5月11日に第3軌条方式で電化し、アブト式電気機関車10000形が輸入されて使用された。長年、ラックレールを使用したアブト式であったが、1963(昭和38)年7月15日から新線を使用した粘着式運転に切り換えられた。

1987(昭和62)年4月1日、国鉄分割民営化により、東日本旅客鉄道(JR東日本)が承継。日本貨物鉄道(JR貨物)が第一種・第二種鉄道事業者となった。1997(平成9)年10月1日の北陸新幹線長野開業により横川〜軽井沢間は廃止、軽井沢〜篠ノ井間は第三セクターのしなの鉄道に転換された。2015(平成27)年3月14日の北陸新幹線金沢延伸開業では長野〜妙高高原間がしなの鉄道、妙高高原〜直江津間がえちごトキめき鉄道に転換され、信越本線は高崎〜横川間、篠ノ井〜長野間、直江津〜新潟間と3区間になっている。

車窓

高崎〜横川間は、高崎の近郊住宅地や安中の工場群、田園風景と優美な姿の浅間山や独特な山容の妙義山が車窓を彩る。

車両

高崎〜横川間の普通列車は、高崎車両センター(都タカ)配置の211系3000番代4両編成(A9〜A61編成・欠番あり)および3両編成(A4〜A47編成・欠番あり)が運用されている。なお、3両編成は2本連結した6両編成で運用されている。

駅解説

北高崎 きたたかさき
高崎から 2.4 km (2.4 km)
- 開 1885(明治18)年10月15日
- 改 1919(大正8)年8月1日(飯塚)
- 住 群馬県高崎市大橋町
- 乗 3,136 人

九州の同名駅との区別化で改称。高崎市街地の北部交通を担う。

群馬八幡 ぐんまやわた
6.4 km (4.0 km)
- 開 1924(大正13)年10月15日
- 住 群馬県高崎市八幡町
- 乗 1,980 人

町名は地域にある八幡宮から。南へ1kmに「高崎だるま」で名高い小林山達磨寺がある。

安中 あんなか
10.6 km (4.2 km)
- 開 1885(明治18)年10月15日
- 住 群馬県安中市中宿
- 乗 3,230 人

旧中山道安中宿で安中藩の城下町。駅の南側に亜鉛の精錬所への専用線がある。

磯部 いそべ
17.6 km (7.0 km)
- 開 1885(明治18)年10月15日
- 住 群馬県安中市磯部
- 乗 1,764 人

温泉マーク発祥地の磯部温泉の最寄り駅。一方で駅南側には信越化学工業などの工場が広がる。

松井田 まついだ
22.7 km (5.1 km)
- 開 1885(明治18)年10月15日
- 住 群馬県安中市松井田町八城 94-1 番地

旧中山道松井田宿にあたる。妙義神社参道と榛名神社参道が交わり、商業が発達した。駅は当初、現在の松井田中学校付近にあり、電化の際、現在地へ移転した。

西松井田 にしまついだ
23.9 km (1.2 km)
- 開 1965(昭和40)年4月1日
- 住 群馬県安中市松井田町新堀 476 番地

駅名は現在の松井田駅の西側の意味で、松井田駅の移転による代替駅として新設された。

横川 よこかわ
29.7 km (5.8 km)
- 開 1885(明治18)年10月15日
- 住 群馬県安中市松井田町横川 398 番地

碓氷峠のふもと駅で、軽井沢へ向けて補機連結が行なわれた信越本線の要地。現在は碓氷峠鉄道文化むらがその歴史を伝えている。

▶かつては碓氷峠ふもとの機関車交換駅として機能した横川駅。駅前にはアブト式時代のラックレールが残る 2024.12.29

総武本線系統

総武本線	東京〜銚子
	御茶ノ水〜錦糸町
京葉線	西船橋〜蘇我
	東京〜南船橋
	市川塩浜〜西船橋
成田線	佐倉〜松岸
	成田〜我孫子
	成田〜成田空港
鹿島線	香取〜鹿島サッカースタジアム
外房線	千葉〜安房鴨川
内房線	蘇我〜安房鴨川
東金線	大網〜成東
久留里線	木更津〜上総亀山

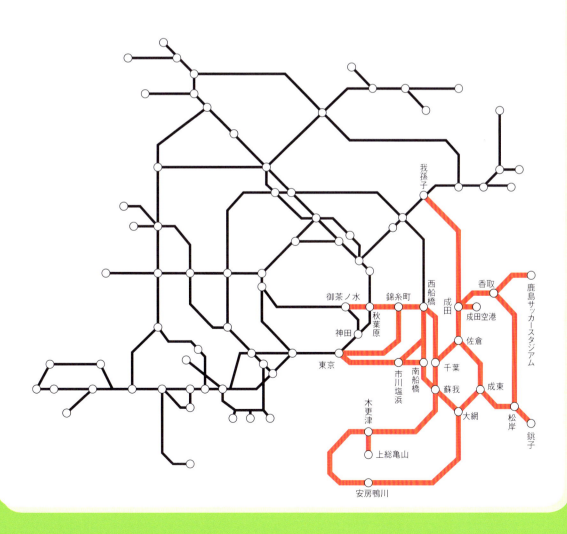

総武本線

そうぶほんせん

区間+距離	東京〜銚子 120.5km／御茶ノ水〜錦糸町 4.3km
駅数	42／4
運転方式	電化
全通	1972(昭和47)年7月15日／1932(昭和7)年7月1日

▲113系やE217系が活躍してきた総武快速線を、E235系1000番代が受け継いでいる。横須賀線と直通運転で、東京湾沿いをたどるようなルートだ。
本八幡〜市川　2021.1.8

歴史

　千葉県内の鉄道は、本所〜千葉〜成田〜佐原間を計画した武総鉄道と、本所〜市川〜千葉〜八街〜銚子を計画した総州鉄道により鉄道敷設が出願されたが、いずれも鉄道の必要性が無いとして却下された。1889(明治22)年に両社は合併して総武鉄道が設立された。鉄道敷設認可には千葉県内にある陸軍営所(国府台・津田沼・佐倉)を結ぶのが早道と考え、本所〜市川〜船橋〜千葉〜佐倉〜八街が計画ルートとなった。この政策は的中し、陸軍省の意見が後押しになり、免許が下付されることになった。

　1894(明治27)年7月20日、総武鉄道市川〜佐倉間が開業した。同年8月1日に日清戦争に突入したため、陸軍の兵員輸送に同鉄道が貢献することとなり、千葉県内初の鉄道の前途は明るいものであった。同年12月9日には本所(現・錦糸町)〜市川間が開業し、東京と千葉が鉄道で結ばれた。さらに1897(明治30)年5月1日に佐倉〜成東間、同年6月1日には成東〜銚子間が開業し、当初の目的であった本所〜銚子間が全通した。

　1904(明治37)年4月5日、本所から両国橋(現・両国)間が延伸開業し、総武鉄道は両国橋を都心のターミナル駅とした。同日には東武鉄道曳舟〜亀戸間が開業し、亀戸駅から両国橋までの乗入れを開始。総武鉄道の両国橋駅を都心のターミナル駅として使用することになった。1910(明治43)年3月27日、東武鉄道が曳舟〜浅草(吾妻橋を改称)間の旅客営業を開始し、東武鉄道の乗入れ運転が終了している。

　1907(明治40)年9月1日、総武鉄道が買収・国有化され、1909(明治42)年10月12日の国有鉄道線路名称制定により総武本線となった。1932(昭和7)年7月1日、両国〜御茶ノ水間が複線・電化開業した。1933(昭和8)年3月15日には両国〜市川間が電化し、御茶ノ水〜市川間で電車運転が開始された。さらに同年9月15日に市川〜船橋間が電化し、中央線中野まで緩行線の直通運転が開始された。1935(昭和10)年7月1日には船橋〜千葉間の電化が完成し、現在と同様の中野〜千葉間において緩行線の電車運転が行なわれるようになった。

　1963(昭和38)年4月28日、房総東線(現・外房線)が千葉駅でスイッチバックする線路配置であったため、千葉駅を西千葉寄りに800m移転し、現在地に千葉駅が設置された。総武本線の線路が左にカーブして東千葉駅(旧千葉駅の構内に新設)に向かうのは、その名残となる。1968(昭和43)年3月28日、千葉〜佐倉間および成田線佐倉〜成田間が電化し、同区間で電車運転が開始された。また、錦糸町〜千葉間の緩行線と快速線の分離・複々線工事が進められており、東京駅開業の準備が着々と整っていた。

　1972(昭和47)年7月15日、東京〜錦糸町間(東京〜両国駅付近地下線)が開業し、総武本線の起点が東京駅に変更された。御茶ノ水〜錦糸町間は

▲横須賀・総武快速線で活躍するE217系。E235系の登場により、少しずつ世代交代が進む。酒々井〜佐倉　2017.5.11

▶総武本線千葉〜銚子間の普通列車を担う209系。佐倉〜物井　2017.5.11

Mile stone 総武本線

そのほとんどが千葉県内にあたる総武本線。鉄道近代化の歩みが記録に残る。

▲千葉〜四街道複線化工事。D51 1056による貨物列車が通過してゆく。都賀信号所付近　1965.5.14

▲隅田川橋梁の複線化工事。両国〜浅草橋　1967.3.7

▲千葉〜成田間の電化開通式。101系による祝賀電車が設定された。1968.3.26　千葉駅

支線となり、錦糸町〜津田沼間は快速線と緩行線が分離した複々線となった。房総方面で初となる183系電車特急「わかしお」「さざなみ」が登場し、気動車王国であった房総半島の電車化が推進された。1974(昭和49)年10月26日には佐倉〜銚子間が電化され、総武本線の全線電化が完成した。1975(昭和50)年3月10日改正で東京〜銚子間に183系電車特急「しおさい」が登場し、気動車急行が運行されていた本線の面目躍如となった。1979(昭和54)年7月9日に新検見川〜千葉間の高架、複々線が完成。1980(昭和55)年10月1日に東京〜品川間の地下線(総武本線と直通)が完成し、東海道本線と横須賀線が分離。地下線・品鶴線経由となった横須賀線との直通運転が開始された。1981(昭和56)年7月5日に津田沼〜新検見川間も複々線化され、錦糸町〜千葉間の快速線と緩行線の完全分離が完成した。

1987(昭和62)年4月1日、国鉄分割民営化により、東日本旅客鉄道(JR東日本)が承継。日本貨物鉄道(JR貨物)が新小岩操〜成東間の第二種鉄道事業者となった。1991(平成3)年3月19日に成田空港駅が開業し、新宿・池袋・横浜〜成田空港間を結ぶ特急「成田エクスプレス」が運転を開始した。同時に総武本線経由であった外房線の特急「わかしお」と内房線の特急「さざなみ」は、京葉線経由に変更となっている。

総武本線には貨物専用線があり、古くは1900(明治33)年3月28日に開業した銚子〜新生間の支線、次に1926(大正15)年7月1日に開業した新小岩操車場(後の小岩が起点となる)〜金町間の新金線、そして1929(昭和4)年3月20日に開業した亀戸〜小名木川(後に越中島まで延伸)間の越中島支線がある。現在、越中島支線は新小岩信号場〜越中島貨物駅間、新金線は新小岩信号場〜金町間を結んでいる。

車窓

総武緩行線は御茶ノ水を出ると中央線の上り線を跨いで高架橋の上を走り、秋葉原の電気街や浅草橋の問屋街などを車窓に隅田川を渡る。渡り終えたところが総武鉄道のターミナルとして発展した両国で、かつての房総方面の始発駅であった名残のホームを見ることができる。両国から先は地下トンネルから出た快速線と並走して電留線のある錦糸町に到着。ここから千葉駅までは複々線で高架橋の上を走る区間が多く、商業施設やマンション、住宅が密集した風景が連続する。かつては東京湾の海岸線を走っていた稲毛付近だが、今では埋立てによって海岸線が遥か彼方に消え、海側には京葉線が走っている。

千葉から先は四街道を過ぎると風景が一変する。駅周辺に住宅地はあるが、田園風景が広がる区間が多く、のんびりとした風景を楽しむことができる。

車両

鎌倉車両センター(都クラ)配置のE259系6両編成(Ne001〜Ne022編成)が、東京〜佐倉・成田・銚子間の特急「しおさい」、大船・横浜・新宿〜成田空港間の特急「成田エクスプレス」(12両編成)に運用されている。東京〜佐倉間1往復の特急「しおさい」には、幕張車両センター(都マリ)配置のE257系500番代5両編成(NB 01〜NB 05・NB 15〜NB 19編成)が使用されている。

久里浜・横須賀・逗子・大船・東京〜津田沼・千葉・上総一ノ宮・君津・成田空港間の総武快速線は、鎌倉車両センター(都クラ)配置のE235系1000番代11両編成(F 01〜F 43編成)と付属編成のE235系1100番代4両編成(J 01〜J 40編成)が運用されている。E235系は2020(令和2)年12月21日から営業運転を開始した4ドア近郊形車両で、基本編成の4・5号車に2階建てグリーン車を組み込んでいる。同センターにはE217系11両編成と付属編成の4両編成も8本残っているが、2025(令和7)年にはE235系に置き換わる予定である。

千葉〜八街・成東・横芝・銚子間の普通列車は、幕張車両センター(都マリ)配置の209系2100番代6両編成(C 602〜C 625編成・欠番あり)または209系2100番代4両編成(C 401〜C 448編成)が運用されている。

三鷹・中野〜西船橋・津田沼・千葉間の総武線各駅停車は、三鷹車両センター(都ミツ)配置のE231系500番代10両編成(A 501〜A 552編成)・E231系10両編成(B 10〜B 27編成・欠番あり)、東京メトロ東西線経由にはE231系800番代10両編成(K 1〜K 7編成)が運用されている。

81

駅解説

🔵JO20 新日本橋 しんにほんばし
東京から 1.2 km(1.2 km)
🟥開 1972(昭和47)年7月15日
🟫住 東京都中央区日本橋室町4丁目
🟧乗 32,072人
　駅名は近隣の日本橋からで、当初は三越前駅との接続も意識されていたという。

🔵JO21 馬喰町 ばくろちょう
2.3 km(1.1 km)
🟥開 1972(昭和47)年7月15日
🟫住 東京都中央区日本橋馬喰町1丁目
🟧乗 43,620人
　地名は江戸時代、この地域で馬市が行なわれ、博労が多く住んでいたことから。今は日本最大級の問屋街の町。

🔵JO22 🟡JB22 錦糸町 きんしちょう
4.8 km(2.5 km)
🟥開 1894(明治27)年12月9日
🟩改 1915(大正4)年5月1日(本所)
🟫住 東京都墨田区江東橋3丁目
🟧乗 175,180人
　駅名は駅の北側にあった堀の俗称・錦糸堀が語源。大型商業施設やホテル、オフィスビルなどが集まる商業地として発展している。

🟡JB23 亀戸 かめいど

6.3 km(1.5 km)
🟥開 1904(明治37)年3月29日
🟫住 東京都江東区亀戸5丁目
🟧乗 99,236人
　語源は亀の形をした島だったこと。古社が鎮座する一方で住宅、商業施設なども充実。

🟡JB24 平井 ひらい

8.2 km(1.9 km)
🟥開 1899(明治32)年4月28日
🟫住 東京都江戸川区平井3丁目
🟧乗 57,312人
　入り江の地形を表す地名・上平江が戦国時代頃に上平井に。旧中川と荒川放水路に挟まれた町で、住宅が密集している。

🔵JO23 🟡JB25 新小岩 しんこいわ

10.0 km(1.8 km)
🟥開 1928(昭和3)年7月1日
🟫住 東京都葛飾区新小岩1丁目
🟧乗 133,070人
　快速停車駅で島式ホーム2面4線。1926(昭和元)年に誕生した新小岩信号所が駅の原点。

🟡JB26 小岩 こいわ

12.8 km(2.8 km)
🟥開 1899(明治32)年5月24日
🟫住 東京都江戸川区南小岩7丁目
🟧乗 111,126人
　小岩の地名は「甲和」が転化したもの。住宅街が広がる一方で駅前には大型商業施設が集まり、賑わいを見せている。

🔵JO24 🟡JB27 市川 いちかわ

15.4 km(2.6 km)
🟥開 1894(明治27)年7月20日
🟫住 千葉県市川市市川1丁目
🟧乗 104,824人
　語源には諸説あり、東国一の江戸川という「一の川」や、舟が集まる「市の川」など。江戸川左岸域で、住宅と商業地が一体となっている。

🟡JB28 本八幡 もとやわた
17.4 km(2.0 km)
🟥開 1935(昭和10)年9月1日
🟫住 千葉県市川市八幡2丁目
🟧乗 103,610人
　都営地下鉄新宿線が接続し、タワーマンションや商業施設が建つ。地元で「はちまんさま」と親しまれる葛飾八幡宮が地名の由来。

🟡JB29 下総中山 しもうさなかやま
20.5 km(3.1 km)
🟥開 1895(明治28)年4月12日
🟩改 1915(大正4)年9月11日(中山)
🟫住 千葉県船橋市本中山2丁目
🟧乗 41,694人
　中山とはこのあたりの地形で、中ほどにある山が語源。日蓮ゆかりの中山法華経寺(日蓮宗大本山)へは駅前から参道を750m。

🟡JB30 🟣JM10 西船橋 にしふなばし

24.0 km(3.5 km)
🟥開 1958(昭和33)年11月10日
🟫住 千葉県船橋市西船4丁目
🟧乗 239,882人
　JR線と地下鉄、民鉄で四方から鉄道が集まる要衝で、宅地、商業地が大きく発展している。地名は当駅の通称という珍しい例。

🔵JO25 🟡JB31 船橋 ふなばし
23.2 km(0.8 km)
🟥開 1894(明治27)年7月20日
🟫住 千葉県船橋市本町7丁目
🟧乗 238,460人
　東京と千葉の間にあって、発展著しい船橋市の中心駅。川幅が広い海老川に舟橋を渡した故事が地名の由来。

🟡JB32 東船橋 ひがしふなばし

25.0 km(1.8 km)
🟥開 1981(昭和56)年10月1日
🟫住 千葉県船橋市東船橋2丁目
🟧乗 37,490人
　駅名は文字通り船橋の東側で地元の請願駅。駅周辺は閑静な住宅街となっている。

🔵JO26 🟡JB33 津田沼 つだぬま
26.7 km(1.7 km)
🟥開 1895(明治28)年9月21日
🟫住 千葉県習志野市津田沼1丁目
🟧乗 170,144人
　地名は谷津、久々田、鷺沼の各旧村名の一字を採ったもの。京成線とあわせ、習志野市の中核都市に発展している。

🟡JB34 幕張本郷 まくはりほんごう
29.6 km(2.9 km)
🟥開 1981(昭和56)年10月1日
🟫住 千葉県千葉市花見川区幕張本郷1丁目
🟧乗 49,748人
　京成千葉線と接続。北側に約450両を収容する幕張車両センターが広がる。

🟡JB35 幕張 まくはり
31.6 km(2.0 km)
🟥開 1894(明治27)年12月9日
🟫住 千葉県千葉市花見川区幕張町5丁目
🟧乗 28,226人
　幕張の名は源頼朝がこの地で馬を乗り換えた「馬加(まくわり)」が転じたのが一説。北口が再開発事業で大きく変わった。

🟡JB36 新検見川 しんけみがわ
33.2 km(1.6 km)
🟥開 1951(昭和26)年7月15日
🟫住 千葉県千葉市花見川区南花園2丁目
🟧乗 39,354人
　京成千葉線の検見川駅の後に誕生したための駅名で、地元では「しんけみ」と親しまれる。

🔵JO27 🟡JB37 稲毛 いなげ

35.9 km(2.7 km)
🟥開 1899(明治32)年9月13日
🟫住 千葉県千葉市稲毛区稲毛東3丁目
🟧乗 86,156人
　古代日本の官職名・稲置が地名由来の一説。駅前は郊外型の巨大商業施設が建ち、交通至便な郊外型商業地が形成されている。

🟡JB38 西千葉 にしちば
37.8 km(1.9 km)
🟥開 1942(昭和17)年10月1日
🟫住 千葉県千葉市中央区春日2丁目
🟧乗 38,812人
　駅名は「千葉市の西側」から。千葉大学や千葉経済大学のキャンパスが至近で、学生向けの商店街が形成されている。

🔵JO28 🟡JB39 千葉 ちば

39.2 km(1.4 km)
🟥開 1894(明治27)年7月20日
🟫住 千葉県千葉市中央区新千葉1丁目
🟧乗 189,728人
　千葉県都の玄関駅。1963(昭和38)年まで、現在の東千葉駅に近い位置に本駅があり、内房線や外房線はスイッチバックで運転されていた。茅の土地＝茅生など、地名には諸説ある。

🔵JO29 東千葉 ひがしちば

40.1 km(0.9 km)
🟥開 1965(昭和40)年12月20日
🟫住 千葉県千葉市中央区要町
🟧乗 5,020人

駅名はその位置からで、千葉駅の移転によって誕生した。

🅹🅾30 都賀 つが
43.4 km(3.3 km)
開 1912(大正元)年11月30日
住 千葉県千葉市若葉区都賀3丁目
乗 37,118人

千葉モノレールが接続し、千葉市郊外の宅地化が進む。関東地方北部の寺名・都賀に由来するのが一説。

🅹🅾31 四街道 よつかいどう
46.9 km(3.5 km)
開 1894(明治27)年12月9日
改 1907(明治40)11月1日(四ツ街道)
住 千葉県四街道市四街道1丁目
乗 38,352人

古くより交通の要衝で、4街道が交差していた四つ角が転化した地名。明治時代は軍都でもあり、陸軍野戦砲兵学校があった。

🅹🅾32 物井 ものい
51.1 km(4.2 km)
開 1937(昭和12)年4月5日
住 千葉県四街道市物井
乗 7,374人

相対式ホーム2面2線と橋上駅舎を持つ。地名の語源は古代氏族の物部氏に由来するという説もあるが定かではない。

🅹🅾33 佐倉 さくら
55.3 km(4.2 km)
開 1894(明治27)年7月20日
住 千葉県佐倉市六崎
乗 16,818人

江戸時代佐倉藩の城下町で、JR線が町の南で京成線が北に。朝廷に献上する麻の貯蔵庫・アサクラが語源の一説。

南酒々井 みなみしすい
59.3 km(4.0 km)
開 1914(大正3)年9月10日
住 千葉県印旛郡酒々井町馬橋

酒々井町の南にあたり、島式ホーム2線の構内。酒が出た井戸という伝説が地名の由来。

榎戸 えのきど
62.2 km(2.9 km)
開 1958(昭和33)年4月1日
住 千葉県八街市榎戸

駅名にもなった「榎戸」は、16世紀の徳川検地の時には村が確立されたと考えられている。相対式ホーム2面2線の構内。

八街 やちまた
65.9 km(3.7 km)
開 1897(明治30)年5月1日
住 千葉県八街市八街
乗 9,312人

八街市の中心駅。明治時代、8番目に開墾されたことが語源で、現在は落花生の生産地。

日向 ひゅうが
71.7 km(5.8 km)
開 1899(明治32)年10月12日
住 千葉県山武市椎崎

駅名は旧村名からで、『武射郡町村分合取調』の記載「日ニ向フ所多キヲ以テ」が一説。

成東 なるとう
76.9 km(5.2 km)
開 1898(明治31)年2月25日
住 千葉県山武市津辺
乗 4,822人

東金線が分岐。山武市役所が最寄。市名は旧郡名・山武郡に由来する。

松尾 まつお
82.5 km(5.6 km)
開 1898(明治31)年2月25日
住 千葉県山武市松尾町五反田

旧松尾城からの町名。大きな入母屋屋根が特徴の木造駅舎がある。

横芝 よこしば
86.8 km(4.3 km)
開 1897(明治30)年6月1日
住 千葉県山武郡横芝光町横芝
乗 2,236人

町名は匝瑳郡光町と山武郡横芝町による合併町名で、九十九里平野最大の河川、栗山川が流れる。伊能忠敬が少年期を過ごした町。

飯倉 いいぐら
90.6 km(3.8 km)
開 1964(昭和39)年10月1日
住 千葉県匝瑳市飯倉

多目的ホールと駅前警察官連絡所を併設する駅舎を持つ。伊勢神宮への神饌の倉があったことが語源の一説。

八日市場 ようかいちば
93.7 km(3.1 km)
開 1897(明治30)年6月1日
住 千葉県匝瑳市八日市場イ
乗 2,870人

地名は銚子と江戸を結ぶ浜街道の宿場町で毎月八日に市が開かれていたことから。現在の匝瑳市は植木の町でもある。

干潟 ひがた
98.8 km(5.1 km)
開 1898(明治31)年2月25日
住 千葉県旭市ニ

駅名は江戸時代初期の干拓地の俗称・干潟八万石から。

旭 あさひ
103.6 km(4.8 km)
開 1897(明治30)年6月1日
改 1959(昭和34)年10月1日(旭町)
住 千葉県旭市ロ
乗 3,182人

当地で慕われた戦国武将、木曽義昌を詠んだ歌「信濃よりいつる旭」が語源。

飯岡 いいおか
106.3 km(2.7 km)
開 1897(明治30)年6月1日
住 千葉県旭市後草

駅名は旧町名からで、近廻船が帆を下す太東岬と刑部岬で安全祈願をした飯綱権現に由来。

倉橋 くらはし
109.2 km(2.9 km)
開 1960(昭和35)年6月1日
住 千葉県旭市倉橋

駅名はこの地域名から。東大社の神幸祭で奉納される伝統舞踊「倉橋の弥勒三番叟」の伝承地。

猿田 さるだ
111.8 km(2.6 km)
開 1898(明治31)年1月25日
住 千葉県銚子市猿田町

地名は駅至近の猿田神社から。垂仁天皇代の創建とされ、記紀に登場する猿田彦命を祭る。

松岸 まつぎし
117.3 km(5.5 km)
開 1897(明治30)年6月1日
住 千葉県銚子市長塚町

成田線が分岐。利根川右岸、銚子市の西郊外にあたり、松の木が生えていたことに由来。

銚子 ちょうし
120.5 km(3.2 km)
開 1897(明治30)年6月1日
住 千葉県銚子市西芝町
乗 5,537人(銚子電鉄を含む)

関東最東部、銚子市の玄関駅で銚子電鉄と接続。日本有数の水揚げ量を誇る銚子漁港や醤油製造で知られる。

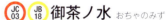

御茶ノ水 おちゃのみず

秋葉原 あきはばら
御茶ノ水から 0.9 km(0.9 km)

🅹🅱20 浅草橋 あさくさばし
2.0 km(1.1 km)
開 1932(昭和7)年7月1日
住 東京都台東区浅草橋1丁目
乗 89,608人

人形や玩具などの問屋街で、近年はモノづくりの街。江戸時代の橋名「浅草御門橋」が語源。

🅹🅱21 両国 りょうごく
2.8 km(0.8 km)
開 1904(明治37)年4月5日
改 1931(昭和6)年10月1日(両国橋)
住 東京都墨田区横網1丁目
乗 62,602人

両国とは隅田川の橋名で「武蔵国と下総国を結ぶ」の意味。両国国技館は大相撲の拠点。

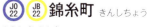

錦糸町 きんしちょう
4.3 km(1.5 km)

京葉線
けいようせん

区間・距離	東京〜蘇我 43.0km ／市川塩浜〜西船橋 5.9km ／西船橋〜南船橋 5.4km
駅数	17／1／0
運転方式	電化
全通	1990(平成2)年3月10日

▲東京湾臨海地区の大型施設や住宅地のアクセスと総武本線のバイパスの役割を担う京葉線。E233系が主力形式のひとつ。新浦安駅 2018.2.16

歴史

　日本鉄道建設公団が大都市交通線（D線）として建設した路線で、総武本線の東京湾側に埋め立て造成された新都市を結ぶ役割を担う。国鉄時代に一部区間が開通し、国鉄分割民営化後の1990（平成2）年3月10日に東京〜蘇我間が全通した。

　1975（昭和50）年5月10日に千葉貨物ターミナル〜蘇我間が貨物線として開業したのが京葉線のはじまりで、蘇我〜都川信号場間は川崎製鉄の専用線を借用していた。1986（昭和61）年1月21日に蘇我〜都川信号場の現路線が完成し、蘇我〜千葉貨物ターミナル間が国鉄線となり、同年3月3日に第1期工事路線の西船橋〜千葉貨物ターミナル間が開業。西船橋〜千葉港（現・千葉みなと）間で旅客営業が開始された。新習志野〜海浜幕張間の貨物駅予定地は津田沼電車区新習志野派出所（現・京葉車両センター）となり、京葉線用の車両の基地となった。

　1987（昭和62）年4月1日、国鉄分割民営化により、東日本旅客鉄道（JR東日本）が承継。1988（昭和63）年12月1日に第2期工事路線の新木場〜南船橋間、市川塩浜〜西船橋間が開業し、同時に千葉港〜蘇我間の旅客営業も開始された。西船橋から京葉線上下方面への分岐が完成したことで、武蔵野線の列車が新木場駅まで直通運転を開始した。

　1990（平成2）年3月10日、第3期工事路線の東京〜新木場間が開業し、東京〜蘇我間が全通した。快速電車の運転が開始され、休日は「マリンドリーム」と「むさしのドリーム」（武蔵野線直通）の愛称が付けられた。1991（平成3）年3月16日に総武本線経由であった特急「わかしお」「さざなみ」が京葉線経由となり、千葉を通らずに蘇我から外房線・内房線に入るルートとなった。

車窓

　東京湾を埋め立てて造成された土地の海側を走るため、新木場から千葉みなと駅までの間に東京湾の風景が映し出される。沿線には工場・倉庫が建ち並ぶほか、大規模な商業施設やアミューズメント施設、野球場、公園、ホテル、オフィスビル、マンションが新都市を形成しており、平日は通勤・通学客、土休日は行楽客で賑わっている。

車両

　幕張車両センター（都マリ）配置のE257系5両編成（NB01〜NB05・NB15〜NB19編成）が、外房線の特急「わかしお」、内房線の特急「さざなみ」に運用されている。

　快速・普通列車には、京葉車両センター（都ケヨ）配置のE233系5000

番代10両編成(501〜520・551〜554編成)と209系500番代10両編成(34編成)が、外房線勝浦・内房線上総湊まで運用されている。このうち、551〜554編成は6両+4両の分割編成で、6両編成は外房線上総一ノ宮、4両編成は東金線経由で成東まで運用されている。

また、武蔵野線用として、京葉車両センター(都ケヨ)配置のE231系8両編成(MU1〜MU22・MU31〜MU39・MU41〜MU43編成)が、東京・新習志野〜府中本町間に運用されている。

駅解説

JE02 八丁堀 はっちょうぼり
東京から1.2km(3.1km)
開 1990(平成2)年3月10日
住 東京都中央区八丁堀3丁目
乗 54,782人

地名は江戸時代の堀名で、八丁の長さがあったことから。現在はオフィスビルや商業施設が集まる。

JE03 越中島 えっちゅうじま
2.8km(1.6km)
開 1990(平成2)年3月10日
住 東京都江東区越中島2丁目
乗 9,614人

隅田川の河口にあたり、近辺には水辺のなども。地名は江戸時代の榊原越中守の別邸に由来。

JE04 潮見 しおみ
5.4km(2.6km)
開 1990(平成2)年3月10日
住 東京都江東区潮見2丁目
乗 25,436人

運河に囲まれた埋め立て地で、京葉線開業後、東京ディズニーランドのアクセス性からホテルなどが建ち、急速に発展した。

JE05 新木場 しんきば
7.4km(2.0km)
開 1988(昭和63)年12月1日
住 東京都江東区新木場1丁目
乗 120,884人

木場=木材の集積地から。東京メトロや東京臨海高速鉄道が接続し、東京の臨海地区の要衝となっている。

JE06 葛西臨海公園 かさいりんかいこうえん
10.6km(3.2km)
開 1988(昭和63)年12月1日
住 東京都江戸川区臨海町6丁目
乗 25,120人

駅名は近接の公園名から。葛西沖開発事業で建設された都内最大級の公園で、自然環境の再生を目指している。

JE07 舞浜 まいはま
12.7km(2.1km)
開 1988(昭和63)年12月1日
住 千葉県浦安市舞浜
乗 127,812人

地名は神楽舞・浦安の舞から。東京ディズニーランドの最寄り駅で、ホテル、ショッピングモールなど、マリンリゾートが形成されている。

JE08 新浦安 しんうらやす
16.1km(3.4km)
開 1988(昭和63)年12月1日
住 千葉県浦安市入船1丁目
乗 94,764人

浦安市の新しい開発地からの駅名。駅の周辺にはショッピングセンターが集まり、浦安臨海地区の経済圏を形成している。

JE09 市川塩浜 いちかわしおはま
18.2km(2.1km)
開 1988(昭和63)年12月1日
住 千葉県市川市塩浜2丁目
乗 14,684人

江戸時代、このあたりは塩田だったことからの地名。周辺は大きな工場や倉庫などが集まり、生産と流通の拠点。

JE10 二俣新町 ふたまたしんまち
22.6km(4.4km)
開 1988(昭和63)年12月1日
住 千葉県市川市二俣新町
乗 10,116人

埋め立て地で、大規模の工場や物流センターが集まる。武蔵野線とのデルタ線内にある。

JE11 南船橋 みなみふなばし
26.0km(3.4km)
開 1986(昭和61)年3月3日
住 千葉県船橋市若松2丁目
乗 42,246人

駅名は船橋市の南部にあることからで、計画時は「若松町」だった。郊外型の大型商業施設が多く集まる。

JE12 新習志野 しんならしの
28.3km(2.3km)
開 1986(昭和61)年3月3日
住 千葉県習志野市茜浜2丁目
乗 22,660人

北側に住宅地や公園、南側は工場や大型商業施設と区画が分かれている駅周辺。計画時の仮称駅名は「鷺沼」だった。

JE13 幕張豊砂 まくはりとよすな
30.0km(1.7km)
開 2023(令和5)年3月18日
住 千葉県千葉市美浜区浜田二丁目
乗 15,100人

幕張新都心の西側を支える新駅で、駅南側の地名・豊砂を駅名に。上下線が段違いの駅構造で、解放感が演出されている。

JE14 海浜幕張 かいひんまくはり
31.7km(1.7km)
開 1986(昭和61)年3月3日
住 千葉県千葉市美浜区ひび野
乗 104,116人

脚光を浴びる幕張新都心の中心駅。幕張メッセやマリンスタジアムほか、集客力の高い施設が集まっている。

海浜幕張駅　2013.9.13

JE15 検見川浜 けみがわはま
33.7km(2.0km)
開 1986(昭和61)年3月3日
住 千葉県千葉市美浜区真砂4丁目
乗 27,740人

周辺は集合住宅地と戸建て住宅地が整然と整備され、海岸は検見川浜という臨海住宅空間。計画時の仮称駅名は「検見川ニュータウン」。

JE16 稲毛海岸 いなげかいがん
35.3km(1.6km)
開 1986(昭和61)年3月3日
住 千葉県千葉市美浜区高洲3丁目
乗 37,038人

検見川浜駅と同じく、臨海ニュータウンが広がる。計画時の仮称駅名は「新稲毛」。

JE17 千葉みなと ちばみなと
39.0km(3.7km)
開 1986(昭和61)年3月3日
改 1992(平成4)年3月14日(千葉港)
住 千葉県千葉市中央区中央港1丁目
乗 30,708人

千葉都市モノレールが接続。市役所や千葉港が最寄り。当初は「ちばこう」と読む人が多く、駅名をひらがなにした。

SL内房100年記念号　2012.2.10

蘇我 そが
43.0km(4.0km)
【参考】　西船橋〜南船橋間 5.4km
　　　　　西船橋〜市川塩浜間 5.9km

成田線・鹿島線
なりたせん・かしません

区間・距離	佐倉～松岸 75.4km／我孫子～成田 32.9km／成田～成田空港 10.0km
駅数	16／9／2
運転方式	電化
全通	1933(昭和8)年3月11日／1901(明治34)年4月1日／1991(平成3)年3月19日

区間・距離	香取～鹿島サッカースタジアム 17.4km
駅数	6
運転方式	電化
全通	1970(昭和45)年11月12日

▲鹿島線が分岐する成田線の香取駅。写真は鹿島線209系と試運転中のE131系の交換。香取　2020.11.16

歴史

【成田線】

1894(明治27)年7月25日、下総鉄道佐倉～成田間の建設仮免許状が下付された。1895(明治28)年8月22日に社名を成田鉄道に改称した。1897(明治30)年1月19日に成田鉄道佐倉～成田間が開業し、同年12月29日には成田～滑川(現・滑河)間が延伸開業した。1898(明治31)年2月3日に滑川～佐原間が延伸開業した。敷設工事は成田駅から我孫子駅に向けても行なわれ、1901(明治34)年2月2日に成田～安食間、同年4月1日に安食～我孫子間が開通した。1902(明治35)年3月1日、日本鉄道線に乗入れ、上野～成田間の直通列車の運転を開始した。1904(明治37)年3月20日には総武鉄道に乗入れ、本所(現・錦糸町)～成田間の直通運転を開始するなど利便性が向上した。

1920(大正9)年9月1日、成田鉄道は国有化され、成田線となった。昭和40年代に電化が進められ、1968(昭和43)年3月28日に佐倉～成田間、1973(昭和48)年9月28日に我孫子～成田間、1974(昭和49)年10月26日に成田～松岸間が電化した。

1987(昭和62)年4月1日、国鉄分割民営化により、東日本旅客鉄道(JR東日本)が承継。1991(平成3)年3月19日に成田～成田空港間が開業した。

【鹿島線】

鹿島臨海工業地帯の貨物輸送用に計画された路線で、成田線香取から分岐して潮来、鹿島神宮を経由して北鹿島(現・鹿島サッカースタジアム駅)を結び、北鹿島では鹿島臨海鉄道に接続するルートとなった。1967(昭和42)年3月16日に起工式が行われ、3年後の1970(昭和45)年8月20日に香取～鹿島神宮間が開業した。同年11月12日に鹿島神宮～北鹿島(貨)間が開業して全通した。

1978(昭和53)年7月25日、鹿島臨海鉄道鹿島港線が旅客営業を開始した。鹿島神宮から北鹿島(旅客扱い無し)を経由し、神栖を結ぶ気動車を運行。1983(昭和58)年12月1日に鹿島臨港線の旅客営業が廃止となり、鹿島神宮～北鹿島間の旅客営業が無くなった。1985(昭和60)年3月14日、鹿島臨海鉄道大洗鹿島線の開業により、鹿島神宮～北鹿島間の旅客営業が復活した。

1987(昭和62)年4月1日、国鉄分割民営化により、東日本旅客鉄道(JR東日本)が承継。日本貨物鉄道(JR貨物)が第二種鉄道事業者となった。1994(平成6)年3月12日、北鹿島が鹿島サッカースタジアムに改称。サッカーの試合が行なわれる日の一部列車が旅客営業を開始した。2021(令和3)年3月13日改正からE131系のワンマン運転が開始された。

車窓

【成田線】
　田園風景の中を走る区間が多いが、我孫子～成田間は東京のベッドタウン化が進み、新興住宅地が点在している。

【鹿島線】
　全線高架橋の上を走るので車窓の眺めは良く、田園風景が続く水郷らしい風景や利根川、北浦の雄大な水の風景が広がる。中でも圧巻は全長1,236mの北浦橋梁だ。

車両

【成田線・鹿島線】
　鎌倉車両センター（都クラ）配置のE259系6両編成（N e001～N e022編成）が、大船・横浜・新宿・東京～成田空港間の特急「成田エクスプレス」（12両編成）に運用されている。
　成田空港発着の快速列車は、鎌倉車両センター（都クラ）配置のE235系1000番代11両編成（F 01～F 43編成）およびE235系1000番代4両編成（J 01～J 40編成）が、久里浜・逗子・大船・東京～成田空港間に運用されている。なお、1往復の4両編成は佐倉駅で分割・併結し、鹿島神宮発着となる。
　千葉～成田～銚子間の普通列車は、幕張車両センター（都マリ）配置の209系6両編成（C 602～C 625・欠番あり14本）および209系4両編成（C 401～C 448編成）が千葉～成田・佐原・銚子間、E 131系2両編成（R 01～R 12編成）が成田・佐原～鹿島神宮間に運用されている。E 131系はワンマン対応車で2・4両編成、209系は4・8両編成で使用される。
　我孫子～成田間は、松戸車両センター（都マト）配置のE231系10両編成（101～119編成）またはE231系5両編成（121～139編成）が運用されている。10両編成は主に常磐線上野・品川直通列車（我孫子駅から15両編成で運転される場合あり）に使用される。

駅解説

成田線

酒々井 しすい
佐倉から6.4 km(0.5 km)
🈺1897(明治30)年1月19日
🏠千葉県印旗郡酒々井町酒々井
👥6,502人

　成田山の参詣客が往来した宿場町として発展。町の酒が出たという「酒の井戸」伝説が地名の由来。

成田 なりた
13.1 km(6.7 km)
🈺1897(明治30)年1月19日
🏠千葉県成田市花崎町
👥27,562人

　成田市の玄関駅で、10世紀創建の成田山新勝寺の門前町。雷鳴にちなむ「鳴る田」が語源の一説。

成田駅　2025.1.21

久住 くずみ
20.0 km(6.9 km)
🈺1904(明治37)年7月1日
🏠千葉県成田市飯岡

　駅周辺が区画整理され、居住者が増えている。東方には旧名長沼だった干拓地が広がっている。

滑河 なめがわ
25.5 km(5.5 km)
🈺1897(明治30)年12月19日
🏠千葉県成田市猿山

　駅名は「滑るように流れる川」を意味する地域名から。9世紀創建の龍正寺（滑河観音）は南

へ1km。

下総神崎 しもうさこうざき
31.6 km(6.1 km)
🈺1898(明治31)年2月3日
🈺1957(昭和32)年4月1日(郡)
🏠千葉県香取郡神崎町郡

　北へ2kmの利根川右岸べり神崎の中心街で、利根川舟運で醸造業が発展した。神崎神社の大楠は国の天然記念物。

大戸 おおと
36.1 km(4.5 km)
🈺1926(大正15)年4月1日
🏠千葉県香取市大戸

　香取神宮の摂社・大戸神社の最寄り。日本武尊東征の際、蝦夷征伐祈願で勧請したのが創建と伝わる古社だ。

佐原 さわら
40.0 km(3.9 km)
🈺1898(明治31)年2月3日
🏠千葉県香取市佐原イ
👥5,240人

　利根川の水運で物資の集積地として栄えた「北総の小江戸」で、伊能忠敬の旧宅や記念館がある。佐原の大祭は関東三大祭りのひとつ。

佐原駅　2017.1.7

香取 かとり
43.6 km(3.6 km)
🈺1931(昭和6)年11月10日
🏠千葉県香取市津宮

　香取神宮の総本山へは南へ1.5km。地名はその入口の港を意味し、実際、利根川土手に鳥居が建つ。鹿島線が分岐する。

水郷 すいごう
47.5 km(3.9 km)
🈺1931(昭和6)年11月10日
🏠千葉県香取市一ノ分目

　駅名はこの地域の特徴である「水郷地帯」から。駅が旧村の境界にあったため、協議されたという。

水郷駅　2025.1.21

小見川 おみがわ
52.7 km(5.2 km)
🈺1931(昭和6)年11月10日
🏠千葉県香取市小見川

　麻の栽培地「麻績」が語源の一説で、南からの黒部川沿いの舟運の要地だった。開業時の駅舎が建つ。

笹川 ささがわ
57.7 km(5.0 km)
🈺1931(昭和6)年11月10日
🏠千葉県香取郡東庄町笹川い

　利根川舟運で栄えた町で、笹川諏訪神社が町の守り神。笹川の地名は笹の自生地が語源と考えられている。

笹川駅　2025.1.21

下総橘 しもうさたちばな

62.9 km(5.2 km)
🔵 1933(昭和8)年3月11日
🏠 千葉県香取郡東庄町石出い

　駅名は旧国名＋旧村名から。単式ホーム1面1線で、開業時からの木造駅舎が建つ構内。

下総豊里 しもうさとよさと

66.2 km(3.3 km)
🔵 1933(昭和8)年3月11日
🏠 千葉県銚子市笹本町

　駅名は旧国名＋旧村名から。駅の東側には豊里台のニュータウンが整備されている。

椎柴 しいしば

71.0 km(4.8 km)
🔵 1933(昭和8)年3月11日
🏠 千葉県銚子市野尻町

　駅名は旧村名で、椎と柴の自生地による語源と考えられている。茨城県の利根川左岸を結ぶかもめ大橋のたもとにあたる。

松岸 まつぎし

75.4 km(4.4 km)

東我孫子 ひがしあびこ

3.4 km(3.4 km)
🔵 1950(昭和25)年10月12日
🏠 千葉県我孫子市下ヶ戸

　北側の常磐線天王台駅とともに、我孫子市街の東部地域のアクセスを担う。

湖北 こほく

6.3 km(2.9 km)
🔵 1901(明治34)年4月1日
🏠 千葉県我孫子市中里
🚶 7,086人

　駅名は手賀沼の北側にあることから。南側住宅地の南に広がる農地も、もとは手賀沼だった。

新木 あらき

8.9 km(2.6 km)
🔵 1958(昭和33)年4月1日
🏠 千葉県我孫子市新木

　北側が旧街、南側が新興住宅地で、行政サービスセンターが駅舎に隣接している。

布佐 ふさ

12.1 km(3.2 km)
🔵 1901(明治34)年4月1日
🏠 千葉県我孫子市布佐
🚶 5,116人

　利根川と小見川の合流地域で、舟運で栄えた商業の町。東側は手賀沼が広がっていた。

木下 きおろし

14.0 km(1.9 km)
🔵 1901(明治34)年4月1日
🏠 千葉県印西市木下
🚶 3,636人

　地名は木材をおろしていたことから。利根川の河港の町で、江戸と利根川下流域の交通・物

流の要衝。

小林 こばやし

18.3 km(4.3 km)
🔵 1901(明治34)年8月10日
🏠 千葉県印西市小林
🚶 3,190人

　商業の木下に対し農業の小林と言われ、成田線沿線屈指の行商の町だった。

安食 あじき

23.2 km(4.9 km)
🔵 1901(明治34)年2月2日
🏠 千葉県印旛郡栄町安食

　地名は「食に安ずる」で、12世紀、度重なる水害に飢え、駒形神社を立てて五穀豊穣祈願したところ、大豊作になった故事から。

下総松崎 しもうさまんざき

27.8 km(4.6 km)
🔵 1901(明治34)年8月10日
🔵 1920(大正9)年9月1日(松崎)
🏠 千葉県成田市大竹

　相対式ホーム2面2線で、かつては木造駅舎が建っていた。駅名に採られた松崎の町は東へ1km。

成田 なりた

32.9 km(5.1 km)

🔵JO 36 空港第2ビル くうこうだいにびる

成田から 9.8 km(9.8 km)
🔵 1992(平成4)年12月3日
🏠 千葉県成田市古込字古込
🚶 7,242人

　京成電鉄と接続。地下通路で成田空港第2ビルと直結している。成田線の空港支線は、線路や設備を成田高速鉄道が保有している。

🔵JO 37 成田空港 なりたくうこう

10.8 km(1.0 km)
🔵 1991(平成3)年3月19日
🏠 千葉県成田市三里塚御料牧場
🚶 7,460人

　京成電鉄と接続。成田空港第1ビルと直結しており、旧成田空港駅は現東成田駅にあたる。

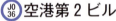

成田空港駅　2020.7.29

鹿島線

十二橋 じゅうにきょう

香取から 3.0 km(3.0 km)
🔵 1970(昭和45)年8月20日

🏠 千葉県香取市津宮

　周辺の加藤洲地区に、家と家を結ぶ橋が12架あったことが駅名の由来。

十二橋駅　2025.1.21

潮来 いたこ

5.2 km(2.2 km)
🔵 1970(昭和45)年8月20日
🏠 茨城県潮来市あやめ1丁目

　古くは「板久」で、台地の縁の崖を指す。霞ケ浦や北浦に挟まれた水郷地域で、十二橋めぐりなどの観光アイテムも充実。

潮来駅　2025.1.21

延方 のぶかた

10.4 km(5.2 km)
🔵 1970(昭和45)年8月20日
🏠 茨城県潮来市延方字押立

　もとは北浦に面した「延方村」に起源を持ち、江戸時代初期から続く延方相撲で知られる。

鹿島神宮 かしまじんぐう

14.2 km(3.8 km)
🔵 1970(昭和45)年8月20日
🏠 茨城県鹿嶋市宮下
🚶 1,558人

　駅名通り、鹿島神宮駅の最寄り駅。常陸国の一宮で『常陸国風土記』に記される東国一の古社だ。鹿島臨海鉄道が直通運転。

鹿島サッカースタジアム かしまさっかーすたじあむ

17.4 km(3.2 km)
🔵 1994(平成6)年3月12日
🏠 茨城県鹿嶋市神向寺

　カシマサッカースタジアムでの試合やイベント時に営業する臨時駅。もともとは貨物駅として誕生した。

サッカーワールドカップ開催日の鹿島神宮駅の様子　2002.6.2

車窓メモリアル 私鉄編

京葉線　臨海開発

東京湾だった地域の車窓

京葉線荒川放水路橋梁の工事現場。
1984.5.24

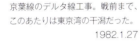
京葉線のデルタ線工事。戦前まで、このあたりは東京湾の干潟だった。
1982.1.27

　東京〜蘇我間を結ぶ京葉線は、その多くを東京湾沿いの高架橋を走るため、車窓という点では屈指の線で、関東随一と言ってもいいくらい、その眺めはいい。天気がいい日は東京都〜千葉県の海岸線がぐるーっと遠巻きに続いているのが分かり、まるで低空飛行の飛行機に乗っているかのようである。
　京葉線ができる前は、現在の総武本線がメインルートだった。というか、総武本線しかなかった。内房線と外房線の特急も総武本線経由、すなわち現在の横須賀・総武快速線のルートで東京駅を発着していて、すべての列車が千葉駅を経由していた。そのため、京葉線によって、千葉駅のさらに先にあった蘇我駅がこんなに近くなったものかと驚いたものである。
　鉄道施設としての見どころも京葉線の車窓ポイント。東京〜越中島間の地下トンネルは、東京〜成田空港間を結ぶ計画だった成田新幹線の予定ルートが転用されている。都心の地下を彷徨うように走り、加速しながらパッと高速で地上に出て、汐見運河を越してゆく車窓は、「成田新幹線ができていたら、こんな車窓だったかな？」と感じるのに充分だ。
　二俣新町駅周辺のデルタ線も見どころであろう。鉄道はその構造から分岐には大がかりな施設を必要とするが、ここは三方向の結節点で、かつすべての方向からのすべての方向にストレスなく通過できる最大限の線路構造になっている。そのスケールたるや、おおよそ一辺700mの三角形である。
　沿線はほぼ埋立地。もともと海だったところだから東京湾の眺めがいいのは当然として、こうした大きな鉄道構造物までも作れるようになった建設技術の進歩は、京葉線の見どころでもある。

外房線
そとぼうせん

区間・距離	千葉～安房鴨川 93.3km
駅数	27
運転方式	電化
全通	1929(昭和4)年4月15日

▲外房線の普通列車で活躍する209系。新参のE131系とともに運用されている。八積～上総一宮 2018.1.14

歴史

　房総半島の東側の海岸線と千葉を結ぶ鉄道として設立された房総鉄道が、1896(明治29)年1月20日に蘇我～大網間を開業したのがはじまりで、同年2月25日には蘇我～千葉間が延伸開業した。千葉ではすでに市川～佐倉間で営業運転をしていた総武鉄道と接続。東京と房総半島を結ぶ路線網が着々と建設されることとなった。1897(明治30)年4月17日に一ノ宮駅(現・上総一ノ宮駅)、1899(明治32)年12月13日には大原駅まで延伸開業した。

　1907(明治40)年9月1日、総武鉄道、房総鉄道は買収・国有化され、1909(明治42)年10月12日の国有鉄道線路名称制定により、両国橋～銚子間は総武線、千葉～大原間は房総線となった。1913(大正2)年6月20日に大原～勝浦間が延伸開業し、房総半島を一周する路線が形成されていた。東京湾側からは蘇我～木更津間の木更津線が海岸線に沿って北条線として延伸。1927(昭和2)年4月1日に勝浦～上総興津間、1929(昭和4)年4月15日には上総興津～安房鴨川間が延伸開業し、1925(大正14)年7月11日に安房鴨川駅まで延伸開業していた北条線と接続し、房総半島を一周する路線が全通した。全通によって北条線は房総線に組み入れられている。

▲特急「わかしお」はE257系500番代。この列車名に限らず、房総地区の特急列車は国鉄時代の列車名がそのまま受け継がれている。大原～浪花 2018.1.13

1933(昭和8)年4月1日、千葉〜大網〜勝浦〜安房鴨川が房総東線、蘇我〜木更津〜館山〜安房鴨川は房総西線と分離された。1963(昭和38)年4月28日、千葉駅が移転して房総東線のスイッチバックが解消した。1968(昭和43)年7月13日に千葉〜蘇我間が電化したが、これは房総西線木更津電化に伴うもので、外房線の電化はまだ先のことであった。1972(昭和47)年5月27日、大網駅移転により房総東線のスイッチバックが解消し、千葉から大網以遠の所要時間が短縮した。同年7月15日、蘇我〜安房鴨川間の電化が完成した。総武本線東京〜錦糸町間が開業し、東京〜安房鴨川間を結ぶ183系電車特急「わかしお」が運行を開始した。

1987(昭和62)年4月1日、国鉄分割民営化により、東日本旅客鉄道(JR東日本)が承継した。1990(平成2)年3月10日に京葉線が東京まで延伸開業したことで、特急「わかしお」が京葉線経由に変更となった。2021(令和3)年3月13日から木更津〜安房鴨川〜上総一ノ宮間にE131系を使用したワンマン運転が導入された。

車窓

千葉から上総一ノ宮までは房総半島の内陸部を走るので海の風景は車窓に楽しめない。上総一ノ宮から九十九里浜に沿うように走るのだが、車窓には田園風景と雑木林が続く。海が見えるのは勝浦付近からで、安房鴨川までトンネルの合間に太平洋の青く輝く海の風景が車窓を彩る。

車両

幕張車両センター(都マリ)配置のE257系500番代5両編成(NB01〜NB05・NB15〜NB19)が、東京〜上総一ノ宮・勝浦・安房鴨川間の特急「わかしお」に運用されている。

外房線内の普通列車は、幕張車両センター(都マリ)配置のE131系2両編成(R01〜R12編成)が上総一ノ宮〜安房鴨川〜木更津間、209系6両編成(C602〜C625・欠番あり14本)および209系4両編成(C401〜C448編成)が千葉〜安房鴨川間に運用されている。E131系はワンマン対応車で2・4両編成、209系は4・8両編成で使用される。

総武快速線からの快速列車(久里浜・横須賀・逗子・大船〜上総一ノ宮間)は、鎌倉車両センター(都クラ)配置のE235系1000番代11両編成(F01〜F43編成)および増結車のE235系1000番代4両編成(J01〜J40編成)が運用されている。

駅解説

本千葉 ほんちば
千葉から1.4 km(1.4 km)
開1896(明治29)年2月25日
改1902(明治35)年1月28日(寒川)
住千葉県千葉市中央区長洲1丁目
乗23,878人

県庁や県警本部など、千葉県の官公庁エリアの最寄り駅。開業当初は今より北側にあり、空襲で被災したとされる。

蘇我 そが
3.8 km(2.4 km)
開1896(明治29)年1月20日
住千葉県千葉市中央区今井2丁目
乗58,924人

京葉線、外房線、内房線が集結する、房総半島鉄道網の基軸の駅。Jリーグ、ジェフ・ユナイテッドのホームグラウンドも近い。

蘇我駅 2020.7.28

鎌取 かまとり
8.8 km(5.0 km)
開1952(昭和27)年6月15日
住千葉県千葉市緑区鎌取町
乗35,916人

この地域で鎌を作る職人が多く住んでいたことが語源。千葉近郊の宅地化が進んでいる。

誉田 ほんだ
12.6 km(3.8 km)
開1896(明治29)年1月20日
改1914(大正3)年12月1日(野田)
住千葉県千葉市緑区誉田町2丁目
乗12,652人

駅名は旧村名で、地域にある八幡宮の祭神、誉田別命(応神天皇の別名)が由来。

土気 とけ
18.1 km(5.5 km)
開1896(明治29)年11月1日
住千葉県千葉市緑区土気町
乗21,412人

地名には諸説あり、天然ガス湧出の気配地を指す、「峠」がなまったもの、土気太郎という人物など。外房線では最高標高の駅になる。

大網 おおあみ
22.9 km(4.8 km)
開1896(明治29)年1月20日
住千葉県大網白里市南玉
乗16,586人

東金線が分岐し、ハの字にホームが設置する珍しい構造。昔の駅は東金線側へ東600mにあり、スイッチバックだった。

永田 ながた
25.3 km(2.4 km)
開1959(昭和34)年3月20日
住千葉県大網白里市永田

中世、土気城の鬼門除けの要所だったあたりで、伊勢の系統を汲む永田の獅子舞の伝統芸能が受け継がれている。

本納 ほんのう
27.7 km(2.4 km)
開1897(明治30)年4月17日
住千葉県茂原市本納

語源は「本来の納所」で、農産物の集積地の意味という。小さな木造駅舎は基礎がレンガ積みという珍しい構造。

新茂原 しんもばら
31.4 km(3.7 km)
開1955(昭和30)年9月15日
住千葉県茂原市長尾

茂原市の北郊外にあたり、郊外型店舗が点在している地域。小さな平屋の駅舎がたたずむ。

茂原 もばら
34.3 km(2.9 km)
開1897(明治30)年4月17日
住千葉県茂原市町保
乗17,378人

茂原市の中心駅。沼沢地の藻原が語源といわれ、縄文時代の遺跡があるほど。近代は天然ガス発見にともなう工業地帯として発展。

茂原駅 2025.1.21

八積 やつみ
38.9 km(4.6 km)
開1898(明治31)年3月25日
改1915(大正4)年3月11日(岩沼)
住千葉県長生郡長生村岩沼

駅名は旧村名からで、8村の合併に由来。現村名は長生きへの願いが込められている。同村内唯一の駅。

上総一ノ宮 かずさいちのみや
43.0 km(4.1 km)
開1897(明治30)年4月17日
改1916(大正5)年1月1日(一ノ宮)
住千葉県長生郡一宮町一宮

上総一ノ宮駅　2025.1.21
乗5,132人
　駅名でもある町名は、房総国の一宮である玉前神社から。海水浴場や別荘地だが、東京オリンピックのサーフィン競技の会場にもなった。

東浪見 とらみ
46.2 km(3.2 km)
開1925(大正14)年12月15日
住千葉県長生郡一宮町東浪見
　波見とは泥海が転化した地名と言われ、海の沖合に砂泥が堆積する様を指す。駅は海蝕崖にあり、その段差の階段で駅舎と結ばれている。

太東 たいとう
49.3 km(3.1 km)
開1899(明治32)年12月13日
住千葉県いすみ市岬町椎木
　「太平洋の東」が駅名の語源で、小さな木造駅舎が建つ。太東海水浴場が最寄り駅。

太東駅　2025.1.21

長者町 ちょうじゃまち
52.1 km(2.8 km)
開1899(明治32)年12月13日
住千葉県いすみ市岬町長者
　領主の邸があった江戸の下谷長者町が語源のひとつ。東隅川の河口にあたる。

長者町駅　2025.1.21

三門 みかど
53.7 km(1.6 km)
開1903(明治36)年8月16日
住千葉県いすみ市日在
　日在とは和歌山県「日高」の字体くずれ、というのが地名由来の一説。駅名の語源は「水門」とされ、いずれも港由来の地域だ。

大原 おおはら
57.2 km(3.5 km)
開1899(明治32)年12月13日
住千葉県いすみ市大原
乗2,378人
　いすみ鉄道が分岐。沖に日本最大級の岩礁があり、イセエビの漁獲量が多い大原漁港の町。いすみ＝古代の伊甚国から。

浪花 なみはな
60.5 km(3.3 km)
開1913(大正2)年6月20日
住千葉県いすみ市小沢
　駅名はこの地域の俗称で、波が花のように見える様を指すという。海蝕崖が続く海岸線があり線路は内陸部を通る。

御宿 おんじゅく
65.4 km(4.9 km)
開1913(大正2)年6月20日
住千葉県夷隅郡御宿町須賀
　鎌倉時代、北条時頼が須賀地区の最明寺に宿泊したことが地名の由来。御宿海岸は童謡『月の砂漠』の舞台として知られる。

御宿駅　2025.1.22

勝浦 かつうら
70.9 km(5.5 km)
開1913(大正2)年6月20日
住千葉県勝浦市墨名
乗1,530人
　「勝浦」という地名は古代豪族名に由来するとされるが、紀伊半島に由来するという説もある。漁港の町でカツオの水揚げで知られる。

鵜原 うばら
74.5 km(3.6 km)
開1927(昭和2)年4月1日
住千葉県勝浦市鵜原
　紀州の漁民により開拓されたところと伝わる。駅南の明神岬周辺は昭和初期に別荘地が開発され、鵜原理想郷と呼ばれている。

上総興津 かずさおきつ
77.2 km(2.7 km)
開1927(昭和2)年4月1日
住千葉県勝浦市興津
　古代の置津郷が地名の由来で、朝廷に大量のアワビを収めた記録がある。漁業の町で、江戸時代は東回りの寄港地だった。

行川アイランド なめがわあいらんど
80.5 km(3.3 km)
開1970(昭和45)年7月2日
改1987(昭和62)年4月1日(行川アイランド臨時乗降場)
住千葉県勝浦市浜行川字沢山
　開業当時、観光施設名が国鉄の駅名になる珍しいケースだった。2001(平成13)年の閉園後、駅名はそのまま使われている。

安房小湊 あわこみなと
84.3 km(3.8 km)
開1929(昭和4)年4月15日
住千葉県鴨川市内浦
　小湊とは旧町名で、13世紀、日蓮の住居跡に建てた小湊山誕生寺が最寄り駅。

安房天津 あわあまつ
87.7 km(3.4 km)
開1929(昭和4)年4月15日
住千葉県鴨川市天津
　12世紀、源頼朝が伊勢神宮の分社を祭った天津神明宮からの地名。駅舎は地域のコミュニティセンターになっている。

安房鴨川 あわかもがわ
93.3 km(5.6 km)
開1925(大正14)年7月11日
住千葉県鴨川市横渚
乗2,092人
　鴨川市の玄関駅で、地域観光と経済の拠点。地名は加茂川が由来で平安時代の『和妙類聚集』にも記述される。

安房鴨川駅　2017.1.6

内房線
うちぼうせん

区間・距離	蘇我～安房鴨川 119.4km
駅数	30
運転方式	電化
全通	1925(大正14)年7月11日

▲内房の明るい東京湾沿いをゆく。竹岡～浜金谷　2025.1.22

歴史

房総半島を一周する計画で敷設された路線の一部で、千葉市から東京湾に沿って南下し、館山を経由して安房鴨川駅までの区間が、現在の内房線になる。1912(明治45)年3月28日に木更津線として蘇我～姉ケ崎間が開業した。同年8月21日に木更津駅、1915(大正4)年1月15日に上総湊駅、1916(大正5)年10月11日に浜金谷駅、1917(大正6)年8月1日に安房勝山駅、1918(大正7)年6月10日に那古船形駅、1919(大正8)年5月24日に安房北条駅(現・館山駅)まで延伸開業した。蘇我～安房北条間の開業と同時に木更津線を北条線と改称した。その後も南三原駅、江見駅、太海駅と延伸開業を続け、1925(大正14)年7月11日に太海～安房鴨川間が延伸開業して全通した。

1929(昭和4)年4月15日、房総線上総興津～安房鴨川間が開業し、房総半島を一周する路線が完成した。北条線は房総線となり、両国橋駅を起点に房総半島一周の環状運転(両国橋発陵北橋行き)が運転を開始した。1933(昭和8)年4月1日に蘇我～安房鴨川間は房総東線、千葉～勝浦～安房鴨川間は房総西線と名称が分離した。1946(昭和21)年3月1日に安房北条駅は館山駅に改称されている。

1964(昭和39)年7月1日から複線化が行なわれ、1970(昭和45)年3月24日までに蘇我～君津間の複線化が完成。1968(昭和43)年7月13日に千葉～蘇我～木更津間の電化が完成し、中野～木更津間で中央・総武緩行線の101系を使用した快速運転が開始された。さらに1969(昭和44)年7月11日に木更津～千倉間の電化が完成し、気動車急行が165系電車急行となった。1971(昭和46)年7月1日に千倉～安房鴨川間の電化が完成し、全線電化となった。1972(昭和47)年7月15日、房総東線を内房線と改称するとともに、東京～館山・千倉間に183系特急「さざなみ」が運転を開始した。総武本線東京～錦糸町間が開通したのにともなうもので、113系を使用した総武快速線の直通列車が木更津まで乗り入れるようになった。こうして東京の中心部との繋がりが太くなっていた。

1987(昭和62)年4月1日、国鉄分割民営化により、東日本旅客鉄道(JR東日本)が承継した。1990(平成2)年3月10日に京葉線が東京まで延伸開業したことで、特急「さざなみ」が京葉線経由に変更となった。房総半島への特急列車利用客が高速バスや高速道路網の整備の影響で減少したため、2015(平成27)年3月14日から特急「さざなみ」が平日の朝上りと夜下りのみの通勤特急タイプとなった。2017(平成29)年3月4日から普通列車の一部の運転系統が木更津駅で分離され、2021(令和3)年3月13日から木更津～安房鴨川～上総一ノ宮間にE131系を使用したワンマン運転が導入された。

車窓

　千葉から蘇我までは外房線、特急列車は京葉線を走る。蘇我からは京葉臨海工業地帯の工場や団地などが見えてくるが、メインは田園風景となる。工場と田園の風景は君津駅付近まで続き、東京湾の海の風景が登場するのは上総湊付近からとなる。東京湾に沿うものの山側を走るため、海の風景が車窓に迫ることはない。房総半島の先端を回り込んで太平洋側に出ると、花畑や太平洋が姿を現して安房鴨川に到着する。

車両

　幕張車両センター（都マリ）配置のE257系500番代5両編成（NB 01〜NB 05・NB 15〜NB 19）が、東京〜木更津・君津間の特急「さざなみ」に運用されている。
　内房線内の普通列車は、幕張車両センター（都マリ）配置のE131系2両編成（R 01〜R 12編成）が木更津〜安房鴨川〜上総一ノ宮間、209系6両編成（C 602〜C 625・欠番あり14本）および209系4両編成（C 401〜C 448編成）が千葉〜安房鴨川間に運用されている。E131系はワンマン対応車で2・4両編成、209系は4・8両編成で使用される。
　総武快速線からの快速列車（久里浜・逗子・大船〜君津間）は、鎌倉車両センター（都クラ）配置のE235系1000番代11両編成（F 01〜F 43編成）および増結車のE235系1000番代4両編成（J 01〜J 40編成）が運用されている。

駅解説

浜野　はまの
蘇我から 3.4 km（3.4 km）
開 1912（明治45）年3月28日
住 千葉県千葉市中央区村田町
乗 13,624人

　駅名は「浜辺の野」から。近年は千葉都市圏近郊の宅地化が進み、マンションなどが増えている。

八幡宿　やわたじゅく
5.6 km（2.2 km）
開 1912（明治45）年3月28日
住 千葉県市原市八幡
乗 20,750人

　地名は飯香岡八幡宮からで、宿場町だったことからの駅名。千葉都市圏の広がりで、このあたりも宅地化が進んでいる。

五井　ごい
9.3 km（3.7 km）
開 1912（明治45）年3月28日
住 千葉県市原市五井
乗 33,277人（小湊鐵道を含む）

　小湊鐵道が分岐する。刀工が使う五つの井戸があったことが語源といわれるが諸説ある。五井海岸の石油コンビナートは京葉工業地帯の中核。

姉ヶ崎　あねがさき
15.1 km（5.8 km）
開 1912（明治45）年3月28日
住 千葉県市原市姉崎東
乗 17,066人

　姉神が弟神を待っていたという、姉崎神社の伝説に由来する地名。漁業や海苔養殖の海岸も、一大工業地帯になっている。

長浦　ながうら
20.5 km（5.4 km）
開 1947（昭和22）年1月10日
住 千葉県袖ヶ浦市蔵波
乗 10,462人

　「長い浦浜」が駅名の語源と言われるが、その海岸も今は沖に。工業地と住宅地が近接するあたりに内房線が通っている。

袖ヶ浦　そでがうら
24.4 km（3.9 km）
開 1912（大正元）年8月21日
改 1974（昭和49）年3月31日（楢葉）
住 千葉県袖ヶ浦市奈良輪
乗 10,436人

　袖ヶ浦市の中心駅で、地名は日本武尊の東征伝説に由来する。海岸側は田園地帯と一戸建て住宅が点在。市役所等は山側に。

巖根　いわね
27.5 km（3.1 km）
開 1941（昭和16）年11月20日
住 千葉県木更津市岩根3丁目
乗 3,046人

　東京湾アクアラインの近く、駅の東側に航空自衛隊木更津分屯基地がある。

木更津　きさらづ
31.3 km（3.8 km）
開 1912（大正元）年8月21日
住 千葉県木更津市富士見1丁目
乗 24,122人

　木更津市の中心駅。日本武尊の東征伝説「君不去」が語源といわれる。東京湾アクアラインが通り、港湾都市から地域経済の中心都市へ変わりつつある。

君津　きみつ
38.3 km（7.0 km）
開 1915（大正4）年1月15日
改 1956（昭和31）年4月10日（周西）
住 千葉県君津市東坂田1丁目
乗 13,328人

　市名は旧村名・木更津をもとにした郡名・君津郡に由来。沖合は火力発電所などの埋立地、駅周辺は住宅地が広がる。

君津駅　2025.1.22

青堀　あおほり
42.0 km（3.7 km）
開 1915（大正4）年1月15日
住 千葉県富津市大堀
乗 2,472人

　東京湾に突き出た富津岬の入口にあたり、小さな木造駅舎が建つ。駅の南に内裏塚古墳群がある。

大貫　おおぬき
46.6 km（4.6 km）
開 1915（大正4）年1月15日
住 千葉県富津市千種新田
乗 1,682人

　富津岬からのなだらかな海岸線が近づくあたりで、富津海岸や大貫海水浴場などが最寄り。

佐貫町　さぬきまち
50.7 km（4.1 km）
開 1915（大正4）年1月15日
住 千葉県富津市亀田

　駅名は旧町名からで、小さな木造駅舎が建つ。染川が作る小さな平野に田が広がる、のどかな地域。

上総湊　かずさみなと
55.1 km（4.4 km）
開 1915（大正4）年1月15日
住 千葉県富津市湊

　上総港の町の駅で、西側に海浜公園が広がる。マザー牧場へのアクセスも。富津とは古い港の意味。

竹岡　たけおか
60.2 km（5.1 km）
開 1926（大正15）年6月16日
住 千葉県富津市萩生

　小さな萩生漁港の集落に近く、駅名は開業当時の旧村名。駅前からは浦賀水道を望む。

浜金谷　はまかなや
64.0 km（3.8 km）
開 1916（大正5）年10月1日
住 千葉県富津市金谷

　古くは「金の谷」と呼ばれたことが由来の一説。里見氏ゆかりの金谷城や鋸山で知られる。久里浜とを結ぶ東京湾フェリーのりばへの最寄り駅。

浜金谷駅　2025.1.22

保田 ほた

67.5 km(3.5 km)
🔵 1917(大正6)年8月1日
🏠 千葉県安房郡鋸南町保田

　駅名は旧村名で保田漁港の町。保田の名は歌川広重の『富士三十六景　房州保田海岸』で知られる。

保田駅　2025.1.22

安房勝山 あわかつやま

70.8 km(3.3 km)
🔵 1917(大正6)年8月1日
🏠 千葉県安房郡鋸南町竜島

　佐久間川の河口付近、勝山漁港の町で、このあたりの地名・勝山が駅名に採られた。

岩井 いわい

73.7 km(2.9 km)
🔵 1918(大正7)年8月10日
🏠 千葉県南房総市市部

　駅名はこのあたりの地域名で、なだらかな砂浜が延びる岩井海岸がシンボル。

富浦 とみうら

79.8 km(6.1 km)
🔵 1918(大正7)年8月10日
🏠 千葉県南房総市富浦町原岡

　旧村名「富浦」は、豊かな海産を願って付けられた瑞祥地名で、房州びわの産地。東京湾の絶景が広がる大房岬が最寄り。

那古船形 なこふなかた

82.1 km(2.3 km)
🔵 1918(大正7)年8月10日
🏠 千葉県館山市船形

　地名は船の形をした船形山に由来で、那古とは近隣の那古寺の門前町。船形漁港は館山市有数の漁港だ。

那古船形駅　2017.1.6

館山 たてやま

85.9km(3.8 km)
🔵 1919(大正8)年5月24日
🔄 1946(昭和21)年3月1日(安房北条)
🏠 千葉県館山市北条
🚉 2,792人

　館山市の中心駅で、南房総の拠点。山上の領主の家・館の山に由来している。

九重 ここのえ

91.7 km(5.8 km)
🔵 1921(大正10)年6月1日
🏠 千葉県館山市二子

　駅名は旧村名で、9つの村が合併したことから。沖積平野が広がる農業地帯だ。

千倉駅　2013.12.24

千倉 ちくら

96.6 km(4.9 km)
🔵 1921(大正10)年6月1日
🏠 千葉県南房総市千倉町瀬戸

　房総半島南端の駅で、太平洋に面した港町。温暖な気候で知られ、農業と漁業が盛んな地域だ。

千歳 ちとせ

98.6 km(2.0 km)
🔵 1927(昭和2)年5月20日
🏠 千葉県南房総市千倉町白子

　駅名は旧村名から。白子漁港が南にある。一般的に地名の白子とは白い岩や白い砂浜を意味する。

南三原 みなみはら

102.2 km(3.6 km)
🔵 1921(大正10)年6月1日
🏠 千葉県南房総市和田町松田

　駅名は旧村名から。周辺は丸山川の沖積平野に広がる田園地帯だ。

和田浦 わだうら

106.8 km(4.6 km)
🔵 1922(大正11)年12月20日
🏠 千葉県南房総市和田町仁我浦

　捕鯨基地として知られた和田漁港の近く。今はサーフィンスポットとして人気がある和田浦海岸や白渚海岸などへも近い。

江見 えみ

111.4 km(4.6 km)
🔵 1922(大正11)年12月20日
🏠 千葉県鴨川市西江見

　一般的に江とは入江、口とは見えるところで、入り江が多い地域を指す。江見海水浴場や江見漁港などが近い。

太海 ふとみ

116.0 km(4.6 km)
🔵 1924(大正13)年7月25日
🏠 千葉県鴨川市太海

　仁右衛門島や太海海水浴場の最寄り駅。太海の語源は「太い海岸線」「広い海」など諸説がある。

安房鴨川 あわかもがわ

119.4 km(3.4 km)

館山駅　2013.12.24

東金線・久留里線

とうがねせん・くるりせん

区間・距離	大網〜成東 13.8km
駅数	5
運転方式	電化
全通	1911(明治44)年11月1日

区間・距離	木更津〜上総亀山 32.2km
駅数	14
運転方式	非電化
全通	1936(昭和11)年3月25日

▲総武本線と外房線を短絡する東金線　求名〜東金　2025.1.4

▲非電化区間の久留里線は気動車のキハE130系100番代が活躍　東清川〜横田　2025.1.22

歴史

【東金線】

　1900(明治33)年6月30日、房総鉄道大網〜東金間が開業した。先に蘇我〜大網間が開業しており、蘇我と東金が結ばれた。1907(明治40)年9月1日に国有化され、官設鉄道の路線となり、1909(明治42)年10月12日に東金線の名称が付けられた。1911(明治44)年11月1日に東金〜成東間が延伸開業し、東金線大網〜成東間が全通した。

　1972(昭和47)年5月27日、外房線大網駅のスイッチバックを解消するため、現在地に駅を移転。Vの字スタイルの線路配置となり、外房線と東金線の駅舎・ホームが別の場所となった。1973(昭和48)年9月28日に全線電化。1987(昭和62)年4月1日、国鉄分割民営化により東日本旅客鉄道(JR東日本)が継承し、日本貨物鉄道(JR貨物)は第二種鉄道事業者となった。1990(平成2)年3月10日に京葉線直通運転の列車が設定された。

【久留里線】

　1912(大正元)年12月28日、千葉県営鉄道久留里線の木更津〜久留里間が開業。1923(大正12)年9月1日に国有化されて、久留里線となった。1930(昭和5)年8月20日に軌間が762mmから1,067mmに改軌され、1936(昭和11)年3月25日には久留里〜上総亀山間が延伸開業した。戦時中は久留里〜上総亀山間の線路供出で運休となったが、戦後の1947(昭和22)年4月に復旧している。1987(昭和62)年4月1日、国鉄分割民営化により東日本旅客鉄道(JR東日本)が継承した。

車窓

【東金線】

　田園風景の中を走るが、途中の東金付近は古くから商業都市として発展してきた地で、大網・成東とともに田園地底に開けた街並みを見ることができる。なお、大網は外房線とは異なるホーム(駅前広場を挟んで駅舎がある)で、成東駅は東金線専用の0番ホームを使用している。

【久留里線】

　全線が豊かな田園風景を中心とした風景で、途中の各駅周辺は住宅地が密集している。沿線の中心都市である久留里は城下町として発展したところで、この先の上総松丘〜上総亀山間は渓谷沿いの美しい風景が広がる。

車両

【東金線】

　幕張車両センター(都マリ)配置の209系6両編成C602〜C625編成(欠番あり14本)が千葉・大網〜成東間、京葉車両センター(都ケヨ)配置のE233系4両編成F51〜F54編成が東京〜成東間(京葉線経由・東京〜誉田間10両編成)で運用されている。

【久留里線】

　幕張車両センター木更津派出所(都マリ)配置のキハE130形が、木更津〜久留里・上総亀山間および久留里〜上総亀山間に1〜3両編成で運用されている。

駅解説

東金線

福俵 ふくたわら
大網から 3.3 km (3.3 km)
開 1954 (昭和29) 年 10月1日
住 千葉県東金市福俵

　単式ホーム1面の小さな駅で、駅舎が無い構造を持つ。

東金 とうがね
5.8 km (2.5 km)
開 1900 (明治33) 年 6月30日
住 千葉県東金市東金
乗 7,582 人

　東金市の中心駅。「鴇が根」が語源で最福寺の山嶺が鴇の頭に似ていることから。江戸時代は徳川家の鷹狩りの場でもあり、徳川家の東金御殿にあたる八鶴湖などの景勝地もある。

東金駅　2025.1.4

求名 ぐみょう
9.6 km (3.8 km)
開 1911 (明治44) 年 11月1日
住 千葉県東金市求名

　東金市の北側にあたり、地名には徳川家康が命名したという謂れがある。

求名駅　2013.12.18

成東 なるとう
13.8 km (4.2 km)

久留里線

祇園 ぎおん
木更津から 2.6 km (2.6 km)
開 1961 (昭和36) 年 3月1日
住 千葉県木更津市祇園

　地名は平安時代、この地に祇園社が勧請されたことから。地元の請願駅で、木更津市東部の住宅地が広がっている。

上総清川 かずさきよかわ
4.2 km (1.6 km)
開 1912 (大正元) 年 12月28日
改 1923 (大正12) 年 9月1日 (清川)
住 千葉県木更津市菅生

　単式ホーム1面1線で、南側には住宅街が広がる。駅名は旧村名で小櫃川にちなんで命名された瑞祥地名。

東清川 ひがしきよかわ
6.1 km (1.9 km)
開 1978 (昭和53) 年 10月2日
住 千葉県木更津市笹子

　臨時乗降場として開業。単式ホーム1面1線。周辺は住宅と田が点在している。

横田 よこた
9.3 km (3.2 km)
開 1912 (大正元) 年 12月28日
改 1915 (大正4) 年 7月1日 (中川)
住 千葉県袖ヶ浦市横田
乗 306 人

　古くから横田郷と呼ばれ、北口城址や小坪城址が往時を伝える。駅北側は広大な田園地帯だ。

東横田 ひがしよこた
10.8 km (1.5 km)
開 1937 (昭和12) 年 4月20日
住 千葉県袖ヶ浦市横田

　駅名は横田地区の東側であることから。単一ホーム1面1線。

馬来田 まくた
13.9 km (3.1 km)
開 1912 (大正元) 年 12月28日
住 千葉県木更津市真里

　駅名は旧村名で、馬来田国造が治めていたことに由来。かつては交換設備があった広い構内を持つ。

下郡 しもごおり
15.2 km (1.3 km)
開 1937 (昭和12) 年 4月20日
住 千葉県君津市山本湯名下

　単式ホーム1面1線。久留里街道添いにあり、道の駅「道の駅木更津うまくたの里」が最寄り。

小櫃 おびつ
18.2 km (3.0 km)
開 1912 (大正元) 年 12月28日

住 千葉県君津市末吉

　駅名は並行して流れる小櫃川から。かつては交換設備があった広い構内を持つ。

俵田 たわらだ
20.0 km (1.8 km)
開 1921 (大正10) 年 7月10日
住 千葉県君津市俵田

　駅名は地元の地名から。壬申の乱で敗れた弘文天皇の伝説が残る白山神社が北に鎮座する。

久留里 くるり
22.6 km (2.6 km)
開 1912 (大正元) 年 12月28日
住 千葉県君津市久留里市場
乗 534 人

　観光スポット・久留里城を擁する久留里地区の中心駅。相対式ホーム2面2線を構内で列車交換が可能だ。

久留里駅　2025.1.4

平山 ひらやま
25.7 km (3.1 km)
開 1936 (昭和11) 年 3月25日
住 千葉県君津市平山

　房総丘陵のハイキングや自然探勝が楽しめるあたり。駅名はこの地域の地名から。

上総松丘 かずさまつおか
28.3 km (2.6 km)
開 1936 (昭和11) 年 3月25日
住 千葉県君津市広岡

　松丘コミュニティセンターや松丘スポーツ広場など、地域拠点スポットが最寄り。

上総松丘駅　2025.1.4

上総亀山 かずさかめやま
32.3 km (4.0 km)
開 1936 (昭和11) 年 3月25日
住 千葉県君津市藤林

　周辺の旧地名「亀山郷」を駅名に残す。亀山湖や亀山温泉など、房総丘陵の観光スポットの拠点になっている。

上越・北陸新幹線

じょうえつ・ほくりくしんかんせん

区間・距離	大宮〜新潟 303.6km、高崎〜敦賀間 470.6km
駅数	10／19
運転方式	軌間 1,435 mm・交流電化 25,000 V
全通	1982(昭和57)年 11月15日(上越)、2024年(令和6)年 3月16日(北陸)

歴史

1982(昭和57)年11月15日、大宮〜新潟間が開業した。初めての日本海側を走る新幹線で、開業時は速達タイプの「あさひ」、各駅停車の「とき」であった。1988(昭和63)年3月13日から最高速度240km/h、1990(平成2)年3月10日から最高速度275km/h運転(一部の改造車両限定)を開始した。1999(平成11)年12月4日で275km/h運転は終了したが、2023(令和5)年3月18日から全列車がE7系となり、最高速度が275km/hに設定されている。

一方、1997(平成9)年10月1日、北陸新幹線高崎〜長野間が開業した。本来は北陸新幹線が正式線名だが、まだ北陸へは開通していなかったことから、当時は長野行新幹線と呼ばれた。在来線の特急名を継承した「あさま」が上越・東北新幹線を経由して東京駅まで乗り入れを開始した。上越新幹線は新潟発着が「あさひ」、越後湯沢・高崎発着が「たにがわ」となったが、2002(平成14)年12月1日に「あさひ」は「とき」に改称されている。

そして2015(平成27)年3月14日に北陸新幹線長野〜金沢間が開業。首都圏直結の「かがやき」と「はくたか」、そして北陸内を結ぶ「つるぎ」が新たに誕生している。さらに2024(令和6)年3月16日に北陸新幹線金沢〜敦賀間が延長開業し、現在に至っている。

▲E7系は北陸、上越の両新幹線を走る　2019.4.4

車窓

大宮を出ると左右に埼玉新交通線を見やりつつ、東北新幹線が右に分かれていき、北西へ。高崎線から離れたあたりで畑地もまだ多く残るが、次第に市街地となり熊谷。このあたりから、いよいよ上州の山並みが迫ってくる。天気がいいと、浅間山や男体山までもが見える。高崎を過ぎると右に裾野を長く見せる赤城山、背の高いビルは群馬県庁だ。北陸新幹線が左に分かれていき、榛名山のふもとをくぐる榛名トンネル。ここからはトンネルに次ぐトンネルで、上毛高原駅はトンネルとトンネルの間にある。

一方、北陸新幹線は、高崎を出ると上越新幹線が右に分かれ、榛名山南麓を上ってゆく。在来線時代は横軽の急こう配だったが、その標高差を新幹線は北へ回りながら克服しているわけだ。その途中に安中榛名駅があり、新しい町が駅前にできている。さらに秋間トンネル、一ノ瀬トンネルを抜けると軽井沢。高原らしい駅に着いたという爽快感は、在来線時代と変わらない。

車両

JR東日本のE7系12両編成(F編成)が「とき」「たにがわ」の全列車に運用されている。また、東京〜高崎間の線路を共用する北陸新幹線のE7系12両編成(F編成)とJR西日本のW7系12両編成(W編成)が「かがやき」「はくたか」「あさま」の全列車に運用されている。

駅解説

上越新幹線

本庄早稲田駅開業式・2004.3.13

本庄早稲田 ほんじょうわせだ

大宮から 55.7 km (21.3 km)
開 2004(平成16)年3月13日
住 埼玉県本庄市早稲田の杜
乗 3,444 人

駅名は公募で決定。南側に早稲田大学の研究施設があり、地元と大学が建設費を負担して生まれた請願駅。

高崎 たかさき

大宮から 74.7km (19.0 km)

上毛高原 じょうもうこうげん

大宮から 121.3km (46.6 km)
開 1982(昭和57)年11月15日
住 群馬県利根郡みなかみ町月夜野字薮田1756
乗 1,132 人

駅名は旧国名の別名「上毛」に由来する。上越線に対し利根川右岸に位置する。群馬県北部の拠点駅だが、新幹線の高速性を活かし、都心へ新幹線通勤をする人も。

越後湯沢 えちごゆざわ

大宮から 168.9km (47.6 km)

北陸新幹線

安中榛名 あんなかはるな

高崎から 18.5 km
開 平成9年10月1日
住 群馬県安中市東上秋間2552-5
乗 460 人

駅名は所在地＋榛名山から。新幹線駅の誕生で、駅周辺は分譲地が出来、新しい町ができている。

軽井沢 かるいざわ

高崎から 41.8 km (23.3 km)

東北新幹線
とうほくしんかんせん

区間・距離	東京～新青森 713.7km
駅 数	23
運 転 方 式	軌間 1,435 mm・交流電化 25,000 V
全 通	2010(平成 22)年 12 月 4 日

歴 史

1982(昭和 57)年 6 月 23 日、大宮～盛岡間が先行開業し、200 系 12 両編成が運転を開始した。開業時は大宮～盛岡間が速達タイプの「やまびこ」、大宮～仙台間が各駅停車の「あおば」であった。上野～大宮間は在来線の新幹線連絡列車「新幹線リレー号」(185・115・455 系使用)で結ばれていた。同年 11 月 15 日に本格開業。1985(昭和 60)年 3 月 14 日に上野～大宮間が開業し、上野～盛岡間の「やまびこ」の最高速度が 240km/h となった。1987(昭和 62)年 4 月 1 日に国鉄分割民営化が実施され、東北・上越新幹線は東日本旅客鉄道株式会社(JR 東日本)の管轄となった。

1991(平成 3)年 6 月 20 日に東京～上野間、2002(平成 14)年 12 月 1 日に盛岡～八戸間、2010(平成 22)年 12 月 4 日に八戸～新青森間が開業し、東北新幹線東京～新青森間が全通した。また、1992(平成 4)年 7 月 1 日に山形新幹線福島～山形間、1997(平成 9)年 3 月 22 日に秋田新幹線盛岡～秋田間がミニ新幹線(在来線規格の軌間 1,435mm)で開業し、山形新幹線「つばさ」と秋田新幹線「こまち」の東北新幹線との直通運転が開始されている。なお、2016(平成 28)年 3 月 26 日に北海道新幹線新青森～新函館北斗間が開業し、東北新幹線と相互直通運転が開始された。

200 系、2 階建て車両の E 1 系・E 4 系、E 2 系と上越新幹線と共通で使用されてきたが、2011(平成 23)年 3 月 5 日から東京～新青森間で E 5 系「はやぶさ」を運転開始。2013(平成 25)年 3 月 16 日から E 5 系「はやぶさ」の一部で 320km/h 運転を開始した。2014(平成 26)年 3 月 15 日からは E 5 系「はやぶさ」＋ E 6 系「こまち」で最高速度 320km/h 運転を行なっている。

車 窓

東京駅を出ると大宮まではほぼ在来線と平行。赤羽～大宮間では埼京線の往来を見ながら北上する。大宮を出ると、いよいよ本領発揮で速度を上げる。上越新幹線との大きな分岐点も、一瞬のうちだ。北上するにつれ埼玉県から栃木県となる。左に日光の山並み、右に筑波山を眺めつつ小山、そしてライトレール誕生で脚光を浴びる宇都宮。ここから、いよいよ那須高原へと突き進んでゆく。

車 両

JR 東日本の E 5 系 10 両編成(U 編成)が「はやぶさ」「はやて」「やまびこ」「なすの」、E 2 系 10 両編成(J 編成)が「やまびこ」「なすの」、E 6 系 7 両編成(Z 編成)が「こまち」「はやぶさ」「やまびこ」「なすの」、E 8 系 7 両編成(G 編成)が「つばさ」「なすの」、E 3 系 7 両編成(L 編成)が「つばさ」「なすの」に運用されているほか、JR 北海道の H 5 系 10 両編成(H 編成)が「はやぶさ」「やまびこ」に運用されている。

駅解説

東北新幹線

上野 うえの ➡50頁
東京から 3.6km(3.6km)

大宮 おおみや ➡51頁
30.3km(26.7km)

小山 おやま ➡51頁
80.6km(50.3km)

宇都宮 うつのみや ➡51頁
109.5km(28.9km)

那須塩原 なすしおばら ➡52頁
157.8km(48.3km)

東海道新幹線

品川 しながわ ➡10頁
東京から 6.8 km(6.8km)

東海道新幹線
とうかいどうしんかんせん

区間・距離	東京～新大阪 552.6km
駅 数	17
運 転 方 式	軌間 1,435 mm・交流電化 25,000 V
全 通	1964(昭和 39)年 10 月 1 日

歴 史

東京オリンピック開催を 10 日後に控えた 1964(昭和 39)年 10 月 1 日、世界の高速鉄道の先駆けとなった東海道新幹線東京～新大阪間が開業した。開業当初は最高時速 160km/h、東京～新大阪間を「ひかり」4 時間、「こだま」5 時間で結ぶダイヤであったが、翌年 11 月 1 日から当初の計画通り、最高速度 210km/h、東京～新大阪間を「ひかり」3 時間 10 分、「こだま」4 時間となった。

1972(昭和 47)年 3 月 15 日に山陽新幹線新大阪～岡山開業、1975(昭和 50)年 3 月 10 日に岡山～博多間が開業。東海道新幹線と山陽新幹線の直通運転が行なわれ、東京～博多間は 6 時間 56 分で結ばれるようになった。前年 9 月 5 日から食堂車の営業が開始され、「ひかり」全列車が食堂車組み込み 16 両編成となった。

1985(昭和 60)年 10 月 1 日、2 階建て車両(食堂車・グリーン車)を組み込んだ 100 系が営業運転を開始。最高速度が 220km/h にアップし、東京～新大阪間が最速 2 時間 52 分となった。1987(昭和 62)年 4 月 1 日に国鉄分割民営化が実施され、東海道新幹線は東海旅客鉄道株式会社(JR 東海)の管轄となった。

1992(平成 4)年 3 月 14 日、東京～新大阪間を最高速度 270km/h・2 時間 30 分で結ぶ 300 系「のぞみ」2 往復が登場。新幹線高速化の先駆けとなった。1999(平成 11)年 3 月 13 日、先頭車両のデザインを一新した 700 系が登場し、続いて性能がアップした N 700 系、N 700 A、N 700 S と引き継がれていった。

車 窓

東京を出ると品川まで東海道本線と平行するが、品川からは離れ、横須賀線を並走。このあたりはもともと貨物線であった。多摩川を渡り神奈川県に入り、日吉トンネルを抜けると横浜圏へ。横須線と交差する所が新横浜駅で、開業時は何もない駅周辺だったことを思うとその発展ぶりに目を見張る。「のぞみ」だと、ここからいよいよ速度アップ。左に東海道本線が近づくあたりが新幹線の発祥地、鴨宮実験線の跡だ。小田原からは南郷山トンネルや丹那トンネルなどの長いトンネルを抜け、三島に達する。ここから先の見どころは、車窓の名所、富士山だ。

車 両

JR 東海の N 700 S 16 両編成(J 編成)、N 700 A 16 両編成(G 編成・X 編成)および JR 西日本の N 700 S 16 両編成(H 編成)、N 700 A 16 両編成(F 編成・K 編成)が「のぞみ」「ひかり」「こだま」の全列車に運用されている。

新横浜 しんよこはま ➡24頁
28.8km(22.0km)

小田原 おだわら ➡11頁
83.9km(55.1km)

熱海 あたみ ➡12頁
104.6km(20.7km)

三島 みしま ➡12頁
120.7km(16.1km)

関東 JR 車庫一覧

資料提供●ジェー・アール・アール（ＪＲＲ）

ここでは関東のJR各路線について、車庫を一覧にして右表にまとめた。JR東日本では車両基地を車両センターと呼び、どの車両がどの車両センターに所属するかが定められている。例えば、山手線用のE235系0番代は全車両が東京総合車両センターの所属。検査や清掃などは通常ここで行なわれる。

また、所属ではないものの、車庫に準ずる機能をもつ設備を「電留線」として、主なものを掲載した。山手線のE235系0番代であれば、池袋～板橋間にある電留線にも車両が留置される。

それぞれの車両がどの車両基地に所属しているかは、原則、車体端の下部に表記されている。定員表記の上に書かれた片仮名2文字がそれで、所属する車両基地の電報略号（電略）を表す。各車両センターの電略は下表のとおりだ。

中央・総武線各駅停車の車両が所属する三鷹車両センター。かつては三鷹駅西側の跨線橋から全景を見渡せたが、現在は立入り禁止となり、跨線橋も撤去予定だ。2011.4.5

建設中の高輪ゲートウェイ駅の横に広がる留置線。以前は田町車両センターを名乗っていた。現在は電留線扱いで、撮影当時よりも規模が縮小されている。2018.8.29

車体端にある所属表記。「東」は東京支社、マトは松戸車両センターを表す。なお、一部の車両では組織改正にともない、この表記が省略されている。2025.1.2 成田線小林　写真：音無 浩

JR 車両基地別 表記・位置一覧表

車両基地	表記	位置	車両基地	表記	位置
勝田車両センター	カツ	勝田～佐和間	松戸車両センター	マト	金町～松戸間（▲）
京葉車両センター	ケヨ	幕張豊砂付近	東京総合車両センター	トウ	品川～大井町間
幕張車両センター	マリ	幕張本郷付近	鎌倉車両センター	クラ	大船～藤沢間
高崎車両センター	タカ	新前橋駅隣接	国府津車両センター	コツ	国府津～下曽根間
ぐんま車両センター	クン	倉賀野～高崎間	豊田車両センター	トタ	豊田～八王子間
大宮総合車両センター 東大宮センター	オオ	土呂～東大宮間	三鷹車両センター	ミツ	三鷹～武蔵境間
小山車両センター	ヤマ	小金井～自治医大間	松本車両センター	モト	南松本～松本間
さいたま車両センター	サイ	蕨～南浦和間	長野総合車両センター	ナノ	長野～北長野間
川越車両センター	ハエ	指扇～南古谷間			

（▲）＝車窓からは見えない

JR　路線別車庫一覧表

（　）内は車両形式

路線名	車両基地	主な電留線
東海道線・伊東線	国府津車両センター（E233系・E231系） 小山車両センター（E233系・E231系） 大宮総合車両センター 東大宮センター（E261系、E257系）	品川、平塚、小田原、来宮、伊東
横須賀線	鎌倉車両センター（E259系、E235系）	逗子、久里浜
湘南新宿ライン	国府津車両センター（E233系・E231系） 小山車両センター（E233系・E231系） 大宮総合車両センター 東大宮センター（E261系、E257系）	
上野東京ライン	国府津車両センター（E233系・E231系） 小山車両センター（E233系・E231系） 大宮総合車両センター 東大宮センター（E261系、E257系） 松戸車両センター（E231系） 勝田車両センター（E657系、E531系）	品川、尾久
山手線	東京総合車両センター（E235系）	池袋
京浜東北線・根岸線	さいたま車両センター（E233系）	東十条、蒲田、東神奈川、磯子
埼京線	川越車両センター（E233系）	池袋、板橋
中央線快速	豊田車両センター（E233系）	武蔵小金井
中央線各駅停車	三鷹車両センター（E231系）	中野
中央本線	松本車両センター（E353系） 長野車両センター（211系）	三鷹、豊田、大月、甲府
青梅線	豊田車両センター（E233系）	拝島
五日市線	豊田車両センター（E233系）	拝島
常磐線快速	松戸車両センター（E231系）	品川、我孫子
常磐線各駅停車	松戸車両センター（E233系）	我孫子
常磐線	勝田車両センター（E657系、E501系、E531系）	品川、我孫子、土浦、高萩、いわき
水戸線	勝田車両センター（E531系）	
宇都宮線	小山車両センター（E233系・E231系） 国府津車両センター（E233系・E231系） 大宮総合車両センター－東大宮センター（E257系）	尾久、宇都宮
東北本線（宇都宮～黒磯間）	小山車両センター（E131系）	宇都宮、黒磯
日光線	小山車両センター（E131系）	宇都宮、日光
烏山線	小山車両センター（EV-E301系）	宇都宮
高崎線	小山車両センター（E233系・E231系） 国府津車両センター（E233系・E231系） ［一部列車は、両毛線前橋まで］ 大宮総合車両センター－東大宮センター（E257系）	尾久、籠原、高崎
上越線	高崎車両センター（211系） 大宮総合車両センター－東大宮センター（E257系）	高崎、水上
両毛線	高崎車両センター（211系）	高崎、下新田（桐生）
吾妻線	高崎車両センター（211系） 大宮総合車両センター－東大宮センター（E257系）	長野原草津口
信越線	高崎車両センター（211系）	高崎、横川
川越線	川越車両センター（209系・231系）	
八高線（八王子～高麗川間）	川越車両センター（209系・E231系）	八王子
八高線（高麗川～高崎間）	ぐんま車両センター（キハ110系）	小川町、児玉
総武線快速	鎌倉車両センター（E259系、E235系）	幕張本郷（津田沼）
総武線各駅停車	三鷹車両センター（E231系）	津田沼
総武本線	鎌倉車両センター（E259系、E235系） 幕張車両センター（E257系、209系、E131系）	佐倉
成田線	鎌倉車両センター（E259系、E235系） 幕張車両センター（E257系、209系、E131系）	成田
成田線（我孫子～成田間）	松戸車両センター（E231系）	成田
内房線	幕張車両センター（E257系、209系、E131系） 鎌倉車両センター（E235系） 京葉車両センター（E233系・209系）	木更津、館山、安房鴨川
久留里線	鎌倉車両センター木更津派出所（キハE130系）	久留里
外房線	幕張車両センター（E257系、209系、E131系） 鎌倉車両センター（E235系） 京葉車両センター（E233系・209系）	上総一ノ宮、安房鴨川
東金線	幕張車両センター（209系） 京葉車両センター（E233系）	
鹿島線	幕張車両センター（E131系） 鎌倉車両センター（E235系）	
京葉線	京葉車両センター（E233系・209系）	
武蔵野線	京葉車両センター（E231系・209系）	東所沢
南武線	鎌倉車両センター中原支所（E233系）	矢向
南武支線	鎌倉車両センター中原支所（E127系・205系）	
鶴見線	鎌倉車両センター中原支所（E131系）	弁天橋
横浜線	鎌倉車両センター（E233系）	東神奈川、橋本
相模線	国府津車両センター（E131系）	茅ケ崎

101

関東 JR・私鉄 路線廃線一覧

資料提供●ジェー・アール・アール（JRR）

　ここでは関東のJR・私鉄各線の廃線について、1971年以降のものをまとめた。旅客・貨物輸送量の減少によって廃線となった路線がほとんどだが、一部は第三セクター鉄道として引き継がれている。廃線跡が遊歩道として整備されたり、旧駅が保存されたりしているものもあるので、訪ねてみるのも楽しいだろう。

国鉄下河原線の終点だった東京競馬場前駅。この撮影の2日後に武蔵野線府中本町～新松戸間が開業し、下河原線は廃止された。1973.3.30

国鉄足尾線は、第三セクターのわたらせ渓谷鐵道に運営が引き継がれ、現在も路線が現役。神戸 2013.6.9

国鉄下河原線の廃線跡は、一部が遊歩道として整備された。写真は、下河原駅へ続く貨物線（右）と、東京競馬場前駅へ続く旅客線（左）の分岐点。2020.4.29 写真：芝良二

JR・私鉄　路線廃線一覧表　（1971年以降）

企業体名	路線名	運転区間	営業キロ数	運転最終日	備考
国鉄	吾妻線	長野原（現・長野原草津口）～太子間	5.8km	1970.11.01 休止	廃止月日 1971.05.01
国鉄	下河原線	国分寺～東京競馬場正門間	5.6km	1973.03.31	廃止月日 1973.04.01
		北府中～下河原間[貨物線]	1.5km	1973.03.31	廃止月日 1976.09.20
国鉄	五日市線	大久野～武蔵岩井間[貨物線]	0.6km		廃止月日 1971.02.01
		武蔵五日市～大久野間[貨物線]	2.1km		廃止月日 1982.11.15
国鉄	相模線	寒川～西寒川間	3.8km	1984.03.31	廃止月日 1984.04.01
国鉄	東京市場線	汐留～東京市場間	—		1984.02.01 廃止、構内扱いに
国鉄	東海道本線	汐留～品川間	4.9km		廃止月日 1986.11.01
		参考：この区間廃止により、品川～東京貨物ターミナル間 13.8km → 7.0km に			
JR東日本	木原線	大原～上総中野間	26.9km	1988.03.23	1988.03.24～いすみ鉄道
JR東日本	足尾線	桐生～間藤間	44.1km	1989.03.29	1989.03.30～わたらせ渓谷鐵道
JR東日本	真岡線	下館～茂木間	42.0km	1988.04.10	1988.04.11～真岡鐵道
JR東日本	信越本線	横川～軽井沢間	11.2km	1997.09.30	廃止月日 1997.10.01
JR東日本	東北本線	田端信号場～王子～北王子間	1.2km＝王子～北王子間		廃止月日 2014.07.01
東武鉄道	熊谷線	熊谷～妻沼間	10.1km	1983.05.31	廃止月日 1983.06.01
東武鉄道	会沢線	葛生～上白石間[貨物線]	0.8km	1997.09.30	廃止月日 1997.10.01
東武鉄道	会沢線	上白石～第三会沢間[貨物線]	3.3km	1986.10.20	廃止月日 1986.10.20
東武鉄道	大叶線	上白石～大叶間[貨物線]	1.6km	1986.10.20	廃止月日 1986.10.20
東京都交通局	上野懸垂線	上野動物園東園～上野動物園西園間	0.3km	2019.10.31	廃止月日 2023.12.27
小田急電鉄	向ヶ丘遊園モノレール線	向ヶ丘遊園～向ヶ丘遊園正門間	1.1km	2000.02.12	廃止月日 2001.02.01
日立電鉄	日立電鉄線	常北太田～大甕～鮎川間	18.1km	2005.03.31	廃止月日 2005.04.01
茨城交通	茨城線	赤塚～大学前間	4.3km	1971.02.10	廃止月日 1971.02.11
筑波鉄道	筑波線	土浦～岩瀬間	40.1km	1987.03.31	廃止月日 1987.04.01
鹿島鉄道	鹿島鉄道線	石岡～鉾田間	26.9km	2007.03.31	廃止月日 2007.04.01
上武鉄道	上武鉄道線	丹荘～西武化学前間[貨物線]	6.1km	1986.10.31	廃止月日 1986.11.01
秩父鉄道	三ヶ尻線	武川～三ヶ尻間[貨物線]	3.7km	2020.12.31	貨物線
伊豆箱根鉄道	駒ヶ岳鋼索線	駒ヶ岳登り口～駒ヶ岳頂上間	0.7km	2005.08.31	ケーブルカー

▽都電、横浜市電の路線廃止はのぞく

私鉄線

東武鉄道　京急電鉄　東急電鉄　西武鉄道
京王電鉄　小田急電鉄　京成電鉄(松戸線を含む)
東京メトロ　東京都交通局　相模鉄道

── 各都県の私鉄 ──

神奈川県(静岡県・山梨県)　茨城県　栃木県
群馬県　埼玉県　千葉県　東京都

東武鉄道
とうぶてつどう

社 名	東武鉄道株式会社
住 所	東京都墨田区押上一丁目1番2号／東京都墨田区押上二丁目18番12号
会社設立	1897(明治30)年11月1日
線 名	東武スカイツリーライン・伊勢崎線、亀戸線、大師線、佐野線、小泉線、桐生線、日光線、宇都宮線、鬼怒川線、東武アーバンパークライン、東上本線、越生線
運転方式	電化
運輸開始	1899(明治32)年8月27日

▲東武鉄道が誇る特急列車の両雄、N100系と500系　東武日光駅　2023.6.6

歴史

　1883(明治16)年7月28日に日本初の私鉄となる日本鉄道が上野〜熊谷間を開通させ、次々に路線を延ばして地域の繁栄に寄与すると、全国各地の実業家は鉄道の敷設免許取得に奔走するようになった。北関東エリアでは日本鉄道線を繋ぐ両毛鉄道などが開通し、特産の生糸や絹織物が鉄道で横浜港などに運ばれていた。東武鉄道は東京と足利を結んで貨物輸送することを視野に入れ、1896(明治29)年10月16日に本所〜北千住〜足利間の敷設計画で創立総会を開催。1897(明治30)年9月3日に北千住〜足利間の本免許状が下付され、同年11月1日に東武鉄道株式会社を創立・登記した。

　1899(明治32)年8月27日に北千住〜久喜間が開業した。当初は日本鉄道の北千住駅に乗入れていたが、1901(明治34)年10月1日から日本鉄道をオーバークロスする新線の使用を開始し、さらに北千住から小梅(吾妻橋)に至る新線建設工事に着手した。本所を東京の起点にする計画であったが、まずは都心に近づくのが先決だった。1902(明治35)年4月1日に吾妻橋(現・とうきょうスカイツリー)〜北千住間が開業し、独自のターミナル駅が起点となった。北への延伸も行われており、1902(明治35)年9月6日に加須、1903(明治36)年4月23日に川俣まで開業した。

　1904(明治37)年4月5日に曳舟〜亀戸間(現・亀戸線)が開通。亀戸駅では総武鉄道が接続しており、総武鉄道の起点となる両国橋(現・両国)まで乗入れ運転を開始した。これにより、都心側の起点の吾妻橋駅は廃止となり、両国橋〜亀戸〜曳舟〜北千住という新しいルートが誕生した。ところが、1907(明治40)年9月1日に総武鉄道が買収・国有化され、両国橋への乗り入れが不可能となった。そこで1910(明治43)年3月27日から廃止した吾妻橋駅を復活させ、浅草(現・とうきょうスカイツリー)に駅名を改称した。また、利根川への架橋ができずに川俣(利根川の右岸)止まりであったが、架橋工事は1907(明治40)年8月22日に完成し、1909(明

104

▲東武鉄道のフラッグシップ特急、N100系スペーシア X。コックピットスイートやコンパートメントなど、多様なニーズに応える車内で人気
東武日光駅　2023.6.6

▲「ＳＬ大樹」など、蒸気機関車による列車も運行。技術や文化の継承という役割も担う。写真はC11　325号機と207号機
南栗橋車両管区　2020.12.6

▲100系スペーシア。東武特急の伝統を受け継ぐ車両で、コンパートメントも設けられている。写真はサニーコーラルオレンジタイプ
下小代～板荷　2017.5.2

▲634型スカイツリートレイン。眺望が効く高床式の車内で、主に団体臨時列車などで使用される　板荷～北鹿沼　2015.5.17

42)年2月17日に太田、そして1910(明治43)年7月13日に伊勢崎まで開業し、現在の伊勢崎線が全通した。

1912(明治45)年3月30日に佐野鉄道を吸収合併した。同社は葛生で産出される石灰石を運搬する路線であったが、佐野～館林間の免許も保有しており、日光への路線を計画していた東武鉄道にとって魅力的だったのだろう。1913(大正2)年に石材の運搬を行っていた太田軽便鉄道を買収。人車軌道を1,067mmの鉄道線にして同年3月19日に太田～相生間を開業した。1920(大正9)年7月27日に池袋～田面沢(現・川越市～霞ケ関間)間の東上鉄道と対等合併し、東武鉄道が存続会社となった。1925(大正14)年7月10日に小川町～寄居間が開業し、現在の東上本線が全通した。1927(昭和2)年10月1日に館林～伊勢崎間の電化が完成し、1924(大正13)年10月1日の浅草～西新井間で始まった電車運転が伊勢崎線全区間に拡大した。また、東京電燈の高崎・前橋～渋川・伊香保の軌道線を買収し、後に伊香保軌道線とした。

1929(昭和4)年10月1日に杉戸(現・東武動物公園)～東武日光間が全線電化で開通した。念願だった国際観光都市・日光へのアクセスが確保でき、同年10月10日には日光への臨時特急、同年12月には展望車トク1形500号の運転を開始した。1931(昭和6)年5月25日に浅草雷門(現・浅草)～浅草間が開業し、浅草雷門駅では東京地下鉄道(浅草～上野間)と接続した。同年8月11日に新栃木～東武宇都宮間の宇都宮線が開業、同年12月20日には西新井～大師前間の西板線(現・大師線)が開業した。1932(昭和7)年3月18日に相老～新大間々(現・赤城)間が開通し、現在の桐生線が全通した。

1937(昭和12)年1月10日に館林～小泉町間の上州鉄道を買収。1941(昭和16)年6月1日に東小泉～太田間が開業し、現在の小泉線が全通した。1943(昭和18)年5月1日に新今市～藤原間・高徳～矢板間の下野電気鉄道(現・鬼怒川線／矢板線)、同年7月1日に坂戸～越生間の越生鉄道(現・越生線)を買収。同年12月5日に熊谷線熊谷～妻沼間が開業。1944(昭和

19)年3月1日に大宮～船橋間の総武鉄道(現・東武アーバンパークライン)と合併した。買収・合併により北関東一円の私鉄を路線網に加えた東武鉄道は、地域の観光・産業を担う鉄道として大躍進を遂げた。

1946(昭和21)年3月25日に連合国軍最高司令官総司令部(GHQ)の命令で敷設した啓志線(上板橋～グラントハイツ間)が開通し、連合軍専用列車の運行を開始した。1948(昭和23)年8月6日に浅草～東武日光・鬼怒川温泉間の連合軍専用列車の一部を開放して、不定期特急「華厳号」「鬼怒号」の運転を開始した。1949(昭和24)年2月1日から特急「華厳号」「鬼怒号」が毎日運転の定期列車となり、日光・鬼怒川方面の観光客輸送が本格化した。同年4月3日には東上本線と秩父鉄道線を直通する列車の運転が開始され、秩父・長瀞方面への観光客輸送が行われるようになった。戦後混乱期から一歩前進し、週末を中心に観光旅行をする生活の余裕が出てきた。1953(昭和28)年7月1日に伊香保軌道線高崎駅前～渋川新町間、1954(昭和29)年3月1日に伊香保軌道線前橋駅前～渋川駅前間、1956(昭和31)年12月29日に伊香保軌道線渋川駅前～伊香保間が廃止となり、伊香保軌道線は全線廃止となった。1959(昭和34)年7月1日に矢板線新高徳～矢板間、同年7月22日に啓志線上板橋～グラントハイツ間が廃止となった。

1960(昭和35)年10月9日に国鉄との熾烈な旅客争奪戦を展開する日光方面の特急列車に、1720系「デラックスロマンスカー(ＤＲＣ)」が投入され、国鉄157系電車と最後の競い合いとなった。1962(昭和37)年5月31日に伊勢崎線と営団地下鉄日比谷線との相互直通運転が開始され、北越谷～北千住～人形町間が直通列車で結ばれた。1964(昭和39)年8月29日に営団地下鉄日比谷線が全通し、東武車両は中目黒までの運転となった。1966(昭和41)年9月1日に営団地下鉄日比谷線の直通列車は北春日部まで延長され、都心とのアクセスが向上した。1968(昭和43)年2月25日に日光軌道線日光駅前～馬返間が廃止となった。1981(昭和56)年3月16日に杉戸を東武動物公園に改称し、営団地下鉄日比谷線の直通列車は同駅まで延長された。1983(昭和58)年6月1日に熊谷線熊谷～妻沼間が廃止と

105

▲東武野田線の主力車両60000系。野田線川間〜七光台 2013.6.15

▲50090型フライング東上号。1949〜1967年に実際に存在した東上線の行楽用臨時列車のデザインが再現された。森林公園検修区 2015.11.24

▲沿線の都市化が進む東上線の通勤電車たち。50090型 10050型 30000系。下板橋留置線 2013.6.6

▲通勤型車両の50050型。乗入れ先の東急線へも顔を見せる。田園都市線鷺沼 2019.9.19

なった。1986(昭和61)年10月9日に野岩鉄道会津鬼怒川線新藤原〜会津高原(現・会津高原尾瀬口)間が開業し、相互直通運転を開始した。

1987(昭和62)年8月25日に和光市〜志木間の複々線が完成し、営団地下鉄有楽町線と東上本線の相互直通運転を川越市〜新富町間で開始した。1990(平成2)年10月12日に会津鉄道会津線の一部電化完成により、浅草〜会津田島間の直通運転を開始した。1994(平成6)年12月7日に営団地下鉄有楽町線の新線池袋駅(現・副都心線池袋)に乗り入れを開始した。1997(平成9)年3月25日に北千住駅の改良工事と伊勢崎線草加〜越谷間の複々線化が完成し、北千住〜越谷間が私鉄最長の複々線区間(17.3km)となった。2003(平成15)年3月19日に伊勢崎線と営団地下鉄半蔵門線・東急田園都市線の相互直通運転を開始した。同年9月30日付で創業以来の貨物営業を廃止した。2006(平成18)年3月18日にJR東日本と日光線・鬼怒川線の相互直通運転が開始され、栗橋駅(通過扱い)を経由して新宿〜東武日光間に特急「日光」、新宿〜鬼怒川温泉間に特急「きぬがわ」「スペーシアきぬがわ」が設定された。2008(平成20)年6月14日に東京メトロ副都心線が開業し、東上本線と相互直通運転を開始した。

2012(平成24)年3月17日に伊勢崎線浅草・押上〜東武動物公園間の路線愛称として「東武スカイツリーライン」の使用を開始した。2013(平成25)年3月16日に東急東横線の渋谷地下駅への乗入れ工事が完成し、東京メトロ副都心線との相互直通運転を開始した。これにより、東上本線と東急東横線・横浜高速鉄道みなとみらい線が相互直通運転となった。2014(平成26)年4月1日に野田線大宮〜船橋間全線の路線愛称として「東武アーバンパークライン」の使用を開始した。2017(平成29)年8月10日に鬼怒川線下今市〜鬼怒川温泉間でC11形蒸気機関車が牽引する「SL大樹」の運転を開始した。2023(令和5)年3月18日に東急新横浜線の開業により、東上本線と相鉄線が相互直通運転(東京メトロ副都心線・東急東横線・東急新横浜線経由)を開始した。同年7月15日にN100系「スペーシアX」が営業運転を開始し、浅草〜東武日光間の「けごん」と浅草〜鬼怒川温泉間の「きぬ」に運用。100系「スペーシア」に代わるフラッグシップトレ

インとして増備される予定である。

車窓

東武スカイツリーラインや亀戸線、大師線、東上本線の池袋〜森林公園間は東京の下町および通勤圏の住宅密集地を走っている。このほかの路線・区間は関東平野の田園風景と雑木林、古くからの商業地が点在し、関東平野の奥に控える山並みも車窓に映して走る。東武スカイツリーラインでは隅田川、東京スカイツリー、富士山などが車窓を飾る。

車両

特急型車両はN100系6両編成×4本、100系6両編成×7本、200系6両編成×6本、500系3両編成×17本の計153両、通勤型車両は70090型7両編成×6本、70000系7両編成×18本、60000系6両編成×18本、50090型10両編成×6本、50070型10両編成×7本、50050型10両編成×18本、50000系10両編成×9本、30000系10両編成×15本、20440型4両編成×8本、20430型4両編成×8本、20420型4両編成×3本、20410型4両編成×3本、10030型10両編成×8本、10030型6両編成×24本、10030型4両編成×18本、10030型2両編成×18本、10000系10両編成×3本、10000系8両編成×2本、10000系6両編成×7本、10000系2両編成×4本、9050系10両編成×2本、9000系10両編成×7本、850型3両編成×5本、800型3両編成×5本、8000系6両編成×15本、8000系4両編成×11本、8000系2両編成×8本、634型2両編成×2本、6050系2両編成×3本の計1,622両の総計1,775両が在籍している。

このほか、東武博物館所有の8000系6両編成×1本、C11形蒸気機関車×2両、DE10形ディーゼル機関車×2両、12・14系客車×8両、貨車×2両の計20両が運用されている。

Mile stone 東武鉄道

関東一の長い歴史を持つだけに、通勤からレジャーまで、多彩なシーンが展開されてきた。

▲昭和30年当時の浅草駅改札口。構造は今も変わらない。1955.7.3

▲モハ1700形ロマンスカーけごんの試乗会が行われた。1956.3.7

▲ついに地下鉄と線路が繋がった。日比谷線相互直通乗り入れ式。北千住駅 1962.5.30

▲熊谷～東小泉間を結ぶ目的で建設された東武熊谷線。妻沼駅 1979.9.7

▲伊勢崎線複々線化工事。関東私鉄では東武鉄道が初だった。草加付近 1987.12.11

▲スペーシアのJR線内訓練運転。ついに新宿へ乗り入れた。新宿駅埼京線ホーム 2006.2.24

駅解説

東武スカイツリーライン（伊勢崎線）

TS01 浅草 あさくさ

0.0 km（0.0 km）
開 1931（昭和6）年5月25日
改 1945（昭和20）年10月1日（浅草雷門）
住 東京都台東区花川戸1-4-1
乗 34,577人

東武鉄道を代表するターミナル。ホームは松屋浅草が入居する商業ビルの2階に頭端式3面4線が設けられている。ビルのデザインは駅の開業時の姿を復元したもの。浅草の語源は「武蔵野の草の浅い所」が定説。

東武浅草駅 2021.3.17 写真：結解学

TS02 とうきょうスカイツリー
とうきょうすかいつりー

1.1 km（1.1 km）
開 1902（明治35）年4月1日（吾妻橋）
改 1910（明治43）年3月1日（浅草）
1931（昭和6）年5月25日（業平橋）
2012（平成24）年3月17日（とうきょうスカイツリー）
住 東京都墨田区押上1-1-4
乗 106,991人（押上駅を含む）

2012（平成24）年5月22日オープンの「とうきょうスカイツリー」の最寄駅。当駅の開業時は都心側の始発駅で、亀戸線開業によってその座を奪われたが、総武鉄道（現・総武本線）の国有化によって復活。当駅が「浅草」を名乗った。

TS03 押上 おしあげ

1.1 km（とうきょうスカイツリー駅と同等扱い）
開 2003（平成15）年3月19日
住 東京都墨田区押上1-1-65
乗 106,991人（とうきょうスカイツリー駅を含む）

東京メトロ半蔵門線との直通運転に備えて開設。地下に島式ホーム2面4線を設置。副駅名は「スカイツリー前」。北十間川が今の新京成橋まであり、このあたりまで「潮が押し上げてくる所」が、地名の由来と言われる。

TS04 曳舟 ひきふね

2.4 km（1.3 km）
開 1902（明治35）年4月1日
住 東京都墨田区東向島2-26-6
乗 26,427人

亀戸線が分岐。近世には陸上から人が船を曳く、曳舟が曳舟川を行き交った。

TS05 東向島 ひがしむこうじま

3.2 km（0.8 km）
開 1902（明治35）年4月1日
改 1924（大正13）年10月1日（白髭）
1987（昭和62）年12月21日（玉ノ井）
住 東京都墨田区東向島4-29-7
乗 16,860人

当駅高架下に「東武博物館」があり、ホームの蹴込部分に車両観察用の窓を設置。

TS06 鐘ケ淵 かねがふち

4.2 km（1.0 km）
開 1902（明治35）年4月1日
住 東京都墨田区墨田5-50-2
乗 11,609人

鐘淵紡績（カネボウ＝現クラシエ）発祥の地。荒川放水路開削でホームが曲線になった。

TS07 堀切 ほりきり

5.3 km（1.1 km）
開 1902（明治35）年4月1日
住 東京都足立区千住曙町34-1
乗 3,939人

荒川堤防の脇にある駅。昔ながらの木造駅舎が、観光客から注目され始めているほか、ドラ

マなどのロケ地として知られる。

[TS08] 牛田 うしだ

6.0 km(0.7 km)
[開]1932(昭和 7)年 9 月 1 日
[住]東京都足立区千住曙町 1-1
[乗]20,364 人
　相対式ホーム 2 面 2 線。駅前の道路を挟んだ反対側に京成関屋駅がある。駅名は江戸時代の用水路「牛田圦(うしだいり)」に由来する。

[TS09] 北千住 きたせんじゅ

7.1 km(1.1 km)
[開]1899(明治 32)年 8 月 27 日
[住]東京都足立区千住旭町 42-1
[乗]382,081 人(東京メトロ日比谷線を含む)
　東武鉄道のほかＪＲ、東京メトロ、つくばエクスプレスが接続。1899(明治 32)年 8 月 27 日の東武鉄道開業時には当駅がターミナル駅だった。千住は日光街道や奥州街道の宿場町として発展した町で、隅田川に最初に架けられた千住大橋の袂にあたる江戸の北の入り口の町だった。

[TS10] 小菅 こすげ

8.2 km(1.1 km)
[開]1924(大正 13)年 10 月 1 日
[住]東京都足立区足立 2-46-11
[乗]5,805 人
　高架上に島式ホーム 1 面 2 線を設置。かつてはここに小さな菅が茂っていたという。

[TS11] 五反野 ごたんの

9.3 km(1.1 km)
[開]1924(大正 13)年 10 月 1 日
[住]東京都足立区足立 3-34-6
[乗]33,151 人
　高架上に島式ホーム 1 面 2 線を設置。江戸時代の字名「五段野」が転化した地名。

[TS12] 梅島 うめじま

10.5 km(1.2 km)
[開]1924(大正 13)年 10 月 1 日
[住]東京都足立区梅田 7-37-1
[乗]32,421 人
　高架上に島式ホームを設置。駅周辺は近年になってマンションが急増した。駅名は、明治時代に合併した梅田村、島根村の一字を取ったこの地の地名から。

[TS13] 西新井 にしあらい

11.3 km(0.8 km)
[開]1899(明治 32)年 8 月 27 日
[住]東京都足立区西新井栄町 2-1-1
[乗]58,836 人
　当駅から大師線が分岐する。ホームは島式 3 面 6 線で、2 面 4 線が伊勢崎線用だ。周辺は總持寺(西新井大師)の門前町として発展。

[TS14] 竹ノ塚 たけのつか

13.4 km(2.1 km)
[開]1900(明治 33)年 3 月 21 日
[住]東京都足立区竹の塚 6-6-1
[乗]63,092 人
　駅の南側に日比谷線千住検車区竹ノ塚分室があり、運転の拠点ともなっている駅。東に隣接していた竹塚村が駅名の由来。

[TS15] 谷塚 やつか

15.9 km(2.5 km)
[開]1925(大正 14)年 10 月 1 日
[住]埼玉県草加市谷塚 1-1-22
[乗]35,038 人
　駅周辺は人が少ない低湿地だったが、東武鉄道の開業によって環境が一変した。駅名の「谷」は「やつ」「やち」と呼び、低い土地を意味する。

[TS16] 草加 そうか

17.5 km(1.6 km)
[開]1899(明治 32)年 8 月 27 日
[住]埼玉県草加市高砂 2-5-25
[乗]78,019 人
　日光街道の宿場として発展し、煎餅が名物。駅周辺はベッドタウンへと発展した。草加の語源には諸説あり、砂地の意味「ソガ」や、鷹狩に来た徳川秀忠が草木を束ねて道を通したことを「草の大功」と称したことなど、諸説ある。

[TS17] 獨協大学前 どっきょうだいがくまえ

19.2 km(1.7 km)
[開]1962(昭和 37)年 12 月 1 日
[改]2017(平成 29)年 4 月 1 日(松原団地)
[住]埼玉県草加市松原 1-1-1
[乗]51,352 人
　旧駅名は「松原団地」。1962(昭和 37)年から入居開始。東洋一の規模を誇った。副駅名は「草加松原」。

[TS18] 新田 しんでん

20.5 km(1.3 km)
[開]1899(明治 32)年 12 月 20 日
[住]埼玉県草加市金明町道下 263-2
[乗]27,339 人
　駅周辺には、かつて新田を名乗る集落が 6 つあり、これが駅名に採られた。

[TS19] 蒲生 がもう

21.9 km(1.4 km)
[開]1899(明治 32)年 12 月 20 日
[住]埼玉県越谷市蒲生寿町 16-17
[乗]15,617 人
　地名は「蒲が生える場所」から。今日は駅を中心にした近代的な風景が広がる。

[TS20] 新越谷 しんこしがや

22.9 km(1.0 km)
[開]1974(昭和 49)年 7 月 23 日
[住]埼玉県越谷市南越谷 1-11-4
[乗]134,580 人
　駅が開設されたのは昭和後期。ＪＲ武蔵野線南越谷駅が隣接し、乗換え駅となった。このため、乗降客数が多い。

[TS21] 越谷 こしがや

24.4 km(1.5 km)
[開]1920(大正 9)年 4 月 17 日
[改]1956(昭和 31)年 12 月 1 日(越ケ谷)
[住]埼玉県越谷市弥生町 4-11
[乗]45,340 人
　越谷は日光街道 3 番目の宿場。ホームは 2 面 6 線。上下線の外側に通過線がある。

[TS22] 北越谷 きたこしがや

26.0 km(1.6 km)
[開]1899(明治 32)年 8 月 27 日
[改]1919(大正 8)年 11 月 20 日(越ケ谷)
　1956(昭和 31)年 12 月 1 日(武州大沢)
[住]埼玉県越谷市大沢 3-4-23
[乗]44,841 人
　東武鉄道開業時に開設された駅で、「越谷」の名が冠された 3 駅の中では最古。当時、駅の誘致運動が熱心であったという。

[TS23] 大袋 おおぶくろ

28.5 km(2.5 km)
[開]1926(大正 15)年 10 月 1 日
[住]埼玉県越谷市大字袋山 1200
[乗]16,809 人
　明治時代にこの一帯の 7 つの村が合併して大袋村が生まれ、駅名に採られた。地名に見る「袋山」とは、元荒川がこのあたりで袋状に囲うような流路だったことに因んでいる。

[TS24] せんげん台 せんげんだい

29.8 km(1.3 km)
[開]1967(昭和 42)年 4 月 15 日
[住]埼玉県越谷市千間台東 1-62-1
[乗]49,089 人
　昭和中期に誕生した駅。駅名は「千間堀」川から。誤読を避けひらがな表記にしている。

[TS25] 武里 たけさと

31.1 km(1.3 km)
[開]1899(明治 32)年 12 月 20 日
[住]埼玉県春日部市大場 450
[乗]13,448 人
　駅名は開業時の所在地名だった武里村から。もちろん、現代の駅は近代的な姿だ。

[TS26] 一ノ割 いちのわり

33.0 km(1.9 km)
[開]1926(大正 15)年 10 月 1 日
[住]埼玉県春日部市一ノ割 1-1-1
[乗]15,577 人
　駅名はかつての「市野割村」から。駅舎は今日では珍しく地上に設置されている。

[TS27] [TD10] 春日部 かすかべ

36.8 km(2.3 km)
[開]1899(明治 32)年 8 月 27 日
[改]1949(昭和 24))年 9 月 1 日(粕壁)
[住]埼玉県春日部市粕壁 1-10-1
[乗]61,279 人
　埼玉県を代表する春日部市の玄関駅。ホームは 3 面 5 線で、このうち 1・3・4 番線を伊勢崎線が使用している。古くは粕壁と書き、日光街道では日本橋から 4 番目の宿場町だった。とくに江戸を朝出ると、粕壁で夕刻になることから

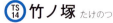

旅籠が連ね、『奥の細道』の松尾芭蕉もここで旅装を解いた。

 北春日部 きたかすかべ

36.8 km(1.5 km)
開 1966(昭和41)年9月1日
住 埼玉県春日部市梅田本町1-13-1
乗 8,964人

春日部検修区(現・南栗橋車両区春日部支所)と同時に開設された駅。

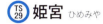 姫宮 ひめみや

38.4 km(1.6 km)
開 1927(昭和2)年9月1日
住 埼玉県南埼玉郡宮代町川端1-1-1
乗 4,650人

駅名は徒歩10分の姫宮神社から採られた。神社は中世の創建と伝えられている。

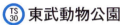 東武動物公園 とうぶどうぶつこうえん

41.0 km(2.6 km)
開 1899(明治32)年8月27日
改 1981(昭和56)年3月16日(杉戸)
住 埼玉県南埼玉郡宮代町百間2-3-24
乗 27,558人

日光線が分岐する伊勢崎線の主要駅の一つ。ホームは島式2面4線。駅名に採られた動物園は徒歩10分で、動物園の開園にあわせて駅名が改称された。改称前の「杉戸」とは江戸時代の杉戸宿から。古利根川の渡し場が、杉が茂る港の意味「杉門」がその一説で、日本武尊東征伝説に遡る。

亀戸線

TS41 小村井 おむらい

曳舟から1.4 km(1.4)
開 1928(昭和3)年4月15日
住 東京都墨田区文花2-20-1
乗 7,226人

亀戸線の中間駅でもっとも乗降人員が多い。相対式ホームを地下道で結んでいる。駅名はかつての小村井村から。駅からほど近い小村井香取神社の香梅園は、江戸名所だった「小村井梅園」を再現している。

TS42 東あずま ひがしあずま

2.0 km(0.6 km)
開 1928(昭和3)年4月15日
改 1956(昭和31)年5月20日(平井街道)
住 東京都墨田区立花4-23-8
乗 4,038人

駅名の「あずま」は、かつての所在地名「吾妻東」にちなんだもの。日本武尊伝説が残る吾妻神社のゆかりである。

TS43 亀戸水神 かめいどすいじん

2.7 km(0.7 km)
開 1928(昭和3)年4月15日
住 東京都江東区亀戸8-5-1
乗 23,651人

16世紀、水害防止祈願で奈良県の丹生川上神社から勧請された亀戸水神社、通称「亀戸水神」は徒歩4分。駅には「亀戸天神へは亀戸駅で下車を」という張り紙も。

TS44 亀戸 かめいど

3.4 km(0.7 km)
開 1904(明治37)年4月5日
住 東京都江東区亀戸5-1-1
乗 11,944人

JR総武線と接続。現在は支線的な扱いの亀戸線も、明治時代は総武鉄道(現・総武本線)へ乗り入れて両国ターミナルを起点とする幹線だった。その後も東武と官設鉄道(国鉄、現在のJR)を連絡する線として機能し、昭和初期に電化と複線化が行なわれた。路線建設の構想には、東京湾方面への延伸もあった。

大師線

TS51 大師前 だいしまえ

1.0 km(1.0 km)
開 1931(昭和6)年12月20日
住 東京都足立区西新井1-3-1
乗 10,225人

西新井を起点とする大師線の終点。集札機能を西新井駅に集約させた駅員無配置で、自動改札機などもない。駅名が物語るように、空海建立で"東の高野山"と言われた西新井大師(總持寺)の最寄り駅である。

日光線

TN01 杉戸高野台 すぎとたかのだい

東武動物公園から3.2 km(3.2 km)
開 1986(昭和61)年8月26日
住 埼玉県北葛飾郡杉戸町高野台東1-19-8
乗 9,776人

昭和後期に誕生した駅。杉戸町への中心部へは、東武動物公園駅の方が近い。

TN02 幸手 さって

5.8 km(2.6 km)
開 1929(昭和4)年4月1日
住 埼玉県幸手市中1-1-23
乗 11,417人

日光街道の宿場として発展。乾いた原という意味のアイヌ語がサッテの語源とも。

TN03 南栗橋 みなみくりはし

10.4 km(4.6 km)
開 1986(昭和61)年8月26日
住 埼玉県久喜市南栗橋1-20
乗 7,137人

杉戸高野台駅と同日開業。南栗橋車両管区(旧・南栗橋車両管理区)が隣接する。

TN04 栗橋 くりはし

13.9 km(3.5 km)
開 1929(昭和4)年4月1日
住 埼玉県久喜市伊坂字土取場1202-2

乗 9,730人

駅舎はJR東北本線と共同使用。当駅の渡り線を使用してJRとの直通運転を実施している。

TN05 新古河 しんこが

20.6 km(6.7 km)
開 1935(昭和10)年7月21日
住 埼玉県加須市向古河732
乗 1,228人

中世から発展してきた古河。ただし、当駅から古河駅までは渡良瀬川を挟んで2.5kmの距離がある。

柳生 やぎゅう

23.6 km(3.0 km)
開 1929(昭和4)年11月1日
住 埼玉県加須市小野袋1834-4
乗 983人

治水対策として近くを流れる渡良瀬川の堰堤に柳が植えられたことが地名の由来。

TN07 板倉東洋大前 いたくらとうようだいまえ

25.6 km(2.0 km)
開 1997(平成9)年3月25日
住 群馬県邑楽郡板倉町海老野1-1-1
乗 3,251人

東洋大学板倉キャンパスの開校に合わせて設置。キャンパスは西へ徒歩10分。

TN08 藤岡 ふじおか

29.5 km(3.9 km)
開 1929(昭和4)年4月1日
住 栃木県栃木市藤岡町藤岡5078-2
乗 1,181人

かつてはホーム2面4線の規模を有したが、今は1面2線で木造駅舎が残る。柳生駅からこのあたりまで、東側には渡良瀬遊水地が広がる。

TN09 静和 しずわ

37.3 km(7.8 km)
開 1929(昭和4)年4月1日
改 1929(昭和4)年7月1日(東武和泉)
住 栃木県栃木市岩舟町静和2143
乗 1,177人

駅名は開業時の所在地名だった静和村から。開業から3カ月で駅名が改称された。藤岡〜静和の駅間距離は7.8kmもある。

TN10 新大平下 しんおおひらした

40.1 km(2.8 km)
開 1931(昭和6)年11月1日
住 栃木県栃木市大平町富田571-2
乗 2,426人

標高341mの大平山の麓にある駅。北西1.5kmの所にJR両毛線大平下駅がある。

TN11 栃木 とちぎ

44.9 km(4.8 km)
開 1929(昭和4)年4月1日
住 栃木県栃木市沼和田町1-35
乗 9,617人

JR両毛線と接続。JRの島式1面2線と、

東武の2面3線のホームが高架上に並ぶ。駅周辺には日光例幣使街道の宿場町の面影が残り、多くの観光客が訪れている。

TN12 新栃木 しんとちぎ

47.9 km(3.0 km)
開 1929(昭和4)年4月1日
住 栃木県栃木市平柳町1-8-18
乗 3,384人

　宇都宮線が分岐する。島式ホーム1面2線と単式ホームが並ぶ地上駅。

TN13 合戦場 かっせんば

50.0 km(2.1 km)
開 1929(昭和4)年4月1日
住 栃木県栃木市都賀町合戦場513
乗 305人

　地名は戦国時代の武将、皆川宗成と宇都宮忠綱の河原田合戦に由来。500年前の故事に由来する珍しい駅名だ。戦時中は、当駅～東武日光間が、不要不急路線として単線化された。

TN14 家中 いえなか

52.4 km(2.4 km)
開 1929(昭和4)年4月1日
住 栃木県栃木市都賀町家中5897-9
乗 358人

　地名は、ここに細井駿河守築城の光明城があり、家臣が居住していたことから。

TN15 東武金崎 とうぶかなさき

56.6 km(4.2 km)
開 1929(昭和4)年4月1日
住 栃木県栃木市西方町金崎243-2
乗 397人

　島式ホーム1面2線の外側に上下の通過線を設置。金崎は日光例幣使街道の宿場。町名の「西方」は、南北朝時代、領主が「宇都宮の西方」という意味で名乗ったことから。

TN16 楡木 にれぎ

61.2 km(4.6 km)
開 1929(昭和4)年4月1日
住 栃木県鹿沼市楡木町1018
乗 222人

　簡素な造りの駅舎が建つ無人駅だが、駅前には根津嘉一郎碑文の記念碑が建つ。

TN17 樅山 もみやま

61.2 km(3.0 km)
開 1929(昭和4)年4月1日
住 栃木県鹿沼市樅山町702-2
乗 469人

　籾を貯蔵した場所であったことが地名の由来。駅周辺には水田地帯が広がる。

TN18 新鹿沼 しんかぬま

66.8 km(2.6 km)
開 1929(昭和4)年4月1日
住 栃木県鹿沼市鳥居跡町1475
乗 2,811人

　JR鹿沼駅は北東に直線で2km。両駅の間に鹿沼市の市街地が広がっている。鹿沼の名は、萱草が茂る「萱野沼」やアイヌ民族が住んだ「蝦夷野(かいぬ)」などの諸説がある。

TN19 北鹿沼 きたかぬま

69.8 km(3.0 km)
開 1931(昭和6)年12月10日
住 栃木県鹿沼市玉田町743-3
乗 151人

　鹿沼市の北寄りに設置された無人駅。利用客数も新鹿沼より少ない。この辺りから、東側にJR日光線が日光まで並走する。

TN20 板荷 いたが

74.9 km(5.1 km)
開 1929(昭和4)年7月7日
住 栃木県鹿沼市板荷222
乗 57人

　地名の由来は「木材の集まる所」という説がそのひとつ。駅前にも製材所がある。

TN21 下小代 しもごしろ

78.5 km(3.6 km)
開 1929(昭和4)年7月7日
住 栃木県日光市小代329
乗 182人

　開業時から使用されていた駅舎は移設されて、国の登録有形文化財となっている。

TN22 明神 みょうじん

81.3 km(2.8 km)
開 1929(昭和4)年11月1日
住 栃木県日光市明神883
乗 243人

　地名はこの地が「明寿尼の里」と呼ばれたことに因む。駅周辺は今も閑静だ。

TN23 下今市 しもいまいち

87.4 km(6.1 km)
開 1929(昭和4)年7月7日
住 栃木県日光市今市1110
乗 2,076人

　鬼怒川線が分岐し、列車運用の拠点となっている。ホームは島式2面4線。今市は江戸時代は宿場町で、交通の要衝だった。一説には日光東照宮鎮座前から行われていた市に由来する地名という。

TN24 上今市 かみいまいち

88.4 km(1.0 km)
開 1929(昭和4)年10月1日
住 栃木県日光市今市533-3
乗 93人

　日光街道の杉並木の脇に建つ駅。駅舎前に水車のレプリカが造られている。

TN25 東武日光 とうぶにっこう

94.5 km(6.1 km)
開 1929(昭和4)年10月1日
住 栃木県日光市松原町4-3
乗 2,400人

　山小屋を思わせる三角屋根の駅舎が特徴の日光線の終着駅。JR日光駅は南東に200m。ホームは3面5線で、観光客の利用が多いことから駅弁も販売されている。

東武日光駅　2021.11.5　写真：結解学

宇都宮線

TN31 野州平川 やしゅうひらかわ

新栃木から2.0 km(2.0 km)
開 1944(昭和19)年10月1日
住 栃木県栃木市大宮町229-19
乗 942人

　「野州」とは下野の国の異称。「平川」は近隣を流れる川の名前から。

TN32 野州大塚 やしゅうおおつか

3.9 km(1.9 km)
開 1931(昭和6)年11月1日
住 栃木県栃木市大塚町1258-10
乗 430人

　「大塚」は古墳が残る場所に用いられることが多い地名。駅名には「野州」が加えられた。

TN33 壬生 みぶ

7.3 km(3.4 km)
開 1931(昭和6)年8月11日
住 栃木県下都賀郡壬生町駅東町3-1
乗 2,040人

　昭和末期まで思川河川敷からの砂利取り用貨物線が分岐していた。今もその痕跡がある。思川には、水の女神『田心姫命』の2字が由来との説がある。

TN34 国谷 くにや

10.8 km(3.5 km)
開 1931(昭和6)年8月11日
住 栃木県下都賀郡壬生町大字壬生甲3780-8
乗 901人

　相対式ホームを構内踏切で連絡。上下ホームは千鳥状に配置されている。駅名は壬生町の旧地名、国谷からと言われ、丘陵地を表す曲谷(くねりたに)」が語源。

TN35 おもちゃのまち おもちゃのまち

12.6 km(1.8 km)
開 1965(昭和40)年6月7日
住 栃木県下都賀郡壬生町幸町1-22-1
乗 2,193人

　現・タカラトミーによって形成された工業団地の玄関口となっている駅。

TN36 安塚 やすづか

14.8 km(2.2 km)
開 1931(昭和6)年8月11日

住 栃木県下都賀郡壬生町大字安塚1053
乗 1,038人

相対式ホームを千鳥状に配置。ただし、上下ホームは跨線橋により連絡している。古墳が多いという意味「八つ塚」が語源。

 西川田 にしかわだ

18.3 km (3.5 km)
開 1931(昭和6)年8月11日
住 栃木県宇都宮市西川田町5-1-17
乗 2,183人

駅舎は島式ホームに隣接し上下線の中央に。出口とは地下通路で結ばれている。17世紀の伝承紀『那須記』に「西川田」の地名が記述されている。

TN38 江曽島 えそじま

20.3 km (2.0 km)
開 1944(昭和19)年7月1日
住 栃木県宇都宮市大和2-12-31
乗 1,683人

駅舎は橋上式で、宇都宮線内では唯一のもの。駅名は昔の集落の名前からで、その名は「蝦夷の人が住んだ地」という説も。

TN39 南宇都宮 みなみうつのみや

22.1 km (1.8 km)
開 1932(昭和7)年4月17日(野球場前)
改 1933(昭和8)年12月15日(南宇都宮)
住 栃木県宇都宮市吉野2-8-23
乗 1,081人

大谷石を用いて造られた駅舎は創業時からのもの。昔の球場は跡地が小学校に。

TN40 東武宇都宮 とうぶうつのみや

24.3 km (2.2 km)
開 1931(昭和6)年8月11日
住 栃木県宇都宮市宮園町5-4
乗 8,261人

宇都宮線の終点。東武宇都宮百貨店の2階に頭端式ホーム1面2線と側線がある。栃木県の県庁所在地で、町を挟むようにJR線と東武鉄道の駅が設けられている。

鬼怒川線

TN51 大谷向 だいやむこう

下今市から 0.8 km (0.8 km)
開 1931(昭和6)年3月1日
住 栃木県日光市今市1406
乗 135人

鬼怒川の支流である大谷川の河畔に建つ駅。ホームは国の登録有形文化財。

 大桑 おおくわ

4.8 km (4.0 km)
開 1917(大正6)年1月2日
住 栃木県日光市大桑町131
乗 125人

ホームが国の登録有形文化財に。駅名は周辺に桑の木が多かったことから。

TN53 新高徳 しんたかとく

7.1 km (2.3 km)
開 1917(大正6)年11月1日(高徳)
改 1929(昭和4)年10月22日(新高徳)
住 栃木県日光市高徳465
乗 253人

全線のほとんどが単線の鬼怒川線では、当駅で上下列車が交換する。かつては当駅から延長23.5kmの矢板線が分岐していたが、1959(昭和34)年に廃止された。当駅から鬼怒川の谷に沿う。もとは「絹川」「衣川」だが、「鬼が怒っているよう」な洪水時の様子からこの字となったと言われる。

TN54 小佐越 こさごえ

9.9 km (2.8 km)
開 1930(昭和5)年7月6日
住 栃木県日光市鬼怒川温泉大原29
乗 130人

ホームが国の有形登録文化財に指定されている。1993(平成5)年の東武ワールドスクウェア開園に合わせて駅舎を改築。

 東武ワールドスクウェア とうぶわーるどすくうぇあ

10.6 km (0.7 km)
開 2017(平成29)年7月22日
住 栃木県日光市鬼怒川温泉大原334-10
乗 321人

鬼怒川温泉の観光地のひとつ、ミニチュアパーク「東武ワールドスクエア」の最寄り駅。メインゲートから徒歩1分の場所に新設された。鬼怒川温泉駅との間に、鬼怒立岩信号場がある。

TN56 鬼怒川温泉 きぬがわおんせん

12.4 km (1.8 km)
開 1919(大正8)年3月17日
改 1922(大正11)年3月19日(下滝)
　 1927(昭和2)年2月19日(大滝)
住 栃木県日光市鬼怒川温泉大原1390
乗 2,014人

島式ホーム2面4線で、温泉地の玄関口にふさわしい駅舎がある。駅前のバスターミナルから各方面にバス路線が延びる。

TN57 鬼怒川公園 きぬがわこうえん

14.5 km (2.1 km)
開 1962(昭和37)年12月10日
住 栃木県日光市藤原19
乗 168人

ホームは2面3線。ただし、このうちの1番線は、現在は使用されていない。鬼怒川温泉の北側に位置し、駅名にもなった鬼怒川公園には、共同湯もある。

TN58 新藤原 しんふじわら

16.2 km (1.7 km)
開 1920(大正9)年1月1日
改 1922(大正11)年3月19日(藤原)
住 栃木県日光市藤原399-28
乗 1,004人(野岩鉄道を含む)

鬼怒川線の終着駅で野岩鉄道と接続する。ホームは島式ホーム2面3線で、2～3番線が野岩鉄道と接続。駅の管轄は野岩鉄道が行なっている。

伊勢崎線

TI01 和戸 わど

浅草から 43.9 km (2.9 km)
開 1899(明治32)年12月20日
住 埼玉県南埼玉郡宮代町和戸1-1-1
乗 3,462人

いかにも東武らしい木造の駅舎が残る。駅周辺には田園風景が広がっている。町名の宮代は、合併前それぞれの総鎮守「姫宮神社」「身代神社」の一字を採ったもの。

TI02 久喜 くき

47.7 km (3.8 km)
開 1899(明治32)年8月27日
住 埼玉県久喜市久喜中央2-1-1
乗 44,527人

JR東北本線と接続。駅は隣接し、ホームは東武が2面4線、JRが2面3線で、橋上式駅舎と東西自由通路がホームを跨いでいる。乗降人員数も伊勢崎線屈指のものだ。久喜の名は「小高い所」「薪採取の地」など諸説ある。戦国時代より武将の館があり、近世は日光街道の中継地として職人や商人の町として発展した。

TI03 鷲宮 わしのみや

52.1 km (4.4 km)
開 1902(明治35)年9月6日(鷲ノ宮)
改 1955(昭和30)年1月1日(鷲宮)
住 埼玉県久喜市鷲宮中央1-1-17
乗 6,028人

関東最古とも謳われる鷲宮神社を駅名に掲げる。町名の読みは「わしみや」。

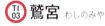 花崎 はなさき

54.8 km (2.7 km)
開 1927(昭和2)年4月1日
住 埼玉県加須市花崎字蓮田157
乗 9,615人

平成国際大学加須キャンパスは南東に1.5km。学生の利用も多い駅。

TI05 加須 かぞ

58.5 km (3.7 km)
開 1902(明治35)年9月6日
住 埼玉県加須市中央1-1-15
乗 12,211人

加須は鯉のぼりの生産量日本一の町。駅構内にも随所に鯉のぼりが飾られている。加須市の中心に位置する駅。

 南羽生 みなみはにゅう

63.1 km (4.6 km)
開 1903(明治36)年9月13日(須影)
改 1968(昭和43)年9月1日(南羽生)
住 埼玉県羽生市南羽生1-37
乗 3,138人

相対式ホームの下り線側に木造駅舎が建つ。

駅舎は妻面に入口のある珍しい構造。

羽生 はにゅう
66.2 km(3.1 km)
🔓1903(明治36)年4月23日
🏠埼玉県羽生市南1-1-62
👥11,399人

　秩父鉄道と接続する。ホームは東武鉄道が島式2面4線、秩父鉄道が島式1面2線で、橋上駅舎と東西自由通路がホームを跨ぐ。羽生は染物の町として知られている。赤土を意味する「埴」と多いという意味の「生」の「はにう」が語源と言われる。

TI08 川俣 かわまた
70.5 km(4.3 km)
🔓1907(明治40)年8月27日
🏠群馬県邑楽郡明和町中谷328-3
👥2,373人

　駅舎は2016(平成28)年に橋上化。かつては近隣の工場へ引込線があった。利根川鉄橋の北側にあたり、駅名は、川が氾濫していくつもの又ができる様が語源。

TI09 茂林寺前 もりんじまえ
72.4 km(1.9 km)
🔓1927(昭和2)年4月1日
🏠群馬県館林市堀工町1624
👥1,358人

　駅名に採られた茂林寺は東へ徒歩10分。分福茶釜のおとぎ話で知られる寺だ。

TI10 館林 たてばやし
74.6 km(2.2 km)
🔓1907(明治40)年8月27日
🏠群馬県館林市本町2-1-1
👥9,189人

　伊勢崎線の主要駅の一つで、東口にレトロ調の駅舎が建つ。佐野線、小泉線が分岐。ホームは島式2面5線。駅の北側に南栗橋車両管区館林支所の留置線が広がる。近世に館林城の城下町として栄えた館林市の中心駅で、『上毛かるた』が「ツル舞う形の群馬県」と例える群馬県のツルの頭にあたる。

TI11 多々良 たたら
78.6 km(4.0 km)
🔓1907(明治40)年8月27日
🔄1937(昭和12)年3月1日(中野)
🏠群馬県館林市日向町987
👥533人

　開業時の駅名は、全国に多い地名であったことから混同を避けて改称された。多々良とは旧村名。

県 あがた
81.8 km(3.2 km)
🔓1928(昭和3)年5月1日
🏠栃木県足利市県町49-1
👥576人

　中世には、この地に公庁が置かれ、近世は例幣使街道の宿場も置かれていた。

福居 ふくい
83.9 km(2.1 km)
🔓1907(明治40)年8月27日
🏠栃木県足利市福居町1157-1
👥705人

　単式ホーム2本が並列する珍しい構造の駅。かつては上り線が島式ホームだった。駅名は1909(明治22)年に周辺5村が合併してできた町名から。

TI14 東武和泉 とうぶいずみ
85.1 km(1.2 km)
🔓1935(昭和10)年9月20日
🏠栃木県足利市福居町2149
👥777人

　単式ホーム1本のみの無人駅。ご線橋を経由すれば、駅舎のない西口に出られる構造。和泉とは湧き水の地、あるいは龍泉寺の「泉」など、諸説がある。

TI15 足利市 あしかがし
86.8 km(1.7 km)
🔓1907(明治40)年8月27日
🔄1924(大正13)年8月25日(足利町)
🏠栃木県足利市南町3694
👥4,428人

　ホームは高架上に島式1面2線。駅の前後約3kmが高架化されている。JR両毛線の足利駅は渡良瀬川を挟んで北東に1km。足利市は12世紀に成立した荘園「足利荘」で栄えた足利氏発祥の地で、中世の高等教育機関「足利学校」で知られる。

TI16 野州山辺 やしゅうやまべ
88.5 km(1.7 km)
🔓1925(大正14)年7月20日
🏠栃木県足利市八幡町637
👥816人

　1980(昭和55)年7月に足利市駅と同時に高架化。それより早く無人化を実施。

TI17 韮川 にらがわ
91.8 km(3.3 km)
🔓1932(昭和7)年10月25日
🏠群馬県太田市台之郷町1098-2
👥1,982人

　伊勢崎線の他の駅よりもやや新しく昭和初期の開業。地元が費用を一部負担した。

太田 おおた
94.7 km(2.9 km)
🔓1909(明治42)年2月17日
🏠群馬県太田市東本町16-1
👥9,374人

　桐生線、小泉線が分岐する伊勢崎線の主要駅。高架上に島式ホーム3面6線を有する。太田市は中島飛行機を中核に工業都市として発展した群馬県南部を代表する町。現在は自動車メーカー「SUBARU」の企業城下町とも言われる工業都市である。利根川と渡良瀬川に近い丘陵地は肥沃で、良い田が多い所から「大田」と言われた。

太田駅南口　2023.6.4　写真：結解学

細谷 ほそや
97.8 km(3.1 km)
🔓1927(昭和2)年10月1日
🏠群馬県太田市細谷町1169-4
👥2,426人

　島式ホーム1面2線の小さな駅だが、近隣の大学の学生など、利用客は多い。駅名にもなった町名は、細長く伸びた地形から。

TI20 木崎 きさき
101.2 km(3.4 km)
🔓1910(明治43)年3月27日
🏠群馬県太田市新田木崎町45
👥2,183人

　木崎は日光例幣使街道の宿場町。1968(昭和43)年6月まで、砂利採取用の貨物線(徳川河岸線)が分岐していた。

TI21 世良田 せらだ
104.1 km(6.3 km)
🔓1927(昭和2)年10月1日
🏠群馬県太田市世良田町2415-1
👥434人

　駅周辺には水田が広がるが、徳川家にゆかりの史跡が点在している。駅に近い長楽寺にある勅使門は、世良田東照宮の正門として作られた群馬県指定重要文化財。

TI22 境町 さかいまち
106.3 km(2.2 km)
🔓1910(明治43)年3月27日
🏠群馬県伊勢崎市境百々432
👥1,254人

　この一帯は古代から拓けていたと伝えられる。近世には利根川水運でも賑わった。

TI23 剛志 ごうし
110.0 km(3.7 km)
🔓1910(明治43)年3月27日
🏠群馬県伊勢崎市境保泉1164-4
👥1,479人

　駅名は開業時の所在地剛志村から。この地に武士が住み着き、武士(たけし)という地名が生まれ、それが読み替えられた。

TI24 新伊勢崎 しんいせさき
113.3 km(3.3 km)
🔓1910(明治43)年3月27日
🏠群馬県伊勢崎市中央町15-3
👥1,037人

　2013(平成25)年10月に高架化が完成。駅舎も近代的なスタイルに変身した。

 **伊勢崎** いせさき

114.5 km (1.2 km)
開 1910 (明治43) 年7月13日
住 群馬県伊勢崎市曲輪町3-1
乗 6,047人

　伊勢崎線の終着駅で、JR両毛線が接続する。東武のホームは高架上に島式1面2線で、JRの島式ホーム2面4線が並ぶ。伊勢崎は古くから絹織物の町として発展し、現在では北関東有数の工業都市に成長している。古くは「赤石」という地名で、戦国時代に伊勢宮が建立されて賑わう門前の通りが「伊勢の前 (さき)」と呼ばれたことが由来となった。

佐野線

 渡瀬 わたらせ

館林から 2.7 km (2.7 km)
開 1927 (昭和2) 年12月16日
住 群馬県館林市足次町65
乗 251人

　駅舎前に信楽焼のタヌキが立つ。茂林寺にゆかりの「分福茶釜」に因んだもの。

T1 32 田島 たじま

6.9 km (4.2 km)
開 1914 (大正3) 年8月2日
住 栃木県佐野市田島町184
乗 104人

　改札口のある島式ホームに、東西両側から地下道が連絡。駅舎は下り線側に建つ。

T1 33 佐野市 さのし

9.0 km (2.1 km)
開 1914 (大正3) 年8月2日 (佐野町)
改 1943 (昭和18) 年4月1日 (佐野市)
住 栃木県佐野市上台町2164
乗 531人

　佐野市中心部の南端にあり、市の中心は隣の佐野駅の方が近い。ホームは相対式。

T1 34 佐野 さの

11.5 km (2.5 km)
開 1894 (明治27) 年3月20日
住 栃木県佐野市若松町外堀539
乗 2,856人

　JR両毛線と接続。駅舎は橋上式で東西自由通路を併設。ホームは両社とも島式1面2線。佐野市は佐野厄除け大師の門前町として古くから栄えてきた。地名には「狭野」「左野」「麻野」などのいわれがある。

T1 35 堀米 ほりごめ

13.1 km (1.6 km)
開 1894 (明治27) 年3月20日
改 1915 (大正4) 年2月1日 (吉水)
住 栃木県佐野市堀米町1274
乗 408人

　「佐野市こどもの国」の最寄り駅。堀米の名は景行天皇の時代、彦狭島王が赴任途中にこの地で亡くなり、亡骸が掘り籠められたという説が語源。

T1 36 吉水 よしみず

15.2 km (2.1 km)
開 1915 (大正4) 年7月1日
住 栃木県佐野市新吉水町60-1
乗 797人

　駅舎のない無人駅で、島式ホームに東西両側からの地下道がつながっている。この地域に4か所の湧き水があり、「四清水」と呼ばれていたことが町名の由来。

T1 37 田沼 たぬま

17.7 km (2.5 km)
開 1894 (明治27) 年3月20日
住 栃木県佐野市栃本町1766
乗 773人

　駅周辺は近代以降になって発展し、繊維工業や木工業が発達。もっとも近年は低調で、駅の利用者数は、隣の無人駅吉水よりも少なくなっている。

T1 38 多田 ただ

19.3 km (1.6 km)
開 1894 (明治27) 年3月20日
住 栃木県佐野市多田町1272-2
乗 142人

　相対式ホーム2面2線の駅。朝夕に当駅で上下列車の交換が行われている。

T1 39 葛生 くずう

22.1 km (2.8 km)
開 1894 (明治27) 年3月20日
住 栃木県佐野市葛生東1-1-5
乗 668人

　佐野線の終点。駅構内は広く、石灰石運搬が行われていた時代には、20本近い留置線に、多数の貨車が留置されていた。葛生の地名は『万葉集』東歌に出てくる「葛野」、あるいは「崩れる」に因んだ「崖になる地」など諸説ある。

葛生駅　2023.6.4　写真：結解学

小泉線

 成島 なるしま

館林から 2.6 km (2.6 km)
開 1926 (大正15) 年4月10日
住 群馬県館林市成島町字小蓋725-2
乗 695人

　地名は、穏やかな傾斜地が区画整理された土地という意味から。駅の北にはコハクチョウの越冬地で知られる多々良沼がある。

T1 42 本中野 ほんなかの

6.8 km (4.2 km)
開 1917 (大正6) 年3月12日
住 群馬県邑楽郡邑楽町大字中野4858-5
乗 809人

　駅は開業後に地元からの強い請願によって現在地に移転した。往時の鉄道の位置づけの高さが窺える逸話となっている。

 篠塚 しのづか

9.2 km (2.4 km)
開 1917 (大正6) 年3月12日
住 群馬県邑楽郡邑楽町大字篠塚3995-3
乗 201人

　単式ホーム1本の無人駅。駅の利用者数も1日200人未満となっている。18世紀に存在した篠塚藩の名を駅名に残す。

T1 44 東小泉 ひがしこいずみ

11.0 km (1.8 km)
開 1941 (昭和16) 年12月1日
住 群馬県邑楽郡大泉町東小泉1-18-1
乗 1,207人

　開設当初は小泉信号所。小泉線は、当駅で館林〜西小泉間の線と、太田方面に向かう線が分岐する。

T1 45 小泉町 こいずみまち

11.9 km (0.9 km)
開 1917 (大正6) 年3月12日
住 群馬県邑楽郡大泉町城之内2-4-1
乗 340人

　大泉町に3つある駅の真ん中の駅。住民からは「中駅」の名でも親しまれている。戦中は航空機製造などの軍需工業地域だった。1957 (昭和32) 年に小泉町と大川村が合併して大泉町が誕生している。

 西小泉 にしこいずみ

13.2 km (1.3 km)
開 1941 (昭和16) 年12月1日
住 群馬県邑楽郡大泉町西小泉4-31-10
乗 1,175人

　小泉線の終点。ホームは島式で、これは将来の延伸を見据えての措置だった。もともとは利根川を渡って熊谷まで建設される計画で、昭和58年に廃止された東武鉄道熊谷線は、その一部。

T1 47 竜舞 りゅうまい

太田から 4.7 km (4.7 km)
開 1942 (昭和17) 年5月10日
住 群馬県太田市龍舞町1838
乗 508人

　小泉線 (支線) で唯一の中間駅。ホームは島式で、一部列車の交換が行なわれる。京都ゆかりの萬燈祭が伝わる龍舞賀茂神社の最寄り駅。

桐生線

 三枚橋 さんまいばし
太田から 3.4 km (3.4 km)
開 1913(大正 2)年 3 月 19 日
住 群馬県太田市鳥山下町 642-1
乗 620 人

駅名は、江戸時代のこの地に 3 つの橋が架けられたという言い伝えから。

TI52 治良門橋 じろえんばし
5.9 km (2.5 km)
開 1913(大正 2)年 3 月 19 日
住 群馬県太田市成塚町 1024
乗 530 人

江戸時代に天笠治良右衛門が私財を投げうって架けたとされる橋の名前が駅名になっている。

藪塚 やぶづか
9.7 km (3.8 km)
開 1913(大正 2)年 3 月 19 日
住 群馬県太田市藪塚町字八石 379-2
乗 979 人

単式ホーム 2 本を跨線橋で結ぶ。地名は中世にここに住まった藪塚氏から。藪塚温泉とジャパンスネークセンターの最寄り駅。

TI54 阿左美 あざみ
13.1 km (3.4 km)
開 1937(昭和 12)年 5 月 5 日
住 群馬県みどり市笠懸町阿左美 1032-2
乗 455 人

1954(昭和 29)年のホーム拡幅工事中に縄文時代の遺跡が見つかるという逸話がある。「あざみ」とは湿地や浅い沼の意味と言われる。

 新桐生 しんきりゅう
14.6 km (1.5 km)
開 1913(大正 2)年 3 月 19 日
住 群馬県桐生市広沢町 2-2990-4
乗 1,696 人

ＪＲ両毛線桐生駅は北東に 2km。桐生は織物の町として古くから知られている。

TI56 相老 あいおい
16.9 km (2.3 km)
開 1913(大正 2)年 3 月 19 日
住 群馬県桐生市相生町 2-756
乗 1,286 人（わたらせ渓谷鐵道を含む）

わたらせ渓谷鐵道と接続。東武鉄道のホームは島式 1 面 2 線、わたらせ渓谷鐵道のホームは相対式で、跨線橋で結ばれ、駅舎は共同使用されている。地名と駅名の字が違い、兵庫県の相生と混同を避け、「ともに老いる」という意味で付けられた。

TI57 赤城 あかぎ
20.3 km (3.4 km)
開 1932(昭和 7)年 3 月 18 日
改 1958(昭和 33)年 11 月 1 日（新大間々）
住 群馬県みどり市大間々町大間々 2445-3

乗 1,380 人（上毛電鉄を含む）

桐生線の終点で、上毛電気鉄道と接続。駅の開業は上毛電気鉄道が早い。東武鉄道の頭端式ホーム 1 面 2 線と、上毛の島式ホーム 1 面 2 線を構内踏切が結んでいる。赤城山の南東麓にあたり、かつてはケーブルカーも存在するなど、登山ルートの入り口でもあったため、この駅名が付けられた。

東武アーバンパークライン（野田線）

TD01 大宮 おおみや
0.0 km (0.0 km)
開 1929(昭和 4)年 11 月 17 日
住 埼玉県さいたま市大宮区錦町 630
乗 118,886 人

13 の路線が乗り入れ、1 日に 51 万人が乗り降りする大宮駅は、埼玉県随一のジャンクションで、野田線のターミナルでもある。野田線大宮駅は商業ビルの 1 階部分に頭端式ホーム 1 面 2 線を有する。

TD02 北大宮 きたおおみや
1.2 km (1.2 km)
開 1930(昭和 5)年 4 月 12 日
住 埼玉県さいたま市大宮区土手町 3-285
乗 5,825 人

大宮という地名の起源となった氷川神社の最寄り駅。武蔵国の一の宮であり、「大いなる宮居」と呼ばれていたという。ＪＲ東北本線が並行している。

大宮公園 おおみやこうえん
2.2 km (1.0 km)
開 1929(昭和 4)年 11 月 17 日
住 埼玉県さいたま市大宮区寿能町 1-172-1
乗 7,970 人

氷川神社の境内の一部を再整備した県立大宮公園へ徒歩 5 分。

TD04 大和田 おおわだ
4.0 km (1.8 km)
開 1929(昭和 4)年 11 月 17 日
住 埼玉県さいたま市見沼区大和田町 2-1774
乗 17,820 人

地名は谷間に広がる平地を指す。近隣に高校や住宅地があり、利用者数は多い。

TD05 七里 ななさと
5.6 km (1.6 km)
開 1929(昭和 4)年 11 月 17 日
住 埼玉県さいたま市見沼区大字風渡野 603
乗 17,229 人

この地域の 7 つの村が合併して七里村が生まれ、これが駅名にも採られた。

TD06 岩槻 いわつき
8.5 km (2.9 km)
開 1929(昭和 4)年 11 月 17 日
改 1939(昭和 14)年 6 月 10 日（岩槻町）
住 埼玉県さいたま市岩槻区本町 1-1-1

乗 32,821 人

人形の名産地として知られる岩槻の玄関口。2 面 3 線のホームと留置線を有する。桐の産地であり、日光東照宮造営の工匠たちがここで桐塑人形作りを始めたのが起こりという。岩槻とは「巌をもって築けるがごとき城」の意味で「岩築」とも書いた。

TD07 東岩槻 ひがしいわつき
10.9 km (1.3 km)
開 1969(昭和 44)年 12 月 1 日
住 埼玉県さいたま市岩槻区東岩槻 1-12-1
乗 18,761 人

岩槻〜豊春間の駅間距離が長かったことから昭和中期に新設された駅。

TD08 豊春 とよはる
12.2 km (1.9 km)
開 1929(昭和 4)年 11 月 17 日
住 埼玉県春日部市上蛭田 136-1
乗 11,200 人

12 の村が合併してできた豊春村が駅名にも採られた。現在は春日部市に属する。

TD09 八木崎 やぎさき
14.1 km (1.9 km)
開 1929(昭和 4)年 11 月 17 日
住 埼玉県春日部市粕壁 6946
乗 9,813 人

駅名は、この地に 8 本の杉があったことから生まれた旧地名から採られた。

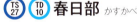 春日部 かすかべ
15.2 km (1.1 km)

TD11 藤の牛島 ふじのうしじま
17.8 km (2.6 km)
開 1930(昭和 5)年 10 月 1 日（牛島）
改 1931(昭和 6)年 3 月 5 日（藤の牛島）
住 埼玉県春日部市牛島 1576
乗 6,577 人

駅名は駅所在地の地名に、近隣にある特別天然記念物「牛島の藤」が加えられたもの。

TD12 南桜井 みなみさくらい
20.6 km (2.8 km)
開 1930(昭和 5)年 12 月 9 日（永沼臨時停留所）
改 1932(昭和 7)年 8 月 1 日（南桜井）
住 埼玉県春日部市米島 1185
乗 12,744 人

常設駅になった後、戦時中に貨物駅跡地に移転。駅周辺には団地が多い。

TD13 川間 かわま
22.9 km (2.3 km)
開 1930(昭和 5)年 10 月 1 日
住 千葉県野田市尾崎 832
乗 15,204 人

江戸川と利根川に挟まれた地帯に川間村が誕生。これが駅名にも採られた。

 七光台 ななこうだい
25.1 km (2.2 km)

114

🔓1968(昭和43)年7月1日
🏠千葉県野田市光葉町1-52-1
🚉6,616人

南栗橋車両管区七光台支所が隣接する運転の拠点。乗務員も当駅で交代する。

清水公園 しみずこうえん

26.6 km(1.5 km)
🔓1929(昭和4)年9月1日
🏠千葉県野田市清水公園東1-32-2
🚉4,339人

明治中期に開園し「日本さくら名所100選」にも選ばれた清水公園は徒歩10分。

TD16 愛宕 あたご

27.7 km(1.1 km)
🔓1929(昭和4)年9月1日
🏠千葉県野田市中野台1217
🚉9,345人

駅名は西に徒歩3分の愛宕神社に由来。駅は2021(令和3)年3月に高架化された。

TD17 野田市 のだし

28.6 km(0.9 km)
🔓1911(明治44)年5月9日
1950(昭和25)年5月3日(野田町)
🏠千葉県野田市野田128
🚉8,461人

醤油の名産地として知られる町の玄関。本来は「原野に水田が拓かれた地」の意味だが、江戸川の水運によって東京湾の塩や関東平野の大豆や小麦などが集まった上、江戸という大消費地に隣接していたことから、一大醤油産地となった。駅は高架化で昔日の面影が一掃されたが、駅前には大豆サイロが建ち、町の個性が垣間見える。

野田市駅　2023.7.11　写真：結解学

梅郷 うめさと

30.9 km(2.3 km)
🔓1911(明治44)年5月9日
🏠千葉県野田市山崎1892
🚉14,564人

ホームは相対式。駅構内扱いの線路が約1kmあり、効率良い列車交換が行なわれる。駅名は旧村名から。周辺5地域が合併した際に、「梅の五弁」になぞらえた。

運河 うんが

33.2 km(2.3 km)
🔓1911(明治44)年5月9日
🏠千葉県流山市東深井405
🚉19,642人

駅名は、駅の北側を流れる利根運河から。延長8kmのこの運河は民間資力で1890(明治23)年に開通。利根川と江戸川を短絡して銚子から直接江戸に輸送が可能となり、最盛期は年間4万隻が通ったという。

TD20 江戸川台 えどがわだい

35.1 km(1.9 km)
🔓1958(昭和33)年2月16日
🏠千葉県流山市江戸川台東1-3
🚉21,348人

江戸川台団地の玄関として昭和30年代初頭に開業。この団地は戸建て分譲住宅で、県により建設。駅からの扇状区画の設計は、田園調布がモデルとも言われる。

TD21 初石 はついし

36.8 km(1.7 km)
🔓1911(明治44)年5月9日
🏠千葉県流山市西初石3-100
🚉17,628人

駅名はこの地域にあった「初石新田」から。近世に開墾された地であることが解る。

TD22 流山おおたかの森 ながれやまおおたかのもり

38.4 km(1.6 km)
🔓2005(平成17)年8月24日
🏠千葉県流山市おおたかの森東1-1-1
🚉58,476人

首都圏新都市鉄道つくばエクスプレスと接続。同線の開通と同時に開業。乗り換え客を含めて乗降客が多く、流山市の新たな拠点になりつつある。オオタカが棲息する「市野谷の森」が駅名の由来。

TD23 とよしき

39.7 km(1.3 km)
🔓1911(明治44)年5月9日
🏠千葉県柏市豊四季159
🚉14,323人

江戸幕府による軍馬育成の放牧場「小金牧」の4番目の入植地であり、四季を通じて豊かな実りを願い付けられた旧村名が地名であり駅名。昭和初期には当駅～柏間、現在の豊四季台団地付近に柏競馬場があり、アクセス駅として「柏競馬場前」駅が開設されている。

TD24 柏 かしわ

42.9 km(3.2 km)
🔓1911(明治44)年5月9日
🏠千葉県柏市末広町1-1
🚉135,064人

ＪＲ常磐線と接続する柏市の基幹駅。東武鉄道のホームは商業ビルの1階部分に設けられ、頭端式2面4線。大宮と船橋を直通する列車はスイッチバックを行なっている。柏は水戸街道小金宿と我孫子宿の間の寒村だったが、日本鉄道(現・常磐線)、千葉県営軽便鉄道・北総鉄道(現・東武野田線)の開業で交通の結節点となり、日本有数のベットタウンに発展した。

TD25 新柏 しんかしわ

45.8 km(2.9 km)
🔓1983(昭和58)年7月21日
🏠千葉県柏市新柏1-1510
🚉19,181人

昭和末期に地域住民の利便性に考慮して新設された。ホームは窪地の高架上に。

TD26 増尾 ますお

47.1 km(1.3 km)
🔓1923(大正12)年12月27日
🏠千葉県柏市増尾1-1-1
🚉11,862人

東西自由通路のある橋上式駅舎を採用し、駅舎内でクリニックが開業している。増尾の「尾」は山の頂の意味があり、この辺りに広がる舌状台地の様子が見える。

TD27 逆井 さかさい

48.0 km(0.9 km)
🔓1933(昭和8)年7月29日
🏠千葉県柏市逆井848
🚉12,303人

逆さにしたように水が湧く井戸があったという故事が地名の由来。1933(昭和8)年開設の際は無人停留所で、1946(昭和21)年電化の際に廃止されたが、地元の請願により翌年、駅に昇格して復活した。難読駅の一つ。

TD28 高柳 たかやなぎ

50.2 km(2.2 km)
🔓1923(大正12)年12月27日
🏠千葉県柏市高柳1489
🚉14,647人

長く木造平屋の駅舎が残る駅だったが、2018(平成30)年に橋上駅舎を使用開始。高柳の地名は居城とした中世豪族の名と言われ、近代は高柳新田としてその名に残す。

TD29 六実 むつみ

51.9 km(1.7 km)
🔓1923(大正12)年12月27日
🏠千葉県松戸市六実4-6-1
🚉12,138人

豊四季と同様に明治期に開墾された小金牧の中で、この地域は6番目に入植が始められたことからの由来。駅の東側には海上自衛隊下総航空基地があり、車内からも飛行機の離着陸を見ることがある。

TD30 新鎌ヶ谷 しんかまがや

53.3 km(1.4 km)
🔓1999(平成11)年11月25日
🏠千葉県鎌ヶ谷市新鎌ヶ谷2-10-1
🚉41,255人

北総鉄道、京成電鉄、新京成電鉄と接続。平成時代に開業した野田線で2番目に新しい駅。京成・新京成との乗り換えは、商店が並ぶ高架下のコンコースを経由する。ショッピングモールなども集まる駅周辺で、鎌ヶ谷市の新しい商圏を形成しつつある。

TD31 鎌ヶ谷 かまがや

55.2 km(1.9 km)
🔓1923(大正12)年12月27日

住千葉県鎌ケ谷市道野辺中央 2-1-10
乗20,307 人

　鎌ケ谷とは蒲（ガマ）と茅（カヤ）で覆われた地であったことが、地名の由来と言われている。小金牧の開拓を目的に1869(明治2)年より入植が始まり、最初に開墾したことから「初富」という地名に。そして1889(明治22)年に鎌ケ谷村が誕生した。18世紀に建てられ、廃仏毀釈と鉄材供出を免れた鎌ケ谷大仏で知られる。北海道日本ハムファイターズの2軍球場「ファイターズ鎌ヶ谷スタジアム」の最寄り駅だ。

 馬込沢　まごめざわ

57.7 km（2.5 km）
開1923(大正12)年12月27日（法典）
改1924(大正13)年4月1日（馬込沢）
住千葉県船橋市藤原 7-2-1
乗24,046 人

　野田線の各駅停車のみが停車する駅としては乗降人員最多。駅周辺に住宅が密集している。馬込とは馬の追い込み場を指し、江戸時代の幕府馬牧場に由来する地名。駅の所在地は船橋市だが馬込沢町は駅西北に伸びる鎌ケ谷市にある。

 塚田　つかだ

60.1 km（2.4 km）
開1923(大正12)年12月27日
住千葉県船橋市前貝塚町 564
乗16,711 人

　明治期に周辺の行田村、前貝塚村、後貝塚村が合併して塚田村が生まれ、それが駅名に採られた。駅東側の行田公園や巨大な円形道路は、1915(大正4)年に建設された海軍無線電信所の跡地。当時最大級の無線基地で、「日本の耳と口」として機能した。真珠湾攻撃「ニイタカヤマノボレ」の暗号電文は、ここから発信されたという。

 新船橋　しんふなばし

61.3 km（1.2 km）
開1956(昭和31)年9月15日
住千葉県船橋市山手 1-3-1
乗12,948 人

　この地域にガラス工場が進出したことにあわせて、昭和中期に開設された駅。現在では巨大ショッピングモールに隣接している。

 船橋　ふなばし

62.7 km（1.4 km）
開1923(大正12)年12月27日
住千葉県船橋市本町 7-1-1
乗107,773 人

　JR総武本線と接続し、京成船橋駅も隣接。東武鉄道のホームは東武デパートの2階部分に頭端式1面2線が設けられている。船橋市の中心駅で、野田線で2番目に乗降人員が多い。船橋は東京湾の最奥に位置し、南部の漁業町と北部の開墾地、駅周辺の宿場町など、多彩な横顔を持つ。近代は軍の演習地「習志野原」によって軍施設も集まる軍都にもなり、戦後は商業地、海浜リゾート地などに変貌した。現在は千葉県第2位、政令指定都市以外の市では日本一の人口を誇る一大ベッドタウンである。地名はその名の通り、海老川に渡した「舟橋」から。

東上本線

 池袋　いけぶくろ

0.0 km（0.0 km）
開1914(大正3)年5月1日
住東京都豊島区西池袋 1-1-21
乗388,238 人

　東上本線のターミナル。4社8路線が乗り入れる池袋駅は、世界第3位となる一日264万人の利用がある。東武鉄道のホームは頭端式3面3線という規模だ。1903(明治36)年まで駅は無く、田端への支線が分岐することで池袋駅が誕生。そして東上鉄道や武蔵野鉄道の開業によって郊外と都心の結節点となり発展した。西口に東武、東口に西武とは、長年語られる池袋駅の特徴である。

 北池袋　きたいけぶくろ

1.2 km（1.2 km）
開1934(昭和9)年5月1日（東武堀之内）
改1951(昭和26)年9月1日（北池袋）
住東京都豊島区池袋本町 1-36-6
乗9,242 人

　開業時の駅は1945(昭和20)年の東京大空襲で焼失。跡地に現在の駅が造り直された。東側にJR埼京線（赤羽線）が並行している。

 下板橋　しもいたばし

2.0 km（0.8 km）
開1914(大正3)年5月1日
住東京都豊島区池袋本町 4-43-11
乗14,578 人

　大山寄りに留置線があり、かつてはその場所に当駅が設けられていた。

 大山　おおやま

3.0 km（1.0 km）
開1931(昭和6)年8月25日
住東京都板橋区大山町 4-1
乗44,307 人

　駅名は大山街道沿いに駅が設けられたことに由来。駅周辺に複数の商店街が延びる。

 中板橋　なかいたばし

4.0 km（1.0 km）
開1933(昭和8)年7月12日
住東京都板橋区弥生町 33-1
乗25,433 人

　駅名は、川越街道の上板橋宿と、中仙道の下板橋宿の中間に位置することから。

 ときわ台　ときわだい

4.7 km（0.7 km）
開1935(昭和10)年10月20日
改1951(昭和26)年10月1日（武蔵常盤）
住東京都板橋区常盤台 1-43-1
乗40,737 人

　北口側の「常磐台住宅」は、東武鉄道が鉄道用地として購入したものを1935(昭和10)年に分譲した住宅地。天祖神社の境内や参道に茂っていた常盤の木がその名の由来。

 上板橋　かみいたばし

6.0 km（1.3 km）
開1914(大正3)年6月17日
住東京都板橋区上板橋 2-36-7
乗45,028 人

　上板橋は川越街道の宿場町。1959(昭和34)年7月まで、駐留アメリカ空軍のグランドハイツとの輸送を担った啓志線が分岐していた。

東武練馬　とうぶねりま

7.4 km（1.4 km）
開1931(昭和6)年12月29日
住東京都板橋区徳丸 2-2-14
乗52,134 人

　所在地は板橋区だが、知名度を採って駅の南にあった旧川越街道下練馬宿の「練馬」を冠した。西武練馬駅までは4km。

下赤塚　しもあかつか

8.9 km（1.5 km）
開1930(昭和5)年12月29日
住東京都板橋区赤塚新町 1-23-1
乗14,392 人

　この地にあった6つの村が明治時代に統合され赤塚村に。それが駅名に採られた。駅の南に地下鉄有楽町線地下鉄赤塚駅が隣接している。

成増　なります

10.4 km（1.5 km）
開1914(大正3)年5月1日
住東京都板橋区成増 2-13-1
乗50,573 人

　室町時代の古文書にも記される赤塚郷のあたりで、地名は開墾者・田中左京成益が由来のひとつ。旧陸軍航空隊の基地だった成増飛行場は、光が丘団地として転用されている。駅の南に地下鉄成増駅がある。

和光市　わこうし

12.5 km（2.1 km）
開1934(昭和9)年2月1日
改1934(昭和9)年7月12日（にいくら）
　1951(昭和26)年10月1日（新倉）
　1970(昭和45)年12月20日（大和町）
住埼玉県和光市本町 4-6
乗152,949 人（東京メトロを含む）

　東京メトロと接続。駅は共同使用とされ、駅の北側に東京メトロ和光検車区がある。1889(明治22)年に誕生した白子村と新倉村が1943(昭和18)年に合併して大和町となり、東京近郊農村地だったが、戦後、企業進出によって人口が急増。1970(昭和45)年に和光市となった。駅名はこのときに改称されたが、「和光」とは平和、栄光、前進を意味する言葉で、一般公募された。

 朝霞　あさか

14.0 km（1.5 km）
開1914(大正3)年5月1日
改1932(昭和7)年5月10日（膝折）
住埼玉県朝霞市本町 2-13-52
乗61,638 人

東京ゴルフ倶楽部のゴルフ場が昭和5年にこの地に移転したが、同倶楽部の名誉会長・浅香宮殿下の名から、1932(昭和7)年に朝霞町が誕生した。駅名も、これに倣って改称されている。その後、ゴルフ場は狭山へ移転し、跡地は陸軍予科士官学校に。これは現在の陸上自衛隊朝霞駐屯地である。

 朝霞台 あさかだい

16.4 km(2.4 km)
開 1974(昭和49)年8月6日
住 埼玉県朝霞市東弁財1-4-17
乗 143,856人

武蔵野線北朝霞駅との乗り換えを図るために開設された駅。両駅は隣接していて、朝霞、志木両市の駅に挟まれて乗客が大変多い。

 志木 しき

17.8 km(1.4 km)
開 1914(大正3)年5月1日
住 埼玉県新座市東北2-38-1
乗 90,290人

新河岸川の舟運によって商業地として発展し、請願により大正時代に生まれた駅。1874(明治7)年、引又宿と舘本村の合併の際に村名で揉め、仲裁に入った県が『和名抄』の「新座郡志木郷」をもとに「志木宿」と命名した。ちなみに、駅構内の大部分が志木市ではなく新座市にある。

 柳瀬川 やなせがわ

19.3 km(1.5 km)
開 1979(昭和54)年11月8日
住 埼玉県志木市館2-5-1
乗 17,314人

「志木ニュータウン」への玄関として、昭和末期に生まれた比較的新しい駅。駅名は北側を流れる川名から。

 みずほ台 みずほだい

20.6 km(1.3 km)
開 1977(昭和52)年10月21日
住 埼玉県富士見市東みずほ台2-29-1
乗 36,410人

「みずほ台団地」の玄関として誕生。1975(昭和50)年代に新設された駅だが、もともと信号場が存在していた。

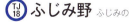 鶴瀬 つるせ

22.0 km(1.4 km)
開 1914(大正3)年5月1日
住 埼玉県富士見市鶴瀬東1-11-1
乗 44,606人

富士見市の代表駅で、橋上式駅舎が上層階をマンションとする駅ビルに直結。都会的な雰囲気が漂う駅。鶴瀬の名は合併前の旧村名、鶴馬と勝瀬から。

 ふじみ野 ふじみの

24.2 km(2.2 km)
開 1993(平成5)年11月15日
住 埼玉県富士見市ふじみ野東1-26-1
乗 59,305人

平成時代に開業した新しい駅。利用客数は多く、開業当初から急行が停車した。地名に見る「富士見」は、富士山の眺望が由来。

TJ19 上福岡 かみふくおか

25.9 km(1.7 km)
開 1914(大正3)年5月1日
住 埼玉県ふじみ野市上福岡1-1-1
乗 48,471人

東武鉄道ではもっとも早く、1959(昭和34)年11月に橋上式駅舎の使用を開始。現在は合併を受けてふじみ野市だが、旧市名が駅名に残っている。

TJ20 新河岸 しんがし

28.3 km(2.4 km)
開 1914(大正3)年6月17日
改 1916(大正5)年10月27日(高階)
住 埼玉県川越市大字砂914-5
乗 23,411人

駅から東に1kmの新河岸川にちなんだ駅名。近世になって江戸と川越を結ぶ舟運ルートとして発展した川で、「川越五河岸」に代表される川岸場が設けられたことから「新河岸川」と呼ばれた。

TJ21 川越 かわごえ

30.5 km(2.2 km)
開 1915(大正4)年4月1日
改 1940(昭和15)年7月22日(川越西町)
住 埼玉県川越市脇田町24-9
乗 110,102人

JR川越線と接続する。駅舎は共同使用で、東武鉄道は相対式ホーム2面2線、JRは島式ホーム2面3線。川越は古くは河越と書き、江戸の北の守り場、物資の集積地、江戸の台所など、要地として発展。江戸幕府の多くの老中が藩主を勤めたことも江戸との関わりを物語る。1893(明治26)年に「川越の大火」が発生。その防火建築が、今日の「蔵造りの街並み」を生んだ。

TJ22 川越市 かわごえし

31.4 km(0.9 km)
開 1914(大正3)年5月1日
改 1922(大正11)年12月1日(川越町)
住 埼玉県川越市六軒町1-4-4
乗 41,885人

川越市の旧市街に建てられた駅。駅名変更は、町の市制への移行に伴ったもの。川越駅との間にある、西武新宿線を越える橋台は、東上鉄道建設当時のものと言われる。

TJ23 霞ケ関 かすみがせき

34.8 km(3.4 km)
開 1916(大正5)年10月27日
改 1930(昭和5)年1月14日(的場)
住 埼玉県川越市霞ヶ関東1-1-4
乗 24,540人

旧駅名はここに弓の練習場があったことから。1929(昭和4)年に「霞が関カンツリー倶楽部」が出来たことに因んで改称されたが、「霞が関」は旧村名で鎌倉街道の関所の名。

 鶴ケ島 つるがしま

37.0 km(2.2 km)
開 1932(昭和7)年4月10日
住 埼玉県鶴ヶ島市大字上広谷18-5
乗 28,197人

鶴ヶ島市と川越市の境界近くに建ち、市の中心部へは若葉駅、坂戸駅が近い。駅名は旧村名から。500年前、松の木に鶴が巣ごもりした様子を見た村人が付けた地名と言われる。

 若葉 わかば

38.9 km(1.9 km)
開 1979(昭和54)年4月2日
住 埼玉県坂戸市関間4-13-1
乗 32,619人

駅の東側に広がる若葉団地の玄関口として昭和末期に開設された駅。

 坂戸 さかど

40.6 km(1.7 km)
開 1916(大正5)年10月27日
改 1976(昭和51)年9月1日(坂戸町)
住 埼玉県坂戸市日の出町1-1
乗 26,296人

越生線が分岐する。ホームは島式2面4線で、3～4番線を東上本線が使用する。坂戸は、高麗川と越辺川の合流地にあたり、江戸時代、日光脇往還の坂戸宿として成立した宿場町。

 北坂戸 きたさかど

42.7 km(2.1 km)
開 1973(昭和48)年8月21日
住 埼玉県坂戸市北広町1
乗 17,434人

昭和40年代後半に、近隣にある北坂戸団地の街開きにあわせて開設された。

 高坂 たかさか

46.2 km(3.5 km)
開 1923(大正12)年10月1日
住 埼玉県東松山市大字高坂1333-2
乗 21,516人

高坂は川越児玉往還の宿場町。1984(昭和59)年7月まで、セメント原料運搬用の支線(高坂構外側線)が分岐していた。

 東松山 ひがしまつやま

49.9 km(3.7 km)
開 1923(大正12)年10月1日
改 1954(昭和29)年10月1日(武州松山)
住 埼玉県東松山市箭弓町1-12-11
乗 25,010人

東松山市の中心駅。オランダ・ナイメーヘン市との姉妹都市提携にちなみ駅舎はオランダ風デザインになっている。鎌倉時代の松山城、さらに松山陣屋の陣屋町として発展した地域で、昭和29年の市制施行時に松山市としたが、愛媛県の松山市と混同することから、「東松山市」となった。

 森林公園 しんりんこうえん

52.6 km(2.7 km)
開 1971(昭和46)年3月1日
住 埼玉県比企郡滑川町大字羽尾3977-1

117

乗11,719人

　1971(昭和46)年3月の森林公園検修区の使用開始に合わせて開設。明治100年記念事業のひとつとして整備された国営武蔵丘陵森林公園は北へ約3km。

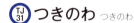 つきのわ つきのわ

55.4 km(2.8 km)
開2002(平成14)年3月26日
住埼玉県比企郡滑川町月の輪1-1-1
乗4,895人

　2000年代初頭に開業した、東上本線で2番目に新しい駅。駅名は所在地名に因み、ひらがなで表記。平安期、関白の九条兼実(月輪殿)の荘園があったことが由来。

TJ32 武蔵嵐山 むさしらんざん

57.1 km(1.7 km)
開1923(大正12)年11月5日
改1935(昭和10)年10月1日(菅谷)
住埼玉県比企郡嵐山町大字菅谷135-6
乗6,328人

　駅近隣の槻川渓谷が京都・嵐山と似ていたことから武蔵嵐山と命名。名付け親の本多静六は、鉄道防雪林の導入を手掛けた。

TJ33 小川町 おがわまち

64.1 km(7.0 km)
開1923(大正12)年11月5日
住埼玉県比企郡小川町大字大塚1145
乗8,801人(JRを含む)

　JR八高線と接続する。JRとの共同使用駅で、単式ホームの1～2番線と島式ホームの3～4番線を東武が、島式ホームの5～6番線をJRが使用している。和紙、建具、酒造などの伝統産業で知られ、小川盆地にある町の佇まいから「武蔵の小京都」とも言われる。

TJ34 東武竹沢 とうぶたけざわ

67.1 km(3.0 km)
開1932(昭和7)年7月23日
改1934(昭和9)年10月6日(竹沢)
住埼玉県比企郡小川町大字勝負680-4
乗746人

　当駅の開業2年後に八高線に竹沢駅が開業したため、当駅が駅名を変更した。竹沢とは合併前の旧村名。

TJ35 みなみ寄居 みなみよりい

68.9 km(1.8 km)
開2020(令和2)年10月31日
住埼玉県大里郡寄居町大字富田字橋ノ入南谷997-14
乗1,543人

　本田技研工業寄居工場へのアクセスを図り、令和になって新設された。副駅名は「ホンダ寄居前」。

TJ36 男衾 おぶすま

70.8 km(1.9 km)
開1925(大正14)年7月10日
住埼玉県大里郡寄居町大字富田1792-1
乗1,413人

　難読とされる駅名は、この地にかつてあった男衾郡という地名に由来する。合併前の村名がそのまま残されている。男衾とは奈良時代から使われており、衾＝布団を意味。奈良の正倉院には男衾郡から収められた麻布の記録があるという。

TJ37 鉢形 はちがた

73.5 km(2.7 km)
開1925(大正14)年7月10日
住埼玉県大里郡寄居町大字鉢形16-1
乗802人

　南西1.5kmの場所に残る戦国時代の山城・鉢形城址に駅名が採られた。鉢とは加太の頭を指し、城の敷地が兜の鉢に似ていたところからこの城名がついた。駅舎は水車小屋をイメージしている。

TJ38 玉淀 たまよど

74.4 km(0.9 km)
開1934(昭和9)年4月1日
住埼玉県大里郡寄居町大字寄居824-1
乗493人

　単式ホーム1本だけの小さな駅。このスタイルは東上本線では唯一のものだ。「玉＝美しい」の意味で、町を流れる荒川の、奇岩・絶景の景勝を指す。田山花袋が自著『秩父の山裾』で、この美しさを讃えている。

TJ39 寄居 よりい

75.0 km(0.6 km)
開1925(大正14)年7月10日
住埼玉県大里郡寄居町大字寄居1211-1
乗6,545人(JR線、秩父鉄道を含む)

　東上本線の終着駅で、JR八高線、秩父鉄道と接続する。駅舎は3社の共同使用。駅を管轄するのは秩父鉄道で、東上本線のホームは島式1面2線となっている。寄居は秩父山地と関東平野の境で川沿いに発達した谷口集落のひとつで、荒川に接して戦国時代から城郭が築かれた要地ゆえ「人が集まる所」の意味と言われている。

寄居駅 2023.6.17

越生線

TJ41 一本松 いっぽんまつ

坂戸から2.8 km(2.8 km)
開1934(昭和9)年12月16日
住埼玉県鶴ヶ島市大字中新田80-3
乗4,132人

　この地に生えた一本松は、江戸時代に「見返りの松」の名で呼ばれ、日光脇往還道の名所となっていた。この故事による駅名。

TJ42 西大家 にしおおや

4.4 km(1.6 km)
開1936(昭和11)年2月28日
住埼玉県坂戸市大字森戸623-7
乗3,715人

　単式ホーム1本のみの駅。1984(昭和59)年8月まで、セメント運搬の専用線が分岐していた。駅名は開設時の旧村名「大家村」に因むが、当時は隣に「大家駅」があり、「西大家」と命名。

TJ43 川角 かわかど

5.6 km(1.2 km)
開1934(昭和9)年12月16日
住埼玉県入間郡毛呂山町大字下川原289-2
乗12,685人

　相対式ホーム2面2線を有し、列車交換が可能。城西大学坂戸キャンパス最寄り駅。

TJ44 武州長瀬 ぶしゅうながせ

7.6 km(2.0 km)
開1934(昭和9)年12月16日
住埼玉県入間郡毛呂山町若山1-62-1
乗3,693人

　武蔵野霊園へ徒歩4分。同霊園の開園に合わせて現在地に移動して駅員が配置される駅となった。これが契機で長瀬団地などが造成され、住宅地として整備されていった。

TJ45 東毛呂 ひがしもろ

8.6 km(1.0 km)
開1934(昭和9)年12月16日
住埼玉県入間郡毛呂山町岩井東2-1-1
乗4,758人

　埼玉医科大学毛呂山キャンパスの学生や目白台団地の住民などが主に利用しており、越生線の中間駅では川角駅に次ぎ利用者が多い。町名にもある「毛呂」の語源は毛呂氏と言われているが、近年は多くのという意味のモド＝高句麗語説、ムラが転じた諸説などいくつかの説がある。

TJ46 武州唐沢 ぶしゅうからさわ

9.4 km(0.8 km)
開1934(昭和9)年12月16日
住埼玉県入間郡越生町大字上野51-6
乗2,657人

　単式ホーム1本のみの駅だが、朝夕は近隣の高校に通う学生などで賑わいを見せる。唐沢とはこの地域の小字名。

TJ47 越生 おごせ

10.9 km(1.5 km)
開1934(昭和9)年12月16日
住埼玉県入間郡越生町大字越生386
乗3,102人

　越生線の終着駅で、JR八高線と接続する。東武は島式ホーム1面2線で、JRは単式ホーム1本のみ。JRの越生駅は無人駅の扱いとなっている。難読駅名で、秩父地方との行き来には必ず秩父山地を越える必要があるため、「尾根越し」が転じた地名と言われている。南北朝時代、大宰府から天満宮を分祀した際に植えた梅に起源を持ち、関東三大梅林のひとつと称される「越生梅林」が有名。

118

車窓メモリアル 私鉄編

東武鉄道　浅草駅

ターミナル駅の貫禄

デラックスロマンスカー1720形と東武浅草駅ターミナルビル。
昭和の栄華をも感じさせる一景だ。東武浅草駅　1960.10.7

　ターミナル駅には、その鉄道の個性が宿っている。人が集まるところでもあるゆえ、時代にあわせて変わる速度も速く、始発駅、終着駅といった運転上の要所でもある。

　その性質上、建設には広い土地を必要とするが、当然、都心には少ないから、ターミナル駅の建設には、その鉄道会社なりの苦心ぶりが伺えることがある。その典型は東武浅草駅であろう。

　東武鉄道は都心ターミナル駅の建設に苦心した。東京の東側はすでに都市化が進んでいたことに加え、その前には隅田川が壁のように横たわっていたからである。意外なことだが、東武鉄道最初のターミナル駅は両国駅で、これは当時私鉄だった総武鉄道（現在のＪＲ総武本線）に亀戸駅で乗り入れて実現させたという、いわば間借り駅だった。現在の東武亀戸線は、その生き証人である。

　1931（昭和6）年、ついに自前のターミナルを都心に開業させた。これが浅草駅である。東京屈指の繁華街に接する位置。しかも、南海電鉄の難波駅や近鉄宇治山田駅の駅舎などを手掛けた建築家、久野節の設計によるターミナルビルを備えるという近代的なもので、百貨店・松屋が入居した。ターミナル駅に直結した百貨店としては、京王電気軌道の新宿ビルディングとともに画期的だった。

　このターミナル駅は、ターミナルビルを含めては現在もほぼ基礎は変わっておらず、その構造に鉄道会社の苦心と熱意を見ることができる。隅田川を渡ったすぐという場所、有効長6両（一部8両）というホームの短さ、駅北側すぐの、半径100mもの急カーブ。「なんとかこの土地にねじ込めた」という感じがある一方で、駅ビルにはその狭隘さを忘れさせるほどの重厚さがあり、鉄道の矜持すら放つような存在感が圧巻である。

　ターミナル駅の発着時、多くの列車は速度を落としたまましばらく走行することが多い。複雑な構内配線を通るためでもあるが、東武浅草駅の場合、急カーブもあってじつに低速である。ターミナル駅の貫禄に敬意を表するかのような乗り心地がある。

京急電鉄
けいきゅうでんてつ

社　名	京浜急行電鉄株式会社
住　所	神奈川県横浜市西区高島1丁目2番8号
会社設立	1898(明治31)年2月25日／1948(昭和23)年6月1日
線　名	本線・久里浜線・空港線・大師線・逗子線
運転方式	電化
運輸開始	1899(明治32)年1月21日

▲京急＝赤のイメージを一新。800形、2100形、600形、新1000形。京急ファインテック　2014.5.25

歴史

　1898(明治31)年2月25日、川崎大師への参拝客を見込んで大師電気鉄道株式会社が設立された。1899(明治32)年1月21日に官営鉄道川崎駅から800m離れた六郷橋停留所(開業当時は川崎停留所)を起点とし、大師停留所までの営業を開始した。日本における電気鉄道は京都・名古屋に次ぐ3番目、関東では初めてというものであった。大師電気鉄道は同年4月25日に京浜電気鉄道と社名を改め、その名の通り京浜間を結ぶ鉄道建設に取り組んだ。開業から約10カ月後の1899(明治32)年11月28日に品川～大森間、1900(明治33)年11月2日に川崎(六郷橋)～神奈川間の軌道特許状が下付され、品川～川崎～神奈川間の軌道建設が開始された。
　1901(明治34)年2月1日に品川延長線の大森～川崎(六郷橋)間が開業し、大森～川崎(六郷橋)～大師間の運転が開始された。1902(明治35)年9月1日に官設鉄道川崎駅と川崎停留所(六郷橋に名称変更)の間が開業し、懸案であった官営鉄道川崎駅に隣接して川崎駅が設置された。なお、川崎駅開業に先立つ6月28日に蒲田～穴守間の穴守線が開業し、着々と現在の路線網の基礎が築かれていた。

　1904(明治37)年3月1日、日本初の軌間1,435mmを馬車鉄道の軌間1,372mmに変更。市街地を走る路面電車(東京市電の前身は馬車鉄道)への直通運転を考慮したもので、改軌を終えた同年5月8日に品川(八ツ山)～川崎間が全通した。1905(明治38)年12月24日、京浜間を結ぶ構想の西側となる川崎～神奈川間が開通し、品川～川崎～神奈川間での営業運転が開始された。1920(大正9)年11月25日に子会社の海岸電気軌道を設立し、1925(大正14)年10月16日に総持寺～大師間が全通したが、1930(昭和5)年3月29日に鶴見臨港鉄道(現在のJR鶴見線)に譲渡している。
　1924(大正13)年3月29日、東京市電の品川停留所への乗入れ運転が開始され、東京市内への利便性を確保。1925(大正14)年3月11日には東京市電の線路を一部共用して品川鉄橋(八ツ山橋)～高輪間が開業し、高輪停留所が開設された。また、1930(昭和5)年4月1日に湘南電気鉄道の黄金町～浦賀間と金沢八景(六浦荘)～湘南逗子間が開業した。1929(昭和4)年6月22日に京浜電気鉄道神奈川～横浜(仮)間が開通し、月見橋の横浜(仮)駅で省線電車と接続した。1930(昭和5)年2月5日に3代目となる省線横浜駅に乗入れを果たした。1931(昭和6)年12月26日に湘南電気鉄道の黄金町～日ノ出町～横浜間が開業したが、両社で軌間が異なるため横浜駅の

120

▲同社の100周年を記念した「21世紀へ」の意味を持つ2100形。京急ファインテック　2013.8.20

▲修繕されたデハ230形236号車。もと湘南電鉄デ1形で、京急ミュージアムで公開されている。総合車両製作所　2018.6.11

Mile stone 京急電鉄

三浦半島や羽田空港へ。
競合線とともに発展し続けてきた都市間高速鉄道。

▲駅構内に設置されたテレビ。ちょうど全国に街頭テレビが設置された頃だ。品川駅　1953.8.28

▲三浦海岸線開業の開通式。三浦半島の新たな魅力を創った。三浦海岸駅　1966.7.7

▲空港線延伸工事完成による羽田駅開業式典。空港乗り入れは悲願だった。羽田駅　1993.3.31

同一ホームで乗り換える構造とした。横浜駅で乗り換える不便さが続いたが、京浜電気鉄道は東京市電との直通運転を取りやめ、省線品川駅に乗入れることと湘南電気鉄道との直通運転を計画。1933(昭和8)年4月1日までに標準軌への再変更工事を竣工させるとともに、省線品川駅への乗り入れを開始した。

戦時体制となった1941(昭和16)年11月1日、京浜電気鉄道・湘南電気鉄道・湘南半島自動車の3社は自主的に合併し、京浜電気鉄道を存続会社名とした。さらに1942(昭和17)年5月1日に京浜電気鉄道と小田急電鉄の2社が東京横浜電鉄に合併され、商号が東京急行電鉄(現・東急電鉄)に改められた。東京急行電鉄品川営業局の管轄となり、品川～横浜間は品川線、横浜～浦賀間は湘南線となった。1942(昭和17)年12月1日に横須賀堀ノ内～久里浜(仮駅)間が開通。1948(昭和23)年9月21日に久里浜(仮駅)から500m延長して久里浜駅が開業した。久里浜線として建設されたが、横浜～浦賀・久里浜間が湘南線に統一された。1944(昭和19)年6月1日に川崎大師～産業道路間、同年10月1日に産業道路～入江崎間が開業した。さらに1945(昭和20)年1月7日に入江崎～桜本間が開業し、沿線の工場への工員輸送に大師線が活躍するようになった。

1948(昭和23)年6月1日、資本金1億円を以って新生・京浜急行電鉄株式会社が発足した。同年7月15日に品川～浦賀間の直通運転を再開し、同年9月には横浜～逗子海岸間の直通運転を開始した。1956(昭和31)年4月20日に穴守線が延伸し、羽田空港駅が開業した。1963(昭和38)年11月1日に三崎線京浜久里浜～野比間が開業。三崎線の延伸工事は順調に進み、1966(昭和41)年3月27日に野比～津久井浜間、そして同年7月7日に津久井浜～三浦海岸間が開業した。これにより、品川～三浦海岸間が70分(特急・終日10分間隔で運転)で結ばれることになり、三浦半島の経済的・社会的状況を一変させた。1968(昭和43)年6月21日に都営地下鉄1号線(都営浅草線)との相互直通運転が開始され、長年の夢であった東京都心部への乗り入れが実現した。1975(昭和50)年4月26日には三浦海岸～三崎口間が開業し、現在の本線系統の路線網が完成した。

1991(平成3)年3月31日、運輸政策審議会答申に基づき、北総開発鉄道(現・北総鉄道)、住宅都市・整備公団、京成電鉄、都営地下鉄浅草線との4線連続運転を開始した。1993(平成5)年4月1日に空港線の穴守稲荷～羽田(現・天空橋)間の新線が開業。さらに1998(平成10)年11月18日には羽田空港ターミナルビル地下に羽田空港駅が開業し、羽田空港へのアクセスが飛躍的に向上した。さらに成田空港～羽田空港間の直通列車も設定され、同区間が乗り換えなしで結ばれるようになった。

1998(平成10)年2月25日、京浜急行電鉄の前身となる大師電気鉄道が創立して100周年になるのを記念して、同年3月28日に京急の新しい顔となる2100形を新造した。優等列車に使用できる高品質な車両で、座席指定の「ウィング号」に使用されるようになった。創立100周年以降、2005(平成17)年3月14日に600形「KEIKYU BULE SKY TRAIN」の運行開始、2010(平成22)年5月16日に新種別「エアポート快特」の設定、2012(平成24)年10月21日に京急蒲田駅付近連続立体交差事業完成、2014(平成26)年5月1日に新1000形「KEIKYU YELLOW HAPPY TRAIN」の運行開始、2015(平成27)年12月7日に「モーニング・ウィング号」の運行開始、2021(令和3)年5月6日に京急初トイレ付1000形20次車の運用開始、同年12月24日に1000形1890番台の愛称を「Le Ciel(ル・シェル)」に決定するなど、創立125周年に向けて車両の新造・増備が行われている。

121

品川〜京急川崎間は高架橋の上を走るため、都会の密集した住宅街や商店街、商業ビルなどを一望できる。京急川崎〜横浜間は京浜工業地帯の一角を走り抜け、横浜から先は商店の密集地を抜けて新興住宅地へと進む。横須賀の市街地を抜け、東京湾沿いを進むと浦賀に到着する。堀ノ内から分岐する久里浜線は海辺の風景を車窓に映し、三浦半島先端の三崎口に到着する。途中で分岐する空港線、大師線ともに古くからの住宅街の風景を車窓に映し、逗子線は新興住宅街が車窓に広がる。

車両

2100形8両編成×10本、600形8両編成×8本、600形4両編成×6本、1500形8両編成×5本、1500形6両編成×14本、1000形8両編成×28本、1000形6両編成×25本、1000形4両編成×31本の計790両、事業用車2両編成×3本の計6両の総計796両が在籍している。

京急本線

A07 泉岳寺 せんがくじ

品川から 1.2 km（1.2 km）
開 1968（昭和43）年6月21日
住 東京都港区高輪 2-16-34
乗 170,671 人（都営線を含む）

都営地下鉄1号線（現・浅草線）との相互直通運転開始に際して開業。品川駅までの建設工事も京急が担当した。徒歩3分の距離にある泉岳寺は1612（慶長17）年創建。赤穂浪士ゆかりの寺として多くの参拝者を集めている。

KK01 品川 しながわ

0.0 km（0.0 km）
開 1933（昭和8）年4月1日
住 東京都港区高輪 3-26-26
乗 214,527 人

京浜電気鉄道が建設を続けた線路は、1904（明治37）年5月8日に品川に達し品川駅と川崎駅が結ばれた。現在は2027年度の完成を目指し改良工事を実施している。工事が完成すると、京急のホームは地平でJRのホームと並ぶ。

KK02 北品川 きたしながわ

品川から 0.7 km（0.7 km）
開 1904（明治37）年5月8日
改 1925（大正14）年3月11日（品川）
住 東京都品川区北品川 1-1-4
乗 7,996 人

大師電気鉄道から社名を変更した京浜電気鉄道は、当駅の場所に初代品川駅を設け、旧東海道に面して木造2階建ての駅舎を建てた。大正期の改称は、道路整備に合わせた高輪方面への路線延長に際して行なわれた。

KK03 新馬場 しんばんば

1.4 km（0.7 km）
開 1976（昭和51）年10月15日
住 東京都品川区北品川 2-18-1
乗 13,894 人

1976（昭和51）年10月15日に、それまであった北馬場駅と南馬場駅を統合し、両駅の中間地点に高架駅が造られた。この工事は環状六号線との平面交差を解消する事業の一環だった。このあたりに馬場地があったことが駅名の由来。

KK04 青物横丁 あおものよこちょう

2.2 km（0.8 km）
開 1904（明治37）年5月8日
改 時期不詳（青物横町）
住 東京都品川区南品川 3-1-20
乗 30,748 人

江戸時代に近隣の農民が青物（野菜、山菜）を持ち寄って市場を開いた場所であったことが駅名の由来。品川区内に特急停車駅をという都からの要請によって、1968（昭和43）年6月21日から特急停車駅に格上げされた。

KK05 鮫洲 さめず

2.7 km（0.5 km）
開 1904（明治37）年5月8日
住 東京都品川区東大井 1-2-20
乗 9,348 人

地名の由来は、海に張り出した洲があったこと、この地に鮫が打ち上げられたことなど諸説がある。遠浅の海は海苔の養殖にも好適で、大森、羽田とともに、明治から昭和初期にかけての、この地域の特産品だった。

KK06 立会川 たちあいがわ

3.5 km（0.8 km）
開 1904（明治37）年5月8日
住 東京都品川区東大井 2-23-1
乗 15,802 人

駅名は近隣を流れる川の名前から。この名は滝間川と呼ばれていた流れが転化したという説もあり、目黒区碑文谷を水源として、東京湾に注いでいる。大井競馬場へは徒歩12分。レース開催日には当駅を利用する乗客も多い。

KK07 大森海岸 おおもりかいがん

4.8 km（1.3 km）
開 1901（明治34）年2月1日
改 1904（明治37）年5月8日（八幡）
1933（昭和8）年7月1日（海岸）
住 東京都品川区南大井 3-32-1
乗 12,181 人

京浜電気鉄道の時代、官営の大森停車場前延伸に際して開業。1937（昭和12）年8月まで大森停車場前に向かう支線が分岐した。現在はしながわ水族館、天然温泉など、駅の周辺にレジャー施設が数多い。

KK08 平和島 へいわじま

5.7 km（0.9 km）
開 1901（明治34）年2月1日
改 時期不詳（沢田）
1961（昭和36）年9月1日（学校裏）
住 東京都大田区大森北 6-13-11
乗 38,971 人

平和島とは1939（昭和14）年に埋め立てが開始された人工島。戦中は捕虜の、戦後は戦犯の収容施設としても使用された。現在はその跡地に平和観音が建立され、島内には競艇場を中心とした娯楽施設が並んでいる。

KK09 大森町 おおもりまち

6.5 km（0.8 km）
開 1952（昭和27）年12月15日
住 東京都大田区大森西 3-24-7
乗 19,215 人

道路上の停留所として開業した駅。太平洋戦争の終戦直前にいったん休止となり、それからおよそ4年後に廃止となるが、さらにそれから3年後に営業が再開された。駅周辺の復興が進んだことが駅再開の理由であったという。

KK10 梅屋敷 うめやしき

7.2 km（0.7 km）
開 1901（明治34）年2月1日
住 東京都大田区蒲田 2-28-1
乗 14,545 人

道路上の停留所として開業。駅名は近隣に漢方薬の販売と茶店を兼ねた屋敷があり、梅屋敷と呼ばれていたことから。ここは明治天皇のお気に入りの場所でもあったという。跡地は聖跡蒲田梅屋敷公園になっている。

KK11 京急蒲田 けいきゅうかまた

8.0 km（0.8 km）
開 1901（明治34）年2月1日
改 1925（大正14）年11月（蒲田）
1987（昭和62）年6月1日（京浜蒲田）
住 東京都大田区蒲田 4-50-10
乗 54,259 人

JR蒲田駅とともに大田区南部の中心駅。かつてこの辺りに蒲（がま）が茂っていたことが地名の由来とも。2012（平成24）年10月21日に上下線ともホームの高架化を完了。環状八号線との平面交差が解消した。

KK18 雑色 ぞうしき

9.4 km（1.4 km）
開 1901（明治34）年2月1日
住 東京都大田区仲六郷 2-42-1
乗 27,889 人

鎌倉時代に宮中の雑役が多く住んでいたことから一風変わった地名が生まれた。ただし、地名は明治末期に六郷村に吸収される形で消滅し、今は駅名のみに残っている。

KK19 六郷土手 ろくごうどて

10.6 km（1.2 km）
開 1901（明治34）年2月1日

改 時期不詳(六郷堤)
住 東京都大田区仲六郷 4-27-11
乗 14,787 人

近隣の駅からやや遅れて明治末期に開業。1971(昭和46)年から行なわれた六郷川橋梁の架け替え工事に合わせて、駅が高架化された。多摩川河川敷に多く造られたスポーツ施設へのアクセスにも好適な駅。

KK20 京急川崎 けいきゅうかわさき

11.8 km(1.2 km)
開 1902(明治35)年 9 月 1 日
改 1925(大正14)年11月(川崎)
　1987(昭和62)年 6 月 1 日(京浜川崎)
住 神奈川県川崎市川崎区砂子 1-3-1
乗 112,923 人

京急電鉄の川崎駅として 2 代目となる駅。初代川崎駅は六郷橋の西詰に設けられていた。1966(昭和41)年12月10日に本線の高架化を完成。営業運転を止めずに行なう工事は、同社の歴史の中でも屈指の難工事だった。

KK27 八丁畷 はっちょうなわて

13.1 km(1.3 km)
開 1916(大正 5)年12月25日
住 神奈川県川崎市川崎区池田 1-6-1
乗 18,114 人(JR線を含む)

JR南武線が接続する。八丁畷とは川崎宿からあぜ道が八丁続いていたことに由来。京浜急行より遅れて達した南武鉄道の線路が、京浜電気鉄道の線路を跨ぐ形となった。現在はJRとの共同使用駅で、駅業務は京急電鉄が担当。

KK28 鶴見市場 つるみいちば

13.8 km(0.7 km)
開 1905(明治38)年12月24日
改 1927(昭和 2)年 4 月(市場)
住 神奈川県横浜市鶴見区市場大和町 7-1
乗 18,102 人

青物横丁と同様にこの付近に市が立っていたことが駅名に残された。この市は海産物を扱い、その起源は室町時代に遡る。永平寺と並ぶ曹洞宗の大本山である総持寺が近いこともあり、土産品となる和菓子も発達した。

KK29 京急鶴見 けいきゅうつるみ

15.3 km(1.5 km)
開 1905(明治38)年12月24日
改 1925(大正14)年11月 1 日(鶴見)
　1987(昭和62)年 6 月 1 日(京浜鶴見)
住 神奈川県横浜市鶴見区鶴見中央 1-30-22
乗 28,323 人

鎌倉時代に頼朝が鶴を放ったことが地名の由来とも伝えられる鶴見は、東海道の「間の宿」(宿場と宿場の間に休憩所などを揃えた施設)として成立。官設鉄道が駅を設け、京急もその隣接地に駅を設けた。

KK30 花月総持寺 かげつそうじじ

16.1 km(0.8 km)
開 1914(大正 3)年 4 月12日
改 2020(令和 2)年 3 月14日(花月園前)
住 神奈川県横浜市鶴見区生麦 5-1-3

乗 6,222 人

2020(令和 2)年 3 月14日に「花月園前」から駅名を変更。花月園は1914(大正 3)年 3 月に開業した遊園地で、戦後に閉園した後、跡地が競輪場となっていた時代もあった。現在は公園、宅地として整備が進められている。

KK31 生麦 なまむぎ

16.9 km(0.8 km)
開 1905(明治38)年12月24日
住 神奈川県横浜市鶴見区生麦 3-1-35
乗 26,126 人

江戸時代に地元民がここに麦を撒き、歩きやすい地形としたことが地名となった。薩長戦争のきっかけとなった生麦事件の現場へは徒歩10分。1967(昭和42)年11月19日に、京急電鉄では初めての橋上式駅舎が完成した。

KK32 京急新子安 けいきゅうしんこやす

18.3 km(1.4 km)
開 1910(明治43)年 3 月27日
改 1943(昭和18)年11月 1 日(新子安)
　1987(昭和62)年 6 月 1 日(京浜新子安)
住 神奈川県横浜市神奈川区子安通 3-289
乗 7,028 人

1909(明治42)年に埋立地を活用した海水浴場が開設され、昭和初期まで賑わっていた。しかし、工場の進出によって20年ほどで閉鎖される。現在、駅の周囲には工場がずらりと並んでいる。JR新子安駅が山側に隣接する。

KK33 子安 こやす

19.3 km(1.0 km)
開 1905(明治38)年12月24日
住 神奈川県横浜市神奈川区子安通 1-46
乗 6,548 人

現在は普通のみが停車するが、ホームは 2 面 4 線を備え、特急が停車した時代もあった。隣の神奈川新町駅の整備が進んだことで、当駅が格下げされた形となっている。駅出入口の先に大口商店街が続いている。

KK34 神奈川新町 かながわしんまち

20.0 km(0.7 km)
開 1915(大正 4)年 8 月21日
　1927(昭和 2)年 4 月(新町)
住 神奈川県横浜市神奈川区亀住町 19-1
乗 16,187 人

開業時の駅名は新町で、駅のある一帯が東海道神奈川宿の東端にあたり、新町と呼ばれていたことによる。フランス領事館跡、オランダ領事館跡など史跡が点在している。新町検車区が隣接し、運用の中核となっている。

KK35 京急東神奈川 けいきゅうひがしかながわ

20.5 km(0.5 km)
開 1905(明治38)年12月24日
改 時期不詳(仲木戸)
　2020(令和 2)年 3 月14日(仲木戸)
住 神奈川県横浜市神奈川区東神奈川 1-11-5
乗 21,471 人

JR東神奈川駅が北側に並行し、両駅の改札口はペデストリアンデッキで連絡されている。明治末期にJR横浜線の前身である横浜鉄道が港に達する貨物線を建設。この際に駅が高架化され、立体交差とした。

京急東神奈川駅　2024.5.10　写真:結解学

KK36 神奈川 かながわ

21.5 km(1.0 km)
開 1930(昭和 5)年 3 月29日
改 1930(昭和 5)年 4 月 6 日(青木橋)
　1956(昭和31)年 4 月20日(京浜神奈川)
住 神奈川県横浜市神奈川区青木町 1-1
乗 4,065 人

官設鉄道(現・東海道本線)に神奈川駅が設けられていた時代、同駅に隣接する形で京浜急行の初代神奈川駅が設けられた。官設鉄道神奈川駅の廃止にともなって、0.3km北に移転し、現在地に 2 代目の京浜電鉄神奈川駅が設けられている。

KK37 横浜 よこはま

22.2 km(0.7 km)
開 1930(昭和 5)年 2 月 5 日
住 神奈川県横浜市西区高島 2-16-1
乗 277,855 人

6 社局の路線が集結する、神奈川県を代表する駅。現代の横浜駅は 3 代目にあたるが、この駅の完成時に京浜急行も乗り入れを果たした。ホームは 2 面 2 線で、番線表示はJRと通し番号が付されている。

KK38 戸部 とべ

23.4 km(1.2 km)
開 1931(昭和 6)年12月26日
住 神奈川県横浜市西区戸部本町 48-11
乗 15,161 人

京浜電気鉄道の日ノ出町延伸時に高架上の駅として開業。南太田まで続く高架線は姿を変えず、今日まで使用されている。駅の北側で線路は国道 1 号線を跨ぎ、南側で線路は野毛山に掘られたトンネルを潜る。

KK39 日ノ出町 ひのでちょう

24.8 km(1.4 km)
開 1931(昭和 6)年12月26日
住 神奈川県横浜市中区日ノ出町 1-31
乗 24,568 人

駅の南側一帯は入江だった場所で、江戸時代前期に「吉田新田」の名で開拓が進んだ。横浜港の開港後にいち早く繁華街となるが関東大震災でほぼ焼失。その後に造られた震災復興橋が多く残っている。

KK40 黄金町 こがねちょう

25.6 km(0.8 km)
開 1930(昭和5)年4月1日
住 神奈川県横浜市南区白金町1-1
乗 21,056人

日ノ出町駅と同様に「吉田新田」の名で埋め立てが進んだ地域。開発を手掛けた吉田勘兵衛は摂津国生まれの材木商で、横浜の発展に大きく貢献。横浜市中区には今も吉田町という町名が残されている。

KK41 南太田 みなみおおた

26.5 km(0.9 km)
開 1930(昭和5)年4月1日
住 神奈川県横浜市南区南太田1-25-1
乗 16,130人

駅周辺は江戸時代までは太田村を名乗り、三河出身の太田屋佐兵衛が開発を進めたことが地名の由来。明治期の町制施行の際に、現在の関内駅近くにすでに太田町があったことから、当地は南太田を名乗った。

KK42 井土ヶ谷 いどがや

27.7 km(1.2 km)
開 1930(昭和5)年4月1日
住 神奈川県横浜市南区井土ヶ谷中町161
乗 25,732人

江戸時代末期の横浜港開港時に、神奈川宿と港を結ぶ道はなく、急遽「よこはまみち」を名乗る連絡道が造られ、この道は井土ヶ谷を経由した。このことから井土ヶ谷は早くから拓け、今も下町の雰囲気が湛えられている。

KK43 弘明寺 ぐみょうじ

29.1 km(1.4 km)
開 1930(昭和5)年4月1日
住 神奈川県横浜市南区弘明寺町山下267
乗 26,267人

駅名に採られた弘明寺は、横浜市内最古と伝えられる真言宗の寺院。湘南電気鉄道が建設された際に寺院が用地を提供したことから開業時の駅舎は朱塗りの寺院風で造られた。駅舎は1984(昭和59)年に橋上式に姿を変えている。

KK44 上大岡 かみおおおか

30.8 km(1.7 km)
開 1930(昭和5)年4月1日
住 神奈川県横浜市港南区上大岡西1-6-1
乗 122,376人

横浜市営地下鉄と接続する、横浜市中南部の中核。駅に直結する10階建てのショッピングビルが地域のランドマークとなっている。学校の誘致などで活性化が図られていた街が、鉄道の開業によって大きく姿を変えた。

KK45 屏風浦 びょうぶがうら

33.0 km(2.2 km)
開 1930(昭和5)年4月1日
改 時期不詳(屏風ヶ浦)
住 神奈川県横浜市磯子区森3-18-6
乗 16,023人

海岸線に沿って崖が長く続く地形が屏風に例

えられ、この地名が生まれた。ただし近年は埋め立てが進み、印象はずいぶん変わっている。戦時中はこの一帯が要塞地帯となり、一般乗客の利用にも制限が加えられていた。

KK46 杉田 すぎた

34.3 km(1.3 km)
開 1930(昭和5)年7月10日
住 神奈川県横浜市磯子区杉田2-1-9
乗 30,217人

駅近くの東漸寺に立つ名木「旗立杉」が地名となった。1970(昭和45)年3月には国鉄(現・JR根岸線)に新杉田駅が開業するが、当駅の駅名に変更はなし。2010(平成22)年5月16日から急行停車駅に格上げされた。

KK47 京急富岡 けいきゅうとみおか

36.7 km(2.4 km)
開 1930(昭和5)年7月10日
改 1963(昭和38)年11月1日(湘南富岡)
　 1987(昭和62)年6月1日(京浜富岡)
住 神奈川県横浜市金沢区富岡西7-1-1
乗 18,494人

海水浴客の便宜を図って臨時駅として開設された駅。当時は駅の近くに海岸線が延びていたというが、埋め立てで地形が変わってしまった。小高い丘が連続する地形が「十三岡」と呼ばれたことが地名の由来。

KK48 能見台 のうけんだい

37.4 km(0.7 km)
開 1944(昭和19)年5月10日
改 1982(昭和57)年12月1日(谷津坂)
住 神奈川県横浜市金沢区能見台通2-1
乗 28,786人

1982(昭和57)年12月までの駅名は「谷津坂」。京急が進めた宅地開発に歩調を合わせる形で駅名が変更されている。戦時中までは近隣に兵器工場があり、工場側が駅を建設して、電鉄会社に寄付したという。

KK49 金沢文庫 かなざわぶんこ

39.5 km(2.1 km)
開 1930(昭和5)年4月1日
住 神奈川県横浜市金沢区谷津町384
乗 58,934人

隣の金沢八景駅との間に金沢検車区があり、神奈川新町と同様に運転の中枢となっている。当駅で連結、切り離しを行なう列車も多い。駅名は北条実時が収集した書物を保管する文庫が、この地に建つ弥勒寺にあったことから。

KK50 金沢八景 かなざわはっけい

40.9 km(1.4 km)
開 1930(昭和5)年4月1日
住 神奈川県横浜市金沢区瀬戸15-1
乗 54,573人

江戸時代に清から来日した心越禅師が、この地の風景を故郷の瀟湘八景になぞらえたことが地名の由来。波穏やかな入江は広重の作品にも描かれた。新交通システム金沢シーサイドラインが接続する。

KK54 追浜 おっぱま

42.8 km(1.9 km)
開 1930(昭和5)年4月1日
住 神奈川県横須賀市追浜町3-3
乗 36,171人

副駅名は「横須賀スタジアム」。もともとは水田が広がる静かな土地が、大正時代になって海軍航空隊が置かれたことから変貌を始めた。1932(昭和7)年には海軍工廠も設置され、駅の利用客が急増した。

KK55 京急田浦 けいきゅうたうら

44.5 km(1.7 km)
開 1930(昭和5)年4月1日
改 1963(昭和38)年11月1日(湘南田浦)
　 1987(昭和62)年6月1日(京浜田浦)
住 神奈川県横須賀市船越町5-2
乗 11,212人

開業時の駅名は「湘南田浦」。海岸線が入り組んだ地形が「手浦」と呼ばれ、鎌倉時代には「田浦」という呼び名が定着している。大正時代の町制施行時に田浦町が生まれ、この町名は後に消滅したが、駅名にその名が残された。

KK56 安針塚 あんじんづか

47.1 km(2.6 km)
開 1934(昭和9)年10月1日
改 1940(昭和15)年10月1日(軍需部前)
住 神奈川県横須賀市長浦町2-32
乗 4,152人

開業時の「軍需部前」という駅名は、軍施設の所在を隠すべく変更。現行の駅名は徒歩25分の場所にある江戸時代の外交顧問・三浦按針の供養塔から。ただし、分かりやすさに配慮してか、駅名には「安」の字があてられた。

KK57 逸見 へみ

48.2 km(1.1 km)
開 1930(昭和5)年4月1日
住 神奈川県横須賀市東逸見町2-18
乗 4,472人

トンネルに挟まれた狭隘な場所に建つ駅。ホーム上からも安針塚方向にトンネルが連続しているのが見える。起伏ある地形が広がり、横須賀市内には道路用をあわせると200以上ものトンネルがあるという。

KK58 汐入 しおいり

49.2 km(1.0 km)
開 1930(昭和5)年4月1日
改 1940(昭和15)年10月1日(横須賀軍港)
　 1961(昭和36)年9月1日(横須賀汐留)
住 神奈川県横須賀市汐入町2-41
乗 19,748人

開業時の駅名は「横須賀軍港」だったが、安針塚同様に施設の秘匿を目的として変更された。米軍兵向けの飲食街が並ぶ「どぶ板通」が駅の裏手から続く。ただし、近年は観光客も増えているようだ。

KK59 横須賀中央 よこすかちゅうおう

49.9 km(0.7 km)

開 1930(昭和5)年4月1日
住 神奈川県横須賀市若松町2-25
乗 58,202人

JR横須賀駅へは徒歩20分。JR横須賀駅は海沿いに建つが、当駅は駅名の通り、横須賀市中央の繁華街に面して建ち、この一画は鉄道開業前から「中央」と呼ばれていた。この地も明治期以降の埋め立てによって発展した。

横須賀中央駅　2024.4.13　写真：結解学

KK60 県立大学 けんりつだいがく

51.1 km(1.2 km)
開 1930(昭和5)年4月1日
改 1963(昭和38)年11月1日(横須賀公郷)
　 1987(昭和62)年6月1日(京急安浦)
　 2004(平成16)年2月1日(京急安浦)
住 神奈川県横須賀市安浦町2-28
乗 10,590人

駅名に採られた神奈川県立保健福祉大学は徒歩7分。旧駅名の「京急安浦」は、この地の海が安田保善社という不動産会社によって埋め立てられたことによる。現在はさらに埋め立て地が広がり、海は駅から遠く離れてしまった。

KK61 堀ノ内 ほりのうち

52.3 km(1.2 km)
開 1931(昭和6)年4月1日
改 1961(昭和36)年9月1日(横須賀堀内)
住 神奈川県横須賀市三春町3-45
乗 10,841人

当駅で久里浜線が分岐する。1942(昭和17)年12月1日に久里浜線が久里浜まで開業した際に現在地に移転した。以後、配線の変更も行なわれているが、下り寄りに設置された分岐器の直進方向は浦賀向きで設置されている。

KK62 京急大津 けいきゅうおおつ

53.1 km(0.8 km)
開 1930(昭和5)年4月1日
改 1963(昭和38)年11月1日(湘南大津)
　 1987(昭和62)年6月1日(京急大津)
住 神奈川県横須賀市大津町1-11-19
乗 4,416人

木造平屋の駅舎の脇に赤い鳥居が建つ。これは1713(正徳3)年創建と伝えられる大津宿守稲荷のもので、元々は駅構内となる場所に建っていたものが、鉄道が開通した際に一度撤去され、のちに改めて祀られたものだ。

KK63 馬堀海岸 まぼりかいがん

54.2 km(1.1 km)
開 1930(昭和5)年4月1日
住 神奈川県横須賀市馬堀町3-20-1
乗 7,815人

馬堀という地名は、上総の国からこの地に泳ぎ着いた馬が、掘った場所から水が湧き出したという言い伝えから。鉄道が開業した時代は駅の近くに海岸線が延び、夏は海水浴客で賑わったというが、今は埋立地が広がっている。

KK64 浦賀 うらが

55.5 km(1.3 km)
開 1930(昭和5)年4月1日
住 神奈川県横須賀市浦賀1-1-1
乗 16,394人

本線の終着駅。浦賀には江戸時代から奉行所が置かれ、近代は重要港、造船の町として栄えてきた。今も駅の近隣に浦賀ドックがあり、海運との繋がりの強さが窺える。駅周辺から港のある一帯には史跡も多い。

久里浜線

KK65 新大津 しんおおつ

品川から53.1 km(0.9 km)
開 1942(昭和17)年12月1日
改 1948(昭和23)年2月1日(鳴神)
住 神奈川県横須賀市大津町4-7-1
乗 6,060人

開業時の駅名「鳴神」は戦時中に日本が占領していたことがあるキスカ島の日本国内での呼び名。戦意高揚を図って採用された。駅周辺ののどかな雰囲気は、開業時からほとんど変わっていないという。

KK66 北久里浜 きたくりはま

54.0 km(0.9 km)
開 1942(昭和17)年12月1日
改 1948(昭和23)年2月1日(昭南)
　 1963(昭和38)年11月1日(湘南井田)
住 神奈川県横須賀市根岸町2-29-1
乗 22,245人

開業時の駅名は「昭南」。これは戦時中にシンガポールにつけられた日本国内での呼び名で、新大津と同様の意匠。現在の駅周辺は高級住宅地として発展。隣の京急久里浜駅との間に久里浜工場がある。

KK67 京急久里浜 けいきゅうくりはま

56.8 km(2.8 km)
開 1942(昭和17)年12月1日
改 1944(昭和19)年4月1日(久里浜)
　 1963(昭和38)年11月1日(湘南久里浜)
　 1987(昭和62)年6月1日(京急久里浜)
住 神奈川県横須賀市久里浜4-4-10
乗 36,859人

久里浜という地名はもともと栗浜、あるいは九里浜と書かれていたといい、これは岬に挟まれた場所、海岸に沿った平地を指している。当駅からJR久里浜駅までは4分。久里浜の繁華街は当駅を中心として広がっている。

KK68 YRP野比 わいあーるぴーのび

59.5 km(2.7 km)
開 1963(昭和38)年11月1日
改 1998(平成10)年4月1日(野比)
住 神奈川県横須賀市野比1-9-1
乗 14,211人

全国的にも珍しいアルファベット付きの駅名。これは京急が開発した情報・通信の開発拠点「横須賀リサーチパーク」にちなんだもので、施設開業の翌年に駅名が変更された。同施設は駅から1kmの丘の上に建つ。

KK69 京急長沢 けいきゅうながさわ

60.8 km(1.3 km)
開 1966(昭和41)年3月27日
改 1987(昭和62)年6月1日(京浜長沢)
住 神奈川県横須賀市長沢1-35-1
乗 6,210人

長沢という地名は細長い土地というところから生まれた。その名のとおり、駅の周辺も山地が海岸線近くまで迫っている。この地形を生かす形で、標高189mの三浦富士を中心としたハイキングコースが設定されている。

KK70 津久井浜 つくいはま

62.0 km(1.2 km)
開 1966(昭和41)年3月27日
住 神奈川県横須賀市津久井4-2-1
乗 5,859人

中世に三浦半島一帯を支配した三浦一族の御家人・津久井義行の住居があったことが地名の由来。駅周辺にはハイキングコースや観光農園が多く、自然との触れ合いを楽しむのに好適なスポットとなっている。

KK71 三浦海岸 みうらかいがん

63.5 km(1.5 km)
開 1966(昭和41)年7月7日
住 神奈川県三浦市南下浦町上宮田1497
乗 8,968人

建設計画時の駅名は「上宮田」とされていたが、観光客誘致にも好適な名称が採用された。その海岸には徒歩3分。ホームは12両対応という長いもので、往年の海水浴客輸送の隆盛ぶりが窺える。

KK72 三崎口 みさきぐち

65.7 km(2.2 km)
開 1975(昭和50)年4月26日
住 神奈川県三浦市初声町下宮田495
乗 13,210人

久里浜線の終着駅。遠洋漁港の基地として知られる三崎港はバスで20分。多くの観光客が当駅からバスで三崎港、城ケ島などに向かう。駅は標高32mの台地の上にあり、これは京急全駅の中で最高。もちろん最南端の駅だ。

逗子線

KK51 六浦 むつうら

品川から42.2 km(1.3 km)
開 1949(昭和24)年3月1日
住 神奈川県横浜市金沢区六浦5-1-1
乗 13,794人

1943(昭和18)年12月15日に海軍関係者のみが利用できる仮駅「六浦荘」として誕生。戦

125

後になって一般客の利用が開始された。当駅から北には、総合車両所で製作された車両を輸送するための三線軌条が敷設されている。

KK52 神武寺 じんむじ

45.0 km(2.8 km)
開 1931(昭和6)年4月1日
住 神奈川県逗子市池子2-11-2
乗 5,122人

　逗子最古といわれる医王山神武寺は徒歩30分。寺院は恵まれた自然の中に建つ。瀟洒な造りの駅舎は2007(平成19)年3月に改築されたもの。この翌年には隣接する米軍池子住宅地に通じる関係者専用の改札口が新設された。

KK53 逗子・葉山 ずし・はやま

46.8 km(1.8 km)
開 1985(昭和60)年3月2日
改 2020(令和2)年3月14日(新逗子)
住 神奈川県逗子市逗子5-1-6
乗 22,357人

　逗子線の終着駅。湘南電気鉄道の時代に、当駅からさらに南へと路線を延伸し、三崎に至る建設計画が立案されていたが、実現しなかった。葉山方面に向かう数多くのバスが発着。JR逗子駅は徒歩5分。

逗子・葉山駅　2024.4.13　写真：結解学

空港線

KK12 糀谷 こうじや

京急蒲田から0.9 km(0.9 km)
開 1902(明治35)年6月28日
住 東京都大田区西糀谷4-13-19
乗 25,259人

　1902(明治35)年6月の穴守線開業時に、列車交換を主眼に開設された。江戸時代は糀谷屋村と呼ばれていた地域で、麹作りをする人々が住んでいたと考えられる。現在の駅周辺には下町の雰囲気が漂い、活気がある。

KK13 大鳥居 おおとりい

1.9 km(1.0 km)
開 1902(明治35)年6月28日
住 東京都大田区西糀谷3-37-18
乗 25,278人

　穴守稲荷神社の大鳥居が駅名に採られた。現在の空港線が建設された時の主目的は穴守稲荷神社への参拝客輸送があったといい、昔の人々の生活様式が窺える。この大鳥居は関東大震災で倒壊したとも伝えられ現存しない。

KK14 穴守稲荷 あなもりいなり

2.6 km(0.7 km)
開 1902(明治35)年6月28日
改 1956(昭和31)年4月20日(稲荷橋)
住 東京都大田区羽田4-6-11
乗 17,636人

　前身は穴守線開業時の穴守駅で、1915(大正4)年1月の移転によって同じ場所に羽田駅が誕生。これが翌年、稲荷橋に改称されている。現在の駅舎は1991(平成3)年1月16日に使用開始された新しいものだが、神社を思わせる様式が楽しい。

KK15 天空橋 てんくうばし

3.3 km(0.7 km)
開 1993(平成5)年4月1日
改 1998(平成10)年11月18日(羽田)
住 東京都大田区羽田空港1-1-2
乗 15,703人

　東京モノレールと接続。両路線の改札口は近く、乗り換えは容易だ。駅名は1998(平成10)年11月18日の空港線延伸にあわせて公募されたものだ。駅周辺はなおも再開発が続き、近未来的な風景が出現している。

KK16 羽田空港第3ターミナル はねだくうこうだいさんたーみなる

4.5 km(1.2 km)
開 2010(平成22)年10月21日
改 2020(令和2)年3月14日(羽田空港国際線ターミナル)
住 東京都大田区羽田空港2-6-5
乗 16,428人

　2020(令和2)年3月14日に「羽田空港国際線ターミナル」から駅名を変更。もともとは羽田空港の再拡張とともに開業した駅で、改札外のコンコースと空港の出発ロビー、到着ロビーを結ぶエスカレーターが設けられている。

KK17 羽田空港第1・第2ターミナル はねだくうこうだいいち・だいにたーみなる

6.5 km(2.0 km)
開 1998(平成10)年11月18日
改 2020(令和2)年3月14日(羽田空港国内線ターミナル)
住 東京都大田区羽田空港3-3-4
乗 89,728人

　2020(令和2)年3月14日に「羽田空港国内線ターミナル」から駅名を変更。西側の改札口が第1ターミナルに、東側の改札口が第2ターミナルに直結。降り間違いのないよう航空会社をイメージする色が使い分けられている。

大師線

KK21 港町 みなとちょう

1.2 km(1.2 km)
開 1932(昭和7)年3月21日
改 1944(昭和19)年2月1日(コロムビア前)
住 神奈川県川崎市川崎区港町1-1
乗 7,064人

　昭和初期に開業。戦時中にいったん営業休止となるが、およそ8カ月後に駅名を現行のものに改めて再開業した。長く駅員の配置がなかったが、1956(昭和31)年10月に川崎寄りに300m移転し、駅員も配置された。

KK22 鈴木町 すずきちょう

2.0 km(0.8 km)
開 1929(昭和4)年12月10日
改 1944(昭和19)年10月20日(味の素前)
住 神奈川県川崎市川崎区鈴木町2-2
乗 9,973人

　「味の素」の創業者・鈴木三郎助にちなんでこの一画が鈴木町を名乗り、駅前もそこから採られた。今も駅前に「味の素」川崎営業所が建ち、この地域と「味の素」の深い関わりを感じることができる。

KK23 川崎大師 かわさきだいし

2.5 km(0.5 km)
開 1899(明治32)年1月21日
改 1925(大正11)年(大師)
住 神奈川県川崎市川崎区大師駅前1-18-1
乗 15,634人

　京浜急行の前身・大師電気鉄道が創業時に開設した駅で、今も駅舎の近くに記念碑が建つ。初詣の発祥地とも言われ、江戸時代の風習「年籠り」を採り入れた京浜急行の営業戦略で、年始の川崎大師詣では恒例行事となった。

KK24 東門前 ひがしもんぜん

3.2 km(0.7 km)
開 1944(昭和19)年6月1日
住 神奈川県川崎市川崎区中瀬3-23-10
乗 11,945人

　平間寺の東側にある駅で、当駅から平間寺に向かう人も多い。当駅が開設された時に残っていた「羽田の渡し」に向かう道に面して建てられた駅だったが、渡し船は1939(昭和14)年に姿を消した。

KK25 大師橋 だいしばし

3.8 km(0.6 km)
開 1944(昭和19)年6月1日
改 2020(令和2)年3月14日(産業道路)
住 神奈川県川崎市川崎区大師河原2-4-25
乗 9,656人

　川崎大師駅から当駅までの区間は、戦時中に軍部の要請によって開業した。2019(平成31)年3月3日に地下化が完成。駅名に採られた大師橋は、多摩川に架かり、都道・神奈川県道6号(産業道路)を通している。

KK26 小島新田 こじましんでん

4.5 km(0.7 km)
開 1944(昭和19)年10月1日
住 神奈川県川崎市川崎区田町2-13-5
乗 20,502人

　大師線の終点。かつては線路がさらに南に延び、0.9km先に塩浜駅があったが、塩浜操駅(現・川崎貨物駅)建設のために廃止となった。江戸時代後期に小島氏がこの地を開拓したことが、今も駅名に残されている。

車窓メモリアル 私鉄編

京急電鉄　旧平沼駅跡

横浜大空襲のリアル

1958（昭和33）年の旧平沼駅跡。駅を覆う屋根の鉄骨が残されている。写真提供：京急電鉄

　今に残る戦争遺構として広島市の原爆ドームは有名だが、実は横浜市に似た遺構があった。それが京急電鉄の旧平沼駅跡である。

　旧平沼駅は1931（昭和6）年12月26日に開業（当時は湘南電気鉄道）。現在の京急電鉄横浜～黄金町間の開通時、戸部、日ノ出町とともに誕生している。この開通によって品川～三浦半島が直結したというメモリアルの区間なのだが、のちの戦時体制下で駅の統廃合が行なわれ、1943（昭和18）年6月30日の休止を経て、1944（昭和19）年に廃止される。そしてその翌年5月29日、横浜大空襲で焼け落ちるのである。とくに人身被害が大きく、黄金町駅付近のガード下が、もっとも甚大だったといわれる。

　戦後も駅は復活することはなかったが、焼け落ちた姿のまま保存された。実は、戦争の犠牲者への鎮魂や平和への願いを込めた同社の方針だったという。時にペンキを塗り直し、ホームを修復までしてこの姿が守られていて、この区間を走る電車に乗るたびに、車窓から望むことができた。当時、どれくらいの乗客がこの駅跡に気づいていたか、わからないが、日常の車内風景が、突然荒廃した鉄骨屋根に包まれるくぐる一瞬は、何とも言えない恐怖感すら、覚えたものだ。

　さすがに近年は鉄骨が崩れる危険が出て、1999（平成11）年に屋根組みが撤去されたが、ホーム跡は現在も残されていて、車窓からもその様子が確認できる。戦争の悲惨さを今に伝える、生きた教材と言えよう。

東急電鉄
とうきゅうでんてつ

社 名	東急株式会社
住 所	東京都渋谷区南平台町5-6
会社設立	1922(大正11)年9月2日
線 名	東横線、目黒線、東急多摩川線、田園都市線、大井町線、こどもの国線、池上線、世田谷線、東急新横浜線
運転方式	電化
運輸開始	1923(大正12)年3月11日

▲東急電鉄の標準型車両、東横線5050系。菊名〜妙蓮寺 2017.3.25

歴 史

　1922(大正11)年9月2日、田園都市株式会社は鉄道部門として、目黒蒲田電鉄の創立総会が開催された。1923(大正12)年3月に目黒蒲田電鉄の目黒線目黒〜丸子間が開業し、同年11月1日には蒲田線丸子〜蒲田間が開業。目黒〜蒲田間が全通したことで、線名を目蒲線とした。1924(大正13)年10月25日に敷設免許を得ても開業の目途がたたない武蔵電気鉄道の商号を東京横浜電鉄に改め、敷設工事を進めることになった。1926(大正15)年2月14日、東京横浜電鉄神奈川線の丸子多摩川〜神奈川間の営業運転が開始され、目黒〜神奈川間が直通運転となり、目蒲線は分断されて丸子多摩川駅(神奈川線開業時に多摩川駅から改称)〜蒲田間の折り返し運転となった。1927(昭和2)年8月28日に渋谷隧道の開通で渋谷〜神奈川間が全通し、路線名称は東横線に統一された。東京市内中心部や横浜市内中心部への延伸を画策していた東京横浜電鉄は、まずは既免許区間である神奈川〜高島町間に加え、桜木町、伊勢佐木町、上大岡を経由して鎌倉町に至る敷設免許を申請した。1928(昭和3)年5月18日に東横線の神奈川〜横浜〜高島間、1932(昭和7)年3月31日に高島〜桜木町間が開業し、渋谷〜桜木町間が全通した。

　1927(昭和2)年7月6日、目黒蒲田電鉄が建設していた大井町線の大井町〜大岡山間が開業した。1929(昭和4)年11月1日に二子玉川〜自由ヶ丘間、同年12月25日には大岡山〜自由ヶ丘間が開業し、二子玉川大岡山〜二子玉川間が全通した。これにより、大井町〜二子玉川間が直通運転となり、同区間の線名を大井町線に改めた。

　1933(昭和8)年7月10日、目黒蒲田電鉄は池上電気鉄道を買収し、五反田〜蒲田間の同社路線を池上線とした。日蓮宗の長榮山本門寺(池上本門寺)の参詣客を輸送する鉄道として計画された池上電気鉄道は、1922(大正11)年10月6日に池上〜蒲田間で営業を開始。1923(大正12)年5月4日に池上〜雪ヶ谷(現・雪が谷大塚)間、1928(昭和3)年6月17日に大崎広小路〜五反田間が開通して蒲田〜五反田間が全通。同年10月5日には雪ヶ谷〜新奥沢間の支線が開業したが、目黒蒲田電鉄と東京横浜電鉄に行く手を阻まれてしまった。

　1936(昭和11)年10月22日、東京横浜電鉄が玉川電気鉄道の株式の過半数を得て、同社を傘下に収めた。そして1938(昭和13)年4月1日に両社は合併して東京横浜電鉄が存続会社となった。玉川電気鉄道は1907(明

▲ 世田谷線300形の招き猫ラッピング電車。西太子堂〜若林　2017.9.25

◀ 東急では2代目にあたる6000系は、大井町線で活躍。等々力〜尾山台　2014.5.9

Mile stone 東急電鉄

いつかは東急沿線に、の憧景へ。
独特の沿線文化を育むその歩み。

▲ オールステンレスの7000形には、台車外側のディスクブレーキ式が採用されていた。
綱島付近　1962.1

▲ 営団地下鉄日吉〜北千住間相互直通運転。地下鉄とレールが繋がり、都心部と直結した。
中目黒　1964.8.28

▲ 田園都市線開通で、残った玉電の支線は世田谷線として再出発。西大子堂〜若林1976.12.22

　治40)年3月6日に道玄坂上〜三軒茶屋間、同年4月1日に三軒茶屋〜玉川間、同年8月11日に渋谷〜道玄坂上間が開業し、多摩川の砂利輸送と行楽客輸送で業績を伸ばし、1924(大正13)年3月1日に砧線玉川〜砧間、同年5月21日に渋谷橋〜天現寺橋間、1925(大正14)年1月18日に三軒茶屋〜世田谷間、同年5月1日に世田谷〜下高井戸間、そして1927(昭和2)年3月29日に渋谷橋〜中目黒間、同年7月15日に玉川〜溝ノ口間が開通。明治期に創業した東急グループで古参の会社であった。
　1939(昭和14)年10月1日、存続会社である目黒蒲田電鉄の臨時株主総会において、商号を東京横浜電鉄に改めることに決議した。田園都市開発の中心的な役割を果たしてきた目黒蒲田電鉄の商号は消えることとなった。1942(昭和17)年5月1日、東京横浜電鉄は京浜電気鉄道(現・京浜急行電鉄)と小田急電鉄の両社を合併し、商号を東京急行電鉄と改めた。さらに1944(昭和19)年5月31日に京王電気軌道を合併して、戦後の各社分離独立まで「大東急」と呼ばれる時代が続いた。
　戦後は1948(昭和23)年6月1日に京浜急行電鉄、小田急電鉄、京王帝都電鉄が分離独立し、東京急行電鉄は東横線、目蒲線、池上線、大井町線、玉川線の5路線となった。車両の復興整備が進み、東横線での急行運転が開始され、5000系、セミステンレス車の5200系が登場した。1955(昭和30)年の都市交通審議会の第1号答申で「地下鉄2号線は営団日比谷線中目黒〜北千住間(東急東横線・東武伊勢崎線直通)」が提出され、東京急行電鉄は地下鉄2号線との直通運転に備え、1963(昭和38)年2月に日比谷線と接続する中目黒駅と直通列車が折り返す日吉駅の改良工事に着手し

た。1964(昭和39)年7月22日に日比谷線恵比寿〜中目黒間が開業し、先に開業していた霞ケ関〜恵比寿間とあわせ、霞ケ関〜中目黒間での運転が開始された。そして、同年8月29日に全線が開業し、東武伊勢崎線・営団日比谷線・東急東横線の相互直通運転が開始された。
　1966(昭和41)年4月1日に田園都市線溝の口〜長津田間、1968(昭和43)年4月1日に長津田〜つくし野間が開通した。田園都市線の延伸工事と合わせて、長津田〜こどもの国間のこどもの国線の建設工事が行われ、1967(昭和42)年4月28日に開通した。また、田園都市線と営団半蔵門線を直通運転させる方向で計画が練り直され、1969(昭和44)年9月10日に玉川線が廃止され、三軒茶屋〜下高井戸間が世田谷線として残った。1977(昭和52)年4月7日に新玉川線渋谷〜二子玉川園間が開業し、田園都市線沿線から都心への直通ルートが完成した。1978(昭和53)年8月1日に営団半蔵門線渋谷〜青山一丁目間が開業し、1979(昭和54)年8月12日から田園都市線・新玉川線・半蔵門線の直通運転が開始された。二子玉川園〜大井町間は大井町線、二子玉川園〜つきみ野間を田園都市線とする路線名の変更を行なった。同年9月21日には営団半蔵門線が永田町まで延伸開業した。
　2000(平成12)年8月6日に目蒲線の運行を多摩川園駅で分割し、目黒からは武蔵小杉方面に直通運転することで、東横線の複線化を図った。分断とあわせて多摩川園駅を多摩川駅に改称し、のちに東急多摩川線(西武多摩川線と区別するため)の路線名となった。2009(平成21)年7月11日、二子玉川〜溝の口間の複々線が完成し、大井町線の溝の口延伸運転が開始

129

された。
　2000（平成12）年9月26日、地下鉄側の建設工事が竣工したのを受け、営団地下鉄南北線・都営地下鉄三田線と東急目黒線（同年8月6日に目蒲線から名称変更）との武蔵小杉～赤羽岩淵・西高島平間の相互直通運転を開始した。2001（平成13）年3月28日に埼玉高速鉄道赤羽岩淵～浦和美園間が開業すると、相互直通運転区間は武蔵小杉～浦和美園間に拡大された。2004（平成16）年2月1日に東横線と横浜高速鉄道みなとみらい線横浜～元町・中華街間の相互直通運転を開始した。2008（平成20）年6月には目黒線が日吉まで延伸され、相互直通運転区間が日吉～浦和美園間となった。2009（平成21）年7月11日、二子玉川～溝の口間の複々線が完成し、大井町線の溝の口延伸運転が開始された。
　2013（平成25）年3月16日に東横線代官山～渋谷間の地下化が完成し、東京メトロ副都心線との直通運転が開始された。同時に東急初の相互直通運転となった東京メトロ日比谷線との直通運転を取りやめた。2023（令和5）年3月18日に相鉄新横浜線と東急新横浜線が開業し、相鉄線と東急東横線・目黒線との相互直通運転が開始された。目黒線は相鉄線海老名～浦和美園間となった。

車窓

　宅地開発のための鉄道建設が基本にあったこともあり、各路線の沿線に住宅街、駅周辺には商業ビルや商店街が形成されている。かつて地上にあった渋谷・目黒・横浜などのターミナル駅は地下化され、一部区間の地下化で車窓も変化した。開業時は雑木林や田園風景のあった田園都市線沿線も新興住宅地となり、高架橋の上から街並みを眺めることができる。

車両

　2020系10両編成×30本、3020系8両編成×3本、6020系7両編成×2本、5000系10両編成×33本、5000系8両編成×35本、9000系5両編成×15本、9020系5両編成×3本、7000系3両編成×15本、6000系7両編成×6本、3000系8両編成×13本、1000系3両編成×16本、8000系4両編成×1本＋2両、デハ300形2両編成×10本の計両と事業用車4両の総計1,307両が在籍している。

駅解説

※乗降人数は路線ごとに表記（特記以外）

東横線

渋谷 しぶや
0.0 km（0.0 km）
開 1927（昭和2）年8月28日
住 東京都渋谷区渋谷2-21-13
乗 384,781 人
　東横線の駅だけで一日の乗降客数38万人を数える一大ターミナル。JR、京王電鉄、東京メトロと接続。東横線の駅は、地下5階に島式ホーム2面4線を備え、線路は東京メトロ副都心線と直通している。

代官山 だいかんやま
1.5 km（1.5 km）
開 1927（昭和2）年8月28日
住 東京都渋谷区代官山町19-4
乗 26,201 人
　改札口は地上に、ホームは地下1階部分に相対式2面2線が設けられている。2013（平成25）年3月16日の東横線渋谷地下化にあわせて、渋谷から当駅までの区間も地下化。ホームに隣接していた踏切が廃止された。

中目黒 なかめぐろ
2.2 km（0.7 km）
開 1927（昭和2）年8月28日
住 東京都目黒区上目黒3-4-1
乗 155,782 人（東京メトロを含む）
　東京メトロ日比谷線と接続。ホームは「山手通り」を跨ぐ高架上にあり、1・4番線を東横線が、2・3番線を東京メトロが使用する。当駅の開業時には、近隣に玉川電気鉄道の中目黒駅があった。

祐天寺 ゆうてんじ
3.2 km（1.0 km）
開 1927（昭和2）年8月28日
住 東京都目黒区祐天寺2-13-3
乗 27,927 人
　高架上に相対式ホームが設けられ、上下線の  中央に通過線1線を有する2面3線というスタイル。高架下にはスーパーマーケットなどの商業施設が並んでいる。駅名に採られた浄土宗の名刹、明顕山祐天寺は徒歩5分。

学芸大学 がくげいだいがく
4.2 km（1.0 km）
開 1927（昭和2）年8月28日
改 1936（昭和11）年4月1日（碑文谷）
　1943（昭和18）年12月1日（青山師範）
　1952（昭和27）年7月1日（第一師範）
住 東京都目黒区鷹番3-2-1
乗 67,776 人
　駅名に採られた学芸大学は、1964（昭和39）年にそれまでの世田谷区下馬から小金井市に移転。住民の要望により、学校の移転後も駅名はそのまま残された。ホームは高架上に島式1面2線。

都立大学 とりつだいがく
5.6 km（1.4 km）
開 1927（昭和2）年8月28日
改 1931（昭和6）年7月25日（柿ノ木坂）
　1932（昭和7）年3月31日（府立高等前）
　1943（昭和18）年12月1日（府立高等）
　1952（昭和27）年7月1日（都立高校）
住 東京都目黒区中根1-5-1
乗 44,353 人
　高架上に相対式ホーム2面2線を備える。隣の学芸大学駅と同様に、近隣に建てられた大学にちなんで駅名が採られている。都立大学は1991（平成3）年に八王子市内に移転したが、当駅の駅名も変えられなかった。

自由が丘 じゆうがおか
7.0 km（1.4 km）
開 1927（昭和2）年8月28日
改 1929（昭和4）年10月22日（九品仏）
　1966（昭和41）年1月20日（自由ヶ丘）
住 東京都目黒区自由が丘1-9-8
乗 78,634 人
　1930（昭和5）年に創立された「自由が丘学園高校」に因んで駅名が変更。その後、郵便物な どが「自由ヶ丘駅前〇〇番地」などと書かれるほど定着して1932（昭和7）年に地名にもなった。東横線のホームは高架上に島式ホーム2面4線、大井町線のホームは地上の相対式。二子玉川寄りに電留線があり、これはかつて存在した自由が丘検車区の跡だ。

田園調布 でんえんちょうふ
8.2 km（1.2 km）
開 1923（大正12）年3月11日
改 1926（大正15）年1月1日（調布）
住 東京都大田区田園調布3-25-18
乗 18,507 人
　渋沢栄一の田園都市構想による住宅地として有名。「調布」とは奈良時代の税制・調と河川でさらした布の意味で、多摩川流域に見られる地名。ホームは地下に島式2面4線を設置し、1・4番線を東横線が使用。駅前に旧駅舎がモニュメントとして残されている。

多摩川 たまがわ
9.0 km（0.8 km）
開 1923（大正12）年3月11日
改 1926（大正15）年1月1日（多摩川）
　1931（昭和6）年1月1日（丸子多摩川）
　1977（昭和52）年12月16日（多摩川園前）
　2000（平成12）年8月6日（多摩川園）
住 東京都大田区田園調布1-53-8
乗 11,539 人
　目蒲線として運転されていた目黒線が2000（平成12）年に運行系統を分離。これに備えて駅も改良され、高架上の1・4番線を東横線が使用する形となった。全10基もの古墳がある多摩川台公園の最寄り駅。

新丸子 しんまるこ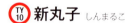
10.3 km（1.3 km）
開 1926（大正15）年2月14日
住 神奈川県川崎市中原区新丸子町766
乗 18,532 人
　目黒線と接続。ホームは高架上に島式2面4線があり、1・4番線を東横線が使用。丸子は中世まで「マリコ」と呼ばれており、その由来

は分かっていないというが、川の渡し守「丸子部」が一説。

[TY 11] 武蔵小杉 むさしこすぎ

10.8 km(0.5 km)
[開]1945(昭和 20)年 6 月 16 日
[住]神奈川県川崎市中原区小杉町 3-472
[乗]140,551 人

目黒線、ＪＲと接続。ＪＲは南武線のほかに、横須賀線、湘南新宿ライン、相鉄直通線の列車などが乗り入れて郊外ターミナルに発展。そのため近年に急速に再開発が進み、タワーマンションが林立する人気の街に変身した。

[TY 12] 元住吉 もとすみよし

12.1 km(1.3 km)
[開]1926(大正 15)年 2 月 14 日
[住]神奈川県川崎市中原区木月 1-36-1
[乗]39,053 人

東横線と目黒線の列車が発着する駅。ホームは高架上に島式 2 面 6 線が設けられている。元住吉検車区が隣接する運転の拠点駅で、元住吉検車区には東武、西武、東京メトロ、相鉄の車両なども留置され、実に賑やかだ。

[TY 13] 日吉 ひよし

13.6 km(1.5 km)
[開]1926(大正 15)年 2 月 14 日
[住]神奈川県横浜市港北区日吉 2-1-1
[乗]126,948 人

東横線の主要駅の一つで、目黒線の列車が当駅まで乗り入れ、2023(令和 5)年 3 月 18 日に東急新横浜線が開業し当駅が分岐駅となった。横浜市営地下鉄が接続。駅の西側には田園調布を模した放射状の道路が延びる。

[TY 14] 綱島 つなしま

15.8 km(2.2 km)
[開]1926(大正 15)年 2 月 14 日
[改]1944(昭和 19)年 10 月 20 日(綱島温泉)
[住]神奈川県横浜市港北区綱島西 1-1-8
[乗]87,731 人

地名の由来は「津(港)の島」や武将・綱島三郎信照など、諸説ある。大正初期にこの地にラジウム温泉が発見され「東京の奥座敷」として賑わい、駅の近くを流れる鶴見川に沿って旅館が並んでいたという。

[TY 15] 大倉山 おおくらやま

17.5 km(1.7 km)
[開]1926(大正 15)年 2 月 14 日
[改]1932(昭和 7)年 3 月 31 日(太尾)
[住]神奈川県横浜市港北区大倉山 1-1-1
[乗]47,872 人

旧地名は「太尾」といい、近世の実業家で教育者でもあった大倉邦彦が建てた「大倉精神文化研究所」にちなんだ駅名改称で、町名にもなった。誘客を目的に目黒蒲田電鉄によって整備された大倉山梅林の最寄り駅でも知られる。

[TY 16] 菊名 きくな

18.8 km(1.3 km)
[開]1926(大正 15)年 2 月 14 日
[住]神奈川県横浜市港北区菊名 7-1-1
[乗]111,040 人

ＪＲ横浜線が接続、ＪＲが東横線をオーバークロスしており、駅の開業は、国鉄(現・ＪＲ)よりも東横線の方が早い。港北区にあるが、鉄道の交差点でもあり、区役所を設置して「菊名区」とする案もあったという。

[TY 17] 妙蓮寺 みょうれんじ

20.2 km(1.4 km)
[開]1926(大正 15)年 2 月 14 日
[改]1931(昭和 6)年 1 月 1 日(妙蓮寺前)
[住]神奈川県横浜市港北区菊名 1-1-1
[乗]23,638 人

東側に日蓮宗の名刹、長光山妙蓮寺が建つ。駅の建設用地も妙蓮寺が提供といい、妙蓮寺は横浜鉄道(現・ＪＲ横浜線)建設のために現在地に移転したという経緯もある。駅の周囲には住宅街が広がる。

[TY 18] 白楽 はくらく

21.4 km(1.2 km)
[開]1926(大正 15)年 2 月 14 日
[住]神奈川県横浜市神奈川区白楽 100
[乗]36,184 人

地名の由来は、東海道神奈川宿の馬喰(伯楽)が多く住んでいたのが一説。駅前に延びる六角橋商店街は、古さを逆手に取ったアイデアでさまざまな工夫を凝らし、横浜で注目の商店街となった。

[TY 19] 東白楽 ひがしはくらく

22.1 km(0.7 km)
[開]1927(昭和 2)年 3 月 10 日
[住]神奈川県横浜市神奈川区白楽 12-1
[乗]14,345 人

東を冠するが、駅は白楽駅のほぼ真南に位置している。ホームは 1930(昭和 5)年に高架化。いち早い高架化は、交差する道路上に横浜市電の線路があり平面交差を避けるためだった。

[TY 20] 反町 たんまち

23.3 km(1.2 km)
[開]1926(大正 15)年 2 月 14 日
[住]神奈川県横浜市神奈川区上反町 1-1
[乗]12,909 人

住宅街のこじんまりとした駅だったが、2004(平成 16)年 1 月 31 日の地下化によって雰囲気は大きく変わった。地上に残る東横線の旧線跡は「東横フラワー緑道」。横浜が誇るシンボルプロムナードとなっている。

[TY 21] 横浜 よこはま

24.2 km(0.9 km)
[開]1928(昭和 3)年 10 月 15 日
[住]神奈川県横浜市西区南幸 1-1-1
[乗]308,749 人(横浜高速鉄道を含む)

東急、ＪＲなど 6 社局が乗り入れ、合計で 1 日の乗降客数 230 万人を数える日本を代表するターミナル駅。東横線の駅は 2004(平成 16)年 2 月 1 日に地下化。同日からみなとみらい線との相互直通運転が開始された。

目黒線

[MG 01] 目黒 めぐろ

0.0 km(0.0 km)
[開]1923(大正 12)年 3 月 11 日
[住]東京都品川区上大崎 4-2-1
[乗]223,329 人(東京メトロ、都営線を含む)

東急電鉄の中でもっとも早く開業したのが目黒～丸子(現・沼部)間で、東急のルーツを秘める。地下 4 階にホームがある現在の駅は、1997(平成 9)年 7 月 27 日に使用が開始されている。

[MG 02] 不動前 ふどうまえ

1.0 km(1.0 km)
[開]1923(大正 12)年 3 月 11 日
[改]1923(大正 12)年 10 月(目黒不動前)
[住]東京都品川区西五反田 5-12-1
[乗]26,931 人

「目黒不動」「お不動さん」の名前で地域住民から親しまれてきた泰叡山瀧泉寺に因んだ駅名。同寺院へは当駅から徒歩 12 分。ホームは 2003(平成 15)年 1 月 28 日に高架化工事を完了した。

[MG 03] 武蔵小山 むさしこやま

1.9 km(0.9 km)
[開]1923(大正 12)年 3 月 11 日
[改]1924(大正 13)年 4 月 20 日(小山)
[住]東京都品川区小山 3-4-8
[乗]48,334 人

開業時の駅名は「小山(こやま)」。東北本線小山駅との混同を避けて駅名に旧国名が冠された。2006(平成 18)年 7 月 2 日に地下化。島式ホーム 2 面 4 線の堂々とした駅となった。

[MG 04] 西小山 にしこやま

2.6 km(0.7 km)
[開]1928(昭和 3)年 8 月 1 日
[住]東京都品川区小山 6-3-10
[乗]29,454 人

駅名の通り武蔵小山駅の西側に位置し、沿線では比較的新しい駅。窪地に設けられたことから、かつては盛り土の上にホームが設けられていたが、2006(平成 18)年 7 月 2 日に大改修を実施。駅ビルを有する地下駅に姿を変えた。

[MG 05] 洗足 せんぞく

3.3 km(0.7 km)
[開]1923(大正 12)年 3 月 11 日
[住]東京都目黒区洗足 2-21-1
[乗]13,239 人

中世の頃は「千束」。日蓮上人がこの地で足を洗ったという伝説から「洗足」になったといわれる。環状七号線との立体交差化を図り、いち早く地下化され、1967(昭和 42)年 2 月には上下線とも地下化が完了した。

[MG 06] 大岡山 おおおかやま

4.3 km(1.0 km)
[開]1923(大正 12)年 3 月 11 日
[住]東京都大田区北千束 3-27-1

🚋17,999 人

地上駅時代は行き先別で3面4線のホームが並んでいたが、1990(平成2)年から駅の地下化工事が始められ、1997(平成9)年に2路線の地下化が完了し、2面4線のホームが共用された。林や森だったこの地域は鉄道の開通で発展。とくに1924(大正13)年の東京工業大学(当時は東京高等工業学校)移転は契機だった。

 奥沢 おくさわ

5.5 km(1.2 km)
🟢1923(大正12)年3月11日
🏠東京都世田谷区奥沢3-47-17
🚋11,472 人

目黒線の車両基地である元住吉検車区奥沢車庫が隣接し、運転の拠点となっている。ホームは相対式2面2線で、中央に通過線1線を有する。駅名にも採られた地名「奥沢」は、奥深い沢地の意味。

 田園調布 でんえんちょうふ

6.5 km(1.0 km)
🚋10,148 人

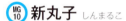 多摩川 たまがわ

7.3 km(0.8 km)
🚋3,318 人

MG10 新丸子 しんまるこ

8.6 km(1.3 km)
🟢2000(平成12)年8月6日
🚋6,395 人

MG11 武蔵小杉 むさしこすぎ

9.1 km(0.5 km)
🟢2000(平成12)年8月6日
🚋41,209 人

MG12 元住吉 もとすみよし

10.4 km(1.3 km)
🟢2008(平成20)年6月22日
🚋16,461 人

MG13 日吉 ひよし

11.9 km(1.5 km)
🟢2008(平成20)年6月22日
🚋45,899 人

東急多摩川線

 多摩川 たまがわ

0.0 km(0.0 km)
🚋3,157 人

 沼部 ぬまべ

0.9 km(0.9 km)
🟢1923(大正12)年3月11日
🔄1924(大正13)年4月1日(丸子)
　1926(大正15)年1月1日(武蔵丸子)
🏠東京都大田区田園調布本町28-1
🚋9,476 人

1923(大正12)年3月11日に目黒蒲田電鉄が開業した時の終着駅。同年11月1日に線路は蒲田まで延伸され、当駅は中間駅となった。現在の駅名は1926(大正15)年改称時の地名から。

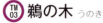 鵜の木 うのき

2.0 km(1.1 km)
🟢1924(大正13)年2月29日
🔄1966(昭和41)年1月20日(鵜ノ木)
🏠東京都大田区鵜の木2-4-1
🚋17,709 人

珍しい地名は『新編武蔵風土記稿』に「鵜ノ木村」として登場。その語源は「鵜ノ木明神」と記されているが、その所在は不明という。ホームは相対式で、それぞれに改札口が設置された構造。

TM04 下丸子 しもまるこ

2.6 km(0.6 km)
🟢1924(大正13)年5月2日
🏠東京都大田区下丸子3-7-1
🚋29,684 人

地名は、この一帯が中世に「丸子荘」と呼ばれていたことから。多摩川の両岸に残る「丸子」と語源は同じ。鵜の木同様、相対式ホームにそれぞれの改札口を備える。池上線千鳥町駅が近い。

TM05 武蔵新田 むさしにった

3.4 km(0.8 km)
🟢1923(大正12)年11月1日
🔄1924(大正13)年4月1日(新田)
🏠東京都大田区矢口1-18-1
🚋23,588 人

当駅から徒歩3分の新田神社が駅名の由来。新田神社は南北朝時代に創建されたと伝えられ、新田義貞の次男、義興を祭神とする。開業時の駅名は新田であったが、混同を避け、開業半年後に旧国名が冠された。

TM06 矢口渡 やぐちのわたし

4.3 km(0.9 km)
🟢1923(大正12)年11月1日
🔄1930(昭和5)年5月21日(矢口)
🏠東京都大田区多摩川1-20-10
🚋23,255 人

駅名は当駅の近くにあった多摩川の渡し船「矢口の渡し」に由来。江戸時代には多摩川に39の渡し船があったといい、目黒蒲田電鉄の開業時にも運航されていた。相対式ホームそれぞれに改札口が設けられている構造。

TM07 蒲田 かまた

5.6 km(1.3 km)
🟢1923(大正12)年11月1日
🏠東京都大田区西蒲田7-69-1
🚋73,635 人

JRと接続。京浜急行の京急蒲田駅は750m離れている。ホームは高架上に設けられた5面4線の頭端式で、1・2番線は池上線、3・4番線は多摩川線が発着する。池上線と多摩川線は別会社だったため、蒲田駅同士も離れていたが、1968(昭和43)年10月に現在の姿になった。

田園都市線

 渋谷 しぶや

0.0 km(0.0 km)
🟢1977(昭和52)年4月7日
🏠東京都渋谷区道玄坂2-1-1
🚋552,163 人

田園都市線の渋谷駅は1977(昭和52)年4月7日に開業。当時は新玉川線とも呼ばれ、1969(昭和44)年に廃止された玉川線の代替策としてPRされた。田園都市線のホームは、地下3階に島式1面2線を設置。

DT02 池尻大橋 いけじりおおはし

1.9 km(1.9 km)
🟢1977(昭和52)年4月7日
🏠東京都世田谷区池尻3-2
🚋56,812 人

駅名は、この駅が玉川線時代に設けられていた池尻電停と大橋電停の中間に建設されたことによる。池尻とはここが湿地の端、大橋とは目黒川に架けられた大山街道(現・国道246号線)の橋を指す。

DT03 三軒茶屋 さんげんぢゃや

3.3 km(1.4 km)
🟢1977(昭和52)年4月7日
🏠東京都世田谷区太子堂2-15
🚋124,990 人

世田谷線と接続する。ただし世田谷線の駅までは200mの距離がある。今は渋谷と並ぶ若者に人気の街となった三軒茶屋の名は、江戸時代に三軒の茶屋が並んでいたことに因む。

DT04 駒沢大学 こまざわだいがく

4.8 km(1.5 km)
🟢1977(昭和52)年4月7日
🏠東京都世田谷区上馬4-3
🚋67,494 人

駒沢という地名は1889(明治22)年の町村制施行時に上馬引沢村、深沢村などが合併して誕生。旧名「馬引沢=駒(馬)+沢」が語源。駅名に採られた駒沢大学駒沢キャンパスは徒歩10分で、学生の利用が多い駅だ。

DT05 桜新町 さくらしんまち

6.3 km(1.5 km)
🟢1977(昭和52)年4月7日
🏠東京都世田谷区桜新町2-8
🚋61,954 人

もとは世田ヶ谷村から独立した世田ヶ谷新町村で、1913(大正2)年に東京信託株式会社が「新町分譲地」を造成。ここに桜並木が造られてこの地名が生まれた。漫画『サザエさん』の街としても知られ、駅前にサザエさん一家の銅像が建つ。

 用賀 ようが

7.6 km(1.3 km)
🟢1977(昭和52)年4月7日
🏠東京都世田谷区用賀2-39

乗 60,422 人

語源は不明で「中世に建てられた瑜伽（ゆが＝ヨガ）の道場」という俗説がある。新玉川線建設時に車両基地を設ける計画があったが、用地が不十分であったことから実現しなかった。

DT07 二子玉川 ふたこたまがわ

9.4 km (1.8 km)
開 1907 (明治 40) 年 4 月 1 日
改 1929 (昭和 4) 年 11 月 1 日 (玉川)
　1940 (昭和 15) 年 12 月 1 日 (二子玉川)
　1944 (昭和 19) 年 10 月 20 日 (二子読売園)
　1954 (昭和 29) 年 8 月 1 日 (二子玉川)
　2000 (平成 12) 年 8 月 6 日 (二子玉川園)
住 東京都世田谷区玉川 2-22-13
乗 85,176 人

「二子玉川」という地名は存在せず、多摩川を挟んで右岸の「二子村」と左岸の「玉川村」に由来。「ニコタマ」と呼ばれて親しまれる街だが、都心に直通する新玉川線の誕生が、街の注目度を一気に高めた。

DT08 二子新地 ふたこしんち

10.1 km (0.7 km)
開 1927 (昭和 2) 年 7 月 15 日
改 1977 (昭和 52) 年 12 月 16 日 (二子新地前)
住 神奈川県川崎市高津区二子 2-2-1
乗 19,168 人

1927 (昭和 2) 年に多摩川に二子橋が架けられたことを機に、この一帯に新しい歓楽街が生まれ、二子新地という地名が生まれた。その時代の面影は今はなく、都心にも近い交通至便な住宅街となっている。

DT09 高津 たかつ

10.7 km (0.6 km)
開 1927 (昭和 2) 年 7 月 15 日
住 神奈川県川崎市高津区二子 4-1-1
乗 26,470 人

高津という地名は 1889 (明治 22) 年に誕生した村名。語源は不明で、大阪高津宮に似ている、上流域の港の意味 (高＝上流、津＝港) など諸説ある。東海道脇往還だった大山街道で賑わった。

DT10 溝の口 みぞのくち

11.4 km (0.7 km)
開 1927 (昭和 2) 年 7 月 15 日
改 1966 (昭和 41) 年 1 月 20 日 (溝ノ口)
住 神奈川県川崎市高津区溝口 2-1-1
乗 134,736 人

ＪＲ南武線と接続する。高津区の中心で、駅周辺には繁華街が広がるが、研究、ビジネスの拠点「かながわサイエンスパーク」も誕生し、新たな発展をみせる。溝の口とは平瀬川 (溝) の口 (多摩川に注ぐ所) が由来といわれる。

DT11 梶が谷 かじがや

12.2 km (0.8 km)
開 1966 (昭和 41) 年 4 月 1 日
住 神奈川県川崎市高津区末長 1-48-6
乗 34,334 人

駅の所在地は高津区末長で、駅名に採られた梶ヶ谷は当駅よりも南に位置している。ＪＲの梶ヶ谷貨物ターミナルは南へおよそ 2km。当駅から長津田までのほとんどの駅が、1966 (昭和 41) 年 4 月 1 日に一気に開業した。

DT12 宮崎台 みやざきだい

13.7 km (1.5 km)
開 1966 (昭和 41) 年 4 月 1 日
住 神奈川県川崎市宮前区宮崎 2-10-12
乗 44,470 人

駅名は所在地に因むが、もとは宮前村で、1938 (昭和 13) 年の川崎市編入の際、同名を避けるために小学校名を宮崎としたことが起源。2003 (平成 15) 年に「電車とバスの博物館」が高津から移転し「電車とバスの博物館」という副駅名が付された。

DT13 宮前平 みやまえだいら

14.7 km (1.0 km)
開 1966 (昭和 41) 年 4 月 1 日
住 神奈川県川崎市宮前区宮前平 1-11-1
乗 43,267 人

当初予定されていた駅名は「土橋 (つちはし)」で、所在地の住所は駅の開業後に変更されており、駅が先行した地名の例である。戦前は軍用地、戦後は宅地開発が急速に進み、鉄道開通前ののどかな丘陵地という面影はない。

DT14 鷺沼 さぎぬま

15.7 km (1.0 km)
開 1966 (昭和 41) 年 4 月 1 日
住 神奈川県川崎市宮前区鷺沼 3-1-1
乗 56,498 人

この地域に「鷺沼谷」(さぎぬまやと) と呼ばれる細長い谷があったことが地名の由来で、宮崎台とともに戦時中は軍用地も多かった。駅の南に東京メトロ鷺沼検車区が所在する。

DT15 たまプラーザ たまぷらーざ

17.1 km (1.4 km)
開 1966 (昭和 41) 年 4 月 1 日
住 神奈川県横浜市青葉区美しが丘 1-3
乗 73,901 人

ひらがなとスペイン語の組み合わせの駅名は、駅が開業した当時の社長、五島昇の発案といわれ、ユニークなネーミングは開業時に大きな話題となった。駅周辺はその名とともに発展を遂げている。

DT16 あざみ野 あざみの

18.2 km (1.1 km)
開 1977 (昭和 52) 年 5 月 25 日
住 神奈川県横浜市青葉区あざみ野 2-1-1
乗 112,644 人

横浜市営地下鉄と接続する。駅所在地の旧来の地名は元石川で、アザミが咲く野のイメージから 1976 (昭和 51) 年に命名された。横浜市営地下鉄と接続し、東京、横浜両方へのアクセスの良さから住宅地として開発が進んでいる。

DT17 江田 えだ

19.3 km (1.1 km)
開 1966 (昭和 41) 年 4 月 1 日
住 神奈川県横浜市青葉区荏田町 2360
乗 30,177 人

駅所在地の町名は荏田。解りやすさにも勘案して駅名には江田の名が与えられて定着した。東名高速道路や、国道 246 号線が走る地域であることから近年になって宅地化が進み、駅周辺にはマンションが並ぶ。

DT18 市が尾 いちがお

20.6 km (1.3 km)
開 1966 (昭和 41) 年 4 月 1 日
住 神奈川県横浜市青葉区市ヶ尾町 1156-1
乗 36,996 人

所在地の「市ヶ尾」という地名は「市郷」が転訛したものといわれる。古墳がこの一帯にあり、古代から人々が棲みついていたことが窺える。駅周辺は青葉区の中心として発展し、公共施設、商業施設が密集する。

DT19 藤が丘 ふじがおか

22.1 km (1.5 km)
開 1966 (昭和 41) 年 4 月 1 日
住 神奈川県横浜市青葉区藤が丘 2-5-4
乗 24,581 人

この地域に藤が多く自生していたこと、富士塚が付近にあったことなどから駅名が決まり、鉄道開業時に町名も変更された。田園都市線とともに開発された土地区画整理事業地域のひとつである。

DT20 青葉台 あおばだい

23.1 km (1.0 km)
開 1966 (昭和 41) 年 4 月 1 日
住 神奈川県横浜市青葉区青葉台 1-7-3
乗 91,922 人

開通前の仮駅名は「成合」で、由来は当時の地名から。その名の通り、緑豊かな街づくりを願って付けられた。多摩丘陵らしい傾斜地にあり、西側は高架でありながら東側は掘割になっている。

DT21 田奈 たな

24.5 km (1.4 km)
開 1966 (昭和 41) 年 4 月 1 日
住 神奈川県横浜市青葉区田奈町 76
乗 8,838 人

1889 (明治 22) 年の町制施行の際に、長津田、恩田、奈良という 3 つの村が合併して田奈村が生まれ、その地名が生き残って駅名にも採られた。新興地らしい地名、駅名が連続する沿線において、希少な存在だ。

DT22 長津田 ながつた

25.6 km (1.1 km)
開 1966 (昭和 41) 年 4 月 1 日
住 神奈川県横浜市緑区長津田 4-1-1
乗 111,474 人

こどもの国線が分岐し、ＪＲ横浜線が接続する。長津田は大山街道の宿場町として拓けたところで、中国湖南省の瀟湘 (しょうしょう) 八景に倣った「長津田十景」がある。

DT23 つくし野 つくしの

26.8 km (1.2 km)

133

開1968(昭和43)年4月1日
住東京都町田市つくし野4-1
乗10,260人

　田園都市線は1968(昭和43)年4月1日に長津田から当駅までの延伸。駅所在地の旧地名は「小川」で、駅の開設に合わせて新しい地名、駅名が公募された。10万近い応募の中から現在の呼称が決定している。

DT24 すずかけ台 すずかけだい

28.0 km(1.2 km)
開1972(昭和47)年4月1日
住東京都町田市南つくし野3-1
乗9,855人

　1972(昭和47)年4月1日に、田園都市線は当駅までの延伸。駅名はこの地にキャンパスを建設する東京工業大学の側から提案されたもので、学究の場にふさわしいとされるスズカケの木に因んだ。

DT25 南町田グランベリーパーク みなみまちだぐらんべりーぱーく

29.2 km(1.2 km)
開1976(昭和51)年10月15日
改2019(令和元)年10月1日(南町田)
住東京都町田市鶴間3-3-2
乗42,591人

　近隣にショッピングモールが誕生したことで、それまでのこじんまりとした印象から大きく変貌。再開発プロジェクトに歩調を合わせて、2019(令和元)年10月には駅名も改められている。

DT26 つきみ野 つきみの

30.3 km(1.1 km)
開1976(昭和51)年10月15日
住神奈川県大和市つきみ野5-8-1
乗10,088人

　1976(昭和51)年開業当時は田園都市線の終着駅で、駅周辺に月見草が多く自生していたことに因んでのネーミング。開業時は単線の駅だった。

DT27 中央林間 ちゅうおうりんかん

31.5 km(1.2 km)
開1984(昭和59)年4月9日
住神奈川県大和市中央林間4-6-3
乗93,412人

　小田急江ノ島線と接続。当駅までの延伸によって田園都市線の延伸が一段落した形となっている。都心に向かうには小田急経由よりも東急経由の方が早いことから、乗降人員は小田急の中央林間駅よりも多い。

大井町線

OM01 大井町 おおいまち

0.0 km(0.0 km)
開1927(昭和2)年7月6日
住東京都品川区大井1-1-1
乗105,157人

　JR、東京臨海高速鉄道と接続する。大井町線は目黒蒲田電鉄の前身、田園都市株式会社創立段階から構想されていたもので、1927(昭和2)年7月に大井町〜大岡山間が開業した。大井町線のホームは高架上に頭端式1面2線を設置。

OM02 下神明 しもしんめい

0.8 km(0.8 km)
開1927(昭和2)年7月6日
改1936(昭和11)年1月1日(戸越)
住東京都品川区西品川1-29-6
乗8,289人

　当駅のすぐ西側に貨物線があったことから、当初から高架駅として建設された。今はその貨物線を湘南新宿ラインが走る。神明とは伊勢神宮の神霊を勧請した神社を意味し、駅南にある天祖神社の呼び名という。

OM03 戸越公園 とごしこうえん

1.5 km(0.7 km)
開1927(昭和2)年7月6日
改1936(昭和11)年1月1日(蛇窪)
住東京都品川区戸越5-10-15
乗12,141人

　戸越とは、ここが江戸の境であることを示す地名。江戸時代の都市中枢部のエリアを窺うことができる。駅名に採られた公園は徒歩5分。江戸時代の肥後細川家の下屋敷にあった大名庭園が残されている。

OM04 中延 なかのぶ

2.1 km(0.6 km)
開1927(昭和2)年7月6日
住東京都品川区中延4-5-5
乗19,385人

　中延とはこの一帯の地名で、江戸時代は「中部、または中之部(なかのべ)」と呼ばれ、中心部の意味があるという。西側に都営地下鉄浅草線の駅があり、乗換駅となっている。当駅の東側で線路は国道1号線を跨ぐ。

OM05 荏原町 えばらまち

2.7 km(0.6 km)
開1927(昭和2)年7月6日
住東京都品川区中延5-2-1
乗14,501人

　荏原という地名は大変古く、7世紀の大化の改新で「武蔵国に豊島・荏原両郡」を置くとされ、平安中期の『和妙類聚抄』にも記される。駅は相対式ホームを備える地上駅。跨線橋やホームドアの設置など、設備の近代化が続けられている。

OM06 旗の台 はたのだい

3.2 km(0.5 km)
開1927(昭和2)年7月6日
改1951年(昭和26年)3月1日(東洗足)
住東京都品川区旗の台2-13-1
乗22,964人

　旗とは、11世紀の「平忠常の乱」の際、源頼信がこの地で戦勝祈願をした故事に由来し、駅開設時は「旗ヶ岡」。池上線ホームは地平に相対式2面2線が、2階部分に大井町線の島式ホーム2面4線がある。目黒蒲田電鉄と池上電気鉄道が個々に建設した駅が、戦後の1951(昭和26)年に統合されて、現在の形になった。

OM07 北千束 きたせんぞく

4.0 km(0.8 km)
開1928(昭和3)年10月10日
改1930(昭和5)年5月21日(池月)
　1936(昭和11年)1月1日(洗足公園)
住東京都大田区北千束2-16-1
乗6,657人

　駅名にもある「千束」という地名は、「洗足」と語源が同じといわれる。開業時の駅名は「池月」で、池に映る月のように美しい馬を発見し、愛馬としたという洗足池の源頼朝伝説に由来する。

OM08 大岡山 おおおかやま

4.8 km(0.8 km)
開1927(昭和2)年7月6日
乗23,368人

OM09 緑が丘 みどりがおか

5.3 km(0.5 km)
開1929(昭和4)年12月25日
改1933(昭和8)年4月1日(中丸山)
　1966(昭和41)年1月20日(緑ヶ丘)
住東京都目黒区緑が丘3-1-12
乗9,291人

　開業時の駅名は「中丸山」で、現在の東京工業大学があるあたりの高台の呼び名だったという。緑が丘周辺は大正〜昭和初期に耕地整備され、海軍の軍人が多く住んだために「海軍村」とも呼ばれたという。

OM10 自由が丘 じゆうがおか

6.3 km(1.0 km)
開1929(昭和4)年11月1日
乗46,371人

OM11 九品仏 くほんぶつ

7.1 km(0.8 km)
開1929(昭和4)年11月1日
住東京都世田谷区奥沢7-20-1
乗12,019人

　駅の北側にある九品仏浄真寺が駅名に採られた。当駅が開業する直前の同年10月21日までは、現在の自由が丘駅が九品仏駅を名乗っていた。

OM12 尾山台 おやまだい

7.8 km(0.7 km)
開1930(昭和5)年4月1日
住東京都世田谷区等々力5 5 7
乗27,916人

　大正末期以降、駅の近隣で近郊農業が盛んになり、この一帯が玉川温室村と呼ばれたが、耕地は宅地へと姿を変え、東京を代表する高級住宅地になった。東京都市大学世田谷キャンパスは徒歩15分。

OM13 等々力 とどろき

8.3 km(0.5 km)
開1929(昭和4)年11月1日
住東京都世田谷区等々力3-1-1
乗25,854人

　上下線の真ん中に駅舎が建つ構内。難読駅に

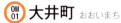

数えられるが「とどろき」という地名は全国に存在し、その多くが川の流域にある。当駅の近くにも谷沢川の流れが刻んだ東京23区内唯一の渓谷、等々力渓谷がある。

🟠OM14 上野毛 かみのげ
9.2 km（0.9 km）
開 1929（昭和4）年11月1日
住 東京都世田谷区上野毛1-26-6
乗 20,304人

2007（平成19）年12月まで使用されていた旧駅舎が、安藤忠雄氏設計によるスタイリッシュなものに姿を変え、機能性を優先する近年登場の駅のスタイルに一石を投じた。当駅の周辺も高級住宅地が広がっている。

🟠OM15 二子玉川 ふたこたまがわ
10.4 km（1.2 km）
開 1929（昭和4）年11月1日
乗 47,910人

🟠OM16 溝の口 みぞのくち
12.4 km（2.0 km）
開 2009（平成21）年7月11日
乗 49,020人

こどもの国線

🔵KD01 長津田 ながつた
0.0 km（0.0 km）
乗 10,341人

🔵KD02 恩田 おんだ
1.8 km（1.8 km）
開 2000（平成12）年3月29日
住 神奈川県横浜市青葉区あかね台1-10
乗 856人

こどもの国沿線の住宅の増加にともない、2000（平成12）年に開業した新しい駅。駅の南側に東急長津田工場があり、入場中の車両を下り列車であれば当駅に到着する直前で車窓から眺めることができる。

🔵KD03 こどもの国 こどものくに
3.4 km（1.6 km）
開 1967（昭和42）年4月28日
住 神奈川県横浜市青葉区奈良町995-1
乗 9,487人

国営の厚生施設として1965（昭和40）年5月に開園した「こどもの国」へのアクセス駅として開業。戦前は日本軍の田奈弾薬庫とその引込線だったが、現在では通勤路線としても整備され利用者も増加している。

池上線

🔴IK01 五反田 ごたんだ
0.0 km（0.0 km）
開 1928（昭和3）年6月17日
住 東京都品川区東五反田2-1-1
乗 88,798人

JR、都営地下鉄と接続する。ホームは高架上を走る山手線をオーバークロスする高い位置にあり、これは池上電鉄が都心方面への延伸を計画していたことによる。ホームは駅ビルと一体構造で、4階に改札口がある。

🔴IK02 大崎広小路 おおさきひろこうじ
0.3 km（0.3 km）
開 1927（昭和2）年10月9日
住 東京都品川区大崎4-1-1
乗 6,995人

駅名は駅付近を通る通りの呼び名から採られた。五反田駅との駅間距離はわずか0.3kmで、現在の五反田駅が開業するまでは、始終着駅だった。

🔴IK03 戸越銀座 とごしぎんざ
1.4 km（1.1 km）
開 1927（昭和2）年8月28日
住 東京都品川区平塚2-16-1
乗 18,018人

駅の周辺に3つの商店街が延びている。当初の駅名は「戸越」の予定だったが、地元からの請願によって変更された。戸越とは「江戸越え」の意味で、江戸時代の市中とはこの辺りまでだったという。

🔴IK04 荏原中延 えばらなかのぶ
2.1 km（0.7 km）
開 1927（昭和2）年8月28日
住 東京都品川区中延2-8-1
乗 11,760人

駅名は所在地の地名だった荏原郡中延町大字中延に因む。1989（平成元）年3月19日、戸越銀座～旗の台駅間の連続立体交差工事が完成し、地下化されている。

🔴IK05 旗の台 はたのだい
3.1 km（1.0 km）
開 1927（昭和2）年8月28日
改 1951年（昭和26年）5月1日に大井町線東洗足と統合（旗ヶ岡）
乗 12,649人

🔴IK06 長原 ながはら
3.7 km（0.6 km）
開 1927（昭和2）年8月28日
住 東京都大田区上池台1-10-10
乗 13,971人

相対式2面2線を備える地下駅。駅の東側にある環状七号線の踏切を廃止すべく、地下化に着手。1973（昭和48）年11月に地下駅の使用を開始した。この工事に併せて長く使用された木造駅舎も姿を消した。

🔴IK07 洗足池 せんぞくいけ
4.3 km（0.6 km）
開 1927（昭和2）年8月28日
住 東京都大田区東雪谷1-1-6
乗 15,871人

洗足池の最寄り駅。沿線名所である洗足池は都心では貴重な湧水池であり、水生植物園や池月橋などの見どころが集まる。勝海舟は晩年、ここに別邸を構えている。ホームは高架上に相対式2面2線。

🔴IK08 石川台 いしかわだい
4.9 km（0.6 km）
開 1927（昭和2）年8月28日
改 1928（昭和3）年4月13日（石川）
住 東京都大田区東雪谷2-23-1
乗 13,556人

駅名は当地の字名「石川」から。この地名は付近を流れる呑川（のみ　かわ）の呼称といわれる。ホームは五反田側が掘割の中に、蒲田側が築堤の上にある。

🔴IK09 雪が谷大塚 ゆきがやおおつか
5.6 km（0.7 km）
開 1923（大正12）年5月4日
改 1943（昭和18）年6～12月頃（雪ヶ谷）
　　1966（昭和41）年1月20日（雪ヶ谷大塚）
住 東京都大田区南雪谷2-2-16
乗 20,611人

開業時は「雪ヶ谷」。「雪」を冠する地名は珍しく、一説には多摩川の鮎を保存する氷室が語源といわれるが定かではない。駅の南側に池上線と多摩川線の車両基地となる雪が谷検車区が設けられている。

🔴IK10 御嶽山 おんたけさん
6.4 km（0.8 km）
開 1923（大正12）年5月4日
改 1933（昭和8）年6月1日（御嶽山前）
住 東京都大田区北嶺町32-17
乗 21,762人

開業時の駅名は「御嶽山前」で、当駅下車すぐの御嶽神社に因む。天文年間（1535年頃）の創建で、3度の参拝で木曾御嶽神社1回のご利益と、関東一円から信仰を集めた。駅のすぐ南側を東海道新幹線が通過する。

🔴IK11 久が原 くがはら
7.1 km（0.7 km）
開 1923（大正12）年5月4日
改 1928（昭和3）年4月13日（末広）
　　1936（昭和11）年1月1日（東調布）
　　1966（昭和41）年1月20日（久ヶ原）
住 東京都大田区南久が原2-6-10
乗 14,618人

開業時の駅名は「末広」だったが、のちに所在地名に因んだものに変更。久が原とは「空閑（くが）地」などの諸説があるが、この地名は弥生土器が出土した久が原遺跡で知られる。上下ホームそれぞれに、シンプルな形の駅舎が造られている。

🔴IK12 千鳥町 ちどりちょう
8.0 km（0.9 km）
開 1926（大正15）年8月6日
改 1927（昭和2）年7月頃（慶大グラウンド前）
　　1936（昭和11）年1月1日（慶大グラウンド）
住 東京都大田区千鳥1-20-1
乗 13,955人

開業時の駅名は「慶大グランド前」で、大学が日吉に移転した際に閉鎖された。この駅も上

135

下線のホームそれぞれに改札口が設けられている。次の池上駅との間で、線路は国道1号線を跨ぐ。

IK13 池上 いけがみ

9.1 km(1.1 km)
🔓 1922(大正11)年10月6日
🏠 東京都大田区池上6-3-10
🚇 32,969人

池上電気鉄道開業時は終着駅で、池上本門寺への最寄り駅だった。その本門寺は徒歩10分。参道沿いにはわずかながら古い町並みも残っている。現在の駅舎は2021(令和3)年3月に使用開始。

IK14 蓮沼 はすぬま

10.1 km(1.0 km)
🔓 1922(大正11)年10月6日
🏠 東京都大田区西蒲田7-17-1
🚇 7,508人

駅名は開業時の地名で、湿地帯を意味する。池上電気鉄道開業時は唯一の中間駅で、当時は単式ホームのみが設けられていたという。

IK15 蒲田 かまた

10.9 km(0.8 km)
🔓 1922(大正11)年10月6日
🚇 63,543人

世田谷線

SG01 三軒茶屋 さんげんぢゃや

0.0 km(0.0 km)
🔓 1925(大正14)年1月18日
🏠 東京都世田谷区太子堂4-1-1
🚇 30,839人

田園都市線と接続するが、両駅は200mほど離れている。まず、明治末期に玉川電気鉄道の駅として開業。大正に入って現在の世田谷線が開業するが、その時も世田谷線と玉川線の乗り換えは徒歩で行なわれた。

SG02 西太子堂 にしたいしどう

0.3 km(0.3 km)
🔓 1925(大正14)年1月18日
🔄 1939(昭和14)年10月16日(西山)
🏠 東京都世田谷区太子堂4-10-3
🚇 734人

三軒茶屋駅との距離は0.3kmで、いかにも軌道線らしい駅だ。太子堂三丁目に建つ円泉寺が聖徳太子を祀ることから「太子堂」と呼ばれるようになり、それが地名にもなった。

SG03 若林 わかばやし

0.9 km(0.6 km)
🔓 1925(大正14)年1月18日
🔄 1939(昭和14)年10月16日(若林)
　1969(昭和44)年5月11日(玉電若林)
🏠 東京都世田谷区若林4-3-15
🚇 7,606人

駅のすぐ脇に環状七号線唯一の踏切がある。踏切に遮断機はなく、道路上の信号機によって交通が整理されている。「若林」の由来は分かっていないが、植林に通じ「新田」の古い表現と考えられている。

SG04 松陰神社前 しょういんじんじゃまえ

1.4 km(0.5 km)
🔓 1925(大正14)年1月18日
🏠 東京都世田谷区若林4-21-16
🚇 9,531人

幕末の教育者として活躍した吉田松陰、さらにはその門下生であった、山形有朋、伊藤博文らを祀る松陰神社へ徒歩3分。周辺には学校も多く、入試などの行事が行なわれる日には臨時に職員が配置される。

SG05 世田谷 せたがや

1.9 km(0.5 km)
🔓 1925(大正14)年1月18日
🏠 東京都世田谷区世田谷4-9-6
🚇 7,592人

松陰神社前と同様に、駅員無配置ながら臨時に駅員が配置される日があり、それは「世田谷ボロ市」開催の日。近隣の「ボロ市通り」で年に4日だけ開催されるこのイベントには、毎年20万人もの人出がある。

SG06 上町 かみまち

2.2 km(0.3 km)
🔓 1925(大正14)年5月1日
🏠 東京都世田谷区世田谷3-4-3
🚇 8,814人

世田谷線の車両基地となる雪が谷検車区上町班が隣接する。ホームは4両分の長さがあり、これは車両交換を行なう際の乗り換えを容易にしている。3階建ての駅舎があり、2・3階はオフィスとなっている。

SG07 宮の坂 みやのさか

2.7 km(0.5 km)
🔓 1925(大正14)年5月1日
🔄 1966(昭和41)年1月20日(宮ノ坂)
🏠 東京都世田谷区宮坂1-24-7
🚇 4,002人

駅の北側に世田谷八幡宮があり、坂道が続いていることが駅名の由来。1945(昭和20)年7月1日に移設の上「豪徳寺前」を統合している。ホームに隣接する形で世田谷線でもデハ87として運転された元・江ノ島電鉄601が保存されており、日中は車内を見学できる。

SG08 山下 やました

3.4 km(0.7 km)
🔓 1925(大正14)年5月1日
🔄 1939(昭和14)年10月16日(山下)
　1969(昭和44)年5月11日(玉電山下)
🏠 東京都世田谷区豪徳寺1-44-5
🚇 7,784人

当駅のすぐ南側で小田急小田原線の線路がオーバークロスし、豪徳寺駅が設けられている。当駅所在地の地名も豪徳寺となっているが、駅が開業したのは当駅の方が早く、昔からの駅名が地元の人に親しまれている。

SG09 松原 まつばら

4.2 km(0.8 km)
🔓 1949(昭和24)年9月1日
🔄 1969(昭和44)年5月11日(玉電松原)
🏠 東京都世田谷区松原4-10-8
🚇 3,113人

この付近の最初の駅は「六所神社前」で、当駅に南東側にある赤堤六所神社に因む。1949(昭和24)年、北寄りに移転するとともに、当駅の北側にあった「七軒町」を統合する形で「玉電松原」が誕生した。

SG10 下高井戸 しもたかいど

5.0 km(0.8 km)
🔓 1925(大正14)年5月1日
🏠 東京都世田谷区松原3-29-17
🚇 16,566人

京王電鉄京王線と接続する。京王電気軌道下高井戸駅の開業は1913(大正2)年4月のことで、世田谷線の駅の開業より12年早い。ホームは京王線の下りホームに隣接する形で設けられ、乗り換えは容易だ。

東急新横浜線

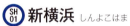

SH01 新横浜 しんよこはま

0.0 km(新 0.0 km)
🔓 2023(令和5)年3月18日
🏠 神奈川県横浜市港北区新横浜3-7-2
🚇 99,158人(相模鉄道を含む)

ＪＲ、相鉄新横浜線、横浜市営地下鉄と接続する。2023(令和5)年3月18日に開業した新しい駅で、ホームは地下2階に島式2面3線が設けられ、線路は相鉄新横浜線と直通。東急と相鉄の共同使用駅となっている。

東海道新幹線と直結する新横浜駅　2023.12.6
写真：佐藤正晃

SH02 新綱島 しんつなしま

3.6 km(3.6 km)
🔓 2023(令和5)年3月18日
🏠 神奈川県横浜市港北区綱島東1-8-1
🚇 13,794人

地下に島式ホーム1面2線を設置。東横線綱島駅は道路(綱島街道)を挟んだ至近の場所にあり、運賃計算も綱島駅と同額の扱いとなっている。隣の新横浜駅との駅間距離は3.6kmは東急全線の中で最長だ。

SH03 日吉 ひよし

5.8 km(2.2 km)
🚇 6,473人

車窓メモリアル 私鉄編

東急電鉄　二子玉川駅界隈

電鉄文化とその変化

二子玉川園は1986（昭和61）年まで存続したが、初代の遊園地を作った玉川電車（玉電）は1969（昭和44）年に渋谷～二子玉川園～砧本村間が廃止された。駅名が二子玉川に改称されたのは2000（平成12）年だ。1966（昭和41）年2月撮影の二子玉川園駅からは、とても現在の姿は想像できず、鉄道会社による沿線開発の手腕ぶりが浮き彫りになる。　写真提供：楠居利彦

　二子玉川と言えば、今や"ニコタマ"と呼ばれ、大規模ショッピングセンターや高層マンション、オフィスビルが集まる住勤一体の町として人気の地域だ。しかし、こうした街並みができる前、ここは行楽地だった。二子玉川園などと聞くと、懐かしいという方もおられよう。

　そもそも遊園地としての二子玉川は、東急田園都市線の前身にあたる玉川電鉄が、観光誘致策として行なった多摩川左岸の開発に遡る。1909（明治42）年、玉川遊園地が建設されたのがその始まりで、1922（大正11）年には玉川第二遊園地が開設。これらの施設は昭和14（1939）年に読売新聞との提携によって「読売遊園」に発展、プールや飛行塔などが人気だったようだ。戦時中は一時休止したものの、1954（昭和29）年に二子玉川園として復活。映画館やローズガーデンなどもそろい、東急電鉄沿線随一の行楽地だった。戦前、戦後を通じて遊戯施設は変わったものの、一貫して鉄道と密接な関係を持ちながら運営されてきた点は、変わることは無かった。

　一般的に、都市部の河川敷は広い土地が取れることや水辺の風光などから行楽地、レジャー地、レクリエーション地として整備されるケースが多く、球技用グラウンドなどのスポーツ施設などが代表例だが、鉄道が通る地域は他地域からも誘客できるため、沿線の特色や位置づけが垣間見える。二子玉川は、旧来の行楽地から新しい生活都市へと大変貌させたあたりに、東急独特の沿線文化を感じることができよう。

　実は、"行楽地"としての二子玉川は江戸時代に下地があり、「大山詣で」における「大山道」の二子の渡しの地として茶屋や宿屋が集まっていたという。明治以降になると、多摩川の風光を生かした料亭や旅館があり、さらに国分寺崖線上には政治家や実業家の別荘や邸宅が建てられていたというから、自然を生かした極上の生活空間が、ずっと育まれていたことになる。

　私鉄各社が作り出す沿線文化の個性を知るにつれ、二子玉川の変化は興味深い。

西武鉄道
せいぶてつどう

社 名	西武鉄道株式会社
住 所	東京都豊島区南池袋一丁目16番15号／埼玉県所沢市くすのき台一丁目11番地の1
会社設立	1912(明治45)年5月7日
線 名	池袋線、西武秩父線、豊島線、狭山線、多摩川線、西武園線、新宿線、拝島線、国分寺線、多摩湖線、西武有楽町線、山口線
運転方式	電化(山口線は案内軌条方式・直流750V)
運輸開始	1915(大正4)年4月15日

▲西武鉄道のフラッグシップトレインは001系Laviewだ。秋津〜所沢 2019.2.14

歴 史

　12路線、176.6kmの路線は、大局的に2つの会社が合併して成立している。池袋線の前身であり、多摩湖鉄道(現在の多摩湖線)を合併した武蔵野鉄道と、最初に開業した川越鉄道をルーツとし、多摩川鉄道(現在の多摩川線)を合併した西武鉄道(旧)だ。現在の西武鉄道の設立は1912(明治45)年5月7日で、これは武蔵野鉄道の設立日にあたる。

　今日の西武鉄道のうち、最初の開業区間は1894(明治27)年12月21日、川越鉄道の国分寺〜久米川(現在の東村山)間で、翌年に本川越(当時は川越)までが全通した。この地域はすでに甲武鉄道(現在の中央本線)が開通しており、この線に国分寺で接続するルートが当時の川越の町にとって最短でもあった。川越鉄道は甲武鉄道からの助成を受けながら順調に全通。実質的には、甲武鉄道の支線のような存在と言えた。

　一方、1915(大正4)年4月15日、武蔵野鉄道池袋〜飯能間が開業。川越鉄道と接続する所沢駅は両社の共同使用駅となり、駅務は川越鉄道が担当した。ところがこの前年、東上鉄道(現在の東武東上線)も開通しており、都心へと直接向かわない川越鉄道は苦境となった。電化を目指して武蔵水電と合併するも1922(大正11)年6月1日、同社が帝国電燈に吸収合併され、

この際、鉄道部門は切り離されるが、これが初代の西武鉄道である。ただし、社名こそ現在と同じだが、組織上は別のため「旧西武鉄道」などと区別されることが多い。同社は1927(昭和2)年4月16日に東村山〜高田馬場間を開業させたほか、現在の多摩川線にあたる多摩鉄道を1927(昭和2)年8月31日に吸収合併している。

　そしてここにエポックが訪れる。現在の多摩湖や狭山湖の開発だ。東京市の人口増加に対応した水源確保のため、1927(昭和2)年に村山貯水池、1934(昭和9)年に山口貯水池が完成するが、この人口湖が都心から近い行楽地として脚光を浴びることになる。これらを目指して、多摩湖鉄道が1928(昭和3)年に国分寺〜萩山間を開通。これが多摩湖線の前身で、1936(昭和11)年に村山貯水池まで延伸している。ただ、他社も目をつけるところは同じで、武蔵野鉄道は山口線(現在の狭山線)を1929(昭和4)年に開業させ、旧西武鉄道は東村山〜村山貯水池(現在の西武園)を1930(昭和5)年に開業させるなど、両湖へのアクセス線としては多摩湖鉄道に先手を取っている。現在も3線ある両湖への路線は、この3社の誘致合戦による結果だ。しかしそれも長くは続かず、昭和恐慌により、多摩湖鉄道は経営母体であった箱根土地(のちのコクド)によって武蔵野鉄道と合併する。

　戦時体制となると村山貯水池や山口貯水池への行楽路線は休止され、沿

▲笑顔を作り出す車両がコンセプト。30000系スマイルトレイン。秋津〜所沢　2019.4.15

▲西武山口線は新交通システムだ。8500系レオライナー。　山口線遊園地西〜西武球場前

Mile stone 西武鉄道

多角的な事業を支える鉄道の姿は、変わりゆく未来への布石。

▲国鉄との乗り換え通路、池袋駅東口（西武口）が完成。池袋　1954.6.5

▲正丸トンネル貫通式。全長4811mで、当時は私鉄最長だった。1969.1.29

▲西武は機関車も多彩だった。昭和56年当時の保有ＥＬ。Ｅ851形、Ｅ51形、Ｅ71形。西武所沢工場　1981.6.22

　線は軍関係の施設が造られて軍事輸送が増える。しかしこの時代、武蔵野鉄道と旧西武鉄道の特筆すべき事は、都市から郊外へ糞尿輸送を行なったことだ。下水道未整備の東京と、糞尿を肥料に使う郊外の需要を両得で解決したアイデア策で、専用のタンク車の製造や駅設備を整備している。また、この頃から武蔵野鉄道は旧西武鉄道の株式を取得して経営に関与するようになり、終戦直後の1945（昭和20）年に合併。西武農業鉄道として再出発した。糞尿輸送から派生した農業事業を行なっていたことを表す社名だが、翌年、西武鉄道と改称。これが現在に続く西武鉄道である。
　戦後の西武鉄道は、今日のテーマパークのはしりと言えるユネスコ村の開設など、多摩湖・狭山湖周辺の観光開発をいち早く再開したほか、西武所沢車両工場を設立して自社車両の整備や製造などを自社で行うなど、関東の私鉄では独自色があった。中でも「ストをやらない会社」という評判は知られており、またある年、夜に大雪が降って首都圏の鉄道が始発から軒並み運休となった日に西武鉄道だけは平常運転を実施していたのだが、その訳は夜通し電車を動かしていた、という隠れたエピソードも。「鉄道業より不動産業の会社」とも言われた鉄道会社の面目躍如たる一面だった。
　1969（昭和44）年10月14日、西武秩父線が開通。秩父方面の観光と、武甲山から産出される石灰石輸送という大きな転機が訪れた。5000系レッドアローという本格的な特急型車両の登場が華を添え、Ｅ851形電気機関車という私鉄随一の大型機関車が鉄道ゆえの貨物輸送力を誇った。ただ、1970年代は増える旅客需要に追い付かない面もあり、複々線化や地下鉄直通運転などは他社に遅れを取った一面もあった。1983（昭和58）年に西武有楽町線が開通したが、これは池袋線とまた繋がっていなかったし、池袋線の複々線化は平成になってからである。
　21世紀に入ると、新しいグループビジョンを制定。ブルーをコーポレートカラーとしたイメージチェンジが行なわれ、スローガンは「でかける人を、ほほえむ人へ」。鉄道が持つ人と人の結びつきの大切さに主眼が置かれた施策が多く進められた。独特の顔をした001系「Laview」やスマイルトレイン30000系などは象徴的で、従来の西武鉄道を知る者にとって、強烈なインパクトを放った。

車窓

　池袋線は、都心から埼玉県西郊外へと変わる車窓で、関東地方の都市化拡大の一端を見る。所沢の衛星都市、特産狭山茶の茶畑、航空自衛隊入間基地、名栗川の谷口の町・飯能、そして奥武蔵の山々へ。全長4811ｍの正丸トンネル内にある信号所なども、ちょっとした見どころ。秩父の名峰、武甲山は石灰石の産出で、昭和時代からは山容が大きく変わった。なお、仏子〜元加治間の入間川鉄橋の西側に残る武蔵野鉄道時代の旧橋跡や、保存車両が集う横瀬車両基地などは、レイルファンには注目される車窓ポイントである。
　対して新宿線は終始市街地を走る。所沢は、同じ都心へ向かう電車が反対方向に発車してゆくという池袋線との接続ぶりに、川越鉄道と武蔵野鉄道時代の面影を残す。南入曽車両基地を過ぎたあたりから武蔵野台地らしい畑地や雑木林も見え始めるが、南大塚、川越などは工場地化や宅地化が進む。
　このほか、山口線、多摩湖線、西武園線は、丘陵地へ挑む狭山湖と多摩湖のアプローチぶりが似ていて興味深く、新参にあたる拝島線は、当初から近代化された各駅の表情が特徴。国分寺線は西武鉄道の最古区間を持ち、堀割や直線のルート採りに明治中期の鉄道敷設方法を偲ばせる。
　そして、独立した存在の多摩川線は、白糸台を過ぎると「はけ」と呼ばれる多摩川の河岸丘陵を降りていく。線路沿いにある多摩川競艇場は多摩

川の砂利取り場を転用したもので、かつての砂利輸送線の面影を垣間見る。

車両

特急形車両は001系8両編成×7本、10000系7両編成×5本の計91両、通勤形車両は40000系10両編成×20本、30000系10両編成×6本、30000系8両編成×18本、30000系2両編成×6本、20000系10両編成×8本、20000系8両編成×8本、9000系4両編成×5本、6000系10両編成×25本、4000系4両編成×11本、2000系8両編成×14本、2000系6両編成×6本、2000系4両編成×12本、2000系2両編成×10本、101系4両編成×7本の計1,118両、山口線8500系4両編成×3本の12両の総計1,221両が在籍している。

駅解説

池袋線

SI01 池袋 いけぶくろ
0.0 km (0.0 km)
開 1915 (大正4) 年4月15日
住 東京都豊島区南池袋1-28-1
乗 397,892人

西武鉄道最大のターミナル駅。駅自体は1902 (明治35) 年5月10日、日本鉄道 (現・JR山手線) の信号場が原点。西武鉄道の前身である武蔵野鉄道、東上鉄道 (現・東武鉄道東上本線)、営団地下鉄 (現・東京地下鉄) が開業し、新宿に次ぐ屈指のターミナルへと発展。とくに住宅事情がいい埼玉県からの路線が多く接続することから、都心と郊外の一大結節点となっている。戦時中に空襲によって焼失した駅舎は1949 (昭和24) 年の西武百貨店の開店で面目を一新し、1974 (昭和49) 年には地下通路が完成。1980 (昭和55) 年に駅の改良工事が終了して、現在の基本的な姿が出来上がった。

SI02 椎名町 しいなまち
1.9 km (1.9 km)
開 1924 (大正13) 年6月11日
住 東京都豊島区長崎1-1-22
乗 18,146人

開業時の住所は長崎村だったが、駅の南に延びる現在の目白通り沿いにあった椎名町の名が駅名に採られている。椎名町の町名は1966 (昭和41) 年の町名変更によって消滅している。駅の開業は武蔵野鉄道開業から12年目にあたる。なお、1929 (昭和4) 年5月25日に池袋側に屋敷駅があったが、戦時中に休止となり、1953 (昭和28) 年1月15日に正式に廃止されている。

SI03 東長崎 ひがしながさき
3.1 km (1.2 km)
開 1915 (大正4) 年4月15日
住 東京都豊島区長崎5-1-1
乗 24,170人

伝承では鎌倉時代、北条氏の御内人だった長崎氏の領地であったことが地名の由来。駅名は国鉄の長崎駅に対して「東京の長崎」の意味がある。開業当初は機関区も併設され、貨物を扱うための側線も設けられていた。2007 (平成19) 年3月に大規模な改修工事が完成し、新しい橋上駅舎の使用を開始。ホームは島式2面4線となって、それまでは隣の江古田駅で行なわれていた列車の待避が、当駅で行なわれるようになった。

SI04 江古田 えこだ
4.3 km (1.2 km)
開 1922 (大正11) 年11月1日
住 東京都練馬区旭丘1-78-7
乗 28,785人

元々の地名だった江古田が駅名に採られたが、1960 (昭和35) 年の町名変更によって旭丘へと改められている。当初、島式ホーム1面2線の規模だった駅は、1958 (昭和33) 年春に島式ホーム2面4線に拡張。列車の待避が行なわれるようになったが、西側の踏切は「開かずの踏切」といわれていた。2010 (平成22) 年1月には現行の橋上駅舎の使用が開始され、ホームは相対式2面2線の規模となって、列車の待避は隣の東長崎駅で行なわれるようになった。

SI05 桜台 さくらだい
5.2 km (0.9 km)
開 1936 (昭和11) 年7月10日
住 東京都練馬区桜台1-5-1
乗 14,154人

武蔵野鉄道の開業から21年後に開設されたが、1945 (昭和20) 年2月3日に休止、1948 (昭和23) 年4月1日に再開という歴史がある。相対式ホーム2面2線が設けられていた時代が長かったが、池袋線の桜台〜石神井公園間の高架化によって、1997 (平成9) 年に高架駅としての使用が開始され一新された。かつて駅周辺の、石神井川沿いと千川沿いが桜の名所として知られたことから駅名がつけられた。

SI06 練馬 ねりま
6.0 km (0.8 km)
開 1915 (大正4) 年4月15日
住 東京都練馬区練馬1-3-5
乗 110,966人

練馬区の基幹駅で、区役所などが最寄り。地名には軍馬の訓練地や、石神井川の低地 (= 根沼) などの諸説がある。駅は武蔵野鉄道開業時に島式ホーム1面2線で開設。現在は1994 (平成6) 年に西武有楽町線が接続して都心との乗り入れ駅となり、その運行上は性格をまったく変えている。練馬区の基幹駅で、区役所などが最寄り。1997 (平成9) 年に高架化を完了した。1991 (平成3) 年12月10日には都営地下鉄12号線 (現・大江戸線) 練馬駅が開業している。

SI07 中村橋 なかむらばし
7.5 km (1.5 km)
開 1924 (大正13) 年6月11日
住 東京都練馬区中村北4-2-1
乗 35,844人

現在の千川通りにあたる千川上水の橋名に由来。千川上水は玉川上水から分岐して長さ22kmの規模を誇り、神田上水、本所上水などとともに「江戸六上水」に数えられていた。1997 (平成9) 年12月13日に高架化が完成。それまでの三角屋根の駅舎は姿を消したが、新しい駅の入口に往年の三角屋根をイメージしたモニュメントが駅の歴史を伝えている。

SI08 富士見台 ふじみだい
8.3 km (0.8 km)
開 1925 (大正14) 年3月15日
改 1933 (昭和8) 年3月1日 (貫井)
住 東京都練馬区貫井3-7-4
乗 25,153人

開業時の駅名は貫井 (ぬくい) で、これは地名から。弘法大師の井戸伝説「貫水」が由来している。開業時は島式1面2線だったホームは、1960年代になって相対式2面2線に変更され、さらに1997 (平成9) 年の高架化によって島式ホーム1面2線と通過線を備える近代的なスタイルになった。その後、2001 (平成13) 年12月には中村橋〜練馬高野台間の複々線化が完了した。変貌が著しい。

SI09 練馬高野台 ねりまたかのだい
9.5 km (1.2 km)
開 1994 (平成6) 年12月7日
住 東京都練馬区高野台1-7-27
乗 24,395人

池袋線の連続立体交差化にあわせて誕生した西武鉄道でもっとも新しい駅で、開業前は「東石神井」という仮称があった。付近の長命寺の呼び名「東高野山」が地名の由来という説がある。2001 (平成13) 年には上下線の真ん中に留置線1本が設置されて区間列車や折返しにも使用されていたが、上り緩行線に転用されている。

SI10 石神井公園 しゃくじいこうえん
10.6 km (1.1 km)
開 1915 (大正4) 年4月15日
改 1933 (昭和8) 年3月1日 (石神井)
住 東京都練馬区石神井町3-23-10
乗 71,474人

池袋〜飯能間の開業時に開設された9駅の1つ。一風変わった地名は、井戸を掘ったさい、土中から出た青色の石の棒をご神体として祀った古事に由来するという。中世に豊島氏の居城があったと伝えられる石神井公園へは、南西へ徒歩7分。この公園にちなんで1933 (昭和8) 年3月1日に、現行の駅名へ改称されている。1962 (昭和37) 年に改良された地上2面3線から、2010 (平成22) 年には上り高架ホーム、翌2011 (平成23) 年には下り高架ホームが完成し、島式ホーム2面4線の高架駅になっている。

SI11 大泉学園 おおいずみがくえん
12.5 km (1.9 km)

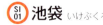

開 1924(大正13)年11月1日
改 1933(昭和8)年3月1日(東大泉)
住 東京都練馬区東大泉1-29-7
乗 75,513人

　大泉の地名は、白子川そとの水源地、井頭池にちなんだ「小泉(おいずみ)」が転じたものといわれる。東京商科大学(現・一橋大学)を誘致した学園都市建設計画があり、当駅はこの計画に沿って開業。ホームは島式1面2線で、1983(昭和58)年11月に橋上式駅舎の使用を開始。2002(平成14)年からはバリアフリー化のための駅改良工事が実施され、北口側にペデストリアンデッキも設けられている。

SI12 保谷 ほうや

14.1 km(1.6 km)
開 1915(大正4)年4月15日
住 東京都西東京市東町3-14-30
乗 53,701人

　穂谷、穂屋が地名由来の一説で、2001年(平成13年)1月21日合併までは保谷市だった。電化にともなう電車庫が設けられたのが特徴で、1973(昭和48)年に保谷車両管理所となったが、2000(平成12)年に電留線の扱いとなり、主要施設は武蔵丘車両管理所(現・武蔵丘車両基地)へと移設された。1964(昭和39)年には橋上駅舎式駅舎の使用が開始され、2007(平成19)年にはバリアフリー化を完了。従来は島式1面2線だったホームは、2011(平成23)年には2面3線に変更されている。

SI13 ひばりヶ丘 ひばりがおか

16.4 km(2.3 km)
開 1924(大正13)年6月11日
改 1959(昭和34)年5月1日(田無町)
住 東京都西東京市住吉町3-9-19
乗 63,812人

　開業時は田無町(たなしちょう)だったが、1959(昭和34)年5月に日本住宅公団(現・都市再生機構)ひばりが丘団地が完成したのにあわせて変更された。当時の団地は庶民の憧れであった。2面3線の構造だったホームが島式ホーム2面4線の形状に改められたのは1960(昭和35)年6月で、これによって各駅停車の優等列車待避を開始。同時に橋上式駅舎の使用が開始されている。2003(平成15)年にはバリアフリー化推進のための改良工事を実施。2本のホームを覆うドーム状の大屋根を備えたスタイルとなった。

SI14 東久留米 ひがしくるめ

17.8 km(1.4 km)
開 1915(大正4)年4月15日
住 東京都東久留米市東本町1-8
乗 48,688人

　東久留米市の中心駅。久留米とは黒目川の旧称で、旧久留米村は1970(昭和45)年の市制への移行時に、福岡県の久留米との混同がないよう東を冠した。戦中、近隣の中島飛行機武蔵製作所へ2.84kmの引込み線があり、工場跡地の一部がひばりが丘団地となった。戦後、そんな団地が次々と建設された地域で、1960(昭和35)年からの10年間で4.1倍の増加を記録し、当時日本で最も人口の多い町だった。

SI15 清瀬 きよせ

19.6 km(1.8 km)
開 1924(大正13)年6月11日
住 東京都清瀬市元町1-2-4
乗 58,830人

　ひばりヶ丘駅と同日に開設。武蔵野の面影が残る優れた環境が買われて1931(昭和6)年、結核療養所として東京府立清瀬病院(現・国立病院機構東京病院)が開設され、これを機に結核療養所(サナトリウム)が相次いで誕生。清瀬は「医療・福祉のまち」とも呼ばれる。開業時は島式ホーム1面2線の規模だった構内も島式ホーム2面4線に発展。駅施設はすっかり近代的なものに姿を変えた。

SI16 秋津 あきつ

21.8 km(2.2 km)
開 1917(大正6)年12月12日
住 東京都東村山市秋津町5-7-8
乗 71,805人

　地名には奈良・平安時代の国司、秋津朝臣や、低湿地を意味する「アクツ」などの諸説がある。当初は島式ホーム1面2線だったが、1974(昭和49)年12月に相対式2面2線へと拡張されているが、この駅がその性格を大きく変えたのが1973(昭和48)年4月1日の国鉄武蔵野線の開業で、新秋津駅と接続駅となった。乗り換え客は多く、改札口にはJR武蔵野線の時刻表が案内され、一般道400mの乗り換え道は常に賑わっている。駅西側にJR武蔵野線と繋がる貨物線があり、人、列車ともに西武線－JR線の接続点の役割を担っている。

SI17 所沢 ところざわ

24.8 km(3.0 km)
開 1895(明治28)年3月21日
住 埼玉県所沢市くすのき台1-14-5
乗 95,294人

　中世の鎌倉街道上道や江戸時代の所沢街道など、江戸を控えた交通の要衝として発展した所沢市の中心駅。鉄道も同じく、西武鉄道の2大幹線である池袋線と新宿線が接続する西武鉄道の中心的存在にある。最初に開業したのは川越鉄道国分寺～本川越間で、1915(大正4)年4月に武蔵野鉄道が開通。これが池袋線の前後が大きくカーブしている所以。戦後の所沢車両工場誕生や1986(昭和61)年の西武鉄道本社移転、1989(平成元)年11月のステーションビル誕生など、常に西武鉄道の前線の様相を持ち合わせている。

SI18 西所沢 にしところざわ

27.2 km(2.4 km)
開 1915(大正4)年4月15日
改 1915(大正4)年9月1日(小手指)
住 埼玉県所沢市西所沢1-11-9
乗 22,810人

　所沢市街中心部の西端にあたり、1929(昭和4)年5月に武蔵野鉄道山口線(現・狭山線)が開業し池袋線との分岐駅となった。沿線の観光地のひとつとして狭山湖周辺が開発され、その輸送対応の前線にあたる性格も併せ持つ。とくに1979(昭和54)年4月に島式ホームと相対式ホームの3面4線に拡張されたが、これは西武ライオンズ球場の開場によるものだった。

SI19 小手指 こてさし

29.4 km(2.2 km)
開 1970(昭和45)年11月20日
住 埼玉県所沢市小手指町1-8-1
乗 40,509人

　1966(昭和41)年5月、小手指検車区の開設による小手指ヶ原信号場がルーツで、1970(昭和45)年11月に停車場に格上げされた。ホームは開業時から島式2面4線だが、駅舎は狭山ヶ丘側の構内踏切で結ばれた地上にあり、車庫以外に大きな施設もなく、車窓から遠く富士山も見えたほど。1979(昭和54)年には橋上式駅舎の使用が開始され、現在のようにマンションや大規模商業施設が集まる主要駅に発展したが、車庫によって電車の始終着駅だったことも大きい。
　地名の由来は諸説あり不詳だが、歴史に登場するのは新田義貞の鎌倉攻めの戦いで、幕府軍を破ったのが小手指ヶ原古戦場と伝わる。鎌倉街道の存在を伝える挿話である。

SI20 狭山ヶ丘 さやまがおか

31.6 km((2.2 km)
開 1915(大正4)年4月15日
改 1915(大正4)年8月(元狭山)
　 1933(昭和8)年3月1日(三ヶ島村)
住 埼玉県所沢市狭山ヶ丘1-2980
乗 21,426人

　武蔵野鉄道開業時からの駅。旧地名の三ヶ島村とは駅南側にあった旧村で、3つの集落を島に見立てて呼んでいたことが語源。西口駅前の道は中世鎌倉街道のひとつだ。かつては西武秩父線からのセメント製品積み下ろすホームがあり、広い構内はその名残り。入間市が市境に角栄団地を建設し、所沢商業高校や武蔵野音楽大学第三幼稚園(現在は廃園)などの教育施設もあり、市境を跨いだ生活空間が形成されている。広大な雑木林が広がっていた東側も1993(平成5)年に東口が新設され、宅地開発が進んでいる。

SI21 武蔵藤沢 むさしふじさわ

32.9 km(1.3 km)
開 1926(大正15)年4月1日
住 埼玉県入間市下藤沢一丁目15番地4
乗 21,288人

　藤沢の地名は不老川に茂るフジが語源といわれ、駅名は同名駅との区別から旧国名が冠された。開業時から島式ホーム1面2線で、地平の駅舎へは構内踏切で結ばれた構造だったが、1998(平成10)年に跨線橋で結ばれた相対式ホームになった。駅の北側で線路を越える道路は通称「行政道路」で、所沢基地～入間基地間の駐留軍トラック移動のため、1952(昭和27)年締結の日米行政協定に基づいて整備されたことが由来。

SI22 稲荷山公園 いなりやまこうえん

35.9 km（3.0 km）
開 1933（昭和8）年4月1日
住 埼玉県狭山市稲荷山1-1
乗 8,657人

　航空自衛隊入間基地の最寄り駅で、駅名にもなった稲荷山公園は1973（昭和48）年に米軍から返還された基地跡地を整備した県営公園を指す。ルーツは陸軍航空士官学校が所沢飛行場から1940（昭和15）年に移転した豊岡飛行場で、終戦後、米軍に接収された頃は「ジョンソン基地」、稲荷山公園も「ハイドパーク」と呼ばれ、こうした駐留軍風の呼び名は地元でも使われていた。返還後、1958（昭和33）年に自衛隊入間基地となり、燃料輸送の引き込み線もあった。毎年11月に開催される「航空祭」は入間基地の最大のイベントで、多くの観客で賑わう。

 入間市 いるまし

36.8 km（0.9 km）
開 1915（大正4）年4月15日
住 埼玉県入間市河原町2-1
乗 28,740人

　市役所や市民体育館などを最寄りとする入間市の基幹駅。開業時の駅名は豊岡町で、これは1889（明治22）年に周辺4村が合併したさい、新しい町の将来を祝福するための嘉名として名付けられた。当初のホームは現在よりも飯能側にあり、大きくカーブしていたが、1974（昭和49）年4月27日に現在地に移転し、相対式のホームと橋上式駅舎となっている。現在は島式ホームと単式ホームによって3面5線を有する規模となり、バリアフリー化も推進されて、池袋線の特急停車駅として機能している

 仏子 ぶし

39.7 km（2.9 km）
開 1915（大正4）年4月15日
住 埼玉県入間市仏子880
乗 8,963人

　駅名にもなった地名の由来には諸説あり、「河岸段丘」「谷地」などの地形を指す、仏師が住んでいた、武士が住んでいたなど。難読駅としても知られる。駅南側に加治丘陵が横たわり、かつては山腹に「国民宿舎　入間グリーンロッジ」の西洋古城風ホテルを望んだ。なお、当駅を出た下り電車は入間川を渡るが、南側に旧橋梁の線路跡を見ることができる。

 元加治 もとかじ

41.0 km（1.3 km）
開 1926（大正15）年4月3日
住 埼玉県入間市野田167
乗 6,373人

　1918（大正7）年11月に開設された加治荷扱所がルーツで、旅客駅へと格上げされた日を開業日としている。1999（平成11）年11月に一時無人駅となった。2009（平成21）年には再び有人駅へと戻されているが、駅業務の一部は隣の飯能駅に委託されている。ホームは島式で1面2線。上り1番ホーム側の地平に駅舎が設けられており、ホームとは跨線橋で連絡されている。かつては当駅から入間川の採石場に向かう貨物用の引込み線だった岩沢側線が分岐し、砂利、木材などの運搬に使用されていた。

 飯能 はんのう

43.7 km（2.7 km）
開 1915（大正4）年4月15日
住 埼玉県飯能市仲町11-21
乗 26,414人

　飯能市の玄関駅で、各地を結ぶ路線バスの拠点にもなっている。飯能は秩父山地と関東平野の境で川沿いに発達した谷口集落のひとつで、万葉の時代に人々定住していたといい、江戸時代には木材、織物などの集散地として発達した。武蔵野鉄道は池袋からこの飯能まで、44.2kmを一気に開業させている。当初は池袋側に構内踏切があり改札口とを結ぶ構造だったが、今や駅ビルやホテルが建つ主要駅のひとつだ。また、駅は地形の関係から秩父線方面とスイッチバック構造になっている。

 東飯能 ひがしはんのう

44.5 km（0.8 km）
開 1931（昭和6）年12月10日
住 埼玉県飯能市東町1-5
乗 4,965人

　飯能の中心街の東側にあたりJR八高線と接続する。池袋～飯能間の開業半年後に吾野まで延伸し、その2年後に八高線（当時は八高南線）八王子～東飯能間の開業日にあわせて当駅が誕生している。両線は跨線橋で結ばれ、駅業務は西武鉄道側が担当していた。1999（平成11）年2月に橋上式駅舎が完成。この時に両社の改札が分離され、2000（平成12）年10月には駅ビルがオープンしている。なお、当駅の南側に、元加治駅へ直結して飯能駅のスイッチバックを回避する建設予定線跡が延びている。

 高麗 こま

48.5 km（4.0 km）
開 1929（昭和4）年9月10日
住 埼玉県日高市武蔵台1-1-1
乗 2,183人

　駅名は旧地名の高麗郡から。8世紀に朝鮮半島の高句麗から移り住んだことがその語源という。駅前には、朝鮮半島系の道祖神が建っている。かつては山里ののどかな雰囲気の駅で、日和田山ハイキングなどの拠点だったが、駅の南側に武蔵丘車両検修所や武蔵台団地が造られ、装いが一変した。現在は盛土の上に島式ホーム1面2線が設けられており、ホーム南側の駅舎と地下通路と階段で結ばれている。かつてはセメント列車の積降ろし施設が構内に設けられていたが、1996（平成8）年に用途廃止となり、今は施設の跡だけが残されている。

 武蔵横手 むさしよこて

51.3 km（2.8 km）
開 1929（昭和4）年9月10日
住 埼玉県日高市横手字山下750
乗 238人

　武蔵野鉄道吾野延伸時に開業した駅で戦時中の休止を経たのち、1954（昭和29）年10月10日に廃止。そして1969（昭和44）年10月4日に信号場として復活し1970（昭和45）年2月1日に駅として再開業するという経緯をたどっている。ホームは島式1面2線で、駅舎とは地上の構内踏切で連絡。かつては西武線の各駅で見られた駅の構造を残している。

 東吾野 ひがしあがの

53.8 km（2.5 km）
開 1929（昭和4）年9月10日
　 1933（昭和8）年3月1日（虎秀）
住 埼玉県飯能市平戸220
乗 398人

　開業時の駅名は旧村名から。島式ホーム1面2線の規模の駅で、当初は延長70mあまりしかなかったという。駅舎は武蔵横手駅に似たコンパクトなものだが、1983（昭和58）年に使用が開始された比較的新しいもの。1999（平成11）年8月に発生した土砂崩れによって吾野駅が一時閉鎖され、飯能と当駅の間での折返し運転が続けられた時期もあった。

西武秩父線

 吾野 あがの

池袋から54.8 km（1.0 km）
開 1929（昭和4）年9月10日
住 埼玉県飯能市坂石町分326-1
乗 556人

　武蔵野鉄道開業当時の終着駅で、池袋線と秩父線の境にあたる。吾野は近世、秩父往還沿いにあり、正丸峠を目前にした宿場町で、現在もその面影を伝える家並みを見ることができる。かつて、駅構内には大掛かりなセメントの積込み施設が造られ、大量の貨車を留置するために、広い構内に何本もの留置線が敷設されていたが、貨物輸送は1978（昭和53）年3月末に廃止されている。

西吾野 にしあがの

58.4 km（3.6 km）
開 1969（昭和44）年10月14日
住 埼玉県飯能市吾野下ノ平579
乗 256人

　吾野～西武秩父間は、武甲山で産出されるセメント輸送を目的に1969（昭和44）年に開業。そのため、路線形状が近代的。当駅は高麗川の谷を見下ろす中腹に設けられていて、駅前に店舗はない。駅構内には貨物輸送に使用された側線の跡がある。

正丸 しょうまる

61.1 km（2.7 km）
開 1969（昭和44）年10月14日
住 埼玉県飯能市坂元1658
乗 173人

　埼玉県飯能市と秩父郡横瀬町を分け隔てる正丸峠のふもと、西武秩父方向に延長4811m、開業当時は私鉄一の長さを誇った正丸トンネルの入り口を見る。このトンネル内には延長459mの複線区間があり、正丸トンネル信号場が設置され、列車の交換が行なわれている。ホームは島式1面2線で盛土上に設置されており、地平に設けられた駅舎とは地下通路と階段で結ば

れている。駅舎は屋根を片流れのかたちとした山小屋風のもので、ハイキングの気分を盛り上げてくれる。

芦ヶ久保 あしがくぼ

67.2 km(6.1 km)
開 1969(昭和44)年10月14日
住 埼玉県秩父郡横瀬町芦ヶ久保1925
乗 369人

地名の由来は、正丸峠下の窪地に芦が多く茂っていたからという説が有力。ハイキングの拠点駅だが、1976(昭和51)年には西武グループによって「あしがくぼスケートリンク」がオープンしたことは目新しく、1973(昭和48)年から特急停車駅ともなり、観光拠点としての位置づけが見てとれる。ホームは1面2線で盛土の上に設けられ、駅舎とは地下通路で連絡。「1線スルー方式」を採用している駅で、通過列車は線形が直線的な下り線(2番線)を通過。その際に、交換、待避の列車は1番線を使用する。

横瀬 よこぜ

71.2 km(4.0 km)
開 1969(昭和44)年10月14日
住 埼玉県秩父郡横瀬町横瀬4067
乗 1,249人

石灰石を産する武甲山のふもとにあたり、西武秩父線セメント輸送の一大拠点になっていた駅で、最盛期には時折ダイナマイトの音が遠く聞こえたほど。また、開業から3カ月後に横瀬車両基地が開設されていて、電気機関車と貨車の検査、修繕が行なわれていた。現在は保存車両が有名で、E 851形機関車や、特急「レッドアロー」の5000系クハ5503、101系クハ1224、そのほか電車、貨車など、西武鉄道の歴代の名車に出会うことができる。

西武秩父 せいぶちちぶ

73.8 km(2.6 km)
開 1969(昭和44)年10月14日
住 埼玉県秩父市野坂町1-16-15
乗 5,756人

西武秩父線の終着駅。当初計画では秩父鉄道秩父駅と隣接させる案も検討されたが、県立高校の跡地があった現在地に落ち着いた。西武秩父は首都圏と秩父地方を直結する役割から新たな玄関口として期待され、広いスペースとともに駅舎は大屋根を備えた瀟洒な山小屋風で誕生した。2017(平成29)年にはリニューアル工事が実施されている。ホームは2面3線式で、このうち1番ホームは特急列車専用として使用されている。

西武有楽町線

小竹向原 こたけむかいはら

小竹向原から0.0 km(0.0 km)
開 1983(昭和58)年10月1日
住 東京都練馬区小竹町2-16-15
乗 281,480人(都営副都心線、東京メトロ有楽町線を含む)

西武有楽町線新桜台～小竹向原間1.2㎞の開業によって誕生。同年6月24日に営団地下鉄(現・東京地下鉄)有楽町線の駅が先に開業しており、西武有楽町線は盲腸線として分岐していた。1994(平成6)年12月7日に新桜台～練馬間が暫定開業ながら開業を果たし、その役割は直通運転へとがらりと変わった。西武有楽町線は池袋線からダイレクトに都心へ向かう新しいチャンネルとなって、今日に至っている。

新桜台 しんさくらだい

1.2 km(1.2 km)
開 1983(昭和58)年10月1日
住 東京都練馬区桜台1-28-11
乗 8,716人

環状七号線(都道318号)の直下に位置し、池袋線江古田駅へも徒歩10分ほどの位置。西武有楽町線練馬駅付近の工事の遅れから小竹向原～新桜台間が暫定的に開業。しばらくは西武鉄道の路線とは接続しない「飛び地」の駅だった。この状況は1994(平成6)年12月に練馬への延伸が果たされるまで続いた。

練馬

2.6 km(1.4 km)

豊島線

豊島園 としまえん

練馬から1.0 km(1.0 km)
開 1927(昭和2)年10月15日
改 1933(昭和8)年3月1日(豊島)
住 東京都練馬区練馬4-16-5
乗 9,871人

当時の武蔵野鉄道の手によって1927(昭和2)年に開園した豊島園遊園地の最寄り駅として開業。以後、現在に至るまで、時代に合わせて遊園地は変わってきたものの、観客輸送の役割は今も続いている。ちなみに当線は起点から終点に至るまで豊島区ではなく練馬区内を走っている。

狭山線

下山口 しもやまぐち

西所沢から1.8 km(1.8 km)
開 1929(昭和4)年5月1日
住 埼玉県所沢市山口1254-3
乗 6,971人

狭山線(開業時の名称は山口線)の中間駅として開業。1924(大正13)年に完成した村山貯水池(多摩湖)への観光客輸送が主目的の路線で、当駅は戦時中は不要不急として1944(昭和19)年2月28日に営業休止となり、1954(昭和29)年10月10日に廃止。ところが西武ライオンズ球場の観戦客輸送に対応するための列車交換設備が必要となったため、1976(昭和51)年6月4日に復活している。

西武球場前 せいぶきゅうじょうまえ

4.2 km((2.4 km)

開 1929(昭和4)年5月1日
改 1933(昭和8)年3月1日(村山公園)
　 1941(昭和16)年4月1日(村山貯水池際)
　 1951(昭和26)年10月7日(村山)
　 1979(昭和54)年3月25日(狭山湖)
住 埼玉県所沢市上山口2090-3
乗 10,440人

現在ではプロ野球・西武ライオンズの本拠地球場の最寄り駅として知られるが、歴史的には狭山湖、多摩湖、ユネスコ村、狭山スキー場ほか、西武鉄道の近郊観光地として開発されてきた地域の拠点駅として機能してきた。戦時中、1944(昭和19)年2月28日にいったん廃止され、1951(昭和26)年10月7日に復活。この頃の駅は現在より西側に位置していたが、1979(昭和54)年の球場オープンで西所沢側に移し、4面8線の大規模の駅に生まれ変わった。

新宿線

西武新宿 せいぶしんじゅく

0.0 km(0.0 km)
開 1952(昭和27)年3月25日
住 東京都新宿区歌舞伎町1-30-1
乗 135,139人

西武鉄道2大幹線のひとつ、新宿線のターミナル駅。新宿駅への乗入れは旧・西武鉄道にとって悲願だったが、駅周辺に新たな土地が無く、都営バスの車庫があった土地に作られた仮駅が現在に至っている。今の基本的な駅施設が完成したのは1977(昭和52)年3月で、高架上に単式と島式が並ぶ2面3線のホーム、新宿プリンスホテルやショッピングモールを備えた地上25階、地下4階の駅ビルが備えられ、歌舞伎町などの繁華街からも近いことから賑わいを見せており、もはや仮駅の装いは無い。

高田馬場 たかだのばば

2.0 km(2.0 km)
開 1927(昭和2)年4月16日
住 東京都新宿区高田馬場1-35-2
乗 250,377人

新宿線は旧・西武鉄道が山手線との接続を目指して建設された村山線が原点だが、その接続駅が高田馬場だった。開業当初は山手線の西側に仮駅が設けられ、翌1928(昭和3)年4月15日に現在地に駅が完成。当時は島式ホーム1面2線という構造で、新宿方に引上げ線が設けられていた。1952(昭和27)年3月の西武新宿延伸時から中間駅となり、路線名もそれまでの村山線から新宿線へと改められている。乗り換え客が多く、一日の乗降客数は池袋に次ぎ第2位である。

下落合 しもおちあい

3.2 km(1.2 km)
開 1927(昭和2)年4月16日
住 東京都新宿区下落合1-16-1
乗 10,815人

旧・西武鉄道村山線時代に開業。1950(昭和25)年7月3日に開業時の場所から300 m西寄りに移転している。わずかな距離の移転は隣の

駅との駅間距離の調整の意味合いも含まれていたという。またこの地は西武グループ発祥の地ともいわれ、西武鉄道創始者による「目白文化村」として分譲地が整備されたあたりでもある。地名は近隣を流れる神田川と妙正寺川がこの地点で出会うことから。

SS04 中井 なかい

3.9 km(0.7 km)
開 1927(昭和2)年4月16日
住 東京都新宿区中落合1-19-1
乗 25,357人

東京都交通局大江戸線と接続。当駅～下落合駅は漫画家・赤塚不二夫の自宅兼事務所があり、作品に多く登場するあたりでもある。開業時から島式ホーム1面のみの規模の小さな駅だったが、1963(昭和38)年11月1日、改良工事によって相対式ホーム2面と上下線の間に敷設された追い越し線(中線)1線へと姿を変えた。その後も駅の改良工事は行なわれ、2016(平成28)年に改札口を地下化、同年12月には駅の東西を結ぶ自由通路の使用が開始されている。

SS05 新井薬師前 あらいやくしまえ

5.2 km(1.3 km)
開 1927(昭和2)年4月16日
住 東京都中野区上高田5-43-20
乗 18,321人

開業時には島式ホーム1面2線の構造だったが、1960(昭和35)年には改修工事が行なわれて、ホームは相対式2面2線の構造になった。駅舎は下り線ホームに隣接して建ち、1969(昭和44)年3月からは跨線橋の使用が開始、さらに1975(昭和50)年には上り線の側にも駅舎が建てられた。カーブが多い区間で、都の都市計画によって地下化工事が進められている。駅名は徒歩6分の場所にある真言宗の寺院、梅照院の別名である新井薬師から。

SS06 沼袋 ぬまぶくろ

6.1 km(0.9 km)
開 1927(昭和2)年4月16日
住 東京都中野区沼袋1-35-1
乗 16,623人

開業時から島式1面2線の構造だったが、1955(昭和30)年に改修工事が行なわれ、島式ホーム1面2線の外側に通過線を設ける4線構造となった。これが西武鉄道が設けた初めての急行追越し線となっている。沼袋の名は室町時代末期の『鎌倉大草紙』に「江古田原沼袋」という記述があるといい、妙正寺川が増水すると沼があちこちにできた様からついたと考えられている。

SS07 野方 のがた

7.1 km(1.0 km)
開 1927(昭和2)年4月16日
住 東京都中野区野方6-3-3
乗 21,546人

ホームの真下を環状七号線(都道318号)が潜り抜ける。開業時から島式ホーム1面2線の構造が変わらず、その後も改良工事が重ねられて今日に至っている。都の計画による連続立体化工事が進められており、この工事が完成すれば、新宿線と環状七号線の立体交差も姿を消すことになる。野方とは「多摩川両岸の低地にある田園地帯に対して、野の高い方」から生じたといわれ、江戸時代には「野方領」と呼ばれていた。

SS08 都立家政 とりつかせい

8.0 km(0.9 km)
開 1937(昭和12)年12月25日
改 1943(昭和18)年7月1日(府立家政)
住 東京都中野区鷺宮1-16-1
乗 16,356人

開業時の駅名は、南側にあった旧制東京府立高等家政女学校(現・都立鷺宮高校)にちなみ、学校側による陳情や地主からの土地の提供を受けて誕生した請願駅である。1943(昭和18)年に東京府が東京都に改められ都立校となり駅名もあわせて変更されて現在に至っている。開業時からホームは2面2線の構造。

SS09 鷺ノ宮 さぎのみや

8.5 km(0.5 km)
開 1927(昭和2)年4月16日
住 東京都中野区鷺宮3-15-1
乗 28,112人

上り方に引上げ線を備えた島式ホームを備えて開業。戦後の1955(昭和30)年10月にはこの引上げ線が撤去されて、中央に折返し線を備えたコの字形の島式ホームに形状が変更された。現在のホームは2面3線の構造だが、単式ホーム1面1線を上り線専用とし、島式ホーム1面2線を下り線専用としている。地名は11世紀、源頼義が八幡神を祭って建てた鷺宮八幡社が語源で、境内に鷺が棲んでいたことから「鷺宮大明神」と呼ばれていたという。

SS10 下井草 しもいぐさ

9.8 km(1.3 km)
開 1927(昭和2)年4月16日
住 東京都杉並区下井草2-44-10
乗 20,920人

相対式2面2線の構造。駅舎は1982(昭和57)年に改築を実施して近代的な姿に生まれ変わったが2005(平成17)年、東京都が進める「駅まち一体事業」に則って駅施設の再整備が行なわれた。井草とは善福寺池や妙正寺池周辺の低湿地で藺草が生えていたことが語源のひとつといわれるが、もともと杉並区北部一帯を指す地名だった。なお、隣の鷺ノ宮駅との間には、かつて西鷺ノ宮駅が設けられていたが、1953(昭和28)年に廃止された。

SS11 井荻 いおぎ

10.7 km(0.9 km)
開 1927(昭和2)年4月16日
住 東京都杉並区下井草5-23-15
乗 17,126人

島式ホーム1面2線で開業。1963(昭和38)年10月21日から、ホームを相対式2面2線とし、さらに上り線ホームの外側に待避線を増設、3本の線路の中央を追越し線として、上下の列車が交互に使用した。1998(平成10)年、ホームは相対式2面3線のスタイルに改められている。駅西側の環状八号線(都道311号)は、2006(平成18)年5月に立体交差化が完成している。駅名は旧村名が由来で、現在は存在しない地名だが、1889(明治22)年に4村合併の際、井草と荻窪を組み合わせて付けられた。

SS12 上井草 かみいぐさ

11.7 km(1.0 km)
開 1927(昭和2)年4月16日
住 東京都杉並区上井草3-32-1
乗 17,431人

相対式2面2線のホームを備える。1987(昭和62)年に下り線ホームに隣接して南口が誕生し、従来の改札口は北口となった。近隣にアニメ制作会社があることなどから、駅前には『機動戦士ガンダム』の「RX-78-2」の像が建ち、発車メロディにもその主題歌が使用されている。江戸時代初期、井草村が分割されて誕生した上井草村と下井草村が、駅名に受け継がれている。

SS13 上石神井 かみしゃくじい

12.8 km(1.1 km)
開 1927(昭和2)年4月16日
住 東京都練馬区上石神井1-2-45
乗 38,002人

島式ホーム1面2線という小さな駅だったが、1960(昭和35)年に島式ホーム2面3線に変更、いち早く橋上式駅舎が作られている。隣接する上石神井車両基地は1928(昭和3)年1月の誕生。当時の名称は上石神井電車庫で収容能力は44両だったというが、現在は電留線同様の扱いとなっている。新宿線の連続立体交差事業計画は、西武新宿から当駅までが該当区間だ。

SS14 武蔵関 むさしせき

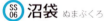

14.1 km(1.3 km)
開 1927(昭和2)年4月16日
住 東京都練馬区関町北2-29-1
乗 27,659人

島式ホーム1面で開業。現行のホームは相対式2面2線で、北口、南口の2カ所が設置されている。駅の西側には石神井川の治水を向上させるために都内最初に整備された調節池・富士見池がある。関の地名は室町時代、豊島氏の居城だった石神井城の関所がこのあたりにあったことが由来で、駅の開業時、三重県の関西本線に関駅があったことから、旧国名が冠せられた。

SS15 東伏見 ひがしふしみ

15.3 km(1.2 km)
開 1927(昭和2)年4月16日
改 1929(昭和4)年11月20日(上保谷)
住 東京都西東京市東伏見2-5-1
乗 20,488人

現在の駅名は、1929(昭和4)年に京都の伏見稲荷神社から勧請された東伏見稲荷神社にちなみ、のちの1966(昭和41)年には地名も神社由来の東伏見に改められている。早稲田大学の誘致運動が活発に行なわれ、駅の南側に同大学の東伏見キャンパスが開設されて、学生の町にもなった。

西武柳沢 せいぶやぎさわ

16.3 km(1.0 km)
開 1927(昭和2)年4月16日
住 東京都西東京市保谷町3-11-24
乗 14,614人

　駅名は旧小字名の柳沢が語源で、長野県の長野電鉄に同名駅があり西武を冠した。開業当初の島式ホームが1960年代後半になって相対式2面2線へと改められ、1970(昭和45)年には橋上式駅舎と跨線橋の使用が開始された。日本住宅公団(現独立行政法人都市再生機構)によって1958(昭和33)年に柳沢団地が建設され、人口が急増した地域である。

SS17 田無 たなし

17.6 km(1.3 km)
開 1927(昭和2)年4月16日
住 東京都西東京市田無町4-1-1
乗 63,936人

　東京の西郊を代表する衛星都市の玄関駅。島式ホーム1面2線の駅だったが、1961(昭和36)年には島式ホーム2面3線へと変更されている。田無の記録上の初見は室町時代、北条家の文献『小田原衆所領所帳』で、戦国大名の支配下にあったことが伺えるが、語源は諸説あり「田んぼが無いところ」「田を成すところ」と定まっていない。

SS18 花小金井 はなこがねい

19.9 km(2.3 km)
開 1927(昭和2)年4月16日
住 東京都小平市花小金井1-10-5
乗 49,987人

　玉川上水の小金井橋に近いことが駅名の由来だが、約1500本ものヤマザクラ・小金井桜の名所であり、中央線武蔵小金井駅を意識し、花見の最寄り駅を自社PRする意味で「花」を冠した。駅が開設されたのちに、花小金井町という町名も生まれている。かつての駅には中線があり、花見客用の臨時電車が運転されていた。

SS19 小平 こだいら

22.6 km(2.7 km)
開 1927(昭和2)年4月16日
住 東京都小平市美園町1-34-1
乗 33,184人

　古来、このあたりは武蔵野台地上で水が少なく人の住めない土地だったが、交通路の交錯点だった。17世紀、開拓した人の名から小川村が誕生、そして平な土地であったことから、1889(明治22)年に小平の地名が生まれた。1968(昭和43)年2月11日に橋上式駅舎の使用を開始。1999(平成11)年に駅の改築が完了し、島式ホーム2面4線の構造となった。小平市の中心駅で、拝島線が分岐する。

 久米川 くめがわ

24.6 km(2.0 km)
開 1927(昭和2)年4月16日
住 東京都東村山市栄町2-3-1
乗 28,861人

　隣の東村山駅や当駅周辺は、武蔵国国府(現・東京都府中市)を結ぶ東山道が通ったあたりとされ、久米川の地名は鎌倉時代の鎌倉街道の久米川宿に遡る。柳瀬川の別称「くめくめ川」がその語源といわれる。駅は戦後の1966(昭和41)年7月20日から相対式2面2線のホームを使用。1981(昭和56)年に駅舎の改築が行なわれ、2010(平成22)年に北口新駅舎の使用が開始されている。

 東村山 ひがしむらやま

26.0 km(1.4 km)
開 1894(明治27)年12月21日
改 1895(明治28)年8月6日(久米川仮駅)
住 東京都東村山市本町2-3-32
乗 42,555人

　開業時の久米川仮駅は、国分寺から川越を目指して建設された川越鉄道最初の開通区間時のもの。柳瀬川の架橋工事が難航したための仮駅だった。もともとこのあたりを「村山」といい、1889(明治22)年の町村制施行のさい、その東側にあたる意味で東村山村が誕生している。全国に「東村山」の名を知らしめたのは希代のコメディアン・志村けんで、当市の出身であり、駅前に銅像が立つ。

 所沢 ところざわ

28.9 km(2.9 km)

 航空公園 こうくうこうえん

30.5 km(1.6 km)
開 1987(昭和62)年5月28日
住 埼玉県所沢市並木2-4-1
乗 22,428人

　駅名は所沢航空公園にちなむ。1911(明治44)年4月1日に日本で初めての飛行場として開設された所沢飛行場跡地に作られた公園で、日本の航空機の発祥の地とされる。駅は相対式ホームの2面2線を有し、橋上式の駅舎はこの地で試験飛行に使われたフランス製のアンリ・ファルマン複葉機をイメージしたユニークなスタイルで、1998(平成10)年に「鉄道の日」関東実行委員会が主催する「第2回関東の駅百選」に選定されている。

 新所沢 しんところざわ

31.7 km(1.2 km)
開 1951(昭和26)年6月11日
改 1959(昭和34)年2月1日(北所沢)
住 埼玉県所沢市緑町1-21-25
乗 45,869人

　戦後生まれの駅だがルーツは戦前にあり1938(昭和13)年6月21日に開設された「所沢飛行場前」。現駅の1.5km南にあり、軍部の意向によって1941(昭和16)年4月1日に「所沢御幸町」へと名称を変更された逸話を持つ。島式ホーム2面4線を備え、駅舎は橋上式。この駅舎の使用開始は1962(昭和37)年のことで、西武鉄道で初めての橋上式駅舎だった。入曽駅との間に南入曽車両基地があり、始終着とする電車もある。地元では「しんとこ」と呼ばれて親しまれている。

 入曽 いりそ

35.6 km(3.9 km)
開 1895(明治28)年3月21日
住 埼玉県狭山市南入曽567
乗 15,393人

　川越鉄道開業時の駅。駅は相対式2面のホームを有し、上下線のそれぞれに駅舎が造られている。かつては島式ホームに構内踏切で改札口へと通じる構造だったが、現在は上下ホームが跨線橋で結ばれ、エスカレーター、エレベーターも併設されている。平安時代、清少納言の『枕草子』に書かれた「堀兼の井」は駅の東2km。1000年前にはるか京の都に知れた井には、入曽を通る古道の存在をうかがわせる。

 狭山市 さやまし

38.6 km(3.0 km)
開 1895(明治28)年3月21日
改 1979(昭和54)年3月25日(入間川)
住 埼玉県狭山市入間川1-1-1
35,140人

　入曽駅同様、川越鉄道開業からの歴史ある駅で狭山市の玄関駅。開業時の駅名は北を流れる川名だが、中世、鎌倉街道上道の入間川宿があり、これを継いで近代以降も入間川村、入間川町と、入間川を名乗ってきている。ホームは相対式2面2線。西武新宿寄りには渡り線が設置されており、当駅始発の上り列車に使用されている。

 新狭山 しんさやま

41.3 km(2.7 km)
開 1964(昭和39)年11月15日
住 埼玉県狭山市新狭山3-12-1
乗 16,641人

　中世からの宿場町だった狭山市駅とは対照的に、1960(昭和35)年、日本住宅公団が開発した大規模な工場団地「川越狭山工業団地」が駅周辺を作っている。南大塚駅との間は線路を挟むように大工場や住宅が連なっており、とくに本田技研狭山工場があり、ホンダの企業城下町とも言われた。1989(平成元)年12月に新狭山～南大塚間が、1991(平成3)年7月に狭山市～新狭山間が複線化を完了している。

SS28 南大塚 みなみおおつか

43.9 km(2.6 km)
開 1897(明治30)年11月14日
住 埼玉県川越市南台3-14
乗 15,806人

　川越市の南西部にあたり、南を「川越狭山工業団地」が占める。かつて、入間川の砂利運搬を行った安比奈線が分岐していた。1925(大正14)年2月15日に開通した貨物線で1963(昭和38)年には列車の運行が中止、2017(平成29)年5月31日に正式に廃止されている。かつては島式2面4線の規模を有していたホームは2面2線となり、貨物線が分岐した側線は保線用機械の留置などに使用されている。

 本川越 ほんかわごえ

47.5 km(3.6 km)
開 1895(明治28)年3月21日
改 1940(昭和15)年7月22日(川越)

🏠埼玉県川越市新富町1-22
🚉47,349人

　川越に生まれた最初の駅で、国有鉄道（現・JR）が川越駅を開業した際に改称された 12世紀後半、現在の川越市上戸・鯨井地域に居館を構えた河越氏が由来とされ、江戸時代は江戸の北の守り、舟運による物資の集積地として発展した。頭端式のホームを持つ構造は、明治時代の終着駅の形状を残している。1982（昭和57）年に大々的な構内改良工事が行なわれ、1991（平成3）年には「川越プリンスホテル」などが入居する駅ビルがオープンし、近代的なスタイルに生まれ変わった。

拝島線

 萩山
小平から 1.1 km（1.1 km）

  小川　おがわ
2.7 km（1.6 km）

 東大和市　ひがしやまとし
5.7 km（3.0 km）
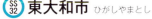
🔧1979（昭和54）年3月25日（青梅橋）
🏠東京都東大和市桜が丘 1-1415-1
🚉21,983人

　旧駅名は野火止用水に架かっていた橋の名から。「太いに和してひとつになる」という意味の大和村が市名のもとだが、市制施行時に、他と区別するため、東京の大和市という意味で東が冠された。1980（昭和55）年7月17日には線路の高架化と同時に駅の高架化を完了。高架上に相対式2面2線のホームを持つ近代的な構造になっている。

SS33 玉川上水　たまがわじょうすい
7.2km（1.5 km）
開1950（昭和25）年5月15日
🏠東京都立川市幸町 6-36-1
🚉37,552人

　駅の北東に、都立東大和南公園が広がる。戦闘機などを製造した旧日立航空機立川工場の跡地で、この専用鉄道が拝島線のルーツだ。1998（平成10）年には多摩都市モノレールが開業して接続駅となり、同時にホームの移設と橋上駅舎化などの工事が行なわれて構内踏切を廃止。現在の駅の姿ができあがっている。駅の東方に玉川上水車両基地がある。

SS34 武蔵砂川　むさしすながわ
9.6 km（2.4 km）
開1983（昭和58）年12月12日
🏠東京都立川市上砂町 5-44-4
🚉11,196人

　砂川の地名は、駅の西側を流れる残堀川が「砂の川」と呼ばれたことに由来。地元の請願駅で、武蔵村山市、立川市、そして当時、駅の北側に広がっていた日産自動車村山工場を有する日産自動車が建設費の一部を負担している。2006（平成18）年11月、その日産自動車村山工場の跡地に複合商業施設がオープンしている。

SS35 西武立川　せいぶたちかわ
11.6 km（2.0 km）
開1968（昭和43）年5月15日
🏠東京都立川市西砂町 1-21-2
🚉10,623人

　JR立川駅からは北に 5kmほど離れた場所にある。ホームは島式1面2線。駅舎は開業時には地平に設けられていたが、2011（平成23）年には橋上駅舎が完成し、これと同時に南北自由通路も使用が開始されている。

SS36 拝島　はいじま
14.3 km（2.7 km）
開1968（昭和43）年5月15日
🏠東京都昭島市美堀町 5-21-2
🚉32,065人

　拝島線の終着駅で、JRの青梅線、五日市線、八高線と接続。東京の西郊を代表する一大ジャンクションである。開業時には地上に駅舎を設けていたが、2007（平成19）年8月24日から橋上駅舎の使用を開始。この時点からJRとの連絡通路が廃止され、駅施設がそれぞれ独立した。ホームは島式ホーム1面2線の規模だ。

国分寺線

SK05 SS21 東村山
0.0 km（0.0 km）

小川　おがわ
2.7 km（2.7 km）
開1894（明治27）年12月21日
🏠東京都小平市小川東町 1-20-1
🚉24,248人

　川越鉄道開業時の開業で、西武鉄道で最古の駅。戦後の1950（昭和25）年5月15日に上水線が玉川上水まで開業し、接続駅となる。上水線は旧・日興工業の専用線を地方鉄道に変更し、西武鉄道の路線として営業の認可を得たものだった。1964（昭和39）年に橋上駅舎の使用を開始。1988（昭和63）年に駅舎の改築とホームの延伸工事が実施されている。

鷹の台　たかのだい
4.2 km（1.5 km）
開1948（昭和23）年10月21日
🏠東京都小平市たかの台 45-4
🚉23,092人

　駅名にも採られた鷹は江戸時代、尾張徳川家の鷹場に通じる道「お鷹の道」に由来。武蔵野台地は開発によってすっかり昔日の面影を失ったが、近年は駅の近隣に教育機関が集結するなど、新たな環境作りが進んでいる。

恋ヶ窪　こいがくぼ
5.7 km（1.5 km）
開1955（昭和30）年2月10日
🏠東京都国分寺市戸倉 1-1-4
🚉11,713人

　不思議な駅名には諸説あり、狭いくぼ地に由来する「峡が窪」や「鯉が窪」などのほか、鎌倉街道宿場の遊女伝説にまつわるなど。当駅と国分寺駅の間には羽根沢信号場があり、当駅との間は複線。この複線区間を利用して上下列車の交換が行なわれている。

国分寺　こくぶんじ
7.8 km（2.1 km）
開1894（明治27）年12月21日
🏠東京都国分寺市本町 2-1-23
🚉104,586人

　現在の西武鉄道の中で最初に開業した駅のひとつ。西武鉄道最古で国分寺を目指した川越鉄道（国分寺線）と、多摩湖を目指した多摩湖鉄道（多摩湖線）が接続するが、国分寺線は中央線と同等のホームを有し、多摩湖線は崖上に顔をのぞかせるという形態は開業時のままで、旧西武鉄道の原風景とも言える歴史的景観を持つ。かつては国鉄国分寺駅と改札口をひとつにしていた時代もあった。

多摩湖線

ST02 一橋学園　ひとつばしがくえん
国分寺から 2.4 km（2.4 km）
開1933（昭和8）年9月11日
🔧1949（昭和24）年5月（商大予科前）
1966（昭和41）年7月1日（一橋大学）
🏠東京都小平市学園西町 2-1-1
🚉18,959人

　開業時の駅名は東京商科大学予科から。学校制度の変更より一橋大学に改められたさい、駅名も一橋大学に改められているが、この校名の変更は学生の投票が行なわれたという。現在の駅名は、当駅の北寄りにあった小平学園駅の統合により両駅の一部を採ったもの。小平学園とは、大泉学園と同様に学園都市構想の下に生まれた名称だった。

ST03 青梅街道　おうめかいどう
3.4 km（1.0 km）
開1928（昭和3）年4月6日
🏠東京都小平市小川町 2-1846
🚉7,528人

　駅名は近隣を走る青梅街道から。単式ホーム1面1線のこじんまりとした造りで、駅の規模は開業時から変わらず、移転や休止、駅名の変更なども行なわれていない。なお、隣の一橋学園駅との間には、1939（昭和14）年に厚生村（こうせいむら）駅が開設されたが、わずか数年間で終わっている。

萩山　はぎやま
4.6 km（1.2 km）
開1928（昭和3）年4月6日
🏠東京都東村山市萩山町 2-1-1
🚉8,643人

　旧多摩湖鉄道が開業させた国分寺～萩山間が原点で、当時は現在より南側に駅が置かれ、車庫も併設。のちに多摩湖方面や小平方面へと延伸されるも国分寺への南北よりも新宿への東西移動の方が比重が大きくなり現在に至るが、そ

の渦中に位置する駅でもある。語源はその名の通り、萩が咲くあたりだったことから。

[ST 05] 八坂 やさか

5.6 km(1.0 km)
[開]1942(昭和 17)年 10 月 1 日
[住]東京都東村山市栄町 3-18-1
[乗]5,861 人

多摩湖鉄道開業時には無かった駅で、当駅の近くに陸軍の施設があり、駅の設置は軍の要請があったためといわれている。ホーム 1 面 1 線という構造は開業時から変わらないが、駅舎は 2000(平成 12)年になって改築され、かつてとは線路を挟んだ反対側に移設されている。

[ST 06] 武蔵大和 むさしやまと

8.1 km(2.5 km)
[開]1930(昭和 5)年 1 月 23 日
[改]1936(昭和 11)年 12 月 30 日(村山貯水池)
[住]東京都東村山市廻田町 3-9-19
[乗]6,825 人

村山貯水池を目指した多摩湖鉄道の仮駅が原点で、村山貯水池の本駅への延伸時、0.9km ほど八坂よりの現在地へ移転し、駅名を改称して再スタートが切られた。当初、相対式 2 面 2 線だったホームは、1961(昭和 36)年 9 月に単式ホーム 1 面 1 線へと変更。同時に回田信号場の新設と西武遊園地駅の線増が行なわれている。

[ST 07] [SY 01] 多摩湖 たまこ

9.2 km(1.1 km)
[開]1936(昭和 11)年 12 月 30 日
[改]1941(昭和 16)年 4 月 1 日(村山貯水池)
1951(昭和 26)年 9 月 1 日(狭山公園前)
1979(昭和 54)年 3 月 25 日(多摩湖)
[住]東京都東村山市多摩湖町 3-15-18
[乗]2,105 人

多摩湖鉄道待望の村山貯水池湖畔への到達を果たした終着駅で、その役割から駅名改称が多い。戦時体制下は軍部の意向、戦後は「多摩湖」に。そして 1961(昭和 36)年には路線を 0.4 キロ延伸して現在地に移転し「西武園遊園地」のアクセス駅になった。さらに 1979(昭和 54)年に最寄りを PR する「西武遊園地」になり、2021(令和 3)年に西武遊園地のリニューアルによって隣接の入場門が廃止され、「多摩湖」に戻っている。新交通システム山口線との接続駅でプロ野球開催日には球場アクセスとしても利用されている。

西武園線

[SK 06] 西武園 せいぶえん

東村山から 2.4 km(2.4 km)
[開]1930(昭和 5)年 4 月 5 日
[改]1941(昭和 16)年 3 月 1 日(村山貯水池前)
1948(昭和 23)年 4 月 1 日(狭山公園)
1951(昭和 26)年 3 月 1 日(村山貯水池)
[住]東京都東村山市多摩湖町 4-29-1
[乗]3,070 人

西武園線の終点で西武園の最寄り駅。始まりは川越鉄道にルーツを持つ旧西武鉄道の村山線で、戦前は村山貯水池へのレジャー客輸送を武蔵野鉄道、多摩湖鉄道とともに競った。戦時下の 1944(昭和 19)年 5 月 10 日に路線休止となり、戦後は現在の西武鉄道による東村山文化園の建設計画にともない「村山貯水池」として復活。さらに競輪場建設によって途中の野口信号所からの支線を建設して最寄り駅を開業。こちらが本家となって現在に至っている。

多摩川線

[SW 01] 武蔵境 むさしさかい

0.0 km(0.0 km)
[開]1917(大正 6)年 10 月 22 日
[改]1919(大正 8)年 7 月 1 日(境)
[住]東京都武蔵野市境南町 2-1-12
[乗]26,681 人

明治時代の私鉄・甲武鉄道の駅として 1889(明治 22)年 4 月 11 日に開業。のちに当駅起点で開業した多摩鉄道が西武鉄道の前身で、多摩川の砂利運搬が目的だった。国鉄と西武が地平に並ぶ構内の時代が長く続いたが、2003(平成 15)年からＪＲの駅を含めて高架化工事が行なわれ、2009(平成 21)年 12 月に工事が完了。高架上に島式ホーム 1 面 2 線が設けられＪＲとの通し番号、3 番線、4 番線が付されている。

[SW 02] 新小金井 しんこがねい

1.9 km(1.9 km)
[開]1917(大正 6)年 10 月 22 日
[住]東京都小金井市東町 4-24-1
[乗]3,624 人

東北本線に小金井駅があったことから新を冠している。同じ小金井市内にある中央本線武蔵小金井駅は 1924(大正 13)年で、開業は当駅のほうが早い。かつては当駅から砕石場への引込み線も設けられていた。相対式ホーム 2 面 2 線を備え、構内踏切がこれを結ぶ構内レイアウトだ。

[SW 03] 多磨 たま

4.1 km(2.2 km)
[開]1929(昭和 4)年 1 月 5 日
[改]2001(平成 13)年 3 月 28 日(多磨墓地前)
[住]東京都府中市紅葉丘 3-42-2
[乗]11,589 人

多摩鉄道の開業からはひと足遅れて開業。駅名にも採られた東京都立多磨霊園は、駅から北西方向にすぐの場所にある。ただし、多磨墓地が多磨霊園と名前を変えたあとも、駅名は 2001(平成 13)年まで使い続けられていた。東京外国語大学が最寄りで、「東京外大前」という副駅名が付いている。

[SW 04] 白糸台 しらいとだい

5.5 km(1.4 km)
[開]1917(大正 6)年 10 月 22 日
[改]2001(平成 13)年 3 月 28 日(北多磨)
[住]東京都府中市白糸台 2-71-6
[乗]6,038 人

多摩鉄道の最初の開通区間が武蔵境から当駅までで、機関庫が設置されていた。その流れを受け継ぎ広めの敷地を持ち、車両基地が設けられているほか、東京競馬場も近いことから国鉄線で運ばれた競走馬の積み下ろしにも使われた。当駅から南に 300 m の地点で京王線と立体交差している。

[SW 05] 競艇場前 きょうていじょうまえ

7.0 km(1.5 km)
[開]1919(大正 8)年 6 月 1 日
[改]1954(昭和 29)年 5 月 1 日(常久)
[住]東京都府中市小柳町 4-10-11
[乗]2,773 人

白糸台から当駅までが延伸開業。砂利採取場の跡地を活用して 1954(昭和 29)年 6 月 9 日に府中競艇場(現・多摩川競艇場)がオープンしたが、先駆けて駅名変更が行なわれている。単式ホーム 1 面 1 線ながら橋上式駅舎を備えるという珍しい構造で、これは 2005(平成 17)年 8 月 7 日に上り線ホームを廃止したことによる。

[SW 06] 是政 これまさ

8.0 km(1.0 km)
[開]1922(大正 11)年 6 月 20 日
[住]東京都府中市是政 5-8-2
[乗]6,587 人

多摩川線の終着駅。開業日は常久(現・競艇場前)～是政間の延伸開通日にあたる。一風変わった駅名は江戸時代初期にこの地域を開墾した井田是政に由来する。駅は多摩川左岸に近く、是政大橋を渡った対岸には南武線南多摩駅があり、自然環境と交通環境が両立した生活都市で大規模なマンションも建つ。かつては、東京競馬場の正門や多摩ニュータウンへの延伸計画もあったが、実現していない。

山口線

[SY 01] [ST 07] 多摩湖 たまこ

0.0 km(0.0 km)

[SY 02] 西武園ゆうえんち せいぶえんゆうえんち

0.3 km(0.3 km)
[開]1985(昭和 60)年 4 月 25 日
[改]2021(令和 3)年 3 月 13 日(遊園地西)
[住]埼玉県所沢市山口 2939
[乗]1,667 人

開業は新交通システムとして開業した日を指しているが、ルーツは 1950(昭和 25)年 8 月 1 日から多摩湖とユネスコ村を結んだ通称 " おとぎ線 " で、蓄電池機関車の「おとぎ列車」や蒸気機関車が人気を集めた。西武園のリニューアルにともない、西口がメイン入口となったことから、駅名が改称されている。

[SY 01] [SI 41] 西武球場前 せいぶきゅうじょうまえ

2.8 km(2.5 km)

> 車窓メモリアル 私鉄編

観光開発の個性

西武鉄道　多摩湖・狭山湖

絵葉書
『多摩湖・狭山湖　ユネスコ村』
より狭山湖。所蔵：山口雅人

遊園地の遊具のひとつにも感じたSL信玄号。
西武山口線西武遊園地駅
1978.11.20

　明治後期から大正時代、東京圏の人口増加によって水の需要が急増し、当時の東京市は村山貯水池を建設、しかし、それでも不足する見込みから計画を変更し、隣接して山口貯水池（狭山湖）を新たに建設した。結果的に大きな二つの人造湖が誕生したが、同時に一大行楽地としても整備されるようになった。村山貯水池の堰堤北側に開業した「村山ホテル」を筆頭に、展望台「狭山富士」などが造られたが、当時、この地域は旧西武鉄道、武蔵野鉄道、多摩湖鉄道の3社があり、行楽客の争奪合戦が行なわれた。現在の西武山口線、西武園線、多摩湖線と、この地域を結ぶ鉄道が3線あるゆえんである。

　戦後は3社が合併してひとつの西武鉄道となり、総合的な観光開発が行なわれた。村山ホテルの跡地は現在の西武ゆうえんちにあたるほか、狭山スキー場、西武園ゴルフ場、西武園競輪場など、老若男女が楽しめるレジャー施設が誕生した。

　エポックとしては2つある。ひとつは日本が国際連合教育科学文化機関に加盟したことを記念して1951（昭和26）年に開園したユネスコ村で、「ユネスコこども博」会場として再現されたオランダ風車は閉園まで長くシンボルだった。

　もうひとつは、プロ野球チームを誘致しての西武ライオンズ球場の開設で、当時、都市部が常識だったプロ仕様の球場建設地を郊外にしたのは画期的だった。試合終了に合わせて臨時電車を増発する運行方法も含め、鉄道会社ゆえの発想だったといえよう。

　西武鉄道沿線に育った人にとって、一度は遠足や行楽に訪れていることであろうこの地域は、家族、学校、友人など、様々な思い出が重なっているはずである。このたび、旧所沢工場跡地に建つ「エミテラス所沢」に、「おとぎ電車」の蓄電池機関車が保存されて後世に伝えられることとなった。長く醸成されてきた狭山湖・多摩湖周辺と西武鉄道のレガシーは、形を変えながらも身近な沿線文化になっていくことだろう。

京王電鉄
けいおうでんてつ

社 名	京王電鉄株式会社
住 所	東京都新宿区新宿三丁目1番24号／東京都多摩市関戸一丁目9番地1
会社設立	1910(明治43)年9月21日／1948(昭和23)年6月1日
線 名	京王線、相模原線、高尾線、競馬場線、動物園線、井の頭線
運転方式	電化
運輸開始	1913(大正2)年4月15日

▲最新鋭の5000系。「京王ライナー」から各駅停車まで幅広く活躍。上北沢〜八幡山 2019.2.22

歴史

会社系統をたどると3社で、ルーツは新宿〜府中間が京王電気軌道、府中〜京王八王子間が玉南電気鉄道、渋谷〜吉祥寺間が帝都電鉄。ただし、玉南電鉄は京王電気軌道の関連会社だった。

最初の開業は1913(大正2)年の笹塚〜調布間で、笹塚〜新町間、新町〜新宿追分間、調布〜多摩川原および府中間へと路線を伸ばした。当時、馬車と人力車に頼っていた甲州街道界隈の交通と多摩川の砂利輸送がおもな目的だった。

残す府中〜八王子間は多摩川の架橋があり建設資金に苦心。そこで新宿〜府中間の「軌道法」ではなく、国の補助金を当て込んだ「地方鉄道法」による別会社で建設した。これが玉南電鉄で1925(大正14)年に府中〜東八王子間が開業。ただ、この両社の違いから府中を境に軌間が東は1372mm、西は1067mmと異なり、府中で乗り換えという全通だった。結局、1926(大正15)年に玉南電鉄は京王電気軌道に合併され1372mmに改軌。また、この年に崩御された大正天皇の御陵が八王子郊外に作られ、北野〜御陵前間の御陵線が1931(昭和6)年に開業。ただ、のちの戦局悪化で1945(昭和20)年に休止されている。

一方、井の頭線は全く違う経緯を持つ。山手線の外側を結ぶ路線建設を目指して1928(昭和3)年発足した東京山手急行電鉄をルーツとする東京郊外鉄道が本流だ。世界恐慌や資金繰り不足などで着工に苦心。そこで渋谷急行電気鉄道を合併して同社計画の渋谷線を引き継ぎ、社名を帝都電鉄に改めて1934(昭和9)年に渋谷〜吉祥寺間を全通させた。ただ営業成績は振るわず、1940(昭和15)年に小田原急行鉄道に合併されている。

戦時体制下の"大東急時代"ののち戦後は分離独立したが、小田急電鉄の所属だった井の頭線が京王側に組み込まれ1948(昭和23)年に京王帝都電鉄が誕生。これが今日の京王電鉄の始まりだ。最初の開業は1955(昭和30)年の競馬場線で、国鉄や西武との観戦客輸送争いに一手を投じた"正門直結"を採った。1963(昭和38)年には新宿駅の地下ターミナル化で併用軌道が解消、1967(昭和42)年には御陵線の一部を転用して高尾線が開業、そして造成される多摩ニュータウンへのアクセス線として、1972(昭和47)年に相模原線が京王多摩センターまで開業など、着々と近代化が進んだ。1980(昭和55)年には都営新宿線との相互乗り入れが始まるが、懸案の軌間は京王の1372mmで進められた。

149

▲井の頭線1000系。車体色は7色＋1色　高井戸　2018.2.14

▲今や最古参の7000系。高幡不動〜多摩動物公園　2013.10.12

　その後、50周年を迎えて社名を京王電鉄に改め、2018(平成30)年には初の有料座席指定列車「京王ライナー」が登場。そして現在は笹塚〜仙川間の連続立体交差工事の真っ最中である。

車窓

　新宿からの地下線には旧初台駅跡があり、笹塚〜仙川間は立体交差工事で風景が日々変わる。府中を境に変わる駅の構造はその生い立ちの違いからで、多摩川橋梁や富士山なども見どころだ。一方、相模原線は堀割と高架の近代路線。京王永山あたりでは小田急線と平行し、沿線を通じて計画都市の構造美がある。面白いところでは競馬場線で、途中、八幡神社の参道を横断しており、建設時の熱意すら感じる。

　井の頭線は、東京の地形が起伏に富むことを教えてくれる。トンネルに挟まれた神泉駅や井の頭公園などのほか、下北沢、浜田山、富士見ヶ丘といった駅名も、その体を伝える。

車両

　京王線は5000系10両編成×8本、9000系10両編成×20本、9000系8両編成×8本、8000系10両編成×14本、8000系8両編成×13本、7000系10両編成×8本、7000系6両編成×4本、7000系4両編成6本、7000系2両編成×5本の計726両、井の頭線は1000系5両編成×29本の計145両、事業用車4両の総計875両が在籍している。

Mile stone　京王電鉄

併用軌道を行く電車から都市間高速鉄道へ。
その発展の道のり。

▲地上時代の京王帝都電鉄新宿駅　1960.6.15

▲5000系のローレル賞受賞式　1964.7.18

▲相模原線のスタート。京王多摩川〜京王よみうりランド間開通式　京王多摩川駅　1971.3.31

150

駅解説

京王線

KO01 新宿 しんじゅく

0.0 km(0.0 km)
開 1945(昭和20)年7月24日
住 東京都新宿区西新宿1-1-4
乗 690,601人(京王新線、都営線を含む)

　京王電鉄のターミナル駅。開業は1945(昭和20)年だが、これは現在地へ移転した日で、前身の京王電気軌道は1915(大正4)年5月30日に甲州街道と青梅街道の分岐点に「新宿追分」駅を開業させている。戦後、幾度となく改良が進められ、併用軌道の路面電車から10両編成が走る近代路線へと変貌しているが、当駅の急カーブや不規則なホーム形状などに、その名残が見える。

新宿駅　2018.2.28

KO01 新線新宿 しんせんしんじゅく

0.0 km(0.0 km)
開 1978(昭和53)年10月31日
住 東京都新宿区西新宿1-18

KO02 初台 はつだい

1.7 km(1.7 km)
開 1914(大正3)年6月11日
改 1919(大正8)年9月(改正橋)
住 東京都渋谷区初台1-53-7
乗 49,640人

　近隣を流れる玉川上水に架かっていた橋の名前にちなんで駅名がつけられ、駅の開業から5年後に改称された。1964(昭和39)年6月7日に地下化、1978(昭和53)年10月31日には京王新線が開通し、京王新線の駅へと移設されている。旧初台駅は廃止されたが、駅の遺構が地下トンネルでその存在を確認することができる。

KO03 幡ヶ谷 はたがや

2.7 km(1.0 km)
開 1913(大正2)年10月11日
住 東京都渋谷区幡ヶ谷1-2-1
乗 27,850人

　当初は甲州街道上にあり、新宿～初台間が地下化された時もまだ地上駅で、当時は相対式ホームを構内踏切で連絡していた。1978(昭和53)年10月31日の京王新線の開業時から当駅も地下駅へと移設して、地下2階に10両編成対応の相対式ホームを備える近代的なスタイルの駅へと変身を遂げた。

KO04 笹塚 ささづか

3.6 km(0.9 km)
開 1913(大正2)年4月15日
住 東京都渋谷区笹塚1-56-7
乗 66,646人

　前身の京王電気軌道による最初の開業区間が当駅から調布までの12.2km。新宿乗り入れを見込んだ暫定的なターミナルで、車庫も設置された。現在は中間駅だが新線と本線の分岐、都営新宿線との乗り入れなど、運行上の拠点であることに変わりはない。

KO05 代田橋 だいたばし

4.4 km(0.8 km)
開 1913(大正2)年4月15日
住 東京都世田谷区大原2-18-9
乗 16,280人

　駅名は線路に並行して延びる甲州街道上で玉川上水に架けた橋の名を採ったもので、今もホームの真下を流れている。相対式ホームに隣接するかたちで設けられていた改札口は、1992(平成4)年3月に地下化されたが、高架化工事によって、今後の変わりようが注目される。

KO06 明大前 めいだいまえ

5.2 km(0.8 km)
開 1913(大正2)年4月15日
改 1917(大正6)年(火薬庫前)
　 1935(昭和10)年2月8日(松原)
住 東京都世田谷区松原2-45-1
乗 37,476人

　開設時の駅名は「火薬庫前」で、付近にあった陸軍の火薬庫にちなむ。「明大前」の駅名は、火薬庫跡地に明治大学の予科が設置されたことによる。明治大学和泉キャンパスの最寄りだ。井の頭線との乗り換え駅だが、開業当初は帝都電鉄という別会社で「明大前」改称と同時に京王線の駅は西へ300m移転して、井の頭線の乗り換えが容易になった。高架化工事が完成すれば、2面4線の駅になる予定だ。

KO07 下高井戸 しもたかいど

6.1 km(0.9 km)
開 1913(大正2)年4月15日
改 1938(昭和13)年3月25日(下高井戸)
　 1944(昭和19)年6月(日大前)
住 東京都世田谷区松原3-29-17
乗 38,221人

　内藤新宿に次ぐ甲州街道2番目の宿場町で、京王電軌の開業時にも下高井戸の駅名で駅が設置された。京王電軌の開業から12年後の1925(大正14)年5月1日には東京急行電鉄(現・東急)の下高井戸駅が開業して乗換えができるようになった。両路線のホームは現在も隣接するかたちとなっているが、太平洋戦争中には両路線の間に連絡線が設置され、車両の受け渡しに使用されていた。

KO08 桜上水 さくらじょうすい

7.0 km(0.9 km)
開 1926(大正15)年4月25日
改 1933(昭和8)年8月11日(北沢車庫前)
　 1937(昭和12)年5月1日(京王車庫前)
住 東京都世田谷区桜上水5-29-52
乗 31,663人

　開業時は「北沢車庫前」。笹塚に設けられた車両基地が手狭になり、当駅の北側に新たな車庫が設置されたことによる。玉川上水の堤に設けられた桜並木が地名の由来である。

KO09 上北沢 かみきたざわ

7.8 km(0.8 km)
開 1913(大正2)年4月15日
改 1917(大正6)年(上北沢)
　 1932(昭和7)年12月10日(北沢)
住 東京都世田谷区上北沢4-14-3
乗 13,730人

　世田谷区内に多い「沢」の地名のひとつ。武蔵野台地の南の端にあたり、多くの沢が生まれたことに起因する。現在のホームは島式1面2線の構造だが、これは京王線では唯一のもの。

KO10 八幡山 はちまんやま

8.4 km(0.6 km)
開 1918(大正7)年5月1日
　 1937(昭和12)年9月1日(松沢)
住 東京都杉並区上高井戸1-1-11
乗 34,899人

　駅の南1kmの八幡山一丁目に建つ八幡社がこの地域の地名の由来。1面2線ホームの外側に通過線が配された独特の構造をしている。

KO11 芦花公園 ろかこうえん

9.1 km(0.7 km)
開 1913(大正2)年4月15日
改 1937(昭和12)年9月1日(上高井戸)
住 東京都世田谷区南烏山3-1-16
乗 12,890人

　駅名は徳富蘆花の旧居であった「蘆花恒春園」にちなむ。この施設は蘆花の10周忌を機に、1936(昭和11)年に夫人から東京市に寄贈されたもので、現在は都立公園として運営されている。2010(平成22)年5月16日には橋上駅舎化されているが、高架化工事が進行中だ。

KO12 千歳烏山 ちとせからすやま

9.9 km(0.8 km)
開 1913(大正2)年4月15日
改 1929(昭和4)年8月7日(烏山)
住 東京都世田谷区南烏山6-1-1
乗 74,178人

　開業時の駅名は「烏山」。1929(昭和4)年8月7日に現行の駅名へと改称された。旧村名である千歳村を冠して他地域の同地名との区別を図った。1957(昭和32)年までは島式ホーム2面4線で待避線があった。

KO13 仙川 せんがわ

11.5 km(1.6 km)
開 1913(大正2)年4月15日
改 1917(大正6)年(下仙川)

住 東京都調布市仙川町1-43
乗 67,190人

駅名は、近くを流れる仙川にちなむ。小金井市内に水源を持つ一級河川で延長20.9km。世田谷区内で多摩川の支流のひとつである野川と合流する。1996(平成8)年10月12日に上りホームが新設されて京王線では唯一の単式ホーム2面2線のスタイルに変更されている。

つつじヶ丘 つつじがおか

12.5 km(1.0 km)
開 1913(大正2)年4月15日
改 1957(昭和32)年5月15日(金子)
住 東京都調布市西つつじヶ丘3-35-1
乗 38,162人

開業時の駅名は「金子」で、1957(昭和32)年5月に、現行のものへと改称。近隣に開発された住宅地の計画時の名称にちなんだもので、京王沿線の都市開発としては、早い時期に手がけられたものであった。この駅名の変更と同時に、駅は2面4線の堂々とした規模となった。

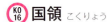**柴崎** しばさき

13.3 km(0.8 km)
開 1913(大正2)年4月15日
住 東京都調布市菊野台2-67-11
乗 15,187人

開業時の仙川～調布間は、旧甲州街道に沿ったルートで、1927(昭和2)年12月17日に現在地へと移設されている。駅名は駅所在地の旧村名を採ったもので、近隣に柴山があったことから転じたという説がある。

国領 こくりょう

14.2 km(0.9 km)
開 1913(大正2)年4月15日
住 東京都調布市国領町3-18-1
乗 31,746人

国領という一風変わった地名は、一説では古代から中世まで律令制下の政庁である国衙が領がこのあたりにあった可能性に由来するとされる。2006(平成18)年に工事に着手。2012(平成24)年8月19日に新駅が使用開始されている。同月26日からは、ホームドアの使用が開始された。なお、柴崎、布田を同じく、1927(昭和2)年12月17日に現在地へ移設された。

布田 ふだ

14.9 km(0.7 km)
開 1917(大正6)年
住 東京都調布市国領町5-67-1
乗 12,459人

開業したのは1917(大正6)年だが、日付は不明。当初は旧甲州街道上に設けられた駅で、1927(昭和2)年12月17日に現在地へと移転されている。多摩川の産業だった布生産「布多」が語源。

KO18 **調布** ちょうふ

15.5 km(0.6 km)
開 1913(大正2)年4月15日
住 東京都調布市布田4-32-1
乗 109,110人

京王電軌開業時は西のターミナルで、1912(明治45)年6月8日に笹塚～調布間の建設工事の起工式が調布町の第一尋常小学校の校庭で挙行されている。2012(平成24)年8月19日から現在の地下駅が使用開始され、京王線の主力2線が分岐する拠点駅としての機能が強化された。多摩川で晒した布を「調」として収めていたことが地名の由来。

調布駅 2017.9.27

西調布 にしちょうふ

17.0 km(1.5 km)
開 1916(大正5)年9月1日
改 1959(昭和34)年6月1日(上石原)
住 東京都調布市上石原1-25-17
乗 15,112人

開業時の駅名は地名の「上石原(かみいしわら)」で、この一帯が石の原だったことに由来するという。上石原は甲州街道に面して発展した「布田五宿」のひとつでもあった。

KO20 **飛田給** とびたきゅう

17.7 km(0.7 km)
開 1916(大正5)年9月1日
住 東京都調布市飛田給1-42-11
乗 22,229人

駅名にも採られた一風変わった地名は、奈良時代以降に、荘園を管理する役人だった飛田氏に、領主から田が給された給田地帯だったことに由来するという説が有力。この地が早い時期から拓けていたことが窺える。この駅の位置づけを大きく変えたのが、2001(平成13)年3月10日の東京スタジアムのオープンで、当駅はスタジアムの最寄り駅となり、観客輸送の拠点となった。

武蔵野台 むさしのだい

18.8 km(1.1 km)
開 1916(大正5)年10月31日
改 1959(昭和34)年6月1日(車返)
住 東京都府中市白糸台4-18-4
乗 21,169人

当駅はこの調布～府中間延伸時に開業し、当時の駅名は「車返(くるまかえし)」で当時の地名によるもの。2010(平成22)年12月5日、橋上駅舎を使用開始している。当駅から徒歩10分の所に西武鉄道多摩川線の白糸台駅があり、次の多磨霊園駅との間で2社の線路が立体交差している。

KO22 **多磨霊園** たまれいえん

19.6 km(0.8 km)
開 1916(大正5)年10月31日
改 1932(昭和7)年12月8日(多磨)
　　1937(昭和12)年5月1日(市公園墓地前)
住 東京都府中市清水が丘3-26-11
乗 11,939人

開業時の駅名は「多磨」で当時の村名から。1923(大正12)年に東京市営による多磨墓地が開園し「市公園墓地前」「多磨霊園」と駅名もちなんだ。2010(平成22)年11月27日に橋上駅舎が竣工。同時に南口が開設されている。

KO23 **東府中** ひがしふちゅう

20.4 km(0.8 km)
開 1935(昭和10)年11月12日
改 1940(昭和15)年10月26日(臨時 競馬場前)
住 東京都府中市清水が丘1-8-3
乗 19,309人

今より西にあった旧八幡前駅との間に設けられた競馬場アクセス臨時駅が前身で、今も駅前からアクセス道「競馬場通り」が延びる。また、北側には航空自衛隊府中基地や都立府中の森公園、府中の森芸術劇場などがあり、住民以外の利用も多い。2011(平成23)年4月10日に現在の橋上駅舎が使用開始されている。

府中 ふちゅう

21.9 km(1.5 km)
開 1916(大正5)年10月31日
住 東京都府中市宮町1-1-10
乗 75,924人

「府中」とは国府が置かれた地を意味し、同様の地名は全国にある。創業時は当駅を境に会社が異なり乗り換え駅だったが、1927(昭和2)年6月1日に改軌され、新宿～東八王子間の直通運転が実現した。1993(平成5)年3月1日には上下線の高架化が完成し、ショッピングビルと一体となった新駅舎の使用を開始。ホームは2面4線の規模で、府中市の中心駅として機能している。武蔵国総社の「大國魂神社」の最寄り駅でもある。

KO25 **分倍河原** ぶばいがわら

23.1 km(1.2 km)
開 1925(大正14)年3月24日
改 1929(昭和4)年5月1日(屋敷分)
住 東京都府中市片町2-21-18
乗 80,296人

開業時の駅名は「屋敷分(やしきぶん)」で、旧甲州街道沿いにあった「屋敷分村」から。JR南武線との接続駅であることから乗換え客が多く、乗降人員数は京王線でも屈指。2001(平成13)年3月27日からは準特急の停車駅へ、2013(平成25)年2月22日からは、全列車の停車駅へと格上げされ、利便性が高められている。

中河原 なかがわら

24.7 km(1.6 km)
開 1925(昭和14)年3月24日
住 東京都府中市住吉町2-1-16
乗 23,040人

昔の地名が駅名に採られている。周辺は多摩川の川原であったといい、それゆえ砂利の採取が積極的に行なわれた地域で、砂利運搬線なども付近にあった。駅は相対式ホーム2面2線を備えた地上駅だったが、1974(昭和49)年7月30日には、旧鎌倉街道との立体交差を図って高架化が完了した。

KO27 聖蹟桜ヶ丘 せいせきさくらがおか

26.3 km(1.6 km)
開 1925(大正14)年3月24日
改 1937(昭和12)年5月1日(関戸)
住 東京都多摩市関戸1-10-10
乗 54,749人

開業時の駅名は「関戸」。明治天皇がこの地で幾度となく鷹狩りを楽しまれたことを記念し、1930(昭和5)年11月、桜ケ丘公園内に聖跡記念館が開館したことにちなんでいる。1969(昭和44)年5月に高架化。京王相模原線と小田急多摩線が開通するまでは当駅が多摩ニュータウンの玄関で、急速に発展。1986(昭和61)年3月14日には、京王電鉄本社も移転している。

KO28 百草園 もぐさえん

28.0 km(1.7 km)
開 1925(大正14)年3月24日
改 1937(昭和12)年5月1日(百草)
住 東京都日野市百草209
乗 7,062人

「百草」とは多数の草を意味し、古く享保年間に造営されて梅の名所としても知られた庭園「百草園」が駅名の由来。「百草園」自体も1957(昭和32)年に京王帝都電鉄(現・京王電鉄)に経営移譲している。駅のホームは地上に相対式2面2線が設置されており、2010(平成22)年3月28日には新駅舎の使用が開始されている。

KO29 高幡不動 たかはたふどう

29.7 km(1.7 km)
開 1925(大正14)年3月24日
改 1937(昭和12)年5月1日(高幡)
住 東京都日野市高幡139
乗 47,988人

高幡不動検車区が隣接し、動物園線が分岐し、多摩都市モノレールが接続している運転上の中核駅である。高幡不動検車区は玉南電気鉄道時代の1925(大正14)年に開設された歴史ある施設だ。駅は地名を採って「高幡」で開業し、関東三大不動のひとつ・高幡不動にちなむ現駅名に改められた。

高幡不動駅　2019.12.5

KO30 南平 みなみだいら

32.1 km(2.4 km)
開 1926(大正15)年4月28日
住 東京都日野市南平6-9-31
乗 9,354人

玉南電気鉄道の手によって設置された駅だが、開業は隣の平山城址公園駅とともに、ほかの駅よりも1年後のこと。かつては構内踏切のある相対式ホーム2面2線を有していたが、2011(平成23)年には現行の橋上駅舎が完成している。

KO31 平山城址公園 ひらやまじょうしこうえん

33.4 km(1.3 km)
開 1925(大正14)年3月24日
改 1955(昭和30)年9月11日(平山)
住 東京都日野市平山5-18-10
乗 7,291人

開業時の駅名は「平山」で、鎌倉時代の武将、平山氏が居を構えていたことからつけられた地名が由来。駅名の公園は1955(昭和30)年6月に完成した平山城址公園で、ゴルフ場の跡地を流用して造成された公園は、ハイキングコース、池、展望台などを備える。1976(昭和51)年10月23日に、駅を東に200m現在地に移設し、同時にホームの延伸、上下線のホームを連絡する地下連絡通路の新設、駅前広場の整備などの改良が実施されている。

KO32 長沼 ながぬま

34.9 km(1.5 km)
開 1925(大正14)年3月24日
住 東京都八王子市長沼700
乗 3,570人

浅川と湯殿川の合流点に近く、水田も多い湿地帯であり、その名のとおり長い沼があったことから、この地の地名がつけられたという。また、駅の南、徒歩40分の距離には野猿峠があり、多摩市と八王子市を結ぶ、通称「野猿街道」の峠となっているが、この道は京王帝都電鉄の手によってハイキングコースとして整備されたことで、知名度が高まった。

KO33 北野 きたの

36.1 km(1.2 km)
開 1925(大正14)年3月24日
住 東京都八王子市打越町335-1
乗 19,438人

京王線と高尾線の分岐駅。京都の北野天満宮を勧請して建てられた北野天満社は当駅から北に徒歩3分で、駅名もこれにちなんでいる。1931(昭和6)年3月20日には、当駅と多摩御陵前駅の間を結ぶ御陵線が開通したが廃止。その跡地を活用して高尾線が再び開通している。

高尾方面と八王子方面の同時発車　2019.12.5

KO34 京王八王子 けいおうはちおうじ

37.9 km(1.8 km)
開 1925(大正14)年3月24日
改 1963(昭和38)年12月11日(東八王子)
住 東京都八王子市明神町3-27-1
乗 46,932人

玉南電気鉄道時代、西側のターミナル駅で、開業時の駅名は「東八王子」。国鉄(現・JR)八王子駅の東側を意味し、終戦直後には国鉄八王子駅までの線路延伸計画もあった。1963(昭和38)年12月11日には、八王子市の都市計画に従って北野駅寄りに190m移設して現行の駅名へと改称されている。1994(平成6)年9月15日には京王八王子駅ビルがオープンし、現在の姿になっている。

京王八王子駅　2019.12.5

高幡不動駅　2019.12.5

相模原線

KO35 京王多摩川 けいおうたまがわ
調布から1.2 km(1.2 km)
開 1916(大正5)年6月1日
改 1937(昭和12)年5月1日(多摩川原)
住 東京都調布市多摩川4-40-1
乗 13,949人

　多摩川砂利採取しを目的に建設された枝線の駅がルーツ。その後、1927(昭和2)年6月1日には京王電軌の手によって、駅の南東側に総合レジャー施設「京王閣」がオープン。"関東の宝塚"とも呼ばれた。その後も競輪場やプールなどが造られ、京王線沿線のレジャー地を担った。1971(昭和46)年4月1日の相模原線の延伸によって中間駅となった。

KO36 京王稲田堤 けいおういなだづつみ
2.5 km(1.3 km)
開 1971(昭和46)年4月1日
住 神奈川県川崎市多摩区菅4-1-1
乗 47,519人

　駅名は桜の名所としても知られた稲田堤(多摩川右岸)から。JR南武線に同名の駅があり、「京王」が冠されている。1971(昭和46)年4月の相模原線京王よみうりランド延伸時に当駅は開業。当初から高架上に造られ、当初は停車する優等列車は快速のみだったが、2013(平成25)年2月22日からは特急停車駅となっている。

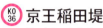

京王稲田堤駅　2019.12.5

KO37 京王よみうりランド けいおうよみうりらんど
3.9 km(1.4 km)
開 1971(昭和46)年4月1日
住 東京都稲城市矢野口2200-1
乗 12,795人

　駅名は遊園地「よみうりランド」の最寄り駅であることから。小田急電鉄小田原線にも「読売ランド前」駅があり、後発である当駅には「京王」が冠されている。1974(昭和49)年10月18日には相模原線が延伸されたために、当駅は中間駅となった。ホームは高架上に相対式2面2線が設けられているが、2面4線の規模とするスペースを確保している。

KO38 稲城 いなぎ
5.5 km(1.6 km)
開 1974(昭和49)年10月18日
住 東京都稲城市東長沼3108
乗 18,320人

　1889(明治22)年に稲城村が誕生し、それがこの地域の地名として定着。駅の所在地は東長沼だが、駅名は昔ながらの地名が採られている。当駅は、稲城、多摩、八王子、町田の4つの市に跨って広がる「多摩ニュータウン」の東側に位置し、玄関口のひとつとなっている。

KO39 若葉台 わかばだい
8.8 km(3.3 km)
開 1974(昭和49)年10月18日
住 神奈川県川崎市麻生区黒川609
乗 23,048人

　駅名は、駅の近郊が豊かな自然の残る丘陵地帯であることに由来。駅の稲城駅寄りが高架、京王永山寄りが地平の島式ホーム2面4線の構内で、若葉台検車区、若葉台電車区、若葉台車掌区が隣接している。1999(平成11)年には、「環境整備と一体となった新しい街づくりをイメージさせる近代的な駅」として、「関東の駅百選」に選定されている。

検車区が望める若葉台駅　2019.12.5

KO40 京王永山 けいおうながやま
11.4 km(2.6 km)
開 1974(昭和49)年10月18日
住 東京都多摩市永山1-18-1
乗 39,413人

　地名「永山」は小字名の「長山」が転じたもの。隣接して小田急電鉄多摩線の「小田急永山駅」もあり、小田急「永山」駅の開業は1974(昭和49)年6月1日で、当駅よりわずかに早い。京王、小田急両線が並行する様は、陸の孤島と揶揄されていた多摩ニュータウンの総合開発ぶりを体現している。2013(平成25)年2月22日からは、相模原線で特急が運転開始され、特急停車駅となった。

京王永山駅　2019.12.5

KO41 京王多摩センター けいおうたませんたー
13.7 km(2.3 km)
開 1974(昭和49)年10月18日
住 東京都多摩市落合1-10-2
乗 74,516人

　多摩丘陵を流れる乞田川の小さな谷筋にあたり、鉄道の開通によって大変貌を遂げた地域。2000(平成12)年1月10日には多摩都市モノレールが接続し、多摩ニュータウンの中核を成すようになった。1988(昭和63)年5月21日に南大沢まで延伸し、中間駅へと様変わりした。

KO42 京王堀之内 けいおうほりのうち
16.0 km(2.3 km)
開 1988(昭和63)年5月21日
住 東京都八王子市堀之内3-24-4
乗 27,194人

　ホームは高架上に相対式2面2線が設置され、全体に余裕のある造りで、駅前にはゆったりとしたロータリーも造られている。駅名の堀之内は地名から採られているが、平安時代、このあたりを拠点にした「西党一族」の館の、堀の内側であったことが由来。

KO43 南大沢 みなみおおさわ
18.2 km(2.2 km)
開 1988(昭和63)年5月21日
住 東京都八王子市南大沢2-1-6
乗 52,585人

　橋本延伸工事時の暫定開業駅。当初の計画では駅名は「由木平(ゆきだいら)」だった。ホームは堀割の中に設けられ、それよりも一段高い位置に駅舎が設置されたが、開業当時は周辺は未開発地で、今日の駅周辺の情景からは夢物語のようでもある。

KO44 多摩境 たまさかい
20.1 km(1.9 km)
開 1991(平成3)年4月6日
住 東京都町田市小山ヶ丘3-23
乗 19,389人

　東京都と神奈川県の境界の近くにあり、近隣には「境川」という川が流れていることから付けられた駅名だが、開業前は「京王小山」とする案もあったという。駅が開業したのは相模原線の橋本延伸後で、地元の請願による。京王線唯一の町田市に所在し、一番新しい駅である。

KO45 橋本 はしもと
22.6 km(2.5 km)
開 1990(平成2)年3月30日
住 神奈川県相模原市橋本2-3-2
乗 82,307人

　橋本は大山街道の宿場町で、1908(明治41)年9月23日に横浜鉄道(現・JR横浜線)の橋本駅が開業。相模原線は、地平のJR横浜線をオーバークロスして橋本駅西側に併設。高架上の3階部分に島式ホーム1面2線が設けられている。3線が結節する鉄道の要衝で、さらにリニア中央新幹線の経由地としても注目されている。

橋本駅　2019.12.5

競馬場線

府中競馬正門前 ふちゅうけいばせいもんまえ

東府中から 0.9 km (0.9 km)
開 1955(昭和 30)年 4 月 29 日
住 東京都府中市八幡町 1-18
乗 1,794 人

　東京競馬場のアクセス駅として開業。当時、国鉄下河原線に「東京競馬前」駅があり、この駅名になった。島式 1 面 2 線のホームは幅広く、改札口に相対して競馬場の入口があるなど、観客輸送に特化した、競馬場線の特徴を随所に見て取ることがでる。

動物園線

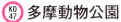多摩動物公園 たまどうぶつこうえん

高幡不動から 2.0 km (2.0 km)
開 1964(昭和 39)年 4 月 29 日
住 東京都日野市程久保 3-36-39
乗 4,207 人

　1958(昭和 33)年 5 月 5 日に開園した多摩動物公園へのアクセスを目的として開業。動物を豊かな自然環境の中で飼育するいうコンセプトを掲げた同園は開園初日には 25 万人の人出があり、鉄道の開業後は来園客の数が、平均 20 パーセント伸びたという。今や多摩都市モノレールが接続し、「京王れーるランド」「京王あそびの森」などの娯楽施設も集まる、沿線随一のレジャースポットになっている。

高尾線

京王片倉 けいおうかたくら

北野から 1.7 km (1.7 km)
開 1931(昭和 6)年 3 月 20 日
住 東京都八王子市片倉町 39-4
乗 4,724 人

　開業時の駅名は「片倉」で、御陵線時代にまで遡る。ＪＲ横浜線の片倉駅との混同を避けるために京王を冠している。地名はカタクリの群生地があったことによる。

山田 やまだ

3.2 km (1.5 km)
開 1931(昭和 6)年 3 月 20 日
住 東京都八王子市緑町 434
乗 4,645 人

　御陵線の駅として開業し、一度休止扱いとなりながら、高尾線の開業とともに復活を遂げた駅。駅の北西徒歩 7 分の場所に臨済宗の名刹として知られる山田の広園寺があり、この付近は古くから山田と呼ばれ、それが地名として定着。駅名にも採られることになった。

めじろ台 めじろだい

4.3 km (1.1 km)
開 1967(昭和 42)年 10 月 1 日
住 東京都八王子市めじろ台 1-100-1
乗 13,464 人

　高尾線の開通にあわせて京王帝都電鉄が開発した分譲地「めじろ台」の最寄り駅。高尾線の開通日に駅前では分譲の受付開始を待つおよそ 1000 人が行列を作ったという。構内は島式ホーム 2 面 4 線が可能な構造で、将来、津久井方面へ延伸計画によるさせることに備えたものとされていた。待避線の線路は撤去され、ホーム脇に軌道敷が残されている。

狭間 はざま

5.8 km (1.5 km)
開 1967(昭和 42)年 10 月 1 日
住 東京都八王子市東浅川町 773
乗 7,259 人

　駅名にもなった地名「狭間」は、道が入り組んだところから。駅は地上に相対式ホーム 2 面 2 線を備え、下りホーム側に隣接して駅舎を設置。上下のホームは跨線橋で結ばれ、跨線橋にはエスカレーターが併設されている。

高尾 たかお

6.9 km (1.1 km)
開 1967(昭和 42)年 10 月 1 日
住 東京都八王子市初沢町 1227
乗 22,376 人

　駅名は、関東三大霊場のひとつ・高尾山薬王院に由来する。1901(明治 34)年 8 月 1 日に開業した中央本線「浅川」駅が 1961(昭和 36)年 3 月 20 日に「高尾」へ改称され高尾線もこれにならった。駅の周辺は観光地・高尾山への入りロだけではなく、八王子市西郊のベットタウンとしての性格も併せ持っている。番線はＪＲとの通し番号が与えられ、京王線は 5 ～ 6 番線だ。

高尾山口 たかおさんぐち

8.6 km (1.7 km)
開 1967(昭和 42)年 10 月 1 日
住 東京都八王子市高尾町 2241
乗 9,492 人

　高尾線の終着駅。駅名のとおり高尾山の登山口に位置し、駅前から高尾山薬王院への参道が延びており、平日、週末を問わず観光客、登山客で賑わっている。駅舎は、2016(平成 28)年 9 月に「グッドデザイン賞」を受賞した。

井の頭線

渋谷 しぶや

0.0 km (0.0 km)
開 1933(昭和 8)年 8 月 1 日
住 東京都渋谷区道玄坂 1-4-1
乗 274,505 人

　井の頭線の東のターミナル駅。一日の乗降客数は井の頭線で最多。当初の駅は国鉄の線路に直角方向に突き当たるかたちで高架上に設けられていたが、1955(昭和 30)年 4 月には駅ビルが完成。連絡橋を経由して山手線、銀座線、東横線などと連絡するスタイルができあがった。

神泉 しんせん

0.5 km (0.5 km)
開 1933(昭和 8)年 8 月 1 日
住 東京都渋谷区神泉町 4-6
乗 10,194 人

　渋谷駅からわずか 0.5km で、ホームは一部トンネル内にある。かつてはホーム有効長が 18 m車 3 両分しかなく、吉祥寺寄り 2 両のドアを締切扱いとする処置がとられていた。駅周辺は渋谷駅周辺から続く繁華街と住宅地が混在し、渋谷駅へ真っ直ぐ向かう道がないこともあって、ターミナルの隣駅としては利用客は多い。

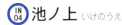駒場東大前 こまばとうだいまえ

1.4 km (0.9 km)
開 1965(昭和 40)年 7 月 11 日
住 東京都目黒区駒場 3-9-1
乗 31,775 人

　東京大学駒場キャンパスに隣接。駒場キャンパスは東京大学農学部の前身である駒場農学校だったところ。駅の開設日は「東駒場」と「西駒場」が統合された日となっている。東京大学のほかにも大学、高校が周辺に多い。

池ノ上 いけのうえ

2.4 km (1.0 km)
開 1933(昭和 8)年 8 月 1 日

京王片倉駅ホームからの富士山　2019.12.5

住 東京都世田谷区代沢 2-43-8
乗 8,362 人

　かつて駅の南方に池があり、その高台を「池ノ上」と呼んだという。駅は島式ホーム1面2線を備え、橋上駅舎が設けられている。隣の下北沢までの距離はわずか0.6km。渋谷〜神泉間0.5kmとともに、井の頭線開業時の面影が見て取れる。

 下北沢 しもきたざわ

3.0 km (0.6 km)
開 1933(昭和8)年8月1日
住 東京都世田谷区北沢 2-23-9
乗 102,137 人

　小田急小田原線と接続する。サブカルの町への変革は昭和中期以降のことで、終戦後の復興期からは雑然とした町並みが形成されていた。小田し、帝都電鉄(現・京王電鉄)井の頭線はその後。そのため、地上駅時代は井の頭線が小田急をオーバークロスしていた。小田急の下北沢駅は2013(平成25)年3月23日に地下化。京王の駅もこの改良工事にあわせて改良が施され、改札口周辺などもモダンな造りとなった。

 新代田 しんだいた

3.5 km (0.5 km)
開 1933(昭和8)年8月1日
改 1966(昭和41)年7月21日(代田二丁目)
住 東京都世田谷区代田 5-30-18
乗 7,885 人

　開業時の駅名は「代田二丁目」で駅の所在地から。「代田橋」「世田谷代田」などの駅があることから新が冠された。当駅と小田急電鉄「世田谷代田」駅の間に、戦時中は連絡線で結ばれており、車両が多く被災した井の頭線へ、小田急線の車両を運んだという。連絡線は1953(昭和28)年9月30日に撤去されている。

 東松原 ひがしまつばら

4.0 km (0.5 km)
開 1933(昭和8)年8月1日
住 東京都世田谷区松原 5-2-6
乗 14,378 人

　駅名は、この地域の旧村名である「松原」に由来。16〜17世紀、松原宿の商人たちが開墾し、独立させて松原と呼んだという。かつてはホーム両端のすぐ脇に踏切があり、18m車4両分ギリギリのホームだった。

 明大前

4.8 km (0.8 km)

 永福町 えいふくちょう

5.9 km (1.1 km)
開 1933(昭和8)年8月1日
住 東京都杉並区永福 2-60-31
乗 28,086 人

　駅から南へ徒歩5分の所にある曹洞宗の刹永福寺が地名の起こり。1951(昭和26)年1月、隣接して永福町検車区が設けられていた。1971(昭和46)年12月15日にホームが2面4線化され、急行運転に対応。そして2011(平成23)年3月23日に駅ビルの使用が開始された。屋上のフリースペースから新宿の高層ビル群や富士山がの望め、環境省主催2010年度「みどり香るまちづくり」企画コンテストに入賞している。

 西永福 にしえいふく

6.6 km (0.7 km)
開 1933(昭和8)年8月1日
住 東京都杉並区永福 3-36-1
乗 16,262 人

　開業時は島式ホーム1面2線。のちに緩いV字型の大屋根を備えた駅舎がトレードマークだった。現在の駅舎は1階部分に店舗などが入居するなど、小さいながらも総合ビルのような雰囲気をたたえ、地域のランドマークの役割も果たしている。

浜田山 はまだやま

7.4 km (0.8 km)
開 1933(昭和8)年8月1日
住 東京都杉並区浜田山 3-31-2
乗 25,480 人

　新宿の米問屋、浜田屋の墓地や山林があり、それらを地元でヤマと称していたことが地名の由来。鉄道開通時、この一帯にはのどかな田園風景が広がり、宅地化が始まったのは、ようやく戦後のことだったというが、作家、松本清張の終の棲家があり、閑静な住宅地というイメージが強い。1997(平成9)年3月24日には駅ビルがオープン。庶民的な雰囲気が漂う駅前商店街の中で異彩を放っている。

高井戸 たかいど

8.6 km (1.2 km)
開 1933(昭和8)年8月1日
住 東京都杉並区高井戸西 2-1-26
乗 35,673 人

　ホームは環状八号線(都道311号)を跨ぐかたちで設置。帝都電鉄が開業した昭和初期は田園風景が広がり、近隣のお寺に建っていた高井堂(不動尊)が地名の起こりとする伝承にも頷けるのどかな雰囲気が漂っていた。開業時の帝都電鉄は、この駅に近くには築堤が築かれていたという。

富士見ヶ丘 ふじみがおか

9.3 km (0.7 km)
開 1933(昭和8)年8月1日
住 東京都杉並区久我山 5-1-25
乗 12,135 人

　地名ではない駅名のひとつで、その名の通り、戦前まで当駅一帯は雑木林で梢越しに富士山が見えたという。1970(昭和45)年4月、永福町の車両基地が当駅に移転している。

久我山 くがやま

10.1 km (0.8 km)
開 1933(昭和8)年8月1日
住 東京都杉並区久我山 4-1-11
乗 36,028 人

　「久我山」の「くが」には空地を示す意味があるとい、新開地と目されていたことを推し量ることができる。ホームは島式ホーム1面2線。2005(平成17)年2月には新しい橋上駅舎の使用が開始されて南口が誕生。同年12月には北口も使用開始されて、現在の姿となった。駅の周辺には学校が多く建ち、朝夕は学生の利用が多い。

久我山駅

三鷹台 みたかだい

11.1 km (1.0 km)
開 1933(昭和8)年8月1日
住 東京都三鷹市井の頭 1-32-1
乗 18,309 人

　所在地名でもある「井の頭」とは、井戸水のように済んだ水という、井の頭池に由来する説があり、駅の北側に神田川が流れている。1982(昭和57)年3月19日に橋上駅舎の完成とともに改良された。

井の頭公園 いのかしらこうえん

12.0 km (0.9 km)
開 1933(昭和8)年8月1日
住 東京都三鷹市井の頭 3-35-12
乗 6,320 人

　駅名にも採られた井の頭恩賜公園は、広さおよそ38万㎡の自然公園で1917(大正6)年の開園。武蔵野の面影を残す都立公園として親しまれているが、最近ではかいぼりを実施して水質の改善が進み、昔の生態系が復活していることで知られている。

井の頭公園駅

吉祥寺 きちじょうじ

12.6 km (0.6 km)
開 1934(昭和9)年4月1日
住 東京都武蔵野市吉祥寺南町 2-1-31
乗 122,831 人

　1933(昭和8)年に渋谷から井の頭公園までを一気に開業した帝都電鉄だったが、当駅の開業はその翌年のこと。井の頭公園〜吉祥寺間の距離はわずか0.7km。だが、この間には水道道路との立体交差があり、高い位置に盤石を築くための大量の土砂の購入に手間がかかったという。2007(平成19)年12月から高架橋とホームの改良工事を実施。2011(平成23)年にはエレベーターが新設されるなど、駅施設の近代化が図られている。

156

> 車窓メモリアル 私鉄編

京王電鉄　京王多摩川駅

京王閣と京王遊園プール

まだ高尾線が無い時代、京王沿線では京王多摩川駅周辺が、戦前から娯楽の地として機能してきたと言える。戦後の京王遊園プールは、身近な夏のレジャー地だった。　1960.8.7

　京王線にはかつて、"関東の宝塚"と呼ばれた大型レジャー施設があった。1927（昭和2）年6月1日に誕生した京王閣である。調布から南へ延びる相模原線の前身は多摩川の砂利を運ぶ支線だったが、終点の多摩川原駅（現在の京王多摩川）周辺を拠点に観光開発を進めた。1919（大正8）年に開園した多摩川原公園をさらにパワーアップさせた施設が京王閣で、遊戯や大浴場、演芸場などが揃い、当時関東近郊では有数の規模を誇った。さらに隣接して1933（昭和8）年に日活多摩川撮影所ができ、一層華やかになった。その様を称して"東洋のハリウッド"。なんと宝塚からハリウッドまで、2つのビックネームを拝した地域だったのだ。　調布駅の駅名標には、映画のフィルム柄があしらわれているのは、この由来と関わりが深い。

　戦後、この跡地に誕生した競輪場が京王閣の名を継いで今日まであるが、実は再びレジャー施設がこの駅周辺で運営されたことがある。1955（昭和30）年4月3日に開園した京王遊園で、家族連れで気軽に楽しめる施設がそろっていたが、夏季のプールが1959（昭和34）年にオープンし、人気を集めた。

　京王多摩川駅とその周辺には、砂利輸送線から相模原線へと大出世を遂げた路線の役割と、レジャーの殿堂の歩みが秘められている。多摩川の河川敷周辺は、他社でもレジャー開発がなされたが、人と川の関係を垣間見る一例であろう。

小田急電鉄
おだきゅうでんてつ

社 名	小田急電鉄株式会社
住 所	東京都渋谷区代々木二丁目28番12号／東京都新宿区西新宿二丁目7番1号
会社設立	1923(大正12)年5月1日／1948(昭和23)年6月1日
線 名	小田原線・江ノ島線・多摩線
運転方式	電化
運輸開始	1927(昭和2)年4月1日

▲伝統のバーミリオンオレンジをまとった70000形ロマンスカー。新宿〜南新宿　2024.8.20

歴 史

　1910(明治43)年10月1日、小田急の母体となる鬼怒川水力電気を創立した利光鶴松は、東京市内の地下鉄建設を計画して東京高速鉄道を立ち上げた。1920(大正9)年に内藤新宿〜日比谷〜大塚間の免許状が下付されたが、第1次世界大戦後の不況の影響で建設中止に追い込まれてしまった。そこで新宿〜小田原間を結ぶ高速鉄道を計画・出願したところ、1922(大正11)年5月29日に新宿三丁目〜小田原町間の免許状が東京高速鉄道に下付され、1923(大正12)年5月1日に小田原急行鉄道を設立した。1926(大正15)年10月4日には大野村〜藤沢町間の免許状も下付され、新宿から小田原のみならず藤沢方面へも路線網を拡充した。

　関東大震災の影響で工事の着工が危ぶまれたが、実業家としての手腕を発揮して資金調達を図り、新宿〜小田原間の長距離路線を僅か1年半で完成した。車両は当時として珍しい鋼製車とし、線路は米国テネシー社製、電柱はすべて鉄柱、全線複線化(開業時は一部区間が単線・同年10月に全線複線化)を実施。将来を見越した高速運転仕様の設備投資が行なわれ、新参ながら当時の私鉄の水準を超える鉄道を作り上げた。計画段階から箱根や湘南への観光路線を目指し、さらに沿線の宅地開発・私立学校の誘致による利用者の確保も見込んでいた。そして、宅地開発や学校誘致において土地を売却することで建設資金を得るという手法を実施。また、成城学園前や玉川学園前は学校が駅周辺の宅地分譲を行ない、沿線の開発にも力が注がれていた。

　1927(昭和2)年4月1日、小田原線新宿〜小田原間が開業した。同年10月15日には全線複線化が完了し、急行運転を開始した。2年後の1929(昭和4)年4月1日には江ノ島線が開業したが、折からの昭和金融恐慌の影響で苦境に立たされ、株式が無配となるなど厳しい経営環境にあった。経営の救いとなったのは1930(昭和5)年11月14日から開始された相模川の砂利輸送で、相模厚木(現・本厚木)〜東北沢間の貨物営業が経営を支えた。また、箱根や江ノ島への割引きっぷで旅客誘致を図る経営努力が続けられ、1935(昭和10)年6月1日から新宿〜小田原間がノンストップの週末温泉急行の運転を開始した。

　1940(昭和15)年5月1日に渋谷〜吉祥寺間の帝都電鉄を吸収合併し、小田原急行鉄道の帝都線となった。1941(昭和16)年3月1日に鬼怒川水力電気は企業統制・電力管理の国策により、日本発送電に電力事業を譲渡。小田原急行鉄道を解散し、親会社の鬼怒川水力電気が小田急電鉄と改称して発足した。小田急の名称は1929(昭和4)年の日活映画「東京行進曲」の映画主題歌として佐藤千夜子が歌った曲が大ヒットとなり、4番の歌詞にある「いっそ小田急で逃げましょか」が当時の流行語となった。小田急の知名度は全国的なものとなり、遂には小田原急行鉄道の新しい会社名となった。

158

▲ 複々線化で、経堂は大きく姿を変え、飛躍的に利便性が延びた。
2024.8.20

▲ 多摩川橋梁は、昔から小田急線の撮影場所としても知られた。写真は60000形。2024.8.20

Mile stone 小田急電鉄

ワクワク感が満載のロマンスカーとともに、変わりゆく時代を駆け抜けた華やかな軌跡。

▲ 画期的だったSE車3000形。多摩川橋梁 1957.6

▲ 小田急ロマンスカーのイメージを創った3100形NSE車の出発式。1963.3.16

▲ 私鉄初の振り子電車、空気ばね強制傾斜式のORPT試験車両。小田急相模大野工場 1970.11.21

　次第に戦況が悪化してくると週末温泉急行が運転中止となり、1942(昭和17)年5月1日には東京横浜電鉄が小田急電鉄と京浜電気鉄道を吸収合併して東京急行電鉄(いわゆる大東急)となった。これにより東京急行電鉄新宿営業局(後の新宿支社)の管轄となり、東急小田原線・江ノ島線・井の頭線(帝都線を改称)の時代を迎えた。1944(昭和19)年5月31日に陸上交通事業調整法により、京王電気軌道も東京急行電鉄に統合された。
　1948(昭和23)年6月1日、京王帝都電鉄(現・京王電鉄)、京浜急行電鉄とともに東京急行電鉄から分離・独立し、小田急電鉄として再発足した。この時に井の頭線は京王電気軌道に譲渡し、同社は京王帝都電鉄となった。同年10月16日に復興整備車の1600形を使用した新宿〜小田原間ノンストップの週末特急列車が運転を開始。さらに1949(昭和24)年9月17日から小田急の初代特急ロマンスカーとなる1910形が運転を開始した。3両編成の中間車の中央部に日東紅茶の喫茶カウンター「走る喫茶室」が設置され、紅茶のシートサービスが開始された。1950(昭和25)年8月1日に箱根登山鉄道の小田原〜箱根湯本間の乗り入れが開始された。同区間を3線軌条として、新宿〜箱根湯本間の直通運転が実現した。さらに1955(昭和30)年10月1日に国鉄御殿場線との連絡線が完成し、新宿〜御殿場間にキハ5000形を使用した直通準急列車の運転を開始。箱根湯本に加え、御殿場までも直通となり、箱根観光開発に弾みが付いた。
　1957(昭和32)年6月22日、流線形の特急ロマンスカー3000形が登場し、オルゴールを鳴らして快走する姿が人気の的となった。日本の高速鉄道車両の先駆けとなった名車で、国鉄に貸し出されて151系特急形電車や新幹線車両開発の礎となった。1960(昭和35)年9月7日に箱根ロープウェイが全通し、箱根ゴールデンコースが完成した。増加する旅客に対応するため、1963(昭和38)年3月16日に前面展望席を備えた3100形が登場した。
　1968(昭和43)年7月1日、国鉄御殿場線の電化が完成し、3000形8両編成を5両化したSSE車が運転を開始した。1974(昭和49)年6月1日に多摩線新百合ヶ丘〜小田急永山間が開業した。1975(昭和50)年4月23日に多摩線小田急永山〜小田急多摩センター間が延伸開業した。1978(昭和53)年3月31日に営団地下鉄千代田線が全通し、相互直通運転を開始した。1990(平成2)年3月27日に多摩線小田急多摩センター〜唐木田間が延伸

開業した。
　1991(平成3)年3月16日にJR東海御殿場線松田〜沼津間で相互直通運転を開始。2階建てグリーン車(小田急線内はスーパーシート)を2両連結することとなり、小田急は20000形、JR東海は371系が就役した。1997(平成9)年6月23日に喜多見〜和泉多摩川間の複々線が完成した。2004(平成16)年11月21日に世田谷代田〜喜多見間の複々線を使用開始した。2008(平成20)年3月15日から東京メトロ千代田線に60000形特急ロマンスカーの直通運転を開始した。また、箱根登山鉄道小田原〜箱根湯本間の軌間を1,067㎜(箱根湯本〜入生田車庫間は三線軌条)とし、小田急車両のみで営業運転を開始した。2018(平成30)年3月3日に代々木上原〜梅ヶ丘間を複々線化し、代々木上原〜登戸の複々線が完成した。同年3月17日から代々木上原〜登戸間が複々線を活用した新ダイヤで運行されている。

車窓

　小田原線の新宿〜本厚木間や江ノ島線、多摩線の沿線は商業ビルや住宅地が建ち並ぶ市街地で、小田原線本厚木以西は田園風景や丹沢の山並み、富士山の雄姿が車窓に望める。また、梅ヶ丘〜登戸間は成城学園前駅を除いて高架橋の上を走るので、晴れていると丹沢の山並みや富士山を遠望することができる。

車両

　特急形車両は30000型6両編成×7本、30000形4両編成×7本、50000型10両編成×2本、60000形6両編成×5本、60000形4両編成×3本、70000形7両編成×2本の計146両(うち50000形20両は休車)、通勤形車両は8000形6両編成×9本、8000形4両編成×9本、1000形10両編成×7本、1000形4両編成×7本、2000形8両編成×9本、3000形10両編成×12本、3000形8両編成×8本、3000形6両編成×15本、4000形10両編成×16本、5000形10両編成×12本の計886両、事業用車1両の総計1,033両が在籍している。

駅解説

小田原線

 新宿 しんじゅく

0.0 km(0.0 km)
開 1927(昭和2)年4月1日
住 東京都新宿区西新宿1-1-3
乗 410,970人

　地上に3線、地下に2線のホームがある地上・地下駅で、小田原線開業時から国鉄線の西側に位置している。戦後は16m級車4両編成の有効長を持つ2面4線の線路配置だったが、1964(昭和39)年2月17日から地上4面3線、地下3面2線の2層構造の駅が供用を開始。さらに1982(昭和57)年3月に20m車×10両編成に対応した大改良工事が完成。現在は西口の再開発にともない、小田急百貨店の改築工事などの真っ最中である。

 南新宿 みなみしんじゅく

0.8 km(0.8 km)
開 1927(昭和2)年4月1日
改 1937(昭和12)年7月1日(千駄ヶ谷新田)
　 1942(昭和17)年5月1日(小田急本社前)
住 東京都渋谷区代々木2-29-16
乗 3,588人

　小田原線開業時は現在よりも新宿寄りに千駄ヶ谷新田駅として開業。小田急電鉄本社が移転した経緯から駅名が改称され、さらに戦中の大東急時代の「南新宿」が現在まで引き継がれている。1960年代に入ると小田急の輸送量の増加が顕著になり、1967(昭和42)年からの6両化では先頭車両のドア締切が行なわれたこともある。その後、新宿駅の改良工事によるポイントの移設があり、1973(昭和48)年12月21日に現在地も移転している。駅周辺には専門学校や予備校があり、朝夕は学生の乗降が目立つ。

 参宮橋 さんぐうばし

1.5 km(0.7 km)
開 1927(昭和2)年4月1日
住 東京都渋谷区代々木4-6-7
乗 10,858人

　小田原線開業時に明治神宮の最寄り駅として開業。駅の近くに架かる跨線橋「参宮橋」が駅名の由来だ。また開業時、この付近には陸軍の練兵場があり、当駅から代々木八幡駅にかけて広大な敷地が広がっていた。戦後は占領軍住宅のワシントンハイツとなり、1964(昭和39)年10月の東京オリンピックでは選手村として使用され、現在は国立オリンピック記念青少年総合センターとなっている。

 代々木八幡 よよぎはちまん

2.7 km(1.2 km)
開 1927(昭和2)年4月1日
住 東京都渋谷区代々木5-6-1
乗 17,806人

　駅北側に建つ代々木八幡宮にちなんで駅名が付けられた。開業当時は茶畑や桑畑が広がる閑静な農村地帯であり、河骨川の美しい流れは唱歌『春の小川』のモデルとなった。隣接して東京メトロ千代田線の代々木公園駅があり、1972(昭和47)年10月20日の同駅開業から1978(昭和53)年3月31日の代々木上原駅延伸までは乗換駅となっていた。2019(平成31)年3月16日の代々木上原〜新宿間の各駅停車10両編成化にともない、上り線と下り線の間に10両編成に対応したホームドア付き島式ホームが設置された。

代々木八幡駅　2024.8.20

 代々木上原 よよぎうえはら

3.5 km(0.8 km)
開 1927(昭和2)年4月1日
改 1941(昭和16)年10月15日(代々幡上原)
住 東京都渋谷区西原3-8-5
乗 237,023人(東京メトロを含む)

　駅名は開業当時の地名「代々幡村大字上原」からで、代々幡とは代々木と幡ヶ谷の合成地名。1932(昭和7)年10月に代々木上原町となったため、のちに駅名も改称。1945(昭和20)年6月1日には休止し、12月1日に再開している。2面2線の相対式ホームがある地上駅だったが、営団地下鉄千代田線の小田急乗入れ駅に決まると大規模な改良工事が行なわれた。駅周辺は昔ながらの商店街があるほか、マンションや一戸建て住宅が建ち並ぶ都心に近い高級住宅街も形成している。

 東北沢 ひがしきたざわ

4.2 km(0.7 km)
開 1927(昭和2)年4月1日
住 東京都世田谷区北沢3-1-4
乗 7,086人

　駅名は荏原郡世田ヶ谷町北沢の東に位置することから。かつて新宿寄りに多摩川や相模川などから運ばれた砂利を降ろす引込線があったが、現在は複々線化となり往時の面影は無い。駅周辺は閑静な住宅街であり、代々木上原方には1938(昭和13)年に建てられた東京回教寺院のイスラム教のモスクがあった。老朽化のため解体されたあとには、2000(平成12)年に完成した東京ジャーミイ(大きな礼拝の規模を持つモスク)があり、美しいミナレットを車窓に見ることができる。

 下北沢 しもきたざわ

4.9 km(0.7 km)
開 1927(昭和2)年4月1日
住 東京都世田谷区北沢2-24-2
乗 112,116人

　駅名は目黒川の支流、北沢川の下流を意味する呼称から。開業当時は駅前に竹藪があるほどだったが、1933(昭和8)年8月1日に帝都電鉄(現在の京王電鉄井の頭線)が開業すると、次第に住宅が増加。さらに空襲に遭わなかったことが幸いし、戦後は駅前の市場や商店街を中心に発展、1980年代頃から若者の街として注目を浴びるようになった。なお、2013(平成25)年3月23日に地下化され、2019(平成31)年3月16日からは、開業以来共用だった小田急と京王の改札口が分離されている

下北沢駅　2024.8.20

 世田谷代田 せたがやだいた

5.6 km(0.7 km)
開 1927(昭和2)年4月1日
改 1946(昭和21)年8月20日(世田ヶ谷中原)
住 東京都世田谷区代田2-31-12
乗 9,041人

　開業当時の地名、代田村の小字をとった世田ヶ谷中原駅で開業し、1945(昭和20)年7月1日の休止、翌年6月15日の再開を経て1946(昭和21)年に代田村が細分化されたことから世田谷代田駅に改称した。1945(昭和20)年5月の大空襲で井の頭線の永福町車庫が被災し大半の車両を焼失。世田ヶ谷中原駅と井の頭線の代田二丁目駅(現在の新代田駅)の間に連絡線を設置して被災車両の搬出と応援車両の搬入が行なわれたという歴史がある。

 梅ヶ丘 うめがおか

6.3 km(0.7 km)
開 1934(昭和9)年4月1日
住 東京都世田谷区梅丘1-31-21
乗 30,091人

　創業当時、東京市街環状線の建設を計画していた東京山手急行電鉄と小田原線が交差する予定地に開業。当時の小田急では珍しい1面2線の島式ホームだったが、これは乗換えの利便性を考慮したものだった。駅名は土地所有者の梅鉢の紋や古墳に由来するといった諸説があるが定かではなく、世田谷区梅丘という地名は戦後に誕生している。開業当時、付近に根津家が所有する小高い丘があり、子どもたちは「ネズ山」と呼んで遊び場にしていた。現在、約650本のウメの木がある羽根木公園となっている。

豪徳寺 ごうとくじ

7.0 km(0.7 km)
開 1927(昭和2)年4月1日
住 東京都世田谷区豪徳寺1-43-4
乗 24,471人

　駅名は古刹・豪徳寺の最寄り駅であることか

ら。1925(大正14)年5月1日に三軒茶屋と下高井戸を結ぶ玉川電気鉄道(現在の東急世田谷線)の山下駅が開業しており、あとから建設された小田原線が上を跨いで交差することになった。このため、地上にある駅改札口からホームまでは階段を上るスタイルとなっていた。駅周辺には山下商店街と豪徳寺商店街があり、昔ながらの商店街を形成。駅から少し離れると閑静な住宅地になっている。

経堂 きょうどう

8.0 km(1.0 km)
開 1927(昭和2)年4月1日
住 東京都世田谷区経堂 2-1-3
乗 75,323人

　駅名は荏原郡の字名から。開業時から周辺は工場や車庫があり、急行も止まる主要駅だった。かつて駅東側にある踏切を境に、東側に経堂検車区、西側には経堂工場があり、1960年代は3000形SE車などが構内で待機する姿を見ることができた。1999(平成11)年7月17日に上りホーム、2000(平成12)年12月2日には下りホームが高架化され、現在の駅構内のスタイルが完成している。1946(昭和21)年、東京・青山にあった東京農業大学が戦災で当駅南側に移転。大学のある町としても発展した。

千歳船橋 ちとせふなばし

9.2 km(1.2 km)
開 1927(昭和2)年4月1日
住 東京都世田谷区船橋 1-1-5
乗 51,828人

　旧地名である千歳村と小字の船橋を組み合わせた駅名。2001(平成13)年10月28日に下りホーム、2002(平成14)年7月28日には上りホームが高架化された。なお、経堂地区の複々線が完成したのは2004(平成16)年9月26日で、先に完成した駅名と合わせ現在の駅のスタイルとなっている。環状八号線が交差する千歳船橋〜祖師ヶ谷大蔵間は、1973(昭和48)年に小田急電鉄初の連続高架となったところで、南側に2線分の用地を確保して高架が設置。地上線があった用地はそのまま確保され、複々線化に活用されている。

祖師ヶ谷大蔵 そしがやおおくら

10.6 km(1.4 km)
開 1927(昭和2)年4月1日
住 東京都世田谷区祖師谷 1-7-1
乗 43,037人

　北多摩郡千歳村大字下祖師谷と、北多摩郡砧村大字大蔵に挟まれる地にあったことから2つの地域名を組み合わせた駅名が付けられた。1999(平成11)年3月28日に下りホーム、2001(平成13)年12月16日には上りホームが高架化された。駅前に初代ウルトラマンの像が建っており、円谷プロ発祥地(当初は円谷英二の自宅)にちなんだもの。2006(平成18)年3月18日から小田急の駅としてはじめての接近メロディが導入されたが、上りホームは『ウルトラマン』、下りホームは『ウルトラセブン』が採用された。

成城学園前 せいじょうがくえんまえ

11.6 km(1.0 km)
開 1927(昭和2)年4月1日
住 東京都世田谷区成城 6-5-34
乗 74,920人

　開業時、成城学園から要請を受けて設置された。学園都市として宅地を分譲し、分譲で得た資金で学校建設を行なうという大胆な発想で開発。当時から格調高い街づくりが進められ、大田区の田園調布と並ぶ高級住宅地となった。1932(昭和7)年に小田急初の橋上駅舎になり、南北が自由に往来できるという画期的な構造だった。2004(平成16)年9月26日には複々線が完成し、現在の2面4線の島式ホームでとなっている。2005(平成17)年には線路の地下化で地上にできた空間を利用し、西口交通広場が整備されて現在の成城学園前駅のスタイルが出来上がっている。

喜多見 きたみ

12.7 km(1.1 km)
開 1927(昭和2)年4月1日
住 東京都世田谷区喜多見 9-2-26
乗 29,015人

　駅名は開業時の地名、喜多見村から。1997(平成9)年6月23日から複々線となり、1994(平成6)年に成城学園前駅から入出庫できる喜多見車両基地が建設。さらに世田谷代田〜喜多見間の高架複々線化の工事も開始された。回送車両の入出庫は成城学園前側から行なわれるが、乗務員の交代などは当駅のホームで行なわれている。2007(平成19)年には駅周辺の再開発が行なわれ、現在の駅前広場が設置された。

狛江 こまえ

13.8 km(1.1 km)
開 1927(昭和2)年5月27日
住 東京都狛江市東和泉 1-17-1
乗 41,774人

　地元住民の強い要望により小田原線開業の約2ヵ月後に開業。高架化に合わせて駅周辺の再開発が行なわれ、北口には小田急バスが発着するバスロータリーが設置されている。駅本屋があった南口には昔からの商店街があり、飲食店などの商店が軒を連ねている。渡来人を表す「高麗人が住む入江」が語源の一説。

和泉多摩川 いずみたまがわ

14.4 km(0.6 km)
開 1927(昭和2)年4月1日
住 東京都狛江市東和泉 4-2-1
乗 13,358人

　小田原線開業時、地名の和泉と多摩川を組み合わせた駅名で開業した。地上時代は2面2線の相対式ホームで駅本屋は上りホーム側にあり、下りホーム側には臨時改札口が設置されていた。1989(平成元)年7月から喜多見〜和泉多摩川間の高架複々線化工事がスタートし、1997(平成9)年6月23日から複々線の使用が開始された。改札口はバス停がある北口や商店街のある南口に通じる西口、狛江駅側の東口の2カ所にある。

登戸 のぼりと

15.2 km(0.8 km)
開 1927(昭和2)年4月1日
改 1955(昭和30)年4月1日(稲田多摩川)
　 1958(昭和33)年4月1日(登戸多摩川)
住 神奈川県川崎市多摩区登戸 2417
乗 146,926人

　小田原線が開業する1カ月前に南武鉄道(現在のJR南武線)が開業し、接続を図るために稲田多摩川駅として開業した。のちに稲田登戸駅が向ヶ丘遊園駅に改称されたのにあわせ登戸多摩川駅と改称。そして国鉄南武線登戸駅との乗換駅であることから、1958(昭和33)年4月1日に登戸駅に改称されている。相互に地上駅だったが、再開発事業に合わせJR駅の橋上駅舎化と自由通路の設置、小田急線との連絡橋の設置、駅前バスロータリーの整備などが行なわれた。小さな路地の行き止まりにあった当時の登戸駅前の面影はまったく無い。

向ヶ丘遊園 むこうがおかゆうえん

15.8 km(0.6 km)
開 1927(昭和2)年4月1日
改 1955(昭和30)年4月1日(稲田登戸)
住 神奈川県川崎市多摩区登戸 2098
乗 51,916人

　開業時の地名、稲田村大字登戸に由来して稲田登戸駅として開業。1955(昭和30)年4月1日に向ヶ丘遊園駅に改称した。北口の駅舎は小田原線開業時に建てられたマンサード屋根を有する建物で、当時の小田急のモダンなスタイルを今に伝えている。1965(昭和40)年まで運転されていた豆電車が発着していた南口は、複合商業施設が建ち並ぶ駅前ロータリーとなり、1966(昭和41)年4月の運転開始から2001(平成13)年2月の廃止まであったモノレール駅の跡地は自転車置き場に姿を変えている。

向ヶ丘遊園駅　2024.8.21

生田 いくた

17.9 km(2.1 km)
開 1927(昭和2)年4月1日
改 1964(昭和39)年3月1日(東生田)
住 神奈川県川崎市多摩区生田 7-8-4
乗 40,976人

　駅の誕生には紆余曲折があり、当初、生田駅は現在地に建設予定だったが、生田村西地区の有力者が働きかけ現在の読売ランド前駅の場所に誘致。このため、生田村東地区は用地買収に応じない強硬手段に出て、最終的に東生田駅と西生田駅が誕生した。当駅は東生田駅が前身。

川崎市多摩区役所生田支所の玄関口となる北口は、津久井道に面した商店街を形成。橋上南口側には明治大学生田校舎があり、通学時間帯は大勢の学生で賑わう。生田とは旧村名の上菅生村と五段田村の両一字から。

OH20 読売ランド前 よみうりらんどまえ

19.2 km(1.3 km)
開 1927(昭和2)年4月1日
改 1964(昭和39)年3月1日(西生田)
住 神奈川県川崎市多摩区西生田3-8-1
乗 29,962人

村を二分する駅誘致合戦の末の西生田駅として開業。当時から下りホーム側に駅舎があり、津久井道は現在と同じく上りホーム外側にあった。1964(昭和39)年9月24日、駅北側の多摩丘陵の丘に「よみうりランド」が開園することになり読売ランド前駅に改称し、同時に東生田駅は生田駅となった。1971(昭和46)年4月1日に京王相模原線京王よみうりランド駅が開業するまで、同ランド唯一の最寄り駅として賑わっていた。駅本屋のある南口と上りホームの百合ヶ丘方に当初は臨時改札口だった北口があり、南口の駅前はスーパーマーケットや商店が建ち並ぶ商店街になっている。

OH22 百合ヶ丘 ゆりがおか

20.5 km(1.3 km)
開 1960(昭和35)年3月25日
住 神奈川県川崎市麻生区百合丘1-21-1
乗 19,802人

開業当時の西生田～柿生間は多摩丘陵の谷の部分にあたり、人家もまばらで小田急線の難所のひとつだったが1950年代後半から日本住宅公団(現・都市再生機構〈ＵＲ〉)による丘陵地開発の大規模団地建設が始まり、戦後3番目の駅として誕生した。駅名は地名に由来するが、神奈川県下最大の団地ということから県花「山百合」にちなんでいる。

OH23 新百合ヶ丘 しんゆりがおか

21.5 km(1.0 km)
開 1974(昭和49)年6月1日
住 神奈川県川崎市麻生区万福寺1-18-1
乗 108,661人

1963(昭和38)年に制定された新住宅市街地開発法に基づいて南多摩の丘陵地に大規模団地を開発。小田急電鉄と京王帝都電鉄(現・京王電鉄)の2社がアクセス鉄道建設を担当することになり、小田原線から分岐する多摩線の建設計画が決定した。百合ヶ丘～柿生間の急カーブが続く線路を南側の丘陵地に移設して多摩線が分岐する新駅として誕生したのが当駅である。開業当初は閑散としていたが、駅の開業から十数年の時を経て、駅周辺の公共施設や商業施設の建設が急ピッチで行なわれ、川崎市麻生区総合庁舎(1982年に多摩区から分離して麻生区が誕生)、川崎西税務署などの公共施設や大規模商業ビル、スーパーマーケット、シティホテル、銀行、証券会社が建ち並ぶ中核都市へと変貌を遂げている。

OH24 柿生 かきお

23.4 km(1.9 km)
開 1927(昭和2)年4月1日
住 神奈川県川崎市麻生区上麻生5-42-1
乗 31,978人

小田原線開業時、柿生村の村名から付けられた駅名だが、1939(昭和14)年の川崎市との合併で村は消滅。村名に「柿」の文字があるように禅寺丸柿の特産地であり、田園風景のなかに農家がある閑静な地域だった。戦時中に待避線が設置され、2面4線の島式ホームの時代があったが、1970年代に撤去されている。新百合ヶ丘～柿生間は2000年代初めまで田園風景が残り案山子の姿も車窓に見えたが、宅地化により昔の面影は消え去ってしまった。

OH25 鶴川 つるかわ

25.1 km(1.7 km)
開 1927(昭和2)年4月1日
住 東京都町田市能ヶ谷1-6-3
乗 57,563人

駅名は開業時の地名、鶴川村から。村内の旧8村すべてが鶴見川水系であったことに由来している。この付近は東京都町田市と神奈川県川崎市の境が入り組むところで、線路や周辺の施設も両市にまたがっているものが多くある。元は2面2線の相対式ホームの駅だったが、1977(昭和52)年11月21日から下りホームは1番線、島式となった上りホームは2・3番線となり、上りの優等列車の待避駅として機能することになった。

OH26 玉川学園前 たまがわがくえんまえ

27.9 km(2.8 km)
開 1929(昭和4)年4月1日
住 東京都町田市玉川学園2-21-9
乗 39,653人

成城学園前と同じく、宅地造成して分譲した資金を校舎建設の費用に充てるという方式で小田原線開業の2年後に開設。線路は玉川学園のキャンパス内を南北に貫くように敷設されている。当時の駅舎は玉川学園が寄贈した三角屋根のおしゃれなスタイルで、1970年代に橋上駅舎化されるまで使用されていた。駅周辺は大学キャンパスを中心とした閑静なエリアで、1970年代頃から高級住宅街として宅地の分譲が行なわれるようになった。駅周辺には学生街にふさわしい商業施設などが建ち並ぶ。

OH27 町田 まちだ

30.8 km(2.9 km)
開 1927(昭和2)年4月1日
改 1976(昭和51)年4月11日(新原町田)
住 東京都町田市原町田6-12-20
乗 246,459人

開業時の地名は原町田だが、国鉄横浜線の原町田駅が町の中心部にあったため、小田急は「新」を冠した。新宿へ直通する利便性から小田急の駅周辺も発展。さらに1960年代、東京都住宅供給公社や日本住宅公団(現・都市再生機構〈ＵＲ〉)が付近に大規模集合住宅(マンモス団地)を建設。これにより、新原町田駅の利用客は飛躍的に伸びた。1976(昭和51)年4月11日に町田駅に改称し、同年9月23日には小田急百貨店町田店の入る駅ビルが完成。国鉄側も駅周辺の再開発事業にともない、1980(昭和55)年4月1日に小田急へ移転して町田駅に改称。相互乗換駅として一段と利便性が増した。

OH28 相模大野 さがみおおの

32.3 km(1.5 km)
開 1938(昭和13)年4月1日
改 1941(昭和16)年1月1日(通信学校)
住 神奈川県相模原市南区相模大野3-8-1
乗 110,249人

前身は1929(昭和4)年4月1日開設の大野信号所で、1938(昭和13)年4月1日に駅に昇格した。陸軍通信学校が杉並から移転して「通信学校」としたが、軍事機密上の理由から地名の大野村にちなんで「相模大野」と改称した。1946(昭和21)年に帝国女子専門学校が旧通信学校跡地に移転し、1959(昭和34)年に相模大野団地が建設されるなど、戦後発展の基盤が作られたほか、1962(昭和37)年10月19日、相武台工場を統合した大野工場(現・大野総合車両所)が開設され、列車の運用上でも要地となった。なお、江ノ島線の分岐は当時から上り線が小田原線の本線を跨ぐ立体交差とした画期的な線路配置だった。

OH29 小田急相模原 おだきゅうさがみはら

34.7 km(2.4 km)
開 1938(昭和13)年3月1日
改 1941(昭和16)年4月5日(相模原)
住 神奈川県相模原市南区南台3-20-1
乗 49,416人

東京第三陸軍病院の開院に合わせて開設されたが、当時の「相模原軍都計画」から相模原の駅名が付けられた。つまり、地名よりも先に駅名が付けられたという珍しいケースである。1941(昭和16)年4月5日に国鉄横浜線相模原駅が開業すると、離れた距離に同じ駅名が存在することになり、小田急側が会社名を冠した。戦後は駅から国立相模原病院に向けて商店街が形成され、1960年代に始まった鵜が丘団地の建設や住宅地の開発により人口が増加していった。

OH30 相武台前 そうぶだいまえ

36.9 km(2.2 km)
開 1927(昭和2)年4月1日
改 1937(昭和12)年6月1日(座間)
　　 1941(昭和16)年1月1日(士官学校前)
住 神奈川県座間市相武台1-33-1
乗 33,753人

開業時は地名をとって座間駅。のちに相模原軍都計画で陸軍士官学校が東京市ヶ谷から移転することになり「士官学校前」に改称されたが、のちに陸軍士官学校の呼称「相武台」に改称された。駅舎の南側に電留線が広がっているが、これは小田原線開業時に貨車工場・検車設備が設置された時の施設。のちに相武台工場となったが大野工場開設時に吸収合併され、現在は留

置線として使用されている。戦後も閑散とした農地の広がるところだったが、相武台団地の建設などで周辺エリアの宅地化が進んだ。2013(平成25)年7月3日に駅直結の商業施設「小田急マルシェ相武台」がオープンし、駅は一変した。

OH31 座間 ざま

39.2 km(2.3 km)
開 1927(昭和2)年7月28日
改 1937(昭和12)年7月1日(新座間)
　 1941(昭和16)年10月15日(座間遊園)
住 神奈川県座間市入谷東3-60-1
乗 17,715人

当時の座間村に建設された駅のひとつで、地名の由来は分かっていないが、鈴鹿明神社の例祭が大阪の坐摩神社に由来することにヒントがあると言われる。小田原線開業時、新宿方に隣接する駅名が座間となったため「新座間」で開業し、座間遊園の建設計画によって「座間遊園」に改称するも昭和大恐慌で頓挫。1941(昭和16)年、座間駅が相武台前駅に改称されたのと同時に、座間駅となって今日に至る。

OH32 海老名 えびな

42.5 km(3.3 km)
開 1943(昭和18)年4月1日
住 神奈川県海老名市めぐみ町1-1
乗 123,222人

1941(昭和16)年11月25日開設の信号所が前身。これは神中鉄道(現在の相模本線)が厚木に乗り入れるための施設で、地元との話し合いで1943(昭和18)年4月1日に近接の海老名国分駅が廃止されるまで、小田急線上にある駅に小田急の電車が停まらないという状態が続いた。1987(昭和62)年3月21日には国鉄相模線の海老名駅が開業し、小田急・相鉄・国鉄の3路線が接続する交通の要衝となった。現在は海老名駅を中心とした土地区画整理事業や連続通路の整備などが行なわれており、東口駅前広場は複合商業ビルなどの建設が進められている。

海老名駅　2024.8.20

OH33 厚木 あつぎ

44.1 km(1.6 km)
開 1927(昭和2)年4月1日
改 1944(昭和19)年6月1日(河原口)
住 神奈川県海老名市河原口1-1-1
乗 29,357人(JR線を含む)

相模川の河原を意味する「河原口」として開業。先に開業した神中鉄道(のちの相模鉄道)はのちの延伸を見込んで相模川右岸の地名、厚木駅を名乗った一方、後発の小田急は海老名村にあったことからの駅名。1944(昭和19)年6月1日、相模鉄道相模線が国鉄相模線となり、ホームを小田原線との交差部分近くに移設。駅舎の共同使用をすることになったため、小田急側も厚木駅に改称した。現在、厚木駅は小田急電鉄が管理しているが、JRとの共用駅の機能が備わっている。

OH34 本厚木 ほんあつぎ

45.4 km(1.3 km)
開 1927(昭和2)年4月1日
改 1944(昭和19)年6月1日(相模厚木)
住 神奈川県厚木市泉町1-1
乗 114,922人

相模川の河川交通による木材集積地を意味する「集め木」が語源と言われるほど古くより交通の要衝で、相模鉄道も前身の神中鉄道時代に小田急線に乗り入れて当駅まで運転されていた。大学や企業の誘致、宅地開発が行なわれて利用者が大幅に増加。1976(昭和51)年6月には高架化が完成し、さらに1977(昭和52)年3月29日には駅周辺の連続立体交差化が行なわれた。近年は大型商業施設やホテルなどが軒を連ねる一大ターミナルとなっている。

OH35 愛甲石田 あいこういしだ

48.5 km(3.1 km)
開 1927(昭和2)年4月1日
住 神奈川県厚木市愛甲1-1-1
乗 40,799人

小田原線開業時、南毛利村愛甲と成瀬村石田の村境付近に設置されたため、両方の地名をとった駅名。駅舎も厚木市と伊勢原市の市境にあり、市外局番の異なる公衆電話が設置されていた。1980年代から両市のベッドタウンとして住宅が供給されるようになり、森の里の開発による大学や企業誘致により駅の北側が整備された。北口は神奈川中央交通の路線バスが発着するバスターミナルのある繁華街で、南口は閑静な住宅街になっている。

OH36 伊勢原 いせはら

52.2 km(3.7 km)
開 1927(昭和2)年4月1日
住 神奈川県伊勢原市桜台1-1-7
乗 44,098人

江戸時代、大山講で賑わった大山の門前町として栄えた地域あたり。小田原線開業時に地名から駅名が付けられ、バスとケーブルカーを乗り継いで大山阿夫利神社や大山不動へ行ける大山詣での中継地にもなった。かつては大山詣でのバスが出る北口に駅本屋がある地上駅だったが、1967(昭和42)年には橋上駅化が完成し、その後は南口側に神奈川中央交通の路線バスが発着するバスターミナル、北口にも大山方面に向かうバスの乗り場が設置されている。

なお、開業当初から2面4線の待避線がある駅で、構内には貨物用の引込線が設置されていたが、貨物営業は1984(昭和59)年1月に廃止されている。

OH37 鶴巻温泉 つるまきおんせん

55.9 km(3.7 km)
開 1927(昭和2)年4月1日
改 1930(昭和5)年3月15日(鶴巻)
　 1944(昭和19)年10月20日(鶴巻温泉)
　 1958(昭和33)年4月1日(鶴巻)
住 神奈川県秦野市鶴巻北2-1-1
乗 12,737人

付近にカルシウム分の含有量が世界有数という温泉があり、小田原急行鉄道によるリゾート開発を目的に駅が設置された。戦中、遊興的要素が排除されて駅名から「温泉」が外された時期もあったが、電車で気軽に行ける東京の奥座敷として発展。現在でも小田急線で唯一の温泉駅として知られる。老舗の温泉旅館などは北口の温泉街にあり、温泉療法を施す病院なども建てられている。

OH38 東海大学前 とうかいだいがくまえ

57.0 km(1.1 km)
開 1927(昭和2)年4月1日
改 1987(昭和62)年3月9日(大根)
住 神奈川県秦野市南矢名1-1-1
乗 32,462人

小田原線開業時、地名の大根村からとった大根駅として開業。戦後も閑静な農村地帯であったが、1962(昭和37)年から東海大学湘南キャンパスの建設がスタートし、徐々に広大な高台の上に校舎群が姿を現すようになった。駅の改修工事において、東海大学が費用を負担する代わりに駅名の改称を要望。賛否両論があったが、橋上駅舎が完成した1987(昭和62)年3月9日に東海大学前に改称された。現在は学生の街として賑わうようになっている。

OH39 秦野 はだの

61.7 km(4.7 km)
開 1927(昭和2)年4月1日
改 1987(昭和62)年3月9日(大秦野)
住 神奈川県秦野市大秦町1-1
乗 35,053人

その語源は古墳時代の秦氏にまでさかのぼる説もあるが、平安時代『和名抄』の幡多、鎌倉時代『吾妻鏡』の波多野氏などに登場していて、近世以降は煙草栽培で繁栄した地域で知られる。湘南軌道が先に秦野駅を開設していたため「大」を冠して開業。湘南軌道の駅が「はだの」だったが、小田急は「おおはたの」とした。1987(昭和62)年3月9日に地元からの要望を受けて、読み方も含めて駅名を「秦野」に改称している。

OH40 渋沢 しぶさわ

65.6 km(3.9 km)
開 1927(昭和2)年4月1日
住 神奈川県秦野市曲松1-1-1
乗 22,683人

小田原線開業時、秦野村大字渋沢に位置していたことからの駅名。古くから丹沢登山口の拠点で、駅本屋があった北口駅前から丹沢方面行のバスが発着していた。当駅の標高163mは小田急全駅最高地で「丹沢高原」駅とする要望も出されていた。隣接する新松田駅との駅間は6.2kmで、小田急線で一番長い駅間だ。

OH41 新松田 しんまつだ

71.8 km（6.2 km）
🔓1927（昭和2）年4月1日
🏠神奈川県足柄上郡松田町松田惣領1356
🚶19,352人

　先に開業した御殿場線に松田駅があったため「新」の文字が付けられた。小田原線開業時の御殿場線は東京〜神戸間を結ぶ東海道本線であり、小田急線との乗り換え駅として丹那トンネル開通まで続いた。1955（昭和30）年10月に駅北側に御殿場線松田駅を結ぶ連絡線が完成し、新宿からの御殿場線直通列車は新松田駅に立ち寄ることなく松田駅に向かう配線となっている。下りホーム側に南口、御殿場線の乗り換え口となる上りホーム側に北口があり、北口駅前広場からは箱根登山バスと富士急湘南バスの路線バスが発着するほか、昔ながらの商店街が形成されている。

新松田駅　2024.8.20

開成 かいせい

74.3 km（2.5 km）
🔓1985（昭和60）年3月14日
🏠神奈川県足柄上郡開成町吉田島4300-1
🚶11,766人

　開成町および町民の請願駅で、1882（明治15）年に開設された開成学校が町名の由来。駅構内に小田原方から分岐する10両編成に対応した留置線があり、夜間の列車滞泊に使用。駅舎は東西自由通路がある橋上駅で、東口を中心に高層マンションや住宅が建ち並んでいる。また、東口にある開成駅前第二公園には、「ロンちゃん」の愛称が付いた3100形ＮＳＥ車の先頭車デハ3181が保存されている。

栢山 かやま

76.2 km（1.9 km）
🔓1927（昭和2）年4月1日
🏠神奈川県小田原市栢山2636
🚶7,086人

　駅名の由来となった栢山村（開業時の地名）は二宮尊徳の生誕地として知られる。駅本屋がある東口と小さな改札口が設置された西口があり、ホーム間は跨線橋で結ばれている。駅周辺は古くからの住宅地などがある。

富水 とみず

77.8 km（1.6 km）
🔓1927（昭和2）年4月1日
🏠神奈川県小田原市堀之内242
🚶5,916人

　駅名は水が富んでいることから付けられた。駅本屋のある東口と小さな改札口が設置された西口があり、ホーム間は跨線橋で結ばれている。二宮尊徳は生誕地こそ栢山村だが、35年間過ごした生家があり、尊徳記念館の最寄り駅でもある。駅周辺は古くからの住宅地であり、小田原都市圏でもある。

螢田 ほたるだ

79.2 km（1.4 km）
🔓1944（昭和19）年10月26日（仮駅）
🏠神奈川県小田原市蓮正寺319
🚶5,416人

　古来より酒匂川と狩川の合流点で、疎水にホタルが舞っていたことから付けられた駅名。富水・螢田と美しい水のある風景を連想させる駅名が並ぶ。1944（昭和19）年に仮駅として開業し、いったん廃止されたが1952（昭和27）年4月1日に再開されている。駅本屋のある西口と自動改札機のみの東口があり、ホーム間は跨線橋で結ばれている。

螢田駅　2024.8.20

足柄 あしがら

80.8 km（1.6 km）
🔓1927（昭和2）年4月1日
🏠神奈川県小田原市扇町3-32-27
🚶3,589人

　小田原線開業時に車庫を併設した駅として開業し、現在でも構内に留置線がある。開業時の地名は多古村だったが、足柄山の金太郎をイメージして現駅名となった。駅構内の留置線からは日本専売公社（現・ＪＴ）小田原工場まで貨物専用線があり、1984（昭和59）年1月31日に貨物輸送が廃止となるまで、30年以上に渡って煙草の原料輸送と製品の出荷が行なわれていた。

小田原 おだわら

82.5 km（1.7 km）
🔓1927（昭和2）年4月1日
🏠神奈川県小田原市城山1-1-1
🚶53,079人（箱根登山鉄道を含む）

　小田原市の中心駅。地名は古名「小由留木」の草書体を読み間違えたという説がある。開業時、小田原駅は東海道本線の支線・熱海線の駅だったが、小田急乗り入れに続いて丹那トンネル開通、箱根登山鉄道や大雄山鉄道（伊豆箱根鉄道大雄山線）の乗り入れで、県西部の要衝となった。1950（昭和25）年8月1日には箱根登山鉄道線に乗り入れて箱根湯本駅までの直通運転を実現。三線軌条とし、新宿〜箱根湯本間の特急ロマンスカーの運転の基礎を築くことになった。現在も箱根観光の拠点となっている。

小田原駅　2024.8.20

江ノ島線

東林間 ひがしりんかん

相模大野から1.5 km（1.5 km）
🔓1929（昭和4）年4月1日
🔄1941（昭和16）年10月15日（東林間都市）
🏠神奈川県相模原市南区上鶴間7-7-1
🚶19,400人

　江ノ島線開業時に東林間都市駅として開業。当時の小田急の事業の一環として広大な敷地に住宅分譲地を造成するという林間都市計画があり、その中核となる江ノ島線の駅の1つとなった。しかし、世界恐慌に伴う不景気などで壮大な計画は縮小を余儀なくされ、1941（昭和16）年に駅名から「都市」の文字が外された。1945（昭和20）年4月1日の休止、1949（昭和24）年4月1日の再開を経て、1980年代まで現在の東口に駅本屋がある地上駅だったが、1982（昭和57）年8月に自由通路のある橋上駅舎が完成している。

中央林間 ちゅうおうりんかん

3.0 km（1.5 km）
🔓1929（昭和4）年4月1日
🔄1941（昭和16）年10月15日（中央林間都市）
🏠神奈川県大和市中央林間3-3-8
🚶89,178人

　江ノ島線開業時に中央林間都市駅として開業。文字どおり林間都市計画の中心部となる駅だったが、東林間駅と同時に「都市」の文字が外された。1980年代に東急田園都市線延伸工事が中央林間駅をめざして進むと、駅の周辺開発が行なわれるようになり、1984（昭和59）年4月9日に開業すると新宿、渋谷へ直通できる一躍人気の住宅地へと変貌を遂げることになった。

　現在は従来からの北口に加え、東急田園都市線開業に合わせて南口が新設され、複合商業施設やスーパーマーケット、一般商店、銀行などが建ち並ぶ商店街を形成している。

南林間 みなみりんかん

4.5 km（1.5 km）
🔓1929（昭和4）年4月1日
🔄1941（昭和16）年10月15日（南林間都市）
🏠神奈川県大和市南林間1-6-11
🚶29,406人

　江ノ島線開業時に南林間都市駅として開業。林間都市の南側にある駅として駅名が付けられたが、東林間駅や中央林間駅と同時に「都市」の文字が外された。林間都市構想のもとに教育の充実が図られ、江ノ島線開業とともに大和学園（現在の聖セシリア女子中・高等学校・短大の前身）が開校。昭和初期から宅地開発と教育の2本柱を掲げるエリアだった。

鶴間 つるま

5.1 km (0.6 km)
開 1929(昭和4)年4月1日
住 神奈川県大和市西鶴間1-1-1
乗 27,031人

　語源には諸説あり、源頼朝や義経がこの地で鶴を見た伝説がそのひとつ。開業時は民家もまばらな農村地帯だったが、戦後は周辺地域での団地造成などで人口が増加し、1980(昭和55)年10月には自由通路のある橋上駅舎が完成。西口にはバス停やタクシー乗り場のあるロータリー、東口には町田・横浜方面や各団地への路線バスが発着している。

大和 やまと

7.6 km (2.5 km)
開 1929(昭和4)年4月1日
改 1944(昭和19)年6月1日(西大和)
住 神奈川県大和市大和南1-1-1
乗 107,131人

　開業時は神中鉄道(現・相模鉄道)の大和駅があったため西大和駅として開業。1944(昭和19)年6月に相模鉄道の駅が立体交差部分に200mほど移転し、駅名を大和に改称している。戦後は大和市の中心駅として発展。両鉄道の乗り換え駅としても大規模な改良がなされ、利便性が大幅に向上することとなった。駅周辺には駅ビルをはじめ、複合商業施設などのビルが建ち並び、さらに昔からのアーケードがある商店街もあり、市の中心部にふさわしい活況を呈している。

桜ヶ丘 さくらがおか

9.8 km (2.2 km)
開 1952(昭和27)年11月25日
住 神奈川県大和市福田5522
乗 18,281人

　戦後2番目の新設駅として開業。大和～高座渋谷間は約4km離れていたため、近隣住民からの要望などを受けて設置され、駅の誕生とともに商店街や住宅街が形成されて町として発展していった。開業時は小さな駅本屋がある地上駅だったが、1978(昭和53)年3月に自由通路のある橋上駅舎が完成している。現在は西側に厚木飛行場がある西口、駅前ロータリーが整備されている東口ともに商店やバス停がある。

高座渋谷 こうざしぶや

11.8 km (2.0 km)
開 1929(昭和4)年4月1日
住 神奈川県大和市渋谷6丁目16番地2
乗 23,308人

　江ノ島線開業時、住所は高座郡渋谷村だったが、東京の渋谷駅と区別するために現駅名が付けられた。1952(昭和27)年11月の桜ヶ丘駅の開業にあわせ、当初の駅舎を藤沢寄りに約600m移設し、駅間が2.0kmになるように調整されている。1980年代頃まで駅周辺に平屋建ての住宅が建つ閑静な住宅地だったが、次第に周辺地域にも一般住宅が建ち並ぶようになった。西口東口ともに複合商業施設などが整備されているほか、駅の真下には東海道新幹線の第二大和トンネルがあり、新幹線と小田急線の線路が立体交差している。

長後 ちょうご

14.0 km (2.2 km)
開 1929(昭和4)年4月1日
改 1958(昭和33)年4月1日(新長後)
住 神奈川県藤沢市下土棚472
乗 30,546人

　新長後駅として開業したが、長後駅が存在しないにも関わらず「新」の文字が付いた珍しい駅名だった。かつては2面2線の相対式ホームと貨物の引込線がある駅だったが、1960年代に江ノ島線の優等列車の接続駅として待避線が設置されている。西口・東口ともに神奈川中央交通の路線バスやタクシーが発着する駅前ロータリーがあるほか、駅周辺に商業ビルやスーパーマーケット、マンションなどが建ち並んでいる。

湘南台 しょうなんだい

15.8 km (1.8 km)
開 1966(昭和41)年11月7日
住 神奈川県藤沢市湘南台2-15
乗 82,372人

　江ノ島線でいちばん新しい駅で、藤沢市のいすゞ自動車などの工場誘致および土地区画整理事業によって開業。駅名には湘南地方を一望できる高台という意味がある。開設当初は林がある閑散としたところだったが、工場誘致にともなう住宅建設も行なわれ、相鉄いずみ野線や横浜市営地下鉄1号線(現・ブルーライン)の延伸開業に合わせて地下駅舎化および東西自由通路の供用が開始された。慶應義塾大学湘南藤沢キャンパスや文教大学、横浜薬科大学などの玄関口にもなっており、朝夕には大勢の学生や工場の通勤客で神奈川中央交通の路線バス乗り場が賑わっている。

湘南台駅　2024.8.20

六会日大前 むつあいにちだいまえ

17.3 km (1.5 km)
開 1929(昭和4)年4月1日
改 1998(平成10)年8月22日(六会)
住 神奈川県藤沢市亀井野1-1-1
乗 26,972人

　江ノ島線開業時に六会村に開設された駅で、日本大学からの要請を受けて1998(平成10)年8月22日に現在の駅名に改称された。住宅街のなかにある地上駅だったが、1995(平成7)年4月15日に東西自由通路を備えた橋上駅舎となっている。日本大学がこの地に農学部を設置したのは1943(昭和18)年で、現在は生物資源科学部と改称された日本大学湘南校舎や日大藤沢高校などがあり、学生の町としても賑わっている。

善行 ぜんぎょう

19.7 km (2.4 km)
開 1960(昭和35)年10月1日
住 神奈川県藤沢市善行1-27
乗 24,552人

　善行団地の開発にあわせて1960(昭和35)年に開業した駅で、「善い行い」という意味合いから入場券が人気となったことがある。開業時は雑木林がある閑散としたところだったが、善行団地や工場の通勤客の増加にともって橋上駅舎化が行なわれた。なお、藤沢本町駅寄りには江ノ島線で唯一の藤沢トンネルが設置されており、同駅ホームからトンネルを出入りする列車を望むことができる。

藤沢本町 ふじさわほんまち

21.3 km (1.6 km)
開 1929(昭和4)年4月1日
住 神奈川県藤沢市藤沢3-3-4
乗 19,665人

　旧東海道の藤沢宿の西端に位置することから、東海道本線藤沢駅に対して本陣が置かれた中心地の意味を込めて駅名が付けられた。駅本屋は下りホーム側にあり、上りホームは駅構内の跨線橋で繋がっている。旧宿場町として賑わっていたエリアのため、周辺には古くからの住宅街が広がっている。なお、県立高校2校と私立高校2校の最寄り駅でもあり朝夕は学生の利用が多い。

藤沢 ふじさわ

23.1 km (1.8 km)
開 1929(昭和4)年4月1日
住 神奈川県藤沢市南藤沢1-1
乗 150,074人

　1887(明治20)年に東海道本線の藤沢駅が開業。後発の江ノ島線は藤沢駅に立ち寄らずに江の島を目指す案もあったが、接続を考慮して南側に駅が設置された。この際、直進して江の島方面へ向かうことができたが、江ノ島電鉄線と競合することから、スイッチバックして西側を通るルートは鉄道省の指導による。頭端式のため、どのホームに到着しても両方向に行ける線路とポイントの配置が特徴だ。JR線と江ノ島電鉄が集まる藤沢市の玄関駅でもある。

藤沢駅　2024.8.20

本鵠沼 ほんくげぬま

24.6 km (1.5 km)
開 1929(昭和4)年4月1日

165

[住] 神奈川県藤沢市本鵠沼 2-13-14
[乗] 12,054 人

　2面2線の相対式ホームがある地上駅。先に開業した江ノ島電鉄の鵠沼駅に対し、江ノ島線開業時に本鵠沼駅として開業。江ノ島電鉄の駅とは離れているが、本来の鵠沼に位置することから駅名が付けられた。西側の上りホームに駅本屋があり、下りホームとは駅構内の跨線橋で繋がっている。2004（平成16）年5月に東口改札口が完成し、利用客の利便性が向上している。

OE15 鵠沼海岸 くげぬまかいがん

25.9 km（1.3 km）
[開] 1929（昭和4）年4月1日
[住] 神奈川県藤沢市鵠沼海岸 2-4-10
[乗] 17,167 人

　文字どおり鵠沼海岸の最寄り駅として開業し、夏は都心からの海水浴客が多く利用した。1938（昭和13）年に県営鵠沼プールが開業し、片瀬江ノ島とともに夏の海辺の街として発展。戦後は1961（昭和36）年に鵠沼プールを引き継いだ小田急が鵠沼プールガーデンをオープンさせ、夏のレジャースポットとして人気の的となった。現在は鵠沼海浜公園に姿を変え、湘南海岸に近い閑静な住宅地となっている。鵠は白鳥の古語で、白鳥が飛来した沼が地名の語源。

OE16 片瀬江ノ島 かたせえのしま

27.6 km（1.7 km）
[開] 1929（昭和4）年4月1日
[住] 神奈川県藤沢市片瀬海岸 2-15-3
[乗] 18,112 人

　江ノ島電鉄の片瀬駅が江ノ島駅と改称されたのを受け、その地名を冠して開業した。竜宮城を模した駅舎は開業時からあり、利用者を驚かせたという。江の島には小田急、江ノ電、湘南モノレールの3駅があるが、最も海に近いのは小田急で、駅のホームに降り立った時から潮の香りが漂ってくるほど。一年を通して江の島観光の人は多く、駅周辺や江の島には飲食店、旅館、土産物店などが軒を連ねている。

片瀬江ノ島駅　2024.8.20

多摩線

OT01 五月台 さつきだい

新百合ヶ丘から 1.5 km（1.5 km）
[開] 1974（昭和49）年6月1日
[住] 神奈川県川崎市麻生区五力田 3-18-1
[乗] 8,982 人

　開業当初は無人駅で、駅周辺は造成地が広がる閑散とした光景だったが、徐々に建売住宅などが建つようになり、緑の多い新興住宅地として人口が増加した。地名は五力田だが、硬いイメージになることから、新興住宅地にふさわしい駅名が付けられた。2004（平成16）年から2006（平成18）年にかけて駅舎のリニューアル工事が行なわれ、ホーム屋根に太陽光発電のパネルを設置したモダンなデザインの駅舎に生まれ変わった。

OT02 栗平 くりひら

2.8 km（1.3 km）
[開] 1974（昭和49）年6月1日
[住] 神奈川県川崎市麻生区栗平 2-1-1
[乗] 21,918 人

　開業当時は栗木村と片平村にまたがっていたため、1文字ずつ取って「栗平」の駅名が付けられたが、現在は川崎市麻生区栗平の地名となっている。桐光学園の最寄り駅となることから学生の利用が多く、2000年代以降の宅地・マンション分譲による人口の増加もみられる。五月台駅と同じく2004（平成16）年から2006（平成18）年にかけて駅舎のリニューアル工事が行なわれ、五月台駅と同様に太陽光発電のパネル設置が行なわれている。

OT03 黒川 くろかわ

4.1 km（1.3 km）
[開] 1974（昭和49）年6月1日
[住] 神奈川県川崎市麻生区南黒川 4-1
[乗] 8,303 人

　多摩線の開通前は木々に覆われた山村だったが、川崎市による工業団地「かわさきマイコンシティ」が建設され、さらに宅地開発で風景が一変した。だが、このエリアには市街化調整区域が多く、昔同様の自然の景観が保持されているのも特徴。1974（昭和49）年の開業時は五月台・栗平・黒川と特徴のないどれも似たような駅舎だったが、2004（平成16）年から2006（平成18）年にかけて行なわれた駅舎のリニューアル工事により、ホーム屋根に太陽光発電のパネルが設置された美しいデザインに生まれ変わっている。

OT04 はるひ野 はるひの

4.9 km（0.8 km）
[開] 2004（平成16）年12月11日
[住] 神奈川県川崎市麻生区はるひ野 5-8-1
[乗] 9,001 人

　小田急70駅で一番新しい駅。当時の都市基盤整備公団の分譲地名称「くろかわはるひ野」から付けられている。所在地の地名も2006（平成18）年に川崎市麻生区はるひ野となった。駅舎はユニバーサルデザインに配慮した設計で、大きな屋根が両ホームを結ぶ通路を覆っている

はるひ野駅　2024.8.21

のが外観上の特徴。風力・太陽光を利用したハイブリッド型発電システムを日本で初めて導入しており、駅設備の電力の一部に使用されている。

OT05 小田急永山 おだきゅうながやま

6.8 km（1.9 km）
[開] 1974（昭和49）年6月1日
[住] 東京都多摩市永山 1-18-23
[乗] 26,493 人

　多摩ニュータウンの第1次入居地区となった諏訪・永山地区の最寄り駅として開業。永山とは小字名で多摩市永山に位置することから永山駅となるが、誤乗防止も兼ねて小田急・京王の文字が付けられている。小田急多摩線と京王相模原線が並行する高架橋の上にホームが並んでおり、カラーの違う2社が仲良く並ぶ構造は、多摩地区が総括的に開発された経緯を体現している。1974（昭和49）年6月1日に新百合ヶ丘〜小田急永山間で運転を開始し、翌年4月の小田急多摩センター延伸開業まで当駅が暫定的に折返し駅となっていた。

OT06 小田急多摩センター おだきゅうたませんたー

9.1 km（2.3 km）
[開] 1975（昭和50）年4月23日
[住] 東京都多摩市落合 1-11-2
[乗] 43,358 人

　多摩ニュータウンの中心的な存在としての駅名。開業時は2面4線ある島式ホームに2線だけ敷設し、1985（昭和60）年3月から車両留置をするために副本線にも線路を敷設。ホームの先にも引上線が設置され、唐木田駅が開業するまで夜間の車両留置に使用されていた。唐木田駅開業で副本線の使用が中止となり、2007（平成19）年9月には従来の2・3番線が1・2番線となって現在に至っている。小田急永山駅と同じく京王相模原線の駅と並行した構造で、駅周辺には大型複合商業施設のビルが建ち並んでいる。2000（平成12）年1月10日には多摩都市モノレールの延伸開業で多摩センター駅が開業し、40万人規模の都市をめざした多摩ニュータウンの中核にふさわしい駅となっている。

OT07 唐木田 からきだ

11.0 km（1.9 km）
[開] 1990（平成2）年3月27日
[住] 東京都多摩市唐木田 1-2-1
[乗] 13,716 人

　69番目の駅として開業。同時に車庫の建設も行なわれ、喜多見検車区唐木田出張所が設置された。閑静な農村地帯だったが多摩ニュータウンの唐木田地区として開発され、駅開業後は高層マンションや大規模な商業施設が建設されている。多摩線にはJR横浜線の相模原駅方面へ延伸する構想がある。

車窓メモリアル 私鉄編

小田急電鉄　向ケ丘遊園駅

ロッキード式の短命

遊園地へいくワクワク感の演出にも一役買っていた向ケ丘遊園モノレール。
向ヶ丘遊園駅　1980.10.8（2枚とも）

　電鉄各線には、おおむね沿線のどこかに娯楽施設を建設して通勤通学以外の旅客需要創出を狙ったが、小田急電鉄が建設したのが向ケ丘遊園であった。1927（昭和2）年4月1日、小田原急行小田原線（現在の小田急小田原線）の開通と同時で開園しており、このことからも鉄道と一体となった計画であることがうかがえる。遊戯施設のみならず、花や緑にあふれる園内が特徴で桜の名所としても知られたが、向ケ丘遊園駅からアクセスとして作られたロッキード式モノレールが異彩を放っていた。
　これは1966（昭和41）年4月23日に開業、アメリカの航空会社製造で知られるロッキード社が開発したもので、コンクリート軌道に鉄のレールを敷いて車輪で走行する方式だ。今日のモノレールのようにタイヤ式ではないために高速運転が可能で、車内の床を平面にでき、乗り心地もいいとされた。
　ところが、メンテナンスが大変で、鉄レールゆえの騒音も大きく、経年につれメリットがデメリットを上回っていき、結局、2001（平成13）年2月1日に廃止されている。実は向ケ丘遊園線と、姫路市営モノレールの2例のみしかないことに加え、当のロッキード社にとっても導入はこの2例のみであったという。まさに今となっては幻のモノレールであった。
　向ケ丘遊園駅南口を出ると、目の前のロータリー奥に、道路の中央分離帯を広げたような細長い自転車置き場があるが、これが駅の跡である。
　各電鉄会社が沿線に遊戯施設を造成する場合、周辺の地勢で最寄り駅の形態によってアクセス方式も変わるが、その時代というのも関わるのである。

167

京成電鉄
けいせいでんてつ

社名	京成電鉄株式会社
住所	千葉県市川市八幡三丁目3番1号
会社設立	1909(明治42)年6月30日
線名	本線、押上線、金町線、千葉線、千原線、東成田線、京成成田空港線
運転方式	電化
運輸開始	1912(大正元)年11月3日／1912(明治45)年4月27日(人車軌道)

▲ 京成電鉄のイメージを大きく変えた、新鋭AE形スカイライナー。町屋～千住大橋　2014.9.22

歴史

　成田山新勝寺への参拝客の利用を見込んで複数の鉄道会社が設立され、1897(明治30)年1月19日には成田～佐倉間の成田鉄道が開業し、総武鉄道本所(現・錦糸町)～銚子間と接続して東京方面からの参拝客輸送を開始した。さらに1901(明治34)年4月1日に成田鉄道我孫子～成田間が開通し、上野からの日本鉄道線と接続して2つめのルートを確保した。成田山新勝寺への参拝客を東京からの直通電車で結ぶことを目的に3者が電気鉄道の建設を計画していたが、1903(明治36)年に3者は合同で東京・押上と成田を結ぶ免許を出願。1907(明治40)年5月28日に押上～成田・宮小路～佐倉間の特許を下付され、1909(明治42)年6月30日に京成電気軌道株式会社を設立した。

　1912(大正元)年4月27日、金町～柴又間で帝釈天への参拝客輸送をしていた帝釈人車軌道を買収して、同社の最初の営業路線とした。同年11月3日に押上～市川(現・江戸川)間と曲金(現・京成高砂)～柴又間が開業した。江戸川に架かる鉄橋が未完成だったので、対岸の市川へは渡船が運航された。1913(大正2)年10月21日に人車軌道であった金町～柴又間の整備が終了し、金町線となる金町～曲金間が全通した。1914(大正3)年9月1日に江戸川～市川新田(現・市川真間)間、1915(大正4)年11月3日に市川新田～中山間、1916(大正5)年12月28日に中山～船橋間と延伸開業した。

　1921(大正10)年7月17日に船橋～津田沼～千葉間が開業し、本線から分岐する千葉線が全通した。1926(大正15)年12月9日に津田沼～酒々井間、同年12月24日に酒々井～成田花咲町間が開業した。1927(昭和2)年8月21日に谷津遊園への足として京成花輪(現・船橋競馬場)～谷津遊園地間の谷津支線、1930(昭和5)年4月25日に成田花咲町～京成成田間が開業し、押上～京成成田間の本線が全通した。成田花咲町駅まで開業時はまだ国鉄が優位だったが、汽車対電車の戦いは次第に電車が優勢になった。1931(昭和6)年1月1日の成田への利用客数では京成が国鉄の倍以上となったが、両者ともに成田詣での割引乗車券を発売するなどして旅客争奪戦を繰り広げた。

　また、1930(昭和5)年10月21日に筑波高速度電気鉄道を吸収合併した。この会社は日暮里～筑波間の路線敷設免許を取得した会社で、他社に免許を譲渡することで利益を得ようとした投機目的の会社であった。都心への路線を模索していた京成電気軌道にとって日暮里(上野)延伸は望むところで、上野～日暮里～青砥間の路線敷設が実現することとなった。1931(昭和6)年12月19日に青砥～日暮里間、1933(昭和8)年12月10日に日暮里～上野公園(現・京成上野)間が開業した。その後、京成が上野公園・押上～京成成田間となり、対する国鉄は品川・上野～成田間と新宿・両国～成田間に初詣臨時列車を運転。さらに京成は上野公園発着の特急護摩電を増発し、国鉄をリードするようになった。

　1945(昭和20)年6月25日に京成電鉄株式会社に社名を改め、戦後は津田沼～松戸間の鉄道連隊の私設に目を付け、連合軍総司令部や運輸省と払い下げ交渉を続けた。1946(昭和21)年8月に路線免許を獲得し、同年10

▲3100形は、京成電鉄の標準型車両。新鎌ヶ谷付近　2019.10.26

▲3700形は、京成初のVVVFインバータ制御を採用。町屋～千住大橋　2016.10.19

▲懐かしいリバイバルカラーの3000系が勢ぞろい。高砂検車区　2009.10.3

Mile stone 京成電鉄

成田参詣や空港アクセス、そして通勤通学。千葉県下の発展を支える。

▲テレビ電車「開運号」の試験運転。プロレス太平洋岸選手権を日本テレビとタイアップで放送。1954.7.30

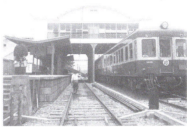
▲3009形が落成。のちに「赤電」のニックネームで親しまれた。京成千葉　1958.6.14

▲初代ＡＥ形特急電車。成田空港に直結する列車として期待された。宗吾車庫　1972.7.17

月1日に新京成電鉄を設立した。戦後の私鉄各社も東京都心部への路線建設を模索していたが、都心の地下鉄は営団と東京都が建設することになり、私鉄各社は地下鉄との直通運転に邁進することとなった。京成電鉄は東京都交通局が建設する第1号線(浅草線)と相互直通運転を行うことになったが、第1号線の西側では京浜急行電鉄との相互直通運転となった。軌間は京成電鉄が1,372mm、京浜急行は1,435mmと異なったため、3社が協議を重ねた結果、京成電鉄が改軌することに決定した。

　1959(昭和34)年10月9日からスタートした改軌工事は、全線を11工程13工区に分けて順次1,435mmとし、同年12月1日に全線の改軌が終了した。同年12月4日に押上～東中山間で都営1号線との相互直通運転を開始した。都営1号線は順次路線を延長し、1968(昭和43)年6月21日に京浜急行電鉄との相互直通運転を開始した。都心への直通運転で鉄道輸送も安定したと思えたが、東京と千葉を結ぶ国鉄・営団地下鉄が整備されると、輸送力の劣る京成では太刀打ちできなくなった。特に1972(昭和47)年7月15日の総武快速線東京～津田沼間開業では、利便性・輸送力の大きな差で旅客が奪われてしまった。

　苦境に立たされた京成電鉄はニュータウンの旅客輸送用として建設される千葉県内の鉄道に目を付け、北総開発鉄道(現・北総鉄道)や千葉急行電鉄(現・京成千原線)、東葉高速鉄道などに出資をした。さらに新東京国際空港の建設が決定すると、空港アクセス鉄道の新線免許を申請した。成田から成田空港までの新線は1972(昭和47)年に完成したが、反対運動により成田空港開港が大幅に遅れ、1973(昭和48)年12月30日から空港アクセス特急用のＡＥ車を使用して、京成上野～成田間の特急を走らせることになった。

　1978(昭和53)年5月21日に成田～成田空港(現・東成田)間が開業し、京成上野～成田空港間に特急「スカイライナー」が運転を開始した。当時の成田空港は旅客ターミナルビルまでバス連絡という不便なものであった。ビル地下には成田新幹線が発着することを想定した施設があり、国鉄と京成で新幹線用に建設した高架橋を利用して空港に乗り入れることが検討された。1991(平成3)年3月19日に成田空港高速鉄道の駒井野分岐と成田空港間が開業し、ＪＲとともに単線で空港ターミナルビル地下の新駅に乗り入れた。同年3月31日に北総開発鉄道京成高砂～新鎌ヶ谷間が開業し、4者による相互直通運転が開始された。1992(平成4)年4月1日に千葉急行電鉄千葉中央～大森台間が開業し、京成千葉線との相互直通運転を開始した。

　1998(平成10)年10月1日に千葉急行電鉄が会社解散となり、京成電鉄が引き継いで京成千原線とした。2002(平成14)年10月27日に芝山鉄道東成田～芝山千代田間が開業し、京成東成田線と直通運転を開始した。2010(平成22)年7月17日に成田空港線(成田スカイアクセス)が開業し、成田空港へのアクセス列車は同線経由となり、最高速度160km/h運転を開始した。2025(令和7)年4月1日には新京成電鉄を吸収合併し、京成松戸線として運行する予定となっている。

車窓

　東京都区内では町工場や住宅が密集した下町の風景を車窓に走る区間が多く、本線は江戸川を渡って千葉県に入ると駅前商店街や住宅地の広がる風景となる。船橋・津田沼界隈では商業ビルやマンションなども建ち並び、本線・千葉線・千原線ともに新興住宅地の中を走り抜けていく。本線はユーカリが丘から宗吾参道付近まで田園風景などが広がり、車窓に印旛沼の景観も映し出される。京成成田駅周辺は成田山新勝寺の門前町の雰囲気が少し顔を出すが、すぐに雑木林のある閑静な風景に変わる。また、京成成田空港線は高規格の高架線上を走行し、車窓には新興住宅街、田園風景、雑木林などが続く。

車両

　特急形車両はＡＥ形8両編成×9本の計72両、通勤形車両は3700形8両編成×10本、3700形6両編成×2本、3600形6両編成×1本、3600形4両編成×1本、3500形6両編成×5本、3500形4両編成×3本、3400形8両編成×1本、3100形8両編成×7本、3050形8両編成×6本、3000形8両編成×13本、3000形6両編成×29本の計534両の総計606両が在籍している。

駅解説

本線

 京成上野 けいせいうえの

0.0 km(0.0 km)
開 1933(昭和8)年12月10日
改 1953(昭和28)年5月1日(上野公園)
住 東京都台東区上野公園1-60
乗 38,573人

　昭和初期に、それまでの押上に代わって京成本線の新しいターミナルとなった駅。この一帯に残る江戸時代の史跡を避けるなど建設工事は難航した。ＪＲ上野駅からやや離れた地下2階に、島式ホーム2面が作られている。

日暮里 にっぽり

2.1 km(2.1 km)
開 1931(昭和6)年12月19日
住 東京都荒川区西日暮里2-19-1
乗 83,830人

　京成上野と並ぶ本線のターミナル。ホームがＪＲ日暮里駅と隣接していることから乗り換えには便利で、京成上野よりも乗降客数は遥かに多い。2009(平成21)年に改修工事が完成し、3階の下りホームの使用が開始された。

日暮里駅　2024.11.29

新三河島 しんみかわしま

3.4 km(1.3 km)
開 1931(昭和6)年12月19日
住 東京都荒川区西日暮里6-2-1
乗 5,312人

　地名は、荒川、古利根川、中川の3つの川に挟まれた中州から生まれたという説が有力。ＪＲの三河島駅と区別するべく新の1文字が駅名に加えられた。当初から高架駅として造られ、ホーム下を明治通が横切っている。

町屋 まちや

4.3 km(0.9 km)
開 1931(昭和6)年12月19日
住 東京都荒川区荒川7-40-1
乗 18,003人

　1913(大正2)年に王子電気軌道(現・都電荒川線)がこの地に停留所を設け、1931(昭和6)年に当時の京成電気軌道が駅を造って軌道線同士の乗り換え駅となった。今もホームの真下を都電荒川線の線路が横切っている。

 千住大橋 せんじゅおおはし

5.9 km(1.6 km)
開 1931(昭和6)年12月19日
住 東京都足立区千住橋戸町11-1
乗 14,744人

　隅田川に架かる橋が駅名の由来。この橋は江戸時代に架けられたのが始まりで、隅田川に架けられた最初の橋であった。隅田川の両岸には日光街道最初の宿場である千住宿が置かれ、水戸街道との分岐点としても賑わった。

京成関屋 けいせいせきや

7.3 km(1.4 km)
開 1931(昭和6)年12月19日
住 東京都足立区千住曙町2-2
乗 22,495人

　隅田川と荒川に挟まれた場所に建つ。江戸時代には葛飾北斎の浮世絵にも描かれた景勝地だった。駅前に延びる「隅堤通り」を挟んだ反対側に東武スカイツリーラインの牛田駅があり、乗り換え客の利用もある。

堀切菖蒲園 ほりきりしょうぶえん

8.8 km(1.5 km)
開 1931(昭和6)年12月19日
住 東京都葛飾区堀切5-1-1
乗 20,121人

　駅名にも採られた区立堀切菖蒲園は南に徒歩10分。江戸時代にはこの一帯に多くの菖蒲園があったというが、現存する菖蒲園は戦後に唯一復興を遂げたもの。東武スカイツリーラインの堀切駅とは1kmの距離がある。

お花茶屋 おはなぢゃや

9.9 km(1.1 km)
開 1931(昭和6)年12月19日
住 東京都葛飾区宝町2-37-1
乗 29,420人

　駅名はこの地に鷹狩りに出た八代将軍吉宗が腹痛を起こし、「お花」という茶屋の娘の介抱を受けたという言い伝えから。300年近い昔の出来事が駅名になった。駅周辺には住宅が密集。乗降人員は京成全駅で14番目に多い。

青砥 あおと

11.5 km(1.6 km)
開 1928(昭和3)年11月1日
住 東京都葛飾区青戸3-36-1
乗 43,907人

　押上線が分岐する。現在の本線が日暮里方面に延伸される際に、それまでの本線だった押上線との分岐点に当駅が設置された。ただし駅の開業は新線の開通よりも3年早い。講談の太平記に登場する青砥藤綱が駅名の由来。

 京成高砂 けいせいたかさご

12.7 km(1.2 km)
開 1912(大正元)年11月3日
改 1913(大正2)年6月26日(曲金)
　 1931(昭和6)年11月18日(高砂)
住 東京都葛飾区高砂5-28-1
乗 90,137人(北総鉄道を含む)

　京成本線と北総鉄道(成田スカイアクセス)、さらに京成金町線が接続し、3方向へ向かう運転の拠点となっている。とくに北総鉄道が、2010(平成22)年7月に成田空港に達したことで、当駅の重要性は一気に高まった。

京成小岩 けいせいこいわ

14.5 km(1.8 km)
開 1932(昭和7)年5月15日
住 東京都江戸川区北小岩2-10-9
乗 16,763人

　小岩は江戸川と新中川に挟まれた低地で、千葉方面に向かう街道も通ったことから早く拓け、江戸時代には関所も置かれた。現在の駅周辺には住宅地が広がる。ＪＲの小岩駅は南に約1km。徒歩15分の距離がある。

江戸川 えどがわ

15.7 km(1.2 km)
開 1912(大正元)年11月3日
改 1914(大正3)年8月30日(市川)
住 東京都江戸川区北小岩3-24-15
乗 5,548人

　江戸川の右岸に建つ。利根川の支流である江戸川の旧来の名は「太日川(ふといがわ)」。幕府によって物流の主要ルートとして整備され、同時に、東京湾に注いでいた利根川は、水路が東方向に改められた。

国府台 こうのだい

16.4 km(0.7 km)
開 1914(大正3)年8月30日
改 1914(大正3)年12月11日(市川鴻ノ台)
　 1921(大正10)年4月6日(市川)

1948(昭和23)年4月1日(市川国府台)
🏠千葉県市川市市川 3-30-1
🚃11,075人

　江戸川の左岸、すなわち千葉県側にある。駅の北側に古墳が点在する一画があり、この地域が太古の時代から拓けていたことが窺える。国府台の名の由来も、ここに国府が置かれていたという説が有力だ。

🔵KS14 市川真間 いちかわまま

17.3 km(0.9 km)
🔓1914(大正3)年8月30日
🔄1921(大正10)年4月6日(市川新田)
🏠千葉県市川市真間 1-11-1
🚃6,561人

　市川市の北寄りに位置し、JR市川駅は南に約600m。地元では単にこの地域を真間と呼ぶことも。その地名の由来は、上代日本語で崖線を指すという説が有力。江戸時代までは入江が迫る風光明媚な場所だったという。

市川真間駅　2024.11.29

🔵KS15 菅野 すがの

18.2 km(0.9 km)
🔓1916(大正5)年2月9日
🏠千葉県市川市菅野 2-7-1
🚃4,494人

　この一帯に菅(すげ)が生い茂っていたというのが地名の由来。かつては入江に面した低湿地が広がっていたのだろう。戦後には多くの文学者がこの地に居を構え、今も駅周辺には高級住宅地が広がっている。

🔵KS16 京成八幡 けいせいやわた

19.1 km(0.9 km)
🔓1935(昭和10)年5月1日
🔄1942(昭和17)年11月1日(新八幡)
🏠千葉県市川市八幡 3-2-1
🚃32,061人

　葛飾八幡宮が所在することが地名の由来。八幡神を祀った神社は全国にある神社の4割を占めるという。京成本社の最寄り駅で、市川市役所、JR本八幡駅も徒歩数分の距離。都営地下鉄本八幡駅と地下道で連絡している。

🔵KS17 鬼越 おにごえ

20.1 km(1.0 km)
🔓1935(昭和10)年8月3日
🔄1943(昭和18)年2月1日(中山鬼越)
🏠千葉県市川市鬼越 1-4-5
🚃5,380人

　地名の由来は、この地に鬼がいたという鬼伝説で、鬼子居(おにごい)と呼ばれたことから。近隣を流れる真間川の岸は桜の名所で、恐ろしい鬼のイメージとは程遠い、美しい景観を見せてくれる。

🔵KS18 京成中山 けいせいなかやま

20.8 km(0.7 km)
🔓1915(大正4)年11月3日
🔄1931(昭和6)年11月18日(中山)
🏠千葉県船橋市本中山 1-9-1
🚃3,427人

　開業時の駅名は「中山」。1931(昭和6)年11月18日に現行の駅名に改称され、横浜線の駅と区別された。関東日蓮宗の大本山中山法華寺は北東へ0.5km。駅から続く参道は年始などに賑わいをみせる。

🔵KS19 東中山 ひがしなかやま

21.6 km(0.8 km)
🔓1953(昭和28)年9月1日
🏠千葉県船橋市東中山 2-2-22
🚃6,318人

　中山競馬場への観客輸送のために臨時駅として1935(昭和10)年10月4日に開設され、現駅名として戦後に開業。その競馬場へは当駅から徒歩20分。年末の有馬記念などG1レースの開催日には2万人の観客が当駅を利用する。

🔵KS20 京成西船 けいせいにしふな

22.2 km(0.6 km)
🔓1916(大正5)年12月30日
🔄1987(昭和62)年4月1日(葛飾)
🏠千葉県船橋市西船 4-15-27
🚃10,006人

　開業時の駅名は「葛飾」。この駅名は1987(昭和62)年4月1日に現行のものに改められるが、改称には東京都の葛飾との混同を避ける狙いもあった。JR西船橋駅は徒歩5分。乗り換えのために当駅で下車する利用客も多い。

京成西船駅　2024.11.29

🔵KS21 海神 かいじん

23.6 km(1.4 km)
🔓1919(大正8)年10月25日
🏠千葉県船橋市海神 5-1-22
🚃5,354人

　地名の由来には諸説があるが、日本武尊が光る船を見つけ、この地に祀ったという説、この地に海の神を祀る神社が多かったというものなどがある。太古の昔には、この一帯が海岸線となっていたことが窺える。

🔵KS22 京成船橋 けいせいふなばし

25.1 km(1.5 km)
🔓1916(大正5)年12月30日
🔄1931(昭和6)年11月18日(船橋)
🏠千葉県船橋市本町 1-5-1
🚃82,828人

　京成電鉄の主要駅の一つで、京成全駅の中で4番目に乗降客数が多い。駅は当初の建設計画よりも南側に改められ、直線的に敷設される予定だった駅前後の線路も、住民の反対によって蛇行する形態に改められた。

京成船橋駅　2024.11.29

🔵KS23 大神宮下 だいじんぐうした

26.4 km(1.3 km)
🔓1921(大正10)年7月17日
🏠千葉県船橋市宮本 2-9-9
🚃4,972人

　駅名に採られた「大神宮」とは、船橋大神宮と呼ばれる意富比神社(おおひじんじゃ)を指す。駅からは北へ徒歩3分。年始などには多くの参拝客が当駅を利用する。南に徒歩15分の船橋港親水公園は花火大会の会場となる。

🔵KS24 船橋競馬場 ふなばしけいばじょう

27.2 km(0.8 km)
🔓1927(昭和2)年8月21日
🔄1931(昭和6)年11月18日(花輪)
　1950(昭和25)年7月5日(京成花輪)
　1963(昭和38)年12月1日(船橋競馬場)
　1987(昭和62)年4月1日(センター競馬場前)
🏠千葉県船橋市宮本 8-42-1
🚃18,093人

　「南関東四競馬場」に数えられる船橋競馬場の最寄り駅。競馬場開場の5年後に、その西隣に総合レジャー施設「船橋ヘルスセンター」がオープンしたが、1977(昭和52)年に閉館となった。

船橋競馬場駅　2024.11.29

🔵KS25 谷津 やつ

28.2 km(1.0 km)
🔓1921(大正10)年7月17日
🔄1948(昭和23)年4月1日(谷津海岸)
　1984(昭和59)年11月24日(谷津遊園)
🏠千葉県習志野市谷津 5-4-5
🚃9,727人

　南へ徒歩5分の谷津バラ園は、1982(昭

171

57)年12月まで営業していた谷津遊園の跡地。京成花輪（現・船橋競馬場）から分岐する谷津支線が遊園地に達していたが、この支線は1934（昭和9）年6月に廃止された。

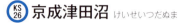京成津田沼 けいせいつだぬま
29.7 km(1.5 km)
- 1921(大正10)年7月17日
- 1931(昭和6)年11月18日(津田沼)
- 千葉県習志野市津田沼3-1-1
- 54,899人

京成千葉線が分岐し、新京成電鉄線が接続する。JR津田沼駅とは1.1km離れており、徒歩で所要13分。1895(明治28)年に開業した総武鉄道(現・JR)の津田沼駅は旧市街地から外れ、当駅が市街地の中心に建設された。

京成津田沼駅　2024.11.29

京成大久保 けいせいおおくぼ
32.1 km(2.4 km)
- 1926(大正15)年12月9日
- 1931(昭和6)年11月18日(大久保)
- 千葉県習志野市本大久保3-10-1
- 32,694人

駅周辺は戦前から軍都として栄え、騎兵連隊や、習志野駐屯地が設けられていた。日露戦争で活躍した秋山好古陸軍大将の顕彰碑が、駅の北側に延びる商店街沿いの、薬師寺の隣に建てられている。

実籾 みもみ
34.0 km(1.9 km)
- 1926(大正15)年12月9日
- 千葉県習志野市実籾1-1-1
- 22,158人

地名の実籾とは、文字通り実や籾を指し、豊かな実りを願ってつけられた名という説が有力。当駅が所在する習志野市と、市原市にこの地名が広がっている。駅周辺は複数の大学が集まる文教地区となっている。

実籾駅　2024.11.29

八千代台 やちよだい
36.6 km(2.6 km)
- 1956(昭和31)年3月20日
- 千葉県八千代市八千代台北1-0
- 41,077人

駅の西側に八千代台団地が誕生したのは1955(昭和30)年のこと。これ以降各地で団地の建設が進み、当地は「住宅団地発祥の地」となった。今も駅周辺に住宅が密集。臨時「シティライナー」以外の全列車が停車する。

京成大和田 けいせいおおわだ
38.7 km(2.1 km)
- 1926(大正15)年12月9日
- 1931(昭和6)年11月18日(大和田)
- 千葉県八千代市大和田字小板橋308
- 11,123人

駅の周辺は江戸時代まで「大和田原」と呼ばれる広大な野原だった。これを活かし明治期には陸軍の演習場が設けられ、今は自衛隊に継承されている。駅は八千代市内にあり、京成の駅としては市の中心部にもっとも近い。

勝田台 かつただい
40.3 km(1.6 km)
- 1968(昭和43)年5月1日
- 千葉県八千代市勝田台1-8-1
- 45,600人

東葉高速鉄道が接続する。駅の南側に広がる勝田台団地は1968(昭和43)年に入居が始まり、1970(昭和45)年に完成。当初は商業施設がほとんど無かった駅の周辺に、今は近代的なショッピングタウンが形成されている。

勝田台駅　2024.11.29

志津 しづ
42.1 km(1.8 km)
- 1928(昭和3)年3月18日
- 千葉県佐倉市上志津1669
- 13,102人

駅名は駅所在地の字の名から採られた。平安時代の豪族志津氏がその由来とされ、志津氏の居城の跡が今の天御中主(あめのみなかぬし)神社と伝えられる。中世の伝説が、今も地名、駅名に生き残っている形だ。

ユーカリが丘 ゆーかりがおか
43.2 km(1.1 km)
- 1982(昭和57)年11月1日
- 千葉県佐倉市ユーカリが丘4-8-2
- 18,065人

ユーカリが丘ニュータウンの玄関口として誕生。新交通システム「山万ユーカリが丘線」がニュータウンと結ばれている。自然環境と調和する都市の象徴として、ユーカリの名が採られた。

京成臼井 けいせいうすい
45.7 km(2.5 km)
- 1926(大正15)年12月9日
- 1931(昭和6)年11月18日(臼井)
- 千葉県佐倉市王子台3-30-3
- 15,801人

1114(永久2)年に千葉氏の一族である臼井常康がこの地に築城。臼井は城下町となり、さらに江戸時代初期には成田街道の宿場町となって発展した。1970年代に入ると宅地造成が活発になり、駅勢人口が一気に増加した。

京成佐倉 けいせいさくら
51.0 km(5.3 km)
- 1926(大正15)年12月9日
- 1931(昭和6)年11月18日(佐倉)
- 千葉県佐倉市栄町1001-5
- 15,436人

JR佐倉駅は南へ2km。市役所などがある市の中心部は当駅の方が近く、駅の南側には繁華街が広がり、近年は高層マンションの建設も続いている。京成の主要駅の一つで、臨時「シティライナー」以外の全列車が停車する。

大佐倉 おおさくら
53.0 km(2.0 km)
- 1926(大正15)年12月9日
- 千葉県佐倉市大佐倉松山277
- 311人

京成佐倉駅から2km東にあり、特急も停車するが、乗降客数は京成全駅の中で最少。都市計画法によって駅周辺の宅地造成が認められていないことから、駅周辺にはJRのローカル線にも似たのどかな雰囲気が漂っている。

京成酒々井 けいせいしすい
55.0 km(2.0 km)
- 1926(大正15)年12月9日
- 1931(昭和6)年11月18日(酒々井)
- 千葉県印旛郡酒々井町中川560-1
- 5,598人

難読駅の一つ。孝行息子が井戸を掘ると酒が湧き出たという伝説が地名となり、それが駅名にも採られた。JR成田線の酒々井駅は南東に徒歩8分。

宗吾参道 そうごさんどう
57.0 km(2.0 km)
- 1928(昭和3)年4月1日
- 1951(昭和26)年7月1日(宗吾)
- 千葉県印旛郡酒々井町下岩橋字仲田432-3
- 2,476人

江戸時代前期の佐倉藩の義民・佐倉惣五郎を祀る東勝寺(宗吾霊堂)への参拝客輸送を目的に開設された駅。寺は駅から徒歩10分。駅の京成酒々井寄りに宗吾検車区、宗吾工場があり、当駅始終着の列車が設定されている。

公津の杜 こうづのもり
58.6 km(1.6 km)
- 1994(平成6)年4月1日
- 千葉県成田市公津の杜4-11-2

🚋12,240人

　公津とは旧村名だが、印旛沼の麻賀多神社の港＝神津が語源。平成時代に開設された新しい駅で、近代的な風景が創出された。京成のシンボルキャラクター「京成パンダ」は、当駅近くのマンションに住んでいるという。

公津の杜駅　2024.11.29

KS40 京成成田 けいせいなりた

61.2 km(2.6 km)
🔰1930(昭和5)年4月25日
🔄1931(昭和6)年11月18日(成田)
🏠千葉県成田市花崎町814
🚋31,140人

　昭和初期の開設以来、長く京成本線のターミナルだった駅。成田市の中心部にあり、駅前には今、ホテルが建ち並んでいる。ＪＲ成田駅が駅前広場を挟む形で隣接。当駅から東成田線が分岐している。

京成成田駅　2024.11.29

KS41 空港第２ビル くうこうだいにびる

68.3 km(7.1 km)
🔰1992(平成4)年12月3日
🏠千葉県成田市古込字古込1-1
🚋18,503人

　成田空港の第２ターミナルオープンに際して開業し、駅施設はＪＲ成田線と共同使用。ホームはビル直下の地下１階に設けられ、ＪＲのホームが隣接。成田スカイアクセス線の開業にともない、コンコースに中間改札が設置された。

KS42 成田空港 なりたくうこう

69.3 km(1.0 km)
🔰1991(平成3)年3月19日
🏠千葉県成田市三里塚御料牧場1-1
🚋17,769人

　空港第２ビル駅と同様にＪＲとの共同使用となっている駅。ホームは地下１階で、ＪＲのホームが隣接する。開業時は随時検問が実施されるなど厳しい安全対策が実施されていた。

成田空港線

KS43 成田湯川 なりたゆかわ

印旛日本医大から8.4 km(8.4 km)
🔰2010(平成22)年7月17日
🏠千葉県成田市松崎1620-1
🚋1,495人

　成田ニュータウンの北端に位置する。湯川とはお湯が流れていた川に由来し、かつて千葉交通の湯川車庫にその名があり、地元では親しまれた地名。駅施設は新幹線の駅を思わせる堂々としたものだ。

KS41 空港第２ビル

11.2 km(2.8 km)

東成田線

KS44 東成田 ひがしなりた

京成成田から6.0 km(7.7 km)(駒井野分岐点から1.1 km)
🔰1978(昭和53)年5月21日
🔄1991(平成3)年3月19日(成田空港)
🏠千葉県成田市古込字込前124
🚋1,730人(芝山鉄道を含む)

　東成田線の終着駅で、芝山鉄道線と接続し、両社の共同使用駅となっている。開業当初は成田空港駅として開業したため、構内には空港アクセス駅時代の名残が残っている。

押上線

KS45 押上 おしあげ

押上から0.0 km(0.0 km)
🔰1912(大正元)年11月3日
🏠東京都墨田区押上1-8-21
🚋188,833人(都営線を含む)

　都営地下鉄、東京メトロ、東武鉄道と接続する。本線が京成上野方面に延伸されるまではターミナルだった駅。各社の相互直通運転開始により、駅の重要度がさらに高まり、乗降人員数は京成全駅で最多となっている。

KS46 京成曳舟 けいせいひきふね

1.1 km(1.1 km)
🔰1912(大正元)年11月3日
🔄1931(昭和6)年11月18日(曳舟)
🏠東京都墨田区京島1-37-11
🚋17,274人

　舟に人を乗せて縄を使って岸から曳いた曳舟川。原始的ともいえる交通機関が川の名となり、駅名にも残された。東武鉄道にも曳舟駅があり、当駅からは徒歩で３～４分の距離。駅周辺には戦災を免れた古い街並みも残っている

KS47 八広 やひろ

2.3 km(1.2 km)
🔰1923(大正12)年7月11日
🔄1994(平成6)年4月1日(荒川)
🏠東京都墨田区八広6-25-20

🚋12,118人

　荒川の右岸にあり、開業時の駅名は荒川。荒川区内の駅であるかのような誤解を避けるべく、時代が平成に入った後に、現行の駅名に改称された。八広という地名は８つの地区が合併して新しい町となった際に採用された。

KS48 四ツ木 よつぎ

3.1 km(0.8 km)
🔰1912(大正元)年11月3日
🏠東京都葛飾区四つ木1-1-1
🚋16,198人

　四ツ木という地名の由来は、ここに４本の木があったなどの諸説があるが、いずれも中世に生まれたものとされる。当駅は荒川の左岸にあり、八広と対をなすような形態になっている。

KS49 京成立石 けいせいたていし

4.6 km(1.5 km)
🔰1912(大正元)年11月3日
🔄1931(昭和6)年11月18日(立石)
🏠東京都葛飾区立石4-24-1
🚋32,060人

　古墳時代に鋸山から運ばれてきたと伝えられる石が「立石様」と呼ばれるようになり、地名としても定着した。その石は今も立石八丁目の「立石稲荷神社」で祀られている。

KS09 青砥

5.7 km(1.1 km)

金町線

KS50 柴又 しばまた

京成高砂から1.0 km(1.0 km)
🔰1912(大正元)年11月3日
🏠東京都葛飾区柴又4-8-14
🚋7,843人

　映画『男はつらいよ』の舞台として広く知られている柴又。駅舎は映画のイメージに合わせた瓦葺の屋根を備え、駅前には「寅さん」の像が立っている。日中のほとんどの上下列車が当駅で交換を行なっている。

柴又駅　2024.11.29

KS51 京成金町 けいせいかなまち

2.5 km(1.5 km)
🔰1913(大正2)年10月21日
🔄1931(昭和6)年11月18日(金町)
🏠東京都葛飾区金町5-37-9
🚋22,029人

　ＪＲ常磐線金町駅と隣接。駅舎は道路を挟んだ位置で並んでいる。今は全長2.5kmの短い支

線となっている金町線だが、その前身は帝釈人車軌道。開業は1899(明治32)年のことで、現在の京成で最初の開業区間だった。

千葉線

 京成幕張本郷 けいせいまくはりほんごう

京成津田沼から 2.1 km (2.1 km)
開 1991 (平成3)年8月7日
住 千葉県千葉市花見川区幕張本郷 1-1-3
乗 15,194 人

千葉線の中でもっとも新しい駅で、幕張新都心の玄関となっている。JR総武本線幕張本郷駅が隣接している。幕張新都心は1970年代後半から開発が本格化し、高層ビルが林立する近未来的な景観が出現した。

KS53 京成幕張 けいせいまくはり

4.0 km (1.9 km)
開 1921 (大正10)年7月17日
改 1931 (昭和6)年11月18日 (幕張)
住 千葉県千葉市花見川区幕張町 4-601
乗 7,545 人

大正時代に開業した歴史の長い駅。およそ600m東にJRの幕張駅がある。かつては海岸沿いの寒村の様相を呈していた一帯が、今は住宅密集地に変貌した。

KS54 検見川 けみがわ

5.3 km (1.3 km)
開 1921 (大正10)年7月17日
住 千葉県千葉市花見川区検見川町 1-791
乗 3,880 人

地名になった検見川という名の川は存在せず、近隣を流れる花見川の名が転化したとも考えられている。総武本線の新検見川駅よりも当駅の方が開業は早く、総武本線の駅名に「新」の一文字が付け加えられている。

KS55 京成稲毛 けいせいいなげ

8.1 km (2.8 km)
開 1921 (大正10)年7月17日
改 1931 (昭和6)年11月18日 (稲毛)
住 千葉県千葉市稲毛区稲毛 3-1-17
乗 6,846 人

埋立てが進む前の稲毛海岸は遠浅の海で、海水浴、潮干狩りに好適だった。当駅も海水浴客輸送を視野に入れて開設された。昭和中期頃までの夏の海水浴客輸送は、鉄道事業者にとっての一大イベントとなっていた。

KS56 みどり台 みどりだい

9.9 km (1.8 km)
開 1923 (大正12)年2月22日
改 1942 (昭和17)年4月1日 (浜海岸)
　　1948 (昭和23)年4月1日 (帝大工学部前)
　　1951 (昭和26)年7月1日 (工学部前)
　　1971 (昭和46)年10月1日 (黒砂)
住 千葉県千葉市稲毛区緑町 1-7-1
乗 7,391 人

4回の駅名変更を経て、所在地の地名にちなんだ現行の駅名に落ち着いた。開業時の駅名は「浜海岸」で、当時の駅が海岸線に近かったことが窺える。駅の北側に千葉大学のキャンパスがあり、学生の利用も多い駅だ。

KS57 西登戸 にしのぶと

10.9 km (1.0 km)
開 1922 (大正11)年3月18日
改 1967 (昭和42)年4月1日 (千葉海岸)
住 千葉県千葉市中央区登戸 4-9-1
乗 2,825 人

開業時の駅名は「千葉海岸」であったが、埋立てによって景観が変化した。江戸時代は風光明媚な場所として知られ、葛飾北斎の『富岳三十六景』にも「登戸浦(のぶとうら)」が登場する。

KS58 新千葉 しんちば

11.7 km (0.8 km)
開 1923 (大正12)年7月24日
住 千葉県千葉市中央区登戸 2-10-15
乗 2,041 人

駅名には「新」の一文字が付けられているが、開業は大正時代。現在の千葉中央駅に次ぐ形で開業している。京成千葉との距離は0.6km。

KS59 京成千葉 けいせいちば

12.3 km (0.6 km)
開 1967 (昭和42)年12月1日
改 1987 (昭和62)年4月1日 (国鉄千葉駅前)
住 千葉県千葉市中央区新町 250-3
乗 27,978 人

JR、千葉都市モノレールと接続する。国鉄千葉駅の移転に際し新設されたのが当駅で、両隣りの駅とも駅間距離は短い。相対式のホームが商業ビルの2階部分に作られ、買い物にも便利な駅となっている。

KS60 千葉中央 ちばちゅうおう

12.9 km (0.6 km)
開 1921 (大正10)年7月17日
改 1987 (昭和62)年4月1日 (京成千葉)
住 千葉県千葉市中央区本千葉町 15-1
乗 18,297 人

「千葉」と付く名が連続する千葉線だが、県庁などの行政機関が集まる地域に近いのが当駅だ。1958 (昭和33)年には駅の移転があり、これは戦災復興計画の一環とされた。駅前には京成千葉の側から続く繁華街が広がる。

千原線

KS61 千葉寺 ちばでら

京成津田沼から 15.4 km (2.5 km)
開 1998 (平成10)年10月1日
住 千葉県千葉市中央区千葉寺町 912-1
乗 4,736 人

当駅からは千原線となる。千葉線が大正時代に全通したのに対し、千原線の全通は1998 (平成10)年のことで、およそ77年の開きがある。駅名に採られた千葉寺は坂東三十三観音に数えられる名刹。当駅からは徒歩15分の距離だ。

KS62 大森台 おおもりだい

17.1 km (1.7 km)
開 1998 (平成10)年10月1日
住 千葉県千葉市中央区大森町 463-3
乗 2,969 人

駅所在地の地名は大森で、開業前の仮称も大森とされていたが、のちに改められてJR大森駅と区別された。ホームは地下1階にあり、地下構造を備える駅として千葉市内で唯一のものとなっている。

大森台駅　2024.11.29

KS63 学園前 がくえんまえ

20.2 km (3.1 km)
開 1998 (平成10)年10月1日
住 千葉県千葉市緑区おゆみ野中央 1-14-2
乗 5,147 人

当駅の近隣に明治大学の新キャンパスが建設される予定があり当駅の駅名が決定したが、この計画は中止されてしまった。現在は駅の近くに千葉明徳短期大学・高校の校舎が建ち、駅名の整合性が失われることはなかった。

KS64 おゆみ野 おゆみの

21.7 km (1.5 km)
開 1998 (平成10)年10月1日
住 千葉県千葉市緑区おゆみ野南 3-27-1
乗 5,030 人

江戸時代の譜代大名だった生実(おゆみ)藩の領地があったことが地名の由来。駅舎と駅前の景観作りはデザイン会社が設計し、近代的な街並みが創りあげられた。駅前から延びる遊歩道はJR外房線の鎌取駅に達している。

KS65 ちはら台 ちはらだい

23.8 km (2.1 km)
開 1998 (平成10)年10月1日
住 千葉県市原市ちはら台西 1-1
乗 5,530 人

ちはら台ニュータウンの入口となっている駅。「ちはら」という地名は千葉と市原から採られた。小湊鐵道海士有木駅方面への延伸計画があり、ホームは堀割構造の中に造られている。

ちはら台駅　2024.11.29

車窓メモリアル 私鉄編

京成電鉄　谷津駅
先進的だった谷津遊園

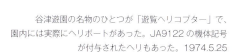

現在の新交通システムの先駆例だったVONA。昭和47年に谷津遊園内に建設されたのは実際のモデル線だった。1972.2.25

谷津遊園の名物のひとつが「遊覧ヘリコプター」で、園内には実際にヘリポートがあった。JA9122の機体記号が付与されたヘリもあった。1974.5.25

　東京ディズニーランドができる前、東京〜千葉間における娯楽施設と言えば、谷津遊園であった。現在の京成電鉄谷津駅の南にあった遊園地である。1925(大正14)年「京成遊園地」として開園。のちに谷津遊園に改称されているが、戦時中は「谷津園」と名乗った時期もある。

　遊園地と言っても、さにあらず。その中身は関東随一というほど多彩だった。あえて時代を区切らず、置かれた施設をざっと挙げてみると、動物園、プール、ボート池、バラ園、さらには潮干狩場、海水浴場まで。

　遊具も斬新で、日本初の360度宙返りの「コークスクリュー」、海上を走るコースター「サーフジェット」、高さ50メートルという国内最大級の大観覧車、遊覧飛行のヘリポートなど。

　さらに、楽天府（旧日本勧業銀行本店の建物）が聳え、阪東関東撮影所があり、プロ野球、読売ジャイアンツの発祥地まである。これは、1934（昭和9）年に開催された日米野球の際、日米の選抜チームがここで練習を行なっており、この時の日本チームを母体として大日本東京野球倶楽部（現在の読売ジャイアンツの前身）が結成されたことにちなんでいる。

　まさに娯楽の殿堂と呼ぶにふさわしいほどのバリエーションである。東京と千葉の間にあって海辺という地の利と京成電鉄によるアクセスの良さもあって、人気のある遊園地であった。ときに、「コークスクリュー」は3時間待ちという日もあったという。

　京成電鉄直営で黒字経営だったが1977（昭和52）年に閉園。その4カ月後に東京ディズニーランド開園を控えていたという時系列を考えると、谷津遊園の伝統は、今も舞浜に受け継がれていると言っていいかもしれない。

　谷津遊園閉園後、楽天府は千葉市役所を経て東京トヨペット本社に、コークスクリューは北海道のルスツ高原カントリーランドへ移設されている。

京成電鉄松戸線
けいせいでんてつまつどせん

(旧・新京成電鉄新京成線)

【前身の新京成電鉄について】

社　名	新京成電鉄株式会社
住　所	千葉県鎌ケ谷市くぬぎ山四丁目1番12号
会社設立	1946(昭和21)年10月23日
線　名	新京成線
運転方式	電化
運輸開始	1947(昭和22)年12月27日

▲新京成電鉄時代の8900形。最新鋭の80000形とともに、主力形式を形成している。二和向台～三咲　2018.3.2

歴史

1946(昭和21)年6月15日、国鉄総武線津田沼と常磐線松戸を結ぶ地方鉄道敷設免許を申請し、同年8月8日に津田沼～松戸間の地方鉄道敷設免許を取得した。同年10月18日に京成電鉄株式会社において創立総会を開催し、新京成電鉄株式会社の商号で同年10月23日に会社設立が決定した。1947(昭和22)年12月27日に新津田沼(初代)～薬園台間が単線で営業を開始した。

1948(昭和23)年3月26日に東京都下谷区五條町番地の本社を千葉県千葉郡二宮町前原230番地へ移転した。同年8月26日に薬園台～滝不動間が単線で延伸開業した。1949(昭和24)年1月8日に滝不動～鎌ケ谷大仏間、同年10月17日に鎌ケ谷大仏～鎌ケ谷初富(現・初富)間が延伸開業した。

1953(昭和28)年10月21日に軌間1,067mmから京成電鉄と同じ1,372mmに改軌して京成電鉄への乗り入れを準備した。同年11月1日に前原～京成津田沼間が開業。新津田沼駅(2代目)が開業したため、前原～新津田沼(初代)が廃止となった。1955(昭和30)年4月21日、初富(4月1日に移転・鎌ケ谷初富から改称)～松戸間が延伸開業し、京成津田沼～松戸間の全線が単線で開通した。京成津田沼駅から京成千葉線に乗入れ、千葉中央駅まで直通する列車が設定された。

1955(昭和30)年に運輸省は国、東京都、営団地下鉄を含む鉄道事業者の調整を図るため、都市交通審議会を設置した。第1号答申では、地下鉄1号線(都営浅草線)押上～馬込間を建設し、京成電鉄と京浜急行電鉄との相互直通運転が計画された。京成電鉄は1,372mm、京浜急行電鉄は1,435mmと軌間が異なっていたため、3者の話し合いがもたれた結果、軌間は1,435

mmとすることが決定した。1959(昭和34)年11月30日に京成電鉄と合わせるため、新京成電鉄全線の軌間が1,435mmに改軌された。1,067→1,372→1,435mmと10年間の間に2度の改軌を行うこととなった。

1961(昭和36)年8月23日に新津田沼駅の3代目が完成し、新津田沼(3代目)～前原間が開業した。2代目の駅は同年7月1日に藤崎台に改称された。1968(昭和43)年5月15日に現在地に新津田沼駅が移転して4代目となり、新津田沼(4代目)～京成津田沼間が開業。前原～藤崎台～京成津田沼間の旧線区間は廃止となった。1975(昭和50)年2月7日に京成津田沼～新津田沼間を除く全線の複線化が完成した。

1979(昭和54)年3月9日に北総開発鉄道線(現・北総鉄道北総線)と松戸～小室間で相互直通運転、1984(昭和59)年3月19日に住宅・都市整備公団千葉ニュータウン線(現・北総鉄道北総線)と松戸～千葉ニュータウン間で三者相互直通運転を開始した。なお、1992(平成4)年7月8日に新鎌ヶ谷駅が開業したのに伴い、両社の路線との相互直通運転が廃止となった。1996(平成8)年4月1日ダイヤ改正では、最高速度が85km/h(従来は75km/h)にスピードアップされ、データイムは10分間隔の運転となった。

2006(平成18)年12月10日ダイヤ改正では、京成電鉄千葉線千葉中央駅までの直通運転が再開された。

2023(令和5)年10月31日、京成電鉄の取締役会において「新京成電鉄の吸収合併」が決議され、京成電鉄との間で合併契約を締結した。2025(令和7)年4月1日に吸収合併され、新京成電鉄は京成電鉄松戸線となる。

車窓

かつては田園風景や雑木林が車窓を飾る風景が広がっていたが、都心部へのアクセスが充実していることから公団住宅や住宅地が開発され、沿線各地に新興住宅街が開けている。

車両

80000形6両編成×5本、8900形6両編成×3本、8800形6両編成×13本、N800形6両編成×5本の計156両が在籍している。

松戸線

KS26 京成津田沼 けいせいつだぬま

0.0 km (0.0 km)
開 1953(昭和28)年11月1日
住 千葉県習志野市津田沼3丁目1番1号

京成電鉄と接続する。駅施設は京成電鉄との共同使用で、松戸線(旧・新京成電鉄)の列車は5・6番線に発着する。地名の由来には諸説があるが、古代にこの地に津田氏が住んでいたこと、沼が存在していたことなどが有力だ。

KS66 新津田沼 しんつだぬま

1.2 km (1.2 km)
開 1947(昭和22)年12月27日
住 千葉県習志野市津田沼1丁目10番35号
乗 58,399人

JR総武本線と接続。当駅は新津田沼を名乗る4代目の駅で、駅の移転、路線変更が繰り返されたこともあって、松戸線の線路は当駅の前後で蛇行を繰り返している。

KS67 前原 まえばら

2.6 km (1.4 km)
開 1948(昭和23)年12月13日
住 千葉県船橋市前原西7丁目17番21号
乗 9,360人

駅の南側に延びる国道296号は成田街道とも呼ばれ、江戸時代には成田詣での人が行き交ったという。そんな歴史もあってか、道沿いには昔の面影を残す建物も残り、近代的な姿の駅と好対照を見せている。

KS68 薬園台 やくえんだい

4.0 km (1.4 km)
開 1947(昭和22)年12月27日
住 千葉県船橋市薬円台6丁目1番1号
乗 13,748人

徳川吉宗がこの地に下総薬園(薬草園)を開いたことが駅名の由来。園内では人参、麻黄、甘草などが栽培され、医療に用いられた。駅が開業したのは終戦直後のことで、松戸線の中で

もっとも早いものの一つだ。

KS69 習志野 ならしの

4.8 km (0.8 km)
開 1948(昭和23)年10月8日
住 千葉県船橋市習志野台4丁目1番9号
乗 11,996人

駅名の由来は陸軍の練兵場が置かれていた「習志野原」から。ただし習志野原は広大で、駅の所在地の住所は船橋市となり、習志野市役所の最寄駅は京成津田沼駅である。このあたりは歴史的経緯が複雑に絡んでいる。

KS70 北習志野 きたならしの

5.5 km (0.7 km)
開 1966(昭和41)年4月11日
住 千葉県船橋市習志野台3丁目1番1号
乗 40,551人

東葉高速鉄道と接続する。駅舎は橋上式、ペデストリアンデッキで商業施設と直結され、東葉高速鉄道の駅へのアクセスも容易になっている。乗降客数は松戸線で4位、東葉高速鉄道で2位となっている活気ある駅だ。

KS71 高根木戸 たかねきど

6.4 km (0.9 km)
開 1948(昭和23)年10月8日
住 千葉県船橋市習志野台1丁目1番3号
乗 7,832人

江戸時代に馬が放牧されていたこの地域だが、馬が農地に入るのを防ぐために土手が築かれ、人が通る場所には木戸が設けられた。その故事がそのまま駅名になっている。周辺は整然と整備された住宅街が広がる。

KS72 高根公団 たかねこうだん

7.0 km (0.6 km)
開 1961(昭和36)年8月1日
住 千葉県船橋市高根台1丁目6番1号
乗 13,750人

日本住宅公団(現・都市再生機構<UR>)により造成された高根台団地への玄関として開設された駅。このあたりでもっとも高い地にある

のが地名由来の一説。

KS73 滝不動 たきふどう

8.0 km (1.0 km)
開 1948(昭和23)年8月26日
住 千葉県船橋市南三咲3丁目1番1号
乗 7,043人

「御滝不動尊」の名もある御滝山金蔵寺の最寄駅であることから駅名が決定した。寺は駅から北西に徒歩10分の所にあり、境内には行者滝が懸かるなど豊かな自然が残されており、四季の花を楽しめる。

KS74 三咲 みさき

9.4 km (1.4 km)
開 1949(昭和24)年1月8日
住 千葉県船橋市三咲2丁目2番1号
乗 12,998人

明治時代に3番目に開墾された一帯であることからの地名で、初富、二和に続く順に地名に残されている。デンマークのアンデルセン公園をモデルにして作られた市立「ふなばしアンデルセン公園」は、当駅からバスで12分。

KS75 二和向台 ふたわむこうだい

10.2 km (0.8 km)
開 1949(昭和24)年3月16日
住 千葉県船橋市二和東5丁目38番1号
乗 15,497人

この地が2番目に開墾されたことを表す二和と、当時の字名を組み合わせた駅名。現在、駅の周囲は文化的な施設も整った静かな住宅地となっており、未開墾時代の姿を想像するのは難しい。

KS76 鎌ヶ谷大仏 かまがやだいぶつ

11.1 km (0.9 km)
開 1949(昭和24)年1月8日
住 千葉県鎌ヶ谷市鎌ヶ谷1丁目8番1号
乗 13,127人

駅から徒歩1分のところに鎮座する鎌ヶ谷大仏は高さ1.8m。日本一小さな大仏とも。仏像が造られたのは18世紀で、個人が私財で造っ

たもの。地元の信仰が厚く、近代の廃仏毀釈も乗り越え、今も地域のシンボルになっている。

KS77 初富 はつとみ
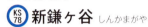
13.2 km (2.1 km)
開 1949(昭和24)年10月7日
改 1955(昭和30)年4月1日(鎌ヶ谷初富)
住 千葉県鎌ケ谷市中央1丁目2番19号
乗 4,902人

初富の名も開墾が行なわれた近代に生まれた。こうした新しい地名には縁起の良い文字が使われ、無人の荒野に町が作られていった経緯を垣間見る。現在の当駅は、周囲に複数の駅があることもあって、乗降者数は松戸線の中でもっとも少ない。

KS78 新鎌ヶ谷 しんかまがや
14.4 km (1.2 km)
開 1992(平成4)年7月8日
住 千葉県鎌ケ谷市新鎌ヶ谷1丁目13番1号
乗 34,234人

鉄道開業時、当地に駅は無かったが、地元の要望もあり3線集結の総合駅が誕生。駅は都心にも、松戸・船橋にも、成田空港にもアクセスが容易なジャンクションとなり、駅前は大型小売店が並ぶショッピングタウンとなった。

くぬぎ山〜新鎌ヶ谷間下り線高架化完成
2017.10.11

KS79 北初富 きたはつとみ
15.1 km (0.7 km)
開 1955(昭和30)年4月21日
住 千葉県鎌ケ谷市初富321番3号
乗 5,015人

新京成電鉄に新鎌ヶ谷駅が設けられるまで、当駅が北総線と当時の住宅都市整備公団線の分岐駅となっていた。駅南の貝塚山公園の近くには、放牧された馬を囲んで捉える補込(とっこめ)の跡が唯一残されている。

KS80 くぬぎ山 くぬぎやま
16.9 km (1.8 km)
開 1955(昭和30)年4月21日
住 千葉県鎌ケ谷市くぬぎ山5丁目1番6号
乗 6,629人

北初富駅寄りにくぬぎ山車両基地が設けられ、運転の拠点となっている駅。基地は年に1回、一般に公開されている。南に徒歩10分に北総鉄道の大町駅。この一帯も江戸時代までは牧場が広がっていた。今は果樹園が多い。

KS81 元山 もとやま
17.8 km (0.9 km)
開 1955(昭和30)年4月21日
住 千葉県松戸市五香南1丁目5番地の1
乗 14,881人

この地域に広がる明治政府による開墾地の中で、元山の一帯は最初に着手された場所であったという。駅周辺には陸上自衛隊の駐屯地や、観光農園があって、住宅街というよりも、田園地帯という趣が強い。

KS82 五香 ごこう
19.1 km (1.3 km)
開 1955(昭和30)年4月21日
住 千葉県松戸市金ケ作408番地の8
乗 25,976人

千葉県北部は明治政府によって開墾が行なわれた地域で、開拓された順に地名に漢数字が充てられた。そのため数字のつく地名が多い。開墾事業には食料増産のほか、地位を失った武士を救済する目的があったという。

KS83 常盤平 ときわだいら
20.9 km (1.8 km)
開 1955(昭和30)年4月21日

くぬぎ山駅 2020.7.28

開 1960(昭和35)年2月1日(金ヶ作)
住 千葉県松戸市常盤平1丁目29番地
乗 16,787人

開業時の駅名は「金ケ作」で、江戸時代には直轄の牧場を設け、軍役と荷役のための馬を育成し、陣屋が建てられて、治安維持と防御の拠点とされた。八柱駅との間に、金ケ作陣屋跡が残る。

KS84 八柱 やばしら

22.7 km (1.8 km)
開 1955(昭和30)年4月21日
住 千葉県松戸市日暮1丁目1番地の16
乗 39,437人

JR武蔵野線と接続する。JRの駅名は「新八柱(しんやはしら)」だが、駅施設は隣接し、乗換えは容易だ。八柱の名は、八つの村が柱となるべく合同してできた村という意味で、1889(明治22)年に合併が行なわれた。

KS85 みのり台 みのりだい
23.5 km (0.8 km)
開 1955(昭和30)年4月21日
住 千葉県松戸市松戸新田575番地の19
乗 8,568人

駅の所在地は松戸新田だが、近隣の町名、稔台をひらがなにして駅名に採った。稔台の由来は、たくさんの食べ物が実るようにとの願いから。駅周辺にはラーメン店も多く、ラーメン街道のある町としても親しまれている。

KS86 松戸新田 まつどしんでん

24.1 km (0.6 km)
開 1955(昭和30)年4月21日
住 千葉県松戸市松戸新田264番地の2
乗 6,737人

江戸時代に幕府が年貢の増徴を図って江戸川沿いから始められたという新田開発が、今も駅名に残されている。新田開発では畑作農地の開墾も行なわれたが、現在の駅周辺に水田や畑はなく、住宅地が広がっている。

KS87 上本郷 かみほんごう
24.8 km (0.7 km)
開 1955(昭和30)年4月21日
住 千葉県松戸市上本郷2648番地の11
乗 6,602人

北に徒歩5分の風早神社には、富士山の見える方向に枝を延ばす「富士見の松」など、この地に伝わる不思議な言い伝えを集めた「上本郷の七不思議」が残されている。現在の駅ビルは1989(平成元)年開業の新しいものだ。

KS88 松戸 まつど

26.5 km (1.7 km)
開 1955(昭和30)年4月21日
住 千葉県松戸市松戸1181番地
乗 89,715人

JR常磐線と接続する。松戸は中世から交通の要所となっていた場所で、平安時代に記された『更科日記』にも登場する。江戸時代には水戸街道の宿場が設けられ、1896(明治21)年には日本鉄道が駅を設けた。

東京メトロ

とうきょうめとろ

社 名	東京地下鉄株式会社
住 所	東京都台東区東上野三丁目19番6号
会社設立	1920(大正9)年8月29日／2004(平成16)年4月1日
線 名	銀座線、丸ノ内線、日比谷線、東西線、千代田線、有楽町線、半蔵門線、南北線、副都心線
運転方式	電化(銀座線・丸ノ内線は第三軌条方式・直流600V)
運輸開始	1927(昭和2)年12月30日

▲有楽町線全線開通35周年、副都心線開業15周年を祝う撮影会にて17000系、7000系、10000系が勢ぞろい。新木場車両基地 2023.9.3

歴史

1927(昭和2)年12月30日、早川徳次らが発起人となって設立された東京地下鉄道が、浅草〜上野間に東洋初となる地下鉄を開業した。上野から新橋まで開削工法により工事が進められたが、工事は神田川の手前で足踏み状態となった。神田川の川底をくぐり抜ける難工事で、ひとまず神田川手前の万世橋付近に仮駅を設置し、1930(昭和5)年1月1日に上野〜万世橋間が開業した。1931(昭和6)年11月21日に神田まで延伸開業し、万世橋の仮駅が廃止となった。そして、1934(昭和9)年6月21日に当初の計画であった浅草〜新橋間が全通した。また、同年9月5日に東京横浜電鉄を率いる五島慶太を発起人に加えた東京高速鉄道が設立され、渋谷〜虎ノ門間に地下鉄が建設されることとなった。

1938(昭和13)年11月18日に青山六丁目(現・表参道)〜虎ノ門間が開業し、同年12月20日には渋谷〜青山六丁目間が開業した。同社は虎ノ門開業後は新橋まで延伸し、東京地下鉄道浅草〜新橋間との直通運転を目論んでいた。ところが、東京地下鉄道は新橋〜品川間を結ぶ京浜地下鉄道を設立し、最後まで東京高速鉄道との直通運転に難色を示していた。1939(昭和14)年1月15日に東京高速鉄道の虎ノ門〜新橋(東京高速鉄道専用の仮ホーム)間が延伸開業し、同年9月16日から相互直通運転を受け入れた東京地下鉄道の新橋駅に乗り入れを開始した。

1941(昭和16)年7月4日に帝都高速度交通営団が設立され、同年9月1日に東京市と東京高速鉄道が所有していた東京の地下鉄敷設免許が譲渡された。営団は第4号線の新宿〜東京間から建設計画を進めたが、戦局の悪化により1944(昭和19)年6月に建設工事は中止された。戦後の「東京復興都市計画高速鉄道網」が告示され、営団は第4号線を池袋〜新宿間の建設に取り組むこととなった。1951(昭和26)年4月20日から池袋〜神田間の工事に着手したが、翌年11月22日に池袋〜御茶ノ水間に変更。1953(昭和28)年12月1日に第4号線の池袋〜新宿間の路線名が「丸ノ内線」と決定した。

1954(昭和29)年1月20日、戦後初の地下鉄線となる池袋〜御茶ノ水間が開業した。1956(昭和31)年3月20日に御茶ノ水〜淡路町間、同年7月20日に淡路町〜東京間、1957(昭和32)年12月15日に東京〜西銀座(現・銀座)間、1958(昭和33)年10月15日に西銀座〜霞ケ関間、1959(昭和34)年3月15日に霞ケ関〜新宿間が開業し、池袋〜新宿間が全通した。すでに新宿〜荻窪間および中野坂上〜方南町間の建設に着工しており、1960(昭和35)年10月21日に新宿〜荻窪間の路線名は「荻窪線」と決定した。1961(昭和36)年2月8日に新宿〜新中野間と中野坂上〜中野富士見町間、同年11月1日に新中野〜南阿佐ケ谷間、1962(昭和37)年1月23日に南

179

▲銀座線1000系（2代目）は、開業時のカラーをまとったアンティークデザインが斬新だ。渋谷　2015.3.25

▲丸ノ内線2000系は、戦後復興の明るいイメージを印象付けた開業時のイメージを継承。車体横のサインウェーブも描かれている。御茶ノ水～淡路町　2019.7.11

▲有楽町線、副都心線用17000系と半蔵門線用18000系が、2022年のローレル賞をダブル受賞した。新木場車両基地　2022.12.3

阿佐ケ谷～荻窪間が開業し、池袋～新宿～荻窪間が全通した。同年3月23日に中野富士見町～方南町間が開業し、荻窪線の全線が開通した。なお、1972(昭和47)年4月1日に全線を丸ノ内線としている。

1957(昭和32)年5月18日に第2号線として建設計画が決定。東武伊勢崎線、東急東横線との相互直通運転することで合意し、1960(昭和35)年10月21日には路線名称が日比谷線となった。1961(昭和36)年3月28日に南千住～仲御徒町間、1962(昭和37)年5月31日に北千住～南千住間および仲御徒町～人形町間が開業し、東武伊勢崎線北越谷～人形町間で相互直通運転を開始した。1963(昭和38)年2月28日に人形町～東銀座間、1964(昭和39)年3月25日に霞ケ関～恵比寿間、同年7月22日に恵比寿～中目黒間、同年8月29日に東銀座～霞ケ関間が開業し、日比谷線中目黒～北千住間が全通した。同時に東急東横線日吉駅までの相互直通運転を開始した。なお、1966(昭和41)年9月1日から東武伊勢崎線北春日部まで、1981(昭和56)年3月16日から東武伊勢崎線東武動物公園まで乗り入れているが、東急東横線への乗入れは2013(平成25)年3月16日から廃止となり、東武側は日光線南栗橋まで延長された。

1960(昭和35)年8月2日、紆余曲折があった都市計画第5号線について、営団地下鉄が中野～東陽町間の建設を決定した。国鉄中央線中野～三鷹間の複々線化工事も進められることになり、同区間で相互直通運転することとなった。1964(昭和39)年1月31日には東陽町～西船橋間の延伸も決定し、同年10月27日に路線名は東西線となった。同年12月23日に高田馬場～九段下、1966(昭和41)年3月16日に中野～高田馬場間および九段下～竹橋間が開業し、複々線が完成した中央線荻窪まで直通運転を開始した。1966(昭和41)年10月1日に竹橋～大手町間、1967(昭和42)年9月14日に大手町～東陽町間、1969(昭和44)年3月29日に東陽町～西船橋間が開業し、東西線中野～西船橋間が全通した。同年4月8日に中央線複々線区間が延長され、三鷹まで乗り入れるようになった。1996(平成8)年4月27日に東葉高速鉄道西船橋～東葉勝田台間が開業し、営団との相互直通運転を開始した。

1964(昭和39)年12月16日、都市計画第9号線として喜多見～綾瀬間が決定し、小田急線の複々線化や多摩線の建設などを考慮して千代田線代々木上原～綾瀬間のルートが決定した。1969(昭和44)年12月20日に北千住～大手町間、1971(昭和46)年3月20日に大手町～霞ケ関間、同年4月20日に綾瀬～北千住間が開業した。北千住～我孫子間の常磐緩行線に直通する運転形態となり、北千住～綾瀬間は国鉄の重複区間となった。1972(昭和47)年10月20日に霞ケ関～代々木公園間が開業したが、小田急線代々木上原駅の高架化が大幅に遅れ、1978(昭和53)年3月31日に代々木上原～綾瀬間の全線が開通した。なお、1979(昭和54)年12月20日に綾瀬～北綾瀬間の旅客営業が開始された。

小田急側の乗入れ区間は何度か変更され、当初の相模大野から多摩線唐木田、本厚木、現在は伊勢原までが相互直通運転となっている。また、2008(平成20)年3月15日から北千住・大手町発着の特急ロマンスカーの運転を開始し、現在は箱根湯本・片瀬江ノ島まで直通特急が運転されている。

銀座線のバイパスとして計画された第11号線で、1971(昭和46)年4月28日に渋谷～蛎殻町(現・水天宮前)の敷設免許を取得した。渋谷駅で新玉川線と相互直通運転する計画で、1977(昭和52)年4月7日に渋谷駅(東急が暫定使用)が開業。1978(昭和53)年6月1日に路線名が半蔵門線と決定し、同年8月1日に渋谷～青山一丁目間が開業した。田園都市線長津田までの直通運転が開始された。1979(昭和54)年9月21日に青山一丁目～永田町間、1982(昭和57)年12月9日に永田町～半蔵門間、1989(平成元)年1月26日に半蔵門～三越前間、1990(平成2)年11月28日に三越前～水天宮前間、2003(平成15)年3月19日に水天宮前～押上間が開業し、東武伊勢崎線経由で東武日光線南栗橋まで直通運転が開始された。なお、東急側は1984(昭和59)年4月9日に東急田園都市線が中央林間まで延伸されており、中央林間～南栗橋間が相互直通運転区間となった。

第8号線と第13号線の計画区間を調整して、営団を事業者とする和光市～新木場間の建設が決定。1974(昭和49)年1月9日に第8号線の路線名が有楽町線となり、同年10月30日に池袋～銀座一丁目間が開業した。1980(昭和55)年3月27日に銀座一丁目～新富町間、1983(昭和58)年6月24日に池袋～営団成増(現・地下鉄成増)、同年10月1日には西武有楽町線小竹向原～新桜台間が開業し、乗入れ運転を開始した。1987(昭和62)年8月25日に営団成増～和光市間が開業し、東武東上線との相互直通運転を開始した。1988(昭和63)年6月8日に新富町～新木場間が開業し、有楽町線和光市～新木場間が全通した。

1994(平成6)年12月7日に小竹向原～新線池袋(現・池袋)間の有楽町線の新線が開業した。2008(平成20)年6月14日に東京メトロ副都心線が開業し、和光市～小竹向原間が同線との共用区間となり、小竹向原～新線

▲南北線9000系が増強。新4号車と新5号車を組み入れて8両編成に。綾瀬車両基地　2023.12.13

▲東西線を担う07系、05系、15000系が顔を会わせた。葛西　2021.8.23

Mile stone 東京メトロ

浅草～上野間で誕生した日本初の地下鉄は、今や都心部を縦横無尽に。

▲高松宮妃殿下臨席のもと行なわれた丸ノ内線東京駅の開式式。400形　東京　1956.7.19

▲千代田線の大手町～霞ケ関間が開通。この1ヵ月後に綾瀬～北千住間も開通し、徐々に路線が延びていった。二重橋前　1971.3.20

▲有楽町線池袋～銀座一丁目間完成出発式。丸ノ内線の混雑緩和が期待された。7000系の左右非対称の前面デザインも斬新だった。有楽町　1974.10.29

池袋間は副都心線となった。なお、2008（平成20）年5月3日から土休日中心で小田急の特急ロマンスカーが新木場駅発着（千代田線経由）で運転を開始したが、ホームドア設置の関係により2011（平成23）年9月25日に休止されている。

渋谷～池袋間を結ぶ山手線のバイパスとして第13号線が計画され、池袋・新宿・渋谷の副都心を結ぶことから路線名は副都心線となった。先に和光市～小竹向原～新線池袋間が有楽町線（小竹向原～新線池袋間は副都心線となる先行開業区間）として開業。2008（平成20）年6月14日に副都心線渋谷～池袋（元・新線池袋）間開業し、東武東上線・西武池袋線との相互直通運転を開始した。2013（平成25）年3月16日に東急東横線・横浜高速鉄道みなとみらい線との相互直通運転を開始。2023（令和5）年3月18日に東急新横浜線・相鉄線との相互直通運転を開始し、海老名や元町・中華街と小川町、飯能方面が1本のレールで結ばれた。

都市計画第7号線として目黒～岩淵町間の建設が決定し、1991（平成3）年11月29日に駒込～赤羽岩淵間が開業した。1996（平成8）年3月26日に四ツ谷～駒込間、1997（平成9）年9月30日に溜池山王～四ツ谷間、2000（平成12）年9月26日に目黒～溜池山王間が開業し、東急目黒線（目黒～武蔵小杉間）との相互直通運転を開始した。2001（平成13）年3月28日に埼玉高速鉄道（赤羽岩淵～浦和美園間）との相互直通運転を開始した。2008（平成20）年に東急目黒線が日吉まで延伸し、2023（令和5）年3月18日には東急新横浜線・相鉄線との相互直通運転を開始した。現在、品川～白金高輪間の建設工事に着手しており、開通後は東急目黒線沿線から品川駅への新ルートとなる。

なお、帝都高速度交通営団は2004（平成16）年4月1日に民営化され、東京地下鉄株式会社（東京メトロ）となっている。

車窓

銀座線はビルの3階相当を走る渋谷界隈、丸ノ内線は神田川を渡る御茶ノ水界隈と上智大学脇に出る四ツ谷界隈、高架区間と地上部分を走る後楽園～茗荷谷間、日比谷線は南千住～北千住間と中目黒界隈、東西線は東陽町～西船橋間の高架ύ、千代田線は北千住～北綾瀬間と代々木上原界隈、有楽町線は新木場界隈で車窓の風景が楽しめる。このほかの区間は地下トンネルの中で、東京高速鉄道の新橋駅ホーム跡や千代田線と有楽町線を結ぶ地下トンネルなどがある。

車両

1000系6両編成×40本、02系6両編成×1本、2000系6両編成×52本、13000系7両編成×44本、05系10両編成×3本、07系10両編成×6本、15000系10両編成×16本、16000系10両編成×37本、6000系10両編成×1本、6000系3両編成×1本、5000系3両編成1本、05系3両編成×4本、8000系8両編成×8本、08系10両編成×6本、16000系10両編成×11本、17000系10両編成×6本、17000系8両編成×15本、10000系10両編成×36本、7000系10両編成×1本、9000系8両編成×1本、9000系6両編成×22本の計2,724両が在籍している。

駅解説

銀座線

Ⓖ00 浅草 あさくさ

0.0 km(0.0 km)
🈺1927(昭和2)年12月30日
🏠東京都台東区浅草1-1-3
🚉84,355人

　戦前の浅草は都内随一の繁華街として賑わい、多くの鉄道会社が浅草を目指して建設免許を出願した。しかし用地には限りがあることから、川の対岸の押上に駅を設けざるを得なくなった路線もあり、地下鉄の優位性が反映された形となった。現在は銀座線のほかに、都営地下鉄浅草線、東武鉄道、つくばエクスプレスが接続。それぞれ、やや離れた場所にあるが、迷路のように延びる連絡通路にも、浅草の街の長い歴史を窺うことができる。

Ⓖ18 田原町 たわらまち

0.8 km(0.8 km)
🈺1927(昭和2)年12月30日
🏠東京都台東区西浅草1-1-18
🚉27,273人

　所在地名・西浅草と異なる駅名は、かつて当駅の近隣に都電田原町の電停があったことから採られている。その由来はこの一帯が、昔は田畑だったためといわれている。今は住宅、小さなビルが密集し、食器、食材などを中心に扱う「かっぱ橋商店会」が近く、浅草にも似て、駅周辺にはどこか下町の雰囲気が漂っている。

Ⓖ17 稲荷町 いなりちょう

1.5 km(0.7 km)
🈺1927(昭和2)年12月30日
🏠東京都台東区東上野3-33-11
🚉15,438人

　駅名は所在地の旧町名から採られ、稲荷とは都内最古の神社ともいわれる下谷(したや)神社を指している。この駅も上下ホームを結ぶ改札内の通路が無い構造だ。周辺には今も仏具店が多く、駅の出入口は開業時から変わらぬ位置にあり、建築様式もクラシカルだ。

Ⓖ16 上野 うえの

2.2 km(0.7 km)
🈺1927(昭和2)年12月30日
🏠東京都台東区上野7-1-1
🚉162,861人(日比谷線を含む)

　「東京の北の玄関」と称されることも多いJR上野駅の接続駅。ただし、東北新幹線の東京延伸、上野東京ラインの開業などによって、かつてのような長距離列車の始発終着駅の雰囲気は薄らいでいる。JR線と日比谷線が接続。また、やや離れているが京成電鉄もターミナル駅を設けている。地上を徒歩で約10分の場所に銀座線上野検車区があることから、当駅発着の列車も設定されている。

Ⓖ15 上野広小路 うえのひろこうじ

2.7 km(0.5 km)
🈺1930(昭和5)年1月1日
🏠東京都台東区上野3-29-3
🚉18,995人

　上野駅に近い商業地帯の地下に位置している。駅名に採られた広小路とは、火災の延焼を防ぐために設けられた火除けの場所を指し、当駅の周辺の道路が広い作りになっていることにその片鱗が窺える。当駅は日比谷線仲御徒町駅、都営地下鉄大江戸線上野御徒町駅、JR御徒町駅とも近い場所にあり、営業上では同一の駅として扱われている。隣の上野駅までも駅間距離は0.5kmと近い。

Ⓖ14 末広町 すえひろちょう

3.3 km(0.6 km)
🈺1930(昭和5)年1月1日
🏠東京都千代田区外神田4-7-3
🚉20,348人

　駅周辺の旧町名が駅名の由来。昭和通りと並行して南北に延びる中央通りに面して設けられており、電気の街、あるいは新しい若者文化の街として名前が知られる秋葉原の一画でもある。駅が開業したのが1930(昭和5)年と古いこともあって、この駅もこじんまりとした造りになっている。

Ⓖ13 神田 かんだ

4.4 km(1.1 km)
🈺1931(昭和6)年11月21日
🏠東京都千代田区神田須田町1-16
🚉47,348人

　1919(大正8)年3月に、当時の鉄道院(後の国有鉄道＝現在のJRの前身)が中央本線の駅を設けた場所に、その12年後に地下鉄の駅が設けられた。当駅が設けられた須田町界隈も、明治から昭和にかけての東京の代表的な繁華街の一つで、路面電車の運転系統が集結。地下鉄の改札口の先には直営の「地下鉄ストア」が開店し、これに続くコンコースには地下商店街が作られていた。

Ⓖ12 三越前 みつこしまえ

5.1 km(0.7 km)
🈺1932(昭和7)年4月29日
🏠東京都中央区日本橋室町2-2-1
🚉100,581人(半蔵門線を含む)

　三越の資金援助を受けて建設された駅で、私企業が駅名となった初めての事例となった。1989(平成元)年1月26日には半蔵門線の駅が開業。ただし、2つの駅を連絡するには一度改札の外に出る必要がある。また、JR新日本橋駅とも地下通路で結ばれている。

Ⓖ11 日本橋 にほんばし

5.7 km(0.6 km)
🈺1932(昭和7)年12月24日
🏠東京都中央区日本橋1-3-11 先
🚉146,916人(東西線を含む)

　東京地下鉄道が高島屋と白木屋の資金援助を受けて誕生した。白木屋は江戸時代に開業した呉服店を前身として生まれたデパートで、1967(昭和42)年に買収されて東急百貨店となり、それも1999(平成11)年1月31日に閉店となった。現在は跡地にショップとオフィスの複合ビル「コレド日本橋」が建っている。当駅では東西線と都営地下鉄浅草線が接続。

Ⓖ10 京橋 きょうばし

6.4 km(0.7 km)
🈺1932(昭和7)年12月24日
🏠東京都中央区京橋2-2-10
🚉44,951人

　1927(昭和2)年12月30日に上野～浅草間を開業させた東京地下鉄道は、その5年後の12月24日に当駅までの延伸を果たした。この時期の延伸工事に時間がかかっていたのは、全世界を包み込んでいた大不況が大きな要因であったという。当駅の建設に際しては明治屋が費用の一部を負担。明治屋は明治中期に横浜で創業した食料品店で、今も当駅の7番出口に接する位置に本社が建ってる。

Ⓖ09 銀座 ぎんざ

7.1 km(0.7 km)
🈺1934(昭和9)年3月3日
🏠東京都中央区銀座4-1-2
🚉188,770人(日比谷線・丸ノ内線を含む)

　現在は銀座線、丸ノ内線、日比谷線の3路線が接続するが、銀座線の駅としての開業がいちばん早く、東京地下鉄道が松屋、三越の両デパートからの資金提供を受けて駅を建設した。明治時代以降に商家が数多く集まっていた銀座だが関東大震災で壊滅。その後の繁華街としての復興に、地下鉄の存在も大きかった。戦後の1957(昭和32)年12月15日には丸ノ内線の、1964(昭和39)年8月29日には日比谷線の銀座駅が開業して現在の駅の形が出来上がった。

Ⓖ08 新橋 しんばし

8.0 km(0.9 km)
🈺1934(昭和9)年6月21日
🏠東京都港区新橋2-17-5
🚉173,836人

　開業日は1934(昭和9)年6月21日となっているが、これは東京地下鉄道の新橋駅開業の日付で、渋谷側から線路を延ばしてきた東京高速鉄道の新橋駅は1939(昭和14)年1月15日に開業している。東京高速鉄道の旧新橋駅は、通常は電車留置線として使用されているほか、イベント開催時などで一般公開されている。

Ⓖ07 虎ノ門 とらのもん

8.8 km(0.8 km)
🈺1938(昭和13)年11月18日
🏠東京都港区虎ノ門1-1-21 先
🚉80,864人

　「虎ノ門」とは江戸城の外堀に設けられていた門が由来。開業時は東京高速鉄道の東側の終点となっていた。この時に開業したのは青山六丁目(現・表参道)までの4.4kmに過ぎなかったが、今もオフィスビルがずらりと並ぶ東京の一等地の地下に、黎明期の地下鉄は路線を建設し

たのだった。日比谷線虎ノ門ヒルズ駅とは改札内の通路で繋がっている。

Ⓖ06 溜池山王 ためいけさんのう

9.6 km（0.8 km）
開 1997（平成9）年9月30日
住 東京都千代田区永田町2-11-1
乗 63,392人（南北線を含む）

南北線の開業に合わせる形で駅が設けられ、地下2階に銀座線、地下3階に南北線のホームが造られている。また、丸ノ内線、千代田線の国会議事堂前駅とも改札内の通路で連絡しているので、こちらも乗り換えに利用できる。駅周辺には巨大なオフィスビルが並んでいるが、最寄りの虎ノ門からでも相応の距離を歩かなければならなかった場所で、当駅開業の効果は大きかった。

Ⓖ05 赤坂見附 あかさかみつけ

10.3 km（0.7 km）
開 1938（昭和13）年11月18日
住 東京都港区赤坂3-1-6
乗 78,766人（丸ノ内線を含む）

江戸時代、江戸城を警備する見張り所（見附）が設けられていたことが地名の由来。銀座線と丸ノ内線が接続し、渋谷方面行と丸ノ内線荻窪方面行のホームが地下1階に、浅草方面行と丸ノ内線池袋方面行のホームが地下2階に造られている。このように、地下鉄を代表するジャンクションとして長く親しまれてきたことから、「それは素人の赤坂見附。銀座線はお乗り換え」という落語のネタにも用いられている。

Ⓖ04 青山一丁目 あおやまいっちょうめ

11.6 km（1.3 km）
開 1938（昭和13）年11月18日
住 東京都港区南青山1-1-19
乗 81,621人（半蔵門線を含む）

開業時は小さな駅で、ホーム有効長は3両編成分だった。ホームは1957（昭和32）年5月には6両編成対応のものに延長されている。1978（昭和53）年8月1日には半蔵門線の、2000（平成12）年12月12日には都営地下鉄大江戸線の駅が開業し、3路線が接続する現在の形態が完成している。

Ⓖ03 外苑前 がいえんまえ

12.3 km（0.7 km）
開 1938（昭和13）年11月18日
改 1939（昭和14）年9月16日（青山四丁目）
住 東京都港区北青山2-7-16
乗 64,750人

東京高速鉄道の創業時、青山六丁目（現・表参道）～虎ノ門間開業時に開設された駅で、翌年に改名されている。駅名に採られた明治神宮外苑は明治天皇の崩御後に、天皇の意志を後世に伝えるべく明治神宮と共に整備が行なわれた公園で、もとは青山練兵場だった。明治神宮球場、秩父宮ラグビー場など複数の大型施設が近隣にあるため、試合やイベントが重なった日には大変な混雑となる。

Ⓖ02 表参道 おもてさんどう

13.0 km（0.7 km）

開 1938（昭和13）年11月18日
改 1939（昭和14）年9月6日（青山六丁目）
　1972（昭和47）年10月20日（神宮前）
住 東京都港区北青山3-6-12
乗 154,173人（千代田線・半蔵門線を含む）

前身の東京高速鉄道が最初に開業したのが当駅と虎ノ門の間で、当時の駅名は青山六丁目。翌年にはこれを神宮前へと改め、1972（昭和47）年10月の千代田線開業時に現行の駅名に改められた。その後、1978（昭和53）年8月1日には半蔵門線の駅も開業して、3線のジャンクションに成長している。駅周辺にはアパレル系などのファッショナブルな店が軒を連ね、東京を代表するお洒落な街として親しまれている。

Ⓖ01 渋谷 しぶや

14.2 km（1.2 km）
開 1938（昭和13）年12月20日
住 東京都渋谷区渋谷2-21-1
乗 158,056人

若者の街・渋谷は地形的には低い場所にあることから、銀座線のホームはビルの3階部分に相当する高い位置に設けられている。今も続けられている渋谷駅周辺の再開発工事に伴って大改修が行なわれ、従来よりも東側に造られた新しいホームが2020（令和2）年1月3日から使用開始されている。「渋谷上空」を走る銀座線の姿は見えなくなったが、地下鉄がいちばん高い位置を走る位置関係はそのままだ。

丸ノ内線

Ⓜ01 荻窪 おぎくぼ

0.0 km（0.0 km）
開 1962（昭和37）年1月23日
住 東京都杉並区荻窪5-31-7
乗 76,452人

JR中央線と接続。丸ノ内線のホームはJR線の南側に並行する形で設けられており、地下1階にコンコースが、地下2階に島式ホーム1面2線がある。ホームの両端近くに2か所が設けられた改札は、それぞれJR荻窪駅の南口と西口に隣接しており、乗り換えは容易だ。駅前には賑やかな商店街が広がっている。

Ⓜ02 南阿佐ケ谷 みなみあさがや

1.5 km（1.5 km）
開 1961（昭和36）年11月1日
住 東京都杉並区阿佐谷南1-15-7
乗 24,901人

1961（昭和36）年11月1日に新中野から当駅まで路線が延伸されて開業。地下1階に相対式2面2線のホームがある。阿佐ケ谷付近は昭和の頃、作家が多く住んだ時代があり、「阿佐ケ谷文士村」とも呼ばれた。作家は知名度こそあっても収入は低く、家賃が比較的安かった中央線沿線が好まれたという。

Ⓜ03 新高円寺 しんこうえんじ

2.7 km（1.2 km）
開 1961（昭和36）年11月1日
住 東京都杉並区高円寺南2-201

乗 31,901人

荻窪から新宿までの間は、旧青梅街道をきれいにトレースするかのように、道路の下を走っている。当駅は青梅街道と高南通りが交差するJRの高円寺駅から南におよそ800mの地点。地名の由来ともなった曹洞宗の寺院鳳山高円寺はその手前側にあり、当駅からは徒歩でおよそ20分。そのお寺への道の周囲には、いかにも東京の西郊らしい落ち着いた街並みが続いている。

Ⓜ04 東高円寺 ひがしこうえんじ

3.6 km（0.9 km）
開 1964（昭和39）年9月18日
住 東京都杉並区和田3-55-42
乗 29,765人

当駅は沿線住民の請願を受け入れる形で建設された駅である。ホームは相対式2面2線で、それぞれのホームに地上への出口が設けられているほか、改札外に下を潜って2本のホームを結ぶ連絡通路が設けられている。駅の南側に隣接する蚕糸の森（さんしのもり）公園は、かつての蚕糸試験場の跡地に造られた公園だ。

Ⓜ05 新中野 しんなかの

4.6 km（1.0 km）
開 1961（昭和36）年2月8日
住 東京都中野区中央4-2-15
乗 30,917人

丸ノ内線が新宿から当駅まで延伸された時に開業。JR中野駅から南におよそ1km離れていたこの辺りの利便性を飛躍的に高めた。やはりホームは相対式2面2線で、改札内で下を潜る通路で両ホームが結ばれている。青梅街道の下に駅が設けられており、駅の西側では中野通りが、駅の東側では鍋屋横丁通りが青梅街道と交差している。

Ⓜ06 中野坂上 なかのさかうえ

5.7 km（1.1 km）
開 1961（昭和36）年2月8日
住 東京都中野区本町2-48-2
乗 65,946人

当駅の地上出口近くに青梅街道と山手通りの交差点がある。1997（平成9）年12月9日には都営大江戸線（当時の名称は12号線）の駅も誕生し、駅の重要性が高まっている。当駅からは丸ノ内線の支線、通称方南町支線が分岐している。地下2階に島式ホーム2面3線が設けられ、方南町支線を往復する電車は、中線の2番線に発着する。

Ⓜ07 西新宿 にししんじゅく

6.8 km（1.1 km）
開 1996（平成8）年5月28日
住 東京都新宿区西新宿6-7-51
乗 69,891人

平成開業の新しい駅。新宿～中野坂上間の中間点に駅の建設を求める声は早くから挙がっていたが、丸ノ内線の開通から35年後にこの夢が実現した。直上に「新宿アイランドタワー」を始めとする高層ビル群があり、駅周辺は一大ビジネス街となっている。当駅から南に延びる地下通路は、都営大江戸線の都庁前までつなが

り、さらにＪＲ新宿駅へとつながっている。

 新宿 しんじゅく

7.6 km(0.8 km)
開 1959(昭和34)年3月15日
住 東京都新宿区西新宿1丁目　西口地下街1号
乗 180,278人

　東京を代表する繁華街・新宿の玄関駅。一日の乗降人員数353万人という数字は世界最多とされるが、丸ノ内線新宿駅の乗降客数は23万7000人超で、東京メトロの全駅の中では6番目。これも巨大都市・東京を支える地下鉄らしいところだろう。新宿駅が開業したのは1959(昭和34)年で、池袋～御茶ノ水間が開業してから5年後のこと。

M09 新宿三丁目 しんじゅくさんちょうめ

7.9 km(0.3 km)
開 1959(昭和34)年3月15日
住 東京都新宿区新宿3-14-1
乗 129,191人(副都心線を含む)

　隣の新宿駅とわずか0.3kmしか離れていないこの場所にも駅が設けられたことに、新宿一帯の輸送需要が見通されていたことが窺える。さらに現在は当駅で副都心線、都営新宿線が接続し、駅の重要度はさらに高まっている。一日の乗降人員は16万5000人で、丸ノ内線では5番目の多さ。東京メトロ全体でも18番目の数字となっている点は、副都心の繁栄ぶりを表していると言えよう。

M10 新宿御苑前 しんじゅくぎょえんまえ

8.6 km(0.7 km)
開 1959(昭和34)年3月15日
住 東京都新宿区1-7-2
乗 422,861人

　駅名に採られた新宿御苑は、江戸時代の内藤家の下屋敷跡で、近代になって皇室の植物御苑、そして戦後の1949(昭和24)年5月からは一般にも開放され、桜の名所としても知られる。その最寄り駅として多く利用される当駅は地下1階に相対式ホーム2面2線を設置。2つのホームは千鳥状に、若干位置がずれており、改札内に地下2階を経由する2本のホームの連絡通路が設けられている。

M11 四谷三丁目 よつやさんちょうめ

9.5 km(0.9 km)
開 1962(昭和37)年1月23日
住 東京都新宿区四谷3-8
乗 37,952人

　当駅の読みは「よつや」だが、当駅の表記には「ツ」の字が入っていない。地名として用いられているのは「四谷」だが、隣の駅の名前は「四ツ谷」で、鉄道の駅同士で混用されているのは興味深い。この混用の理由にも諸説があって、定説となるに至っていないのが現状であるようだ。地名、表記の妙といったところである。

M12 四ツ谷 よつや

10.5 km(1.0 km)

開 1959(昭和34)年3月15日
住 東京都新宿区四谷1-1
乗 101,016人(南北線を含む)

　ホームは地上に、相対式2面2線が設けられている。丸ノ内線のホームの上に駅舎が設けられ、ここが1階で、丸ノ内線ホームは地下1階に所在という扱いになっている。駅舎の前を国道20号線が横切り、その反対側にＪＲ中央線の駅舎が建つ。駅周辺には学校も多い。

M13 赤坂見附 あかさかみつけ

11.8 km(1.3 km)
開 1959(昭和34)年3月15日
住 東京都港区赤坂3-1-6
乗 78,766人(銀座線を含む)

　東京メトロでは数少ない2線の平面乗り換えの構造。地下1階のホームで新宿方面行の列車と銀座線渋谷方面行の列車が並び、地下2階のホームで池袋方面行の列車と銀座線浅草方面行の列車が並ぶ。そして長い連絡通路の先に半蔵門線永田町のホームが地下6階にあり、このホームを反対の端まで歩き切った先に、また連絡通路を介して有楽町線と南北線の永田町駅がある。

M14 国会議事堂前 こっかいぎじどうまえ

12.7 km(0.9 km)
開 1959(昭和34)年3月15日
住 東京都千代田区永田町1-7-1
乗 34,496人(千代田線を含む)

　駅名の通り国会議事堂の最寄り駅で、千代田線と接続する。また、銀座線と南北線が接続する溜池山王とも改札内で通路が繋がっており、乗り換えが可能だ。地下の複雑な位置関係もまた、首都・東京のインフラらしいところかもしれない。

M15 霞ケ関 かすみがせき

13.4 km(0.7 km)
開 1958(昭和33)年10月15日
住 東京都千代田区霞が関2-1-2
乗 121,447(日比谷線・千代田線を含む)

　永田町と共にわが国の司法、あるいは立法を司る施設が集中する一画に設けられた駅。開業は1958(昭和33)年のことで、銀座(当時の駅名は西銀座)からの1駅1.0kmが延伸された際の終着駅となった。当駅では日比谷線と千代田線と接続。3つの路線は改札内で連絡し、「コ」の字形に並んでいる。

M16 銀座 ぎんざ

14.4 km(1.0 km)
開 1957(昭和32)年12月15日
改 1964(昭和39)年8月29日(西銀座)
住 東京都中央区銀座4-1-2
乗 188,770人(銀座線・日比谷線を含む)

　開業時の駅名は「西銀座」で、7年後に駅名が改められた。当初の駅名が示すように先に開業した銀座線と、後から延びてきて接続した日比谷線の銀座とは1ブロック離れた位置にあり、銀座線、日比谷線の駅が銀座4丁目に直近であるのに対し、当駅は数寄屋橋に近い。駅周辺の華やかな町並みは、昔も今も東京を代表する風景だ。

M17 東京 とうきょう

15.5 km(1.1 km)
開 1956(昭和31)年7月20日
住 東京都千代田区丸の内1-6-5
乗 162,608人

　全国のＪＲ線の中心駅・東京駅の地下と直結。ホームの位置は丸ノ内側の広場の下にあたる。ＪＲ線に対し、丸ノ内線のホームは地下2階に島式1面2線というこぢんまりとしたもので、「東京駅」が丸ノ内線だけにあるというのも意外な関係。それでもＪＲ東京駅に至近という立地の利便性は高い。

M18 大手町 おおてまち

16.1 km(0.6 km)
開 1956(昭和31)年7月20日
住 東京都千代田区大手町1-6-1
乗 277,497人(東西線・千代田線・半蔵門線を含む)

　江戸城の大手門、すなわち正門に面する場所に発展したこの町は、今は大手企業の本社や、官公庁が並ぶ東京屈指のビジネス街だ。この駅で東京メトロの東西線、千代田線、半蔵門線、さらに都営三田線も接続。1駅5路線の接続は、東京の地下鉄で最多。丸ノ内線の駅はその中でもっとも東寄りにある。ＪＲ東京駅とは一部で地下通路で繋がっており、隣駅・東京駅の補完的な役割も担っている。

M19 淡路町 あわじちょう

17.0 km(0.9 km)
開 1956(昭和31)年7月20日
住 東京都千代田区神田淡路町1-2
乗 50,269人

　駅名に冠された「淡路」とは、江戸時代前期にこの地に鈴木淡路守の屋敷があり、それが転じて淡路坂が生まれ、それが神田淡路町という町名になったことが由来。当駅は丸ノ内線単独の駅で、千代田線新御茶ノ水、都営新宿線小川町とは通路で接続されて一体の構造となっている。駅の出口の表記は、すべてが3駅の共同となっているため、単独で「淡路町」と駅名が掲げられたものがないというのも興味深い。

M20 御茶ノ水 おちゃのみず

17.8 km(0.8 km)
開 1954(昭和29)年1月20日
住 東京都文京区湯島1-5-8
乗 47,741人

　ＪＲ線と接続。千代田線の新御茶ノ水も近いことから、かつては同駅との間で連絡業務が行なわれていた。ホームは地下1階に相対式2面2線が設けられているが、神田川べりに構造物の一部が露出する半地下構造であり、対岸のＪＲ御茶ノ水駅とともに「インターナショナル・スタイル」で建設されている。曲線を組み合わせた独特のデザインを、神田川対岸から見ることができる。

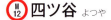 本郷三丁目 ほんごうさんちょうめ

184

18.6 km（0.8 km）
開 1954（昭和 29）年 1 月 20 日
住 東京都文京区本郷 2-39-1
乗 45,151 人

駅の所在地は本郷 2 丁目。それでも駅が開業した時はこの地も 3 丁目に含まれていたといい、住所変更がなされた後も、昔の駅名がそのまま使用されている。地名になった本郷とは行政の中心であることを指し、この一帯が中世から地域の中心になっていたことを伺わせる。

M 22 後楽園 こうらくえん

19.4 km（0.8 km）
開 1954（昭和 29）年 1 月 20 日
住 東京都文京区春日 1-2-3
乗 89,048（南北線を含む）

当駅では南北線と接続。地下鉄ながらホームは高架線上にあり、駅ビル「メトロ・エム後楽園」の中を線路が通過している。駅名にも採られた後楽園とは、江戸時代にこの地にあった徳川家屋敷内の庭園、小石川後楽園に由来。

M 23 茗荷谷 みょうがだに

21.2 km（1.8 km）
開 1954（昭和 29）年 1 月 20 日
住 東京都文京区小日向 4-6-15
乗 64,833 人

武蔵野台地の東端部に連なる山手台地に刻まれた谷の一つにミョウガが群生していたことから茗荷谷の地名が生まれた。駅の所在地は、今は小日向を名乗っているが、駅が開設された当時は茗荷谷の名で呼ばれていた。この谷は車両基地の建設に際して埋め立てられたという。1998（平成 10）年 5 月 1 日には駅ビル「茗荷谷駅 MF ビル」が完成。これによって駅の雰囲気が大きく変わった。

M 24 新大塚 しんおおつか

22.4 km（1.2 km）
開 1954（昭和 29）年 1 月 20 日
住 東京都文京区大塚 4-51-5
乗 23,070 人

駅の所在地は大塚 4 丁目だが、当駅より北におよそ 600 ｍの場所にＪＲ山手線の大塚駅があり、こちらは 1903（明治 36）年の開業。それよりも遙かに後年に開業した当駅の駅名に「新」の一文字が加えられた。大塚は戦前まで東京を代表する繁華街として栄えており、今もＪＲ駅の周辺には老舗の飲食店が数多く残っているが、対して当駅の周辺は「山手線の内側に広がる閑静な住宅地」というイメージが強い。

M 25 池袋 いけぶくろ

24.2 km（1.8 km）
開 1954（昭和 29）年 1 月 20 日
住 東京都豊島区南池袋 1-28-1
乗 461,392 人（有楽町線・副都心線を含む）

オフィスや大学への通勤通学客はもちろん、2 つの百貨店やサンシャインシティなど、大きなショッピングエリアも一体となって、平日休日昼夜ともに多くの人が行き交う。東京メトロ池袋駅の乗降人員は、新宿や銀座を凌いで 130 駅中の第 1 位となっている。西口に東武鉄道が、東口に西武鉄道が接続するという面白さは、昔から語られる池袋駅の挿話である。

方南町支線

Mb 03 方南町 ほうなんちょう

中野坂上から 3.2 km（1.3 km）
開 1962（昭和 37）年 3 月 23 日
住 東京都杉並区堀ノ内 1-1-1
乗 34,927 人

丸ノ内線支線（通称：方南町支線）の終点。長らく線内を往復する 3 両編成のみで運用が賄われてきたが、2019（平成 31）年 1 月 26 日に当駅 1 番線の延伸工事が完了したのに伴い、同年 7 月 5 日から池袋と当駅の間を直通する 6 両編成の運転が開始された。ホームは頭端式の 1 面 2 線で、地上と地下 1 階に改札口が、地下 2 階にホームが設けられている。地上駅舎の目の前を環七通りが横切っている。

Mb 04 中野富士見町 なかのふじみちょう

1.9 km（0.6 km）
開 1961（昭和 36）年 2 月 8 日
住 東京都中野区弥生町 5-24-4
乗 17,111 人

駅の所在地は中野区弥生町だが、開設当時は富士見町で、他にもある富士見という地名との混同を避けて中野が冠された。車両基地が最寄りにあることから、当駅発着の列車も設定されている。長く質素な造りの駅舎が使用されていたが、2010（平成 22）年 2 月に改築工事が完了。現代風の駅舎に変身した。

Mb 05 中野新橋 なかのしんばし

1.3 km（1.3 km）
開 1961（昭和 36）年 2 月 8 日
住 東京都中野区弥生町 2-26-8
乗 18,258 人

中野富士見町駅とともに所在地は中野区弥生町だが、開業時の地名と港区内にあるＪＲの駅との混同を避けて、現行の名称が使用され続けている。駅周辺には住宅街が広がり、近隣を走る幹線道路もないが、神田川沿いにあたり、一時期、相撲の稽古部屋もあったことから「相撲の街」と呼ばれたこともある。

日比谷線

H 01 中目黒 なかめぐろ

0.0 km（0.0 km）
開 1964（昭和 39）年 7 月 22 日（乗り入れ開始）
住 東京都目黒区上目黒 3-4-1（東急）
乗 121,447 人

東急東横線との接続駅で、駅が開業したのは 1927（昭和 2）年 8 月 28 日。東京横浜電鉄の渋谷〜丸子多摩川間開業に合わせてのものだった。日比谷線への乗り入れに備えて、それまでの高架上に設けられた相対式 2 面 2 線のホームを島式 2 面 4 線に改め、列車折り返し用の引上げ線も設置。1964（昭和 39）年から乗り入れ運転が開始されている。この乗り入れは 2013（平成 25）年 3 月 16 日の副都心線開業時に終了している。

H 02 恵比寿 えびす

1.0 km（1.0 km）
開 1964（昭和 39）年 3 月 25 日
住 東京都渋谷区恵比寿南 1-5-5
乗 90,039 人

ＪＲ山手線との接続駅。もともとは明治の私鉄・日本鉄道が 1901（明治 34）年 2 月 25 日に貨物駅として開業。昭和末期の時代から急速な変貌が始まり、今日では東京を代表するお洒落な街と認識されるようになった。ホームはＪＲ山手線の線路と直交する位置で設置されている。

H 30 広尾 ひろお

2.5 km（1.5 km）
開 1964（昭和 39）年 3 月 25 日
住 東京都港区南麻布 5-1-25
乗 53,479 人

広尾、麻布、南青山の一帯には大使館が集まっている。江戸時代、この一画には下屋敷が多く、その跡地が使えたこと、この付近が高台にあり外国人が嫌う湿気が少なかったことがその鍵となった。このこともあってか、周辺はエキゾチックな雰囲気だ。

H 04 六本木 ろっぽんぎ

4.2 km（1.7 km）
開 1964（昭和 39）年 3 月 25 日
住 東京都港区六本木 6-1-25
乗 94,895 人

戦前にあった軍事施設が終戦によって連合軍に接収され、外国人が多く住みついたことから六本木は横文字が並ぶ繁華街へと変身していった。若者文化の中心が渋谷や恵比寿にシフトしても、六本木のブランドイメージは色褪せていない。

H 05 神谷町 かみやちょう

5.7 km（1.5 km）
開 1964（昭和 39）年 3 月 25 日
住 東京都港区虎ノ門 5-12-11
乗 72,423 人

駅が開業した時の地名は芝神谷町で、駅名で昔の町名が残されている。神谷町の名の起こりは、徳川家康に使えていた三河の国・神谷村出身の者が、この地に屋敷を与えられたことによるという。日比谷線の駅は桜田通りの直下地下 2 階にあり、ホームは相対式 2 面 2 線。

H 06 虎ノ門ヒルズ とらのもんひるず

6.2 km（0.5 km）
開 2020（令和 2）年 6 月 6 日
住 東京都港区虎ノ門 1-22-12
乗 34,454 人

2020（令和 2）年に開業した、東京メトロ全駅の中でもっとも新しい駅。駅名に採られた「虎ノ門ヒルズ」は 2014（平成 26）年 6 月にオープンした地上 52 階、地下 5 階の高層ビルで、店舗、ホテル、オフィス、そして住居が入居。1 階部分を道路（都道 406 号）が通り抜けている。

H07 霞が関 かすみがせき

7.0 km(0.8 km)
🆕 1964(昭和39)年3月25日
🏠 東京都千代田区霞が関2-1-2
🚃 121,447人(丸ノ内線・千代田線を含む)

　丸ノ内線、千代田線と接続する。3路線のホームは少しずつ離れて「コ」の字形となっている。周辺は日本を代表する官庁街で、「カスミガセキ」の名はその代名詞にもなっている。そのため、いつも警備の警官の姿が見られるが、大型連休の時などはゴーストタウンのような森閑とした姿となるのも、この町の素顔だ。

H08 日比谷 ひびや

8.2 km(1.2 km)
🆕 1964(昭和39)年8月29日
🏠 東京都千代田区有楽町1-5-1先
🚃 85,949人(千代田線を含む)

　日比谷線と千代田線、都営三田線の3路線が接続するが、最初に開業したのが日比谷線だ。網の目のように張り巡らせる地下鉄の路線網の一番密度が濃いのが霞ケ関から当駅、そして銀座、大手町にかけてのエリア。当駅からも有楽町、銀座、内幸町などの各駅が容易に達することができる距離にある。日比谷線のホームは晴海通りの直下、地下3階にあり、千代田線のホームとはホーム端の連絡階段で結ばれている。

H09 銀座 ぎんざ

8.6 km(0.4 km)
🆕 1964(昭和39)年8月29日
🏠 東京都中央区銀座4-1-2
🚃 188,770人(銀座線・丸ノ内線を含む)

　日比谷線のほかに銀座線、丸ノ内線が乗り入れている。さすがに東京を代表する繁華街であるだけに、建設年次の古い路線がこの街に集結しているのは興味深い。日比谷線の銀座駅は晴海通りの直下、地下3階部分に島式1面2線のホームが設けられており、ホームが直交する形の銀座線との乗り換えも容易だ。

H10 東銀座 ひがしぎんざ

9.0 km(0.4 km)
🆕 1963(昭和38)年2月28日
🏠 東京都中央区銀座4-12-15先
🚃 67,566人

　所在地は隣の銀座駅と同じ中央区銀座4丁目で、銀座駅との駅間距離もわずか400m。都営浅草線と接続し、駅が開業したのはどちらも1958(昭和33)年10月15日。駅が設けられているのは三原橋交差点の近く。銀座通りからは数ブロック離れているが、知る人ぞ知る名店が多いのがこのあたりである。

H11 築地 つきじ

9.6 km(0.6 km)
🆕 1963(昭和38)年2月28日
🏠 東京都中央区築地3-15-1
🚃 53,151人

　長く東京の台所とも呼ばれて親しまれた築地は、その名の通り埋め立てによって生まれた場所で、築地から深川にかけての低地は江戸時代にいち早く整備されている。駅のホームは地下1階に相対式2面2線を設置。改札内にホームの下を潜る連絡通路がある。

H12 八丁堀 はっちょうぼり

10.6 km(1.0 km)
🆕 1963(昭和38)年2月28日
🏠 東京都中央区八丁堀2-22-5
🚃 89,641人

　1990(平成2)年の京葉線東京延伸で、JR線との接続駅となった。日比谷線のホームは南北に延びる新大橋通りの直下、地下2階にある。江戸時代に、ここに八丁の長さの堀が開削されたことが地名の由来とされている。

H13 茅場町 かやばちょう

11.1 km(0.5 km)
🆕 1963(昭和38)年2月28日
🏠 東京都中央区日本橋茅場町1-4-6先
🚃 94,538人(東西線を含む)

　当駅で東西線と接続する。東西線の茅場町駅開業は日比谷線の駅が開業してから4年後の1967(昭和42)年9月14日のことで、この時に東西線は東陽町までの延伸開業を果たしている。日比谷線のホームは新大橋通りの下にあり、相対式2面2線を地下1階に設置。

H14 人形町 にんぎょうちょう

12.0 km(0.9 km)
🆕 1962(昭和37)年5月31日
🏠 東京都中央区日本橋人形町2-6-5
🚃 63,201人

　都営浅草線と接続する。都営浅草線(当時の名称は1号線)の人形町駅が開業したのは、日比谷線人形町駅が開業したわずか4ヵ月後の9月30日のこと。江戸時代にはここに人形芝居をする小屋が多く建てられたことから街の名が生まれた。今も商店街の趣きに江戸情緒を感じることができる。

H15 小伝馬町 こでんまちょう

12.6 km(0.6 km)
🆕 1962(昭和37)年5月31日
🏠 東京都中央区日本橋小伝馬町11-1
🚃 33,442人

　当駅が設けられているのは人形町通りと江戸通りが交差する小伝馬町交差点の近くだ。ホームは地下1階に相対式ホーム2面2線を設置。それぞれのホームに面して改札口が設けられている。1番出口近くにある十思公園は、小伝馬町牢屋敷の跡地を利用して作られたものだ。

H16 秋葉原 あきはばら

13.5 km(0.9 km)
🆕 1962(昭和37)年5月31日
🏠 東京都千代田区神田佐久間町1-21
🚃 98,440人

　かつての電気屋街から大きく変貌し、「もう一つの」とでも形容したくなる若者文化の街が秋葉原。日比谷線の駅は、昭和通りの下、地下2階に相対式ホーム2面2線がある。以前はJRの駅を電気街の側に出ると駅の利用の大回りが強いられたが、2005(平成17)年8月24日のつくばエクスプレスの開業後に駅の改築が行なわれ、JRの改札からもダイレクトのアクセスが可能になった。

H17 仲御徒町 なかおかちまち

14.5 km(1.0 km)
🆕 1961(昭和36)年3月28日
🏠 東京都台東区上野5-24-12
🚃 36,683人

　昭和通りの西側にはJR線が並行し、当駅の西側にJR御徒町駅が、さらにその向こう側には銀座線の上野広小路駅と都営大江戸線の上野御徒町駅がある。これらの駅とは相応の距離があるが、運賃制度上では同一の駅として扱われている。長い連絡通路を経由してJR御徒町駅、上野広小路駅、上野御徒町駅と乗り換えることができる。駅周辺には「アメ横」があり、いつも大勢の人で賑わっている。

H18 上野 うえの

15.0 km(0.5 km)
🆕 1961(昭和36)年3月28日
🏠 東京都台東区上野3-19-6
🚃 162,861人(銀座線を含む)

　東北新幹線の上野延伸、上野東京ラインの開業などによって、一大ターミナルだった上野のイメージは幾分薄れつつあるが、東京を代表する拠点駅であることは変わりない。日比谷線のホームはJR駅の南側の地下2階に相対式2面2線が設けられている。銀座線のホームに向かうには、一度改札の外に出る必要がある。

H19 入谷 いりや

16.2 km(1.2 km)
🆕 1961(昭和36)年3月28日
🏠 東京都台東区下谷2-15-1
🚃 31,731人

　上野は、駅の南側に上野広小路や秋葉原に続く大きな繁華街があるが、北側は一転して寛永寺を中心にした静かな寺町が広がっている。当駅は日比谷線で初めての開業した区間に設けられていた駅の一つ。この時は南千住〜仲御徒町間のわずか3.7kmが開業したのみで、2両編成の3000系が全線を往復していた。

H20 三ノ輪 みのわ

17.4 km(1.2 km)
🆕 1961(昭和36)年3月28日
🏠 東京都台東区根岸5-19-6
🚃 39,685人

　日比谷線単独の駅で、北に徒歩5分の場所に、都電荒川線の三ノ輪橋電停がある。三ノ輪という地名の由来には諸説があるが、総じてこの一画がへこんだ場所であることを示しているという。また、現在の駅の所在地名となっている根岸は、ここが上野台地の崖下であることを指している。

H21 南千住 みなみせんじゅ

18.2 km(0.8 km)
🆕 1961(昭和36)年3月28日
🏠 東京都荒川区南千住4-3-1
🚃 28,241人

ホームの高さは8m。三ノ輪駅のホームは地下10.8mで、高低差は18.8m。ホームは地上3階の高さにあるが、これだけ高い位置にホームが設けられたのは、南千住の手前で交差するJRの貨物線をオーバークロスするため。当駅ではJRとつくばエクスプレスが接続する。

㊷ 北千住 きたせんじゅ

20.3 km(2.1 km)
開 1962(昭和37)年5月31日
住 東京都足立区千住2-63(東武)
乗 382,081人(東武鉄道を含む)

ホームは高架上の3階部分に設けられており、その高さ14.4mは東京メトロ全駅の中で最高。また一日の乗降人員29万2千人は、池袋、大手町に次いで3番目のものだ。江戸時代の千住は江戸から一つめの宿場町であり、日光街道や奥州街道に続く北の入り口であった。そんな要衝ぶりは、現代の北千住駅の装いにもみることができる。

東西線

T01 中野 なかの

0.0 km(0.0 km)
開 1966(昭和41)年3月16日
住 東京都中野区5-31-1(JR)
乗 239,692人(JR線を含む)

1964(昭和39)年12月に高田馬場〜九段下間が開業した東西線が、まず延伸したのが高田馬場〜当駅間の3.9㎞だった。当駅はJR東日本との共同使用駅だ。駅前に建つ複合商業施設「中野ブロードウェイ」はサブカルチャーの発信地として著名。一方で周辺は閑静な住宅地もあり、都心に近いこともあって人気の街になっている。

T02 落合 おちあい

2.0 km(2.0 km)
開 1966(昭和41)年3月16日
住 東京都新宿区上落合2-13-7
乗 23,076人

東西に延びる早稲田通りと山手通り(環状六号線)と交差する上落合二丁目交差点の近く。北に位置する西武新宿線の中井駅と、南のJR中央線の東中野駅の中間に位置し、東西線の中でもっとも利用者数の少ない時代が長かった。落合という地名は川が出合う場所を意味しており、ここでは神田川と妙正寺川が合流している。

T03 高田馬場 たかだのばば

3.9 km(1.9 km)
開 1964(昭和39)年12月23日
住 東京都新宿区高田馬場1-35-2
乗 154,328人

JR山手線、西武鉄道新宿線と接続。駅は早稲田通りの下、地下2階に設けられている。都内を代表する若者の街に数えられているが、17世紀はその名の通り馬場が造営されていたという。

T04 早稲田 わせだ

5.6 km(1.7 km)
開 1964(昭和39)年12月23日
住 東京都新宿区早稲田南町12
乗 70,006人

早稲、すなわち早く実をつける稲が植えられた田んぼがこの地にあったことから、今の地名が生まれたという。都電荒川線の早稲田電停は北に600mほど離れた場所にある。ホーム間の連絡は、ホームの両端の上、地下1階に設けられた改札口前のコンコースによって行なう。ホームと改札口のこのシンプルなレイアウトは機能的で、東西線の駅に多く採用されている。

T05 神楽坂 かぐらざか

6.8 km(1.2 km)
開 1964(昭和39)年12月23日
住 東京都新宿区矢来町112
乗 36,048人

戦前は東京を代表する花街として賑わった神楽坂。今は住宅街と繁華街が混在する街が広がっているが、知る人ぞ知る名店が多いのは、この街の伝統がなせる業だろうか。駅は単式ホームが上下に並ぶ構造で、既存の建築物を避けるためもあって駅の建設工事は難航した。これには駅名にも採られた神楽坂が、午前と午後で一方通行の向きが変わるという珍しい措置にも影響を受けたという。

T06 飯田橋 いいだばし

8.0 km(1.2 km)
開 1964(昭和39)年12月23日
住 東京都千代田区飯田橋4-10-3
乗 138,426人(南北線・有楽町線を含む)

有楽町線、南北線、都営大江戸線、そしてJR線と接続する。駅前では外堀通りと目白通り、大久保通りが交差し、その上を首都高速5号池袋線が通過する。1894(明治27)年に私鉄・甲武鉄道がこの地に駅を開設。甲武鉄道は明治末期に国有化され、東西線の駅が開設された後、都営大江戸線、南北線の線路もここに駅を設け、鉄道のジャンクションを形成した。

T07 九段下 くだんした

8.7 km(0.7 km)
開 1964(昭和39)年12月23日
住 東京都千代田区九段南1-6-1
乗 23,661人(半蔵門線・都営新宿線を含む)

半蔵門線、都営新宿線と接続。東西線ホームは地下2階で、ホーム下の地下4階には、半蔵門線と都営新宿線のホームが並んでいてホームの番線表示は1〜6の通し番号だ。今は九段北一丁目と九段南一丁目を結ぶ九段坂は、江戸を代表する急な坂道として知られ、この坂を中心にした一帯に九段という地名がつけられた。

T08 竹橋 たけばし

9.7 km(1.0 km)
開 1966(昭和41)年3月16日
住 東京都千代田区一ツ橋1-1-1
乗 37,274人

竹橋という名の由来には、ここに竹で組まれた橋が架かっていた、近隣に佐竹氏が居住していた、など諸説がある。今も竹橋という名の橋は存在しており、北の丸公園の北東側に延びる清水掘の南端に架けられている。1b出口は毎日新聞東京本社の建物に直結しており、当駅にも「毎日新聞社前」という副駅名がつけられている。

T09 大手町 おおてまち

10.7 km(1.0 km)
開 1966(昭和41)年10月1日
住 東京都千代田区大手町2-1-1
乗 277,497人(丸ノ内線・千代田線・半蔵門線を含む)

丸ノ内線、千代田線、半蔵門線、都営地下鉄三田線と接続する。またJR東京駅も近く、改札外の地下通路が東京駅の地下改札まで延びている。今はこの一帯の街の名ともなった大手門は、江戸城の内堀の東端に建てられ、江戸城の正門としての威容を備えるべく、1年3ヵ月の工期を費やして建てられたという。

T10 日本橋 にほんばし

11.5 km(0.8 km)
開 1967(昭和42)年9月14日
住 東京都中央区日本橋1-3-11先
乗 146,916人(銀座線を含む)

銀座線、都営浅草線と接続。浅草線の日本橋駅は、1989(平成元)年3月18日までは「江戸橋」を名乗っていた駅で、日比谷線・銀座線の駅とは200mほど離れている。また、日本の道路元標も置かれている日本橋は北へ150m。今、この道路を地下に移し、日本橋の景観を復活させようという計画が進められている。

T11 茅場町 かやばちょう

12.0 km(0.5 km)
開 1967(昭和42)年9月14日
住 東京都中央区日本橋茅場町1-4-6先
乗 94,538人(日比谷線を含む)

日比谷線と接続する。駅が開設されたのは日比谷線が早く、1963(昭和38)年2月28日のこと。それから4年後に東西線の線路が延びてきた。当駅は東京証券取引所の最寄り駅で、証券所の経つ日本橋兜町から茅場町、神田にかけては証券会社も多く、「日本のウォール街」と形容されることもある。

T12 門前仲町 もんぜんなかちょう

13.8 km(1.8 km)
開 1967(昭和42)年9月14日
住 東京都江東区門前仲町1-4-8
乗 92,275人

東西線の駅が開設されてから33年後に、都営大江戸線の駅が誕生し、接続駅となった。江戸の街の中でもっとも早く発展したのが隅田川流域の低湿地帯で、起伏のない土地は開発がたやすく、本所、深川と呼ばれる一帯が江戸を代表する繁華街となり、庶民の暮らしを支えた。駅の近隣には富岡八幡宮、深川不動尊が並び、これが地名に採られ、今も休日には多くの参拝客が訪れている。

T13 木場 きば

14.9 km(1.1 km)
開 1967(昭和42)年9月14日
住 東京都江東区木場5-5-1
乗 64,776人

その名の通り、江戸時代に材木商が集まった地域で、隅田川の河口に近く運河が発達したこの一帯は、材木を集めることにも好立地だった。東西線の線路はこのあたりでは路線名のように東西に延び、永代通りの下を走り続ける。

🔵T14 東陽町 とうようちょう

15.8 km(0.9 km)
開 1967(昭和42)年9月14日
住 東京都江東区東陽4-2-1
乗 102,996人

大手町〜東陽町間延伸開業に際して開設された駅。ホームは地下2階に相対式2面2線を設置。改札口は東西線の典型でホームの両端に位置して設けられているが、西船橋方面行のホーム中ほどにも設けられている。これは利用客の増加に対応して増設されたもの。当駅と西船橋駅の間で快速運転が実施されており、各駅では途中の通過駅があることを知らせる案内放送が流れている。

🔵T15 南砂町 みなみすなまち

17.0 km(1.2 km)
開 1969(昭和44)年3月29日
住 東京都江東区南砂3-11-85
乗 544,761人

東西線沿線は近年になって沿線人口が急増。新たに建てられた高層マンションに続々と入居している。当駅の周辺にも何棟ものマンションが並び、そんなニーズに応えるべく、改良プロジェクトが始められている。計画では現行島式2面2線のホームを、中線のある島式2面3線へと改め、交互発着が可能になる。目下、2027年度の工事完成が見込まれている。

🔵T16 西葛西 にしかさい

19.7 km(2.7 km)
開 1979(昭和54)年10月1日
住 東京都江戸川区西葛西6-14-1
乗 88,528人

駅の開業は1979(昭和54)年10月1日と東陽町〜西船橋間の他の多くの駅よりも遅いが、駅が開業した後の利用者数の伸びが著しく、1997(平成9)年から2000(平成12)年にかけて、ホームの拡幅を中心にした大規模な駅の改良工事が実施された。なお、隣の南砂町との駅間距離2.7kmは東京メトロで最長のものだ。

🔵T17 葛西 かさい

20.9 km(1.2 km)
開 1969(昭和44)年3月29日
住 東京都江戸川区中葛西5-43-11
乗 89,311人

「地下鉄博物館前」という副駅名がついている。地下鉄博物館の開館に合わせて、1986(昭和61)年8月には地下鉄博物館口が新設され、来館者の便宜が図られている。線路は4線が並んでおり、中央の2線が通過線。その外側に副本線2線があり、この線路に対してホームが設けられている構造だ。

🔵T18 浦安 うらやす

22.8 km(1.9 km)
開 1969(昭和44)年3月29日
住 千葉県浦安市北栄1-13-1
乗 71,398人

この駅から千葉県内となる。近年は東京ディズニーリゾートのオープンなどでその名が知れ渡った浦安市だが、鉄道が開通するまでは「陸の孤島」と呼ばれていた時代もあった。東西線やJR京葉線が、湾岸地域の価値を高めた。1996(平成8)年3月16日からはすべての快速列車が停車している。2012(平成24)年度からは、太陽光発電システムが採用されている。

🔵T19 南行徳 みなみぎょうとく

24.0 km(1.2 km)
開 1981(昭和56)年3月27日
住 千葉県市川市相之川4-17-1
乗 46,441人

近隣の各駅よりもやや遅く、1981(昭和56)年3月に開業。駅周辺には住宅街が広がっており、東西線の開通がこの一帯の居住人口を増やし、それに呼応して駅が新設された。駅の開業から30年が経過した2011(平成23)年からリニューアル工事が開始され、屋根を自然光と透過性が高い膜屋根へと変更。太陽光発電システムや、LED案内看板を導入するなど、環境適合性を重視した駅への変貌が遂げられている。

🔵T20 行徳 ぎょうとく

25.5 km(1.5 km)
開 1969(昭和44)年3月29日
住 千葉県市川市行徳駅前2-4-1
乗 49,562人

江戸時代、天領であった行徳。この地が塩の一大生産地であったため、行徳の塩は舟で江戸へと運ばれたという。昭和中期になると海岸地域の埋立てが始まり、それまでののどかな塩田の風景は消えて、工業地帯の街となった。そして東西線の開通によって一大ベッドタウンへ。近世〜近代のニーズを、行徳は風景に映してきて今日に至っている。リニューアル工事が1991(平成3)年に完了。太陽光発電システムが採用され、環境の保全が図られている。

🔵T21 妙典 みょうでん

26.8 km(1.3 km)
開 2000(平成12)年1月22日
住 千葉県市川市富浜1-2-10
乗 45,243人

1969(昭和44)年3月の東西線の西船橋延伸時に行徳検車区に出入庫するための分岐線が設けられ、下妙典信号所が設置された。この施設を活かす形で、2000(平成12)年1月に妙典駅として誕生、東西線ではもっとも新しい駅だ。一風変わった駅名は「妙法蓮華経典」を基にした仏教用語。室町時代、この地で得のあった修験者の名と言われ、「行徳千軒寺百軒」と呼ばれたほど信仰の厚い地域だった。「行徳」とともに中世以降の面影を駅名に感じることができる。

🔵T22 原木中山 ばらきなかやま

28.9 km(2.1 km)
開 1969(昭和44)年3月29日
住 千葉県船橋市本中山7-7-1
乗 24,911人

市川市原木と船橋市本中山という二つの地名による複合駅名。駅の所在地は船橋市だが、周囲には駅がある一画をぐるりと取り囲むようにして市川市原木町が広がって、駅名はこの立地を表している。この一帯も、近世までは塩の産地として栄えたという。

🔵T23 西船橋 にしふなばし

30.8 km(1.9 km)
開 1969(昭和44)年3月29日
住 千葉県船橋市西船4-27-7(JR)
乗 350,592人(東葉高速鉄道を含む)

JR、東葉高速鉄道と接続。京成電鉄の京成西船駅も近い。東西線用のホームとしては地上に島式2面4線が設けられており、JR総武本線との直通列車もこの線路を経由する。また、東葉高速鉄道の列車もこのホームを使用。番線表示はJRの地上ホームと共通となり、5〜8が使用されている。1958(昭和33)年に駅が開業した時は、総武本線の列車が発着するのみであったが、東西線の開業、さらに武蔵野線、京葉線、東葉高速鉄道の開業によって、当駅は千葉県西部の一大ジャンクションへと変貌を遂げた。

千代田線

🟢C01 代々木上原 よよぎうえはら

0.0 km(0.0 km)
開 1978(昭和53)年3月31日(乗り入れ開始)
住 東京都渋谷区西原3-8-5(小田急)
乗 237,023人(小田急電鉄を含む)

小田急電鉄小田原線と接続。1978(昭和53)年3月31日の代々木上原〜代々木公園間1.0kmの開通によって、本厚木〜綾瀬間で小田急との相互直通運転が開始された。駅が開業したのは1927(昭和2)年4月1日のことで「代々幡上原」としての開業。駅は井の頭通りの近くに設けられている。

🟢C02 代々木公園 よよぎこうえん

1.0 km(1.0 km)
開 1972(昭和47)年10月20日
住 東京都渋谷区富ケ谷1-3-9
乗 24,257人

霞ケ関から当駅まで6.2kmの延伸開業に際して開業した。5年後の代々木上原延伸までは当駅が終着駅だった。地上に隣接する形で小田急代々木八幡駅があり、乗り換えが可能だ。駅名にも採られた代々木公園は、第18回東京オリンピックで選手村だった場所で、さらに遡れば陸軍の練兵場だった。

🟢C03 明治神宮前 めいじじんぐうまえ

2.2 km(1.2 km)
開 1972(昭和47)年10月20日
住 東京都渋谷区神宮前1-18-22
乗 86,222人(副都心線を含む)

副都心線と接続。駅名の後ろに「原宿」とつけ加えられているとおり、JR原宿駅が乗り換え駅とされている。また、駅名に採られた明治

神宮へは徒歩1分。2008(平成20)年6月14日に副都心線が開業し、2010(平成22)年3月6日から駅名に「原宿」の名が加えられた。その原宿通りへは1番出口が最短だ。

C04 表参道 おもてさんどう

3.1 km(0.9 km)
開 1972(昭和47)年10月20日
住 東京都港区北青山3-6-12
乗 154,173人(銀座線・半蔵門線を含む)

銀座線、半蔵門線と接続。駅の開業は1938(昭和13)年11月18日で、東京高速鉄道の「青山六丁目」が始まり。1972(昭和47)年10月の千代田線開業時、銀座線の駅とともに駅名が現行のものに改められ、1978(昭和53)年8月1日に半蔵門線が開通して3路線が接続する駅となった。当線はその中で一番深い表参道(都道413号)の直下、地下3階にある。

C05 乃木坂 のぎざか

4.5 km(1.4 km)
開 1972(昭和47)年10月20日
住 東京都港区南青山1-25-8
乗 34,694人

駅名に採られた乃木坂は港区赤坂8丁目と9丁目の境、都道413号の坂道が由来。明治時代までは「幽霊坂」、「行合坂」、「なだれ坂」、「膝折坂」とも呼ばれていたが、1912(大正元)年に陸軍軍人乃木希典が殉死した後は、この坂の近くに乃木の住まいがあったことにちなみ、「乃木坂」と呼ばれるようになった。駅は乃木坂陸橋交差点近くの地下2階に島式ホーム1面2線が設けられている。

C06 赤坂 あかさか

5.6 km(1.1 km)
開 1972(昭和47)年10月20日
住 東京都港区赤坂5-4-5
乗 66,289人

赤坂が発展したのは江戸時代、山林だったこの一帯に武家屋敷が多く建てられていった後のこと。時代劇でその名が知られる町奉行・大岡忠相の屋敷もこの一画にあり、今はその跡地に豊川稲荷が残されている。副駅名は「TBS前」。TBS放送センターは3b出口から徒歩1分の距離にある。

C07 国会議事堂前 こっかいぎじどうまえ

6.3 km(0.7 km)
開 1972(昭和47)年10月20日
住 東京都千代田区永田町1-7-1
乗 34,496人(丸ノ内線を含む)

丸ノ内線と接続するほか、銀座線、南北線の溜池山王駅とも改札内の通路で繋がっている。島式ホーム1面2線が地下6階に設けられており、ホームの深さ37.9mは東京メトロの駅で最深。丸ノ内線のホームまでも180mの距離があり、エスカレーターの長さが話題になることも多い。

C08 霞ケ関 かすみがせき

7.1 km(0.8 km)
開 1971(昭和46)年3月20日
住 東京都千代田区霞が関2-1-2
乗 121,447人(丸ノ内線・日比谷線を含む)

丸ノ内線、日比谷線と接続。隣の国会議事堂前駅でも丸ノ内線と接続しており両駅の間で2つの路線が並行する形となっているが、実際には離れた場所を走っている。両線の乗り換えは霞が関がおススメだ。江戸時代には多くの大名屋敷が建てられていた地域だが、大火で焼失。近代になって外務省、海軍省が置かれたことがきっかけとなって、ここに数多くの省庁が集まることになった。

C09 日比谷 ひびや

7.9 km(0.8 km)
開 1971(昭和46)年3月20日
住 東京都千代田区有楽町1-5-1先
乗 85,949人(日比谷線を含む)

日比谷線、都営三田線と接続。また有楽町線有楽町駅も近く、地下通路を歩いて乗り換えられるほか、地下通路は銀座方面にも延びて丸ノ内線、銀座線とも乗り換えられる。太古の昔には日比谷から有楽町の一帯が海岸線であったというが、近世以降に埋め立てが進んだ。都心のオアシスとして知られ、毎年10月に「鉄道フェスティバル」が開催される日比谷公園は当駅が最寄りだ。

C10 二重橋前 にじゅうばしまえ

8.6 km(0.7 km)
開 1971(昭和46)年3月20日
住 東京都千代田区丸ノ内2-3-1
乗 27,886人

都心にあって千代田線単独の駅となっている。それでも隣の大手町、日比谷、有楽町の各駅とは地下通路が繋がっているほか、JR東京駅も至近の距離にあり、丸ノ内線東京駅へのアクセスもOK。2018(平成30)年3月17日からは副駅名として「丸の内」の使用が開始されている。駅名に採られた二重橋は正式名称を「皇居正門鉄橋」といい、二重端濠に架されている。

C11 大手町 おおてまち

9.3 km(0.7 km)
開 1969(昭和44)年12月20日
住 東京都千代田区大手町1-6-1
乗 277,497人(丸ノ内線・東西線・半蔵門線を含む)

丸ノ内線、東西線、半蔵門線、都営三田線と接続。JRと丸ノ内線の東京駅とも近く、乗り換えは可能だ。この一帯が発展し始めたのは徳川家康の江戸城入城の後で、埋め立てによって生まれた土地に、大名屋敷が軒を連ねるようになった。明治以降には、その跡地の多くが官公庁や教育機関に転用され、規則的に道路が配された近代的な街が形成されていった。

C12 新御茶ノ水 しんおちゃのみず

10.6 km(1.3 km)
開 1969(昭和44)年12月20日
住 東京都千代田区神田駿河台3丁目先
乗 77,610人

JR御茶ノ水駅とも近く、B1出口の目の前にJRの改札口がある。また、丸ノ内線淡路町駅、都営新宿線小川町駅とも乗り換え駅となっている。島式1面2線のホームは24.3mという深い地下にあり、千代田線では国会議事堂前に次いで2番目の深さだ。この駅の建設に際しては、2本の単線トンネルを並列して掘削する「メガネ形シールド」という我が国初めての工法が用いられた。

C13 湯島 ゆしま

11.8 km(1.2 km)
開 1969(昭和44)年12月20日
住 東京都文京区湯島3-47-10
乗 32,511人

不忍通りと春日通りが交差する天神下交差点の直下にあたる。学問の神様として知られる湯島天満宮は3番出口から西の方向に徒歩5分だ。不忍池も近いなど、駅の周辺は大都会東京の中心部にありながら、エアポケット的な存在の閑静な一画となっている。

C14 根津 ねづ

13.0 km(1.2 km)
開 1969(昭和44)年12月20日
住 東京都文京区根津1-3-5
乗 24,206人

湯島同様に閑静な住宅地が広がる地域で、東京大学本郷キャンパスなど教育機関も多い。東京大学が大戦末期の空襲の目標から除外されていたこともあって、この一画には昔ながらの建物が多く残されている。ホームは単式のものが上下2層に配置。これは地上の道路が狭く、工事用スペースが限られていたための方策だった。

C15 千駄木 せんだぎ

14.0 km(1.0 km)
開 1969(昭和44)年12月20日
住 東京都文京区千駄木3-36-7
乗 25,947人

根津駅同様にホームは上下2層式。千駄木という地名の由来には諸説があって、このあたりの雑木林から一日に千駄もの薪が取れたということに由来するという説があるが、そんな挿話にも近世までの面影を垣間見る静かな場所。夏目漱石、森鷗外、川端康成など、数多くの文人が千駄木界隈に居を求めた。根津同様、駅周辺には昔ながらの建物が多く残っている。

C16 西日暮里 にしにっぽり

14.9 km(0.9 km)
開 1969(昭和44)年12月20日
住 東京都荒川区西日暮里5-14-1
乗 143,417人

JR山手線、都営日暮里・舎人ライナーと接続。JR西日暮里駅が開業したのは1971(昭和46)年4月20日のことで、千代田線の駅の開業よりも遅い。ホームは単式ホームを上下2階層の構造で、地下1階にJRとの連絡改札口が設けられている。日暮里・舎人ライナーの駅は改札外にある。

C17 町屋 まちや

16.6 km(1.7 km)
[開]1969(昭和 44)年 12 月 20 日
[住]東京都荒川区町屋 1-1-5
[乗]55,740 人
京成電鉄京成本線と接続。また、都営荒川線の町屋駅前電停も隣接しており、乗り換えは容易である。ホームは上下 2 階層の方式で、駅周辺の道路が狭隘なことが理由のひとつ。駅周辺は商店、飲食店が軒を連ねるほか、工場や住宅地なども混在しているのが町屋の特徴だ。

[C18] 北千住 きたせんじゅ

19.2 km(2.6 km)
[開]1969(昭和 44)年 12 月 20 日
[住]東京都足立区千住 2-63
[乗]215,800 人
日比谷線、ＪＲ常磐線、東武鉄道伊勢崎線、つくばエクスプレスが接続。東京西北部の交通の一大拠点となっている。東京の北側に位置することなどから、特に若い世代からは高い利便性が評価され、昭和後期以降に一気に発展した。今は駅周辺に巨大なビルが並び、昔日の面影はない。

[C19] 綾瀬 あやせ

21.8 km(2.6 km)
[開]1971(昭和 46)年 4 月 20 日
[住]東京都足立区 3-1-1
[乗]349,331 人(ＪＲ線を含む)
ＪＲ常磐線との接続駅。ホームは地上 2 階で、1 ～ 4 番線まであり、中線の 2 ～ 3 番線は両方向の列車が発着している。また 1 ～ 2 番線ホームの我孫子寄りに 0 番線ホームがあり、北綾瀬行の区間列車が発着する運用方になっている。

[C20] 北綾瀬 きたあやせ

23.9 km(2.1 km)
[開]1979(昭和 54)年 12 月 20 日
[住]東京都足立区谷中 2-6-21
[乗]37,167 人
千代田線が開業した当初からここに綾瀬車両基地への信号所が設置されていたが、地元住民からの請願もあったという悲願の駅だった。当駅はその信号所を転用する形で開設され、綾瀬との間 2.1km は高架上を走る。ホームが設けられた先の線路が車両基地へと続いている。

有楽町線

[Y01] [F01] 和光市 わこうし

0.0 km(0.0 km)
[開]1987(昭和 62)年 8 月 25 日(乗り入れ開始)
[住]埼玉県和光市本町 4-6(東武)
[乗]152,949 人(東武鉄道を含む)
副都心線、東武鉄道東上線と接続する。東上線の駅として開業したのは古く 1934(昭和 9)年 2 月 1 日のことで、幾度か駅名の変更の後、1970(昭和 45)年 12 月 20 日から、旧大和町の市への格上げに伴い、現行の駅名となっている。

[Y02] [F02] 地下鉄成増 ちかてつなります

2.2 km(2.2 km)
[開]1983(昭和 58)年 6 月 24 日
[改]2004(平成 16)年 4 月 1 日(営団成増)
[住]東京都板橋区成増 2-11-3
[乗]44,314 人
開業時の駅名は営団成増。その後、帝都高速度交通営団が東京メトロとなったことから、当駅も現行の駅名に改称された。ホームは川越街道(国道 254 号)の下、地下 2 階に島式ホーム 1 面 2 線を設置。池袋まで線路が並行する東武東上線の成増駅とは 150 m ほど離れた位置にある。

[Y03] [F03] 地下鉄赤塚 ちかてつあかつか

3.6 km(1.4 km)
[開]1983(昭和 58)年 6 月 24 日
[改]2004(平成 16)年 4 月 1 日(営団赤塚)
[住]東京都練馬区北町 8-37-16
[乗]36,536 人
隣駅の地下鉄成増駅同様、駅名変更が行なわれた駅。板橋区赤塚新町と練馬区北町に跨る形で造られており、駅所在地の住所は慣例に従って駅長室が所在する住所とされている。1・2 番出口から西へ 700 m ほど進んだ先に都立光が丘公園がある。

[Y04] [F04] 平和台 へいわだい

5.4 km(1.8 km)
[開]1983(昭和 58)年 6 月 24 日
[住]東京都練馬区早宮 2-17-48
[乗]38,769 人
環状八号線(都道 311 号)と、池袋谷原線が交差する平和台駅前交差点の下に設けられ、環状八号線を北東方向に 1.5km進めば東武練馬に、南西方向に 1.0km進めば都営大江戸線の練馬春日町に到着する位置だ。駅が設置された一帯は練馬区内でももっとも早く拓けた場所であるといい、旧地名は本村。1965(昭和 40)年に実施された住居表示の実施に際して、平和台の名が定められた。

[Y05] [F05] 氷川台 ひかわだい

6.8 km(1.4 km)
[開]1983(昭和 58)年 6 月 24 日
[住]東京都練馬区氷川台 3-38-18
[乗]34,762 人
駅所在地の地名が駅名に採られた。氷川台という町名は当地にある氷川神社にちなんだものとされ、板橋区にある同名の町との混同を避けるために台という一文字が追加されている。ちなみに氷川とは古語で「神聖な泉」を指し、各地に同様の地名がある。有楽町線では数少ない相対式ホームで、建設時は直径 10 m に及ぶ巨大なシールドが用いられている。

[Y06] [F06] 小竹向原 こたけむかいはら

8.3 km(1.5 km)
[開]1983(昭和 58)年 6 月 24 日
[住]東京都練馬区小竹町 2-16-15
[乗]281480 人(副都心線・西武鉄道を含む)
西武有楽町線と接続。駅が開業した 4 カ月後の 10 月 1 日に西武有楽町線が当駅から新桜台まで開業。この時点で西武有楽町線は他線との接続はなく、営団地下鉄から車両を借りて運転が行なわれていた。駅は地下 2 階に島式ホーム 2 面 4 線を設置。1 ～ 2 番線が渋谷・新木場方面行、3 番線が西武有楽町線方面行、4 番線が和光市方面行となっている。

[Y07] [F07] 千川 せんかわ

9.3 km(1.0 km)
[開]1983(昭和 58)年 6 月 24 日
[住]東京都豊島区要町 3-10-7
[乗]34,918 人(副都心線を含む)
千川の名前は玉川上水の分水だった千川上水に由来。千川上水は 5 代将軍綱吉の命により、小石川、浅草、湯島方面への給水を目的に開削され、玉川上水からの取水部が仙川近くにあったことから、千川の名が付けられたという。完成後は「江戸六上水」に数えられたが、現在は大部分が暗渠と化している。当駅から池袋の間まで、有楽町線、副都心線の線路は、上層を有楽町線が、下層を副都心線が走る 2 層建て構造だ。

[Y08] [F08] 要町 かなめちょう

10.3 km(1.0 km)
[開]1983(昭和 58)年 6 月 24 日
[住]東京都豊島区要町 1-1-10
[乗]36,047 人(副都心線を含む)
有楽町線営団成増(現・地下鉄成増)～池袋間 9.3km の延伸開業時に開設された駅で、副都心線と共用してホームは上下 2 層建てだ。駅は山手通りと池袋谷原線が交差する要町一丁目交差点の直下に設けられ、駅周辺には、マンションと、いわゆる雑居ビルがずらりと並んでいる。

[Y09] 池袋 いけぶくろ

11.5 km(1.2 km)
[開]1974(昭和 49)年 10 月 30 日
[住]東京都豊島区西池袋 1-12-1
[乗]461,392 人(丸ノ内線・副都心線を含む)
丸ノ内線、副都心線、ＪＲ線、東武鉄道、西武鉄道が集結する。有楽町線池袋駅は、池袋駅の地下 1 階に延びる「オレンジロード」、「アゼリアロード」の下、地下 2 階に島式ホーム 1 面 2 線が設けられている。有楽町線のホームは、丸ノ内線、副都心線のホームから独立しているのも特徴だ。最初に丸ノ内線の駅が誕生したのが 1954(昭和 29)年 1 月 20 日。それから 70 年ほどが経過し、池袋は東京メトロを代表するターミナルに成長している。

[Y10] 東池袋 ひがしいけぶくろ

12.4 km(0.9 km)
[開]1974(昭和 49)年 10 月 30 日
[住]東京都豊島区東池袋 4-4-4
[乗]38,132 人
池袋駅から 0.9km 東南に位置。有楽町線の池袋～銀座一丁目間 10.2km が開業日と同日に誕生している。駅周辺には池袋駅から延びて来る繁華街の東南端にあたり飲食店の数も多く、サンシャインシティも近い。都電荒川線の東池袋四丁目電停も近く、短時間での乗り換えが可能である。

[Y11] 護国寺 ごこくじ

13.5 km（1.1 km）
🚇1974（昭和 49）年 10 月 30 日
🏠東京都文京区大塚 5-40-8
🚃37,393 人

駅名に採られた護国寺は、1681（天和元）年に創建された真言宗の名刹。2 万坪という広い境内を有し、大隈重信、山縣伊三郎など鉄道にゆかりのある人物の墓所ともなっている。有楽町線は、ここから音羽通りの下を走る。五代将軍綱吉の護国寺への御成道で、京都を模したともいわれるため、東京には珍しく、直線である。

Ⓨ⑫ 江戸川橋 えどがわばし

14.8 km（1.3 km）
🚇1974（昭和 49）年 10 月 30 日
🏠東京都文京区関口 1-19-6
🚃45,773 人

都心を流れる神田川は、その中流域で江戸川という呼び名もある。当駅の近くで神田川に架けられている橋は、これにちなんで江戸川橋と名付けられ、それが駅名にも採られた。当駅の駅前から護国寺まで、音羽通りがまっ直ぐに延びており、この道が飲食店、土産物屋が並ぶ参道として賑わった時代もあったという。

Ⓨ⑬ 飯田橋 いいだばし

16.4 km（1.6 km）
🚇1974（昭和 49）年 10 月 30 日
🏠東京都新宿区神楽坂 1-13
🚃138,426 人（東西線・南北線を含む）

東西線、南北線、都営大江戸線、JR 中央線と接続する。初めて駅が設けられたのは 1894（明治 27）年のことで、私鉄・甲武鉄道が開設した牛込駅。この駅が後に飯田橋駅となる。地名の由来は、江戸城に入城した徳川家康に道案内をした地元の長老飯田喜兵衛が名主を務めた一帯が飯田町を名乗り、外堀に架けられた橋が飯田橋と呼ばれたことによる。ホームは外堀通りの直下地下 3 階にある。

Ⓨ⑭ 市ケ谷 いちがや

17.5 km（1.1 km）
🚇1974（昭和 49）年 10 月 30 日
🏠東京都新宿区市谷田町 1 丁目先
🚃116,190 人（南北線を含む）

南北線、都営新宿線、JR 中央線と接続する。明治の私鉄・甲武鉄道による開業で、飯田橋駅と似た生い立ちだ。市ケ谷という地名の由来には諸説があるが、この一帯が、四ツ谷に続く谷の地形であることもそのひとつだ。

Ⓨ⑮ 麹町 こうじまち

18.4 km（0.9 km）
🚇1974（昭和 49）年 10 月 30 日
🏠東京都千代田区麹町 3-2 先
🚃49,806 人

地名の由来には諸説あり、昔、この一帯に小路が多かったことが転じた、あるいは糀屋が軒を連ねていたなど。16 世紀、家康の江戸入城と同時期にできた古くからの町ゆえだろう。江戸と府中を結ぶ甲州街道沿いにあたり、国府路（こうじ）も語源とされる。駅はコンコース、新木場方面行ホーム、和光市方面行ホームの 3

層構造で、地上の工事スペースが限られていたため。

Ⓨ⑯ 永田町 ながたちょう

19.3 km（0.9 km）
🚇1974（昭和 49）年 10 月 30 日
🏠東京都千代田区永田町 1-11-28 先
🚃66,041 人（南北線・半蔵門線を含む）

半蔵門線、南北線と接続、さらに赤坂見附駅とも繋がっており、乗り換え駅としての利便性は高い。永田町の名は江戸時代、この地にあった永田馬場に由来し、永田姓の旗本屋敷が多くあったという。しかし、それ以上に政界の用語としての認知度が高く、「永田町」の名は国会の代名詞。駅周辺は商店や住宅が少ない特色の強い駅だ。

Ⓨ⑰ 桜田門 さくらだもん

20.2 km（0.9 km）
🚇1974（昭和 49）年 10 月 30 日
🏠東京都千代田区霞が関 2-1-1
🚃12,224 人

東京メトロ全駅の中で一番乗降客数の少ない駅と紹介されることが多かった駅。駅の周囲が官公庁街にあるためで、どの省庁に行くにも、より便利な駅がある。駅名に採られた桜田門は、江戸城の内堀に建てられた城門で重要文化財に指定。彦根藩の大老・井伊直弼が暗殺された「桜田門外の変」で世に知られるところである。当駅の 3 番出口が至近の場所に、今もある。

Ⓨ⑱ 有楽町 ゆうらくちょう

21.2 km（1.0 km）
🚇1974（昭和 49）年 10 月 30 日
🏠東京都千代田区有楽町 1-11-1
🚃119,734 人

JR と接続する。地下鉄の駅で有楽町を名乗るのは当線の駅のみであるが、至近の場所に日比谷駅や銀座駅がある。街の名の由来は、織田信長の弟、織田有楽斎（うらくさい）の屋敷がこの地にあったことによるという。有楽町という名前が生まれたのは明治期のことだが、以後、流行と情報がマッチした町として機能し、幾度となく歌謡曲にも歌われた。新しい商業ビルの誕生などによって、近年は再開発が進んでいる。

Ⓨ⑲ 銀座一丁目 ぎんざいっちょうめ

21.7 km（0.5 km）
🚇1974（昭和 49）年 10 月 30 日
🏠東京都中央区銀座 1-7-12
🚃36,285 人

駅が銀座の中央通りからは離れた場所にあるものの、周辺は銀座らしい華やかな雰囲気が漂っている。コンコース、改札口、新木場方面行ホーム、和光市方面行単式ホームと 4 階建ての構造。これも地上の工事スペースの関係から採られた措置であるといい、当初計画されていた銀座駅への連絡も用地の関係から断念された。

Ⓨ⑳ 新富町 しんとみちょう

22.4 km（0.7 km）
🚇1980（昭和 55）年 3 月 27 日
🏠東京都中央区築地 1-1-1

🚃33,659 人

銀座一丁目駅の開業から 6 年後に開業した駅。この時の延伸距離はわずか 0.7㎞であったが、この駅間には既存の施設として高速道路のランプがあったため、工事に時間がかかったという。駅の周囲は江戸時代に武家屋敷が並んでいた一画だが、明治以降は繁華街としての発展が図られた。1872（明治 5）年には劇場がオープンし新富座を名乗る。隆盛を見せたこの劇場は関東大震災を契機として姿を消している。

Ⓨ㉑ 月島 つきしま

23.7 km（1.3 km）
🚇1988（昭和 63）年 6 月 8 日
🏠東京都中央区月島 1-3-9 先
🚃60,498 人

鉄道が開通する前は、都会の中の孤島というイメージもあったが、今は都心に近い立地もあり、高層マンションが林立するベッドタウンへと変貌している。都営大江戸線と接続。ホームは両駅とも島式ホーム 1 面 2 線だが、大江戸線のホームが地下 2 階に、有楽町線のホームが地下 3 階にある。大江戸線の建設計画が先に立案されたのでこの形になった経緯がある。

Ⓨ㉒ 豊洲 とよす

25.1 km（1.4 km）
🚇1988（昭和 63）年 6 月 8 日
🏠東京都江東区豊洲 4-1-1
🚃176,881 人

乗降人数は東京メトロ線内各駅の中でも上位にランクインしており、副都心としても機能していることを物語る。当駅から押上方面への路線を分岐される計画があったが、現在は中線が使用中止となり、ホームは広い島式ホーム 1 面 2 線へと改められた。

Ⓨ㉓ 辰巳 たつみ

26.8 km（1.7 km）
🚇1988（昭和 63）年 6 月 8 日
🏠東京都江東区辰巳 1-1-44
🚃25,402 人

江戸城から見て辰巳の方角、すなわち南東方向にあるのがこの地区だ。大正時代以降に本格的な埋立てが始まり、今では高層マンションがずらりと並んでいる。深さ 21.9 ｍは有楽町線では、永田町駅、月島駅に次いで深い。

Ⓨ㉔ 新木場 しんきば

28.3 km（1.5 km）
🚇1988（昭和 63）年 6 月 8 日
🏠東京都江東区新木場 1-6 先
🚃83,516 人

JR 京葉線、東京臨海高速鉄道と連絡する。新富町～新木場間延伸に際して開業し、開業半年後の 12 月 1 日には京葉線新木場駅が開業、2002（平成 14）年 12 月 1 日には東京臨海高速鉄道りんかい線も開通し、東京南東部の要衝となっている。多くの材木商が木場から移転してきたことで、現在の町の名前が生まれており、今も周囲には貯木場がある。

191

半蔵門線

Z01 渋谷 しぶや

0.0 km (0.0 km)
開 1978(昭和53)年8月1日(乗り入れ開始)
住 東京都渋谷区道玄坂2-1-1(東急)
乗 936,944人(東急電鉄・副都心線を含む)

半蔵門の最初の開業区間となったのが渋谷〜青山一丁目間2.7kmで、同日から東急田園都市線との相互直通運転を開始。この時点では東急の車両のみによって運転が行なわれている。当駅では銀座線、副都心線、JR線、東急、京王電鉄と接続。このため、乗り換えに当駅を利用する乗客も多く、半蔵門線と副都心線を合わせた渋谷駅の1日の乗降客数は84万人だ。

Z02 表参道 おもてさんどう

1.3 km (1.3 km)
開 1978(昭和53)年8月1日
住 東京都港区北青山3-6-12
乗 154,173人(千代田線・銀座線を含む)

渋谷の先で半蔵門線の線路は青山通り(国道246号)の下を走り、赤坂見附交差点の手前まで、銀座線の線路と並行する。地下1階で半蔵門線と銀座線が島式ホーム2面4線を共有。地下3階には千代田線の島式ホーム1面2線があり、1〜2番線が千代田線、3番線が半蔵門線渋谷方面行、4〜5番線が銀座線、6番線が半蔵門線押上方面行という振り分けとなっている。

Z03 青山一丁目 あおやまいっちょうめ

2.7 km (1.4 km)
開 1978(昭和53)年8月1日
住 東京都港区南青山1-1-19
乗 81,621人(半蔵門線・銀座線を含む)

銀座線、都営大江戸線と接続する。半蔵門線の第一期開業区間が渋谷から当駅までで、その1年後には永田町まで延伸されている。それぞれ延伸された距離は短かく、その背景には沿線住民からのコンセンサス獲得に時間を要した。そして各路線の利便性が段階的に高められていったのが、この時代の東京の地下鉄だった。

Z04 永田町 ながたちょう

4.1 km (1.4 km)
開 1979(昭和54)年9月21日
住 東京都千代田区永田町1-11-28先
乗 66,041人(有楽町線・南北線を含む)

赤坂見附駅と合わせて、有楽町線、南北線、銀座線、丸ノ内線と接続する。永田町一帯が小高い丘の上にあることから、地下鉄の駅は地表から深い位置に設けざるを得ず、半蔵門線永田町のホームは地下36mの深さだ。駅は既存の建造物を避け、青山通り(国道246号線)南側の衆議院議長公邸の下にあり、工事に際してはシールド工法が採用されている。

Z05 半蔵門 はんぞうもん

5.1 km (1.0 km)
開 1982(昭和57)年12月9日
住 東京都千代田区麹町1-6先
乗 66,059人

半蔵門線の永田町〜半蔵門間延伸時に開業した駅で線名にも採られているが、半蔵門線内で唯一、他線との連絡がない。駅名に採られた半蔵門は、江戸城の西側に設けられ、甲州街道に続いていた門で、伊賀忍者の首領とされた服部半蔵(徳川家の家臣服部正成の通名とされ、半蔵の名は代々引き継がれた)の屋敷が近くにあったことからその名が付いたという。

Z06 九段下 くだんした

6.7 km (1.6 km)
開 1989(平成元)年1月26日
住 東京都千代田区九段南1-6-1
乗 23,661人(東西線・都営線を含む)

東西線、都営新宿線と接続する。半蔵門線のホームは地下4階で新宿線の相対式ホームと隣接している。かつてはこの間に壁があり、乗り換え客に不評だったが、2013(平成25)年3月15日限りで撤去された。また、2020(令和2)年3月14日からは、半蔵門線・東西線と、都営新宿線の改札も統合されている。

Z07 神保町 じんぼうちょう

7.1 km (0.4 km)
開 1989(平成元)年1月26日
住 東京都千代田区神田神保町2-2
乗 75,986人

学生街、あるいは本の街と形容されることが多い神保町。開業は都営三田線がもっとも早く、1972(昭和47)年6月30日で当時の路線名は地下鉄6号線。次に都営新宿線が1980(昭和55)年3月16日に開業している。このように、神保町は長く都営地下鉄の牙城だったが、当駅が設けられたことにより、東京メトロ各線からも行きやすくなっている。

Z08 大手町 おおてまち

8.8 km (1.7 km)
開 1989(平成元)年1月26日
住 東京都千代田区大手町1-6-1
乗 277,497人(丸ノ内線・東西線・千代田線を含む)

丸ノ内線、東西線、千代田線、都営三田線と接続する。半蔵門線のホームはすべての大手町駅の中でもっとも北寄りにあたり、JR東京駅からは遠い駅となる。地下3階に島式ホーム1面2線があり、東京メトロの4路線間でホーム番号が通しとなっていることから、渋谷方面行が7番線、押上方面行が8番線となっている。この数字は東京メトロ全線の中で最大数だ。

Z09 三越前 みつこしまえ

9.5 km (0.7 km)
開 1989(平成元)年1月26日
住 東京都中央区日本橋室町1-8-1
乗 100,581人(銀座線を含む)

銀座線と接続する。半蔵門線のホームは、日本橋北詰交差点でこれと直交する道路の地下5階に設けられている。当駅が開業したのは、半蔵門線の半蔵門〜三越前間4.4kmの延伸時で、さらに半蔵門線が水天宮前へと延伸されるまでの1年10カ月の間、当駅が半蔵門線の東の始終着駅なった。JR新日本橋駅が徒歩圏にある。

Z10 水天宮前 すいてんぐうまえ

10.8 km (1.3 km)
開 1990(平成2)年11月28日
住 東京都中央区日本橋蠣殻町2-1-1
乗 58,180人

三越前〜水天宮前間の延伸時に開業。次の押上延伸時までは終着駅でもあった。駅名に採られた水天宮とは、当駅に隣接して建つ神社で、九州の久留米水天宮の分社である。江戸時代から安産祈願の神様として知られ、今も参拝客が多い。

Z11 清澄白河 きよすみしらかわ

12.5 km (1.7 km)
開 2003(平成15)年3月19日
住 東京都江東区白河1-6-13
乗 49,852人

この一帯を開拓した清住弥兵衛という人の名が転じて清澄町が生まれ、やはりこの地の霊巌寺を菩提寺とする松平定信が東北の白河藩主であったことから白河町が生まれた。その2つの町名を合わせて駅名とした、いわゆる複合駅名である。

Z12 住吉 すみよし

14.4 km (1.9 km)
開 2003(平成15)年3月19日
住 東京都江東区猿江2-9-10
乗 49,114人

都営新宿線と接続する。駅は新大橋通りと四ツ目通りが交差する住吉二丁目交差点下で直交している。墨田区から江東区にかけての一帯は、江戸時代にいち早く拓け、昭和中期には「江東ゼロメートル地帯」と呼ばれることもあったが、今は江戸情緒が現代に生きる街として評価されている。

Z13 錦糸町 きんしちょう

15.4 km (1.0 km)
開 2003(平成15)年3月19日
住 東京都墨田区江東橋3-14-6先
乗 92,013人

JR総武本線と接続する。錦糸町は江東区、墨田区などに広がる、いわゆる城東地区を代表する繁華街として栄えた。昭和時代には駅前を走る都電の姿も雑誌等に頻繁に紹介されていたが、錦糸町は都電の6つの系統が集結する東京西郊の要所だったためである。その姿には、今日の地下鉄やJR線が接続する駅の賑やかな姿がオーバーラップする。

Z14 押上 おしあげ

16.8 km (1.4 km)
開 2003(平成15)年3月19日
住 東京都墨田区押上1-1-65
乗 160,493人(東武鉄道を含む)

都営浅草線、東武鉄道、京成電鉄と接続する。半蔵門線は、当駅を経由して東武鉄道伊勢崎線との相互直通運転を行い、駅も共同使用となっている。また、都営浅草線も京成電鉄、さらには京浜急行との直通運転を行なっており、今日の押上は、鉄道乗り入れ運転の拠点として成長

を遂げた感がある。駅名には2012(平成24)年3月2日の東京スカイツリータウンのオープンにあわせて、同年5月22日からすべての鉄道の駅で「スカイツリー前」という副駅名が使用開始された。

南北線

N01 目黒 めぐろ

0.0 km(0.0 km)
開 2000(平成12)年9月26日
住 東京都品川区上大崎4-2-1(東急)
乗 223,329人(東急電鉄・南北線・都営三田線を含む)

JR線、東急目黒線と接続。南北線は当駅を経由して目黒線との直通運転を実施している。この地に駅が設けられたのは1885(明治18)年3月16日のことで、私鉄・日本鉄道が、現在のJR山手線の一駅として開業。1923(大正12)年3月11日に目黒蒲田電鉄(現・東急)が駅を設けた以降、その発展が始まっている。南北線は残されていた溜池山王～当駅間の開業で全通となり、東急目黒線との直通運転が開始された。なお、駅の管轄は東急電鉄が行っている。

N02 白金台 しろかねだい

1.3 km(1.3 km)
開 2000(平成12)年9月26日
住 東京都港区白金台4-5-10
乗 14,772人(都営三田線を含む)

今日では高級住宅地というイメージがある白金界隈だが、明治時代半ばまではのどかな田園風景が広がっていたといい、戦後になって住宅地としての開発が本格化した。東京の西郊には高台が多く、住環境は良好だったが、鉄道などの近代的な交通機関の発達がその発展に不可欠だったのである。都営三田線が目黒線を経由して東急にも乗り入れているため、目黒線と都営三田線が共同使用。駅の管轄は東京メトロが行なっている。

N03 白金高輪 しろかねたかなわ

2.3 km(1.0 km)
開 2000(平成12)年9月26日
住 東京都港区高輪1-3-20先
乗 32,521人(都営線を含む)

南北線と都営三田線が分岐。ホームは地下3階に島式ホーム2面4線があり、外側の線路を三田線が、内側の線路を南北線が使用している。計画段階では清正公前という仮称で呼ばれていたが、これは白金台1丁目にある覚林寺から採ったもの。覚林寺は「清正公さま」という呼び名で親しまれている。

N04 麻布十番 あざぶじゅうばん

3.6 km(1.3 km)
開 2000(平成12)年9月26日
住 東京都港区麻布十番4-4-9先
乗 39,125人

都営地下鉄大江戸線と接続する。南北線の駅が開業したおよそ3カ月後の12月12日に大江戸線の駅が開業。それまでは都心にありながら鉄道路線が無かった麻布界隈へのアクセスが飛躍的に向上した。麻の布の産地であったこと、ここを流れる古川の10番目の改修工区であったことからこの地名が生まれたという。

N05 六本木一丁目 ろっぽんぎいっちょうめ

4.8 km(1.2 km)
開 2000(平成12)年9月26日
住 東京都港区六本木1-4-1
乗 60,048人

首都高速谷町ジャンクションに近い麻布通りの地下に設けられている。ホームは地下4階に島式1面2線で、首都高速道路の支柱など、既存の施設への影響を与えることがないよう工事にさまざまな工夫が凝らされたことで知られ、駅は泉ガーデンと直結した出口があるなど、大都会に設けられた現代の駅らしい高い機能を有している。

N06 溜池山王 ためいけさんのう

5.7 km(0.9 km)
開 1997(平成9)年9月30日
住 東京都千代田区永田町2-11-1
乗 63,392人(銀座線を含む)

交差点にその名を残す溜池とは、飲み水や農業用水の確保のためにこの地に作られた池のことで、1606(慶長11)年頃に完成したと伝えられる。美しい景観で江戸の名所にも数えられたという。当駅は南北線の四ツ谷から当駅までの延伸時に開業。「歴史を刻んだ駅名でパブリックアートがあるモダンな駅」として、公募による「関東の駅百選」に選出されている。

N07 永田町 ながたちょう

6.4 km(0.7 km)
開 1997(平成9)年9月30日
住 東京都千代田区永田町1-11-28先
乗 66,041人(有楽町線・半蔵門線を含む)

赤坂見附駅とも連絡する地下鉄のジャンクション。駅の開業は、ここに集結する5路線の中でいちばん遅いが、地下6階にある半蔵門線ホームよりも浅い。当駅のような多数の地下鉄路線の集結する地点には、建設技術の進歩を感じる。レイルファンにとっては、地下鉄の乗り換え時の見どころのひとつ。

N08 四ツ谷 よつや

7.9 km(1.5 km)
開 1996(平成8)年3月26日
住 東京都新宿区四谷1-3
乗 101,016人(丸ノ内線を含む)

丸ノ内線、JR中央線と接続する。南北線の駅は、駒込から当駅までの延伸時に開業。それまでは23区の北側にある盲腸線のような姿だった南北線が都心へと乗り入れたのがこの延伸だった。丸ノ内線の開業から37年後に開業した南北線のホームは、JRにも近い丸ノ内線のホームから離れ、長い連絡通路を歩いた先の地下3階に島式ホーム1面2線が設けられている。

N09 市ケ谷 いちがや

8.9 km(1.0 km)
開 1996(平成8)年3月26日
住 東京都新宿区市谷田町1丁目先
乗 116,190人(有楽町線を含む)

有楽町線、都営新宿線、JR中央線と接続する。地下鉄市ケ谷駅の改札内には、「江戸歴史散歩コーナー」と称する資料展示コーナーがあり、江戸時代の地図や江戸城の石垣などが復元展示され、江戸の街の姿を知ることができる。これは南北線の工事に伴って行なわれた埋蔵文化財の発掘調査の成果を公開したものだ。

N10 飯田橋 いいだばし

10.0 km(1.1 km)
開 1996(平成8)年3月26日
住 東京都新宿区神楽坂1-13
乗 138,426人(東西線・有楽町線を含む)

東西線、有楽町線、都営大江戸線、JR中央線と接続する。南北線のホームは外堀通りの下、地下3階にあり、島式ホーム1面2線が、有楽町線の島式ホームと並んでいる。番線表示は東西線が1～2、有楽町線が3～4、南北線が5～6となっている。2020(令和2)年7月にはJR西口の新駅舎の使用が開始され、駅前の雰囲気が大きく変わっている。

N11 後楽園 こうらくえん

11.4 km(1.4 km)
開 1996(平成8)年3月26日
住 東京都文京区春日1-2-3
乗 89,048人(丸ノ内線を含む)

丸ノ内線と接続。高架にある丸ノ内線に対し、南北線は地下6階にあり、ホームの高低差は約40mある。南北線はこの辺りで東京ドームの下を通過しているが、この付近の工事中は大型の鋼管という想定外の埋設物などが出現して話題になった。

N12 東大前 とうだいまえ

12.7 km(1.3 km)
開 1996(平成8)年3月26日
住 東京都文京区向丘1-19-2
乗 23,582人

駅名の通り東京大学の弥生キャンパス(農学部)に隣接して設けられた駅で、1番出口はキャンパス内に設けられている。出口は1番と2番の2カ所のみで、全体にこじんまりとした構造だ。駅の周辺には東大のキャンパスのほかは、静かな住宅街が広がる。

N13 本駒込 ほんこまごめ

13.6 km(0.9 km)
開 1996(平成8)年3月26日
住 東京都文京区向丘2-37-1
乗 18,857人

東大前駅から北に0.9kmの地点で、当駅の1番出口から南西およそ400mに都営三田線の白山駅がある。駅周辺には住宅街のほかに学校が多い。また、寺院が数多く集まっているのも特徴だ。近世には武家屋敷が多く建てられ、御用の植木職人も数多く住んでいたのだとか。

N14 駒込 こまごめ

193

15.0 km(1.4 km)
開1991(平成3)年11月29日
住東京都豊島区駒込2-1-40
乗34,065人

　JR山手線と接続する。南北線の最初の開業区間となったのが、赤羽岩淵から当駅までの6.3kmだった。駅の位置はJRとの連絡に配慮して本郷通り(都道455号線)の地下に定められている。駒込という地名の起こりには諸説があるが、この地に馬が放牧されていたというものも有力。そんなのどかな時代を、今日の風景から想像することは難しい。

Ⓝ15 西ケ原 にしがはら

16.4 km(1.4 km)
開1991(平成3)年11月29日
住東京都北区西ケ原2-3-8
乗8,131人

　本郷通りの下にあたり、JR上中里駅とは直線で350mほどの距離がある。この両駅の間に造られている区立滝野川公園は当駅の建設工事に際して行なわれた発掘調査で、都内で初めて古代の郡衙(ぐんが・郡の役所)が発掘された場所で、跡地が公園として整備された。駅の周囲には静かな住宅街が広がっており、2019(令和元)年の実績では、東京メトロ全駅の中で乗降客数がもっとも少ない駅となっている。

Ⓝ16 王子 おうじ

17.4 km(1.0 km)
開1991(平成3)年11月29日
住東京都北区王子1-10-18
乗53,326人

　JR線、都電荒川線と接続する。駅に隣接する飛鳥山公園は、江戸時代に八代将軍徳川吉宗が桜を植えたことをきっかけに桜の名所となり、多くの江戸市民が足を運んだという。今も飛鳥山の桜は健在だ。

Ⓝ17 王子神谷 おうじかみや

18.6 km(1.2 km)
開1991(平成3)年11月29日
住東京都北区王子5-2-11
乗31,896人

　隣接する王子と神谷の2つの町名が駅名に採られた。当駅の北寄りからは王子検車区への出入庫線が分岐。王子検車区は地下2階と地下3階の2層構造の車両基地で、地上部分は区立神谷堀公園になっている。ホームは地下3階に相対式2面2線を設置。南北線の駅で相対式ホームが採用されているのは、当駅と白金台のみだ。

Ⓝ18 志茂 しも

20.2 km(1.6 km)
開1991(平成3)年11月29日
住東京都北区志茂2-1-18
乗13,353人

　王子神谷駅同様、北木通りの地下に設けられた駅で、西に1kmの場所にJR赤羽駅がある。赤羽駅周辺には都内屈指の繁華街が広がっているが、当駅の周辺に飲食店は少なく、商店街と住宅街が広がっている。志茂という地名は「下」から生まれたものと考えられており、明治期に

なって志茂という2文字が充てられた。

Ⓝ19 赤羽岩淵 あかばねいわぶち

21.3 km(1.1 km)
開1991(平成3)年11月29日
住東京都北区赤羽1-52-8
乗82,352人(埼玉高速鉄道を含む)

　当駅で埼玉高速鉄道と接続し、線路は埼玉高速鉄道埼玉スタジアム線の浦和美園まで延びている。駅名は赤羽町と岩淵町の両町から採ったもの。駅の王子寄りにダブルクロスのポイントが設置されているが、浦和美園寄りにはポイントの設置はない。南北線の列車は、終電を除いて全列車が埼玉高速へ直通運転を行なっており、この配線で対応が可能となっている。

副都心線

Ⓕ09 池袋 いけぶくろ

0.0 km(0.0 km)
開1994(平成6)年12月7日
改2008(平成20)年6月14日(新線池袋)
住東京都豊島区西池袋3-28-14
乗461,392人(丸ノ内線・有楽町線を含む)

　開業した時の駅名は「新線池袋」で、この日に小竹向原～新線池袋間3.0kmが「有楽町線新線」として開業した。その後副都心線の延伸工事が続けられ、渋谷まで8.9kmの延伸時に駅名を現行のものに改称して今日に至っている。副都心線の池袋駅は東武鉄道池袋駅の西側に地上の線路とは直交する形で設けられている。

Ⓕ10 雑司が谷 ぞうしがや

1.8 km(1.8 km)
開2008(平成20)年6月14日
住東京都豊島区雑司が谷2-6-1
乗17,807人

　駅は地下33.8mという深い位置にあり、副都心線で最深。また、3番出口に続く通路には動く歩道が設けられており、これは副都心線で唯一のものだ。都電荒川線鬼子母神前電停が近く乗り換えが可能。また荒川線の隣の電停は元々「雑司ヶ谷」を名乗っていたが、副都心線の開業時から混同を避けて「都電雑司ヶ谷」へと名称を変更している。駅の周辺には閑静な住宅地だ。

Ⓕ11 西早稲田 にしわせだ

3.3 km(1.5 km)
開2008(平成20)年6月14日
住東京都新宿区戸山3-18-2
乗32,955人

　雑司ヶ谷駅と同様に、地下29.9mという深い位置にホームが設けられている。当駅の近くを神田川が流れており、この川の存在も線路を深い位置に潜らせた理由の一つだ。駅の周辺には、早稲田大学西早稲田キャンパス、学習院女子大、都立戸山高校など、学校が数多く建っている。

Ⓕ12 東新宿 ひがししんじゅく

4.2 km(0.9 km)

開2008(平成20)年6月14日
住東京都新宿区新宿7-27-11
乗35,204人

　都営大江戸線との接続駅となっている。開業は大江戸線の方が早く2000(平成12)年12月1日の開業。この駅も後から開業した副都心線のホームが深い位置にある。当駅で優等列車の追い抜きが行なわれている。

Ⓕ13 新宿三丁目 しんじゅくさんちょうめ

5.3 km(1.1 km)
開2008(平成20)年6月14日
住東京都新宿区新宿5-18-22
乗129,191人(丸ノ内線を含む)

　丸ノ内線、都営新宿線との接続駅。当駅のホームと同方向に延びる地下通路は長く、花園神社に近いE1出口から、新宿高島屋前にあるE8出口までは、およそ800mの距離がある。この混沌こそが新宿の新宿たるゆえんなのだろう。東急線方面からは折り返し列車も設定されており、東新宿駅寄りに設けられた引き上げ線が活用されている。

Ⓕ14 北参道 きたさんどう

6.7 km(1.4 km)
開2008(平成20)年6月14日
住東京都新宿区千駄ヶ谷4-7-11
乗20,737人

　当初の計画では「新千駄ヶ谷」という駅名だったが、明治神宮の裏参道が駅の近くに延びていることから、より印象的な駅名が採用された。ホームは地下2階に島式ホーム1面が設けられたオーソドックスなスタイル。比較的浅い位置に設けられている。

Ⓕ15 明治神宮前 めいじじんぐうまえ

7.9 km(1.2 km)
開2008(平成20)年6月14日
住東京都渋谷区神宮前6-30-4
乗86,222人(千代田線を含む)

　千代田線と接続する駅で、1972(昭和47)年10月20日の千代田線霞ケ関～代々木公園間開業時から「明治神宮前」という駅名が使用されてきたが、2010(平成22)年3月6日からは副駅名が添えられた現行の駅名に変更されている。千代田線のホームは地下3階に、副都心線のホームは地下5階にあり、ここでも新参の路線が深い位置を走る格好だ。

Ⓕ16 渋谷 しぶや

8.9 km(1.0 km)
開2008(平成20)年6月14日
住東京都渋谷区道玄坂2-1-1(東急)
乗936,944人(東急電鉄・半蔵門線を含む)

　副都心線のホームは地下5階に設けられ、島式ホーム2面4線という構造。当駅で東急東横線と接続し、東横線へ向かうホームが3～4番線、副都心線へ向かうホームが5～6番線となっている。副都心線の延伸に合わせて、東急線のホームが地上2階から地下に移されるなど、大きな変貌が続く渋谷。改良工事は今もなお続けられている。

> 車窓メモリアル 私鉄編

東京メトロ　御茶ノ水駅界隈
東京の立体感

地下鉄でありながら丸ノ内線が堀を渡り、さらにその上を総武緩行線が跨ぐ御茶ノ水界隈。1979.12.13

　地下鉄丸ノ内線が、お堀上でJR線と交錯する風景は、東京の都市交通の立体感を表すスポットとして、よく取り上げられる。

　この景観を作っているのが深い堀であろう。JR線が東西の川底に這い、丸ノ内線が南北に段丘を貫いていることもあって、まるで深い谷間のように見える。これを神田川と呼ぶ人もいるが厳密には間違いで、実際は17世紀に完成した人工の堀である。

　このあたりは本郷台地（神田山）の南端にあたり、神田川はこの台地にさえぎられて今の飯田橋付近から南へ流れていた。そこで本郷台地を南北に開削し、神田川を東へ流すようにした。これによって深い外堀ができるとともに、洪水対策にもなったわけである。御茶の水付近の開削工事を担当したのが仙台藩のため、伊達堀、仙台堀と呼ぶ人もいる。

　お茶の水界隈最初の鉄道は、甲武鉄道（現在の中央本線）で、1904（明治37）年12月31日。同社は徐々に都心乗り入れを目指していたが、飯田町から御茶の水まで延伸を果たした。この時の駅は現在地よりも西にあったという。その後、1932（昭和7）年に総武本線が両国からの高架橋建設による延伸によって御茶の水に乗り入れたが、この時に現在地に移され、駅の構造も含めて現在に受け継がれている。そして戦後初の地下鉄が1954（昭和29）年、池袋～御茶の水間が開業、次いで1956（昭和31）年3月20日に御茶の水～淡路町が開業し、地下鉄ながら堀を渡る構造が誕生している。堀が増水すると地下鉄内が浸水してしまうため、トンネルには防水扉が設けられていることは意外と知られていない。

　地下鉄がJR線をくぐりながら川を渡るという独特の高低間。古い写真を見ても、鉄道線は現在もそのまま現役であることが分かる。この界隈は、鉄道が景観を創っている。

東京都交通局
とうきょうとこうつうきょく

社 名	東京都交通局
住 所	東京都新宿区西新宿2-8-1
会社設立	1911(明治44)年8月1日／1943(昭和18)年7月1日
線 名	浅草線、三田線、新宿線、大江戸線、都電荒川線、日暮里・舎人ライナー
運転方式	電化(日暮里・舎人ライナーは案内軌条方式・交流600V)
運輸開始	1911(明治44)年8月1日

▲都営浅草線の主力形式、5300形と5500形がここにそろう。馬込車両検修場　2018.6.14

歴 史

　明治期の東京市では、東京馬車鉄道から改称した東京電車鉄道、東京市街鉄道、川崎電気鉄道から改称した東京電気鉄道の3社が路線網を拡げていた。1906(明治39)年9月11日に3社が合併して東京鉄道を設立したが、2度の運賃の値上げによって市有化を求める声が高まった。これにより、1911(明治44)年8月1日に東京市が東京鉄道を買収し、新設の東京市電気局が東京市電を運営するようになった。

　1943(昭和18)年7月1日に東京都制が施行され、東京市電気局は東京都交通局に改組した。戦後は買収路線を含めて東京都民の足となっていたが、1960年代になると都心の交通渋滞が激しくなり、路面電車の廃止が検討されるようになった。東京オリンピック開催に伴う道路整備で一部の区間が廃止になり、営団地下鉄荻窪線との競合で杉並線、都営地下鉄6号線の建設工事で志村線が廃止となった。そして1967(昭和42)年12月10日に第一次都電撤去の対象となった8路線が廃止となり、1972(昭和47)年11月12日の第七次都電撤去により、早稲田～王子駅前～荒川車庫前～三ノ輪橋間の王子電気軌道(王電)継承路線だけが残された。1974(昭和49)年10月1日に「荒川線」として恒久的に残すことが決定して現在に至っている。

　戦前に設立された帝都高速度交通営団が戦後も東京の地下鉄運営を担ってきたが、1960(昭和35)年11月26日の都条例に基づき、東京都交通局が建設・運営する地下鉄が誕生することとなった。都市交通審議会において営団が取得していた第1号線(浅草線)の免許を東京都に譲渡したのがはじまりで、第6号線(三田線)・第10号線(新宿線)も東京都が建設することになった。都心部を縦横に走る地下鉄は両端で他の鉄道事業者の路線と相互直通運転としたため、軌間1,067mmが相手先となる営団地下鉄に比べて、車両の規格が異なるという複雑さが加わった。第1号線は1,435mm(京浜急行電鉄・京成電鉄)、第6号線は1,067mm(計画では東武鉄道であった)、第10号線は1,372mm(京王帝都電鉄)となった。なお、大江戸線は地下深くに自社の路線のみで敷設するため、リニア方式のミニ地下鉄となっている。

　1960(昭和35)年12月4日、都営1号線の押上～浅草橋間が開業し、京成電鉄との相互直通運転を開始した。1962(昭和37)年5月31日に浅草橋～東日本橋間、同年9月30日に東日本橋～人形町間、1963(昭和38)年2月28日に人形町～東銀座間、同年12月12日に東銀座～新橋間、1964(昭和39)年10月1日に新橋～大門間が開業した。1968(昭和43)年6月21日に大門～泉岳寺間が開業し、京浜急行電鉄との相互直通運転を開始した。同年11月15日には泉岳寺～西馬込間が開業し、浅草線は全線が開業した。

　1968(昭和43)年12月27日に都営地下鉄2番目の路線として、都営6

▲荒川線8900形。都心に残る唯一の都電路線で、併用軌道区間も健在だ。飛鳥山~王子駅前 2018.2.21

▲都営新宿線10-300形4次車。京王線に乗り入れるため、都市高速鉄道では唯一の1,372mm軌間だ。京王線上北沢~八幡山 2019.2.22

▲6300形(左)と東急8000系(右)。東急目黒線を介して三田線と繋がった。東急東横線を都営の車両が走る。東急東横線武蔵小杉 2004.3.3

Mile stone 東京都交通局

市電、地下鉄、新交通システム。首都の都市機能を支える。

▲都電5500形1号が東京芝浦電車両工場~銀座で試運転。当時は防振防音電車(PCCカー)と呼ばれた。1954.5.17

▲大江戸線全線開通式。扇千景運輸大臣や石原慎太郎都知事の臨席のもと執り行なわれた。新宿西口 2000.12.11

▲日暮里・舎人ライナーは300形でスタートした。写真は開業当日の撮影。西日暮里 2008.3.30

号線の巣鴨~志村(現・高島平)間が開業した。1972(昭和47)年6月30日に巣鴨~日比谷間、1973(昭和48)年11月27日に日比谷~三田間、1976(昭和51)年5月6日に高島平~西高島平間が延伸開業し、都営三田線三田~西高島平間が全通した。1985(昭和60)年7月に目黒延伸が決定し、営団7号線目黒~清正公前(現・白金高輪)間の線路を使用することになった。そして、2000(平成12)年9月26日に三田~目黒間が開業し、東急目黒線との相互直通運転が開始された。

1968(昭和43)年10月30日に東京都が新宿~住吉町間の敷設免許を取得し、建設工事に着工したのが第10号線で、1978(昭和53)年7月1日に都営新宿線となった。同年12月21日に岩本町~東大島間、1980(昭和55)年3月16日に新宿~岩本町間が開業し、京王帝都電鉄と相互直通運転を開始した。新宿~笹塚間は京王新線を建設し、笹塚駅で京王線と合流する運転方式となり、従来の京王線は新宿~笹塚間の初台・幡ヶ谷の駅を廃止。1978(昭和53)年10月31日から京王新線に両駅を設置した。1983(昭和58)年12月23日に東大島~船堀間、1986(昭和61)年9月14日に船堀~篠崎間、1989(平成元)年3月19日に篠崎~本八幡(仮設)間が開業し、全線が開業した。1991(平成3)年9月1日には本八幡駅が本設となり、京王車両の乗入れ区間が本八幡となった。

浅草線、三田線、新宿線に続く4番目の都営地下鉄として、1974(昭和49)年8月30日に西新宿(現・都庁前)~高松町(現・光が丘)間の敷設免許を取得した。東京の地下鉄建設は路線計画が何度も見直され、最終的に第12号線として単独の路線とすることが決定した。東京の地下深くに敷設する膨大な建設費を削減するため、日本で2番目となる鉄輪式リニアモーターのミニ地下鉄とし、さらに営業運転ではワンマン運転とすることで費用の圧縮を図っている。

1991(平成3)年12月10日に都営12号線練馬~光が丘間が開業した。1997(平成9)年12月19日に練馬~新宿間が開業し、1999(平成11)年12月15日に路線名を「大江戸線」とすることが決定した。2000(平成12)年4月20日に大江戸線新宿~国立競技場間、同年12月12日に国立競技場~両国~都庁前間が開業し、大江戸線の全線が開通した。なお、運転経路は都庁前~新宿西口~飯田橋~両国~大門~国立競技場~新宿~都庁前~練馬~光が丘間となり、光が丘起点の6の字で都庁前が重なるところとなる。

都営バスでの定時輸送が困難となった日暮里~見沼代親水公園間で、バスに代わる中量輸送機関として計画されたのが、2008(平成20)年3月30日に開業した日暮里・舎人ライナーとなる。自動運転の新交通システムで、案内軌条式鉄道となっている。

車窓

高架橋の上を走る日暮里・舎人ライナー、三田線と新宿線の一部からは沿線の住宅地やマンション、倉庫などが見渡せるが、ほかの地下鉄4路線は全区間で地下を走っているため、車窓の風景はトンネル内壁のみとなる。

車両

都営地下鉄は5500形8両編成×27本、6300形6両編成×24本、6500形8両編成×13本、10-300形10両編成×28本、12-000形8両編成×30本、12-600形8両編成×29本の計1,216両、日暮里・舎人ライナーは300形5両編成×8本、330形5両編成×11本、320形5両編成×1本の計100両、都電荒川線は9000形2両、8500形5両、8800形10両、8900形8両、7700形8両の計33両、電気機関車E5000形4両の総計1,353両が在籍している。

駅解説

浅草線

西馬込 にしまごめ
0.0 km(0.0 km)
開 1968(昭和43)年11月15日
住 大田区西馬込2-1-6
乗 39,302人

当駅から泉岳寺までの各駅は、泉岳寺～押上間よりも遅く1968(昭和43)年11月に開業。近くに馬込車両検修場があり、当駅は車両基地への入出庫線を設置する必要から開設された。

A02 馬込 まごめ
1.2 km(1.2 km)
開 1968(昭和43)年11月15日
住 大田区北馬込2-31-9
乗 23,527人

馬込という地名は全国にあり、馬が集まる場所を指す。当初は当駅から建設される予定だった車両基地への入出庫線は、計画の見直しによって西馬込に変更された。

A03 中延 なかのぶ
2.1 km(0.9 km)
開 1968(昭和43)年11月15日
住 品川区東中延2-9-12
乗 24,417人

東急大井町線中延駅が西に50mの場所にあり、接続駅に指定されている。また、東急池上線荏原中延駅も徒歩圏だ。駅名は所在地の字の名に因んだもの。

A04 戸越 とごし
3.2 km(1.1 km)
開 1968(昭和43)年11月15日
住 品川区戸越3-4-17
乗 18,291人

全国に多数ある「○○銀座」の草分け的存在となる戸越銀座が至近。3つの商店街が繋がる町並みは、郊外の大型ショッピングモール全盛の今日でも、十分な活気が感じられる。

A05 五反田 ごたんだ
4.8 km(1.6 km)
開 1968(昭和43)年11月15日
住 品川区東五反田1-26-2
乗 52,651人

JR山手線、東急池上線と接続する。浅草線の建設時点で、すでに接続各路線の駅が誕生していたことから、当駅の設置位置は、既存の構築物を避け、慎重に決定された逸話がある。

A06 高輪台 たかなわだい
5.5 km(0.7 km)
開 1968(昭和43)年11月15日
住 港区白金台2-26-7先
乗 12,110人

東京を代表する高級住宅地の一角に設置された。鉄道の需要の低さが懸念されたことから、当初は当地に駅建設の予定はなかったが、隣の駅との距離にも配慮されて、駅の建設が決定した経緯がある。

A07 泉岳寺 せんがくじ
6.9 km(1.4 km)
開 1968(昭和43)年6月21日
住 港区高輪2-16-34
乗 170,671人(京浜急行を含む)

京急本線との分岐駅で、駅施設は2社が共同で使用する。当初は都営線の支線として計画された泉岳寺～品川間は京浜急行が建設を担当し、同社の本線に組み込まれた。

A08 三田 みた
8.0 km(1.1 km)
開 1968(昭和43)年6月22日
住 港区芝5-34-10
乗 86,130人(三田線を含む)

三田線が接続する。JR田町駅も近く、乗り換えができる。三田という地名の由来には諸説があり、この地に天皇が直轄する屯田(みた)があったとする説がある。

A09 大門 だいもん
9.5 km(1.5 km)
開 1964(昭和39)年10月1日
住 港区浜松町1-27-12
乗 82,083人(大江戸線を含む)

東海道新幹線と同日に開業した。当時は単線の駅で、昭和30年代という時代背景が窺える。地名にも採られた大門は、増上寺の山門に由来する。

A10 新橋 しんばし
10.5 km(1.0 km)
開 1963(昭和38)年12月12日
住 港区新橋2-21-1先
乗 71,376人

JR線、東京メトロ、「ゆりかもめ」と接続。浅草線のホームは汐留寄り地下2階にあり、各駅とコンコースで連絡している。地上3階にある「ゆりかもめ」との乗り換えも容易だ。

A11 東銀座 ひがしぎんざ
11.4 km(0.9 km)
開 1963(昭和38)年2月28日
住 中央区銀座4-10-10先
乗 67,709人

東京メトロと接続する。当駅は東京メトロとの接続を図って計画され、2社のホームが直交している。銀座四丁目の交差点も徒歩圏にあり、地下通路も同駅まで続いている。

A12 宝町 たからちょう
12.2 km(0.8 km)
開 1963(昭和38)年2月28日
住 中央区京橋2-13-11先
乗 25,109人

宝町という地名は、縁起の良いものとして、各地に存在する。当地の名称は1931(昭和6)年に生まれたが、1978(昭和53)年に京橋に統合されて消滅。駅名として残された。

A13 日本橋 にほんばし
13.0 km(0.8 km)
開 1963(昭和38)年2月28日
改称 1989(平成元)年3月19日(江戸橋)
住 中央区日本橋1-13-1先
乗 78,113人

東京メトロが接続。駅が開業した時の名称は「江戸橋」だったが、日本橋駅が至近にあったことから、乗り換えが可能であることを分かりやすくするため、駅名が変更された。

A14 人形町 にんぎょうちょう
13.8 km(0.8 km)
開 1962(昭和37)年9月30日
住 中央区日本橋人形町3-7-13
乗 45,135人

東京メトロと接続。江戸時代に人形師が多く住んだことから地名が生まれた。今も駅周辺には昔の面影を残す町並みが続き、大都会のオアシス的存在となっている。

A15 東日本橋 ひがしにほんばし
14.5 km(0.7 km)
開 1962(昭和37)年5月31日
住 中央区東日本橋3-11-8先
乗 67,896人

新宿線馬喰横山駅が近く、乗り換え駅に指定されている。駅周辺には繊維関係の問屋が多く、浅草線の建設が計画された際に熱心な誘致運動があり、駅が開設された。

A16 浅草橋 あさくさばし
15.2 km(0.7 km)
開 1960(昭和35)年12月4日
住 台東区浅草橋1-18-11
乗 50,828人

JR総武線と接続する。駅周辺には人形や文具の問屋が多いが、これらの業種は江戸時代にはこの地に集結していたという。

京成の車両も乗り入れる　2018.6.11

A17 蔵前 くらまえ
15.9 km(0.7 km)
開 1960(昭和35)年12月4日
住 台東区蔵前2 3 1
乗 33,542人

大江戸線が接続する。当駅も浅草線の建設計画発表後に誘致運動が行なわれて開設が決定。当時の地下鉄への期待の高さが窺える。駅周辺には玩具の問屋が多い。

 浅草 あさくさ

16.8 km(0.9 km)
開 1960(昭和35)年12月4日
住 台東区駒形 1-12-14
乗 45,976人

　東武鉄道、東京メトロ浅草線が接続。当駅は、両駅からは300m離れた場所にあり、所在地名も駒形となっている。駅は既存の浅草駅に近い位置に設置された。

 本所吾妻橋 ほんじょあずまばし

17.5 km(0.7 km)
開 1960(昭和35)年12月4日
住 墨田区吾妻橋 3-7-16先
乗 17,554人

　東日本橋、蔵前と同様に、地元の請願によって建設された。本所の一帯は江戸時代にいち早く拓けた場所で、平坦な地形と、隅田川の水運が発展に大きく寄与した。

 押上 おしあげ

18.3 km(0.8 km)
開 1960(昭和35)年12月4日
住 墨田区押上 1-8-21
乗 188,833人(京成線を含む)

　京成電鉄、東京メトロが接続。2003(平成15)年3月に東武鉄道と東京メトロの押上駅が生まれ、押上は一大ジャンクションに成長した。東京スカイツリーも至近。

三田線

 目黒 めぐろ

0.0 km(0.0 km)
開 2000(平成12)年9月26日
住 品川区上大崎 4-2-1
乗 223,329人(東急電鉄、東京地下鉄を含む)

　4路線が乗り入れるジャンクション。当駅から白金高輪までは東京メトロとの共用区間となっている。当駅の施設は東京メトロ、東急との3社による共同使用だ。

 白金台 しろかねだい

1.3 km(1.3 km)
開 2000(平成12)年9月26日
住 東京都港区白金台 4-5-10
乗 14,772人(東京地下鉄を含む)

　この地を開墾した南北朝時代の役人、柳下上総介が大量の白金(銀)を所有していたことが地名の由来。駅周辺は高級住宅地として知られ、現在も大型ビルは少ない。

 白金高輪 しろかねたかなわ

2.3 km(1.0 km)
開 2000(平成12)年9月26日
住 東京都港区高輪 1-3-20先
乗 32,521人(東京地下鉄を含む)

　東京メトロ南北線との分岐駅。建設時の仮称は「清正公前」で、清正公とは加藤清正を祀る日蓮宗の寺院覚林寺を指す。同寺は駅から南へ徒歩5分の場所に建つ。

 三田 みた

4.0 km(1.7 km)
開 1973(昭和48)年11月27日
住 港区芝 5-34-10
乗 86,130人(浅草線を含む)

　浅草線と接続。2000(平成12)年9月の目黒延伸まで、当駅が三田線のターミナルだった。ホームは地下2階と地下3階に、それぞれ単式ホームが造られている。

 芝公園 しばこうえん

4.6 km(0.6 km)
開 1973(昭和48)年11月27日
住 東京都港区芝公園 4-8-14
乗 23,262人

　駅名に採られた芝公園は、もともと芝増上寺の境内だった敷地を国が整備した。1873(明治6)年に日本で初めての公園として、上野、飛鳥山などと同時にオープンした。

 御成門 おなりもん

5.3 km(0.7 km)
開 1973(昭和48)年11月27日
住 東京都港区西新橋 3-24-6
乗 38,199人

　芝増上寺の北側に建つ裏門の名が、駅名に採られた。近代まで、寺院は広大な土地を有するのが一般的で、芝公園から当駅までの一帯は、すべて寺の敷地であった。

 内幸町 うちさいわいちょう

6.4 km(1.1 km)
開 1973(昭和48)年11月27日
住 東京都千代田区内幸町 2-2-3先
乗 29,846人

　江戸城外堀の内側にあったことが地名の由来。江戸時代は大名屋敷が並んでいたが、明治期以降に官庁街として発展。今もオフィスビルがずらりと並んでいる。

目黒延伸開業式　2000.9.25

日比谷 ひびや

7.3 km(0.9 km)
開 1972(昭和47)年6月30日
住 東京都千代田区有楽町 1-13-1先
乗 71,530人

　東京メトロと接続。江戸時代初期までこの地に入江があり、日比谷入江と呼ばれていた。日比谷公園を設計した本多静六は、わが国の鉄道に防雪林を導入した人物でもある。

大手町 おおてまち

8.2 km(0.9 km)
開 1972(昭和47)年6月30日
住 千代田区丸の内 1-3-1先
乗 88,646人

　東京メトロと接続。当駅には5路線が集結し東京駅にも近い。江戸城の大手門、すなわち正門が建てられたことが地名の由来。駅周辺は日本を代表するビジネス街だ。

神保町 じんぼうちょう

9.6 km(1.4 km)
開 1972(昭和47)年6月30日
住 千代田区神田神保町 2-1
乗 117,659人(新宿線を含む)

　駅周辺は東京を代表する学生街と知られる。新宿線、東京メトロと接続。当初は三田線の駅のみが設けられる予定だったが、3路線が集結するジャンクションとなった。

水道橋 すいどうばし

10.6 km(1.0 km)
開 1972(昭和47)年6月30日
住 文京区後楽 1-3-42先
乗 39,938人

　JRと接続。駅周辺は遊園地、球場などが並ぶ繁華街となっている。駅名は神田川に架かる橋の名前から。神田川は井の頭恩賜公園を水源とする延長24.6kmの一級河川で、飯田橋から神田あたりまでは江戸時代、仙台藩が開削した人工水路だ。

春日 かすが

11.3 km(0.7 km)
開 1972(昭和47)年6月30日
住 文京区本郷 4-15-16
乗 60,591人(大江戸線を含む)

　大江戸線と接続。東京メトロ後楽園駅と通路で結ばれ、乗り換え駅となっている。徳川家の乳母として名を馳せた春日局の屋敷があったことから町の名が生まれ、この町名から駅名が採られた。

白山 はくさん

12.7 km(1.4 km)
開 1972(昭和47)年6月30日

🏠 文京区白山 5-36-10
🚉 42,662 人

石川県の白山神社から分祀（ぶんし）された神社が建てられたことから地名が生まれた。神社は夏の「あじさい祭」などで賑わいをみせている。

⑭ 千石 せんごく

13.7 km (1.0 km)
🟥 1972（昭和47）年6月30日
🏠 文京区千石 1-29-13
🚉 28,140 人

近隣を流れる千川の「せん」と、小石川の「石」をあわせて新たな地名が作られ、その5年後に三田線（当時の名称は都営6号線）が開通している。

⑮ 巣鴨 すがも

14.6 km (0.9 km)
🟥 1968（昭和43）年12月27日
🏠 豊島区巣鴨 3-27-7
🚉 82,086 人

JRと接続する。昔はこの一帯が低湿地帯で、鴨が巣を作ったことから地名が生まれたという。古い文献には「須賀茂」という表記もあり、これが転化したという説も。

⑯ 西巣鴨 にしすがも

16.0 km (1.4 km)
🟥 1968（昭和43）年12月27日
🏠 豊島区西巣鴨 3-25-13
🚉 26,467 人

駅周辺に学校が多く、若者の利用が多い駅。都電荒川線（東京さくらトラム）の庚申塚停留所が南に250mの場所にあり、徒歩での乗り換えも容易だ。

⑰ 新板橋 しんいたばし

17.0 km (1.0 km)
🟥 1968（昭和43）年12月27日
🏠 板橋区板橋 1-53-17
🚉 26,262 人

江戸時代、中山道の宿場として発展した板橋。明治以降、日本鉄道（のちの国鉄）と東武鉄道（のちの東武鉄道）が駅を設け、それから半世紀が過ぎた後に三田線も駅を設け、近代も要衝として機能している。

⑱ 板橋区役所前 いたばしくやくしょまえ

17.9 km (0.9 km)
🟥 1968（昭和43）年12月27日
🏠 板橋区板橋 2-66-17
🚉 31,287 人

当駅のA3出口が区役所の玄関脇にあるという、まさに区役所の前の駅。板橋の地名は石神井川に架かる橋の名から。古くは鎌倉期の『平家物語』にも、その名が記されているという。

⑲ 板橋本町 いたばしほんちょう

19.1 km (1.2 km)
🟥 1968（昭和43）年12月27日
🏠 板橋区大和町 17-1
🚉 32,635 人

国道17号線と環状七号線が交差する大和町交差点の直下にある。当初は「大和町」を名乗る予定だったが、他の駅との混同を避けるべく現行の名称が採用された。

⑳ 本蓮沼 もとはすぬま

20.0 km (0.9 km)
🟥 1968（昭和43）年12月27日
🏠 板橋区蓮沼町 19-8
🚉 22,378 人

江戸時代に誕生した蓮沼村の一部が独立して「上蓮沼村」を名乗り、残された地域が「本蓮沼村」を名乗った。かつてはこの一帯が湿地帯だったことが窺える。

㉑ 志村坂上 しむらさかうえ

21.1 km (1.1 km)
🟥 1968（昭和43）年12月27日
🏠 板橋区志村 1-14-13
🚉 27,062 人

三田線の線路の直上を走る国道17号線は、ここに「志村坂」という坂があり、当駅はその坂の上に位置する。昔の地名は「篠村」とも。篠が群生する地域だった。

㉒ 志村三丁目 しむらさんちょうめ

22.0 km (0.9 km)
🟥 1968（昭和43）年12月27日
🏠 板橋区志村 3-23-1
🚉 28,004 人

都営三田線は当駅から地下線が終わり、終点の西高島平まで高架上を走る。駅前は線路に沿って商店が並び、駅が地域の拠点になっている。

㉓ 蓮根 はすね

23.2 km (1.2 km)
🟥 1968（昭和43）年12月27日
🏠 板橋区蓮根 2-31-30
🚉 17,632 人

蓮根という地名が生まれたのは1889（明治22）年の市制施行時のことで、蓮沼と根葉村の合併によって生まれた合成地名。この一帯には水田が広がっていたという。

㉔ 西台 にしだい

24.0 km (0.8 km)
🟥 1968（昭和43）年12月27日
🏠 板橋区高島平 9-1-1
🚉 22,647 人

中世にこの地域を拠点としていた志村氏が築いた志村城は、現在の志村2丁目にあったといい、そこから眺めると、当駅に一帯が西側に見える台地であったという。

㉕ 高島平 たかしまだいら

25.0 km (1.0 km)
🟥 1968（昭和43）年12月27日
🔄 1969（昭和44）年8月1日（志村）
🏠 板橋区高島平 8-2-1
🚉 25,179 人

現在の三田線が開業した時の北の終点。当時の駅名は「志村」で、8カ月後に現行のものに改称された。駅の開業後にマンモス団地の造成が始まり、5万人が入居した。

㉖ 新高島平 しんたかしまだいら

25.7 km (0.7 km)
🟥 1976（昭和51）年5月6日
🏠 板橋区高島平 7-1
🚉 8,637 人

三田線の西高島平延伸時に開業。計画時には「高島平7丁目」という駅名が検討されていたが、現在のものに落ち着いた。駅周辺にはマンション、住宅が密集している。

㉗ 西高島平 にしたかしまだいら

26.5 km (0.8 km)
🟥 1976（昭和51）年5月6日
🏠 板橋区高島平 6-1
🚉 11,687 人

三田線の終点。当初はさらに線路を延ばし、東武東上線との乗り入れ案や埼玉との県境を越える計画もあった。周辺に見られる高島の地名は、この地で洋式砲術の公開演習を行なった高島秋帆から採られている。

新宿線

㊁ 新宿 しんじゅく

0.0 km (0.0 km)
🟥 1980（昭和55）年3月16日
🏠 新宿区西新宿 1-18 先
🚉 690,601 人（京王電鉄を含む）

世界最多の乗降人員を誇る新宿駅には5社局の路線が乗り入れ、新宿線は京王新線と直通する。新宿線のホームは他線よりも南寄りの、甲州街道直下、地下5階にある。

㊁ 新宿三丁目 しんじゅくさんちょうめ

0.8 km (0.8 km)
🟥 1980（昭和55）年3月16日
🏠 新宿区新宿 3-3-2
🚉 61,167 人

新宿繁華街の中心部に設置され、東京メトロが接続する。地下に延びた通路を経由することで、JR新宿駅、西武新宿駅、大江戸線西新宿駅に歩くことも可能だ。

京王線も乗り入れる　2018.12.19

㊂ 曙橋 あけぼのばし

2.3 km (1.5 km)
🟥 1980（昭和55）年3月16日
🏠 新宿区住吉町 7-1
🚉 33,879 人

外苑東通りが靖国通りを跨ぐために架けられた陸橋が、当駅の駅名にも採られた。防衛省の最寄り駅で、大江戸線牛込柳町駅、東京メトロ四谷三丁目駅も徒歩圏にある。

S04 市ケ谷 いちがや

3.7 km(1.4 km)
開 1980(昭和55)年3月16日
住 千代田区九段南4-8-22
乗 78,112人

JR線、東京メトロと接続し、日本で唯一3社を直通できる改札口がある。地名の由来には諸説があり、この地にある4つの谷の一つめに数えられたことに拠るものとも。

S05 九段下 くだんした

5.0 km(1.3 km)
開 1980(昭和55)年3月16日
住 千代田区九段北1-13-19
乗 236,661人(東京地下鉄を含む)

東京メトロの2路線と接続する。2013(平成25)年3月16日には、半蔵門線用4番線と、新宿線用5番線の間に存在していた仕切りが撤去され、利便性が向上した。

S06 神保町 じんぼうちょう

5.6 km(0.6 km)
開 1980(昭和55)年3月16日
住 千代田区神田神保町2-7
乗 117,659人(三田線を含む)

三田線、東京メトロと接続。新宿線では新宿駅に次いで当駅の利用者が多く、東急新横浜線の開業による直通運転の開始も、当駅利便性向上に大きく寄与した。

S07 小川町 おがわまち

6.5 km(0.9 km)
開 1980(昭和55)年3月16日
住 千代田区神田小川町1-6
乗 62,423人

小川町という地名は各地にあり、そのほとんどがかつてその地に小川が流れていたことが由来。当駅もその一つだが、現在の駅周辺はビル街に変貌している。

S08 岩本町 いわもとちょう

7.3 km(0.8 km)
開 1978(昭和53)年12月21日
住 千代田区神田岩本町1
乗 45,991人

地名はこの一帯が低湿地で、この地に神田川の岩場があったというのが一説。隣接する秋葉原駅が、山手線の中で比較的開業が遅いのも、軟弱な地盤が理由だった。

S09 馬喰横山 ばくろよこやま

8.1 km(0.8 km)
開 1978(昭和53)年12月21日
住 中央区日本橋横山町4-13
乗 96,253人

江戸時代に牛の売買をする「博労」と呼ばれる人たちが住んでいたことが地名の由来。地元の日本橋馬喰町と日本橋横山町の請願を受けて駅名が決定した。

S10 浜町 はまちょう

8.7 km(0.6 km)
開 1978(昭和53)年12月21日
住 中央区日本橋浜町2-59-3
乗 18,635人

海浜を埋めて作られた町に、明治期以降になって料亭が集結して東京では柳橋と並ぶ花街ができあがった。副駅名に採られた「明治座」は東京を代表する劇場の一つ。

S11 森下 もりした

9.5 km(0.8 km)
開 1978(昭和53)年12月21日
住 江東区森下1-13-10
乗 63,689人(大江戸線を含む)

大江戸線と接続。深川と総称される一帯でも早く開けたのが、森下の一画だった。南北に延びる運河が、江戸時代にはもっとも有力な交通機関だった舟運を支えた。

S12 菊川 きくかわ

10.3 km(0.8 km)
開 1978(昭和53)年12月21日
住 墨田区菊川3-16-2
乗 21,160人

小名木川運河の支流の一つだった菊川が地名の由来。江戸時代には、この地域に江戸切子などの工芸品を手掛ける職人が多く住み、独自の文化が形成されている。

S13 住吉 すみよし

11.2 km(0.9 km)
開 1978(昭和53)年12月21日
住 江東区住吉2-23-12
乗 37,040人

東京メトロと接続する。半蔵門線の開業時に、乗り換えの便を図って、改札口が地下1階から地下2階に移転。地下1階部分は改札外に延びるコンコースとなった。

S14 西大島 にしおおじま

12.2 km(1.0 km)
開 1978(昭和53)年12月21日
住 江東区大島2-41-19
乗 24,873人

大島の一帯は、江戸時代に海岸線を埋め立てて開かれた土地で、比較的高い場所が島に見立てられた。地名は混同を避けて、「オオジマ」と濁点をつけて発音する。

S15 大島 おおじま

12.9 km(0.7 km)
開 1978(昭和53)年12月21日
住 江東区大島5-10-8
乗 28,834人

1丁目から9丁目が存在する大島の中心となっている場所。大島9丁目に大島車両検修場があり、当駅の2・3番線が同区への入出庫線に繋がっている。

S16 東大島 ひがしおおじま

14.1 km(1.2 km)
開 1978(昭和53)年12月21日
住 江東区大島9-3-14
乗 27,592人

新宿線開業時の東の終点。江東区と江戸川区の境界となる旧中川を跨ぐホームが造られたことから、2つの区に属する駅と話題になった。駅長室は江東区内にある。

S17 船堀 ふなぼり

15.8 km(1.7 km)
開 1983(昭和58)年12月23日
住 江戸川区船堀3-6-1
乗 53,981人

1983(昭和58)年に新宿線が1駅だけの延伸を果たして開業。将来の中間駅化を見越して、延伸開業時には複線の線路を単線並列の扱いとして運転を行なった。

S18 一之江 いちのえ

17.5 km(1.7 km)
開 1986(昭和61)年9月14日
住 江戸川区一之江8-14-1
乗 39,354人

地名はここが「1番めの川」という意味から生まれ、明治期以降には近郊農業が積極的に行なわれた。新宿線東部には水に関連する地名が多く、この地域の特性が窺える。

S19 瑞江 みずえ

19.2 km(1.7 km)
開 1986(昭和61)年9月14日
住 江戸川区瑞江2-2-1
乗 49,991人

1913(大正2)年に瑞穂村と一之江村が合併して瑞江村が誕生。瑞江村は1932(昭和7)年に東京市に編入されて廃止され、字の名にのみ、その名が残される形となった。

S20 篠崎 しのざき

20.7 km(1.5 km)
開 1986(昭和61)年9月14日
住 江戸川区篠崎町7-27-1
乗 36,382人

新宿線延伸時に開業。本八幡延伸までは地下に引上げ線が設けられ、列車の折り返しに使用された。篠崎という地名は、背の高い植物が生えた砂洲を意味する。

S21 本八幡 もとやわた

23.5 km(2.8 km)
開 1989(平成元)年3月19日
住 市川市八幡2-16-13
乗 66,008人

千葉県内に所在する駅。JR総武本線と接続。京成八幡駅も200mの距離にあり、乗り換えは可能だ。当駅への延伸により、新宿線東部が「行き止まり線」だった状況が改称された。

大江戸線

E01 新宿西口 しんじゅくにしぐち

201

都庁前から 0.8 km (0.8 km)
開 2000(平成12)年12月12日
住 新宿区西新宿 1-3-17
乗 46,745 人

4回に分けて行なわれた大江戸線の延伸開業の最終区間となった駅。新宿に多くの鉄道が終結する中でやや北寄りにあり、当初は「北新宿」の仮称が用いられていた。

全線開通式　2000.12.11

E02 東新宿 ひがししんじゅく

2.2 km (1.4 km)
開 2000(平成12)年12月12日
住 新宿区新宿 7-27-3
乗 31,429 人

巨大な歓楽街のイメージの強い新宿で、当駅がある場所には、マンション、オフィスビルが並んでいる。当初の「新宿七丁目」の仮称は、のちに現行のものに改められた。

E03 若松河田 わかまつかわだ

3.2 km (1.0 km)
開 2000(平成12)年12月12日
住 新宿区河田町 10-10
乗 26,565 人

この地から正月用の松が将軍家に献上されたことから若松町の、ここに水田があったことから河田町の名が生まれ、2つの名を統合する形で駅名が決定した。

E04 牛込柳町 うしごめやなぎちょう

3.8 km (0.6 km)
開 2000(平成12)年12月12日
住 新宿区原町 2-32
乗 18,826 人

旧・牛込区の市谷柳町に所在することが駅名の由来。牛の放牧場があったことが由来で、今は牛込という名の町はないが、新宿の北側の地域名として語り継がれている。

E05 牛込神楽坂 うしごめかぐらざか

4.8 km (1.0 km)
開 2000(平成12)年12月12日
住 新宿区箪笥町 15
乗 12,431 人

計画時の仮称は「新神楽坂」。やはり旧来の「牛込」の名が駅名に加えられた。東京メトロ神楽坂駅へおよそ400 m。両駅を直線的に結ぶ道路はないが、徒歩圏にある。

E06 飯田橋 いいだばし

5.8 km (1.0 km)
開 2000(平成12)年12月12日
住 文京区後楽 1-9-5

乗 24,774 人

JR線、東京メトロと接続する。地上にはJRの駅舎があるのみだが、地下鉄は4路線が集結する都内有数のジャンクションだ。飯田橋の名は外濠に架けられた橋の名から。

E07 春日 かすが

6.8 km (1.0 km)
開 2000(平成12)年12月12日
住 文京区春日 1-16-17
乗 60,591 人（三田線を含む）

三田線と接続する。三田線の駅が開業した28年後に大江戸線の駅が開業した。駅周辺には、小石川大神宮、伝通院など、江戸時代の世相を伝えるスポットも多い。

E08 本郷三丁目 ほんごうさんちょうめ

7.6 km (0.8 km)
開 2000(平成12)年12月12日
住 文京区本郷 2-40-8
乗 18,389 人

東京メトロと接続する。東京メトロ丸ノ内線の駅が開業した46年後に当駅が開業。ただし、両駅の間に連絡通路はなく、改札外の公道を経由して連絡する。

E09 上野御徒町 うえのおかちまち

8.7 km (1.1 km)
開 2000(平成12)年12月12日
住 台東区上野 5-26-6
乗 47,215 人

東京メトロ上野広小路、仲御徒町、JR御徒町駅と改札外の通路で結ばれ、営業上はこの4駅を同一駅として扱っている。JR上野駅も近く、駅周辺は終日賑わっている。

E10 新御徒町 しんおかちまち

9.5 km (0.8 km)
開 2000(平成12)年12月12日
住 台東区元浅草 1-5-2
乗 48,246 人

首都圏新都市鉄道と接続する。駅周辺には寺院が多く建ち、独特の雰囲気がある。御徒町の名は、江戸時代の下級武士「御徒衆」がこの地に多く住んでいたことから。

E11 蔵前 くらまえ

10.5 km (1.0 km)
開 2000(平成12)年12月12日
住 台東区寿 3-3-1
乗 29,569 人

浅草線と接続する。江戸幕府がこの地に「浅草御蔵」と呼ばれる米蔵を建て、舟着き場も併設された。この蔵の前が蔵前と呼ばれるようになり、地名にもなったという。

E12 両国 りょうごく

11.7 km (1.2 km)
開 2000(平成12)年12月12日
住 墨田区横網 1-4-29
乗 28,397 人

JR線と接続する。隅田川に架かる両国橋は、武蔵国と下総国を結び、それがそのまま地名となった。駅周辺は相撲のメッカとして知られ、旧跡も数多い。

E13 森下 もりした

12.7 km (1.0 km)
開 2000(平成12)年12月12日
住 江東区森下 2-17-17
乗 63,689 人（大江戸線を含む）

新宿線と接続する。江戸時代初期まで森林地帯だったというこの一画は、地形が平坦であったことから、大きな発展を遂げた。これにも隅田川の舟運が発展に貢献している。

E14 清澄白河 きよすみしらかわ

13.3 km (0.6 km)
開 2000(平成12)年12月12日
住 江東区白河 1-7-14
乗 34,819 人

紀伊國屋文左衛門の屋敷跡と伝えられる清澄庭園が近く、所在地の町名と合わせた駅名が生まれた。当駅から大江戸線の車両基地である木場車庫への入出庫線が延びる。

E15 門前仲町 もんぜんなかちょう

14.5 km (1.2 km)
開 2000(平成12)年12月12日
住 江東区門前仲町 2-5-2 先
乗 68,596 人

東京メトロと接続する。駅周辺は富岡八幡宮別当寺の永代寺の門前町として古く中世から栄えてきた地域。今も下町情緒の残る街並みが多くの人に親しまれている。

E16 月島 つきしま

15.9 km (1.4 km)
開 2000(平成12)年12月12日
住 中央区月島 1-5-4 先
乗 59,007 人

東京メトロと接続。月島は明治時代に行なわれた埋め立てによって生まれた町。隅田川が運んできた土砂が埋め立てに利用された。かつて、月の岬という観月の名所があったことから命名されたという。

E17 勝どき かちどき

16.7 km (0.8 km)
開 2000(平成12)年12月12日
住 中央区勝どき 2-10-15 先
乗 74,776 人

日露戦争の旅順陥落の際にここに建てられた碑が「勝鬨の碑」に、架けられた橋が「勝鬨橋」になった。この可動橋は1980(昭和55)年に可動部への送電が中止された。

E18 築地市場 つきじしじょう

18.2 km (1.5 km)
開 2000(平成12)年12月12日
住 中央区築地 5-1-2
乗 19,620 人

駅名の通り、築地市場に隣接する。築地場内市場は2018(平成30)年に営業を終了したが、今も場外市場を訪れる観光客で、特に年末には

大変な賑わいをみせる。

E19 汐留 しおどめ
19.1 km(0.9 km)
開 2002(平成14)年11月2日
住 港区東新橋1-9-1先
乗 27,203人

新交通ゆりかもめと接続する。大江戸線のホームは旧・新橋停車場跡の南およそ200mの地下3階にある。JR新橋駅も至近の地にあるが、連絡運輸は行なわれていない。

E20 大門 だいもん
20.0 km(0.9 km)
開 2000(平成12)年12月12日
住 港区浜松町2-3-4
乗 82,083人(浅草線を含む)

浅草線と接続する。副駅名は「浜松町」で、JR浜松町駅が至近。同駅に発着するモノレールの浜松町駅へも、連絡通路が設けられており、乗り換えは容易だ。

E21 赤羽橋 あかばねばし
21.3 km(1.3 km)
開 2000(平成12)年12月12日
住 港区東麻布1-28-13
乗 22,271人

今もこの地を流れる古川に架けられた橋の名が、今は地下鉄の駅の名にも採られている。古川は江戸時代には舟運にも使用されたが、現在は暗渠の様相を呈している。

E22 麻布十番 あざぶじゅうばん
22.1 km(0.8 km)
開 2000(平成12)年12月12日
住 港区麻布十番1-4-6
乗 21,846人

東京メトロと接続する。地下鉄の開業前は、高級住宅地であることが知られていても、最寄り駅さえ判然としなかった地域が、地下鉄2路線の開通で激変した。

E23 六本木 ろっぽんぎ
23.2 km(1.1 km)
開 2000(平成12)年12月12日
住 港区赤坂9-7-39
乗 54,590人

東京メトロと接続する。東京を代表する繁華街に設けられた大江戸線のホームは地下7階、地上から42mの深さにあり、日本の地下鉄で最深の駅となっている。

E24 青山一丁目 あおやまいっちょうめ
24.5 km(1.3 km)
開 2000(平成12)年12月12日
住 港区北青山1-2-4
乗 42,925人

東京メトロと接続する。大江戸線の建設が開始された時点で、すでに銀座線と半蔵門線の駅があり、大江戸線のホームはその下、地下5階部分に設けられている。

E25 国立競技場 こくりつきょうぎじょう
25.7 km(1.2 km)
開 2000(平成12)年4月20日
住 新宿区霞ヶ丘町10-3
乗 8,706人

2019(令和元)年11月に竣工した国立競技場へのアクセス駅の一つで、周辺にはスポーツ施設が多い。大江戸線が全線開業する前の8カ月間、当駅が終着駅となっていた。

国立競技場～新宿間開通式　2000.4.19

E26 代々木 よよぎ
27.2 km(1.5 km)
開 2000(平成12)年4月20日
住 渋谷区代々木1-35-5
乗 20,581人

JR線と接続。JR代々木駅は、山手線内では最高所にある駅だ。大江戸線のホームはJR直下の地下3階部分にあり、大深度を走る大江戸線の中では乗り換えが容易な構造となっている。

E27 新宿 しんじゅく
27.8 km(0.6 km)
開 1997(平成9)年12月19日
住 渋谷区代々木2-1-1
乗 690,601人(京王電鉄を含む)

地下7階部分にホームがある。新宿線のホームも地下5階にあり連絡通路がある。深度は深くとも、照明の工夫によって深さが感じられないのが、大江戸線の駅の共通の特徴だ。

E28 都庁前 とちょうまえ
28.6 km(0.8 km)
開 1997(平成9)年12月19日
住 新宿区西新宿2-8-1
乗 27,800人

法規上は大江戸線の起点とされている駅。実際の工事においては国立競技場から当駅までの開通によって、大江戸線が全通した。駅名の通り、都庁舎の前に駅がある。

E29 西新宿五丁目 にししんじゅくごちょうめ
29.4 km(0.8 km)
開 1997(平成9)年12月19日
住 新宿区西新宿5-25-9
乗 20,119人

大江戸線は都庁舎が丸ノ内から新宿への移転が決定した際に都庁前を経由する建設計画の変更が行なわれ、本駅の建設が計画に追加された。駅名は東京の地下鉄で最長。

E30 中野坂上 なかのさかうえ
30.6 km(1.2 km)
開 1997(平成9)年12月19日
住 中野区中央2-2-28
乗 24,178人

東京メトロと接続する。丸ノ内線の駅が誕生してから36年後に当駅が新設された。両駅は通路で結ばれているが、丸ノ内線のホームは地下2階に、大江戸線のホームは地下4階にあり、距離はやや離れている。

E31 東中野 ひがしなかの
31.6 km(1.0 km)
開 1997(平成9)年12月19日
住 中野区東中野3-8-16
乗 15,815人

JR線と接続する。東京メトロ落合駅も北に300mの場所にあり徒歩圏だ。ホームは首都高速のトンネルの下にあり、地上からは38.8m。東京の地下鉄で2番目に深い。

E32 中井 なかい
32.4 km(0.8 km)
開 1997(平成9)年12月19日
住 新宿区上落合2-20-8
乗 16,154人

西武鉄道と接続。建設年が新しい大江戸線は、多くの駅で他社線と接続しているが、当駅も西武鉄道との協議の上で駅の位置が決定した。

E33 落合南長崎 おちあいみなみながさき
33.7 km(1.3 km)
開 1997(平成9)年12月19日
住 新宿区西落合3-1-18
乗 17,454人

新宿区と豊島区の区界近くに造られた駅で、新宿区側の地名「落合」と、豊島区側の地名「南長崎」が繋げられた。鉄道過疎地帯に新設された駅で、利便性は高い。

E34 新江古田 しんえごた
35.3 km(1.6 km)
開 1997(平成9)年12月19日
住 中野区江原町2-29-13
乗 18,317人

「江古田」駅は西武池袋線にあるが、所在地は練馬区旭丘に対し、当駅の所在地は中野区江原町。江古田という地名は古くからこのあたり一帯を指し、その語源は諸説ある。

E35 練馬 ねりま
36.9 km(1.6 km)
開 1991(平成3)年12月10日
住 練馬区豊玉北5-17-12
乗 48,982人

西武鉄道と接続する。西武鉄道は当駅に池袋線、豊島線、有楽町線が集結。東京メトロ副都心線経由の直通運転も行なわれる一大ジャンクションとなった。

E36 豊島園 としまえん

37.8 km(0.9 km)
🔓1991(平成3)年12月10日
🏠練馬区練馬4-14-17
🚃7,104人

西武鉄道と接続。両駅は徒歩で3分ほど離れている。駅名の由来となった豊島園遊園地は2020(令和2)年8月末で閉園となり、リニューアルされたが、駅名は変わることなく残された。

E37 練馬春日町 ねりまかすがちょう

39.3 km(1.5 km)
🔓1991(平成3)年12月10日
🏠練馬区春日町3-29-25
🚃14,392人

所在地の地名は駅から南東に300mの場所にある春日大社から。駅は環状八号線の直下にあり、道路沿いにはマンション、住宅が密集している。

E38 光が丘 ひかりがおか

40.7 km(1.4 km)
🔓1991(平成3)年12月10日
🏠練馬区光が丘2-9-5
🚃35,365人

大江戸線の北西側の終点。練馬駅から当駅までが、大江戸線最初の開業区間だった。光が丘団地は、戦前は成増陸軍飛行場で、戦後はGHQの米軍住宅。1973(昭和48)年に返還された大規模住宅地に生まれ変わった。

(都電)荒川線

SA01 三ノ輪橋 みのわばし

0.0 km(0.0 km)
🔓1913(大正2)年4月1日
🏠東京都荒川区南千住1丁目12
🚃3,266人

王子電気軌道の停留所として現在地に開業。当時は近隣に東京鉄道の三ノ輪橋停留場もあったが、こちらは1969(昭和44)年に廃止となった。三ノ輪橋とは近隣の音無川に架かっていた橋の名前。

SA02 荒川一中前 あらかわいっちゅうまえ

0.3 km(0.3 km)
🔓2000(平成12)年11月11日
🏠東京都荒川区南千住1丁目1
🚃699人

荒川線の線路に並行して伸びる三ノ輪銀座商店街の利用促進を視野に入れて開設された、荒川線でもっとも新しい停留場。副停留場名は「ジョイフル三ノ輪前」。

SA03 荒川区役所前 あらかわくやくしょまえ

0.6 km(0.3 km)
🔓1913(大正2)年4月1日
✏1942(昭和17)年2月1日(千住間道)
　1961(昭和36)年(三河島二丁目)
🏠東京都荒川区荒川1丁目33
🚃1,689人

停留所名に採られた荒川区役所は徒歩2分。そのほか当停留場の周辺には、荒川警察署、荒川消防署、荒川郵便局などの公共施設が集結している。

SA04 荒川二丁目 あらかわにちょうめ

1.0 km(0.4 km)
🔓1913(大正2)年4月1日
✏1961(昭和36)年(三河島)
🏠東京都荒川区荒川2丁目27
🚃845人

荒川区中央図書館、吉村昭記念文学館が入居する「ゆいの森あらかわ」へ徒歩1分。徒歩2分の荒川自然公園は、東京都の三河島水再生センターの上に造られている。

SA05 荒川七丁目 あらかわななちょうめ

1.4 km(0.4 km)
🔓1913(大正2)年4月1日
✏1942(昭和17)年2月1日(博善社前)
　1961(昭和36)年(三河島八丁目)
🏠東京都荒川区荒川7丁目9
🚃473人

近隣には荒川自然公園、文化センターや斎場、そして日本画家小室翠雲『雲龍図』の本堂で知られる泊船軒がある。明治中期から火葬場があり、最寄りとしても多く利用されたという。

SA06 町屋駅前 まちやえきまえ

1.8 km(0.4 km)
🔓1913(大正2)年4月1日
✏1951(昭和26)年(稲荷前)1977(昭和52)年(町屋一丁目)
🏠東京都荒川区荒川7丁目50
🚃8,555人

京成電鉄、東京メトロの町屋駅が隣接する。3路線の中でいちばん早く開業したのが当停留場で、王子電気軌道の時代だ。

SA07 町屋二丁目 まちやにちょうめ

2.1 km(0.3 km)
🔓1913(大正2)年4月1日
✏1942年(昭和17年)頃(町屋)
🏠東京都荒川区荒川6丁目40
🚃775人

「町屋」とは「家が多く集まった」という意味。中世にはこの一画が拓けていたといわれ、今も下町の雰囲気を伝える家並みが残されている。

SA08 東尾久三丁目 ひがしおぐさんちょうめ

2.4 km(0.3 km)
🔓1913(大正2)年4月1日
✏1942(昭和17)年2月1日(下尾久)
　1965年(昭和40年)9月15日(尾久町一丁目)
🏠東京都荒川区東尾久3丁目7
🚃1,563人

「尾久」の名が付く停留場は、本停留場が荒川線で唯一のもの。尾久にはラジウム鉱泉が湧き出ていた時代があり、大正から昭和初期には「尾久三業地」として賑わった。

SA09 熊野前 くまのまえ

3.1 km(0.7 km)
🔓1913(大正2)年4月1日
✏1939(昭和13)年4月27日(熊野前)
　時期不詳(王電熊野前)
🏠東京都荒川区東尾久3丁目37-6
🚃3,923人

日暮里・舎人ライナーと接続。停留場名は、近隣にあった熊野神社に由来。この神社は紀州から勧請されたといわれるが、1878(明治11)年に八幡神社へ合祀された。

SA10 宮ノ前 みやのまえ

3.4 km(0.3 km)
🔓1913(大正2)年4月1日
🏠東京都荒川区3
🚃3,101人

当停留場のすぐ近くに、尾久の総鎮守とされる尾久八幡神社が建っている。創建は1385(至徳2)年と伝えられ、この地への勧請は南北朝以前という由緒ある神社だ。

SA11 小台 おだい

3.7 km(0.3 km)
🔓1913(大正2)年4月1日
🏠東京都荒川区西尾久5丁目8
🚃3,186人

「小台」とは、当地からは隅田川の対岸となる足立区内の地名だが、古くからこの地域で親しまれてきた。日暮里・舎人ライナー「足立小台」駅とは約3km離れている。

SA12 荒川遊園地前 あらかわゆうえんちまえ

さよなら7000系ラッピングバスとともに　2017.3.23

4.1 km(0.4 km)
開 1913(大正2)年4月1日
改 1939(昭和14)年9月1日(荒川遊園前)
　1965(昭和40)年9月15日(尾久六丁目)
　1983(昭和58)年頃(尾久七丁目)
住 東京都荒川区西尾久5丁目28
乗 2,207人

1922(大正11)年に開園した荒川区立あらかわ遊園へ徒歩3分。遊園地では都電6000形6152号が静態保存され、「カフェ193」の名で、カフェとして活用されている。

SA13 荒川車庫前 あらかわしゃこまえ

4.6 km(0.5 km)
開 1913(大正2)年4月1日
改 1942(昭和17)年2月1日頃(船方車庫前)
住 東京都荒川区西尾久7丁目42
乗 3,350人

荒川線の車庫が隣接する。車庫に隣接して設けられた「都電おもいで広場」には都電5500形と7500形各1両が静態保存され、土曜・休日に一般に解放されている。

SA14 梶原 かじわら

5.0 km(0.4 km)
開 1913(大正2)年4月1日
改 1913(大正2)年10月31日(飛鳥山下)
住 東京都北区上中里3丁目16
乗 2,628人

当停留場のすぐ脇を「明治通り」が通る。「都電もなか」で有名な「明美製菓」が建つ梶原銀座商店街も近い。この道は、近世には江戸城への登城に利用されたという。

SA15 栄町 さかえちょう

5.5 km(0.5 km)
開 1913(大正2)年4月1日
改 1953(昭和28)年頃(山下)
住 東京都北区栄町46
乗 789人

現在は栄町を名乗る一画は、明治前期までは滝野川村西ヶ原とされていたが、戦後になって北区が成立し、1966(昭和41)年に栄町が新設された。

SA16 王子駅前 おうじえきまえ

6.0 km(0.5 km)
開 1913(大正2)年4月1日
改 1928(昭和3)年頃(王子)
住 東京都北区王子1丁目4
乗 9,239人

JR線、東京メトロと接続する。かつて岸村を名乗ったが、熊野本宮大社の若一(にゃくいち)王子を分霊したことで、王子村に改称されたのが地名の由来。このあたりは、紀州に由来する地名が散見される。

SA17 飛鳥山 あすかやま

6.4 km(0.4 km)
開 1911(明治44)年8月20日
改 時期不詳(飛鳥山上)
住 京都北区滝野川1丁目4
乗 993人

王子電気軌道最初の開業区間となったのが、当停留場と大塚停留場(現・大塚駅前停留場)の間だった。駅前にある飛鳥山公園は18世紀、8代将軍吉宗によって整備され、1873(明治6)年に日本最初の公園の一つに指定された。

SA18 滝野川一丁目 たきのがわいっちょうめ

6.9 km(0.5 km)
開 1911(明治44)年8月20日
住 東京都北区滝野川1丁目23
乗 1,610人

滝野川とは石神井川の下流域の別名。この一帯が渓谷になっており、滝のような川だったことから地名が生まれた。江戸時代は、飛鳥山と並ぶ行楽地だったという。

SA19 西ヶ原四丁目 にしがはらよんちょうめ

7.2 km(0.3 km)
開 1911(明治44)年8月20日
改 1953(昭和28)年頃(滝野川)
住 東京都北区65
乗 2,515人

今は西ヶ原と呼ばれる一帯は、古く縄文時代から集落が形成されていたという。中世に地域の中心だった中里、上中里の西にあったことから地名が生まれた。

SA20 新庚申塚 しんこうしんづか

7.6 km(0.4 km)
開 1929(昭和4)年4月19日
住 東京都豊島区西巣鴨4丁目6
乗 2,649人

王子電気鉄道の他の停留場よりは遅れ、元号が昭和に改まったのち、中山道の整備にともなって開設された。三田線西巣鴨駅は北西に250m。徒歩での乗り換えが可能だ。

SA21 庚申塚 こうしんづか

7.8 km(0.2 km)
開 1911(明治44)年8月20日
住 東京都豊島区西巣鴨3丁目6
乗 2,450人

旧中山道との交差点に設けられている。旧中山道沿いに続く巣鴨地蔵通商店街の入口に建つ猿田彦大神は庚申信仰に基づくもので、地名、停留場名の出自となった。

SA22 巣鴨新田 すがもしんでん

8.4 km(0.6 km)
開 1911(明治44)年8月20日
住 東京都豊島区2
乗 1,180人

かつてこの地に鴨が多く住み巣が作られていたというのが「巣鴨」の由来として有力。もっともそれは人影さえまばらな時代に作られた伝承。今は線路際に住宅が密集する。

SA23 大塚駅前 おおつかえきまえ

8.9 km(0.5 km)
開 1911(明治44)年8月20日
改 1913(大正2)年4月5日(大塚)

住 東京都豊島区南大塚3丁目33
乗 7,990人

JR線と接続する。戦前の大塚は東京有数の繁華街で、三業地や百貨店などがあった。再開発で近代的なビルも増えたが、古くからの商店街も残っており、都電とのマッチングは知られるところ。

大塚駅　2015.6.25

SA24 向原 むこうはら

9.4 km(0.5 km)
開 1925(大正14)年12月12日
住 東京都豊島区東池袋4丁目38
乗 1,460人

春日通りとの交差点に設けられた停留場。今は豊島区となった地域まで、太古の昔には海が入り込み、多くの島があったことから、その名が生まれたという。

SA25 東池袋四丁目 ひがしいけぶくろよんちょうめ

10.0 km(0.6 km)
開 1925(大正14)年11月12日
改 1939(昭和14)年4月1日(水久保)
　1967(昭和42)年3月1日(日出町二丁目)
住 東京都豊島区南池袋4丁目17
乗 3,743人

東京メトロと接続する。池袋駅前から当駅の周辺まで繁華街が続いている。今はホテルメトロポリタンが建つ場所に昔は池があり、それが池袋の地名の由来となった。

SA26 都電雑司ヶ谷 とでんぞうしがや

10.2 km(0.2 km)
開 1925(大正14)年3月30日
改 2008(平成20)年6月14日(雑司ヶ谷)
住 東京都豊島区南池袋2丁目1
乗 1,067人

東京メトロ副都心線が開通し、雑司が谷駅が開業した際に、当停留場も名称を変更した。駅周辺には昭和中期を思わせる閑静な住宅街が広がっている。

205

SA27 鬼子母神前 きしぼじんまえ
10.7 km(0.5 km)
開 1914(大正3)年12月25日
住 東京都豊島区雑司が谷3丁目2
乗 2,564人

　東京メトロ副都心線雑司が谷駅とは当停留場で接続。16世紀頃より安産祈願の信仰を集める法明寺鬼子母神(きしもじん)堂へ徒歩5分。当停留場から静かな参道が続いている。

SA28 学習院下 がくしゅういんした
11.2 km(0.5 km)
開 1928(昭和3)年12月25日
住 東京都豊島区7
乗 1,716人

　学習院大学目白キャンパスへおよそ400m、徒歩5分の距離にある。そのほかにも周辺に複数の教育機関があり、文教地区の性格を持っている。

SA29 面影橋 おもかげばし
11.7 km(0.5 km)
開 1930(昭和5)年3月30日
住 東京都新宿区西早稲田3丁目6
乗 822人

　停留場名は、この地で神田川に架かる橋の名前からで、自死した娘を偲ぶという江戸時代の謂れがその名の由来。橋は代替わりしながらも、その位置は変わっていないという。橋の近くに太田道灌ゆかりの「山吹の碑」が建つ。

SA30 早稲田 わせだ
12.2 km(0.5 km)
開 1918(大正7)年7月6日
住 東京都新宿区西早稲田1丁目23
乗 3,179人

　荒川線の西のターミナル。停留場は新目白通りの道路上に設けられ、東京メトロの早稲田駅とは600mほど離れている。そのため、接続駅の扱いとはなっていない。

日暮里・舎人ライナー

NT01 日暮里 にっぽり
0.0 km(0.0 km)
開 2008(平成20)年3月30日
住 荒川区西日暮里2-19-2
乗 48,252人

　JR、京成電鉄と接続し、乗降人員数は当路線中一位となっている。当線の開業時に日暮里駅全体の大規模な改良工事が実施され、駅は機能的なスタイルになった。

NT02 西日暮里 にしにっぽり
0.7 km(0.7 km)
開 2008(平成20)年3月30日
住 荒川区西日暮里5-31-7
乗 30,119人

　JR、東京メトロと接続。駅は常磐線、京成本線が複雑な形で錯綜する位置にあり、JRの駅からは少し離れている。現代の鉄道建設の難しさが浮き彫りになった格好だ。

西日暮里駅のフルスクリーン型ホームドア　2019.7.2

NT03 赤土小学校前 あかどしょうがっこうまえ
1.7 km(1.0 km)
開 2008(平成20)年3月30日
住 荒川区東尾久4-7-7
乗 5,055人

　日暮里・舎人ライナーの軌道は、全線が尾久橋通りの直上にあり、当駅付近から北に向きを変える。駅名に採られた赤土小学校は1924(大正13)年開校で、小学校名を持つ駅名は全国的にも珍しい。

NT04 熊野前 くまのまえ
2.4 km(0.7 km)
開 2008(平成20)年3月30日
住 荒川区東尾久3-37-6
乗 8,259人

　荒川線と接続。当路線のホームは高架上に、荒川線の停留所は地平にあるが、両者は近接しており、乗り換えは容易だ。王子電気軌道の開業95年後に当駅が開業した。

NT05 足立小台 あだちおだい
3.0 km(0.6 km)
開 2008(平成20)年3月30日
住 足立区小台1-20-1
乗 3,424人

　荒川と隅田川に挟まれた狭い場所に建つ。「小台」とは小さい台地という意味で、少し高い場所であったからこそ、2つの川を分ける役割を果たしたのだろう。

NT06 扇大橋 おうぎおおはし
4.1 km(1.1 km)
開 2008(平成20)年3月30日
住 足立区扇2-25-17
乗 9,289人

　「扇大橋」とは尾久橋通りが荒川を渡る橋で、1974(昭和49)年に竣工。荒川には足立小台の方が近く、当初は「扇大橋北」という駅名が予定されていた。

NT07 高野 こうや
4.6 km(0.5 km)
開 2008(平成20)年3月30日
住 足立区扇2-45-1
乗 5,917人

　駅は1976(昭和51)年までこの地に存在していた町の名前から。西新井大師總持寺が「関東の高野山」と呼ばれていたことに由来する名前とも考えられる。

NT08 江北 こうほく
5.2 km(0.6 km)
開 2008(平成20)年3月30日
住 足立区江北4-30-27
乗 12,107人

　1889(明治22)年にこの地にあった9つの村が合併して「江北村」が生まれ、その名が現在にも残った。地名は隅田川の北にあることから。

NT09 西新井大師西 にしあらいだいしにし
6.0 km(0.8 km)
開 2008(平成20)年3月30日
住 足立区江北6-30-23
乗 11,172人

　駅名は、西新井大師の名で知られる真言宗の寺院、五智山遍照院總持寺の西にあることから。寺までは約1kmの距離。駅名は公募により決定した。

NT10 谷在家 やざいけ
6.8 km(0.8 km)
開 2008(平成20)年3月30日
住 足立区谷在家3-20-23
乗 9,863人

　今は字となった谷在家も、江戸時代までは村として存在し、1889(明治22)年の合併で「江北村」の一部となった。新交通システムの駅名が、江戸時代の地名を受け継いでいる。

NT11 舎人公園 とねりこうえん
7.7 km(0.9 km)
開 2008(平成20)年3月30日
住 足立区舎人公園1-10
乗 4,445人

　都立舎人公園の最寄り駅で、公園東側の地区の地下に当路線の車両基地が造られている。駅名は、建設時の仮称が、公募によって承認された形となった。

NT12 舎人 とねり
8.7 km(1.0 km)
開 2008(平成20)年3月30日
住 足立区舎人1-16-15
乗 8,480人

　舎人とは身分の高い人に仕える人のこと。地名の由来には諸説あり、かつて舎人氏が居住していた、地形を示す「トネ」という言葉と「イリ」という言葉が組み合わされたなどがあるが、どれも有力ではない。

NT13 見沼代親水公園 みぬまだいしんすいこうえん
9.7 km(1.0 km)
開 2008(平成20)年3月30日
住 足立区舎人2-21-13
乗 12,259人

　駅名に採られた公園は、江戸時代に開発された見沼代用水を活かして造られたもので、駅の北側に隣接。長さ1.7kmの水路に沿って公園が広がっている。

相模鉄道

さがみてつどう

社 名	相模鉄道株式会社
住 所	神奈川県横浜市西区北幸二丁目9番14号
会 社 設 立	1917(大正6)年12月18日／1964(昭和39)年11月24日
線 名	相鉄本線、相鉄いずみ野線、相鉄新横浜線
運 転 方 式	電化
運 輸 開 始	1921(大正10)年9月28日

▲9000系リニューアル車。ヨコハマネイビーブルーの車体はすっかり相鉄車両のイメージカラーになった。西谷～上星川　2017.10.26

歴 史

　1917(大正6)年12月18日に創立総会を開催した相模鉄道と、同年12月5日に創立総会を開催した神中鉄道の2社が相模鉄道の前身で、前者は1921(大正10)年9月28日に茅ケ崎～寒川間、寒川～川寒川間で営業が開始された。1926(大正15)年4月1日に寒川～倉見間、同年7月15日には倉見～厚木間が開通した。後者の神中軌道は1919(大正8)年6月10日に社名を神中鉄道に変更し、1926(大正15)年5月12日に二俣川～厚木間の営業運転が開始された。同年12月1日に二俣川～星川(現・上星川)間、1927(昭和2)年5月31日に星川～北程ケ谷(現・星川)間、1929(昭和4)年2月14日に北程ケ谷～西横浜間が開業し、西横浜～厚木間が全通した。一方、相模鉄道は1931(昭和6)年4月29日に厚木～橋本間が開業し、茅ケ崎～橋本間が全通した。さらに神中鉄道は1931(昭和6)年10月25日に西横浜～平沼橋間、1933(昭和8)年12月27日に待望の横浜駅乗り入れが実現した。
　1939(昭和14)年11月20日に神中鉄道は東京横浜電鉄の傘下に入った。1941(昭和16)年1月20日に相模国分～海老名間の新線建設に着手し、同年11月25日に小田原急行鉄道線との共同駅として海老名駅を新設。小田原急行鉄道線相模厚木(現・本厚木)～横浜間でディーゼル自動客車の直通運転を開始した。1942(昭和17)年6月1日に神中鉄道横浜～西谷間の電化が完成。旅客数の多い横浜～西谷間は電車の折り返し運転区間となった。相模鉄道は1941(昭和16)年に東京横浜電鉄社長の五島慶太が同社社長に就任し、東京横浜電鉄の一翼の一端を担う会社となった。
　1942(昭和17)年5月1日、東京横浜電鉄は京浜電気鉄道、小田原急行鉄道を合併し、商号を東京急行電鉄に変更した。1943(昭和18)年4月1日に神中鉄道は相模鉄道に吸収合併され、創業以来25余年にわたる歴史に終止符を打った。新生・相模鉄道は、茅ケ崎～橋本間の相模線、横浜～厚木間の神中線の2路線を運行する鉄道会社となった。神中線の電化工事は進められ、1943(昭和18)年8月1日に西川～二俣川間、同年12月23日に相模大塚～海老名間、1944(昭和19)年9月20日には二俣川～相模大塚間の電化が行われ、横浜～海老名間の全線が電化した。
　1944(昭和19)年6月1日、戦局の悪化を受けて私鉄の買収国有化が進められていたが、南武鉄道、青梅鉄道とともに相模鉄道相模線(茅ケ崎～橋本間・寒川～四之宮間)が政府に買収された。経営不振の厚木線は東京

▲直角カルダン駆動式やディスクブレーキなど、相鉄車両の特徴を残した8000系。西谷〜鶴ケ峰　2016.4.30

▲ＪＲ東日本のＥ231系と共通設計の10000系。大和〜瀬谷　2016.4.30

Mile stone 相模鉄道

神奈川県の準大手から成長。
横浜の大都市圏を形成する。

▲1956(昭和31)年当時の横浜駅改札口。この頃、運転本数は朝夕と日中で大きく違った。1956.7

▲沿線開発が進む沿線。いずみ野線の新線建設工事が進む。二俣川付近　1974.3.13

▲いずみ野線緑園都市駅。マンションが建ち始め、急速に宅地化されていった。1989.6.8

急行電鉄が経営していたが、1947(昭和22)年6月1日に相模鉄道の自主経営となり、線名は相鉄本線となった。

旅客営業区間が24.6kmしかない相鉄にとって、増収を図るには営業圏を拡大することが課題であり、二俣川〜長後(のちに湘南台に変更)〜平塚間の新線建設に取り組んだ。そして1976(昭和51)年4月8日にいずみ野線二俣川〜いずみ野間が開業。1990(平成2)年4月4日にいずみ中央、1999(平成11)年3月10日に湘南台まで延伸開業した。

1981(昭和56)年4月6日から朝ラッシュ時の急行4本を8両編成から10両編成に増強し、1編成当たりの輸送力を25%アップさせた。10両編成化の効果は予想以上に大きく、普通列車の10両化に向けてホーム延長工事などが進められ、1986(昭和61)年6月のダイヤ改正から普通列車の10両運転が開始された。1987(昭和62)年3月には保有車両350台・冷房化率100%となったが、準大手私鉄という肩書が長い間使われてきたため、1990(平成2)年5月31日に日本民営鉄道協会は相鉄の申し入れを承認し、関東の大手私鉄の仲間入りを果たしている。

2000(平成12)年の運輸政策審議会答申第18号は、今後15年間に開業することが適当な路線として、神奈川東部方面線(二俣川〜新横浜〜大倉山)を答申した。これは相模鉄道相鉄本線と東海道貨物線・東急東横線を結ぶ連絡線を建設し、県央部から都心へ直行する新たなルートとするもの。各社は事業費などの負担で否定的であったが、都市鉄道等利便増進法を適用し、鉄道・運輸機構が整備保有する上下分離方式を採用することで事業化されることとなった。

2019(令和元)年11月30日に相鉄新横浜線の西谷〜羽沢横浜国大間が開業し、相鉄・ＪＲ直通線として営業が開始された。2023(令和5)年3月18日には相鉄新横浜線の羽沢横浜国大〜新横浜間と東急新横浜線の新横浜〜日吉間が開業し、東急東横線・東京メトロ副都心線・東武鉄道東上本線および東急目黒線・都営地下鉄三田線・東京メトロ南北線・埼玉高速鉄道線との直通運転が開始された。東京都心への乗入れは、横浜中心であった相模鉄道に新たな商業圏を付加するもので、神奈川県の中小私鉄として苦難の道を歩んできた同社は創業106年目にして大きく飛躍することになった。

車窓

かつては田園風景を車窓に走っていた相鉄本線だが、横浜・東京のベッドタウンとして宅地化が進み、マンションや新興住宅地が広がるようになった。同様に開業当時の相鉄いずみ野線も閑静な住宅地と雑木林が車窓を彩っていたが、現在は都心の通勤路線と変わらない風景の中を走る。

車両

21000系8両編成×9本、20000系10両編成×7本、12000系10両編成×6本、11000系10両編成×5本、10000系10両編成×3本、10000系8両編成×5本、9000系10両編成×6本、8000系10両編成×6本の計442両と事業用車2両編成×2本の計4両の総計446両が在籍している。

駅解説
相鉄本線

横浜 よこはま

0.0 km(0.0 km)
開 1933(昭和8)年12月27日
住 神奈川県横浜市西区南幸1-5-1
乗 329,228人

　一日に30万人の利用がある、相鉄を代表するターミナル駅。商業ビルの2階に頭端式4面3線のホームを有する。1974(昭和49)年2月に現在のホームの使用を開始。駅は一気に近代的な姿への変身を遂げた。横浜の名は15世紀の文献が初出で、現在の中区を通る本町通りが、語源とも言われる横長い砂州にあたるという。

平沼橋 ひらぬまばし

0.9 km(0.9 km)
開 1931(昭和6)年10月25日
住 神奈川県横浜市西区西平沼町3-7
乗 8,294人

　横浜駅を発車した列車が、勾配を下り終えた所に設けられている。ホームは島式1面2線。駅の周囲には横浜駅から繁華街が続いている。相鉄の横浜駅が完成するまで、当駅がターミナルだった時代もあった。駅名は付近の橋名から。もともとは開港の際、横浜と東海道とを結ぶ横浜道に設けられた橋だった。

西横浜 にしよこはま

1.8 km(0.9 km)
開 1929(昭和4)年2月14日
住 神奈川県横浜市西区西平沼町8-1
乗 13,843人

　横浜駅から当駅まで、相鉄の線路はJRと並行する。かつては当駅と保土ヶ谷駅を結ぶ連絡線があり、この線路を使用して貨物列車の受け渡しを実施。国鉄のDD12形が当駅の近くまで姿を見せていた。

西横浜駅　2023.12.2　写真：結解学

天王町 てんのうちょう

2.4 km(0.6 km)
開 1930(昭和5)年9月10日
住 神奈川県横浜市保土ケ谷区天王町2-45-5
乗 21,625人

　副駅名は「横浜ビジネスパーク前」。高架上に相対式ホーム2面2線を有する。ホームは他駅よりも早く、1968(昭和43)年3月には駅の高架化を実施。その後長く、相鉄本線で唯一の高架駅となっていた。駅の南東側に旧東海道が延びているが、中世の頃はこの辺りまでが湾で、川名の語源でもある「帷子湊(かたひらみなと)」と呼ばれていた。

星川駅　2023.5.10　写真：結解学

星川 ほしかわ

3.3 km(0.9 km)
開 1927(昭和2)年5月31日
改 1932(昭和7)～1933(昭和8)年頃(北程ケ谷)
住 神奈川県横浜市保土ケ谷区星川1-1-1
乗 26,934人

　副駅名は「FB古河電池 本社前」。1971(昭和46)年12月まで星川工場が隣接。運転の拠点となっていた。ホームは2017(平成29)年から翌年にかけて高架化され、駅は一気に近代的な姿になった。現在も高架上に電留線があり、本線上の主要駅となっている。星川とは「川の流れに映す星影」の伝承が一説。

和田町 わだまち

4.3 km(0.9 km)
開 1930(昭和5)年9月10日
改 1952(昭和27)年8月15日(常盤園下)
住 神奈川県横浜市保土ケ谷区仏向町4
乗 14,530人

　1969(昭和44)年4月に橋上駅舎の使用を開始。2016(平成28)年から開始されたリニューアル工事で、駅の姿は一変した。駅のすぐ脇の道が商店街となっており、特に朝夕の混雑は激しい。和田の名は中世の武将、和田義盛を祀った「和田稲荷」が語源といわれる。

上星川 かみほしかわ

5.0 km(0.7 km)
開 1926(大正15)年12月1日
改 1932(昭和7)～1933(昭和8)年頃(星川)
住 神奈川県横浜市保土ケ谷区上星川1-1-1
乗 21,870人

　住宅街の中にある閑静な印象の駅。駅のすぐ北側に国道16号線が延び、駅北口前の広場に各方向に向かう路線バスが発着する。駅のすぐ西側を、JRの貨物線(東海道本線貨物支線)がオーバークロスしている。防音シェルターに覆われた珍しい姿の高架橋である。

西谷 にしや

6.9 km(1.9 km)
開 1926(大正15)年12月1日
住 神奈川県横浜市保土ケ谷区西谷4-9-1
乗 24,454人

　2019(令和元)年11月30日の相鉄・JR直通線開業によって相鉄本線との分岐駅となり、特急の停車駅になるなど、駅の重要度が飛躍的に向上した。ホームは2面4線。1・4番線の線路が羽沢横浜国大方面に延びる。駅名は旧村名から。

鶴ケ峰 つるがみね

8.5 km(1.6 km)
開 1930(昭和5)年10月25日
住 神奈川県横浜市旭区鶴ケ峰2-78
乗 51,322人

　かつては住宅街の中にある小さな駅という印象が強かったが、近年の変貌は著しい。かつては各駅停車のみが停車したが、現在は通勤特急、通勤急行、快速も停車。駅周辺には商業施設が一気に増加した。鶴ケ峰の語源には諸説あるが、鎌倉時代の史書『吾妻鑑』に「鶴峯」と記されるほど古い地名である。

二俣川 ふたまたがわ

10.5 km(2.0 km)
開 1926(大正15)年5月12日
住 神奈川県横浜市旭区二俣川2-91-7
乗 72,905人

　相鉄本線のほぼ真ん中に位置する主要駅。2023(令和5)年3月17日まで運転されていた急行は、当駅から横浜までノンストップで走った。当駅からいずみ野線が分岐。相鉄本線の主要駅という位置づけは失われていない。13世紀の畠山重忠が討たれた二俣川古戦場のあたりで、鶴ヶ峰とともにゆかりの史跡が点在している。

希望ケ丘 きぼうがおか

12.2 km(1.7 km)
開 1948(昭和23)年5月26日
住 神奈川県横浜市旭区中希望が丘265
乗 29,877人

　ホームは相対式2面2線で、2000(平成12)年3月26日に橋上駅舎の使用が開始されるまでは、個々のホームに隣接する地上駅舎が使用されていた。戦後に開設された比較的新しい駅で、駅名は公募により決定し、周辺の地名にもなった。

三ツ境 みつきょう

13.6 km(1.4 km)
開 1926(大正15)年5月12日
住 神奈川県横浜市瀬谷区三ツ境4
乗 49,177人

　かつてこの地域に存在した3つの村の境界近くにあることが駅名の由来で、駅の開設も大正時代と古い。2000年代に入って駅施設の近代化が進み、現在の駅は北側に建つ駅ビルとの一体構造になっている。相鉄線内ではもっとも標高が高い所にあたる。

瀬谷 せや

15.5 km(1.9 km)
開 1926(大正15)年5月12日
住 神奈川県横浜市瀬谷区瀬谷4-1-1
乗 37,765人

　長く相対式ホーム2面の駅だったが、新横浜線の開業に備えて改良を実施。2012(平成24)年4月に島式ホーム2面4線に変身した。2023(令和5)年3月ダイヤ改正からは、当駅での列車追い抜きも実施されている。瀬谷＝狭谷で、このあたりの地形が語源といわれる。

大和 やまと

17.4 km(1.9 km)
開 1926(大正15)年5月12日
住 神奈川県大和市中央2-1-1

209

乗102,714人

　小田急江ノ島線と接続しており、歴史的には相鉄線が先に開通。また、相鉄の地下ホームは1993(平成5)年8月1日に使用を開始している。明治時代、合併後の村で分村騒動があり「大きく和する」という村名としたのがその由来。

相模大塚 さがみおおつか

19.3 km(1.9 km)
開1926(大正15)年5月12日
住神奈川県大和市桜森3-1-1
乗13,230人

　ホームは島式1面2線で駅舎は橋上式。北側に9線の電留線が備えられている。かつては厚木飛行場への航空燃料輸送の拠点となっていたが、今はそれもなく、基地への引込線もかつての面影が失われている。ちなみに、現在の東柏ヶ谷に「大塚」という地名があった。

さがみ野 さがみの

20.5 km(1.2 km)
開1946(昭和21)年3月1日
改1946(昭和21)年4月(柏ケ谷)
　1975(昭和50)年8月17日(大塚本町)
住神奈川県海老名市東柏ケ谷2-30-28
乗31,752人

　駅舎は橋上式で、ホームは相対式2面2線。かしわ台駅の開業と同日に現在地に移転し、新駅の扱いとして駅名も変更された。なお、神中鉄道時代は相模大塚駅が付近にあったが、厚木飛行場開設時に現在地へ移転している。

かしわ台 かしわだい

21.8 km(1.3 km)
開1975(昭和50)年8月17日
住神奈川県海老名市柏ケ谷1026
乗16,232人

　1975(昭和50)年8月、隣のさがみ野駅と同日に開業した比較的新しい駅でホームは島式2面4線。相鉄の車両基地であるかしわ台車両センターが隣接し、当駅止まりの列車も設定されるなど、運転の拠点となっている。駅名の「かしわ」とは地名の柏ケ谷から。

SO18 海老名 えびな

24.6 km(2.8 km)
開1941(昭和16)年11月25日
住神奈川県海老名市めぐみ町1-2
乗98,040人

　相鉄本線のターミナルで海老名市の中心駅。小田急小田原線、JR相模線と接続する。小田急電鉄との乗り入れのために生まれ、1973(昭和48)年12月21日に300m西に移動して現在位置に。再開発によって、駅前には一大ショッピングゾーンが形成されている。大きなエビが生息していたという説や、古代豪族の海老名氏に由来する説など、地名の語源には諸説ある。

いずみ野線

SO31 南万騎が原 みなみまきがはら

二俣川から1.6 km(1.6 km)

開1976(昭和51)年4月8日
住神奈川県横浜市旭区柏町128
乗9,854人

　1976(昭和51)年4月8日のいずみ野線いずみ野開業時に開設された駅。掘割の中に相対式ホーム2面2線を設け、駅舎は橋上式。いずみ野線沿線は鉄道の開通後に開発が進み、戸建てが多く、大型マンションは少ない。いわくありげな駅名は地名「万騎が原」から。もともとは万騎＝牧で、畠山重忠が一万の騎兵に敗れたことから充てられたという。

SO32 緑園都市 りょくえんとし

3.1 km(1.5 km)
開1976(昭和51)年4月8日
住神奈川県横浜市泉区緑園3-1-1
乗20,225人

　いずみ野線開業時には駅前に藁ぶき屋根の農家が建つのどかな場所だったが、その後の開発によって斬新なデザインの建物が並ぶ近代的な街並みが完成した。駅は高架上に相対式ホーム2面2線を備える。新興地らしく、駅名は「緑あふれる街」という意味。

緑園都市駅　2023.11.29　写真：結解学

SO33 弥生台 やよいだい

4.9 km(1.8 km)
開1976(昭和51)年4月8日
住神奈川県横浜市泉区弥生台5-2
乗13,365人

　相対式ホーム2面2線で、駅舎は橋上式。駅名は近隣から弥生時代の土器が出土したことに因む。緑園都市と同様に旧来の地名にこだわらないネーミングに、沿線の宅地開発を視野に入れたいずみ野線の特徴が表れている。

SO34 いずみ野 いずみの

6.0 km(1.1 km)
開1976(昭和51)年4月8日
住神奈川県横浜市泉区和泉町5736
乗11,898人

　いずみ野線第一期工事の終着駅。ホームは掘割の中に2面4線が設けられ、いずみ野線のさらなる延伸後も中核駅とされる位置づけが窺える。駅の開業直後に積極的に進められた周辺の宅地開発は、今は一段落した感がある。駅名は所在地の「和泉町」からで、付近にある酒湧池の伝説が由来とされている。

いずみ中央 いずみちゅうおう

8.2 km(2.2 km)
開1990(平成2)年4月4日
住神奈川県横浜市泉区和泉中央南5-4-13
乗14,644人

いずみ野駅　2023.11.28　写真：結解学

　1990(平成2)年4月にいずみ野から1区間のみが延伸された際の終着駅。駅は横浜市泉区の区役所に近い立地などから。駅周辺にはベッドタウンが広がるが、旧街道も近く、新旧の町並みが印象的。

SO36 ゆめが丘 ゆめがおか

9.3 km(1.1 km)
開1999(平成11)年3月10日
住神奈川県横浜市泉区下飯田町1555-9
乗2,227人

　やはり周辺地区の宅地開発も視野に入れて開設された駅。駅は高架上に島式ホーム1面2線を有する。駅周辺は、路線の開業時から開発計画が掲げられた地域で、本格的な工事着工に至っていない土地もあり、可能性を秘めた町である。駅名は「夢を抱ける街」という、いずみ野線に多い新興地名。

SO37 湘南台 しょうなんだい

11.3 km(2.0 km)
開1999(平成11)年3月10日
住神奈川県藤沢市湘南台2-41-17
乗24,105人

　いずみ野線の西のターミナルで、相鉄の駅で唯一藤沢市内に所在する。小田急江ノ島線、横浜市営地下鉄ブルーラインと接続しているが、駅自体は1966(昭和41)年に藤沢市区画整理事業にともない小田急江ノ島線に誕生したのが最初。駅周辺には繁華街が造られている

相鉄新横浜線

SO51 羽沢横浜国大 はざわよこはまこくだい

西谷から2.1 km(2.1 km)
開2019(令和元)年11月25日
住横浜市神奈川区羽沢南2-471-3
乗29,336人

　相鉄新横浜線の駅。2019(令和元)年11月からJRとの、2023(平成5)年3月から東急との直通運転を開始。開業時にはマスコミから秘境駅と呼ばれたが、その後、駅の近隣でタワーマンション、商店の建設が進んでいる。貨物駅として知られる「羽沢」とは、端沢(沢の片側)が由来ともいわれるが、定かではない。

SO52 新横浜 しんよこはま

6.3 km(4.2 km)
開2023(令和5)年3月18日
住神奈川県横浜市港北区新横浜2-100-1
乗38,147人

　東急新横浜線と接続。新幹線や地下鉄とも乗り換えられ、都市交通のハブ機能が期待されている。

神奈川県の私鉄

神奈川県
かながわけん

由来 現在の横浜市神奈川区あたりの地名「神奈川河」から。
県花 ヤマユリ
県木 イチョウ
県鳥 カモメ
県庁所在地 横浜市

数字で見る神奈川県

人口	面積	市町村数
9,223,695人	**2416.55**km²	**33**
（令和6年10月1日推計）	（令和6年7月1日時点）	（令和6年10月1日時点）

県内総生産	実質経済成長率	一人あたりの県民所得
35兆**2878**億円	**3.7**%	**319.9**万円
（令和3年度　全国4位）	（令和3年度　全国23位）	（令和3年度　全国10位）

静岡県
しずおかけん

由来 静岡市葵区の賤機山からで、賤＝静。版籍奉還の際、府中という地名の改名が行なわれ「賤ヶ丘」から「静岡」となった。
県花 ツツジ　**県木** モクセイ
県鳥 サンコウチョウ　**県民の日** 8月21日
県庁所在地 静岡市

数字で見る静岡県

人口	面積	市町村数
3,524,160人	**7776.99**km² ※参考値	**35**
（令和6年10月1日推計）	（令和6年7月1日時点）	（令和6年10月1日時点）

県内総生産	実質経済成長率	一人あたりの県民所得
17兆**5306**億円	**3.2**%	**331.4**万円
（令和3年度　全国10位）	（令和3年度　全国28位）	（令和3年度　全国4位）

山梨県
やまなしけん

由来 果物（ヤマナシ）が多く採れた、山をならして平野にした「山ならし」など諸説。
県花 フジザクラ　**県木** カエデ
県鳥 ウグイス　**県獣** カモシカ
県庁所在地 甲府市　**県民の日** 11月20日

数字で見る山梨県

人口	面積	市町村数
790,215人	**4465.27**km² ※参考値	**27**
（令和6年10月1日推計）	（令和6年7月1日時点）	（令和6年10月1日時点）

県内総生産	実質経済成長率	一人あたりの県民所得
3兆**7029**億円	**4.2**%	**324.3**万円
（令和3年度　全国40位）	（令和3年度　全国16位）	（令和3年度　全国8位）

横浜市交通局

よこはましこうつうきょく

社 名	横浜市交通局	運転方式	電化(ブルーライン：第三軌条方式)
住 所	〒231-0005 神奈川県横浜市中区本町6丁目50番地10		(グリーンライン：架線方式　鉄輪式リニアモータ駆動)
会社設立	1921(大正10)年4月1日	運輸開始	1972(昭和47)年12月16日(1号線)
線 名	横浜市高速鉄道1号線　湘南台〜関内　19.7km　駅数17		1976(昭和51)年9月4日(3号線)
	3号線　関内〜あざみ野　20.7km　駅数16		2008(平成20)年3月30日(4号線)
	4号線　日吉〜中山　13.1km　駅数10		

▲グリーンライン10000形。ブルーラインと違い、架線集電方式、鉄輪式リニアモーター駆動の特徴的な車両だ。センター南駅　2025.1.4

▲地上を走るグリーンライン。ブルーラインと接続するあたりで、沿線開発が進む。センター北〜センター南　2011.4.21

▲ブルーラインで主力として活躍している4000形と3000形。上永谷車両基地　2022.3.30

歴史

前身は1921(大正10)年4月1日に誕生した横浜市電気局である。それまで横浜電気鉄道が運営していた路面電車を公営化することで市営交通の歴史が始まった。1928(昭和3)年にはバス事業に参入。戦後の1946(昭和21)年5月31日に交通局へ改称し、1959(昭和34)年7月16日にはトロリーバスの営業を開始した。高度成長期に入ると、自動車の急増による渋滞で市電の輸送力は著しく低下。将来計画として市電を廃止し、地下鉄2路線を整備する方針が示される。市電とトロリーバスは1972(昭和47)年3月31日にラストランを迎え、同年12月16日に1号線の伊勢佐木長者町〜上大岡間が開業した。その後段階的に延伸を重ね、1999(平成11)年8月29日に1・3号線の湘南台〜あざみ野間全区間が開業し、2006(平成18)年6月15日にブルーラインの愛称が与えられている。

そして、2008(平成20)年3月30日に、グリーンラインの日吉〜中山間が開業した。同線は横浜環状鉄道構想の一部となっており、将来的には延伸による市域一体化に寄与することが期待されている。

車窓

《ブルーライン》横浜駅を中心に横浜市内をコの字に走る40.4kmを結ぶブルーラインは、正式には湘南台〜関内間が横浜市高速鉄道1号線、関内〜あざみ野間が横浜市高速鉄道3号線だが、運行上は一体的に扱われている。第三軌条方式が採られているためトンネル断面が小さいのが特徴で、安全対策として全駅にホームドアが設置されている。建設費圧縮のため地上を

走る区間が所々にあり、湘南台〜下飯田間では相鉄いずみ野線と並走しながら高架で境川を越えていく。次に地上に出るのは上永谷付近。駅の先では車両基地へと続く引込線が分岐する。北新横浜からセンター北にかけては断続的に地上区間が続く。センター南〜センター北間はグリーンラインが並走しており、高架は分かれているものの複々線のような様子を見ることができる。

《グリーンライン》中山〜日吉間の13.1kmの路線で、正式名称は横浜市高速鉄道4号線。ブルーラインと同様、建設費圧縮のため所々に地上区間が設けられている。川和町付近もその一つで、地上にある車両基地に引込線が伸びている。同駅構内は一見大規模だが、これは本線の横に留置線が並んでいるためである。センター南駅の手前では、その様子は見えないが地下でブルーラインと交差。その後地上に出て並走する。センター北駅から先は全て地下区間だが、終点・日吉付近は上り勾配が続き、地上に近づいていることがわかる。地下鉄と言うと車窓の見どころは少ないと思われがちだが、それなりの変化が楽しめる路線だ。

車両

《ブルーライン》3000形29編成、4000形8本編成
《グリーンライン》10000形18編成

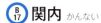

1号線ブルーライン

B17 関内 かんない
0.0 km(0.0 km)
開 1976(昭和51)年9月4日
住 横浜市中区尾上町3-42
乗 36,521人

1号線と3号線の境界。JR根岸線との乗換駅だが、JR関内駅は南に約100m離れており、直結していない。2層構造ホームは、地下2階が1号線の湘南台方面、地下3階が2号線のあざみ野方面。

B16 伊勢佐木長者町 いせざきちょうじゃまち
0.7 km(0.7 km)
開 1972(昭和47)年12月16日
住 横浜市中区長者町5-48
乗 16,896人

横浜の繁華街である伊勢佐木町と長者町の中間に位置し、JR関内駅から阪東橋付近に至る大通公園のほぼ中央に位置する。1972(昭和47)年の第1期開業当初は当駅が1号線の起点だった。

B15 阪東橋 ばんどうばし
1.6 km(0.9 km)
開 1972(昭和47)年12月16日
住 横浜市中区弥生町5-48
乗 21,424人

戦後に埋め立てられた新吉田川の地下に設置された駅。駅名はその川に架かっていた橋の名前から採られている。北に5分ほど歩くと京急線の黄金町駅がある。

B14 吉野町 よしのちょう
2.1 km(0.5 km)
開 1972(昭和47)年12月16日
住 横浜市南区吉野町3-7
乗 15,759人

周辺は江戸時代に吉田勘兵衛により吉田新田として開墾された土地で、現在は住宅が密集している。隣の阪東橋との距離は500mと短い。

B13 蒔田 まいた
3.2 km(1.1 km)
開 1972(昭和47)年12月16日
住 横浜市南区宮元町3-46
乗 20,819人

出入口付近に「横浜市営地下第1号車両搬入の地」の記念碑がある。開業当時の1号線には地上につながる線路がなかったため、鎌倉街道(神奈川県道21号)に開口部を設け、クレーンで車両を搬入した。

B12 弘明寺 ぐみょうじ
4.3 km(1.1 km)
開 1972(昭和47)年12月16日
住 横浜市南区通町4-114
乗 18,715人

駅名に採られた横浜市内最古の寺院である弘明寺や京急線の弘明寺駅とは約500mの距離がある。駅西側は住宅街で、東側には中学校や高校などの教育施設が集結している。

B11 上大岡 かみおおおか
5.9 km(1.6 km)
開 1972(昭和47)年12月16日
住 横浜市港南区上大岡西1-9-B1
乗 66,227人

京急線との接続駅。ブルーラインのホームは京急線とほぼ並行するように地下に設置されている。快速が停車する。

B10 港南中央 こうなんちゅうおう
7.0 km(1.1 km)
開 1976(昭和51)年9月4日
住 横浜市港南区港南中央通10-B1
乗 17,242人

駅名は周辺の地名から。駅周辺には中学校や公会堂のほか、港南区役所や港南警察署など機関も集まり、地域の行政・公共サービスの中心として機能している。

B09 上永谷 かみながや
8.7 km(1.7 km)
開 1976(昭和51)年9月4日
住 横浜市港南区丸山台1-1-1
乗 33,399人

1号線区間では唯一の高架駅。南東側に上永谷車両基地にあり、当駅発着の列車も設定されている。駅前には高層マンションや大型スーパーがあり、ブルーラインの単独駅としては利用客が非常に多い。

B08 下永谷 しもながや
10.0 km(1.3 km)
開 1985(昭和60)年3月14日
住 横浜市港南区日限山1-58-27
乗 10,385人

北側には1970〜1980年代に開発されたニュータウンが広がる。当駅の設置時には地名の「日限山」を駅名にしようという声も上がったが、最終的に現在の駅名に落ち着いた。

B07 舞岡 まいおか
10.7 km(0.7 km)
開 1985(昭和60)年3月14日
住 横浜市戸塚区舞岡町771
乗 5,001人

戸塚区東側の丘陵地帯にある。駅周辺には植物科学研究を行う横浜市立大学の舞岡キャンパスがあるが、住宅は少なく駅利用者もブルーラインの中で最も少ない。

B06 戸塚 とつか
12.3 km(1.6 km)
開 1987(昭和62)年5月24日
住 横浜市戸塚区戸塚町12-1
乗 77,204人

JR線と接続する主要駅。地上のJR戸塚駅に直交する向きで地下にホームがある。当駅〜湘南台間が開業する1999(平成11)年までは終着駅だった。

B05 踊場 おどりば
14.0 km(1.7 km)
開 1999(平成11)年8月29日
住 横浜市泉区中田南1-2-1
乗 16,367人

戸塚区と泉区の境界上に位置。この地域で手ぬぐいをかぶった猫たちが踊っていたという伝説が駅名の由来とされている。この話にちなみ、駅のあちこちには猫をイメージしたデザインが施されている。

B04 中田 なかだ
14.9 km(0.9 km)
開 1999(平成11)年8月29日
住 横浜市泉区中田南3-1-5
乗 16,156人

地名の読みは「なかた」だが、駅名は「なかだ」。もともとは地名も「なかだ」だったが、住所表示変更の際に変わったという。

B03 立場 たてば
16.0 km(1.1 km)
開 1999(平成11)年8月29日
住 横浜市泉区中田西1-1-30

[乗]19,661 人

現在の長後街道(県道 22 号)である旧大山道の継立場があったことが駅名の由来。駅は長後街道とかまくらみち(県道 402 号)の交差点にあり、駅前に神奈中バスのロータリーが設けられている。

[B02] 下飯田 しもいいだ

18.1 km(2.1km)
[開]1999(平成 11)年 8 月 29 日
[住]横浜市泉区ゆめが丘 59-1
[乗]5,864 人

北側に相鉄線のゆめが丘駅があり、その間には相鉄の大規模複合商業施設「ゆめが丘ソラトス」が 2024(令和 6)年に開業した。現在の駅利用客は少ないが、今後の増加が見込まれる。

[B01] 湘南台 しょうなんだい

19.7 km(1.6 km)
[開]1999(平成 11)年 8 月 29 日
[住]藤沢市湘南台 1-43-13
[乗]43,335 人

1 号線の終点で、相鉄いずみ野線と小田急江ノ島線と接続。横浜市営地下鉄で唯一、横浜市外に置かれている駅。ホームは相鉄線・小田急線と直交する向きで造られている。

3 号線ブルーライン

[B18] 桜木町 さくらぎちょう

関内から 0.7 km(0.7 km)
[開]1976(昭和 51)年 9 月 4 日
[住]横浜市中区花咲町 1-34
[乗]36,881 人

ＪＲ根岸線と接続するほか、新港地区の運河パークとを結ぶロープウェイの YOKOHAMA AIR CABIN とも連絡する。「横浜市役所下車駅」の副駅名が付いている。

[B19] 高島町 たかしまちょう

1.9 km(1.2 km)
[開]1976(昭和 51)年 9 月 4 日
[住]横浜市西区花咲町 7-41
[乗]9,001 人

駅名に採られたかつての地名は、埋め立てによってこの地を造成した高島嘉右衛門に由来。かつては東急東横線との接続駅だったが、2004(平成 16)年からは単独駅となっている。

高島町駅　2025.1.9

[B20] 横浜 よこはま

2.8 km(0.9 km)
[開]1976(昭和 51)年 9 月 4 日
[住]横浜市西区南幸 1-9-B2
[乗]124,525 人

多くの路線が乗り入れる言わずと知れた交通の要衝。ブルーラインの出入口は相鉄の駅に近く、「相鉄ジョイナス前」の副駅名が付与されている。

[B21] 三ツ沢下町 みつざわしもちょう

4.2 km(1.4 km)
[開]1985(昭和 60)年 3 月 14 日
[住]横浜市神奈川区三ツ沢下町 2-16
[乗]11,509 人

駅名の読みは「しもちょう」だが、地名は「しもまち」。隣の三ツ沢上町から当駅付近にかけて、地下鉄から湧いた水を活かした遊歩道「三ツ沢せせらぎ緑道」が整備されている。

[B22] 三ツ沢上町 みつざわかみちょう

5.1 km(0.9 km)
[開]1985(昭和 60)年 3 月 14 日
[住]横浜市神奈川区三ツ沢上町 5-9
[乗]13,549 人

こちらも駅名は「かみちょう」だが、地名は「かみまち」。駅の南側にある三ツ沢公園には陸上競技場や球技場があり、国体や 1964(昭和 39)年の東京五輪の会場にもなった。

[B23] 片倉町 かたくらちょう

7.0 km(1.9 km)
[開]1985(昭和 60)年 3 月 14 日
[住]横浜市神奈川区片倉 1-33-7

片倉町駅　2025.1.9

[乗]19,812 人

新横浜通り(横浜市主要地方道 85 号鶴見駅三ツ沢線)の地下にある駅。ブルーラインの開業前は田園地帯だったが、駅の設置を機に発展が進んだ。

[B24] 岸根公園 きしねこうえん

8.2 km(1.2 km)
[開]1985(昭和 60)年 3 月 14 日
[住]横浜市港北区篠原町 1123
[乗]10,462 人

駅名に採られた岸根公園は地元の桜の名所で、開花時期は花見客で賑わう。地下で相鉄・ＪＲ直通線(東海道貨物線)と交差しているが、貨物線側に駅はない。

[B25] 新横浜 しんよこはま

9.8 km(1.6 km)
[開]1985(昭和 60)年 3 月 14 日
[住]横浜市港北区新横浜 2-100
[乗]59,696 人

東海道新幹線など 4 路線と接続する主要駅。近隣の日産スタジアムに本拠地を置く横浜Ｆ・マリノスの応援歌『We are F・Marinos』が発車メロディに採用されており、「日産スタジアム下車駅」の副駅名が付いている。

[B26] 北新横浜 きたしんよこはま

11.1 km(1.3 km)
[開]1993(平成 5)年 3 月 18 日
[改]1999(平成 11)年 8 月 29 日(新横浜北)
[住]横浜市港北区北新横浜 1-539-1
[乗]11,850 人

開業当時の駅名は「新横浜北」だったが、新横浜駅と誤って下車するケースが多発したため、1999(平成 11)年の戸塚～湘南台間延伸を機に改称した。東側に新羽車両基地があり、当駅～新羽間から出入庫線がつながっている。

[B27] 新羽 にっぱ

12.1 km(1.0 km)
[開]1993(平成 5)年 3 月 18 日
[住]横浜市港北区新羽町 1285-1
[乗]19,886 人

工場地帯に位置。3 号線では当駅～センター北間の 4 駅が地上駅になっている。新羽車両基地への出入庫線があり、ホームは 2 面 3 線構造。

新羽駅　2025.1.9

[B28] 仲町台 なかまちだい

14.4 km(2.3 km)
[開]1993(平成 5)年 3 月 18 日
[住]横浜市都筑区仲町台 1-1-1
[乗]29,222 人

港北ニュータウンの南東部に位置。駅周辺は「自然と人間」をテーマに掲げたまちづくりが行なわれており、窓辺には極力花を飾るなどの協定項目が定められている。

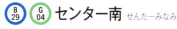 センター南 せんたーみなみ

16.7 km(2.3 km)
開 1993(平成5)年3月18日
住 横浜市都筑区茅ケ崎中央1-1
乗 52,369人

グリーンラインと接続する地上駅で、当駅〜センター北駅間は同路線と並走する。駅名は港北ニュータウンのタウンセンター地区のうち、南側に位置することに由来。

センター南駅　2025.1.9

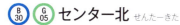 センター北 せんたーきた

17.6 km(0.9 km)
開 1993(平成5)年3月18日
住 横浜市都筑区中川中央1-1-1
乗 51,969人

駅名は港北ニュータウンのタウンセンター地区のうち、北側に位置することから。沿線住民の中には、当駅を「セン北」、センター南駅を「セン南」と呼ぶ人もいる。グリーンラインと接続。

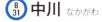 中川 なかがわ

19.2 km(1.6 km)
開 1993(平成5)年3月18日
住 横浜市都筑区中川1-1-1
乗 26,401人

港北ニュータウンの北西部に位置。駅前は「ネオ・ロマンチック」をテーマにしたヨーロッパ風のまちづくりが進められている。副駅名は「東京都市大横浜キャンパス前」。

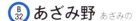 あざみ野 あざみの

20.7 km(1.5km)
開 1993(平成5)年3月18日
住 横浜市青葉区あざみ野2-2-20
乗 69,080人

ブルーラインの北端で東急田園都市線との接続駅。当駅から小田急線の新百合ヶ丘駅までの延伸計画が進められており、2030年の開業を目指している。

4号線グリーンライン

 中山 なかやま

0.0 km(0.0 km)
開 2008(平成20)年3月30日
住 横浜市緑区中山1-4-B1
乗 16,092人

都筑ふれあいの丘駅　2025.1.9

グリーンラインの西端でJR横浜線との接続駅。北西〜南東方向に走る同路線に対して直交するように地下ホームが設けられている。横浜環状鉄道構想の一部として、当駅から二俣川方面への延伸計画がある。

川和町 かわわちょう

1.7 km(1.7 km)
開 2008(平成20)年3月30日
住 横浜市都筑区川和町1252
乗 7,969人

グリーンラインは地上区間がいくつかあり、当駅も地上駅の一つ。1面2線構造だが中山方面が3番線、日吉方面が4番線となっており、1・2番線は存在しない。南側にある川和車両基地への引込線がつながっている。

都築ふれあいの丘 つづきふれあいのおか

3.1 km(1.4 km)
開 2008(平成20)年3月30日
住 横浜市都筑区葛が谷11-1
乗 19,476人

1980年代に入居が始まった港北ニュータウン南西部の葛が谷地区に位置する。「ふれあいの丘」は周辺地域の愛称から。

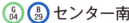 センター南

4.8 km(1.7 km)

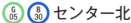 センター北

5.7 km(0.9 km)

北山田 きたやまた

7.4 km(1.7 km)
開 2008(平成20)年3月30日
住 横浜市都筑区北山田1-6-11
乗 24,284人

当駅周辺では「オアシスタウン」をテーマにした街づくりが進められ、駅舎も素焼き瓦など南欧スタイルをイメージさせる外観になっている。当駅から日吉本町の手前付近までは神奈川県道102号の下を走る。

東山田 ひがしやまた

8.8 km(1.4 km)
開 2008(平成20)年3月30日

住 横浜市都筑区東山田町300
乗 9,256人

港北ニュータウン北部の東山田地区に位置。駅舎のデザインテーマは「はぐくみのひろば」。ガラスを白い柱で囲んだデザインで、屋根にはソーラーパネルを設置している。

高田 たかた

10.3 km(1.5 km)
開 2008(平成20)年3月30日
住 横浜市港北区高田東3-1-3
乗 14,625人

ホームは二層構造で、地下3階が日吉方面の2番線、地下4階が中山方面の1番線となっている。当駅前の象徴的な風景だった大型工場が近年移転し、跡地に都市型ショッピングセンターが開業した。

日吉本町 ひよしほんちょう

11.6 km(1.3 km)
開 2008(平成20)年3月30日
住 横浜市港北区日吉本町5-3-1
乗 14,987人

住宅街の中にあり、駅舎2階は自治会の交流施設になっている。西側にある日吉本町鯛ヶ崎公園は自然の山を活かした自然豊かな環境で、地域の交流活動が行なわれている。

日吉本町駅　2025.1.9

日吉 ひよし

13.0 km(1.4 km)
開 2008(平成20)年3月30日
住 横浜市港北区日吉4-1-11
乗 69,446人

接続する東急各線と直角に交わる向きに地下ホームがある。1番出口は慶應義塾大学日吉キャンパスに直結。横浜環状鉄道構想では、当駅から鶴見方面に路線を延伸する計画。

横浜シーサイドライン
よこはまシーさいどらいん

社 名	株式会社横浜シーサイドライン
住 所	〒236-0003 神奈川県横浜市金沢区幸浦2丁目1番地1
会社設立	1983(昭和58)年4月22日
線 名	金沢シーサイドライン　新杉田～金沢八景　10.8km　駅数14
運転方式	電化(案内軌条式)
運輸開始	1989(平成元)年7月5日

▲案内軌条式の鉄道で、神戸市や大阪市の新交通システムと同じ。2000形は、開業時の1000形に続く2代目の形式だ。野鳥公園～金沢八景　2013.8.19

▲平潟湾上をゆく2000形。線名の通り、海岸線に沿って走り、潮の香りの中をゆく独特の風情がある。野鳥公園～金沢八景　2013.8.19

歴 史

　横浜市金沢区の埋立地に開発され、1978(昭和53)年に入居が始まった金沢シーサイドタウンでは、地域で発生する交通需要に対応する手段が検討されていた。鉄道では輸送能力が過大、バスでは不足となることから、中間的な輸送能力を持つ新交通システムのAGTを導入することが決まった。これにともなって京浜急行電鉄や西武電鉄などの出資で1983(昭和58)年4月22日に設立されたのが、のちに横浜シーサイドラインとなる横浜新都市交通である。

　工事は1984(昭和59)年11月15日に並木中央～福浦間から始まり、1989(平成元)年7月5日に新杉田～金沢八景間が開業。しかし、このときの金沢八景は、周辺の用地買収の難航により京急線の駅に直結できず、両駅は長年にわたって約150m離れた状態であった。1994(平成6)年4月4日には全列車にATO(自動列車運転装置)が導入され自動運転化が実現。会社設立から30年を迎えた2013(平成25)年には、シーサイドラインを照らす太陽から生まれた「キラキラ☆シーたん」が公式キャラクターとして誕生した。2019(平成31)年3月31日、新たな金沢八景駅が開業したことにより、京急線の同駅との直結が30年越しに実現した。

車窓

　金沢シーサイドラインは、根岸線が乗り入れる新杉田から京急線が接続する金沢八景までを走る 10.8km の AGT 路線。全体として横浜市金沢区の沿岸を走り、埋立地の住宅街や工場地帯、その先の海水浴場などを結ぶ。基本的に下り線の進行方向左が海側になるが、序盤は首都高湾岸線の高架と並走するためその様子は見えない。鳥浜から先では、右側に大規模な団地地帯が広がっているが、こちらも間に緑地の木々を挟んでいる。並木北駅の先で首都高の高架が下っていき、ここからは視界が開ける。福浦地区の工場地帯に入り、建物の間を抜けて市大医学部を出ると、正面には海が見えてくる。ここからは景色のよい区間で、八景島のレジャー施設や海水浴場のある海の公園を見ながら快走。野島公園付近では運河沿いを走り、最後に平潟湾の入江を渡って終点の金沢八景に至る。海岸べりの景勝と、高架橋ならではの眺望が楽しめる路線である。

車両

2000 形 18 編成

駅解説

 新杉田 しんすぎた

0.0 km(0.0 km)
開 1989(平成元)年 7 月 5 日
住 神奈川県横浜市磯子区新杉田町
乗 31,236 人

　金沢シーサイドラインの起点駅。駅ビル「ビーンズ新杉田」を経由して、北西側にあるＪＲ根岸線の新杉田駅と連絡している。当駅から産業振興センターの手前付近までは、国道 357 号線に沿って走る。

S2 南部市場 なんぶしじょう

1.3 km(1.3 km)
開 1989(平成元)年 7 月 5 日
住 神奈川県横浜市金沢区
乗 4,233 人

　駅前の横浜南部市場は中央卸売市場としての機能は廃止されているが、食をテーマにした集客施設「ブランチ横浜南部市場」が 2019(令和元)年にオープンし話題のスポットとなっている。駅南側の富岡総合公園は地元の桜の名所で、沿線住民に親しまれている。

S3 鳥浜 とりはま

2.2 km(0.9 km)
開 1989(平成元)年 7 月 5 日
住 神奈川県横浜市金沢区幸浦 1 丁目
乗 9,111 人

　大型アウトレットモールや横浜ベイサイドマリーナへの玄関口。カーブに沿った駅舎は金沢シーサイドラインでは唯一。

S4 並木北 なみききた

2.8 km(0.6 km)
開 1989(平成元)年 7 月 5 日
住 神奈川県横浜市金沢区幸浦 1 丁目
乗 3,721 人

　シーサイドラインの中では唯一の地上駅。埋め立てによって 1970 年代に造られた金沢シーサイドタウンの並木地区の外周北西側にあり、駅所在地は幸浦だが並木北の駅名が付けられている。

 並木中央 なみきちゅうおう

3.5 km(0.7 km)
開 1989(平成元)年 7 月 5 日
住 神奈川県横浜市金沢区幸浦 2 丁目
乗 4,954 人

　並木地区の外周西側のほぼ中央に位置。国道 357 号を挟んで海側に金沢シーサイドラインの車両基地があり、当駅から引込線が伸びている。海抜約 17 m と高い位置にあり、駅からは遠くに房総半島を望む。

S6 幸浦 さちうら

4.3 km(0.8 km)
開 1989(平成元)年 7 月 5 日
住 神奈川県横浜市金沢区幸浦 2 丁目
乗 5,203 人

　幸浦地区も埋め立てによって 1970 年代に誕生した町。南側の福浦地区とついにして「幸福」となるように命名された。周辺は工場地帯になっている。

S7 産業振興センター さんぎょうしんこうせんたー

5.0 km(0.7 km)
開 1989(平成元)年 7 月 5 日
住 神奈川県横浜市金沢区福浦 1 丁目
乗 4,163 人

　駅前には横浜市が産業振興拠点として 1994(平成 6)年に開設した「横浜金沢ハイテクセンター」が建つが、一定の役目を終えたことにより 2024(令和 6)年に民間企業へ売却された。今後はホテルやオフィスとして運営が継続される予定になっている。

S8 福浦 ふくうら

5.6 km(0.6 km)
開 1989(平成元)年 7 月 5 日
住 神奈川県横浜市金沢区福浦 2 丁目
乗 3,812 人

　金沢産業団地の工場地帯にの中心に位置しており、工場関係者の利用が多い反面、休日は静かな一帯だ。

市大医学部 しだいいがくぶ

6.3 km(0.7 km)
開 1989(平成元)年 7 月 5 日
住 神奈川県横浜市金沢区福浦 3 丁目
乗 9,809 人

　工場地帯の南側にある横浜市立大学福浦キャンパス（医学部）に直結。学生だけでなく、併設されている附属病院への通院客も多い。当駅〜八景島間は路線名通り海沿いを走るため、車窓風景は抜群。

S10 八景島 はっけいじま

7.5 km(1.2 km)
開 1989(平成元)年 7 月 5 日
住 神奈川県横浜市金沢区海の公園
乗 4,242 人

　水族館を中心とした人気観光地である八景島への玄関口。駅が位置する海の公園は八景島に続く陸繋砂州のような形状をしているが、埋め立てによって造られた人工地形である。

S11 海の公園柴口 うみのこうえんしばぐち

8.1 km(0.6 km)
開 1989(平成元)年 7 月 5 日
住 神奈川県横浜市金沢区海の公園
乗 2,274 人

　横浜市内で唯一の海水浴場である海の公園に面する駅。ホームは高架上にあるが、駅舎は地上に位置している。駅北西側の柴町の地名の由来は、突出部（崖）を意味する「ツバ」の転訛と考えられている。

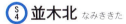 海の公園南口 うみのこうえんみなみぐち

8.8 km(0.7 km)
開 1989(平成元)年 7 月 5 日
住 神奈川県横浜市金沢区海の公園
乗 1,821 人

　海の公園柴口と同じく、高架駅だが駅舎は地上にある。海の公園は 1979(昭和 54)年に埋め立てによって完成した人工海浜で、潮干狩りやバーベキューも楽しめる。駅西側には住宅街が広がっている。

S13 野島公園 のじまこうえん

9.6 km(0.8 km)
開 1989(平成元)年 7 月 5 日
住 神奈川県横浜市金沢区平潟町 19
乗 3,288 人

　野島公園の最寄り駅であるが、同公園は当駅から水路を挟んで対岸にある野島の東端に位置している。野島は人工島のようだが、「野島夕照」として金沢八景の一つに選ばれているように、古来存在する。

 金沢八景 かなざわはっけい

10.8 km(1.2 km)
開 1989(平成元)年 7 月 5 日
住 神奈川県横浜市金沢区瀬戸 15 − 1
乗 18,705 人

　金沢シーサイドラインの終点で、京急線との接続駅。開業当時は現在よりも約 200 m 東側にあったが、2019(平成 31)年に現在の位置に移設された。南北方向に走る京急線に対し、垂直に接するような形で直結している。

江ノ島電鉄

えのしまでんてつ

社 名	江ノ島電鉄株式会社
住 所	〒251-0035 神奈川県藤沢市片瀬海岸1丁目8番16号
会社設立	1900(明治33)年11月25日
線 名	江ノ島電鉄線　藤沢〜鎌倉　10.0km　駅数15
運転方式	電化
運輸開始	1902(明治35)年9月1日

▲江ノ電の車窓といえば、やはり海。江ノ島は大きなアクセントだ。腰掛〜鎌倉高校前　2014.11.18

▲富士山を遠望する沿線の風光は、多くの鉄道線の中でも関東有数。
七里ヶ浜〜稲村ヶ崎　写真：結解学

歴史

江ノ島電鉄の歴史はやや複雑だ。1900(明治33)年11月、地元の有志によって設立された江之島電気鐵道が1902(明治35)年9月1日に藤沢〜片瀬間を開業させる。この路線は段階的に延伸され、1910(明治43)年11月4日に小町〜藤沢間の全線が開通。これが現在の江ノ島電鉄線のルーツで、当時は現在の2倍以上となる39駅が設置されていた。江之島電気鐵道は1911(明治44)年10月に横浜電気に買収され、路線はその後東京電燈に引き継がれて江ノ島線と呼ばれるようになる。一方、1926(大正15)年7月10日には現法人である江ノ島電気鉄道が設立。こちらは片瀬〜大船間などの路線建設を計画していたが実現せず、東京電燈から江ノ島線を譲受して1928(昭和3)年7月1日から運営を引き継いだ。この間、駅の統廃合や移設を繰り返し、その後も変遷がありながら1950(昭和25)年以降は15駅に落ち着いている。社名は1949(昭和24)年8月1日に江ノ島鎌倉観光、1981(昭和56)年9月1日に江ノ島電鉄に変更された。モータリゼーションが進んだ高度成長期は存続の危機にもさらされたが、その後は利用者数が回復。2022(令和4)年9月1日に開業120周年を迎えた。

車窓

江ノ島電鉄線は、藤沢から鎌倉までの10.0kmを結ぶ単線。車窓風景は相模湾を見渡す区間がハイライトだが、民家や店舗の間を縫うように走ったり、併用軌道を車と一緒に走ったりと、比較的短いながら様々な変化を楽しめる路線である。

小田急百貨店の2階にある藤沢を出ると、高架を下って住宅街の中を南下して江ノ島方面へと向かっていく。江ノ島〜腰越間は併用軌道。生活道路の中央を注意深く進んでいく様子はさながら路面電車のようだが、法律上はれっきとした鉄道である。鎌倉高校前が近づくと、右側の車窓には一気に相模湾が広がる。途中、駅だけでなく信号場にも停車して上下交換しながら東に進み、稲村ヶ崎の手前から海を離れて内陸方向に入っていく。極楽寺の手前では左手に見える極楽寺検車区の車庫にも注目。この辺りは丘陵を切り開いて線路を通した区間で、切り通しやトンネルを通っていく。最後は鎌倉市内の住宅街の中を抜けて、終点の鎌倉に到着する。海岸沿いや町中など、変化が多い車窓で、短いながらも見どころが満載の車窓である。

車両

1000形6編成、2000形3編成、500形2編成、20形2編成、10形1編成、300形1編成

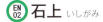

EN01 藤沢 ふじさわ

0.0 km (0.0 km)
開 1902(明治35)年9月1日
住 藤沢市南藤沢21-1-201
乗 20,642人

乗り場は他社線からやや離れた南側の小田急百貨店の2階部分にある。開業当初は東海道線や小田急線と並行する地上駅だったが、1974(昭和49)年に現在の形となり、当駅～石上間が高架化された。

EN02 石上 いしがみ

0.6 km (0.6 km)
開 1929(昭和4)年～1931(昭和6)年頃
改 1950(昭和25)年7月15日(高砂)
住 藤沢市鵠沼橘1-9-3
乗 687人

単式ホームと券売機の小さな構内。藤沢駅から一駅ながら、閑静な住宅街の中にある。藤沢市の市民会館や記念体育館、保健所などの公共施設が最寄り。

EN03 柳小路 やなぎこうじ

1.1 km (0.5 km)
開 1950(昭和25)年7月15日
住 藤沢市鵠沼藤が谷4-8-11
乗 2,563人

駅周辺には鵠沼の地名の由来となった蓮池がある。西側には鵠沼高等学校があり、校名が当駅の副駅名にもなっている。

EN04 鵠沼 くげぬま

1.8 km (0.7 km)
開 1902(明治35)年9月1日
住 藤沢市鵠沼松が岡1-1-1
乗 3,684人

開業当時から駅名の変更がなく、地名はかつて鵠(白鳥)が飛来する沼が点在していたことに由来。沼のほとんどは埋められてしまったが、その名残の池が見られる。

EN05 湘南海岸公園 しょうなんかいがんこうえん

2.7 km (0.9 km)
開 1902(明治35)年9月1日
改 1958(昭和33)年12月(西方)
住 藤沢市片瀬4-9-22
乗 2,021人

1902(明治35)年に「西方」として開業。1958(昭和33)年に現在の駅名に変更された。片瀬西浜・鵠沼海水浴場への最寄り駅で、花火大会の開催日は著しく混雑する。

EN06 江ノ島 えのしま

3.3 km (0.6 km)
開 1902(明治35)年9月1日
改 1929(昭和4)年3月(片瀬)
住 藤沢市片瀬海岸1-4-7
乗 8,599人

開業当初の駅名は「片瀬」。江ノ島電鉄本社が隣接し乗務員の交代が行なわれる。国道467号を挟んで北側には湘南モノレールの湘南江の島駅がある。

EN07 腰越 こしごえ

3.9 km (0.6 km)
開 1903(明治36)年6月20日
改 1948(昭和23)年7月15日(谷戸)
住 鎌倉市腰越2-14-14
乗 2,719人

開業当時の駅名は「谷戸」で1948(昭和23)年に現駅名となった。両端を踏切に挟まれた立地でホームが短いため、4両編成の電車は鎌倉方の1両がドアカットされる。

EN08 鎌倉高校前 かまくらこうこうまえ

4.7 km (0.8 km)
開 1903(明治36)年6月20日
改 1953(昭和28)年8月20日(日坂)
住 鎌倉市腰越1-1-25
乗 4,182人

相模湾の七里ヶ浜沿いを走る区間で、当駅の東側にある鎌倉高校前1号踏切はアニメ『スラムダンク』に登場することから、海外からも観光客が殺到している。

EN09 七里ヶ浜 しちりがはま

5.6 km (0.9 km)
開 1903(明治36)年6月20日
改 1915(大正4)年10月18日(田辺)
　 1948(昭和23)年4月14日(行合)
住 鎌倉市七里ヶ浜1-9-5
乗 7,236人

開業当時から数回の移転を繰り返し現在の位置になった。駅周辺にはリゾート感のある飲食店が集まっている。鎌倉高校前駅と当駅の間に、上下行き違いのための峰ヶ原信号場が設置されている。

EN10 稲村ヶ崎 いなむらがさき

6.8 km (1.2 km)
開 1904(明治37)年4月1日
住 鎌倉市稲村ガ崎2-8-1
乗 3,820人

開業当時から駅名変更がない数少ない駅。近隣では2000(平成12)年に温泉が湧き「稲村ヶ崎温泉」として人気を集めている。

EN11 極楽寺 ごくらくじ

7.6 km (0.8 km)

▲路面電車のような町中も通る。まるで建物をかすめるようにゆっくり走ってゆく。七里ヶ浜～鎌倉高校前　2014.11.18

開 1904(明治37)年4月1日
住 鎌倉市極楽寺3-7-4
乗 1,685人

稲村ヶ崎～当駅間に極楽寺検車区があり、当駅で増解結作業を行なうため、ホームは6両分の有効長がある。旧駅舎がモニュメントとして保存されている。

EN12 長谷 はせ

8.3 km (0.7 km)
開 1907(明治40)年8月16日
住 鎌倉市長谷2-14-10
乗 8,287人

アジサイが有名な長谷寺や、鎌倉大仏で知られる高徳院など、駅周辺に観光地が点在。一年を通じて多くの利用客で賑わう。開業当初から駅の大きな移転や改称がない。

EN13 由比ヶ浜 ゆいがはま

8.9 km (0.6 km)
開 1950(昭和25)年7月15日
住 鎌倉市由比ガ浜3-10-13
乗 2,313人

1948(昭和23)年に廃止された海岸通駅が前身。駅はやや内陸側にあり、由比ヶ浜海水浴場までは徒歩5分程度。

EN14 和田塚 わだづか

9.2 km (0.3 km)
開 1907(明治40)年8月16日
住 鎌倉市由比ガ浜3-4-1
乗 1,263人

駅名は鎌倉時代の武将である和田義盛を祀る塚に由来するという。隣の由比ヶ浜駅との距離はわずか300m。住宅街の中にあるが、乗降人員は少ない。

EN15 鎌倉 かまくら

10.0 km (0.8 km)
開 1910(明治43)年11月4日
改 1915(大正4)年10月18日(小町)
住 鎌倉市御成町1-15
乗 21,716人

江ノ電の終点でJR各線との接続駅。当初は若宮大路(神奈川県道21号)上に「小町」として開業し、2度の移転を経て現在の駅が3代目。JR線に1～2番線、江ノ電に3～5番線のホーム番号が振られている。

箱根登山鉄道

はこねとざんてつどう

社 名	株式会社小田急箱根
住 所	〒250-004 神奈川県小田原市城山1-15-1
会社設立	1888(明治21)年2月21日
線 名	鉄道線　小田原〜強羅　15.0km　駅数11
	鋼索線　強羅〜早雲山　1.2km　駅数6
運転方式	電化(鉄道線：一部第三軌条の狭軌1,067mと標準軌1,435mm　鋼索線：単線交走式)
運輸開始	1919(大正8)年6月1日(鉄道線)
	1921(大正10)年12月1日(鋼索線)

▲鉄道線と箱根ロープウェイを結ぶ役割もある鋼索線。公園上〜中強羅　2020.3.18

▲1000系あじさい電車。車窓には四季折々の自然を堪能できる。大平台駅　2011.7.22

歴史

同社の前身となる小田原馬車鉄道が創業したのは1888(明治21)年2月21日のこと。当時計画が進んでいた幹線鉄道(のちの御殿場線)が小田原を経由しないことが決まり、地元住民が鉄道敷設を請願したことがきっかけである。同年10月1日に国府津〜湯本間の馬車鉄道が開業、1896(明治29)年10月15日に小田原電気鉄道に商号変更し、1900(明治33)年3月21日に全線電化され小田原市内線となった。その後、1919(大正8)年6月1日には箱根湯本〜強羅間に登山鉄道が、1921(大正10)年12月1日には下強羅〜上強羅間に鋼索線が開業している。会社は1928(昭和3)年に日本電力に合併されたあと、箱根登山鉄道として独立した。1935(昭和10)年10月1日、従来の軌道線に代わって鉄道線の小田原〜箱根湯本間が開業。1950(昭和25)年8月1日から小田急電鉄との乗り入れが始まった。この頃はモータリゼーションが進んでおり、小田原市内線は1956(昭和31)年5月31日をもって廃止された。会社は2003(平成15)年8月1日に小田急電鉄の完全子会社となり、2004(平成16)年10月1日に持株会社として小田急箱根ホールディングスに社名変更。同時に鉄道事業は新設された箱根登山鉄道に継承された。その後、2024(令和6)年4月の小田急グループ再編により、箱根登山鉄道を存続会社として小田急箱根ホールディングス、箱根観光船、箱根施設開発の4社が合併し、商号変更によって現在の小田急箱根が誕生している。

車窓

《鉄道線》小田原を出てしばらくは東海道本線と並走するが、やがて分かれて早川と国道1号に沿って走っていく。入生田の手前には車両基地があり、そこから先は回送線を兼ねた三線軌条区間となる。箱根湯本が近づくと左側に温泉街が見えてくる。同駅から先は一般的に箱根登山電車と呼ばれる。標高差445m、最急勾配80‰の区間を、塔ノ沢の先の出山信号場、大平台、さらにその先の上大平台信号場の3か所でスイッチバックを行いながら登っていく。沿線はアジサイが有名で、6月から7月頃にかけて各地点で見頃を迎える。小涌谷から先は急峻な地形を抜け、比較的緩やかな勾配を強羅まで駆け上がる。

《鋼索線》標高541mの強羅と標高750mの早雲山間1.2kmを約10分で結ぶ。沿線に宿泊施設などが点在しているため、4箇所の途中駅が設置されている。各駅では左右両側のドアが開き、目的地に応じてどちらからも乗降できるのが特徴。車窓は全線にわたって両側に木々が生い茂っており、

鉄道線と同様に初夏はアジサイも美しい。終点の早雲山はケーブルカーの駅としては珍しく、昇降式ホーム柵が設置されている。

モハ1形1編成、モハ2形1両。ほか、モニ1形貨物電車1両。小田原〜箱根湯本間では、小田急電鉄の車両のみ運行。なお、鉄道線は小田原駅と強羅駅との間を走る単線。運行上は小田急電鉄の車両のみが走る小田原〜箱根湯本間と、自社車両のみが走る箱根湯本〜強羅間に分かれている。

《鋼索線》ケ10・20形2編成

《鉄道線》1000形2編成、2000形3編成、3000形4両、3100形2編成、

駅解説

鉄道線

OH47 小田原 おだわら
0.0 km(0.0 km)
開 1935(昭和10)年10月1日
住 神奈川県小田原市城山1丁目1-1
乗 53,079人(小田急電鉄も含む)

　神奈川県西部の要衝で、JR東海道線、東海道新幹線、小田急線、箱根登山鉄道と接続、もっとも南側に位置している。

OH48 箱根板橋 はこねいたばし
1.7 km(1.7 km)
開 1935(昭和10)年10月1日
住 神奈川県小田原市板橋150-2
乗 1,988人

　駅の北側には朝ドラのモデルにもなった三淵嘉子が別荘として愛用した甘柑荘など、明治期〜昭和初期の建築が点在し、散策に最適。板橋の地名は、小田原早川上水に板の橋が架かっていたことに由来する。

OH49 風祭 かざまつり
3.2 km(1.5 km)
開 1935(昭和10)年10月1日
住 神奈川県小田原市風祭240-2
乗 1,487人

　小田原名物である「鈴廣かまぼこ」の工場や博物館が隣接し、当駅の南口から直結している。施設内のカフェには元箱根登山鉄道のモハ1形107号が保存されている。

OH50 入生田 いりうだ
4.2 km(1.0 km)
開 1935(昭和10)年10月1日
住 神奈川県小田原市入生田190-4
乗 884人

　小田原〜箱根湯本間は狭軌だが、当駅に入生田検車区が隣接しており、当駅〜箱根湯本駅間は標準軌を併設した三線軌条になっている。

OH51 箱根湯本 はこねゆもと
6.1 km(1.9 km)
開 1919(大正8)年6月1日
住 神奈川県足柄下郡箱根町湯本白石下707-1
乗 8,673人

　箱根観光の拠点駅で、当駅を境に運行系統が分かれている。また、正月の箱根駅伝中継では、多くの応援客と駅に止まる列車が映される。

OH52 塔ノ沢 とうのさわ
7.1 km(1.0 km)
開 1920(大正9)年10月21日
住 神奈川県足柄下郡箱根町塔之澤46-2

乗 96人

　塔ノ沢温泉の最寄り駅だが、駅には歩行者用道路のみ。初夏に運転される「夜のあじさい号」の箱根湯本行き列車は、当駅で下車撮影時間が設けられている。

OH53 大平台 おおひらだい
9.9 km(2.8 km)
開 1919(大正8)年6月1日
住 神奈川県足柄下郡箱根町大平台355
乗 236人

　標高337mにあり、大平台温泉の最寄り駅。鉄道線に3箇所あるスイッチバックのうちの一つ。他の2箇所は当駅〜塔ノ沢間の出山信号場と、当駅〜宮ノ下間の上大平台信号場。

OH54 宮ノ下 みやのした
12.0 km(2.1 km)
開 1919(大正8)年6月1日
住 神奈川県足柄下郡箱根町宮ノ下404-11
乗 532人

　宮ノ下の地名は近隣の熊野神社に由来。宮ノ下温泉の最寄り駅で、日本有数のクラシックホテルである富士屋ホテルが有名。

OH55 小涌谷 こわきだに
13.4 km(1.4 km)
開 1919(大正8)年6月1日
住 神奈川県足柄下郡箱根町小涌谷466-6
乗 444人

　小涌谷温泉の玄関口。小田原方に踏切があり、正月の箱根駅伝では電車が選手の通過を待つという珍しい光景がある。

OH56 彫刻の森 ちょうこくのもり
14.3 km(0.9 km)
開 1919(大正8)年6月1日
改 1972(昭和47)年3月15日(二ノ平)
住 神奈川県足柄下郡箱根町二ノ平1204-6
乗 780人

　箱根彫刻の森美術館の開館にともなって1972(昭和47)年に改称。2面2線だが2番線は臨時用で、通常は使用されない。

OH57 強羅 ごうら
15.0 km(0.7 km)
開 1919(大正8)年6月1日
住 神奈川県足柄下郡箱根町強羅1300-329
乗 3,650人

　標高541mに位置する箱根登山線と箱根登山ケーブルカーとの接続駅。山小屋風の駅舎は1977(昭和52)年に改装されたもの。鉄道線のホームの東側に鋼索線のホームが隣接し、乗り換え改札でつながっている。

鋼索線

OH58 公園下 こうえんしも
強羅から 0.245 km(0.245 km)
開 1921(大正10)年12月1日
住 神奈川県足柄下郡箱根町強羅1300-328
乗 93人

　「こうえんした」ではなく「こうえんしも」。1914(大正3)年に開園した日本初のフランス式整型庭園である強羅公園の麓側(東側)に位置する。園内にはローズガーデンや熱帯植物園などがあり、季節を通して様々な花が咲く。

OH59 公園上 こうえんかみ
0.495 km(0.25 km)
開 1921(大正10)年12月1日
住 神奈川県足柄下郡箱根町強羅1300-328
乗 83人

　強羅公園の西側に位置。当駅〜中強羅間に上下列車が行き違う複線区間が設けられている。

OH60 中強羅 なかごうら
0.745 km(0.25 km)
開 1921(大正10)年12月1日
住 神奈川県足柄下郡箱根町強羅1300-328
乗 62人

　近隣には保養所や高級旅館が立ち並ぶが、車でアクセスする人が多いため、駅の利用者は少ない。強羅の地名は巨岩が「ゴロゴロ」していたことに由来する説や、梵語で石の地獄を意味する「ゴーラ」に由来する説など諸説ある。

OH61 上強羅 かみごうら
0.995 km(0.25 km)
開 1921(大正10)年12月1日
改 1951(昭和26)年5月1日(早雲館)
住 神奈川県足柄下郡箱根町強羅1300-328
乗 122人

　開業当初は「早雲館」で、1951(昭和26)年に現駅名に改称。この駅はケーブルカーの仕組み上、車両を公園下駅に停めるために設けられた。

OH62 早雲山 そううんざん
1.24 km(0.245 km)
開 1921(大正10)年12月1日
改 1926(大正15)年7月10日(上強羅)
住 神奈川県足柄下郡箱根町強羅1300-328
乗 2,680人

　箱根ロープウェイとの接続駅。駅舎は2020(令和2)年に全面改装され、ケーブルカーでは日本初となる昇降式ホーム柵が設置された。2階の足湯を設けた展望テラスからは、箱根外輪山や相模湾まで見渡せる。

221

伊豆急行

いずきゅうこう

社名	伊豆急行株式会社
住所	〒413-0232 静岡県伊東市八幡野1151番地
会社設立	1959(昭和34)年4月11日
線名	伊豆急行線　伊東～伊豆急下田　45.7km　駅数16
運転方式	電化
運輸開始	1961(昭和36)年12月10日

▲2005(平成17)年から活躍している8000系。もと東急8000系の車両で、外観、車内とも当時の面影が色濃く残っている。伊豆高原～伊豆大川　2017.8.28

歴史

伊豆東海岸の鉄道敷設に名乗りを上げたのは、東京急行電鉄の会長だった五島慶太である。五島は1953(昭和28)年に「伊豆観光開発構想」を樹立、1956(昭和31)年2月1日に伊東～下田間の敷設免許を申請した。免許状が交付されると、五島の長男・昇を社長とした伊東下田電気鉄道を1959(昭和34)年4月11日に設立した。その後の1961(昭和36)年2月20日には営業・PRのため伊豆急行に商号を変更している。1960(昭和35)年1月22日に起工した路線はわずか2年で完成し、1961(昭和36)年12月10日に開業。伊東線との相互直通運転が開始された。五島は開業を見ることなく1959(昭和34)年8月14日にこの世を去ったが、開通の祝賀列車には遺影が乗せられた。1964(昭和39)年11月1日には、特急「踊り子」の前身となる急行「伊豆」が運転を開始。さらに、需要喚起のため1985(昭和60)年7月20日からは2100系「リゾート21」が投入された。この車両の登場は伊豆急行線における観光車両のさきがけであり、2017(平成29)年7月21日に登場し国内各地で運行されている「THE ROYAL EXPRESS」もこの系譜を継いでいる。

車窓

複雑な地形が特徴の伊豆半島東部を走る伊豆急行線は、伊東から伊豆急下田までの45.7kmの間にトンネルが31か所、橋梁が173か所も設けられている。下り列車であれば左が海側となるが、全体としては内陸寄りを走る区間が多く、ゆっくりと海を見渡せる場所は意外と少ない。

伊東を出発してトンネルや橋梁を通りながら市街地を北に抜けると、東に進路を変えて海寄りへ。川奈から城ケ崎海岸の間にかけては周囲に木々が生い茂っているものの、合間から所々に海が見え隠れする。伊豆高原には車両基地があり、普通列車はここで増解結が行なわれることも。伊豆大川付近から先は海が見えるタイミングが徐々に増えてくる。伊豆熱川駅はもくもくと湯気が立ちのぼる温泉街らしい光景がおもしろい。片瀬白田～伊豆稲取間の先にかけては海が目の前に広がる絶景区間。車内放送では遠くに見える伊豆七島の案内もある。春先の河津桜が有名な河津を過ぎると内陸に入り、長いトンネルを抜けながら終点の伊豆急下田へと向かっていく。

車両

2100系3編成、8000系14編成、3000系2編成

▲2100系ロイヤルエクスプレスほか、伊豆急行の役者が勢ぞろい。観光要素が強いこともあり、車両も多彩だ。伊豆高原駅　2017.8.27

駅解説

IZ01 伊東　いとう

0.0 km (0.0 km)
開 1961(昭和36)年12月10日
住 静岡県伊東市湯川3丁目
乗 12,042人（ＪＲ線を含む）

伊豆急行線の起点でＪＲ伊東線との接続駅。ＪＲ東日本との共同使用駅。熱海方面に直通する列車と、当駅で折り返す列車がある。

IZ02 南伊東　みなみいとう

2.0 km (2.0 km)
開 1961(昭和36)年12月10日
住 静岡県伊東市桜ガ丘1-170-11
乗 772人

伊東市中心街の南側に位置。駅の西側は丘陵地帯で温泉旅館や保養所が点在。東側は住宅地が広がっており、温泉宿やスーパーがある。

IZ03 川奈　かわな

6.1 km (4.1 km)
開 1961(昭和36)年12月10日
住 静岡県伊東市川奈1215-7
乗 892人

近隣の海沿いにある川奈ホテルゴルフコースはフジサンケイレディスクラシックの会場として有名。特急通過駅だが、トーナメント開催時は一部の特急が停車する。

IZ04 富戸　ふと

11.5 km (5.4 km)
開 1961(昭和36)年12月10日
住 静岡県伊東市富戸178-1
乗 257人

富戸地区の東寄りに位置し、周辺には住宅やペンションなどが点在。当駅付近の海岸線の奇妙な形状は、約4000年前に大室山の溶岩流が流れ込んでできたもの。

IZ05 城ケ崎海岸　じょうがさきかいがん

13.9 km (2.4 km)
開 1972(昭和47)年3月15日
住 静岡県伊東市富戸919-8
乗 482人

伊豆急行線の開業後に追加設置された駅で、断崖絶壁の景勝地・城ケ崎海岸への玄関口。ログハウス風の立派な駅舎を構える。

IZ06 伊豆高原　いずこうげん

15.9 km (2.0 km)
開 1961(昭和36)年12月10日
住 静岡県伊東市八幡野1183-2
乗 2,252人

伊豆高原車両区が併設された伊豆急行線の主要駅。普通列車は当駅で増解結を行なうことがある。駅前に足湯がある。

IZ07 伊豆大川　いずおおかわ

20.9 km (5.0 km)
開 1961(昭和36)年12月10日
住 静岡県賀茂郡東伊豆町大川270-1
乗 152人

当駅が最寄りの大川温泉は、伊豆急行線沿線では比較的小規模な温泉地。海を一望できる露天風呂「磯の湯」が隠れた人気スポットとなっている。

IZ08 伊豆北川　いずほっかわ

22.9 km (2.0 km)
開 1964(昭和39)年10月1日
住 静岡県賀茂郡東伊豆町奈良本1225-12
乗 44人

北川温泉の最寄り駅。盛土の上にあり、ホームへは東側から一度線路の下をくぐるトンネルを通って反対側に出てからアクセスする。江戸城築城の際には当駅付近で切り出した石が使われたという。

IZ09 伊豆熱川　いずあたがわ

24.3 km (1.4 km)
開 1961(昭和36)年12月10日
住 静岡県賀茂郡東伊豆町奈良本969-3
乗 830人

太田道灌が発見した伝説がある熱川温泉の最寄りで、特急停車駅。ホーム両端にトンネルが迫る立地になっている。駅前に足湯があり、蒸気に包まれる温泉やぐらがホームからも目立つ。

IZ10 片瀬白田　かたせしらた

26.1 km (1.8 km)
開 1961(昭和36)年12月10日
住 静岡県賀茂郡東伊豆町白田222-2
乗 234人

駅名は片瀬地区と白田地区の境界付近に位置することから。駅名の読みは「かたせしらた」だが、地名は「しらだ」と濁る。当駅～伊豆稲取間は海岸線に沿って走り、車窓のハイライト区間になっている。

IZ11 伊豆稲取　いずいなとり

30.3 km (4.2 km)
開 1961(昭和36)年12月10日
住 静岡県賀茂郡東伊豆町稲取2832-1
乗 1,115人

雛のつるし飾りが有名な稲取温泉の最寄り駅で、特急停車駅。稲取漁港のキンメダイは「稲取きんめ」としてブランド化されている。

IZ12 今井浜海岸　いまいはまかいがん

34.2 km (3.9 km)
開 1962(昭和37)年7月7日
改 1969(昭和44)年3月1日（今井浜海水浴場）
住 静岡県賀茂郡河津町見高180
乗 221人

夏季臨時駅として開業。駅名改称とともに通年営業となった。国道135号を挟んで反対側に今井浜海岸があり、東急系列のホテルをはじめとして、旅館や民宿が集まっている。

IZ13 河津　かわづ

35.3 km (1.1 km)
開 1961(昭和36)年12月10日
住 静岡県賀茂郡河津町浜155-2
乗 1,309人

当駅の伊豆下田方を流れる河津川沿いは、早咲きの桜である河津桜の並木が続いており、毎年2月～3月頃に開かれる河津桜まつりに大勢の観光客が訪れる。発車メロディは『天城越え』だ。

IZ14 稲梓　いなずさ

40.7 km (5.4 km)
開 1961(昭和36)年12月10日
住 静岡県下田市落合92-1
乗 34人

駅名はかつてこの地にあった稲梓村から。下田市内陸寄りの山間にあり、周辺には民家も少ないことから、駅利用者は極端に少ない。

IZ15 蓮台寺　れんだいじ

43.4 km (2.7 km)
開 1961(昭和36)年12月10日
住 静岡県下田市河内907-6
乗 474人

蓮台寺温泉の最寄り駅。徒歩約10分の場所にある金谷旅館は千人風呂で有名。2022(令和4)年、自然素材にこだわった食品を提供するコーヒースタンドが駅舎内に開業した。

IZ16 伊豆急下田　いずきゅうしもだ

45.7 km (2.3 km)
開 1961(昭和36)年12月10日
住 静岡県下田市東本郷1-6-1
乗 2,907人

黒船来航の歴史を持つ下田市の中心駅。2面3線の頭端式ホームには伊豆急行100系の車輪のモニュメントがある。駅の東側にロープウェイ乗り場があり、下田港を一望できる寝姿山の山頂までを結んでいる。

223

富士山麓電気鉄道

ふじさんろくでんきてつどう

社 名	富士山麓電気鉄道株式会社
住 所	〒401-0301 山梨県南都留郡富士河口湖町船津3641
会社設立	1926(大正15)年9月18日
線 名	富士急行線　大月～河口湖　26.6km　駅数18
運転方式	電化
運輸開始	1929(昭和4)年6月19日

▲様々なキャラクターが描かれた8000系フジサン特急。田野倉～禾生　2019.5

▲1000系。もと京王電鉄の5000系で2024年秋に定期運用から退いた。三つ峠～寿　2019.5

▲スイーツプランなどの変わり種サービスもある8500系富士山ビュー特急。車両はもとＪＲ東海371系。2019.5　寿～三つ峠

歴史

現在の同社は富士急行の鉄道事業を分割する形で2022(令和4)年4月に継承したが、そもそも富士急行のルーツは富士山麓一帯を世界的観光地として開発するという構想のもとで1926(大正15)年9月18日に設立された富士山麓電気鉄道(初代)である。社名は「電気鉄道」だが、当初はバス事業のみだった。その後、富士電機軌道が運営していた大月～富士吉田間を譲り受け、1929(昭和4)年6月19日に鉄道営業を開始。1950(昭和25)年8月24日には富士吉田～河口湖間が延伸開業する。

1960(昭和35)年5月30日に社名を富士急行に変更。翌1961(昭和36)年に観光事業の第一弾として、のちに富士急ハイランドとなる富士五湖国際スケートセンターを開業させた。2011(平成23)年には富士吉田駅を富士山観光の拠点としてPRすべく、駅名を富士山に変更。富士山が世界遺産に登録された2013(平成25)年以降、富士急行線の利用者は増傾向にある。2022(令和4)年4月には富士急行の鉄道事業を分社化する形で富士山麓電気鉄道が設立され、創立時の商号が復活することとなった。2023(令和5)年6月1日からは富士急行が河口湖畔の天上山で運営していた～河口湖～富士山パノラマロープウェイを受け継いで運営している。

車窓

富士山麓電気鉄道の路線は、厳密には大月～富士山間の23.6kmが大月線、富士山～河口湖間の3.0kmが河口湖線と2つに分かれているが、基本的にはまとめて富士急行線と案内されている。おおむね全線にわたって国道139号線と並行し、最急40‰の勾配を登って富士山麓へ向かっていく単線の登山鉄道である。

大月を出発して中央本線と分かれると、桂川に沿うように左に曲がり、トンネルを抜けて南西方向へ。田野倉～禾生間では高さのある高架橋と交差するが、これはＪＲ東海のリニア実験線。その後は左前方に富士山を望みながら進む。三つ峠～寿間は最急勾配区間で、左へ右へとカーブを繰り返しながら登って富士吉田市の市街地に入っていく。保存展示されているブルートレインが目に入る下吉田を出ると、真正面には富士山が大きく近づいてくる。

富士山ではスイッチバックして河口湖線へ。富士急ハイランドのアトラクション施設と、その背後に迫る富士山を左側に見ながら、終点の河口湖駅へラストスパートをかける。大月から河口湖まで、500mの標高差があるのも同線の面白さだ。

車両

1000系2編成、6000系3編成、6500系2編成、6700系2編成、8000系1編成、8500系1編成

駅解説

FJ01 大月 おおつき
0.0 km(0.0 km)
開 1929(昭和4)年6月19日
住 山梨県大月市大月1-1-1
乗 4,418人(JR線を含む)

　1903(明治36)年1月17日には富士馬車鉄道が当駅まで乗り入れ、その免許が譲渡される形で、昭和初期に富士山麓電気鉄道が開業した。標高は358m。

FJ02 上大月 かみおおつき
0.6 km(0.6 km)
開 1929(昭和4)年6月19日
改 1934(昭和9)年(大月橋)
住 山梨県大月市大月2丁目223-3
乗 92人

　都留高等学校の最寄りでもあることから副駅名「都留高校前」が2019(令和元)年に採用された。

FJ03 田野倉 たのくら
3.0 km(2.4 km)
開 1929(昭和4)年6月19日
住 山梨県都留市田野倉771
乗 516人

　駅名はこの地旧村名。「田ノ倉」「田ノ蔵」とも表記され、全国の田野倉姓のルーツという。

FJ04 禾生 かせい
5.6 km(2.6 km)
開 1929(昭和4)年6月19日
住 山梨県都留市古川渡524-3
乗 483人

　駅名は旧村名から。禾とは稲を指し、稲がよく穫れたことが由来という。近くをリニア実験線が走り、その高架橋が立体交差する。

FJ05 赤坂 あかさか
7.1 km(1.5 km)
開 1929(昭和4)年6月19日
住 山梨県都留市四日市場87-2
乗 512人

　赤坂とは一般的に赤土の坂が語源というのが一説。近隣には複数の教育機関があり、朝夕は学生の利用が多い。

FJ06 都留市 つるし
8.6 km(1.5 km)
開 1929(昭和4)年6月19日
改 1965(昭和40)年3月1日(谷村横町)
住 山梨県都留市つる1-12-1
乗 406人

　蔓が多く自生していたことが由来とする説が有力だが、ほかに桂川の様子が蔓のように見えるから、鶴が多く飛来したからという説もある。

FJ07 谷村町 やむらまち
9.4 km(0.8 km)
開 1929(昭和4)年6月19日
住 山梨県都留市上谷1-2-8
乗 422人

　都留市の中心部で都留市役所への最寄り駅。城下町として栄えた所で、当路線の前身である富士馬車鉄道もここに本社を置いた。

FJ08 都留文科大学前 つるぶんかだいがくまえ
10.6 km(1.2 km)
開 2004(平成16)年11月16日
住 山梨県都留市田原2-7-12
乗 1,607人

　平成に新しく開業した駅。駅名通り、都留文化大学へのアクセスを目的とし、地元からの請願を受けて駅が建設された。

FJ09 十日市場 とおかいちば
11.5 km(0.9 km)
開 1929(昭和4)年6月19日
住 山梨県都留市十日市場769-3
乗 87人

　十日市場・夏狩地区の湧水群が「平成の名水百選」に選出されている。湧水は地域の上水道、ワサビ栽培などに利用されている。

FJ10 東桂 ひがしかつら
13.1 km(1.6 km)
開 1929(昭和4)年6月19日
住 山梨県都留市桂町1380
乗 400人

　沿線の桜の名所の一つで、2番線ホーム脇に桜並木がある。当線のほぼ中央にあたり、多くの列車が当駅で交換を行なう。

FJ11 三つ峠 みつとうげ
15.8 km(2.7 km)
開 1929(昭和4)年6月19日
改 1943(昭和18)年9月20日(小沼)
住 山梨県西桂町小沼1583
乗 301人

　富士山の好展望台として知られる三つ峠山への最寄り駅。三つ峠の名は、とがった山を指す「トッケ」から生まれたとされる。

FJ12 寿 ことぶき
18.8 km(3.0 km)
開 1929(昭和4)年6月19日
改 1981(昭和56)年1月11日(暮地)
住 山梨県富士吉田市上暮地2930-2
乗 245人

　所在地名の駅名だったが「墓地」との混同から、縁起のよい名前が採用された。当駅のホーム脇に桜並木がある。

FJ13 葭池温泉前 よしいけおんせんまえ
20.2 km(1.4 km)
開 1930(昭和5)年1月21日
改 1939(昭和14)年(尾垂鉱泉前)
住 山梨県富士吉田市下吉田6659-4
乗 120人

　葭之池温泉は富士山麓の鉱泉で当駅から徒歩5分。誘客のイメージアップを図って駅名が改称されている。

FJ14 下吉田 しもよしだ
21.1 km(0.9 km)
開 1929(昭和4)年6月19日
住 山梨県富士吉田市新町二丁目8-12
乗 1,559人

　五重塔と富士山の絶景で知られる新倉山浅間公園は当駅から北へ徒歩10分。多くの外国人観光客も利用する。

FJ15 月江寺 げっこうじ
21.9 km(0.8 km)
開 1931(昭和6)年10月1日
住 山梨県富士吉田市緑ヶ丘1-1-14
乗 500人

　駅名に採られた水上山月江寺は徒歩3分。当駅のホームからは、線路が延びる先に富士山が見える。

FJ16 富士山 ふじさん
23.6 km(1.7 km)
開 1929(昭和4)年6月19日
改 2011(平成23)年7月1日(富士吉田)
住 富士吉田市上吉田2-5-1
乗 1,305人

　富士吉田市の中核駅。長く市名を駅名にしていたが、当地の土地柄をアピールする駅名に改称されている。富士急ハイランドや河口湖方面への本線は、当駅からスイッチバックで向かう。

FJ17 富士急ハイランド ふじきゅうはいらんど
25.0 km(1.4 km)
開 1961(昭和36)年12月1日
改 1981(昭和56)年1月11日(ハイランド)
住 山梨県南都留郡富士河口湖町船津6663
乗 977人

　「富士急ハイランド」の入口の駅。駅周辺はホテルや温泉施設なども建つ富士山麓のリゾート地で、観光客の利用が多い。

FJ18 河口湖 かわぐちこ
26.6 km(1.6 km)
開 1950(昭和25)年8月24日
住 山梨県南都留郡富士河口湖町船津3641
乗 2,064人

　駅所在地の標高は857mで、大月駅とは499mの標高差。2006(平成18)年にリニューアルされた駅舎は木造のシックなデザインだ。

伊豆箱根鉄道

いずはこねてつどう

社 名	伊豆箱根鉄道株式会社
住 所	〒411-8533 静岡県三島市大場300番地
会社設立	1916(大正5)年12月7日
線 名	大雄山線　小田原～大雄山　9.6km　駅数12
	駿豆線　三島～修善寺　19.8km　駅数13
運転方式	電化
運輸開始	1925(大正14)年10月15日(大雄山線)
	1898(明治31)年5月20日(駿豆線)

▲大雄山線を走る5000系。同線は急カーブがあるため、車長18m車両が使用されている。穴部～飯田岡　2024.6.14　写真：結解学

歴史

「いずっぱこ」の通称で親しまれる同社のルーツは、1916(大正5)年12月7日に設立された駿豆鉄道である。駿豆線は、1893(明治26)年5月10日に設立された豆相鉄道と、1906(明治39)年に駿豆電気から商号変更した駿豆電気鉄道が運行していた路線が前身。両社の路線はその後富士水電に吸収された後、1917(大正6)年に駿豆鉄道に譲渡された。1924(大正13)年8月1日にこれを延伸し、三島～修善寺間が全通となっている。一方で大雄山線は、大雄山鉄道が1925(大正14)年10月15日に開業した路線が前身。同社は戦時統合令により1941(昭和16)年8月23日に駿豆鉄道に吸収され、小田原～大雄山間が継承された。伊豆箱根地域の代表企業となった駿豆鉄道はその後、ロープウェーやケーブルカーなどを相次いで開業させた。社名は1957(昭和32)年6月1日に現在の伊豆箱根鉄道に変更。平成不況に入ると経営は厳しい状況が続き、2005(平成17)年からは西武グループとして新たなスタートを切る。近年はTVアニメとのコラボを継続的に行なうなど、従来の常識にとらわれない新たな営業戦略を見せている。

車窓

《大雄山線》小田原～大雄山間の9.6kmを結ぶ単線。全線にわたって住宅地の中を走っていく。起点の小田原駅から次の緑町までの距離はわずか0.4kmで、走り出したかと思うとすぐに減速。同駅を出ると左に曲がって新幹線や東海道線の下を通り、北に進路を採る。この先は西側の少し離れたところを小田急小田原線が並行。五百羅漢の先で交差する。その後は狩川に沿うように走り、塚原の先で鉄橋を渡る。このあたりでは右側に田畑が広がるが、やがて再び民家が増えはじめる。和田河原の手前で進路を西へ。そこから終点の大雄山までは正面が富士山の方角となり、天気がよければ遠く足柄峠の向こうにその姿を見ることができる。

《駿豆線》は三島〜修善寺間の19.8kmを結ぶ単線。路線名は旧国名の駿河国と伊豆国が由来だが、これはかつての名残で、現在は全線が伊豆国の域内を通っている。三島を西向きに出発した列車は大きく左にカーブして南に進む。三島広小路〜三島田町間では、富士山の伏流水が源流の2本の小川を渡っていく。三島市の市街地を抜けると、東側に伊豆半島の稜線を見ながら、民家と田畑が混在する中をひたすら南下。伊豆長岡の先では狩野川をかすめ、田京から先は狩野川を遡上するように谷底平野を進んで終点の修善寺に到着する。

▲駿豆線3000系は前面がくぼんだ珍しいデザイン。三島駅 2016.3.18

車両

《大雄山線》5000系7編成、工事専用車のコデ165形1両
《駿豆線》3000系6編成、7000系2編成、1300系2編成、ＥＤ31形電気機関車1両。このほか、特急「踊り子」としてＪＲ東日本の車両が乗り入れる。

駅解説

大雄山線

ID01 小田原 おだわら
0.0 km(0.0 km)
開 1935(昭和10)年6月16日
住 神奈川県小田原市栄町1丁目
乗 14,768人

神奈川県西部の要衝で、ＪＲ東海道線、東海道新幹線、小田急線、箱根登山鉄道線と接続、もっとも南側に位置している。

ID02 緑町 みどりちょう
0.4 km(0.4 km)
開 1935(昭和10)年6月14日
住 神奈川県小田原市栄町3-5-21
乗 520人

小田原駅のわずか0.4km東で、市街地ながら付近に他線の駅が無いため、地域住民の大切な駅。

緑町駅　写真提供：伊豆箱根鉄道

ID03 井細田 いさいだ
1.4 km(1.0 km)
開 1926(大正15)年11月24日
住 神奈川県小田原市扇町3-21-1
乗 3,294人

ＪＲ線をくぐり、小田急線とほぼ並行して北上したあたり。足柄小学校が駅前にある。

ID04 五百羅漢 ごひゃくらかん
2.3 km(0.9 km)
開 1925(大正14)年10月15日
住 神奈川県小田原市扇町5-11-10
乗 1,316人

駅名は近隣の玉宝寺の五百羅漢像から。すぐ西側を小田急線がオーバークロスしている。

ID05 穴部 あなべ
3.1 km(0.8 km)
開 1926(大正15)年3月31日
住 神奈川県小田原市穴部563
乗 1,210人

穴部とは洞窟や洞を意味し、これが地名由来の一説とも。電車はこのあたりから狩川に沿って上ってゆく。

穴部駅　写真提供：伊豆箱根鉄道

ID06 飯田岡 いいだおか
4.3 km(1.2 km)
開 1926(大正15)年5月
住 神奈川県小田原市飯田岡545
乗 1,709人

狩川を渡る飯田岡橋のたもとにある。もともとの飯田岡は対岸で、12世紀、保延年間の創建という飯田神社がある。

ID07 相模沼田 さがみぬまた
5.0 km(0.7 km)
開 1925(大正14)年10月15日
住 神奈川県南足柄市沼田68
乗 2,452人

語源には沼や湿地だったことや、中世の豪族名などの諸説ある。対向式ホーム2面の交換設備と住宅風の駅舎を持つ。

ID08 岩原 いわはら
6.0 km(1.0 km)
開 1925(大正14)年10月15日
神奈川県南足柄市岩原270-1
乗 1,339人

単式ホーム一面。旧岩原村に由来し、岩が多い平地が語源のひとつと言われるが定かではない。

岩原駅　写真提供：伊豆箱根鉄道

ID09 塚原 つかはら
6.3 km(0.3 km)
開 1925(大正14)年10月15日
住 神奈川県南足柄市塚原2680-1
乗 1,893人

岩原駅との間が短く、これはともに地元の要請駅だったことから。単式ホーム一面。

ID10 和田河原 わだがはら
8.2 km(1.9 km)
開 1925(大正14)年10月15日
住 神奈川県南足柄市和田河原583
乗 2,787人

駅舎自体がマンションになった珍しい造り。南足柄市体育センターの最寄り駅。

ID11 富士フイルム前 ふじふいるむまえ
9.1 km(0.9 km)
開 1956(昭和31)年8月13日
住 神奈川県南足柄市狩野60-1
乗 1,216人

近隣の富士フイルム神奈川事業所足柄サイトから採られた駅名で、沿線では新しい駅。

ID12 大雄山 だいゆうざん
9.6 km(0.5 km)
開 1925(大正14)年10月15日
住 神奈川県南足柄市関本592-1
乗 4,136人

駅名は14世紀開創の大雄山最乗寺から。関東地方有数の霊場で、参詣者輸送が当路線の敷

227

設目的でもあった。

大雄山駅　写真提供：伊豆箱根鉄道

駿豆線

三島 みしま

0.0 km(0.0 km)
🈺1934(昭和9)年12月1日
🏠静岡県三島市一番町16-1
🚉14,226人

　駿豆線の起点で、東海道新幹線やJR東海道線との接続駅。昭和初期までは現在のJR下土狩駅が三島駅と呼ばれ、当路線もそこに乗り入れていたが、1934(昭和9)年の丹那トンネル開通によって今の三島駅が開業した。

三島駅　写真提供：伊豆箱根鉄道

三島広小路 みしまひろこうじ

1.3 km(1.3 km)
🈺1914(大正3)年
🈺1928(昭和3)年4月18日(広小路連絡所)
🏠静岡県三島市広小路町4-16
🚉3,214人

　かつて当駅付近〜沼津間を結んだ軌道線(1963年廃止)との接続駅として「広小路連絡所」の名で開業。軌道線は旧東海道(県道145号)上を走り、当駅から駿豆線に乗り入れていた。

三島田町 みしまたまち

2.0 km(0.7 km)
🈺1898年(明治31年)5月20日
🔄1956(昭和31)年2月1日(三島町)
🏠静岡県三島市北田町3-62
🚉2,212人

　三島市の中心部にあり、周辺には市役所や美術館、大型商業施設などが集まる。駿豆線の前身である豆相鉄道は当駅〜南條(現・伊豆長岡)間が最初に開業しており、当時の駅名は「三島町」だった。特急「踊り子」の停車駅。

三島二日町 みしまふつかまち

2.9 km(0.9 km)
🈺1932年(昭和7年)12月15日
🏠静岡県三島市南二日町23-54
🚉2,558人

　地名は毎月2日に市が開かれていたことから。住宅街の中に位置し、北側には三島市が運営するスポーツ広場、南側には横浜ゴムや森永製菓の工場がある。

大場 だいば

5.5 km(2.6 km)
🈺1898年(明治31年)5月20日
🏠静岡県三島市大場122-2
🚉4,106人

　当駅の北側に伊豆箱根鉄道の本社と車両基地がある。ホームは2面3線で、3番線の線路は三島方にのみつながっている。東海道本線の丹那トンネル工事では、物資運搬用の軽便鉄道が当駅を発着していた。特急「踊り子」の停車駅。

伊豆仁田 いずにった

7.0 km(1.5 km)
🈺1922年(大正11年)7月1日
🏠静岡県田方郡函南町仁田181-5
🚉2,889人

　函南町の西端部に位置する駅。周辺にある静岡県立田方農業高校に通う生徒が多く利用する。

原木 ばらき

8.5 km(1.5 km)
🈺1898年(明治31年)5月20日
🏠静岡県伊豆の国市原木763-3
🚉563人

　当駅から伊豆の国市に入り、沿線には田畑が目立つようになる。周辺はかつて狩野川水運で栄え、江戸時代には人馬の継立てが行なわれていた。

韮山 にらやま

9.8 km(1.3 km)
🈺1900年(明治33年)8月5日
🔄1919(大正8)年5月25日(北條)
🏠静岡県伊豆の国市四日町747-1
🚉2,831人

　開業当初の駅名は地名から採った「北條」。周辺には願成就院や江川邸、韮山城跡などの史跡が点在するが、世界遺産の韮山反射炉へは当駅よりも隣の伊豆長岡駅の方が近い。

伊豆長岡 いずながおか

11.4 km(1.6 km)
🈺1898年(明治31年)5月20日
🔄1919(大正8)年5月25日(南條)
🏠静岡県伊豆の国市南條773-2
🚉4,012人

　開業当初の駅名は「南條」。伊豆長岡温泉への玄関口で、南西側の狩野川を渡ると温泉街に入る。駅舎内にはカフェや土産物店を併設した「イズーラ伊豆長岡」が2023(令和5)年に開業した。特急「踊り子」の停車駅。

田京 たきょう

14.2 km(2.8 km)
🈺1899(明治32)年7月17日
🏠静岡県伊豆の国市田京675-3
🚉2,091人

　小規模な駅にもかかわらず2面3線ホームを有しているのは、かつて当駅に近接した東洋醸造(現・旭化成)の工場への引込線があったため。工場跡地は伊豆の国市役所大仁支所になっている。

大仁 おおひと

16.6 km(2.4 km)
🈺1899(明治32)年7月17日
🏠静岡県伊豆の国市大仁584
🚉1,888人

　開業当時の駿豆線の終点駅で、過去には当駅から伊東・湯ヶ島方面への路線も計画されていた。1番線の両側にホームがあるのは、かつての終点駅だった名残。特急「踊り子」が停車する。

牧之郷 まきのこう

18.6 km(2.0 km)
🈺1924年(大正13年)8月1日
🏠静岡県伊豆市牧之郷535-2
🚉399人

　駿豆線で最も利用者が少ない小さな駅だが、緑地広場や駐車場を設けた立派な駅前ロータリーが2024(令和6)年に整備された。駿豆線内で唯一、特急「踊り子」の行き違いが見られる。

修善寺 しゅぜんじ

19.8 km(1.2 km)
🈺1924年(大正13年)8月1日
🏠静岡県伊豆市柏久保631-7
🚉3,633人

　駿豆線の終点。修善寺温泉への玄関口で、天城峠や河津、下田への観光ルートの中継地にもなっている。温泉地の駅として台北メトロの新北投駅と姉妹駅協定を結んでいる。伊豆近海のアジや天城のワサビを使った「あじ寿司」が名物駅弁。

伊豆長岡駅　写真提供：伊豆箱根鉄道

修善寺駅　写真提供：伊豆箱根鉄道

横浜高速鉄道
よこはまこうそくてつどう

社名	横浜高速鉄道株式会社	線名	みなとみらい21線 横浜〜元町・中華街 4.1km 駅数6
住所	〒231-0861 神奈川県横浜市中区元町1丁目11番地	運転方式	電化
会社設立	1989(平成元)年3月29日	運輸開始	2004年(平成16)年2月1日

歴史

横浜都心臨海部のみなとみらい21地区に計画されたみなとみらい線の事業主体として1989(平成元)年3月29日に第3セクター方式で設立された。みなとみらい線は1992(平成4)年11月に横浜〜元町・中華街間の4.1kmが着工、2004(平成16)年2月1日から営業運転を開始した。構想段階では横浜線との直通計画があったが、国鉄民営化などの影響もあり、直通先は東急東横線に変更となった。

一方で、第三種鉄道事業者として、東急電鉄が運行するこどもの国線の線路を保有している。こちらは1997(平成9)年8月1日に前保有者のこどもの国協会から譲渡されたものである。

車窓

みなとみらい線は、横浜駅から元町・中華街駅までの4.1kmを結ぶ地下路線。東急東横線と相互直通運転を行なっており、東急電鉄の運転士が本路線内もそのまま乗務している。横浜駅を出発すると一気に左に曲がって他社線を潜り、南東方面に向かう。みなとみらい21地区を経由して横浜市役所をかすめ、国道133号線の下を並行してさらに南東へ。日本大通り駅付近で国道133号線は左に分かれていくが、みなとみらい線はそのまま直進。終点の元町・中華街駅に至る。現在、同駅の先では留置線の建設工事が進められている。

▲東急東横線を走るY500系。東急5000系と共通設計で製作された。　白楽〜妙蓮寺　2013.1.23

車両

みなとみらい21線用はY500系6編成。このほか第3種鉄道事業者として、こどもの国線用のY000系3編成を所有する。

▲東急こどもの国線のY000系を所有する。東急3000系の共通仕様で製造されている。　こどもの国線恩田〜こどもの国　2014.5.9

駅解説

MM01 横浜 よこはま
0.0 km (0.0 km)
開 2004(平成16)年2月1日
乗 308,749人(東急電鉄を含む)

MM02 新高島 しんたかしま
0.8 km (0.8 km)
開 2004(平成16)年2月1日
住 神奈川県横浜市西区みなとみらい5丁目1-1
乗 8,261人

地名にもなった「高島」は、明治期の鉄道建設の際、埋め立て地を造成した高島嘉右衛門から。地下5階構造でフロアごとに違うデザインになっている。

MM03 みなとみらい みなとみらい
1.7 km (0.9 km)
開 2004(平成16)年2月1日
住 神奈川県横浜市西区みなとみらい3丁目
乗 73,680人

横浜市が1980年代から進めた臨海地区の再開発計画「みなとみらい21」によって誕生した新しい街の中核的存在の駅。地上から地下4階までを吹き抜けとする大胆な構造で衆目を集めた。

MM04 馬車道 ばしゃみち
2.6 km (0.9 km)
開 2004(平成16)年2月1日
住 神奈川県横浜市中区本町5丁目
乗 35,619人

横浜港が開港した直後、多くの外国人が馬車で通ったことが道路名の由来で、それが駅名にも採られた。副駅名は「横浜市役所」となっている。みなとみらい地区へのアクセスにも好適な立地にある。

MM05 日本大通り にほんおおどおり
3.2 km (0.6 km)
開 2004(平成16)年2月1日
住 神奈川県横浜市中区日本大通
乗 24,497人

明治初頭に建設された道路は、日本で初めての西洋式のもので「日本大通」と名付けられた。送り仮名を加えて駅名に採られた。副駅名は「県庁・大さん橋」で、横浜港大桟橋は徒歩5分の位置にある。

MM06 元町・中華街 もとまちちゅうかがい
4.1 km (0.9 km)
開 2004(平成16)年2月1日
住 神奈川県横浜市中区山下町
乗 54,706人

元町商店街、横浜中華街の最寄り駅。山下公園、みなとの見える丘公園など、横浜港の観光スポットへのアクセスに好適。駅舎となるビルの屋上部分には「アメリカ山公園」が造られている。

湘南モノレール
しょうなんものれーる

社名	湘南モノレール株式会社	線名	江の島線　大船～湘南江の島　6.6km　駅数8
住所	〒248-0022 神奈川県鎌倉市常盤18	運転方式	電化（サフェージュ式モノレール）
会社設立	1966(昭和41)年4月11日	運輸開始	1970(昭和45)年3月7日

歴史

サフェージュ式モノレールの導入拡大を目指していた三菱重工業などの出資で1966(昭和41)年4月1日に設立された。同方式のモデル路線として敷設された江の島線は、1970(昭和45)年3月7日に大船～西鎌倉間が開業、1971(昭和46)年7月1日に大船～湘南江の島間約6.6kmの全線が開通した。2015(平成27)年6月8日付けで全株式がみちのりホールディングスに譲渡され、大幅なダイヤ改正やPASMOの導入、湘南江の島駅のリニューアルなど、新たな経営方針を見せている。

車窓

大船駅～湘南江の島駅間を結ぶ江の島線は、鎌倉市西部から藤沢市東部にかけての丘陵地帯をジェットコースターのように上下しながら走る。6.6kmと短いながらも、懸垂式モノレールならではの迫力ある車窓を楽しめる路線だ。

大船駅を出発した列車は横須賀線の線路を渡り、道路の上空を走って南西方向へ。湘南深沢～西鎌倉間は特にアップダウンが激しい区間。途中には切り通しやトンネルもある。片瀬山駅付近では道路との高低差がなくなり、地面スレスレを走っていく。目白山下駅を出ると丘陵を貫くトンネルを真っすぐ進み、それを抜けるとすぐに終点の湘南江の島に到着する。さながら約15分ほどの湘南空中散歩である。

車両

5000系 7編成

▲主力の5000系。7編成はそれぞれ車体色が違うという特徴がある。　西鎌倉～湘南深沢　2011.10.7

駅解説

SMR1 大船　おおふな
0.0 km (0.0 km)
開 1970(昭和45)年3月7日
住 神奈川県鎌倉市大船1丁目4番1号
乗 26,703人

湘南モノレール江の島線の始発駅で、JR線と接続し、東口から連絡通路がつながっている。ホームは頭端式の2面1線で、左右で乗降分離されている。

SMR2 富士見町　ふじみちょう
0.9 km (0.9 km)
開 1970(昭和45)年3月7日
住 神奈川県鎌倉市台2丁目19番7号
乗 4,914人

相対式2面2線のホーム構造は湘南モノレールでは唯一。近年、ホームへのエスカレーターが設置された。

SMR3 湘南町屋　しょうなんまちや
2.0 km (1.1 km)
開 1970(昭和45)年3月7日
住 神奈川県鎌倉市上町屋772番地
乗 6,622人

西側には三菱電機鎌倉製作所があり、「三菱電機前」の副駅名が付いている。同社への通勤客が多く利用するため、乗降人員は大船駅に次ぐ2番目。

SMR4 湘南深沢　しょうなんふかさわ
2.6 km (0.6 km)
開 1970(昭和45)年3月7日
住 神奈川県鎌倉市梶原646番地
乗 5,587人

駅西側にはかつてJR大船工場があり、その跡地では鎌倉市の主導で再開発事業が進められている。都市型住宅や行政施設、商業施設が集積する計画で、完成後は周辺の景色が一変することになる。

SMR5 西鎌倉　にしかまくら
4.7 km (2.1 km)
開 1970(昭和45)年3月7日
住 神奈川県鎌倉市西鎌倉1丁目20番31号
乗 4,992人

市道大船西鎌倉線と県道304号腰越大船線に接するように設置。1970(昭和45)年の開業当初は当駅が終点で、翌年に延伸開業したことより中間駅となった。

SMR6 片瀬山　かたせやま
5.5 km (0.8 km)
開 1971(昭和46)年7月2日
住 神奈川県鎌倉市西鎌倉4丁目894番6号
乗 3,466人

片瀬山と呼ばれる海抜約50mの丘陵地帯に位置しており、当駅付近はレールが地表にかなり近い高さを通っている。

SMR7 目白山下　めじろやました
6.2 km (0.7 km)
開 1971(昭和46)年7月1日
住 神奈川県藤沢市片瀬3丁目2776番地
乗 419人

標高約40mの高台にあり、ホームから遠くに相模湾を望む。目白山は目白不動とは関係なく、鳥のメジロが多く生息していたことがその名の由来のようだ。駅周辺は住宅が少ない。

SMR8 湘南江の島　しょうなんえのしま
6.6 km (0.4 km)
開 1971(昭和46)年7月1日
住 神奈川県藤沢市片瀬3丁目15番1号
乗 4,239人

ホームは駅ビルの5階部分にある。計画当初はもう少し海岸寄りに設置される予定で、その先、江の島海岸線が設置される計画もあった。南側には江ノ島電鉄の江ノ島駅がある。

大山ケーブルカー
おおやまけーぶるかー

社名	大山観光電鉄株式会社
住所	〒259-1107 神奈川県伊勢原市大山667
会社設立	1950(昭和25)年7月21日
線名	大山鋼索線 大山ケーブル〜阿夫利神社 0.8km 駅数2
運転方式	単線交走式
運輸開始	1931(昭和6)年8月1日

◀ 江戸時代に盛んになった大山詣での現代版。写真提供：小田急電鉄

歴史
　1950(昭和25)年7月21日に大山観光として設立、1953(昭和28)年7月に商号変更された。大山鋼索線は、1928(昭和3)年に設立された大山鋼索鉄道が1931(昭和6)年8月に開業させた路線がルーツ。戦時下の1944(昭和19)年2月に不要不急線として廃止となったが、大山観光電鉄が1965(昭和40)年7月11日に復活開業させた。当時の駅名は山麓側から追分駅、不動前駅、下社駅だったが、2008(平成20)年10月1日に現在の名称に変更した。2015(平成27)年には運行を4か月半休止して大規模リニューアルを実施。開業以来50年ぶりとなる新型車両も導入された。

車窓
　標高400mの大山ケーブルから標高687mの阿夫利神社までの0.8kmを結ぶ。標高512mの上下すれ違い区間には中間駅として大山寺が設けられており、乗降も可能。2015(平成27)年のリニューアルでは上空の架線が撤去され、以前よりも眺望性が向上している。現在の2代目車両は、小田急ロマンスカーVSEなどを手掛けた岡部憲明氏がデザイン設計を担当。天井まで続く大型車窓から、山肌がすぐ横に迫る迫力の前面展望を存分に楽しめる。

車両 2両(ゴールド、シルバー)

駅解説
大山鋼索線

大山ケーブル おおやまけーぶる
0.0 km(0.0 km)
- 開 1965(昭和40)年7月11日
- 改 2008(平成20)年10月1日(追分)
- 住 伊勢原市大山
- 乗 600人

　ケーブルカーの山麓側の駅。標高は400m。駅は路線バスの停留所を降り、「こま参道」を15分歩いた先に設けられている。「こま」とは、この地域の名産とされる独楽のこと。

大山寺 おおやまでら
0.4 km(0.4 km)
- 開 1965(昭和40)年7月11日
- 改 2008(平成20)年10月1日(不動前)
- 住 神奈川県伊勢原市大山
- 乗 36人

　2両のケーブルカー車両がすれ違う場所に設けられた中間駅。駅名に採られた大山寺は当駅から西に徒歩3分。

阿夫利神社 あふりじんじゃ
0.8 km(0.4 km)
- 開 1965(昭和40)年7月11日
- 改 2008(平成20)年10月1日(下社)
- 住 神奈川県伊勢原市大山
- 乗 616人

　ケーブルカーの山上側の駅。標高678m。標高1252mの大山の中腹に位置する。この山の別名は雨降り(あふり)山。雨乞いの儀式が行なわれることもある。山頂へは当駅から徒歩80分。

十国峠
じゅっこくとうげ

社名	十国峠株式会社
住所	〒419-0101 静岡県田方郡函南町桑原1400-20
会社設立	2021(令和3)年12月1日
線名	十国鋼索線 十国峠山麓〜十国峠山頂 0.316km 駅数2
運転方式	単線交走式
運輸開始	1956(昭和31)年10月16日

▲ 十国の名の通り、付近の眺望が見どころだ。写真提供：函南町産業振興課

歴史
　十国鋼索線は現在の伊豆箱根鉄道である駿豆鉄道が1956(昭和31)年10月16日に開業。2021(令和3)年12月1日に十国峠レストハウスの事業とともに分割され、十国峠が設立された。翌2022(令和4)年2月1日には全株式を富士急行に譲渡。同年11月5日に愛称が「十国峠ケーブルカー」から「十国峠パノラマケーブルカー」に変更され、山麓と山頂の2駅の名前も現在のものに変更された。

車窓
　森の駅箱根十国峠の2階にある十国峠山麓から十国峠山頂までの316mを約3分で結ぶ。両駅の標高差は101mで最急勾配は22度。レール幅は国内のケーブルカーとしては珍しく、標準軌の1,435mmとなっている。車窓からの視界は比較的開けており、春は沿線にツツジが咲き乱れる。十国峠の名は、伊豆・駿江・遠江・甲斐・信濃・相模・武蔵・上総・下総・安房の10の国が見渡せたことに由来。その名の通り、晴天の日は標高776mの山頂から遠く房総半島まで見えることもある。

車両 2両(日金、十国)

十国鋼索線

十国峠山麓 じゅっこくとうげさんろく
0.0 km(0.0 km)
- 開 1956(昭和31)年10月16日
- 住 静岡県田方郡函南町桑原
- 乗 558人

　十の国が見渡せたことが由来の峠名。尾根道である熱海箱根峠線と接続している。

十国峠山頂 じゅっこくとうげさんちょう
0.3 km(0.3 km)
- 開 1956(昭和31)年10月16日
- 住 静岡県田方郡函南町桑原
- 乗 558人

　駅と一体となった十国峠展望台からは富士山が一望。カフェテラスも併設されている。

231

車窓メモリアル 私鉄編

神奈川県　箱根界隈

旧街道と鉄道

今や箱根観光の基軸の鉄道線だが、誕生の背景には旧街道筋の危機感もあった。大平台駅　1979.6

　日本の交通史において、近世に馬車を持たなかったことはその後の発展にある特徴をもたらした。江戸時代から明治時代へと移り、外国の文明が流入していく中で、鉄道が一気に広まったからである。

　江戸時代の街道は、鉄道建設時のルート選択において大きな指針であった。街道に沿って長年交易が行なわれてきたのだから当然なのだが、徒歩と違い、鉄道が敷設できない隘路は、街道沿いから離れて建設された。

　東海道は、その様が分かりやすい。東京、新橋からずっと旧東海道に沿って東海道本線が走り、駅も旧宿場町に置かれたものが多い。ところが、そのルートが大きく変わるのが神奈川県の国府津駅。旧街道は小田原、そして箱根へ。一方、鉄道は北上し、酒匂川沿いへ御殿場を目指した。これは当然、鉄道では険しい箱根の山を越えられなかったためである。

　今や箱根観光のメインルートである箱根登山鉄道は、この危機感から1888（明治21）年に誕生した国府津〜湯本（現在の箱根湯本）間の「小田原馬車鉄道」がルーツだ。当時、横浜には外国人居留地があり、箱根へ向かう外国人観光客も利用したという。

　のちに東海道本線は丹那トンネルの開通によって小田原・熱海経由となり、箱根への鉄道の拠点は小田原になった。こうなると、人の流れは変わるのは当然で、のちの小田急線開業も加勢した。

　今日の箱根登山鉄道は、発展する箱根観光の基軸に成長している。

茨城県の私鉄

茨城県
いばらきけん

由来 旧茨城郡からで、語源は「茨の城」など諸説ある。

県花 バラ **県魚** ヒラメ
県木 ウメ
県鳥 ヒバリ
県庁所在地 水戸市 **県民の日** 11月13日

数字で見る茨城県

人口
2,810,049人
（令和6年10月1日推計）

面積
6098.31km²
（令和6年7月1日時点）

市町村数
44
（令和6年10月1日時点）

県内総生産
14兆5391億円
（令和3年度 全国11位）

実質経済成長率
6.6%
（令和3年度 全国4位）

一人あたりの県民所得
343.8万円
（令和3年度 全国3位）

ひたちなか海浜鉄道

ひたちなかかいひんてつどう

社 名	ひたちなか海浜鉄道株式会社	線 名	湊線　勝田～阿字ヶ浦 14.3km　駅数 11
住 所	〒311-1225 茨城県ひたちなか市釈迦町22番2号	電化・非電化	非電化
会社設立	2008(平成20)年4月1日	運輸開始	1913(大正2)年12月25日

▲キハ37100形は2002(平成14)年に登場した新製車両で、キハ3710形をベースにした仕様。2010(平成22)年にアニマルトレイン、2019(令和元)年に「いきいき茨城ゆめ国体＆大会」PR広告車など模様替えが行なわれた。金上～中根　2014.8.20

歴史

　茨城交通の鉄道部門を分割する形で、同社とひたちなか市が共同出資する第三セクターとして、2008(平成20)年4月1日に設立された。同社が経営する湊線は、もともと1907(明治40)年11月18日に設立された湊鉄道(のちの茨城交通)の路線であった。

　当時は資金不足のため用地買収や建設工事が順調に進まず、最初に勝田～那珂湊間が開通したのは1913(大正2)年12月25日のことだった。その後、15年かけて1928(昭和3)年7月17日に勝田～阿字ヶ浦間の全線開通を迎える。合併により1944(昭和19)年8月1日に茨城交通の湊線として再スタートを切ると、1950年代初頭に輸送のピークを迎えたが、自動車輸送の発達により貨物輸送量は1952(昭和27)年をピークに減少。1984(昭和59)年6月1日には貨物の取り扱いを全線で終了した。旅客輸送量に関しても、モータリゼーションの影響で1954(昭和29)年頃から徐々に減少していった。2005(平成17)年に茨城交通が廃線の意向を示したことから、茨城県やひたちなか市が存続の道を探ることになり、第三セクター化されることが決まった。

　2008(平成20)年4月1日にひたちなか海浜鉄道として再出発してからは、公募で選ばれた社長による経営努力により、堅調な経営が続いている。東日本大震災の影響を受けたものの、復旧後は利用者も徐々に回復し、震災前の水準を上回るまでになった。2021(令和3)年には阿字ヶ浦～国営ひたち海浜公園公園西口付近間の延伸許可が認可されるなど、近年は新たな動きも見せている。

車窓

　湊線は14.3キロメートルの短い路線ながら、その車窓からはひたちなか市の市街地から田園地帯、そして海岸の街へと変化する多様な景観を楽しむことができる。

　勝田を出発してすぐは常磐線と並行して走り、工機前の手前で同線と分かれて太平洋側へと向かっていく。しばらくは住宅地や商業地域を走るが、中根駅の手前あたりから徐々に宅地が少なくなり、のどかな風景が広がり始める。那珂川に注ぐ中丸川を渡る中丸川橋梁は、地元では古くから「高田の鉄橋」と呼ばれて親しまれており、川の左岸に設置された駅名にそのまま採用された。高田の鉄橋からは再び住宅地が増えはじめる。那珂湊を過ぎると進路を北東に変え、海沿いの街の中を走りながら阿字ヶ浦へ向かっていく。

車両

　キハ11形3両、キハ20形1両、キハ3710形2両、キハ37100形1両、ミキ300形1両の計8両で運行されている。

▲1995(平成7)年に登場。湊線初の冷房車で、茨城交通発注車両としては1960(昭和35)年以来の新造車。形式の3710とは「みなと」を意味している。金上～中根　2014.8.20

▲2009(平成21)年に導入されたミキ300形。前年に廃止になった三木鉄道(兵庫県)の車両で、形式名や塗色もそのまま使われた。後継のキハ100系に譲る形で引退となる予定。金上～中根　2014.8.20

駅解説

勝田 かつた
0.0 km(0.0 km)
開 1913(大正2)年12月25日
住 茨城県ひたちなか市勝田中央1-1
乗 22,697人(JR線を含む)

　湊線の起点駅で、JR常磐線と接続。ホームや改札はJRとの共用で、1番線の途中に当路線の乗り換え改札が設けられている。西口は日立製作所関連の施設が集積する企業城下町。

工機前 こうきまえ
0.6 km(0.6 km)
開 1998(平成10)年12月8日
改 2019(令和元)年10月(日工前)
住 茨城県ひたちなか市武田字大塚前1092-15
乗 25人

　日立工機(現・工機ホールディングス)の専用駅だったが、地域住民の要望で1998(平成10)年から一般利用が可能になった。当時の駅名は「日工前」だったが、同社の社名変更にともなって2019(令和元)年に現駅名に変更された。

金上 かねあげ
1.8 km(1.2 km)
開 1928(昭和3)年7月17日
住 茨城県ひたちなか市大平4
乗 174人

　駅名が「金運上昇」を連想させることから、勝田から当駅までのきっぷが縁起物として人気。近接する陸上自衛隊勝田駐屯地は桜の名所としても知られる。ホームは1面2線構造で列車交換が可能。

金上駅　2025.1.21

中根 なかね
4.8 km(3.0 km)
開 1931(昭和6)年7月16日
住 茨城県ひたちなか市三反田
乗 12人

　田園地帯にぽつんと立つ駅で、秘境駅のひとつに挙げられる。周辺地域は弥生～古墳時代に稲作によって発展してきた歴史があり、貝塚や古墳などの史跡が多く見られる。

高田の鉄橋 たかだのてっきょう
7.1 km(2.3 km)
開 2014(平成26)年10月1日
住 茨城県ひたちなか市横堰9748-2
乗 110人

　地域住民の要望で2014(平成26)年に設置された新しい駅。地元で「高田の鉄橋」と呼ばれる中丸川橋梁が駅名の由来。高田はかつての字名だが、地名には残っていない。

那珂湊 なかみなと
8.2 km(1.1 km)
開 1913(大正2)年12月25日
住 茨城県ひたちなか市釈迦町22-2
乗 547人

　湊機関区を併設する湊線のメインステーション。駅周辺では関東を代表する観光市場「那珂湊おさかな市場」が有名で、毎月第1日曜日にはホームでも朝市が開かれる。

那珂湊駅　2025.1.21

殿山 とのやま
9.6 km(1.4 km)
開 1928(昭和3)年7月17日
住 茨城県ひたちなか市牛久保2-7
乗 67人

　切り通しの下にあり、駅前の道路からは階段を下ってアクセスする。ホームに設置されているベンチは、1960年代に廃止された茨城交通水浜線の馬口労町入口電停から転用されたものだという。

平磯 ひらいそ
10.8 km(1.2 km)
開 1924(大正13)年9月3日
住 茨城県ひたちなか市平磯町
乗 371人

　平磯海水浴場の最寄り駅。2011(平成23)年に駅舎がリニューアルされ、ホームもバリアフリー対応となった。

美乃浜学園 みのはまがくえん
12.6 km(1.8 km)
開 2021(令和3)年3月13日
住 茨城県ひたちなか市磯崎町字入道5094先
乗 381人

　2021(令和3)年に開校したひたちなか市立美乃浜学園の通学用として同年に設置された湊線で最も新しい駅。美乃浜の名前は、この地区の海岸を歌ったとされる『万葉集』の和歌の一節「許奴美乃浜(こぬみのはま)」から引用している。

磯崎 いそざき
13.3 km(0.7 km)
開 1924(大正13)年9月3日
住 茨城県ひたちなか市磯崎町
乗 96人

　湊線の前身である湊鉄道は、1924～1928年の4年間は当駅が終点だった。駅周辺にはサツマイモ畑が広がり、茨城県の特産品である干し芋の生産が盛ん。冬には民家で芋を干している様子が見られる。

阿字ヶ浦 あじがうら
14.3 km(1.0 km)
開 1928(昭和3)年7月17日
住 茨城県ひたちなか市阿字ヶ浦町204-4
乗 342人

　湊線の終着駅。1980年代の海水浴ブーム最盛期には、上野から急行列車が直通運行されていた。その名残は7両分の長さが残されたホームに見ることができる。当駅から国営ひたち海浜公園西口付近まで路線延伸計画がある。

235

鹿島臨海鉄道

かしまりんかいてつどう

社　名	鹿島臨海鉄道株式会社
住　所	〒311-1307 茨城県東茨城郡大洗町桜道301
会社設立	1969年(昭和44)年4月1日
線　名	大洗鹿島線 水戸～鹿島サッカースタジアム　53.0km　駅数15
運転方式	非電化
運輸開始	1985年(昭和60)年3月14日

▲開業時に登場した6000形の後継車、8000形。低騒音エンジンや空気ばね台車が採用されている。新鉾田～北浦湖畔　2024.7.17　写真：結解学

歴史

　国鉄や茨城県などが共同出資する第三セクター方式の貨物鉄道として1969(昭和44)年4月1日に設立。1970(昭和45)年11月12日に北鹿島(現・鹿島サッカースタジアム)～奥野谷浜間の19.2kmが鹿島臨港線として開業した。なお、のちに直通運転が行なわれることになる国鉄鹿島線の鹿島神宮～北鹿島間も、同時に開業している。

　開業後しばらくは貨物専業鉄道としてコンテナ貨物輸送を中心に営業していたが、1978(昭和53)年に開港した成田空港へ航空燃料を運ぶパイプラインの建設が遅れていたことから、国の要請によって同年3月2日から同空港への航空燃料の暫定輸送を開始。それに対する地元への見返りとして、同年7月25日から北鹿島～鹿島港南間で旅客営業を開始することになった。なお、航空燃料輸送はパイプラインの稼働が始まったことにより1983(昭和58)年8月6日に終了。これにともなって北鹿島～鹿島港南間の旅客営業も同年11月30日に終了する。

　その頃、財政悪化が進んでいた国鉄の路線として建設中だった鹿島線の水戸～北鹿島間53.0kmの運営を、鹿島臨海鉄道が引き受けることが決定。1984(昭和59)年9月11日に地方鉄道事業免許を取得、1985(昭和60)年3月14日から大洗鹿島線として旅客営業を開始し、鹿島線の鹿島神宮駅まで直通運転が行なわれることとなった。

　1990年代に入り、北鹿島の近郊にプロサッカーチームの本拠地となるサッカースタジアムが建設されることになり、それにともなって同駅は1994(平成6)年3月12日に鹿島サッカースタジアムに改称。現在の大洗鹿島線は、スタジアムへのアクセス鉄道や、大洗観光の足としても利用されるようになっている。

車窓

　大洗鹿島線は水戸駅から鹿島サッカースタジアム駅まで、茨城県南部を縦断する路線。起点の水戸駅を出発してJR常磐線から分かれると、線路

236

▲大洗鹿島線水戸～北鹿島間開業出発式。水戸駅　1985.3.14

は高架となり太平洋方面へ。東向きにまっすぐ進む車窓からは、住宅街から田園地帯に変わっていく様子が確認できる。常澄駅を過ぎると進路を南に大きく変え、大洗の市街地に入っていく。

　大洗駅からはやや内陸側に進路をとり、関東唯一の汽水湖である涸沼を右の車窓に見ながら、鹿島台地の東側を進む。霞ヶ浦の一部である北浦に近づくと、線路は再び海側に向かっていき、北浦と海岸の間に広がる鹿嶋市の街の中を南下していく。路線の終点は鹿島サッカースタジアム駅だが、隣接するスタジアムで試合が開催されない日を除いて列車は通過。同駅からＪＲ鹿島線に乗り入れ、鹿島神宮駅まで直通運転が行なわれている。

車両

6000形8両、8000形7両で単行運転。このほか、ＫＲＤ形ディーゼル機関車1両、ＫＲＤ64形ディーゼル機関車2両が在籍。

駅解説

水戸 みと
0.0 km（0.0 km）
開 1985（昭和60）年3月14日
住 茨城県水戸市宮町1-1-1
乗 53,776人（ＪＲ線を含む）

　ＪＲ常磐線・水郡線との接続駅で、ＪＲ東日本との共同使用駅。大洗鹿島線の列車は最も南側の8番線を発着する。

東水戸 ひがしみと
3.8 km（3.8 km）
開 1985（昭和60）年3月14日
住 茨城県水戸市吉沼町1426-3
乗 137人

　1面2線構造の高架駅。水戸光圀公ゆかりの枝垂れ桜で知られる六地蔵寺へは徒歩20分ほど。

常澄 つねずみ
8.3 km（4.5 km）
開 1985（昭和60）年3月14日
住 茨城県水戸市塩崎町3300-2
乗 631人

　1992（平成4）年に水戸市に編入された旧常澄村の中心部にあたる。南西方向に約2kmの大串貝塚ふれあい公園では、高さ15ｍのダイダラボウ像がある。

大洗 おおあらい
11.6 km（3.3 km）
開 1985（昭和60）年3月14日
住 茨城県東茨城郡大洗町桜道301
乗 1,859人

　2面3線の高架駅で、大洗車両区や鹿島臨海鉄道の本社がある。大洗はアニメ『ガールズ＆パンツァー』の舞台だ。

涸沼 ひぬま
18.0 km（6.4 km）
開 1985（昭和60）年3月14日
住 茨城県鉾田市下太田866-2
乗 202人

　水鳥の生息地でラムサール条約に登録されている涸沼の最寄り駅で、駅舎には観光センターが併設。

鹿島旭 かしまあさひ
22.8 km（4.8 km）
開 1985（昭和60）年3月14日
住 茨城県鉾田市造谷1375-103
乗 351人

　駅名は2005（平成17）年に合併された鹿島郡旭村に由来している。1面2線構造で列車交換が可能。

徳宿 とくしゅく
26.7 km（3.9 km）
開 1985（昭和60）年3月14日
住 茨城県鉾田市徳宿795-3
乗 78人

　旧鉾田町にあり、中世にこの地を治めた徳宿氏の城跡が最寄り。駅前には畑地が広がっている。

新鉾田 しんほこた
31.0 km（4.3 km）
開 1985（昭和60）年3月14日
住 茨城県鉾田市新鉾田1-837-3
乗 1,168人

　太平洋に面した鉾田市の中心駅で、大洗鹿島線の拠点駅の一つ。鹿島鉄道線が2007（平成19）年に廃線となった現在も「新鉾田」駅を名乗っている。

北浦湖畔 きたうらこはん
34.9 km（3.9 km）
開 1985（昭和60）年3月14日
住 茨城県鉾田市梶山1423-3
乗 30人

　北浦のほとりに位置し、高台にある当駅のホームからはその全景が一望できる。

大洋 たいよう
39.0 km（4.1 km）
開 1985（昭和60）年3月14日
住 茨城県鉾田市汲上2676-3
乗 223人

　太平洋に由来する旧大洋村に位置。周辺には学校や公民館などもある。

鹿島灘 かしまなだ
43.1 km（4.1 km）
開 1985（昭和60）年3月14日
住 茨城県鹿嶋市大小志崎1510-7
乗 135人

　太平洋の海域名を駅名に持ち、海岸までは約2km。近隣に県立鹿島灘高校があり、通学にも利用される。

鹿島大野 かしまおおの
46.1 km（3.0 km）
開 1985（昭和60）年3月14日
住 茨城県鹿嶋市荒井561-3
乗 204人

　旧大野村の中心に位置し、駅近くの住宅地の中にはホームセンターなども。駅舎はなく、跨線橋が構内を跨いでいる。

長者ケ浜潮騒はまなす公園前 ちょうじゃがはましおさいはまなすこうえんまえ
48.4 km（2.3 km）
開 1990（平成2）年11月18日
住 茨城県鹿嶋市角折2273-17
乗 56人

　駅名の由来である大野潮騒はまなす公園までは徒歩10分程度。開業当初は日本一長い駅名だった。

荒野台 こうやだい
50.1 km（1.7 km）
開 1985（昭和60）年3月14日
住 茨城県鹿嶋市荒野1565-44
乗 101人

　常設駅では同線最南端の駅で、列車はすべてＪＲ鹿島神宮駅まで直通する。市の地区計画に基づいたまちづくりが進められている。

鹿島サッカースタジアム かしまさっかーすたじあむ
53.0 km（2.9 km）
開 1985（昭和60）年3月14日
改 1994（平成6）年3月12日（北鹿島）
住 茨城県鹿嶋市神向寺4980

　1993（平成5）年にプロサッカー場が誕生して最寄り駅となり、試合開催日のみ旅客営業する臨時駅。2002ＦＩＦＡワールドカップの会場ともなり、イタリア－クロアチア戦など、多くの観客が訪れた。列車はＪＲ鹿島神宮駅へ乗り入れる。

鹿島神宮 かしまじんぐう
56.2 km（3.2 km）

関東鉄道
かんとうてつどう

社名	関東鉄道株式会社
住所	〒300-8555 茨城県土浦市真鍋1丁目10番8号
会社設立	1922(大正11)年9月3日
線名	竜ヶ崎線 佐貫～竜ヶ崎 4.5km 駅数3
	常総線 取手～下館 51.1km 駅数25
運転方式	非電化単線(常総線取手～水海道間は複線)
運輸開始	1900(明治33)年8月14日(竜ヶ崎線)
	1913(大正2)年11月1日(常総線)

▲2019年に登場した最新車両キハ5020形。前照灯がLED化されたほか、車体側面には紅梅色の筑波山がデザインされている。水海道車両基地　2019.3.2

歴史

現在の関東鉄道は鹿島参宮鉄道と常総筑波鉄道が1965(昭和40)年6月1日に合併して誕生したが、両社の歴史はたいへん古い。鹿島参宮鉄道は1922(大正11)年9月3日に設立、1924(大正13)年6月8日に石岡～常陸小川間で営業を開始、1929(昭和4)年5月16日に石岡～鉾田間が開通して全通している。また、1944(昭和19)年5月13日に竜崎鉄道(現在の竜ヶ崎線)の鉄道譲渡を受けていて、この会社は1898(明治31)年設立、1900(明治33)年8月14日の路線開業で、関東鉄道の源流を汲む会社としては最古となる。

一方の常総筑波鉄道は1913(大正2)年11月1日に取手～下館間が一気に開業した。その後、同社は自動車事業にも進出してバス会社16社を買収、さらに1945(昭和20)年に筑波鉄道と合併して常総筑波鉄道と社名変更し、地域輸送と筑波山観光輸送を担っていた。

この両社が合併した関東鉄道は、茨城県下随一の規模を誇る。戦後、とくに常総線取手駅口の通勤通学客が増加して1984(昭和59)年11月15日に複線化され、2005(平成17)年8月24日には、首都圏新都市鉄道との接続によって新たな展開を見せている。

また、竜ヶ崎線は1971(昭和46)年8月1日にワンマン運行が開始され、効率化が進み、龍ケ崎市の基幹交通として機能。2020(令和2)年には開業120年を迎え、翌年、県内最古の私鉄線として龍ケ崎市民遺産に認定されている。

なお、鉾田線と筑波線は1979(昭和54)年4月1日に分社化されたが、それぞれ1987(昭和62)年3月31日、2007(平成19)年3月31日をもって廃止された。

車窓

《竜ヶ崎線》佐貫を出発すると、しばらくは住宅地を走行する。やがて、車窓の景色は徐々に開けていき、のどかな田園風景が広がり始める。とくに春から夏にかけては、緑豊かな水田や畑の風景を楽しむことができる。旧・南中島駅の付近では、右手に小貝川の流れを望むことができる。川沿いには遊歩道も整備されており、散策を楽しむ人々の姿も見られる。入地を過ぎると、線路の両側に広がる田園風景がより顕著になる。季節によっ

▲4両が在籍しているキハ5000形は、主に常総線の単線区間で活躍している。このうち、5001は現在、「なつめさんち号」として稼働。水海道車両基地 2009.9.2

▲1956(昭和31)年に製造されたＤＤ502形。その姿から"カバさん"と呼ばれる。常総線の貨物列車やイベント列車、回送列車牽引などで活躍したが、現在は休車で、売却先公募が話題になった。水海道車両基地 2017.2.25

ては、黄金色に輝く稲穂や、レンコン畑の緑が車窓を彩る。終点の竜ヶ崎に近づくにつれ、再び住宅地の風景に変わっていく。駅周辺には商店街も見え、地域の生活の中心地であることが窺える。竜ヶ崎線は単線非電化で、途中の駅で上下線の列車が行き違う様子も見られる。また、路線の多くの区間で県道249号線と並走しており、時折、並走する車の姿も見える。

《常総線》茨城県南西部を縦断するように取手から下館までを結ぶ。おおむね利根川〜鬼怒川の左岸に添うようなルートを採り、とくに利根川や小貝川などが形成した河岸段丘上をゆく特徴がある。沿線も、そういった台地上に成立した町を繋いでゆく。これだけの大河に寄り添いながら長大橋梁がひとつも無いあたりは、建設時のルート選定の妙も思わせるが、首都圏新都市交通や常磐自動車道など、近年に造られた交通路が垂直に横切り、建設技術の発達も車窓に見せてくれる。取手を出ると北西へ常磐線と別れ、守谷市や常総市、下妻市などの市街地の中を北上し、筑西市の中心駅である下館に到着する。

車両

《常総線》キハ2100形12両、キハ2300形10両、キハ0形8両、キハ310形4両、キハ2200形4両、キハ2400形6両、キハ5000形4両、キハ5010形2両、キハ5020形2両の合計52両で、このうち、キハ2100形とキハ2300形、キハ0形は主に2連で運行される。このほか、ＤＤ502形の機関車が1両ある。

《竜ケ崎線》キハ2000形2両とキハ523形1両の合計3両で、単行運転が基本。

駅解説

常総線

取手 とりで
0.0 km (0.0 km)
開 1913(大正2)年11月1日
住 茨城県取手市中央町2-5
乗 10,084人(ＪＲ線を含む)

駅は常磐線の下り線に接するように北側に設置されている。その前身である常総鉄道は創業時から国有鉄道と連絡運輸を行なっていた。

西取手 にしとりで
1.6 km (1.6 km)
開 1979(昭和54)年12月1日
住 茨城県取手市本郷1-13-1
乗 2,236人

1978(昭和53)年に開発された関鉄ニュータウン内にある。昭和後期に開業した比較的新しい駅だ。

寺原 てらはら
2.1 km (0.5 km)
開 1913(大正2)年11月1日
住 茨城県取手市駒場1-1-1
乗 1,672人

駅名は駅所在地の旧村名から。取手市役所は東へ2km。1977(昭和52)年4月には取手から当駅までが複線化されている。

新取手 しんとりで
3.4 km (1.3 km)
開 1968(昭和43)年4月1日
住 茨城県取手市新取手1-1-1
乗 1,731人

取手とげぬき地蔵尊の最寄り駅で、毎月24日が縁日。駅前には戸建て住宅が並ぶベッドタウンが広がる。

ゆめみ野 ゆめみの
4.2 km (0.8 km)
開 2011(平成23)年3月12日
住 茨城県取手市ゆめみ野1-7-1
乗 2,048人

関東鉄道でいちばん新しい駅で、駅の北側には常総ニュータウン取手ゆめみ野が広がる。

稲戸井 いなとい
5.4 km (1.2 km)
開 1913(大正2)年11月1日
住 茨城県取手市米ノ井2-2
乗 1,293人

常総線の開業時に開設された駅で、駅名は所在地の旧村名から。複線で対面式ホーム2面の構内を持つ。

戸頭 とがしら
6.3 km (0.9 km)
開 1975(昭和50)年3月26日
住 茨城県取手市戸頭5-3-1
乗 4,662人

戸頭という地名は利根川の「七里ケ渡し」の津頭が転化したもの。コンクリート製の近代的なホームが2面ある。

南守谷 みなみもりや
7.4 km (1.1 km)
開 1960(昭和35)年11月15日
住 茨城県守谷市けやき台1-1-1
乗 2,335人

島式ホーム1面。1987(昭和62)年には常総ニュータウンの整備にあわせて、下館寄りに200m移設されている。

守谷 もりや
9.6 km (2.2 km)
開 1913(大正2)年11月1日
住 茨城県守谷市中央2-18-3
乗 14,684人(首都圏新都市交通線を含む)

首都圏新都市鉄道(つくばエクスプレス)と接続。首都圏と直結していることから、発展著しい守谷市の中核駅だ。

新守谷 しんもりや
11.4 km (1.8 km)
開 1982(昭和57)年3月27日
住 茨城県守谷市御所ケ丘1-1-1
乗 3,456人

常総ニュータウンの整備にあわせて開業。東側には広大な新興住宅地が広がり、常磐自動車道谷和原ＩＣも近い。

小絹 こきぬ
13.0 km (1.6 km)
開 1913(大正2)年11月1日
住 茨城県つくばみらい市小絹739-3

乗1,738人
　旧・伊奈町と旧・谷和原村が合併したつくばみらい市にある。駅名は旧村の名から。

水海道 みつかいどう
17.5 km(4.5 km)
開1913(大正2)年11月1日
住茨城県常総市水海道宝町2861-2
乗2,725人
　常総線の主要駅の一つで、常総市の中心駅。取手から当駅までが複線で、水海道車両基地が近い。

北水海道 きたみつかいどう
19.3 km(1.8 km)
開1972(昭和47)年3月15日
住茨城県常総市相野谷町43-3
乗413人
　水海道とは平安時代、坂上田村麻呂がこの地で馬に水を飲ませた「水飼戸：ミツカヘト」が由来の一説。このあたりから北が鬼怒川と小貝川の狭間になる。

中妻 なかつま
20.9 km(1.6 km)
開1920(大正9)年2月1日
住茨城県常総市中妻町714-4
乗189人
　近世、中妻氏が住んでいたといういわれが地名由来の説の一つ。駅は列車交換が可能な施設を備えている。

三妻 みつま
23.9 km(3.0 km)
開1913(大正2)年11月1日
住茨城県常総市三坂町1672
乗186人
　駅名は、所在地である三坂町が転化したものとも。東へ1kmの吉野公園は小貝川の河跡湖だ。

南石下 みなみいしげ
27.2 km(3.3 km)
開1931(昭和6)年11月5日
住茨城県常総市大房742-4
乗289人
　単式ホーム1面のみの無人駅で、箱型の小さな駅舎がある。駅名は旧町名の石下町から。

石下 いしげ
28.8 km(1.6 km)
開1913(大正2)年11月1日
住茨城県常総市新石下376-1
乗800人
　交換設備がある主要駅のひとつ。南東に聳える白亜の天守は、常総市地域交流センターだ。

玉村 たまむら
31.0 km(2.2 km)
開1931(昭和6)年11月5日
住茨城県常総市小保川164-5
乗61人
　近世、日光例幣使街道の宿場町として栄えた玉村。小泉大塚越遺跡や小泉長塚古墳が近隣にある。

宗道 そうどう
33.0 km(2.0 km)
開1913(大正2)年11月1日
住茨城県下妻市宗道164
乗193人
　宗道とは旧村名で、近世、宗道河岸として鬼怒川舟運の要衝として栄えた。三角屋根の瀟洒な駅舎が目印。

宗道駅　2025.1.17

下妻 しもつま
36.1 km(3.1 km)
開1913(大正2)年11月1日
住茨城県下妻市下妻乙363-2
乗1,631人
　中世以降、下妻城(多賀谷城)が築かれた所で、近世は下妻藩の拠点。現在は下妻市の中心部にあり、駅周辺に市街地が形成されている。

大宝 だいほう
38.7 km(2.6 km)
開1917(大正6)年
住茨城県下妻市大宝233-9
乗90人
　2005(平成17)年に寺社風の駅舎が新築、2008(平成20)年3月には交換設備が設置されて列車交換が可能に。

大宝駅　2025.1.17

騰波ノ江 とばのえ
41.0 km(2.3 km)
開1926(大正15)年8月15日
住茨城県下妻市若柳甲533-7
乗77人
　駅名はかつてこの地に存在した湖、騰波ノ江に由来。石積みホームと木造駅舎がある、古風な駅構内。

黒子 くろご
43.6 km(2.6 km)
開1913(大正2)年11月1日
住茨城県筑西市辻1520-3
乗130人

　駅名は開業当時の旧村名から。北東に約1kmの母子島遊水地は桜の名所で、池面に映る逆さ筑波で人気を集める。

大田郷 おおたごう
47.3 km(3.7 km)
開1913(大正2)年11月1日
住茨城県筑西市玉戸1523-2
乗328人
　当駅から1927(昭和2)年7月1日に開業した常総鉄道鬼怒川線が分岐していた。1964(昭和39)年に廃止されている。

下館 しもだて
51.1 km(3.8 km)
開1913(大正2)年11月1日
住茨城県筑西市乙84-10
乗7,310人(JR線、真岡鐵道を含む)
　JR線、真岡鐵道と接続。下館とは10世紀、平将門の乱平定のために築いた館が語源といわれる。

竜ヶ崎線

佐貫 さぬき
0.0 km(0.0 km)
開1900(明治33)年8月14日
住茨城県龍ケ崎市佐貫町蛭川646
乗1,945人(JR線も含む)
　JR線と接続。明治時代、竜崎鉄道の駅として日本鉄道(現・JR常磐線)の駅と同日に開業した歴史の古さを持つ。

入地 いれじ
2.2 km(2.2 km)
開1901(明治34)年1月1日
住茨城県龍ケ崎市入地351
乗61人
　竜ヶ崎線唯一の中間駅。現在は単式ホーム1面の構内だが、かつては交換施設があった。

竜ヶ崎 りゅうがさき
4.5 km(2.3 km)
開1900(明治33)年8月14日
改1954(昭和29)年(龍ケ崎)
住茨城県龍ケ崎市米町3903-1
乗1,894人
　車両基地が隣接する終着駅で、市役所などが最寄りにある、龍ケ崎市の玄関駅。

竜ヶ崎線の終着、竜ヶ崎駅。常総線とは離れていて、歴史的にはこちらのほうが開業が早い
2020.7.29

筑波観光鉄道
つくばかんこうてつどう

社名	筑波観光鉄道株式会社	線名	宮脇〜筑波山頂　1.634km　駅数　2
住所	〒300-4352 茨城県つくば市筑波1番地	運転方式	単線交走式(筑波山鋼索鉄道線)
会社設立	1923年(大正12)年4月4日	運輸開始	1925(大正14)年10月12日(筑波山鋼索鉄道線)

▲わかば号ともみじ号。写真提供：筑波観光鉄道株式会社

歴史

筑波山鋼索鉄道線(筑波山ケーブルカー)を運営する筑波山鋼索鉄道株式会社が、筑波山ロープウェイを運営する筑波山ロープウェー株式会社を吸収する形で1999(平成11)年10月1日に設立された。

その筑波山鋼索鉄道は、地元の実業家だった高柳淳之助氏が筑波山の観光振興を目的として1923(大正12)年4月4日に設立。1925(大正14)年10月12日に宮脇駅(現・宮脇)〜筑波山頂間の1.634kmを結ぶケーブルカーが開業した。関東地方のケーブルカーとしては神奈川県の箱根ケーブルカーに次ぐ2番目で、全国でも5番目の開業であった。戦時下の1944(昭和19)年2月11日に不要不急線として一度廃止されるが、1954(昭和29)年11月3日に営業を再開した。なお、2025(令和7)年4月1日に京成電鉄茨城ホールディングス傘下に移行される。

車窓

筑波山中腹の宮脇から筑波山頂までを約8分かけて登っていく。この間の標高差は約500mで、最急勾配は約20度に達する。宮脇近辺には、福寿草やモミジが植樹され、季節ごとの車窓風景を楽しめる。山頂からはつくば市の町並みはもちろん、東京スカイツリーをはじめとした東京都心のビル群や富士山を望むこともできる。

車両

「わかば」(緑)、「もみじ」(赤)(筑波山鋼索鉄道線)

駅解説

筑波山鋼索鉄道線

宮脇　みやわき
0.0 km(0.0 km)
開 1954(昭和29)年11月3日
住 茨城県つくば市筑波
乗 500人

筑波山の中腹、標高305mに位置。隣に筑波山神社があり、「お宮の脇」であることから命名された。ケーブルカーに沿って登山道が整備されており、徒歩で山頂を目指すことも可能。

筑波山頂　つくばさんちょう
1.6 km(1.6 km)
開 1954(昭和29)年11月3日
住 茨城県つくば市筑波
乗 530人

標高877mの筑波山の800m地点に位置。隣にはコマ展望台があり、1階が売店、2階が360度のパノラマ展望が楽しめる食堂、3階が屋上展望台になっている。

241

車窓メモリアル 私鉄編

茨城県　筑波山

筑波鉄道と筑波山

筑波山を背景にした筑波鉄道
真壁駅。1979.3

絵葉書『筑波山ケーブルカー』より。
所蔵：山口雅人

　茨城県の筑波山は標高877mで「日本百名山」の中でもっとも低いが、関東平野一円から見えるといわれ、天気がいいと神奈川県の横浜ランドマークタワーからも望むことができる。広い平坦な関東平野にあって独立峰であることや、男体山と女体山というふたつの頂を持つ特徴的な山容であることなども関係しているだろう。
　ここまでよく見える山ゆえ、車窓から見えるのも当然で、おひざ元のJR常磐線はもちろん、東北・上越新幹線からもよく見えるが、かつて、もっともよく見えた路線は筑波鉄道であった。
　筑波鉄道は1918（大正7）年9月7日に全通、常磐線の土浦から水戸線の岩瀬を結んでいた鉄道で、途中、筑波山のふもとを走り、その名も筑波駅があった。とくに1925（大正14）年10月12日に筑波山鋼索鉄道が開通すると筑波山への登山が容易になり、筑波鉄道とを乗り継ぐルートが王道となった。大正期から上野〜筑波間に臨時の直通列車が運行され、筑波駅は行楽客であふれたというし、戦後も土浦〜筑波間の急行列車や、上野〜筑波間の臨時直通列車が運行されていた。ただ、モータリゼーションの波には勝てず、1987（昭和62）年に廃止されている。同時に建設が進んでいた「筑波研究学園都市」とは離れていたことも、痛手であった。
　現在、その筑波研究学園都市のアクセスはつくばエクスプレスが担っており、その名もつくば駅があるが、かつての筑波駅から13kmも南に位置している。窓枠いっぱいに迫るように見えた筑波山の車窓は、後にも先にも筑波鉄道が唯一無二だったようにも思う。現在は、その線路跡が自転車道に生まれ変わっている。

栃木県の私鉄

栃木県
とちぎけん

由来 最初の県庁所在地、栃木町に由来。「十千木」やトチノキなど、語源には諸説。

県花 ヤシオツツジ　**県鳥** オオルリ
県木 トチノキ　**県民の日** 6月15日
県獣 カモシカ
県庁所在地 宇都宮市

数字で見る栃木県

人口
1,906,620人
（令和6年9月末日推計）

面積
6408.09㎢
（令和6年7月1日時点）

市町村数
25
（令和6年10月1日時点）

県内総生産
9兆1791億円
（令和3年度　全国15位）

実質経済成長率
3.5%
（令和3年度　全国24位）

一人あたりの県民所得
330.7万円
（令和3年度　全国5位）

野岩鉄道

やがんてつどう

社 名	野岩鉄道株式会社
住 所	〒321-2521　栃木県日光市藤原326番地-3
会社設立	1981(昭和56)年11月20日
線 名	会津鬼怒川線　新藤原～会津高原尾瀬口　30.7km　駅数9
運転方式	電化
運輸開始	1986(昭和61)年10月9日

▲五十里湖や山王峠を越えて、栃木県と福島県を結ぶ。6000系が主力で活躍中だ　川治湯元～川治温泉　2025.1.28

歴史

栃木県の今市から福島県の田島まで結ぶ計画で1966(昭和41)年5月25日から建設が進んでいた野岩線のうち、国鉄の業績悪化により工事が中断された区間を引き受けるため、福島県や栃木県などよって1981(昭和56)年11月20日に設立された第三セクター。社名は路線の両端となる会津地方と栃木県の旧国名である「岩代国」と「下野国」に由来する。

敷設工事は1982(昭和57)年1月16日に再開され、会津鬼怒川線として新藤原～会津高原間30.7kmが1986(昭和61)年10月9日に開業。東武鉄道線との直通運転を開始した。1990(平成2)年10月12日には会津鉄道会津線の会津高原～会津田島間が電化されたことにともない、同線との直通運転を開始。

2014(平成26)年10月9日にはPRキャラクターの「やがぴぃ」が登場。開業当初から使用されている6050型のうち最後の1編成となった車両を改造し、車内に畳席や掘りごたつ席を設けた「やがぴぃカー」として2024(令和6)年1月26日から運行している。

車窓

新藤原～会津高原尾瀬口間の30.7kmを結ぶ会津鬼怒川線は、栃木・福島県境の山間部を概ね鬼怒川・男鹿川沿いに走る。沿線には急峻な地形が続くが、全線にわたってトンネルや高架を走る区間が多く、山間を走る路線としては線形がよい。新藤原から湯西川温泉の先までは日光国立公園の地域内に入っており、沿線には景勝地や温泉地も多い。新藤原の隣の龍王峡は、ホームの半分がトンネルにかかった珍しい構造。川治湯元の先のトンネル内に設けられた湯西川温泉を出ると、すぐに湯西川にかかる長い橋梁をわたって再びトンネルに入って山の中を貫いていく。冬場はトンネルを出るたびに雪景色が広がり、東北地方へと向かっていくことを感じさせる。秘境の男鹿高原を通過して、県境の長いトンネルを抜けるともうすぐで終点の会津高原尾瀬口だ。

車両

6050型2編成。直通運転する東武鉄道や会津鉄道の車両も乗り入れる。

駅解説

新藤原 しんふじわら
0.0 km（0.0 km）
開 1986（昭和61）年10月9日
住 栃木県日光市藤原399-28
乗 1,004人（東武鉄道を含む）

野岩鉄道の起点で、東武鬼怒川線との接続駅。周辺は日光国立公園の一部で、鬼怒川温泉の北端に位置する。駅名の読みは「しんふじわら」だが、地名は「ふじはら」。

龍王峡 りゅうおうきょう
1.7 km（1.7 km）
開 1986（昭和61）年10月9日
住 栃木県日光市藤原1357
乗 45人

奇岩怪石と紅葉の名所として知られる龍王峡の最寄り駅。ホームの半分はトンネル内にある。渓谷までは駅から遊歩道が整備されている。

龍王峡駅　2025.1.28

川治温泉 かわじおんせん
4.8 km（3.1 km）
開 1986（昭和61）年10月9日
住 栃木県日光市藤原1077番地4
乗 18人

駅前には鬼怒川の小網ダムと小さな集落がある。川治温泉街の最寄り駅は当駅ではなく、隣の川治湯元駅。1面2線構造で、列車交換が可能。

川治温泉駅　2025.1.28

川治湯元 かわじゆもと
6.0 km（1.2 km）
開 1986（昭和61）年10月9日
住 栃木県日光市川治温泉川治129-1
乗 119人

江戸時代に開湯した川治温泉の最寄り駅。温泉街へは徒歩10分ほど。

湯西川温泉 ゆにしがわおんせん
10.3 km（4.3 km）
開 1986（昭和61）年10月9日
住 栃木県日光市西川481-1
乗 92人

鬼怒川の奥座敷として知られる湯西川温泉の玄関口駅。ホームはトンネル内にあり、会津高原尾瀬口方面に出発するとすぐに湯西川橋梁を渡る。駅舎に隣接して道の駅があり、施設内には日帰り温泉もある。

湯西川温泉駅　2025.1.28

中三依温泉 なかみよりおんせん
16.8 km（6.5 km）
開 1986（昭和61）年10月9日
改 2006（平成18）年3月18日（中三依）
住 栃木県日光市中三依378-2
乗 10人

駅近くを流れる男鹿川沿いにキャンプやバーベキューもできる「みよりふるさと体験村」があり、温泉の日帰り入浴も可能。三依の地名は、日光天領、会津藩領、宇都宮藩領の3領が隣接していたことが由来とされる。

上三依塩原温泉口 かみみよりしおばらおんせんぐち
21.0 km（4.2 km）
開 1986（昭和61）年10月9日
改 1988（昭和63）年10月19日（下野上三依）
　 2006（平成18）年3月18日（上三依塩原）
住 栃木県日光市上三依804
乗 22人

開業時の駅名は「下野上三依」。のちに塩原温泉とを結ぶ国道400号が開通し「上三依塩原」に改称。さらに2006（平成18）年に現在の駅名に変更された。漢字のみの表記としては日本一長い駅名の一つ。

上三依塩原温泉口駅　2025.1.28

男鹿高原 おじかこうげん
25.0 km（4.0 km）
開 1986（昭和61）年10月9日
住 栃木県日光市横川680-5
乗 1人

栃木・福島県境に近い山間にある駅。周辺には集落やこれといった施設もなく、平均乗降人員は一桁台。秘境駅の一つとして挙げられ、駅ノートが設置されている。

会津高原尾瀬口 あいづこうげんおぜぐち
30.7 km（5.7 km）
開 1986（昭和61）年10月9日
改 2006（平成18）年3月18日（会津高原）
住 福島県南会津郡南会津町滝原字羽根子1056-1
乗 293人（会津鉄道を含む）

会津鉄道線との接続駅。元々の駅名は「会津滝ノ原」で、1986（昭和61）年の野岩鉄道開業時に「会津高原」に変更。さらに2006（平成18）年に尾瀬への玄関口であることを示す現駅名に変更されている。2024（令和6）年から、尾瀬方面へのバスは会津鉄道の会津田島駅発着になった。

新藤原駅　2025.1.28

真岡鐵道
もおかてつどう

社 名	真岡鐵道株式会社
住 所	〒321-4306 栃木県真岡市台町2474番地1
会社設立	1987(昭和62)年10月20日
線 名	真岡線 下館～茂木 41.9km 駅数17
運転方式	非電化
運輸開始	1912(明治45)年4月1日

▲「SLもおか」。牽引機のC12形66号機は、昭和8年生まれの古豪だ。多田羅～市塙　2023.8.6　写真：結解学

歴史

　当時廃止対象であった真岡線を引き継ぐため、1987(昭和62)年10月20日に設立された第三セクター。真岡線は1912(明治45)年に開業した真岡軽便線が前身である。当初は下館から真岡までを結ぶ路線で、のちの1920(大正9)年に下館～茂木間の全線41.9kmが開業している。国鉄再建法にともない、1984(昭和59)年6月22日に第2次廃止対象特定地方交通線として選定され、国鉄分割民営化により1987(昭和62)年4月11日にJR東日本に承継されたのち、1988(昭和63)年4月11日に真岡鐵道に移管された。同時に、真岡のかな表記がそれまでの「もうか」から、自治体名と同じ「もおか」に変更されている(北真岡も同様)。1994(平成6)年3月27日には、静態保存されていたC12形66号機を復元して「SLもおか」として運行を開始。1998(平成10)年11月1日に予備機としてC11形325号機を導入したが、こちらは維持費負担が重くなったことから2019(令和元)年12月1日に運行を終了し、2020(令和2)年7月30日付けで東武鉄道に譲渡している。

車窓

　下館～茂木間を結ぶ真岡線は路線距離41.9kmの単線。全体的に関東平野北側の平坦な地形を走っているが、終盤の茂木付近では八溝山地の麓に入り、徐々に山がちな景色になっていく。下館を西方向に出発すると、右に大きく曲がって北に進路を採り、国道294号線・408号線のバイパスと概ね並行しながら住宅地と田園地帯を進む。久下田は桜が有名で、春の景色は必見。真岡線沿線は春の花を楽しめる場所が多く、特に北真岡の先の「SL・桜・菜の花街道」と呼ばれる場所は、桜並木と菜の花畑が共演する絶景ポイントだ。真岡市内を東に抜けて益子町に入ると再び北へ。多田羅から先は東に進路を変えて山沿いを進み、盆地状の地形に市街地が広がる茂木町に向かっていく。

車両

　モオカ14形9両、オハ50形客車2両、オハフ50形客車1両、C12形蒸気機関車1両、DE10形ディーゼル機関車1両

駅解説

下館 しもだて

0.0 km(0.0 km)
- 開 1912(明治45)年4月1日
- 住 茨城県筑西市乙86
- 乗 7,310人(JR線を含む)

真岡鐵道の起点で、筑西市の玄関口。JR水戸線・関東鉄道常総線との共同使用駅で、真岡鐵道は北側の1番線から発着する。「下館ラーメン」が名物。

下館二高前 しもだてにこうまえ

2.2 km(2.2 km)
- 開 1988(昭和63)年4月11日
- 住 茨城県筑西市岡芹848-3
- 乗 111人

東側に市立下館中学校、その北側に駅名の由来である県立下館第二高校、徒歩圏内に下館工業団地があり、地域の産業拠点となっている。近隣を流れる五行川に沿うように住宅地が発展している。

折本 おりもと

4.6 km(2.4 km)
- 開 1912(明治45)年4月1日
- 住 茨城県筑西折本322-4
- 乗 35人

折本の地名は、傾斜地を降りたところに集落があったことに由来する。2面2線構造の交換可能駅。駅舎は国鉄時代の雰囲気を残している。

ひぐち ひぐち

6.6 km(2.0 km)
- 開 1992(平成4)年3月14日
- 住 茨城県筑西市折本747-3
- 乗 41人

珍しいひらがなだけの駅名で、近隣の地名である「樋口」にちなむ。ひぐち地区には古くからの水路が残されており、水郷地帯の面影を感じられる。駅前には小規模な商店街があり、地域の生活拠点となっている。

久下田 くげた

8.5 km(1.9 km)
- 開 1912(明治45)年4月1日
- 住 栃木県真岡市久下田800-4
- 乗 197人

白鳥(鵠)が付近の水田に住み着いたことが語源。県境に位置し、東側は茨城県筑西市だが、駅出入口は栃木県側にある。

寺内 てらうち

12.6 km(4.1 km)
- 開 1912(明治45)年4月1日
- 住 栃木県真岡市寺内830-4
- 乗 86人

計画時の仮駅名は「小橋」だった。東側に工業団地があり、駅前には民家が集まっている。

真岡 もおか

16.4 km(3.8 km)

SLがデザインされた真岡駅舎　2025.1.28
- 開 1912(明治45)年4月1日
- 住 栃木県真岡市台町2474番地1
- 乗 743人

真岡市の中心に位置。駅舎はSL型で真岡鐵道の本社が併設。構内に真岡車両基地があり、2013(平成25)年にオープンした「SLキューロク館」には9600形機関車が展示されている。

北真岡 きたもおか

18.0 km(1.6 km)
- 開 1955(昭和30)年4月1日
- 住 栃木県真岡市熊倉町908-10
- 乗 169人

真岡市中心部の北側に位置。東側には桜と菜の花の中をSLが走る絶景ポイントがあり、春は多くの観光客で賑わう。

西田井 にしだい

21.2 km(3.2 km)
- 開 1913(大正2)年7月11日
- 住 栃木県真岡市西田井2136-5
- 乗 54人

水資源に恵まれた村があったことが地名の由来。駅の南側には溜池があり、西田井駅前公園として地元民に親しまれている。

北山 きたやま

22.9 km(1.7 km)
- 開 1989(平成元)年3月11日
- 住 栃木県真岡市西田井北山778-3
- 乗 84人

南側にある根本山は桜の名所。北側には栃木県特産のイチゴ農園が集まっており、春先にはイチゴ狩りが楽しめる。

益子 ましこ

25.1 km(2.2 km)
- 開 1913(大正2)年7月11日
- 住 栃木県芳賀郡益子町益子1591-2
- 乗 233人

益子焼で有名な陶芸の街。毎年春と秋に開催される益子陶器市には全国から多くの観光客が訪れる。駅舎には観光案内所やカフェが併設され、観光の拠点になっている。

七井 なない

28.4 km(3.3 km)
- 開 1913(大正2)年7月11日
- 住 栃木県芳賀郡市貝町益子町大沢1415-2
- 乗 237人

この地に7つの井戸があったことに由来する。現存するものもあり「瀧の井」と「蟹澤の井」は町が認定する「ましこ世間遺産」に登録されている。

多田羅 たたら

31.2 km(2.8 km)
- 開 1955(昭和30)年4月1日
- 住 栃木県芳賀郡市貝町多田羅770-4
- 乗 105人

駅名にもなっている地名は、日本古来のたたら製鉄が由来。周辺には灌漑用の溜池としてつくられた多田羅沼があり、住民の憩いの公園となっている。6月から7月にかけてスイセンの花が見頃を迎える。

多田羅駅　2025.1.28

市塙 いちはな

34.3 km(3.1 km)
- 開 1920(大正9)年12月15日
- 住 栃木県芳賀郡市貝町市塙2068-2
- 乗 158人

市貝町の中心駅。地名はかつて「市花輪」だったとされており、当駅の南西方向に市花輪館跡がある。八角形の木造駅舎の外壁には、町の田野辺地区に伝わる県の無形民俗文化財である武者絵が描かれている。

笹原田 ささはらだ

38.1 km(3.8 km)
- 開 1992(平成4)年3月14日
- 住 栃木県芳賀郡市貝町笹原田59-1
- 乗 12人

水田と山に囲まれた中にぽつんと佇む秘境のような駅。北側の山に関東国際カントリークラブがあるが、駅周辺に民家はほとんどなく、真岡線で最も乗降人員が少ない。

天矢場 てんやば

39.2 km(1.1 km)
- 開 1992(平成4)年3月14日
- 住 栃木県芳賀郡茂木町北高岡1225-4
- 乗 21人

市貝町と茂木町の境目である峠の頂上付近に位置。当駅～茂木間は真岡鐵道の最大勾配区間だ。北側に国道123号(水戸街道)が並行しており、民家も点在する。

茂木 もてぎ

41.9 km(2.7 km)
- 開 1920(大正9)年12月15日
- 住 栃木県芳賀郡茂木町1499-2
- 乗 542人

茂木町中心市街地の西端に位置。構内にはSL運転用の転車台がある。かつて当駅と茨城県の長倉(現・常陸大宮市)とを結ぶ長倉線が建設されていたが、戦況悪化で未成線に。現在はその用地を巡るツアーが開催されている。

247

宇都宮ライトレール

うつのみやらいとれーる

社 名	宇都宮ライトレール株式会社
住 所	〒321-0903 栃木県宇都宮市下平出町3110番地
会社設立	2015(平成27)年11月9日
線 名	宇都宮芳賀ライトレール線　宇都宮駅東口～芳賀・高根沢工業団地 14.6km　駅数19
電化・非電化	電化
運輸開始	2023(令和5)年8月26日

▲開通前の試運転　2022.11.17

◀HU300形車内　2021.5.31

▲黄色の車体が目に鮮やかなHU300系。車両基地　2021.5.31

歴史

　宇都宮市などが1993(平成5)年に新交通システム研究会を組織したことに端を発する。検討の結果、比較的低コストで建設でき、輸送力にも長けているとしてLRTを導入する方針が2001(平成13)年4月17日に示された。その後、バス事業者の反発によりBRTが合わせて検討されることになったものの、2013年3月にはLRTを導入する方針が確定。2015(平成27)年11月9日に宇都宮ライトレールが設立された。路線は2018(平成30)年3月20日に着工。当初は宇都宮駅東口停留所～芳賀・高根沢工業団地停留所間の14.6kmが2022(令和4)年3月に開業予定であったが、工事の遅れなどにより延期。2023(令和5)年8月26日に開業した。国内における路面電車の新規開業は75年ぶりであった。なお、運転士の養成には東急電鉄や広島電鉄、富山地方鉄道が協力している。開業から1年間の利用者数は当初予測の1.3倍となる475万人を記録。宇都宮駅東口電停から栃木県教育会館付近まで約5kmの延伸計画があり、2030年代前半の完成を目指している。

車窓

　鬼怒川の河岸段丘を東西に走る宇都宮芳賀ライトレール線は、宇都宮駅東口停留所～芳賀・高根沢工業団地停留所間の14.6kmを結ぶ。宇都宮駅東口前の広場を東に抜けてしばらくは鬼怒通りに敷かれた併用走行区間。交差する国道4号線を陸橋で越え、車と並走しながら進んでいく。宇都宮大学陽東キャンパス停留所の先で専用走行区間となる高架に上り、鬼怒通りを南に外れる。平石停留所付近では南側にある車両基地に注目。平石中央小学校前停留所から先は建物が一気に少なくなる。長い橋梁を渡って鬼怒川を越えてからも、緑が多い景色が続くが、清陵高校前停留場からは清原工業団地に入り、各企業の施設の間を走っていく。ゆいの杜地区周辺は併用走行区間で、道路の両側に大型商業施設が立ち並ぶニュータウンらしい風景が見られる。そのまま列車は芳賀・高根沢工業団地に入っていき、右側に本田技研の広大な敷地を見ながら終点に到着する。

車両

HU300形17編成

駅解説

宇都宮駅東口
うつのみやえきひがしぐち

0.0 km(0.0 km)
開2023(令和5)年8月26日

住栃木県宇都宮市宮みらい1
乗2,386人

　国鉄時代は広大な貨物ヤードが広がっていたJR宇都宮駅の東口駅前広場に位置。2022(令和4)年に開業した交流拠点施設の愛称に基づき「ライトキューブ宇都宮前」の副停留所名が付与されている。

東宿郷 ひがししゅくごう

0.4 km(0.4 km)

開2023(令和5)年8月26日
栃木県宇都宮市東宿郷4丁目1(下り)
乗186人

JR宇都宮駅東口のオフィス街の中にあり、周辺にはビジネスホテルや飲食店が集まっている。当停留場から宇都宮大学陽東キャンパス停留場付近までは、栃木県道64号上の併用軌道を走る。

駅東公園前 えきひがしこうえんまえ

0.8 km(0.4 km)
開2023(令和5)年8月26日
住栃木県宇都宮市東宿郷5丁目1(下り)
乗357人

当停留場の北にある宇都宮駅東公園は複数のプールを備えた市民の憩いの場で、EF57形電気機関車が保存展示されている。副停留場名は「栃木銀行宇都宮東支店前」。

峰 みね

1.5 km(0.7 km)
開2023(令和5)年8月26日
住栃木県宇都宮市東今泉1丁目2(下り)
乗200人

南側に約1km行ったところに宇都宮大学本部があり、周辺は学生向けのアパートや飲食店が集まっている。副停留場名は「シーデービージャパン本社前」。

陽東3丁目 ようとうさんちょうめ

2.1 km(0.6 km)
開2023(令和5)年8月26日
住栃木県宇都宮市陽東4丁目8(下り)
乗186人

陽東地区の住宅街にあり、商店も点在する。副停留場名は「新宇都宮リハビリテーション病院前」。

宇都宮大学陽東キャンパス
うつのみやだいがくようとうきゃんぱす

2.8 km(0.7 km)
開2023(令和5)年8月26日
住栃木県宇都宮市陽東6丁目3(下り)
乗929人

南側に宇都宮大学陽東キャンパスがある。近隣に大型ショッピングセンターがあるためか、休日のほうが利用者が多い。バスなど他の交通手段との乗り継ぎ拠点であるトランジットセンターの機能を持つ。副停留場名は「ベルモール前」。

平石 ひらいし

3.7 km(0.9 km)
開2023(令和5)年8月26日
住栃木県宇都宮市下平出町
乗114人

栃木県道64号と新4号国道の交差点付近の停留場で、専用軌道上に位置。東側には車両基地への引込線がつながっており、夜間帯を中心に当停留場止まりの電車が設定されている。

平石中央小学校前
ひらいしちゅうおうしょうがっこうまえ

4.2 km(0.5 km)

開2023(令和5)年8月26日
住栃木県宇都宮市下平出町
乗29人

民家が点在する田園地帯に位置。停留場名の由来である市立平石中央小学校は交差点の向かいにある。

飛山城跡 とびやまじょうあと

6.1 km(1.9 km)
開2023(令和5)年8月26日
住栃木県宇都宮市竹下町
乗100人

鬼怒川を渡る高架上に設置。芳賀氏の居城であった飛山城跡が北側にあり、歴史体験館などがある史跡公園までは徒歩20分程度。毎年8月に開催されるうつのみや花火大会の会場最寄り駅でもある。副停留場名は「アキモ前」。

清陵高校前 せいりょうこうこうまえ

7.4 km(1.3 km)
開2023(令和5)年8月26日
住栃木県宇都宮市清原工業団地
乗171人

県立宇都宮清陵高校、作新学院大学が隣接しているが「特定の個人や法人の名称は避ける」という選定基準から現在の停留場名に決定した。ネーミングライツ契約により「作新大・作新短大前」副停留場名が付いている。

清原地区市民センター前
きよはらちくしみんせんたーまえ

8.2 km(0.8 km)
開2023(令和5)年8月26日
住栃木県宇都宮市清原工業団地
乗243人

宇都宮清原工業団地の中心に位置。停留場に直結する形でロータリーがあり、バスやタクシー、マイカーなどとの乗り継ぎ拠点となる大規模なトランジットセンター機能を持つ。

グリーンスタジアム前
ぐりーんすたじあむまえ

9.0 km(0.8 km)
開2023(令和5)年8月26日
住栃木県宇都宮市清原工業団地
乗229人

栃木SCのホームスタジアムである栃木県グリーンスタジアムの最寄り停留場。折り返し運転に対応し、当停留場止まり・始発の電車も設定されている。副停留場名は「キヤノン前」。

ゆいの杜西 ゆいのもりにし

10.7 km(1.7 km)
開2023(令和5)年8月26日
住栃木県宇都宮市ゆいの杜5丁目2(下り)
乗157人

平成に入ってから開発が始まった宇都宮市東部のニュータウン「ゆいの杜」の西側に位置する。地名は人々の絆(結い)と自然豊かな「杜」に由来。副停留場名は「阿久津整備用」。

ゆいの杜中央 ゆいのもりちゅうおう

11.2 km(0.5 km)

開2023(令和5)年8月26日
住栃木県宇都宮市ゆいの杜5丁目10(下り)
乗129人

ゆいの杜地区の中心部に位置。13,000人の計画人口に向けて発展が進んでおり、2021(令和3)年には当停留場の北側に市立ゆいの杜小学校が開校した。

ゆいの杜東 ゆいのもりひがし

11.7 km(0.5 km)
開2023(令和5)年8月26日
住栃木県宇都宮市ゆいの杜8丁目1(下り)
乗86人

ゆいの杜地区の東端に位置し、周辺には商業施設が集まる。「ホンダカーズ栃木中央ゆいの杜店前」の副停留場名が付いている。宇都宮市内で最も東にある停留場。

芳賀台 はがだい

12.4 km(0.7 km)
開2023(令和5)年8月26日
住栃木県芳賀郡芳賀町芳賀台
乗64人

約250haの敷地に約100の企業が集結する芳賀工業団地の西端に位置。各企業の工場への通勤利用が多く、稼働しない休日は乗降人員が極端に減少する。

芳賀町工業団地管理センター前
はがまちこうぎょうだんちかんりせんたーまえ

12.9 km(0.5 km)
開2023(令和5)年8月26日
住栃木県芳賀郡芳賀町芳賀台
乗100人

芳賀町工業団地の中心に位置し、交差点の向かいにバス停や駐車場を設けたトランジットセンターがある。副停留場名は「リブドゥコーポレーション栃木芳賀工場前」。

かしの森公園前
かしのもりこうえんまえ

13.8 km(0.9 km)
開2023(令和5)年8月26日
住栃木県芳賀郡芳賀町下高根沢
乗229人

芳賀町と塩谷郡高根沢町にまたがる芳賀・高根沢工業団地の中にあり、東側は本田技研工業の敷地。西側に位置する公園は駅名の由来でもあり、桜の名所。

芳賀・高根沢工業団地
はが・たかねざわこうぎょうだんち

14.5 km(0.7 km)
開2023(令和5)年8月26日
住栃木県芳賀郡芳賀町下高根沢
乗443人

宇都宮ライトレール終点で本田技研工業の北門前に位置。利用者の多くが同社関係者でもあり、乗降人数は平日と休日で大きく違う。

※乗降人員は、宇都宮市発表の「停留所別一週間の平均乗降者数(2024年2月26日付)」から算出。

車窓メモリアル 私鉄編

栃木県　日光界隈
路面電車の趨勢

東武日光軌道線のお別れ花電車
1968.2.24

　栃木県の日光といえば、関東有数の観光地であるのは誰もが知るところだが、路面電車が走っていたことを知る人は少ない。

　中世は山岳信仰の聖地。近世、徳川家康がその遺言で日光に祀られると、日光東照宮などへ参拝客が訪れるようになり、近代になると外国人によるリゾート地化が進んだ。1873（明治6）年に開業した日光金谷ホテルはその象徴で、日本の現役最古のクラシックホテルでもある。

　そんな観光地としての日光へ、鉄道が見逃すわけがない。当時は私鉄だった日本鉄道（現在の東北本線）が1890（明治23）年に日光線を開通させ、東京（上野）と鉄道でつながるが、この日光駅で接続していたのが路面電車、日光軌道線である。開業は1910（明治43）年。日光線の開通の20年後のことだった。

　そもそも、日本で最初の路面電車は1895（明治28）年の京都で、その後、名古屋や東京、大阪と市内電車が誕生しいった。そのことからすると、日光軌道線は全国的にも早く、日光の観光需要の高さがうかがえる。これには、古河精銅所からの貨物輸送も担う背景があり、路面電車とともに貨物列車が走るという、現在からすると珍しい運行形態だった。

　一方、当然ながら日光の観光需要にも応えた。とくに1932（昭和7）年に馬返～明智平間にケーブルカーが開通、翌年、明智平～展望台間にロープウェイがすると、鉄道、路面電車、ケーブルカーと乗り継ぐ観光ルートの一翼を担った。戦後は東武鉄道に合併されるものの、精銅所への通勤や貨物輸送、観光ブームの到来で需要のピークを迎えた。

　しかし、全国の路面電車がそうであったように、日光軌道線も同様、モータリゼーションで自動車交通に取って代われていく。この象徴のひとつが日光の名物道路のいろは坂で、1954（昭和29）年に整備されて中禅寺湖畔まで行けるようになり、さらに第二いろは坂が1965（昭和40）年に開通して上下線が分離し、さらに通行しやすくなった。一方、日光軌道線は昭和29年が輸送量のピークで、以後減少し、廃止は1968（昭和43）年。その趨勢といろは坂の整備とピタリと一致する。

　栃木県下の路面電車といえば、宇都宮ライトレールの誕生が知られる。バスなどの公共交通との連携や地域価値の向上など、新しい時代の鉄道像で話題だ。秋や新緑になると決まっていろは坂の渋滞が報じられる昨今、観光地と都市の違いこそあれ、路面電車に対する経験値のひとつが日光にあるとすれば、栃木県の鉄道は誠に興味深い。

群馬県の私鉄

群馬県
ぐんまけん

由来 古代地名は「車」。8世紀に国名は「上野国」となり、郡名の「車郡」は「群馬郡」と改められた。

県花 レンゲツツジ　　**県民の日** 10月28日
県木 クロマツ
県鳥 ヤマドリ
県魚 アユ
県庁所在地 前橋市

数字で見る群馬県

人口
1,889,425人
（令和6年10月1日推計）

面積
6362.28㎢
（令和6年7月1日時点）

市町村数
35
（令和6年10月1日時点）

県内総生産
9兆1410億円
（令和3年度　全国16位）

実質経済成長率
5.5%
（令和3年度　全国9位）

一人あたりの県民所得
318.7万円
（令和3年度　全国11位）

わたらせ渓谷鐵道
わたらせけいこくてつどう

社　名	わたらせ渓谷鐵道株式会社
住　所	〒376-0101　群馬県みどり市大間々町大間々1603-1
会社設立	1988(昭和63)年10月25日
線　名	わたらせ渓谷線　桐生〜間藤　44.1km　駅数17
運転方式	非電化
運輸開始	1911(明治44)年4月15日

▲解放感あふれるトロッコ列車は、人気列車のひとつだ。
本宿〜水沼　2013.6.9

▶発車を待つ「わ89形」。
桐生駅　2018.11.11

▶建設目的のひとつが足尾銅山だったことから、列車はほぼ渡良瀬川に沿って走る。深い渓谷美が車窓に展開する。
小中〜神戸　2013.6.9

歴　史

　国鉄再建法にともない特定地方交通線に選定された足尾線を引き継ぐため、沿線自治体などの出資で1988(昭和63)年10月25日に設立された第三セクター。足尾線は足尾銅山からの鉱石輸送のため、足尾鉄道が敷設した。まず1911(明治44)年4月15日に下新田連絡所〜大間々町間開業が開業すると、数度の延伸を経て1912(大正元)年12月31日に桐生駅〜足尾駅間が開業した。その後、1918(大正7)年6月1日に国によって買収され足尾線となる。しばらくは貨客混載で運行されていたが、1960(昭和35)年3月22日からは全て別々となった。1973(昭和48)年2月28日に足尾銅山が閉山されると、足尾線は輸送量が激減。1984(昭和59)年6月22日に廃止対象路線として指定された。1987(昭和62)年3月31日で貨物輸送は終了、翌4月1日に国鉄分割民営化によりJR東日本に引き継がれ、1989(平成元)年3月29日にわたらせ渓谷鐵道に移管されてわたらせ渓谷線となった。移管後は観光鉄道としての性格が強くなり、1998(平成10)年から運行されているトロッコ列車は特に人気を集めている。

車　窓

　わたらせ渓谷線は桐生を起点に間藤までの44.1kmを結ぶ路線。大半は渡良瀬川に沿って山間を走っており、春の花や新緑、紅葉、雪景色と、四季折々の景色を楽しめる。桐生から下新田付近までは両毛線と線路を共有。ここは複線区間のように見えるが、南側の線路は車両基地への引込線である。両毛線と分かれると、今度は東武鉄道桐生線と一時的に合流。上毛電鉄上毛線を潜り、列車は足尾方面へ向かっていく。谷筋への入口になる大間々〜上神梅間は駅間が比較的長く、この間に車窓風景は様変わりする。渡良瀬川を眼下に見ながら、その流れに沿って右へ左へと忙しくカーブし、さらに上流へ。神戸ではホーム横でレストランとして活用されている東武鉄道1720系「デラックスロマンスカー」を見て、草木トンネルに突入。このトンネルはダム湖の建設にともなってあとから設けられたもので、湖の底には足尾線の旧線が沈んでいる。沢入の先は特にカーブや勾配が多い区間だが、その分渓谷美も見事だ。足尾の前後では鉱山として稼働していたかつての面影を感じながら、終点の間藤に向かう。

車　両

　わ89形2両、WKT-500形2両、WKT-510形2両、WKT-520形2両、WKT-550形2両、わ99形客車4両、DE10形機関車2両。

駅解説

WK01 桐生 きりゅう
0.0 km(0.0 km)
開 1911(明治44)年4月15日
住 群馬県桐生市末広町11番1号
乗 6,658人(JR線を含む)

JRと接続。当駅はまず両毛鉄道の駅として開業し、その23年後に足尾鉄道の駅が開業した。前者が現在のJR両毛線、後者がわたらせ渓谷鐵道である。

WK02 下新田 しもしんでん
1.9 km(1.9 km)
開 1992(平成4年)3月14日
住 群馬県桐生市相生町2丁目81番15号
乗 51人

当路線で最も新しい駅。第三セクター鉄道への転換後に駅の増設など、積極的なサービス改善を進めた。

WK03 相老 あいおい
3.1 km(1.2 km)
開 1911(明治44年)4月15日
改 1912(明治45)年7月1日(相生)
住 群馬県桐生市相生町2丁目756番地
乗 1,286人(東武鉄道を含む)

東武鉄道と接続する。当駅が開業したのは明治末期のことで、この路線の長い歴史が窺える。駅所在地の地名は相生。兵庫県の駅との混同を避けるべく「老」の字が用いられた。

WK04 運動公園 うんどうこうえん
4.2 km(1.1 km)
開 1989(平成元年)3月29日
住 群馬県桐生市相生町3丁目246番地
乗 141人

わたらせ渓谷鐵道の開業に合わせて開設。駅前には桐生市運動公園がある。上毛電気鉄道の桐生球場前駅へは徒歩5分。

WK05 大間々 おおまま
7.3 km(3.1 km)
開 1911(明治44年)4月15日
改 1912(大正元)年12月1日(大間々町)
住 群馬県みどり市大間々町大間々1375番地
乗 360人

江戸時代に宿場町として栄えた所で、今も地域の中核。駅に隣接して当路線の車両基地が設置され、トロッコ列車も当駅が起点・終点となっている。

WK06 上神梅 かみかんばい
12.4 km(5.1 km)
開 1912(大正元年)9月5日
住 群馬県みどり市大間々町上神梅245番地
乗 28人

1912(大正元)年築の木造駅舎は、プラットホームとともに登録有形文化財。昔ながらの鉄道建築の様式美を備えている。

WK07 本宿 もとじゅく
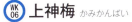
13.8 km(1.4 km)
開 1989(平成元年)3月29日
住 群馬県桐生市黒保根町宿廻1037番地の5
乗 20人

わたらせ渓谷鐵道の開業に合わせて開設。地元の要請もあったという。単式ホーム1本のみの無人駅。

WK08 水沼 みずぬま
16.9 km(3.1 km)
開 1912(大正元年)9月5日
住 群馬県桐生市黒保根町水沼151番地
乗 64人

温泉施設がある駅として知られる。地名は河岸に葦が茂るような沼地が多かったことから。

WK09 花輪 はなわ
21.0 km(4.1 km)
開 1912(大正元年)9月5日
住 群馬県みどり市東町花輪99番地
乗 31人

ホームには「うさぎとかめ」の石像が建つ。これは当地出身の石原和三郎が作詞した童謡『うさぎとかめ』にちなむもの。この歌が発表されたのは1901(明治34)年のこと。

WK10 中野 なかの
22.0 km(1.0 km)
開 1989(平成元年)3月29日
住 群馬県みどり市東町花輪613番地の1
乗 5人

わたらせ渓谷鐵道の開業時に開設。ホーム近くに100mほど続く桜並木があり、利用者の目を楽しませる。

WK11 小中 こなか
24.4 km(2.4 km)
開 1960(昭和35年)11月18日
住 群馬県みどり市東町小中780番地
乗 8人

小中川と渡良瀬川にはさまれた場所に建ち、釣り、ハイキングなどのレジャーの起点。駅から徒歩約4分の大萱院に立つキリシマツツジは、推定樹齢600年。

WK12 神戸 ごうど
26.4 km(2.0 km)
開 1912(大正元年)9月5日
改 1989(平成元)年3月29日(神土)
住 群馬県みどり市東町神戸891番地
乗 104人

駅名は長く「神土」の表記だった。上りホームには東武1720系の廃車体を利用したレストランが建つ。

WK13 沢入 そうり

33.4 km(7.0 km)
開 1912(大正元年)11月11日
住 群馬県みどり市東町沢入962番地
乗 18人

開業時の駅名は「そおり」。現行の駅舎はログハウス風のもので、駅舎内に簡易郵便局が入居する。当駅は7月には2200株のあじさいが咲き誇る、花の名所として知られている。

WK14 原向 はらむこう

38.7 km(5.3 km)
開 1912(大正元年)12月31日
住 栃木県日光市足尾町3066番地
乗 2人

銅の産地として江戸時代から栄え、大正初期、栃木県内で宇都宮市に次ぐ人口を擁した地域。最盛期には日本の銅の40%が足尾産だった。

WK15 通洞 つうどう

41.9 km(3.2 km)
開 1912(大正元年)12月31日
住 栃木県日光市足尾町松原13番地
乗 27人

足尾町の中心部にある駅。足尾銅山の旧・坑道を利用した「足尾銅山観光」は徒歩5分。ハーフディンバー様式の駅舎は、プラットホームと共に登録有形文化財に登録されている。

WK16 足尾 あしお

42.8 km(0.9 km)
開 1912(大正元年)12月31日
住 栃木県日光市足尾町掛水6番地
乗 21人

国鉄足尾線の時代、貨物輸送の中核だった。国鉄の様式を残す当駅の駅舎とプラットホームは、登録有形文化財に登録されている。

WK17 間藤 まとう

44.1 km(1.3 km)
開 1914(大正3年)11月1日
住 栃木県日光市足尾町下間藤2番地
乗 118人

山間に建つ棒式ホーム1面の終着駅。当駅からさらに1.9km先にあった足尾本山駅(貨物駅)は1987(昭和62)年に休止になり、復活することはなかった。

神戸駅 2013.6.9

▲終着間藤駅の周辺は、鉱石搬出の面影が残っている 2018.11.11

上毛電気鉄道

じょうもうでんきてつどう

社名	上毛電気鉄道株式会社	線名	上毛線　中央前橋～西桐生　25.4km　駅数23
住所	〒371-0016 群馬県前橋市城東町4丁目1-1	運転方式	電化
会社設立	1926(大正15)年5月27日	運輸開始	1928(昭和3)年11月10日

歴史

　同社は1926(大正15)年5月27日に設立。上毛線は1928(昭和3)年2月に着工、同年11月10日に中央前橋～西桐生間の25.4kmが開業した。それから数十年は好調な経営が続いたが、モータリゼーションにより利用客は1965(昭和40)年をピークに減少に転じ、慢性的な赤字状態となる。1976(昭和51)年から鉄軌道整備法による補助金の交付を受けてきたが、1997(平成9)年に打ち切りが決定し、廃線の危機を迎えた。路線の存続を望んだ沿線自治体は、鉄道施設の設置や維持に必要な経費を自治体が補助するみなし上下分離(群馬型上下分離)方式で支援することを決定。その後も人件費圧縮など経営体質の改善に努めるとともに、駅の新設や改修、車両の更新などを進めている。

車窓

　上毛線は中央前橋から西桐生までの25.4kmを結ぶ路線で、赤城山の南麓をほぼ東西に真一文字に走る。起点の中央前橋は前橋市の中心部の東側に接し、比較的閑静な地域。同駅を出発した列車は広瀬川に沿って南寄りに進んだ後、進路を北東方向へ。片貝を過ぎた頃から周辺は田畑が増え始め、左側の車窓には赤城山を望む。上泉の先で桃ノ木川を渡ると住宅が再度現れ始め、国道17号線の陸橋を潜って更に東へ。大胡には車両基地が隣接しており、留置中の車両の姿が確認できる。東武桐生線の終点でもある赤城から先は同線と並んで走り、左側に野球場が見えると桐生球場前に到着。その後は築堤を走ってわたらせ渓谷鐵道わたらせ渓谷線をまたぎ、富士山下の先で渡良瀬川を横断する。右に曲がって住宅地の中を進めば、終点の西桐生は目前だ。

車両

　700形8編成、800形1編成。このほか、おもに貸切運行で使用されるデハ100形1両。

▲2024(令和6)年2月29日より800系が登場、元東京地下鉄日比谷線の車両だ。中央前橋駅付近　2024.12.11

▲700形ほか、上毛電気鉄道歴代の車両たち。大胡電車庫　2018.5

▲国の有形登録文化財に指定されている西桐生駅駅舎。2000.3.2

駅解説

中央前橋　ちゅうおうまえばし

0.0 km(0.0 km)
開 1928(昭和3)年11月10日
住 群馬県前橋市城東町3丁目1番1号
乗 1,350人

　上毛電気鉄道の起点。かつて上電プラザという駅ビルが併設されていたが、老朽化により1999(平成11)年に解体。現在の駅舎は2000(平成12)年に新築された4代目。南側に上毛電気鉄道の本社が隣接する。

城東　じょうとう

0.8 km(0.8 km)
開 1928(昭和3)年11月10日
改 1994(平成6)年4月10日(一毛町)
住 群馬県前橋市城東町4丁目23番1号
乗 117人

　戦国時代から明治初期まで存在した名城・前橋城の東側地域に位置。かつての駅名の由来だった一毛町の地名は、1966(昭和41)年の合併により消滅している。

三俣　みつまた

1.6 km(0.8 km)
開 1928(昭和3)年11月10日
住 群馬県前橋市三俣町1丁目32番5号
乗 166人

　開業時は停留所扱いだったが、自動信号化にともなって1956(昭和31)年に西桐生方面に約300m移設され、停車場に昇格した。

片貝　かたかい

2.2 km(0.6 km)
開 1928(昭和3)年11月10日
住 群馬県前橋市西片貝町1丁目280-5
乗 287人

　県立前橋高校の最寄り駅で、周辺に商業施設も集まっている。長らく出入口は西側にしかなかったが、2021(令和3)年に東口が新設された。

上泉　かみいずみ

3.2 km(1.0 km)
開 1928(昭和3)年11月10日
住 群馬県前橋市上泉町281

乗85人

開業時は現在の位置より西側にあり、上毛電気鉄道直営の竹の花プールが隣接していた。桃ノ木川の改修によって1965(昭和40)年に現在の位置に移転され、プールも営業を終えた。

赤坂 あかさか

4.3 km(1.1 km)
開1933(昭和8)年12月18日
住群馬県前橋市上泉町3444-3
乗195人

田畑が広がる地域だが、駅は群馬県道3号と76号の交差点付近に位置しており、周辺の交通量が比較的多い。

心臓血管センター
しんぞうけっかんせんたー

5.6 km(1.3 km)
開1994(平成6)年4月10日
改2001(平成13)年6月1日(循環器病センター)
住群馬県前橋市亀泉町6-2
乗81人

駅の前身は1965(昭和40)年に設置された前橋病院前信号所。1994(平成6)年に循環器病センターとして駅に昇格し、2001(平成13)年に病院が改名され、駅名も変更された。

江木 えぎ

6.2 km(0.6 km)
開1928(昭和3)年11月10日
住群馬県前橋市江木町1223-3
乗211人

県立心臓血管センターにも近いことから、南側には福祉施設や看護学校が集まっている。2009(平成21)年に駅前ロータリーが改修され、パーク＆ライド駐車場が開業した。

大胡 おおご

8.3 km(2.1 km)
開1928(昭和3)年11月10日
住群馬県前橋市茂木町41-2
乗654人

木造駅舎は1928(昭和3)年の開業当初からのもので、西側にある大胡電車庫とともに国の有形文化財に登録されている。かつて当駅から群馬県の伊勢崎を経由して埼玉県の本庄に至る路線が計画されていたが、実現しなかった。

樋越 ひごし

9.9 km(1.6 km)
開1928(昭和3)年11月10日
住群馬県前橋市樋越町191-4
乗236人

樋越地区の住宅街にあり、主要駅以外の中では利用者が比較的多い。南側に少し離れた群馬県道3号沿いに商業施設も点在する。

北原 きたはら

10.9 km(1.0 km)
開1939(昭和14)年7月11日
住群馬県前橋市粕川町込皆戸38-3
乗200人

田畑と民家が混在する地域にあり、単一ホー

ムのみの構内。町名は南北に流れる粕川に由来し、旧村名でもある。

新屋 あらや

12.0 km(1.1 km)
開1928(昭和3)年11月10日
住群馬県前橋市粕川町新屋233-2
乗158人

住宅地に位置。東側には戦国時代に存在した女渕城の城址公園があり、遊歩道が整備されている。当時の城郭建築は見られないが、水濠などは残っていて見ごたえがある。

粕川 かすかわ

13.3 km(1.3 km)
開1928(昭和3)年11月10日
住群馬県前橋市粕川町西田面293-2
乗233人

駅舎は昭和風の造りだが、2004(平成16)年に新築されたもの。駅名の由来である旧勢多郡粕川村は、平成の大合併で2004(平成16)年に前橋市に吸収されて現在の地名になっている。

膳 ぜん

14.3 km(1.0 km)
開1928(昭和3)年11月10日
住群馬県前橋市粕川町膳568-3
乗64人

駅名にもなっている「膳」の地名は、鎌倉時代に活躍した武家の善氏に由来するとされている。当駅の北方向に同氏の居城であった膳城跡が残されている。

新里 にいさと

15.8 km(1.5 km)
開1928(昭和3)年11月10日
改1948(昭和23)年5月1日(武井)
住群馬県桐生市新里町小林126-1
乗360人

開業時の駅名は「武井」で、現在よりも約300m西にあった。1948(昭和23)年に現在の場所に移設され、駅名を変更。現在の駅舎は1998(平成10)年に新築されたもの。

新川 にっかわ

17.7 km(1.9 km)
開1928(昭和3)年11月10日
住群馬県桐生市新里町新川2042-3
乗211人

桐生市は中心部がある東側と、平成の大合併によって誕生した西側の飛地があり、当駅とその前後の新里・東新川の3駅は桐生市西側の飛び地に位置する。

東新川 ひがしにっかわ

18.7 km(1.0 km)
開1993(平成5)年10月19日
住群馬県桐生市新里町新川3906
乗65人

1993(平成5)年に設置された比較的新しい駅。単式ホーム1面の駅施設が畑地と住宅地の中に建つ。

赤城 あかぎ

19.6 km(0.9 km)
開1928(昭和3)年11月10日
改1958(昭和33)年11月1日(新大間々)
住群馬県みどり市大間々町大間々2445-3
乗1,380人(東武鉄道を含む)

東武桐生線と接続。開業時の駅名は「新大間々」。1957(昭和32)年の赤城登山鉄道開業によって翌1958(昭和33)年に現駅名に変更された。旧駅名の由来である山田郡大間々町は、2006(平成18)年にみどり市になった。

桐生球場前 きりゅうきゅうじょうまえ

21.8 km(2.2 km)
開2006(平成18)年10月1日
住群馬県桐生市相生町2丁目532-3
乗207人

赤城〜当駅間は東武桐生線と並走しており、約150mにわたって続く桜並木の中を走る。東側にわたらせ渓谷鐵道の運動公園駅があり、徒歩5分程度でアクセスできる。

天王宿 てんのうじゅく

22.8 km(1.0 km)
開1938(昭和13)年3月10日
住群馬県桐生市相生町2丁目477-3
乗138人

開業時は停留所扱いだったが、自動信号化にともない1957(昭和32)年に停車場に昇格。駅名になっている旧地名は、村の鎮守として牛頭天王社を勧請したことに由来する。

富士山下 ふじやました

23.7 km(0.9 km)
開1928(昭和3)年11月10日
住群馬県桐生市相生町2丁目274-7
乗89人

駅名は北側にある標高160mの富士山(ふじやま)の麓に位置することから。山梨・静岡県の富士山を訪れるつもりで当駅に来てしまう外国人観光客が年間数人見受けられるという。

丸山下 まるやました

24.3 km(0.6 km)
開1928(昭和3)年11月10日
住群馬県桐生市堤町3丁目9番1号
乗45人

駅の南側にある丸山に由来。桐生氏の柄杓山城の出丸から出丸山と呼ばれていたが、山の形から丸山に転化したという。

西桐生 にしきりゅう

25.4 km(1.1 km)
開1928(昭和3)年11月10日
住群馬県桐生市宮前町2丁目1番33号
乗1,352人

上毛線の終点。開業当時からの洋風建築の駅舎は2005(平成17)年に国の有形文化財に登録された。桐生市中心市街の北西にあり、南に5分ほど歩くとJR両毛線の桐生駅がある。

上信電鉄
じょうしんでんてつ

社名	上信電鉄株式会社	線名	上信線　高崎～下仁田　33.7km　駅数21
住所	〒370-0848 群馬県高崎市鶴見町51番地	運転方式	電化
会社設立	1895(明治28)年12月27日	運輸開始	1897年(明治30年)5月10日

▲700形は、元JR東日本の107系車両だ。佐野のわたし～根小屋　2023.12.13　写真：結解学

歴史

同社の前身は1895(明治28)年12月27日に設立された上野鉄道。国内の私鉄の中では、1887(明治20)年に設立した伊予鉄道に次ぐ古さである。上信線は1897(明治30)年9月25日に高崎～下仁田間が全線開業。当初は貨客混載の軽便鉄道としてスタートした。電化計画と信州方面への延伸構想があったことから、1921(大正10)年8月25日に社名を上信電気鉄道に変更。全線の電化は1924(大正13)年12月15日に完成したが、延伸計画は実現しなかった。同時に軌間は1067mmに拡張、高崎線と貨物の相互乗り入れが開始された。その後、バス事業や不動産事業など多角化を進め、1964(昭和39)年5月11日に社名を現在の上信電鉄に社名変更した。

車窓

上信線は高崎から下仁田までの33.7kmを結ぶ。高崎ではJR線ホームと隣り合う0番線から発車。高崎線と並走後、高崎アリーナを境に西側に分かれて進む。南高崎～佐野のわたし間では新幹線の高架を二度潜り、烏川の橋梁を渡る。その先は東西に伸びる尾根を麓に沿って大きく迂回するため進路を一度東方向へ。山名を頂点に西方向に進路を変えると、その後田園地帯をほぼ真っ直ぐ走っていく。富岡市は沿線では高崎市に次ぐ第二の都市。上州福島付近から住宅が増え始め、富岡製糸場の玄関口である上州富岡に到着する。千平から先は、ここまでとは車窓が全く異なる山岳区間。鏑川沿いに急峻な地形を走り、かつてのトンネルや橋梁跡も見られる。終盤に短いトンネルを抜け、終点の下仁田に至る。

車両

6000形1編成、7000形1編成、1000形1編成と1両、500形2編成、700形5編成。以上は2両編成で運転。250形2両、デキ電気機関車2両、ED31形電気機関車1両、テム1形貨車2両、補機800形貨車1両。

駅解説

高崎 たかさき
0.0 km(0.0 km)

開 1897(明治30)年5月10日
住 群馬県高崎市八島町235
乗 1,964人

JR高崎駅の西側に隣接。1884(明治17)年5月1日の日本鉄道(現・JR)の開業から13年後に当駅が誕生。群馬県の要衝を支える。

南高崎 みなみたかさき

0.9 km (0.9 km)
開 1935(昭和10)年9月9日
改 1952(昭和27)年12月19日(下和田)
住 群馬県高崎市下和田町3丁目7-6
乗 53人

単式ホーム1面の駅で、高崎駅からの距離も0.9kmと短い。次の佐野のわたし駅との間、新幹線の高架下に佐野信号所がある。

佐野のわたし さののわたし

2.2 km (1.3 km)
開 2014(平成26)年12月22日
住 群馬県高崎市上佐野町字舟橋167-3
乗 125人

当駅の近くを流れる烏川に渡しがあったことが駅名の由来。駅からは上越新幹線の高架橋を見上げる。

根小屋 ねごや

3.7 km (1.5 km)
開 1926(大正15)年6月1日
住 群馬県高崎市根小屋町2040-3
乗 126人

永禄年間に築城されたと伝えられる根小屋城址は南東におよそ800m。山城の麓に住む将兵の居住区が根小屋と呼ばれたという。

高崎商科大学前 たかさきしょうかだいがくまえ

4.9 km (1.2 km)
開 2002(平成14)年3月17日
住 群馬県高崎市根小屋町886-2
乗 179人

駅名に採られた高崎商科大学は当駅から徒歩4分。2001(平成13)年に同大学の4年制移行が決定したことから駅が開設された。

山名 やまな

6.1 km (1.2 km)
開 1897(明治30)年5月10日
住 群馬県高崎市山名町1515-3
乗 123人

山名とは中世以降に山陰地方などの西国でも勢いを得ていた山名氏の発祥の地とも。周辺には山名城址、山名八幡宮などの史蹟がある。

西山名 にしやまな

7.0 km (0.9 km)
開 1930(昭和5)年6月15日
改 1938(昭和13)年12月27日(水泳場前)
　 1986(昭和61)年12月20日(入野)
住 群馬県高崎市山名町1261-2
乗 136人

開業時の駅名は「水泳場前」。これは近隣を流れる鏑川をせき止めて作ったもので、週末には大変な賑わいを見せたという。

馬庭 まにわ

9.4 km (2.4 km)
開 1910(明治43)年7月5日
住 群馬県高崎市吉井町馬庭191-1

吉井駅　2024.12.31

乗 346人

馬庭とは馬の飼育場や特定の門などの名など諸説ある。かつて、当駅から自衛隊駐屯地に延びる引込線があった。

吉井 よしい

11.7 km (2.3 km)
開 1897(明治30)年5月10日
住 群馬県高崎市吉井町219
乗 293人

駅舎はアンティークな木造建築のデザイン。日本三古碑のひとつ「多胡碑」は徒歩25分。

西吉井 にしよしい

13.4 km (1.7 km)
開 1971(昭和46)年12月15日
住 群馬県高崎市吉井町長根1367-34
乗 124人

吉井とは新羅系渡来人説や良い水をくむところの意味ほか、諸説あるという。

上州新屋 じょうしゅうにいや

14.6 km (1.2 km)
開 1915(大正4)年7月31日
改 1921(大正10)年12月17日(新屋)
住 群馬県甘楽郡甘楽町金井343-4
乗 126人

現行の駅舎は2022(令和4)年に新築されたもの。旧村名が地名に残されている。

上州福島 じょうしゅうふくしま

16.6 km (2.0 km)
開 1897(明治30)年5月10日
改 1921(大正10)年12月17日(福島)
住 群馬県甘楽郡甘楽町福島664-5
乗 242人

16世紀の武将、織田信雄の御殿があったと伝わる福島町にある。構内の側線には古い貨車が留置されている。

東富岡 ひがしとみおか

19.3 km (2.7 km)
開 1990(平成2)年4月1日
住 群馬県富岡市富岡1955-2
乗 190人

富岡製糸場をモチーフとした三角屋根の駅舎が建つ。駅南側には電機メーカーの大きな工場が接している。

上州富岡 じょうしゅうとみおか

20.2 km (0.9 km)
開 1897(明治30)年7月7日
改 1921(大正10)年12月17日(富岡)
住 群馬県富岡市富岡1599-2
乗 395人

当路線の主要駅の一つで、世界遺産に認定された富岡製糸場の玄関口。現行の駅舎は2017(平成29)年3月に使用開始された3代目。

西富岡 にしとみおか

21.0 km (0.8 km)
開 1937(昭和12)年10月15日
改 1953(昭和28)年1月15日(病院前)
住 群馬県富岡市七日市671-8
乗 117人

駅の所在地名は富岡市七日市で、駅名に採られた七日市病院が近隣に建つ。隣の上州富岡駅からは0.8kmの距離にあり、病院利用者への便宜も図った駅の建設だったのだろう。

上州七日市 じょうしゅうなのかいち

21.8 km (0.8 km)
開 1912(明治45)年4月25日
改 1921(大正10)年12月17日(七日市)
住 群馬県富岡市七日市1625-1
乗 242人

旧駅名は当地に存在した七日市藩から。ホームは単式1面で、駅業務は業務委託されている。

上州一ノ宮 じょうしゅういちのみや

23.1 km (1.3 km)
開 1897(明治30)年7月7日
改 1921(大正10)年12月17日(一ノ宮)
住 群馬県富岡市一ノ宮226-2
乗 151人

534年頃の創建と伝えられ、上州国一宮の一之宮貫前神社の鳥居前町として発展した地域。

神農原 かのはら

25.4 km (2.3 km)
開 1897(明治30)年7月7日
住 群馬県富岡市神農原674-2
乗 64人

単式ホームと小さな待合室の駅。神農原=農業の神という一説があるが、定かではない。

南蛇井 なんじゃい

28.2 km (2.8 km)
開 1897(明治30)年7月7日
住 群馬県富岡市南蛇井496-2
乗 77人

珍名駅として全国的に知られ、その由来にはアイヌ語説など諸説ある。鏑川の段丘に作られた南蛇井古墳群は駅の南側。

千平 せんだいら

29.9 km (1.7 km)
開 1911(明治44)年8月18日
住 群馬県富岡市南蛇井乙2038
乗 11人

鏑川の谷底平野がいよいよ尽きてくるあたりで、南側に不通渓谷がある。

下仁田 しもにた

33.7 km (3.8 km)
開 1897(明治30)年9月25日
住 群馬県甘楽郡下仁田町下仁田甲374-4
乗 160人

終着駅で、こんにゃくの名産地。当初はここからさらに西へ、小海線沿線まで線路を延ばす計画があった。

車窓メモリアル 私鉄編

群馬県 **赤城山麓**

小さな路線の壮大な夢

「上電プラザビル」があった頃の中央前橋駅。1984.10.18

　上毛電鉄は、地元では「じょうでん」と呼ばれ親しまれている。前橋市から桐生市まで、赤城山山麓をほぼ直線のルートで、同じように両市間を結ぶJR両毛線とはまったく異なる。中央前橋〜西桐生間25.4kmのみという小さな路線ながら、このルートの違いに、壮大な夢が隠れている。

　大正期、県央県東部の鉄道は両毛線と東武鉄道しかなく、赤城山南麓は空白地域だった。そこで、地元の有志により会社が誕生したのだが、交付された敷設免許は前橋〜桐生間と大胡〜本庄間。つまり、埼玉県北部との接続も予定していたのだ。同社による免許出願はほかにもあって、前橋〜高崎間や新町〜吉井間などがあったが、注目は本庄からさらに南下して八高線寄居まで計画に含まれていた。これはその先、八王子や横浜へ結ばれることになるため、特産の生糸・織物の輸送路まで意識されていたものだった。

　1928（昭和3）年11月10日に中央前橋〜西桐生間が開通したものの、世界恐慌や満州事変などで資金が滞り、その後の路線建設は頓挫し、1934年11月26日に免許は失効した。実は群馬、埼玉県境の坂東大橋は、両県の出資もあって道路・鉄道併用橋として完成していて、軌道スペースは放置のまま、道路橋として使用されていた。

　当初の計画では三俣から南西へ、前橋、高崎へと目指すルートが、実際は城東駅から佐久間川を渡らず、ブイと北へ変えて前橋中央駅に落ち着いている。戦後も路線が拡張されることはなかったが、前橋中央駅は県内初の駅ビル「上電プラザビル」が1971（昭和46）年に完成し、県都ターミナル駅の威厳を放った。上階にボウリング場を擁するなど、当時の流行をも取り入れて民鉄文化を醸成した。

　同じ群馬県の私鉄、上信電鉄はその名の通り、上州と信州を結ぶ鉄道として誕生している。営業路線が短い私鉄といっても、その誕生の裏には大きな計画があった鉄道は全国に多い。大小に関わらず、私鉄の個性が宿るターミナル駅の表情に、そんな夢を感じ取るのも、鉄道に乗る楽しさの、奥深さというものであろう。

埼玉県の私鉄

埼玉県
さいたまけん

由来 郡名からで、語源は「さきたま古墳群」(行田市)や「幸魂」など諸説。

県花 サクラソウ **県魚** ムサシトミヨ

県木 ケヤキ **県民の日** 11月14日

県鳥 シラコバト

県庁所在地 さいたま市

数字で見る埼玉県

人口
7,329,258人
(令和6年10月1日推計)

面積
3797.75㎢
※参考値
(令和6年7月1日時点)

市町村数
63
(令和6年10月1日時点)

県内総生産
23兆7336億円
(令和3年度 全国5位)

実質経済成長率
4.0%
(令和3年度 全国21位)

一人あたりの県民所得
304.9万円
(令和3年度 全国19位)

埼玉新都市交通

さいたましんとしこうつう

社 名	埼玉新都市交通株式会社
住 所	〒362-0806　埼玉県北足立郡伊奈町大字小室288番地
会社設立	1980(昭和55)年4月1日
線 名	伊奈線　大宮〜内宿　12.7km　駅数13
運転方式	案内軌条方式
運輸開始	1983(昭和58)年12月22日

▲2017(平成29)年当時の車両基地。丸山車庫
2017.3.1

▲新幹線の高架沿いを走るといっても、沿線には埼玉県郊外の風情も垣間見る。
加茂宮〜東宮原　2018.3.28

▲主力形式のひとつの2020系は、2015(平成27)年から営業運転に入っている。丸山車庫　2019.2.21

歴史

　東北・上越新幹線の建設にともない、沿線自治体である大宮市(現・さいたま市)、上尾市、伊奈町への見返りとなる伊奈線を運営するために、JR東日本などの出資で1980(昭和55)年4月1日に設立された第三セクター。大宮駅以南では同様の経緯で埼京線の建設が進んでいたが、伊奈線は沿線の需要に合わせて新交通システムのAGTが採用された。1981(昭和56)年10月13日に着工した伊奈線は当初、新幹線の開業に合わせて1982(昭和57)年10月の開業をめざしていたが、用地取得の難航により、まずは先行区間として1983(昭和58)年12月22日に大宮〜羽貫間が開業。この間、一般公募により「ニューシャトル」の路線愛称が決まっている。その後、大宮〜内宿間の全線が開通したのは1990(平成2)年8月2日のことだった。2007(平成19)年10月14日には沿線に鉄道博物館が開業することにともなって、最寄り駅の大成が鉄道博物館に改称。同館へのアクセス路線としての役割も担うようになった。

車窓

　大宮〜内宿間の12.7kmを結ぶ伊奈線は、全区間が高架で、ほぼ新幹線に沿って走る。上下線は新幹線の高架を挟んで左右に分かれており、下りの内宿方面行きは基本的に左側を進む。ループ線となっている起点の大宮駅を出発すると、隣接する複合ビルの周りを時計回りで走行。その後は、先は左側に住宅街を見下ろしながら、時折通過する新幹線を横目に北上していく。左側にはJR東日本大宮総合車両センターがあり、鉄道車両の部品といった、少し珍しい車窓を見られることもある。最初の駅、鉄道博物館では同館へ向かう乗客がたくさん下車する。沼南を過ぎると、それまで並走していた各新幹線はそれぞれ進路を変え、伊奈線は上越・北陸新幹線の下に潜る。この区間は大宮駅周辺のループ線や新幹線の並走と並ぶハイライトとも言える。新幹線高架下の丸山を過ぎると、ここから先は単線区間。再び新幹線の左脇に出て、終点へと快走していく。内宿の手前に設置されているシェルターは、用地買収の歴史の名残である。

車両

　1050系2編成、2000系7編成、2020系5編成。6両編成で運転。

案内軌条の様子が望める車内。
2024.12.9

駅解説

NS01 大宮 おおみや

0.0 km (0.0 km)
開 1983(昭和58)年12月22日
住 埼玉県さいたま市大宮区錦町
乗 44,305人

　新幹線や各在来線が乗り入れる大規模ターミナル。ニューシャトルの駅は新幹線ホーム北側の真下にあり、他社線の改札口からはやや離れているものの、屋外に出ることなく連絡可能。

大宮駅改札口　2024.12.9

NS02 鉄道博物館 てつどうはくぶつかん

1.5 km (1.5 km)
開 1983(昭和58)年12月22日
改 2007(平成19)年10月14日(大成)
住 埼玉県さいたま市大宮区大成町3
乗 9,270人

　鉄道博物館への最寄り駅で、乗降人員は大宮に次いで2番目。開業時の駅名は「大成」で、2007(平成19)年の鉄道博物館開業にあわせて改称したが、現在も副駅名として残されている。

NS03 加茂宮 かものみや

3.2 km (1.7 km)
開 1983(昭和58)年12月22日
住 埼玉県さいたま市北区宮原町1
乗 5,736人

　駅名の由来である加茂神社は北に約1.5km。創建時期は不明だが、京都の上賀茂神社を勧請した由緒ある神社という。

NS04 東宮原 ひがしみやはら

4.0 km (0.8 km)
開 1983(昭和58)年12月22日
住 埼玉県さいたま市北区宮原町2
乗 4,263人

　「宮原」はかつて存在した加茂野宮村と吉野原村の合成地名。JR宮原駅に続く宮原駅前通りは約600mにわたって桜並木が続き、地元の花見スポットとして人気。同駅までは約800mで、徒歩でも連絡できる。

NS05 今羽 こんば

4.8 km (0.8 km)
開 1983(昭和58)年12月22日
住 埼玉県さいたま市北区吉野町1-26
乗 4,802人

　駅所在地は吉野町だが、駅名は隣接する今羽町から採られている。北海道のローカルコンビニであるセイコーマートのファンの間では、同

鉄道博物館駅は、駅名通り鉄道博物館と直結している　2024.12.9

チェーンのさいたま今羽店が近くにあることで知られる。

NS06 吉野原 よしのはら

5.6 km (0.8 km)
開 1983(昭和58)年12月22日
住 埼玉県さいたま市北区吉野町1
乗 3,514人

　ニューシャトルではさいたま市最北の駅。東大宮バイパスと交差する場所に位置し、西側は工業地区、東側は住宅地になっている。

NS07 原市 はらいち

6.4 km (0.8 km)
開 1983(昭和58)年12月22日
住 埼玉県上尾市五番町
乗 2,921人

　地名の「原市」はお笑いコンビ・ハライチの由来として知られるが、旧原市町の中心地は隣の沼南付近であった。

NS08 沼南 しょうなん

7.2 km (0.8 km)
開 1983(昭和58)年12月22日
住 埼玉県上尾市大字原市
乗 3,408人

　駅名は、原市沼の南に位置することから。原市沼は古代蓮の名所で、夏の開花時期のみ無料で一般公開されている。

NS09 丸山 まるやま

8.2 km (1.0 km)
開 1983(昭和58)年12月22日
住 埼玉県北足立郡伊奈町大字小室
乗 2,942人

　東北新幹線と上越・北陸新幹線の分岐点付近に位置し、その三角地帯に埼玉新都市交通の本社屋と車両基地がある。当駅始発・終点の列車も設定されており、ホームは2面3線構造。

NS10 志久 しく

9.4 km (1.2 km)
開 1983(昭和58)年12月22日
住 埼玉県北足立郡伊奈町小室
乗 3,210人

　当駅～内宿間は単線区間。駅西側の丘陵地帯にはKDDIの前身会社の一つである国際電信電

信の研修センターがあったが、現在は2004(平成16)年に開学した日本薬科大学のさいたまキャンパスになっている。

NS11 伊奈中央 いなちゅうおう

10.5 km (1.1 km)
開 1983(昭和58)年12月22日
住 埼玉県北足立郡伊奈町中央1
乗 2,141人

　江戸時代に伊奈氏が治めた伊奈町の中央に位置するが、街の中心部とはやや距離があるためか、ニューシャトルの駅では乗降人員が最も少ない。

NS12 羽貫 はぬき

11.6 km (1.1 km)
開 1983(昭和58)年12月22日
住 埼玉県北足立郡伊奈町学園1-1
乗 4,134人

　路線開業当初は当駅が終着駅だったが、1990(平成2)年に内宿まで延伸され途中駅になった。駅東側には近年になって区画整理が行われた地区で、比較的新しい街並みが広がる。

NS13 内宿 うちじゅく

12.7 km (1.1 km)
開 1990(平成2)年8月22日
住 埼玉県北足立郡伊奈町内宿台3
乗 4,809人

　1983(昭和58)年の大宮～羽貫間開業から約7年後の1990(平成2)年に開業。ニューシャトルは当初から大宮～当駅間を結ぶ計画だったが、羽貫～当駅間の用地取得が難航したため全線開業が遅れた。開業前の仮駅名は近隣の地名である「小針」だった。

上越新幹線の高架橋沿いに位置する内宿駅　2024.12.9

埼玉高速鉄道
さいたまこうそくてつどう

社名	埼玉高速鉄道株式会社
住所	〒336-0967 埼玉県さいたま市緑区美園四丁目12番地
会社設立	1992(平成4)年3月25日
線名	埼玉高速鉄道線　赤羽岩淵～浦和美園　14.6km　駅数8
運転方式	電化
運輸開始	2001年(平成13年)3月28日

▲東急電鉄線へ乗り入れる2000系。東京地下鉄9000系をベースとした仕様で、同社のコーポレートカラーをまとった外観。東急目黒線元住吉付近 2008.6.23

歴史

　埼玉高速鉄道線の事業主体として、帝都高速度交通営団などが出資する第三セクターとして1992(平成4)年3月25日に設立された。同線はのちに地下鉄南北線として開業する東京7号線の埼玉方面への延伸区間であり、当初は川口市中央部から浦和市東部までを結ぶ路線として定められていた。1985(昭和60)年に東川口から鳩ヶ谷市中央を経由して浦和市東部に至るルートが決定すると、1995(平成7)年7月に起工、2001(平成13)年赤羽岩淵～浦和美園間の全線が開業を迎え、南北線、東急目黒線との直通運転が開始された。当初は2006(平成18)年の開業が予定されていたが前倒しとなったのは、浦和美園付近で建設中だったサッカー場が2002(平成14)年のFIFAワールドカップ開催会場となることが決まったことに伴うものである。開業当時の愛称は「彩の国スタジアム線」だったが、2015(平成27)年11月27日からは「埼玉スタジアム線」に変更された。2023(令和5)年3月18日からは東急相鉄直通線の開業にともない、相鉄線までの直通列車も設定されている。

▲埼玉高速鉄道開業式。翌日から営業運転が始まった。浦和美園駅　2001.3.27

車窓

赤羽岩淵〜浦和美園間の14.6kmを結ぶ埼玉高速鉄道線は、終点の浦和美園周辺を除き、全区間が地下を走行する。東京メトロ南北線と直通する起点の赤羽岩淵を出ると、地上の環八通りに合わせて右に急旋回し、荒川の下を渡って埼玉県に入る。川口元郷から先は概ね若槻街道の国道122号をなぞるように走るが、新井宿の手前で再び右へ急カーブ。同駅を出た後は左へ大きくカーブしながら戸塚安行を経て、武蔵野線と接続する東川口へ。勾配を駆け上がり、終点・浦和美園の300mほど手前で地上に出て駅に進入していく。なお、同駅の先はそのまま浦和美園の車両基地に続いており、列車の前面からその様子をうかがうことができる。

車両

2000系10編成。6両編成で運転。

▲完成時はまだ畑地が多かった。2000.11.15

▲運行上の拠点でもある浦和美園の車両基地。2001.3.27

駅解説

SR19 赤羽岩淵 あかばねいわぶち

0.0 km(0.0 km)
開 2001(平成13)年3月28日
住 東京都北区赤羽1-52-8
乗 82,352人(東京地下鉄線を含む)

埼玉高速鉄道線の起点。東京メトロ南北線との接続駅で直通運転が行なわれている。埼玉高速鉄道の駅では唯一、東京都に属する。JR赤羽駅は徒歩圏内で、道のりには商業施設や飲食店が充実。

SR20 川口元郷 かわぐちもとごう

2.4 km(2.4 km)
開 2001(平成13)年3月28日
住 埼玉県川口市元郷1丁目2-15
乗 18,700人

岩槻街道沿いに位置し、周辺は東京のベッドタウンとして住宅が密集。当駅〜浦和美園間の7駅は地元施設・企業を対象に、1期1年契約で副駅名が募集されている。

SR21 南鳩ヶ谷 みなみはとがや

4.3 km(1.9 km)
開 2001(平成13)年3月28日
住 埼玉県川口市南鳩ヶ谷5丁目1-7
乗 14,700人

長らく鉄道が通っていなかった旧鳩ヶ谷市内に、鳩ヶ谷駅と並んで初めて設置された駅。同市は2011(平成23)年に編入合併され、現在は川口市になった。「川口オートレース場最寄駅」の副駅名が付いている。

SR22 鳩ヶ谷 はとがや

5.9 km(1.6 km)
開 2001(平成13)年3月28日
住 埼玉県川口市大字里1650-1
乗 20,900人

旧鳩ヶ谷市の中心に位置。日光御成街道の宿場町として江戸時代から発展した地域で、街並みには歴史的な面影が残る。赤羽岩淵方面からの一部列車は当駅で折り返す。

鳩ヶ谷駅ホーム　2025.1.5　写真：音無浩

SR23 新井宿 あらいじゅく

7.5 km(1.6 km)
開 2001(平成13)年3月28日
住 埼玉県川口市大字新井宿15-3
乗 10,700人

周辺地域は江戸初期に関東郡代の伊奈家が治めた赤山領に属し、7代目の伊奈忠順が築いた赤山城跡がある。乗降人員は最も少ないが、埼玉高速鉄道線の開業後は急速に宅地開発が進んでいる。

SR24 戸塚安行 とつかあんぎょう

10.0 km(2.5 km)
開 2001(平成13)年3月28日
住 埼玉県川口市大字長蔵新田331-1
乗 15,000人

付近の地名である「戸塚」と「安行」の合成駅名。安行地区は古くから植木の里として知られ、現在も苗木や盆栽の生産が盛ん。戸塚地区には戸塚精進場遺跡があり、縄文時代の土器などが出土している。

SR25 東川口 ひがしかわぐち

12.2 km(2.2 km)
開 2001(平成13)年3月28日
住 埼玉県川口市東川口1丁目1-1
乗 31,100人

JR武蔵野線と接続。東川口と名乗っているが、川口市の中心街から見れば北側に位置する。埼玉高速鉄道の開業後はベッドタウン化が加速し、乗降人員は増加傾向にある。

SR26 浦和美園 うらわみその

14.6 km(2.4 km)
開 2001(平成13)年3月28日
住 埼玉県さいたま市緑区美園4-12
乗 20,800人

埼玉高速鉄道で唯一の地上駅。埼玉スタジアム2002への最寄り駅として知られ、サッカーの試合や、イベント時には多くの観客で賑わう。当駅から東武野田線の岩槻を経由してJR蓮田までの延伸計画がある。

浦和美園駅　2025.1.5　写真：音無浩

流鉄
りゅうてつ

社名	流鉄株式会社
住所	〒270-0164 千葉県流山市流山1丁目264番地
会社設立	1913(大正2)年11月7日
線名	流山線　馬橋～流山5.7km　駅数6
運転方式	電化
運輸開始	1916(大正5)年3月14日

歴史

前身は1913(大正2)年11月7日に設立された流山軽便鉄道。1916(大正5)年3月14日に馬橋～流山間が開業した。当初は醤油や味醂の輸送を目的としており、1924(大正13)年には常磐線と貨車の直通運転を行なうため改軌している。1977(昭和52)年に貨物営業を終了してからは専ら地域の足としての役割を果たしている。社名は流山鉄道、流山電気鉄道、流山電鉄、総武流山電鉄と移り変わり、2008(平成20)年8月1日に現在の流鉄に変更。路線も以前は総武流山線と呼ばれていたが、同時に流山線に変更されている。創業以来どの鉄道会社のグループにも属したことがない。

車窓

流山線は馬橋～流山間の5.7kmを2両編成の電車が走る閑静な雰囲気の路線。馬橋を出発してしばらくは常磐線と並走するが、徐々に北西方向へ離れて住宅地の中を突き進む。幸谷周辺は両脇を生活道路に挟まれた独特の風景が広がり、貨物線の下を潜りると進路は北へ。江戸川と坂川をつなぐ水路に沿って走り、坂川を渡る。その後も住宅地の中をかき分けるように走り、平和台の手前でゆるやかに曲がり、流山に到着する。

▲車体側面の「N」ラインが大胆な5000系。車両はもと西武鉄道の新101系。流山 2023.7.13　写真：結解学

車両

5000系5編成。2両編成で運転。

駅解説

馬橋 まばし

0.0 km (0.0 km)
開 1916(大正5)年3月14日
住 千葉県松戸市馬橋西ノ下
乗 2,703人

流山線の起点で、JR常磐線との接続駅。1面2線構造になっているが、基本的に2番線は使用されない。付近を流れる長津川に、鞍の形の橋が架けられていたことが地名の由来だという。

幸谷 こうや

1.7 km (1.7 km)
開 1961(昭和36)年2月3日
住 千葉県松戸市新松戸1丁目
乗 3,992人

JR常磐線・武蔵野線の新松戸駅に隣接しており、駅の南側に武蔵野線の高架橋がある。乗換駅としても利用されている。松戸市新松戸にあり、新松戸駅は同市幸谷にある。

小金城趾 こがねじょうし

2.8 km (1.1 km)
開 1953(昭和28)年12月24日
住 千葉県松戸市大金平4丁目
乗 1,583人

1面2線構造で、流山線では唯一列車交換が可能。当駅の東側にあった小金城は戦国武将の高城胤吉が築城。豊臣秀吉の小田原征伐にともなう動きにより明け渡され、廃城となった。

鰭ヶ崎 ひれがさき

3.6 km (0.8 km)
開 1916(大正5)年3月14日
住 千葉県流山市鰭ケ崎宮後
乗 1,099人

駅名は「鰭ヶ崎」だが地名は「鰭ケ崎」。竜から捧げられた木に弘法大師が薬師如来を彫ったとき、竜の鰭の先が残っていたのに由来するという。西に約800m行くとJR武蔵野線・つくばエクスプレスの南流山駅に着く。

平和台 へいわだい

5.1 km (1.5 km)
開 1933(昭和8)年4月1日
改 1965(昭和40)年6月26日(赤城)
　 1974(昭和49)年10月1日(赤城台)
住 千葉県流山市流山4丁目
乗 2,274人

開業当初の駅名は「赤城」で近隣の赤城神社に由来。同神社は群馬県の赤城神社の末社であるとされ、流山の地名も赤城山の崩れた土砂が流れ着いたという古事が語源。

流山 ながれやま

5.7 km (0.6 km)
開 1916(大正5)年3月14日
住 千葉県流山市流山1丁目
乗 2,349人

流山線の終点駅。流山は幕末に新選組局長の近藤勇が新政府軍に捕縛された地として知られる。近藤が最後の陣屋を構えた場所は史跡として残っており、新選組ファンが訪れている。

秩父鉄道

ちちぶてつどう

社名	秩父鉄道株式会社
住所	〒360-0033 埼玉県熊谷市曙町1丁目1番地
会社設立	1899(明治32)年11月8日
線名	秩父本線　羽生～三峰口　71.7km　駅数39
運転方式	電化
運輸開始	1901(明治34)年10月7日

▲秩父鉄道で活躍する5000系、6000系、7500系が勢ぞろい。熊谷駅　2018.9.21

歴史

1899(明治32)年11月8日に設立された上武鉄道が起源で、1901(明治34)年10月、熊谷～寄居間の18.9kmがまず開業。その後、行田(現・行田市)～熊谷間を運行していた北武鉄道を合併するなどして区間を逐次延長し、1930(昭和5)年3月に羽生～三峰口間の全線が開業した。かつては高崎線や東武東上本線との直通列車も設定されていたが、現在はなくなっている。このほか貨物専用の三ヶ尻線が1979(昭和54)年に開業。社名は1916(大正5)年3月に当時の埼玉県大宮町が秩父町(現・秩父市)に変更されたことにともなって現在の名称になった。1988(昭和63)年からは復元されたC58形363号機を使用して「SLパレオエクスプレス」を運行しており、人気の観光列車として定着している。鉄道事業のほか、バス事業や観光・不動産業を展開。以前は大輪と三峰山頂とを結ぶ三峰ロープウェイも運営していたが、2007(平成19)年12月1日に廃止となっている。2019(令和元)年11月8日には、秩父の頭文字の「C」をモチーフに、荒川の流れと水しぶき、長瀞の岩畳を表現した新たなロゴマークの仕様を開始した。

車窓

埼玉県北部を横断するように走る秩父本線は、羽生駅を起点に、37の途中駅を経由して三峰口までの71.7kmを結ぶ。

羽生を出発した列車は、東武伊勢崎線から西に分かれ、大きく左にカーブしながら住宅地の中を走る。西羽生から田園風景の中をほぼ真っ直ぐ突き進み、行田市の市街地を抜けて熊谷市街へ。国道17号線をくぐると、築堤を上りながら新幹線の下を通って熊谷に到着する。同駅から先は石原までは新幹線の高架に沿っていくが、石原から先はしばらく住宅と田畑が混在する中を走る。寄居を出ると景色は徐々に山がちになっていき、国道140号線や荒川とともに進んでいく。長瀞周辺からは桜並木が美しい区間。上長瀞～親鼻間では秩父本線で最も長い167mの荒川橋梁を、武州中川～武州日野間では同じく最も高い40mの安谷川橋梁を渡り、終点の三峰口をめざしていく。終始、荒川に寄り沿う走り方が印象な車窓だ。

車両

7800系4編成、7500系7編成、7000系2編成、6000系3編成、5000系3編成。ほか、12系客車4両、電気機関車17両、C58形蒸気機関車1両、貨車134両

265

駅解説

CR01 羽生 はにゅう
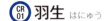
0.0 km (0.0 km)
開 1921 (大正 10) 年 4 月 1 日
住 埼玉県羽生市南 1 丁目 1 番 62 号
乗 3,833 人

東武鉄道と接続。先に東武鉄道が開業し、その 18 年後に秩父鉄道が開業した。羽生市は近世以降に染物の町として発展した町だ。

CR02 西羽生 にしはにゅう
1.2 km (1.2 km)
開 1981 (昭和 56) 年 9 月 1 日
住 埼玉県羽生市西 5 丁目 32 番地 2
乗 227 人

近隣に教育機関や衣料品の工場などがあり、利用客が見込まれたことから開設された。羽生市北郊のアクセス駅にもなっている。

CR03 新郷 しんごう
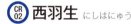
2.6 km (1.4 km)
開 1921 (大正 10) 年 4 月 1 日
住 埼玉県羽生市大字上新郷 1950 番地
乗 246 人

開業時からの駅で平屋建ての小さな駅舎と島式ホームの構内。新郷とは旧村名。

CR04 武州荒木 ぶしゅうあらき
4.8 km (2.2 km)
開 1921 (大正 10) 年 4 月 1 日
住 埼玉県行田市大字荒木 1411 番地
乗 272 人

荒木地区の駅で重文「木造聖徳太子立像」を有する天洲寺や、石川某の邸内鎮守だった三十番神社などが最寄り。「荒木田」姓のルーツとも。

CR05 東行田 ひがしぎょうだ

7.3 km (2.5 km)
開 1932 (昭和 7) 年 11 月 20 日
住 埼玉県行田市桜町 2 丁目 23 番 12 号
乗 2,086 人

行田市の東部に位置し、他社線への接続がないが、駅の周辺に複数の高校があり、学生の利用が多い。

CR06 行田市 ぎょうだし
8.3 km (1.0 km)
開 1921 (大正 10) 年 4 月 1 日
改 1966 (昭和 41) 年 6 月 1 日 (行田)
住 埼玉県行田市中央 19 番 18 号
乗 1,277 人

行田市の中心駅。開業時は「行田」で、国鉄高崎線に行田駅が誕生したことから改称された。行田は埼玉古墳群や足袋生産で知られる。

CR07 持田 もちだ
10.1 km (1.8 km)
開 1925 (大正 14) 年 11 月 15 日
住 埼玉県行田市城西 4 丁目 6 番 1 号
乗 785 人

以前は田園の中という駅だったが、近隣に熊谷バイパス持田インターがあり、宅地化が進んでいる。

CR08 ソシオ流通センター そしおりゅうつうせんたー
11.6 km (1.5 km)
開 2017 (平成 29) 年 4 月 1 日
住 埼玉県熊谷市戸出 102 番地 1
乗 566 人

熊谷市と行田市からの請願駅。南に「流通センター」があり、最寄り駅として利用されている。

CR09 熊谷 くまがや
14.9 km (3.3 km)
開 1901 (明治 34) 年 10 月 7 日
住 埼玉県熊谷市桜木町 1 丁目 202 番地 1
乗 9,974 人

JR 高崎線と接続し、沿線随一の乗換駅。創業期はこの駅を境に別会社で、熊谷～寄居間開業の 21 年後に行田～熊谷間が開通している。

CR10 上熊谷 かみくまがや
15.8 km (0.9 km)
開 1933 (昭和 8) 年 4 月 1 日
改 1933 (昭和 8) 年 7 月 1 日 (鎌倉町)
住 埼玉県熊谷市宮本町 255 番地
乗 564 人

上越新幹線高架下に単式ホーム 1 本の構内を持つ。熊谷駅から 0.9km で熊谷市街地内移動にも活用できる駅。

CR11 石原 いしわら
17.0 km (1.2 km)
開 1901 (明治 34) 年 10 月 7 日
住 埼玉県熊谷市石原 1485 番地
乗 906 人

島式 1 面 2 線と 4 本の電車留置線の構内。石原の地名はたびたび流路を変えた荒川の河原が由来という説がある。

CR12 ひろせ野鳥の森 ひろせやちょうのもり
18.5 km (1.5 km)
開 2003 (平成 15) 年 3 月 27 日
住 埼玉県熊谷市広瀬川原 1040 番地 1
乗 1,121 人

駅名は公募による。西側に広瀬川原車両基地や広瀬川原貨物駅があり、運転の拠点となっている。

CR13 大麻生 おおあそう
20.3 km (1.8 km)
開 1901 (明治 34) 年 10 月 7 日
住 埼玉県熊谷市大麻生 1921 番地 6
乗 1,607 人

「あそ」とは湿地を意味し、荒川流域の低湿地から興った地名といわれる。駅の南に河川敷を活用したゴルフ場が広がる。

CR14 明戸 あけと
22.9 km (2.6 km)
開 1985 (昭和 60) 年 3 月 14 日
住 埼玉県深谷市瀬山 578 番地 8
乗 216 人

島式ホームに 2 線の構内を持つ。駅名は字名で「悪戸」と書かれたともいい。川沿いの平地を意味する。

CR15 武川 たけかわ
24.8 km (1.9 km)
開 1901 (明治 34) 年 10 月 7 日
改 1903 (明治 36) 年 6 月 24 日 (田中)
住 埼玉県深谷市田中 100 番地 4
乗 817 人

貨物専用線の三ヶ尻線が分岐する。1889 (明治 22) 年、田中、明戸、瀬山などの 6 村が合併して武川村が誕生し、駅名も変更された。

CR16 永田 ながた
27.1 km (2.3 km)
開 1913 (大正 2) 年 6 月 1 日
住 埼玉県深谷市永田 155 番地 4
乗 357 人

簡素な駅舎と島式＋対向式の 2 面 3 線を備えた構内。永田とは「長い田んぼ」、広い田園地帯を意味する地名と考えられている。

CR17 ふかや花園 ふかやはなぞの
28.2 km (1.1 km)
開 2018 (平成 30) 年 10 月 20 日
住 埼玉県深谷市黒田 113 番地
乗 1,114 人

平成時代に誕生。関越自動車道花園 IC が近く、北側に接するアウトレットモールのアクセス駅としての整備も進められた。

CR18 小前田 おまえだ
30.5 km (2.3 km)
開 1901 (明治 34) 年 10 月 7 日
住 埼玉県深谷市小前田 1680 番地 1
乗 866 人

小前田地区は江戸時代、川越児玉往還と秩父

行田市駅　2020.7.30

小前田駅　2025.1.17

往還が交わる宿場町だった。加賀前田氏の後裔が「小」を付けた地名といわれる。

 **桜沢** さくらさわ

31.9 km(1.4 km)
開 1989(平成元)年 4 月 1 日
住 埼玉県大里郡寄居町大字桜沢 1987 番地 1
乗 759 人

町立寄居中学校の移転によって当駅が誕生。桜沢の地名は江戸時代からあり、桜の木が多かった地域という。

 寄居 よりい

33.8 km(1.9 km)
開 1901(明治 34)年 10 月 7 日
住 埼玉県大里郡寄居町大字寄居 1071 番地 2
乗 6,545 人(JR線・東武鉄道を含む)

JR、東武鉄道と接続する当路線の主要駅の一つ。駅は共同使用駅で、秩父鉄道が管轄している。

 波久礼 はぐれ

37.7 km(3.9 km)
開 1903(明治 36)年 4 月 2 日
住 埼玉県大里郡寄居町大字末野 81 番地 1
乗 192 人

かつての地名は「破崩」などで河川侵食の特徴がうかがえる。「風のみち」遊歩道や円良田湖など、荒川の自然探勝の拠点駅。

 **樋口** ひぐち

42.1 km(4.4 km)
開 1911(明治 44)年 9 月 14 日
住 埼玉県秩父郡長瀞町大字野上下郷 939 番地 4
乗 164 人

駅舎がホーム上にある独特の構造。駅名は旧村名で、荒川の深淵の名称「樋ノ口」が語源ともいわれる。

 **野上** のがみ

44.7 km(2.6 km)
開 1911(明治 44)年 9 月 14 日
改 1929(昭和 4)年 12 月 16 日(本野上)
住 埼玉県秩父郡長瀞町大字本野上 272 番地 2
乗 508 人

江戸時代、農業が盛んな幕府領で、3 つの村を称して「野上三郷」。近代はこれが村名になった。ホームは島式＋単式の 2 面 3 線。

長瀞 ながとろ

46.5 km(1.8 km)
開 1911(明治 44)年 9 月 14 日
改 1923(大正 12)年 7 月 7 日(宝登山)
住 埼玉県秩父郡長瀞町大字長瀞 529 番地 2
乗 967 人

長瀞観光の拠点駅。駅舎は当路線の開業時の姿を伝えるクラシカルなスタイルで、「関東駅百選」の第 1 回に選定されている。

上長瀞 かみながとろ

47.6 km(1.1 km)
開 1916(大正 5)年 1 月 1 日
改 1928(昭和 3)年 5 月 15 日(国神)
住 埼玉県秩父郡長瀞町大字長瀞 1524 番地 1
乗 196 人

かつて、観光のニーズから国鉄や東武鉄道から直通列車が当駅まで運転されていた。長瀞のトロとは「流れの緩やかな所」を指す。

 親鼻 おやはな

49.2 km(1.6 km)
開 1914(大正 3)年 10 月 27 日
住 埼玉県秩父郡皆野町大字皆野 2499 番地 2
乗 315 人

秩父往還の要地「親鼻の渡し」があったあたり。その役を継ぐがごとく、隣の上長瀞駅との間にある荒川橋梁は、鉄道橋として荒川最奥にあたる。

皆野 みなの

50.8 km(1.6 km)
開 1914(大正 3)年 10 月 27 日
住 埼玉県秩父郡皆野町大字皆野 971 番地
乗 786 人

町名は広大な野原が語源で、戦国時代から「皆野之郷」と呼ばれた。木造赤屋根スタイルを持つ、昔ながらの駅舎が特徴。

和銅黒谷 わどうくろや

53.4 km(2.6 km)
開 1914(大正 3)年 10 月 27 日
改 2008(平成 20)年 4 月 1 日(黒谷)
住 埼玉県秩父市黒谷 412 番地 4
乗 363 人

8 世紀に日本最初の銅を算出した和銅遺跡が最寄りで、銅の産出にちなむ地名が多い地域。駅名変更も和銅奉献 1300 年を記念したもの。

大野原 おおのはら

56.6 km(3.2 km)
開 1914(大正 3)年 10 月 27 日
住 埼玉県秩父市大野原 309 番地 2
乗 938 人

「大野原」は広い場所を意味する。当駅の北側に秩父セメントの工場があり、隣接する武州原谷駅まで貨物線がある。

秩父 ちちぶ

59.0 km(2.4 km)
開 1914(大正 3)年 10 月 27 日
住 埼玉県秩父市宮側町 1 番 7 号
乗 977 人

秩父市の中心駅。10 世紀の文献に記述される「知知夫国」に遡り、荒川流域最大の秩父盆地に位置する。地場産業センターが同居する駅舎が聳える。

 御花畑 おはなばたけ

59.7 km(0.7 km)
開 1917(大正 6)年 9 月 27 日
住 埼玉県秩父市東町 21 番 3 号
乗 2,110 人

秩父夜祭の「御旅所」に近いことによる駅名。西武秩父線への西武秩父駅と近接し、乗り換え利用も多い。

 影森 かげもり

62.4 km(2.7 km)
開 1917(大正 6)年 9 月 27 日
住 埼玉県秩父市上影森 71 番地 4
乗 365 人

当駅から秩父太平洋セメント三輪(みのわ)鉱業所へ延びる三輪線が分岐する。駅名は武甲山の山影になる森の意味の旧村名。

影森駅　2025.1.17

 **浦山口** うらやまぐち

63.8 km(1.4 km)
開 1930(昭和 5)年 3 月 15 日
住 埼玉県秩父市荒川久那 3895 番地
乗 128 人

駅名は観光地が多い「浦山川の入口」から。橋立鍾乳洞や秩父札所 29 番長泉院などが最寄りだ。

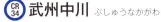 **武州中川** ぶしゅうなかがわ

66.2 km(2.4 km)
開 1930(昭和 5)年 3 月 15 日
住 埼玉県秩父市荒川上田野 1451 番地 5
乗 197 人

旧荒川村の中心部で、駅名は付近を流れる荒川の支流名から。かつて、石灰工場とを結ぶインクラインがあった。

 **武州日野** ぶしゅうひの

67.7 km(1.5 km)
開 1930(昭和 5)年 3 月 15 日
住 埼玉県秩父市荒川日野 822 番地
乗 155 人

荒川の上流、河岸段丘が尽きるあたりの日野地区の駅。荒川歴史民俗資料館が最寄り。

 白久 しろく

70.4 km(2.7 km)
開 1930(昭和 5)年 3 月 15 日
住 埼玉県秩父市荒川白久 524 番地 8
乗 93 人

平将門湯治の伝説がある白久温泉が最寄り。白久とは、白い砂や石が多いことからの地名。

 **三峰口** みつみねぐち

71.7 km(1.3 km)
開 1930(昭和 5)年 3 月 15 日
住 埼玉県秩父市荒川久那 1625 番地
乗 299 人

埼玉県最西端の駅で、荒川の段丘平野がここで尽きる。三峯神社などへの観光拠点で、SL列車「パレオエクスプレス」運転日は転車台公園が人気だ。

> 車窓メモリアル 私鉄編

埼玉県　荒川鉄橋

川と鉄道の親和性

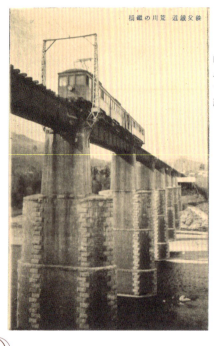

昭和初期頃と思われる秩父鉄道の絵ハガキ。デハ10形は1922（大正11）年の同社電化時に新製された。
所蔵：山口雅人

絵ハガキが作られたということは、当時の名所だった証しだ。花崗岩とレンガ積の橋脚に長瀞の佳景は、現在も同じだ。
所蔵：山口雅人

　埼玉県を代表する河川といえば、荒川を推す人は多いだろう。源流から下流域までほぼ県内を流れ、日本一の川幅を県内に持つ一級河川である。

　鉄道と河川は親和性があり、川に沿うルートを採る路線は多い。構造上、道路のように急こう配急カーブが設定できず、山間部は川沿いが建設しやすいこともあるが、近世まで川は舟による交通路でもあったため、近代になって鉄道がその役割を引き継いだケースも多い。どの鉄道路線でも、車窓が山間部に差し掛かると、必ずと言っていいほど河川が望めるのはそのためである

　そんな鉄道＝河川の関係の典型のひとつが、荒川と秩父鉄道であろう。同社の前身、上武鉄道は秩父の有力者たちから発起し、当時の日本鉄道（現在のJR高崎線）熊谷まで、荒川沿いを走る鉄道建設を行なった。平坦な熊谷～寄居間は建設が進んだものの、いよいよ秩父山地へと分け入る荒川沿いは難工事が続き、1899（明治32）年の会社設立から15年を経てようやく秩父へ通じた。木材輸送が荒川の筏流しから鉄道に移り、沿線の産業は活況を呈した。こうした難工事や産業転換の歴史も、河川に沿って走る鉄道には多く伝えられている挿話であろう。その中、秩父は武甲山で良質の石灰岩が産出されたため、その輸送に秩父鉄道が重宝された。

　8世紀の和銅発見に遡るというほど歴史のある秩父への道は荒川沿いが長く主流であり、近代は秩父鉄道がそれを体現していたわけで、正丸峠を長大トンネルで潜り抜けた西武秩父線の開通まで、それは変わることはなかった。

　こうして、荒川に沿って走り、荒川とともにある秩父鉄道だが、実は荒川を渡るのは一か所で、上長瀞駅南側の荒川橋梁がそれである。1914（大正3）年に完成、花崗岩とレンガ製の橋脚でできており、全体の長さ167ｍ、高さ約20ｍという迫力のある鉄橋で、秩父鉄道で最長でもある。名勝、長瀞に近く、周囲の風光も相まって、撮影の名所にもなっている。

　鉄道は川に沿って走る場合が多いが、建設費を抑えるため、鉄橋は最小限に造る。荒川鉄橋は河川と鉄道の深い関係が染み込んだ、万緑一紅の景観である。

千葉県の私鉄

千葉県
ちばけん

由来 多くの葉が茂る地を意味し、『万葉集』には「知波乃奴（千葉の野）」とも。
県花 ナノハナ
県木 マキ　　**県民の日** 6月15日
県鳥 ホオジロ
県魚 タイ
県庁所在地 千葉市

数字で見る千葉県

人口
6,275,423人
（令和6年10月1日推計）

面積
5156.48km²
※参考値
（令和6年7月1日時点）

市町村数
54
（令和6年10月1日時点）

県内総生産
20兆8070億円
（令和3年度　全国7位）

実質経済成長率
2.2%
（令和3年度　全国38位）

一人あたりの県民所得
305.9万円
（令和3年度　全国17位）

北総鉄道

ほくそうてつどう

社名	北総鉄道株式会社
住所	〒273-0107 千葉県鎌ケ谷市新鎌ケ谷四丁目2番3号
会社設立	1972(昭和47)年5月10日
線名	北総線　京成高砂～印旛日本医大　32.3km　駅数15(千葉ニュータウン鉄道を含む)
運転方式	電化
運輸開始	1979年(昭和54年)3月9日

▲7500形は低コスト、省エネルギー、バリアフリーなど、今日の車両の基本コンセプトとなっている形式で、京成電鉄3000形がベース。千葉ニュータウン鉄道の9800形も同一の仕様だ。京成電鉄押上線四ツ木～京成立石　2014.9.24

歴史

1960年代から開発が進められていた千葉ニュータウンでは、都心へのアクセスのため、東京1号線と10号線の2本の鉄道路線が計画されていた。このうち、京成高砂～小室間を結ぶ1号線の事業化に向けて、1972(昭和47)年5月10日に京成グループが主体となって設立したのが、のちの北総鉄道となる北総開発鉄道である。まずは1979(昭和54)年3月9日に北初富～小室間が開業。1991(平成3)年3月31日に京成高砂～新鎌ヶ谷間が完成した(初富～新鎌ヶ谷間は廃止)。その後、2004(平成16)年7月1日に社名が北総鉄道に変更されている。一方で10号線は、住宅・都市整備公団が小室～印旛日本医大間を段階的に建設し、2000(平成12)年7月22日に完成。現在は同区間を継承した千葉ニュータウン鉄道が第三種鉄道事業者として線路を保有し、北総鉄道が第二種鉄道事業者として運行を担っている。北総線は高額な建設費用や沿線人口の伸び悩みから運賃が比較的高額に設定され、「日本一運賃の高い路線」とも揶揄されていたが、2010(平成22)年7月17日の成田スカイアクセス開業によって京成電鉄から線路・施設使用料が入ることになり、2022(令和4)年10月1日から運賃が大幅に値下げされている。

車窓

京成高砂を出発すると、左手に京成電鉄の高砂車庫を見ながら京成本線から分かれ、高架を登って東に進路を採る。新柴又を出て江戸川を渡るとすぐにトンネルに入り、地下や半地下を通ってさらに東進する。東松戸付近は地下と高架区間が入り混じるが、以東は基本的に地上区間。新鎌ヶ谷から先は住宅もまばらになり、国道464号線と並走しながら広大な下総台地を進んでいく。

千葉ニュータウンに入ってからは、各駅の周辺に大型店舗やマンションなどが点在。郊外のベッドタウンらしい景色を見ながら、終点の印旛日本医大に至る。線路はそのまま、京成電鉄成田空港線へと通じている。

車両

7500形3編成、7300形2編成、7800形3編成を所有し、全て8両編成。このうち、7800形は京成電鉄からのリース車両となっている。ただ、直通運転する京成電鉄や都営浅草線、京浜急行電鉄の車両も乗り入れるため、走る車両は多様である。

▲北総線を走る京成3000形。路線の東西で京成電鉄と直通しているため、北総線以外の車両も多く走る。千葉ニュータウン中央〜小室　2013.8.2

▲北総線(当時は北総開発鉄道)開通式のテープカットの様子で、当時の運輸政務次官や千葉県知事の参列のもと、行なわれた。小室　1979.3.8

駅解説

KS10 京成高砂 けいせいたかさご
0.0 km (0.0 km)
開 1991(平成3)年3月31日
住 東京都葛飾区高砂5丁目28
乗 90,137人(京成電鉄を含む)

京成本線・京成金町線が乗り入れ、同社の高砂車両基地が隣接。ホームは3面5線で、北総線の列車は主に3・4番線を発着する。周辺は住宅地と商店街が広がり、地域の生活拠点となっている。

HS01 新柴又 しんしばまた
1.3 km (1.3 km)
開 1991(平成3)年3月31日
住 東京都葛飾区柴又5-7-1
乗 4,586人

映画『男はつらいよ』の舞台となった柴又エリアに位置。高架構造で、駅の1階にはスーパーなどが入る。京成金町線の柴又とは約800m離れており、観光スポットの柴又帝釈天へは徒歩13分ほど。

HS02 矢切 やぎり
3.2 km (1.9 km)
開 1991(平成3)年3月31日
住 千葉県松戸市下矢切120
乗 7,503人

2面4線構造で、当駅止まり・始発の列車も設定されている。江戸川の渡し場は「矢切の渡し」として有名で今でも現役。松戸市の特産である矢切ねぎの産地としても知られる。

矢切駅　25.1.20

HS03 北国分 きたこくぶん
4.7 km (1.5 km)
開 1991(平成3)年3月31日
住 千葉県市川市堀之内3-21-1
乗 7,207人

半地下構造の2面2線駅。周辺には、縄文時代後期のものとされる堀之内貝塚があり、歴史博物館や考古学博物館などの文化施設も点在する。国分の地名は奈良時代に建立された下総国分寺に由来。

HS04 秋山 あきやま
6.2 km (1.5 km)
開 1991(平成3)年3月31日
住 千葉県松戸市秋山1-53
乗 7,303人

掘割による半地下構造の駅。路線開業当初は田畑が広がっていたが、2000年代頃から開発が加速。現在は住宅地の中にある。

秋山駅　2025.1.25

HS05 東松戸 ひがしまつど
7.5 km (1.3 km)
開 1991(平成3)年3月31日
住 千葉県松戸市東松戸2-158
乗 19,213人(京成電鉄を含む)

JR武蔵野線と接続する高架駅。線路が交差しているため、北総線のホームは4階にある。現在も周辺の宅地開発が進んでおり、駅利用者は増加傾向にある。

HS06 松飛台 まつひだい
8.9 km (1.4 km)
開 1991(平成3)年3月31日
住 千葉県松戸市紙敷1-29-5
乗 4,614人

駅住所は松戸市だが、市川市との境界に位置する。松戸市側には松飛台工業団地と都立八柱霊園が広がっている。駅名は、昭和初期に逓信省航空局所管の松戸飛行場が作られた大地に由来している。

HS07 大町 おおまち
10.4 km (1.5 km)
開 1991(平成3)年3月31日
住 千葉県市川市大町175
乗 1,598人

北総線で乗降人員が最も少ない駅。「市川市動植物園」の副駅名が付いており、同園までは徒歩約30分。当駅は市境に位置し、駅の北側はすぐ松戸市になる。駅前のコンビニも「松戸大町店」だ。

HS08 新鎌ヶ谷 しんかまがや
12.7 km (2.3 km)
開 1979(昭和54)年3月9日
住 千葉県鎌ケ谷市新鎌ケ谷1-13-1
乗 23,188人(京成電鉄を含む)

新京成線や東武野田線との接続駅。以前は新京成電鉄と駅舎機能を共用していたが、2019(平成31・令和元)年に同社が専用改札口を造ったことで分離した。2022(令和4)年からは「京成スカイライナー」の一部列車が停車するようになった。

HS09 西白井 にししろい
15.8 km (3.1 km)
開 1979(昭和54)年3月9日
住 千葉県白井市根1059-2
乗 11,574人

千葉ニュータウンで最初に入居が始まった西白井地区の玄関口。市の特産品が梨であるとともに、駅の近隣に全国唯一のJRA競馬学校があることから、2022(令和4)年に「梨も騎手も育つ街」の副駅名が付与された。

HS10 白井 しろい
17.8 km (2.0 km)
開 1979(昭和54)年3月9日
住 千葉県白井市復620
乗 8,904人

白井市の中心地区に位置し、北側には商業施設のほか市役所や文化センター、総合公園などが集まる。「ときめき梨の里」の副駅名が付いており、梨をイメージした照明が南北連絡通路に吊るされている。

千葉都市モノレール

ちばとしものれーる

社名	千葉都市モノレール株式会社
住所	〒263-0012 千葉県千葉市稲毛区萩台町199-1
会社設立	1979(昭和54)年3月20日
線名	1号線　千葉みなと～県庁前　3.2km　駅数6
	2号線　千葉～千城台　12.0km　駅数13
運転方式	サフェージュ式懸垂型モノレール
運輸開始	1995年(平成7)年8月1日(1号線)
	1988年(昭和63)年3月28日(2号線)

▲0形車内で特徴的な、運転室のガラス床面。モノレールならではの空中散歩感を演出する。萩台車両基地 2012.4.17

▲2012(平成24)年、1000形の置き換えとして登場した0形　URBAN FLYER 0-type。その名の通り、都市を飛ぶ乗り物をイメージさせる斬新なデザイン。スポーツセンター～動物公園　2012.7.8

歴史

　1960年代後半から交通渋滞が深刻化していた千葉都市圏では、交通環境の改善を目的に都市モノレールの導入計画が進んでいた。その運営会社として1979(昭和54)年3月20日に第3セクター方式で設立されたのが千葉都市モノレールである。路線は低騒音や天候に左右されにくい点から懸垂式が採用され、1982(昭和57)年1月29日に起工。1988(昭和63)年3月28日に2号線のスポーツセンター～千城台間が開業した。その後3回の延伸を経て、1999(平成11)年3月24日に現在の路線網が整備されている。一方で経営面では沿線人口の伸び悩みや設備投資の負担が大きく、予想を上回る赤字が続き、1994(平成6)年度には債務超過に陥った。経営合理化を図りながらも公的支援を受けて運営を継続したが抜本的な改善には至らず、2006(平成18)年からは経営再建計画を本格的に開始。減価償却費の圧縮、支払利息の削減などの施策により近年の業績は回復している。

　この間、従来予定していた延伸計画が中止されるといった面もあったものの、2021(令和3)年5月には累計乗車5億人に到達。千葉都市モノレールは道路交通の混雑緩和や環境改善に寄与し、市民の重要な交通手段として機能している。

車窓

《1号線》千葉みなと～県庁前間を結ぶ3.2kmで、千葉市中心部の都市的な風景を上空から楽しめる。千葉みなとを出発した直後はJR京葉線と並走するが、すぐに直角のカーブを経て内陸方面に進路を変え、周辺に広がる道路網の上空を進む。千葉の先では左手に総武本線の線路を見て大きくカーブ。南向きに進路を変えて終点の県庁前に至る。

《2号線》千葉～千城台間の12.0kmの路線だが、運行形態としては全ての列車が1号線の千葉～千葉みなと間まで乗り入れている。千葉を出ると、しばらくは1号線や総武本線と並行。南に進む1号線と分かれると、ほぼ真北に向かっていく。右に住宅街、左に千葉公園の木々を見ながら進んで国道126号線と合流。穴川駅の先で京葉道路を渡り、野球場や陸上競技場、動物公園の間を進んでいく。都賀駅付近で再び総武本線の線路が見えるが、その後は基本的に千葉市郊外に広がる住宅地の中を走っていく。

車両

1000形と0形が8編成ずつ。終日2両編成で運転される。

駅解説

1号線

千葉みなと ちばみなと
0.0 km(0.0 km)
開 1995(平成7)年8月1日
住 千葉県千葉市中央区中央港1-17-12
乗 14,950人

JR京葉線と接続。周辺には千葉ポートタワーや千葉中央港公園などの観光スポットもある。

市役所前 しやくしょまえ
0.7 km(0.7 km)
開 1995(平成7)年8月1日
住 千葉県千葉市中央区千葉港地先道路
乗 5,175人

駅名通り、千葉市役所に徒歩1分の立地。千葉中央公園なども最寄りで、ビジネスとレジャーに利用されている。

千葉 ちば
1.5 km(0.8 km)
開 1991(平成3)年6月12日
住 千葉県千葉市中央区新千葉1-1-1
乗 24,651人

JR千葉駅、京成電鉄京成千葉駅などが接続する千葉県の中心駅。大型ショッピング施設なども集まる一大要衝。

0形出発式　2012.7.8

栄町 さかえちょう
2.0 km(0.5 km)
開 1999(平成11)年3月24日
住 千葉県千葉市中央区栄町29-9
乗 454人

地域の発展を願って付けられた地名が表す通り、駅周辺は千葉市の中心部にあたる。

葭川公園 よしかわこうえん
2.5 km(0.5 km)
開 1999(平成11)年3月24日
住 千葉県千葉市中央区中央2-1
乗 1,971人

付近を流れる葭川に由来する葭川公園が最寄り。大型マンションやビル群もある。

県庁前 けんちょうまえ
3.2 km(0.7 km)
開 1999(平成11)年3月24日
住 千葉県千葉市中央区市場町1-2
乗 1,573人

千葉県庁や県警本部、中央消防署などの最寄り駅で、ビジネスや行政の中心として機能している。

2号線

千葉公園 ちばこうえん
千葉みなとから 2.6 km(1.1 km)
開 1991(平成3)年6月12日
住 千葉県千葉市中央区弁天3-464-1
乗 1,784人

駅名通り千葉公園が駅前。弁天という地名は千葉公園内の厳島神社の呼称「弁天様」から。

作草部 さくさべ
3.0 km(0.7 km)
開 1991(平成3)年6月12日
住 千葉県千葉市稲毛区作草部2-1-19
乗 3,783人

この地域が農地や草地だった「作る草の部」が語源のひとつ。千葉公園の北にあたる。

天台 てんだい
3.5 km(0.7 km)
開 1991(平成3)年6月12日
住 千葉県千葉市稲毛区天台1-1095-2
乗 3,943人

千葉大学や千葉経済大学などが最寄り。地名は大正天皇が陸軍演習を統監された場所「展覧台」から。

穴川 あながわ
4.4 km(0.9 km)
開 1991(平成3)年6月12日
住 千葉県千葉市稲毛区穴川町79-1
乗 3,648人

地名の由来は諸説あり「穴穂郡が転化した」「穴川野地の呼称から」など。北側には縄文時代の園生貝塚も。

穴川駅と0形。千葉都市モノレールはおおむね主要道に沿ったルートを走るため、利便性が高い市内交通として機能している
穴川　2020.7.28

スポーツセンター すぽーつせんたー
3.2 km(0.6 km)
開 1988(昭和63)年3月28日
住 千葉県千葉市稲毛区天台6-212-6
乗 4,545人

千葉県球場、陸上競技場など、千葉県スポーツ施設の拠点。モノレールはスタジアムを縫うように走る。

動物公園 どうぶつこうえん
4.2 km(1.2 km)
開 1988(昭和63)年3月28日
住 千葉県千葉市若葉区源町407-7
乗 1,481人

敷地面積約34haという広大な千葉市動物公園の最寄り駅で、正面ゲートと直結するアクセスの良さがある。

みつわ台 みつわだい
4.5 km(1.0 km)
開 1988(昭和63)年3月28日
住 千葉県千葉市若葉区みつわ台3-28
乗 3,167人

地名は3町が合併し「3つの町がわになって」という意味から。衣食住が揃った便利なみつわ台団地の中心駅。

都賀 つが
5.9 km(1.5 km)
開 1988(昭和63)年3月28日
住 千葉県千葉市若葉区都賀3-31-1
乗 11,148人

JR都賀駅と接続。1889(明治22)年の町村制施行時、10村が合併したことを祝う意味「十賀」が語源。

桜木 さくらぎ
4.5 km(1.3 km)
開 1988(昭和63)年3月28日
住 千葉県千葉市若葉区桜木7-20-1
乗 3,336人

地名は桜の木が多く植えられていたことから。地域には加曽利貝塚や桜木公園などがある。

小倉台 おぐらだい
5.4 km(1.2 km)
開 1988(昭和63)年3月28日
住 千葉県千葉市若葉区小倉台4-1731-1
乗 2,804人

春は桜も咲く地域住民の憩いの場・小倉台公園の最寄り。

千城台北 ちしろだいきた
5.5 km(1.0 km)
開 1988(昭和63)年3月28日
住 千葉県千葉市若葉区千城台北1-2-2
乗 2,107人

周辺は小倉台と千城台に並ぶ住宅地で、モノレールと一体となった生活圏になっている。

千城台 ちしろだい
6.7 km(0.8 km)
開 1988(昭和63)年3月28日
住 千葉県千葉市若葉区千城台北3-1-418
乗 7,378人

地名はこの地域の中心にあった千葉城から起こった旧村名。

舞浜リゾートライン

まいはまりぞーとらいん

社名	株式会社舞浜リゾートライン
住所	〒279-8523　千葉県浦安市舞浜2番地18
会社設立	1997(平成9)年4月9日
線名	ディズニーリゾートライン ～東京ディズニーシー・ステーション　5.0km 駅数4
運転方式	跨座式モノレール
運輸開始	2001(平成13)年7月27日

◀乗車の際は、各キャラクターをモチーフにしたディズニーならではの車内装飾にも注目したい。リゾートゲートウェイ・ステーション　2000.12.21

初は債務超過が続いたが、経費削減や増収施策により現在は黒字経営が続いている。なお、駅員や乗務員はディズニーリゾートのキャストの一員という位置付けになっている。

車窓

単線1周約5.0kmの環状路線で、反時計回りの一方向のみ運転されている。東京ディズニーリゾート内の2つのパークに沿ってホテルや近隣施設の中を走っていく。リゾートは広大な埋立地であるため、特にベイサイド・ステーション～東京ディズニーシー・ステーション間では車窓の右側から東京湾を望む。

歴史

東京ディズニーリゾートを運営するオリエンタルランドの連結子会社として設立。東京ディズニーシーの開業に合わせ、リゾート内の各施設と京葉線舞浜駅を結ぶ目的で開業した。建設にともなう初期投資額が大きく当

車両

10形2編成、100形4編成。6両編成で運転。

駅解説

リゾートゲートウェイ・ステーション

0.0 km(0.0 km)
開 2001(平成13)年7月27日
住 千葉県浦安市舞浜
乗 34,974人

JR京葉線の舞浜との接続駅で、東京ディズニーリゾートへの玄関口。同リゾート内の商業施設「イクスピアリ」に直結する。駅は南国をイメージさせるトロピカルなデザインになっている。

東京ディズニーランド・ステーション

0.6 km(0.6 km)
開 2001(平成13)年7月27日
住 千葉県浦安市舞浜
乗 13,805人

東京ディズニーランドのエントランス正面に位置する。パークのコンセプトに合わせたヴィクトリア朝時代のデザインで、周辺施設との一体感を演出している。夜はライトアップされて一層幻想的な雰囲気に。

ベイサイド・ステーション

1.8 km(1.2 km)
開 2001(平成13)年7月27日
住 千葉県浦安市舞浜
乗 19,186人

東京ディズニーリゾートのオフィシャルホテルが立ち並ぶエリアに位置。海辺のリゾート感あふれる開放的な作りで、ミッキーマウスの顔をかたどった巨大な切り抜きが駅のシンボルになっている。

東京ディズニーシー・ステーション

3.7 km(1.9 km)
開 2001(平成13)年7月27日
住 千葉県浦安市舞浜
乗 34,916人

東京ディズニーシーの玄関口で、連絡通路を通じてホテルミラコスタにも直結する。駅舎は同パークのコンセプトを反映し、18～19世紀のトスカーナ地方のデザインと、スマートで近代的な雰囲気を併せ持つ。

リゾートゲートウェイ・ステーション

5.0 km(1.3 km)

山万
やままん

社名	山万株式会社
住所	〒103-0016 東京都中央区日本橋小網町6番1号 山万ビル
会社設立	1951(昭和26)年2月20日
線名	山万ユーカリが丘線　ユーカリが丘～公園　4.1km　駅数6
運転方式	案内軌条式
運輸開始	1982年(昭和57年)11月2日

芝山鉄道
しばやまてつどう

社名	芝山鉄道株式会社
住所	〒282-0032 千葉県山武郡芝山町香山新田148番地1
会社設立	1981(昭和56)年5月1日
線名	芝山鉄道線　東成田～芝山千代田　2.2km　駅数
運転方式	電化
運輸開始	2002年(平成14年)10月27日

歴史

ユーカリが丘ニュータウンを走るユーカリが丘線は、街を開発した不動産事業者の山万が鉄道の建設・運営までを手掛けた全国的にも稀な背景を持つ。同社はもともと1951(昭和26)年2月に総合繊維卸売業として大阪で設立され、東京への移転を経て宅地開発事業に進出。1977(昭和52)年5月からユーカリが丘ニュータウンの開発に着手した。路線は1983(昭和58)年9月22日に全線開通。2024(令和6)年6月15日に顔認証乗車システムを導入するなど、独自運営方針を見せている。

歴史

成田空港建設にともなう地域補償として空港東側地域を結ぶ新たな鉄道を運行するために設立された第三セクター。事業免許の取得は1988(昭和63)年6月24日だが、土地取得の難航により1998(平成10)年1月22日に工事開始。着工後もルート変更を余儀なくされるなど、2.2kmの完成まで に4年余りを要し、2002(平成14)年10月27日に東成田～芝山千代田間がようやく開業。京成東成田線と一体的に運行されており、京成上野への直通列車も設定されている。

▲ユーカリが丘ニュータウンの足として活躍。2024.10.2 写真：解結学

車窓

ラケット状の山万ユーカリが丘線は、ユーカリが丘～公園間のみ両方向運転、その先の環状部分は反時計回りの片方向運転となっている。ユーカリが丘～公園間は商業施設や住宅地が並ぶ街の中を走る。女子大～中学校間は建物が少ないが、車両基地や道路との並走が見どころ。中学校の先は両側に住宅が立ち並び、トンネル区間もある。短いながらも車窓に変化が多い。

車両

1000形3編成。3両編成で運転。

車窓

成田空港第1・第2ターミナル間の地下に位置する東成田を出ると、同空港の駐機場や誘導路の下を通るトンネルを進んでいく。芝山千代田の手前のわずかな地上区間は高架上を走り、右手には駐機中の航空機を見ることができる。終点となる同駅の周囲には空港の関連施設が点在するほか、温泉施設もある。

車両

4両編成の3500形1編成のみ。京成電鉄からの借り入れで、京成車との共通運用。

▲東成田から2.2kmの一駅間という、日本一短い鉄道の終着駅、芝山千代田駅。2020.7.29

駅解説

山万ユーカリが丘線

ユーカリが丘 ゆーかりがおか
0.0 km (0.0 km)
開 1982(昭和57)年11月2日
住 千葉県佐倉市ユーカリが丘4-8-5
乗 1,263人

京成本線との接続駅。ユーカリが丘は1971(昭和46)年に山万が開発を始めたニュータウンで、地名は清浄効果があり環境にやさしいユーカリの木を街の象徴としたことに由来。ユーカリにちなんでコアラの親子像が駅前に飾られている。

地区センター ちくせんたー
0.5 km (0.5 km)
開 1992(平成4)年12月3日
住 千葉県佐倉市ユーカリが丘4-3-1
乗 204人

ニュータウンの繁華街の中心駅で、駅前のショッピングセンターに直結。周辺にも大型ショッピングモールや飲食店が集積する。

公園 こうえん
1.0 km (0.5 km)
開 1982(昭和57)年11月2日
住 千葉県佐倉市ユーカリが丘6-5-5
乗 149人

ラケット型の環状運転を行なう同線において、環状部と枝線部の結節部となっている。駅名はニュータウンの中心部にあるユーカリが丘南公園から。広大な芝生広場がある公園内は家族連れや散歩を楽しむ人で賑わうほか、春や夏には地域の祭りが催される。

女子大 じょしだい
1.9 km (0.9 km)
開 1982(昭和57)年11月2日
住 千葉県佐倉市ユーカリが丘5-1-1
乗 215人

駅名は和洋女子大学の移転誘致を見込んで名付けられた。計画は結局中止となったものの、研修活動用のセミナーハウスが作られた。北側に車両基地があり、当駅止まり・始発の列車も数本設定されている。

中学校 ちゅうがっこう
2.7 km (0.8 km)
開 1982(昭和57)年11月2日
住 千葉県佐倉市宮ノ台3-1-1
乗 756人

宮ノ台地区の玄関口で、起点のユーカリが丘に次いで乗降人員が多い。駅東側には閑静な住宅街が広がり、駅名の由来となっている井野中学校がある。一方の西側にはショッピングモールや商業施設が集まっている。

井野 いの
3.5 km (0.8 km)
開 1983(昭和58)年9月22日
住 千葉県佐倉市ユーカリが丘7-24-1
乗 254人

井野地区の新興住宅地が広がるエリアで、駅の出入口は大規模マンションのグランフォートユーカリが丘壱番館・弐番館の間に挟まれている。

公園 こうえん
4.1 km (0.6 km)

芝山鉄道線

SR04 芝山千代田 しばやまちよだ
東成田から 2.2 km (2.2 km)
開 2002(平成14)年10月27日
住 千葉県山武郡芝山町香山新田148-1
乗 1,308人

成田空港が建設されたことによって隔絶された地域を結ぶべく建設された芝山鉄道の終着駅。相応の利用者があり、地元住民の需要に応えた形となっている。当駅から九十九里方面への路線延伸計画も掲げられている。芝山とは町名で、千代田は旧村名という駅名だ。

小湊鐵道
こみなとてつどう

社名	小湊鐵道株式会社
住所	〒290-0054 千葉県市原市五井中央東一丁目1-2
会社設立	1917(大正6)年5月19日
線名	小湊鉄道線　五井〜上総中野　39.1km　駅数18
運転方式	非電化
運輸開始	1925(大正14)年3月7日

▲小湊鐵道の4号機関車のデザインが再現されたディーゼル機関車ＤＢ4形が、オープンタイプ2両を含むトロッコ型客車4両を牽引する「房総里山トロッコ」。月崎〜上総大久保　2015.11.13

▶海士有木駅とキハ200形。開業時の構造をよく残しており、駅の本屋は国の登録有形文化財に指定されている。海士有木 2020.7.28

歴史

　大正時代初期に養老川流域の住民が中心となり1917(大正6)年5月19日に設立。戦前は安田財閥に属していた。戦時中に京成電鉄の系列会社となり、現在も京成グループに名を連ねているが、線路自体は事実上の独立状態にある。

　社名は現在の鴨川市の一部である旧小湊町に由来する。当初は五井駅から鶴舞を経由して現在の鴨川市の一部である旧小湊町に至る路線が計画されていたが実現には至らず、1925(大正14)年3月7日の五井〜里見間開業、1926(大正15)年9月1日の里見〜月崎間開業、1928(昭和3)年5月16日の月崎〜上総中野間開業を経て、現在の全39.1kmの路線となっている。かつて鉄道敷設免許を取得していた海士有木〜本千葉間の一部は、千葉急行電鉄の千葉中央〜ちはら台間で開業し、現在は京成千原線となっている。

　なお、鉄道事業に加え、房総地域でバス事業も広く展開しているのも特徴のひとつ。1951(昭和26)年1月1日から1986(昭和61)年3月まではタクシー事業も行なっていたが、現在は複数の分社化され、小湊鐵道タクシーグループを形成している。

車窓

　五井を出発してＪＲ内房線と分かれると、おおむね養老川に沿うように平坦な田園地帯の中を進んでいく。比較的賑やかな街並みが広がる上総牛久の前後では、左手に国道297号線の大多喜街道が並行し、行き交う自動車と並走する。その先は再び田園地帯や雑木林の中を進むが、この付近では春の菜の花が見どころ。高滝湖の最寄り駅である高滝から養老渓谷までの区間では特に多く咲いている。同時に飯給付近からは山林の中に入っていき、いくつかのトンネルを抜けていく。紅葉の名所として有名な養老渓谷から先は、列車本数が極端に少なくなる。山林の中を進み、終盤では集落を横に見ながら終点の上総中野に至る。

車両

　キハ200形14両、キハ40形4両。このほか、「房総里山トロッコ」用にクハ101+ハテ101+ハテ102+ハフ101+ＤＢ4形ディーゼル機関車がある。また、トム10形貨車が2両、ワフ1形貨車が1両を保有している。

駅解説

五井 ごい

0.0 km（0.0 km）
開1925（大正14）年3月7日
住千葉県市原市五井中央東一丁目1-2
乗33,277人（JR線を含む）

　構内に五井機関区があり、不定期的に見学会が開かれている。市原市には市名を冠した駅がないことから、当駅を市原駅に改称しようという動きもある。

上総村上 かずさむらかみ

2.5 km（2.5 km）
開1927（昭和2）年2月25日
住千葉県市原市村上1358-2
乗85人

　周辺は住宅と農地が混在しのどかな雰囲気が漂うが、東に約1.5km行くと市原市役所があり、住宅地が広がっている。西側は戦国時代に村上城があったとされている。

海士有木 あまありき

5.4 km（2.9 km）
開1925（大正14）年3月7日
住千葉県市原市海士有木1813
乗127人

　海士村と有木村の合併で生まれた地名で、海士は漁夫の集落だったこと、有木は付近に有木城があったことが由来とされている。

上総三又 かずさみつまた

7.2 km（1.8 km）
開1932（昭和7）年11月20日
住千葉県市原市海士有木276-1
乗81人

　小湊鐵道の駅舎は開業当時の姿を保ったものが多いが、当駅の駅舎は改築を経て2001（平成13）年に焼失。現在の駅舎は同年に再建されたもの。駅周辺には農地が広がる。

上総山田 かずさやまだ

8.6 km（1.4 km）
開1925（大正14）年3月7日
改1954（昭和29）年（養老川）
住千葉県市原市磯ケ谷2079-3
乗84人

　開業当時の駅名は養老川で、1954（昭和29）年に現在の駅名に改称。旧駅名の由来である養老川へは西へ500mほど。駅周辺は農地と住宅が混在し牧歌的な雰囲気が漂う。

光風台 こうふうだい

10.6 km（2.0 km）
開1976（昭和51）年12月23日
住千葉県市原市中高根846
乗243人

　1970年代に開発された光風台住宅団地の建設にともなって開業した駅。並行する国道297号線沿いに商業施設が点在している。

馬立 うまたて

12.4 km（1.8 km）
開1925（大正14）年3月7日
住千葉県市原市馬立790-2
乗141人

　駅東側と県道297号の間は住宅街で病院や小学校もあるが、西側には田園地帯が広がる。鎌倉時代にこの地域で馬の競りが行なわれていたことが地名の由来の一つ。

上総牛久 かずさうしく

16.4 km（4.0 km）
開1925（大正14）年3月7日
住千葉県市原市牛久897-2
乗335人

　小湊鐵道の単独駅としては最も利用者が多い。2面3線構造で、五井方面からの列車の約半数は当駅で折り返す。毎年11月から12月頃にかけて、当駅〜養老渓谷間の各駅がイルミネーションで飾られる。

上総川間 かずさかわま

18.5 km（2.1 km）
開1953（昭和28）年4月1日
住千葉県市原市下矢田547-4
乗47人

　上総牛久を過ぎると列車本数は極端に減少。駅周辺の景色も一変し、田園地帯が広がるようになる。当駅も田んぼの中に立っている。

上総鶴舞 かずさつるまい

20.0 km（1.5 km）
開1925（大正14）年3月7日
改1958（昭和33）年1月1日（鶴舞町）
住千葉県市原市池和田898-2
乗12人

　緩くカーブした見通しのいいホームは、テレビドラマやミュージックビデオの撮影地にも使われている。昭和初期のわずか9年間のみ存在した南総鉄道は当初、茂原から当駅までを結ぶ計画だった。

上総久保 かずさくぼ

22.0 km（2.0 km）
開1933（昭和8）年4月10日
住千葉県市原市久保573-4
乗10人

　駅前に立つ大きなイチョウの木がシンボル。高滝ダムの造成で、1988（昭和63）年に当駅〜高滝間の線路の付け替えが行なわれた。

高滝 たかたき

23.8 km（1.8 km）
開1925（大正14）年3月7日
住千葉県市原市高滝737-2
乗19人

　1990（平成2）年に完成した高滝ダムに囲まれた場所に立地し、周辺は市原市屈指の観光スポットになっている。高滝ダム記念館や市原湖畔美術館、高瀧神社などに徒歩でアクセス可能。

里見 さとみ

25.7 km（1.9 km）
開1925（大正14）年3月7日
住千葉県市原市平野176-1
乗33人

　里見の地名は南総里見八犬伝のモデルとして知られる安房里見氏から。合理化により一度は無人駅となったが、交換設備復活にともない2013（平成25）年に再度有人化された。上総牛久〜上総中野間では当駅のみで列車交換が可能。

飯給 いたぶ

27.5 km（1.8 km）
開1926（大正15）年9月1日
住千葉県市原市飯給943-3
乗4人

　桜の名所としても有名な難読駅。開花の季節には夜桜のライトアップが行なわれ観光客で賑わう。2012（平成24）年に駅前に新設された女性用トイレは、「世界一大きなトイレ」として話題を集めた。

月崎 つきざき

29.8 km（2.3 km）
開1926（大正15）年9月1日
住千葉県市原市月崎539
乗7人

　チバニアンで有名な地磁気逆転期の地層の最寄り駅。駅舎は2019（平成31・令和元）年のリフレッシュ工事で、開業当時に近い姿に復元。

上総大久保 かずさおおくぼ

32.3 km（2.5 km）
開1928（昭和3）年5月16日
住千葉県市原市大久保96-2
乗6人

　待合室にある「となりのトトロ」の絵は、2013（平成25）年に廃校となった旧白鳥小学校の生徒が描いたもの。2014（平成26）年に古い枕木を活用したトイレ「森の入口」が作られた。

養老渓谷 ようろうけいこく

34.9 km（2.6 km）
開1928（昭和3）年5月16日
改1954（昭和29）年12月1日（朝生原）
住千葉県市原市朝生原177
乗124人

　養老渓谷や養老渓谷温泉の玄関口となる駅で、駅舎の中には足湯がある。駅前にはロータリーや駐車場があったが、アスファルトを剥がして自然を取り戻そうという「逆開発」が2017（平成29）年から進められている。

上総中野 かずさなかの

39.1 km（4.2 km）
開1928（昭和3）年5月16日
住千葉県夷隅郡大多喜町堀切61
乗94人（いすみ鉄道を含む）

　いすみ鉄道との接続駅。小湊鐵道線は当初、その名の通り外房の小湊への延伸計画があり、敷設免許も取っていた。当駅が終点となっているが、ホームは安房小湊方向にカーブした作りになっている。

いすみ鉄道

いすみてつどう

社 名	いすみ鉄道株式会社
住 所	〒298-0216 千葉県夷隅郡大多喜町大多喜264
会社設立	1987(昭和62)年7月7日
線 名	いすみ線　大原〜上総中野　26.8km　駅数14
運転方式	非電化
運輸開始	1930年(昭和5年)4月1日(国鉄木原線)

▲JR外房線大原駅で接続するいすみ鉄道。前身は旧国鉄木原線で、駅の構造に面影を残す。大原駅　2017.1.6

歴史

　国鉄の特定地方交通線であった木原線を引き継ぐため、1987(昭和62)年7月7日に設立された第三セクター。1988(昭和63)年3月24日から同線を引き継ぎ、いすみ線として運行を始めた。

　木原線は1922(大正11)年に久留里線と一体で大原〜木更津間を結ぶ路線として計画されたものだった。1930(昭和5)年4月1日の大原〜大多喜間開業後、2度の延伸を経て、現在の形である大原〜上総中野間の26.9kmが1934(昭和9)年8月26日に開通。その後、上総中野〜上総亀山間は大戦の影響などで計画自体が消滅し、久留里線との接続は叶わなかった。

　いすみ鉄道に転換されてからも赤字経営が続いたが、2009(平成21)年以降、アイデアに満ちた企画などの積極策で経営状態は回復。廃線の危機を乗り越え、2022(令和4)年には26年ぶりに新卒社員の採用を行なった。2014(平成26)年8月28日からは台湾鉄路管理局の集集線と姉妹鉄道協定を結んでおり、相互送客などの取り組みを行なうなどグローバルな展開も見せている。

車窓

　終点の上総中野で接続する小湊鉄道線と同様に沿線の菜の花が有名で、春の開花時期は多くの観光客が訪れる。大原を出た列車はJR外房線から分かれて西進。西大原から先はのどかな田園風景が続く。

　国吉付近からは千葉県内で最大規模の流域面積をもつ夷隅川に沿うように走り、国道465号線とも並走しながらいすみ市を抜けて大多喜町に入る。その後は進路を南へと変え、いすみ鉄道本社や車両基地が併設された大多喜に到着。総元付近では夷隅川と分かれ、今度は夷隅川水系の西畑川の上流を追って西へ。山林を抜けて終点の上総中野に到着する。海のイメージが強い房総半島の、深い山間の風景が印象的な車窓だ。

車両

　いすみ300形といすみ350形が各2両、キハ52形とキハ20形が各1両。

駅解説

大原 おおはら
0.0 km(0.0 km)
開 1930(昭和5)年4月1日
住 千葉県いすみ市大原8701
乗 275人

　JR外房線と接続。いすみ鉄道の前身・国鉄木原線を受け継ぎ、1988(昭和63)年に第三セクター線として再スタートを切った。

西大原 にしおおはら
1.7 km(1.7 km)
開 1960(昭和35)年6月20日
住 千葉県いすみ市新田
乗 19人

　沿線では比較的新しい駅で、大原駅に近いながらも山里の風景が広がっている。

上総東 かずさあずま
5.2 km(3.5 km)
開 1930(昭和5)年4月1日
住 千葉県いすみ市佐室
乗 28人

　蛇行する落合川沿いにあたり、源氏ほたるの里や高田堰(トンボの沼)などが周辺に点在する。

上総東駅　2025.1.22

新田野 にったの
7.4 km(2.2 km)
開 1960(昭和35)年6月20日
住 千葉県いすみ市新田野
乗 10人

　単式ホームと小さな待合室のみの施設で、国道465号線がが目の前に。地名は江戸時代初期に行なわれた新田開発に由来。

国吉 くによし
8.8 km(1.4 km)
開 1930(昭和5)年4月1日
住 千葉県いすみ市苅谷
乗 77人

　2009(平成21)年にいすみ市商工会が入居する駅舎に生まれ変わった。駅南側には国吉農園や風そよぐひろばなど、自然と共生する鉄道が体現されている。

上総中川 かずさなかがわ
12.0 km(3.2 km)
開 1930(昭和5)年4月1日
住 千葉県いすみ市行川
乗 13人

▶国鉄型車両を国鉄カラーで運転する「観光急行列車」は、同社のアイデア列車のひとつ。このほか、動くレストランや夜行列車などが運転された。上総中川～国吉　2014.12.14

上総中川駅に到着したいすみ300形ディーゼルカー。同社では、駅名にネーミングライツを募集して話題を集めた。2020.7.29

　銚子電気鉄道、北陸鉄道などの車両を静態保存し、一部の車両はカフェとしても利用されている「ポッポの丘」の最寄り駅。駅からは徒歩30分。

城見ヶ丘 しろみがおか
14.8 km(2.8 km)
開 2008(平成20)年8月9日
住 千葉県夷隅郡大多喜町船子
乗 28人

　駅から大多喜城が見えることに因んでの駅名。ホームは単式1面のみ。

大多喜 おおたき
15.9 km(1.1 km)
開 1930(昭和5)年4月1日
住 千葉県夷隅郡大多喜町大多喜
乗 208人

　駅に隣接して本社もある中核駅。大多喜は「大きな滝」に由来するといわれる城下町で、歴代、里見氏や本多氏などが城主を務めた。

大多喜駅　2025.1.22

小谷松 こやまつ
18.2 km(2.3 km)
開 1960(昭和35)年6月20日
住 千葉県夷隅郡大多喜町小谷松
乗 9人

　単式ホーム1面の無人駅。夷隅川左岸にあたり、谷間に松が生えていたことが地名の由来とされる。

東総元 ひがしふさもと
19.6 km(1.4 km)
開 1937(昭和12)年2月1日
住 千葉県夷隅郡大多喜町大戸
乗 3人

　ネーミングライツにより、2024(令和6)年8月まで「週刊バイクTV」という愛称名がつけられていた。

久我原 くがはら
20.8 km(1.2 km)
開 1960(昭和35)年6月20日
住 千葉県夷隅郡大多喜町久我原
乗 6人

　ネーミングライツによって「三育学院大学」という愛称名がある。看護学部を有する同大学へは徒歩25分。

総元 ふさもと
22.2 km(1.4 km)
開 1933(昭和8)年8月25日
住 千葉県夷隅郡大多喜町三又
乗 11人

　上総中野への延伸開業までは終着駅だった。駅舎は地元の公民館が併設されている。春に鯉のぼりが掲げられる黒原不動滝が最寄り。

西畑 にしはた
25.1 km(2.9 km)
開 1937(昭和12)年2月1日
住 千葉県夷隅郡大多喜町庄司
乗 5人

　蛇行を繰り返す西畑川沿い。単式ホームだが茶室風の待合室がある。

上総中野 かずさなかの
26.8 km(1.7 km)
開 1934(昭和9)年8月26日
住 千葉県夷隅郡大多喜町堀切61
乗 94人(小湊鐵道を含む)

　小湊鐵道と接続。東西から延びる房総半島横断鉄道の結節点にあたる。ホーム2面の広い構内だ。

279

銚子電気鉄道
ちょうしでんきてつどう

社 名	銚子電気鉄道株式会社
住 所	〒288-0056 千葉県銚子市新生町2丁目297番地
会社設立	1922(大正11)年10月10日
線 名	銚子電気鉄道線　銚子～外川　6.4km　駅数10
運転方式	電化
運輸開始	1923年(大正12年)7月5日

▲デハ700形時代の銚子駅。1992.5.25

▲デハ300形は昭和5年生まれだった。
　外川駅　1979.4.18

▲2000形は元京王電鉄の車両だった。銚子駅　2017.1.7

歴 史

　同社のルーツは1913(大正2)年1月に地元有志によって設立された銚子遊覧鉄道である。同年12月に開通した銚子～犬吠間は、第一次世界大戦の影響などで1917(大正6)年11月をもって短い歴史に幕を下ろす。その後、再び地元有志によって銚子鉄道が設立。銚子遊覧鉄道の廃線跡を活用する形で、1923(大正12)年7月5日に銚子～外川間が開業し、1925(大正14)年には早くも電化された。その後、再び戦火で運行不能となり、企業再生整備法によって1948(昭和23)年8月20日に設立された銚子電気鉄道が車両や設備を引き継ぐこととなった。1960(昭和35)年11月1日からは千葉交通の傘下となり、京成グループに加入する。当初は旅客輸送のみならず、醤油の輸送を主とした貨物事業も行なっていたが、次第にモータリゼーションの波に押され、貨物列車の運行は1984(昭和59)年2月1日で終了。1990(平成2)年には経営権が内藤工務店に移ったが、同社は1998(平成10)年6月5日に自己破産を申請。銚子電気鉄道は自治体の支援で事業を継続する。その後、一時は倒産の危機を迎えるが、1990年代から副業として製造・販売を行なっていたぬれ煎餅がブームとなり、その売上によってこれを乗り越えている。現在もぬれ煎餅の販売に加え、独自の広告・営業戦略で集客を図りながら鉄道事業を維持している。

車 窓

　銚子電鉄線は銚子駅や銚子港を中心に形成される街の中を弧を描くように走り、関東地方最東端の犬吠埼方面に至る全長6.4kmの短い路線。
　銚子駅を出るとまっすぐ東へと走り、すぐに次の仲ノ町に到着。隣接する仲ノ町車庫では、タイミングによっては1922年に製造されたデキ3形機関車など歴史ある車両が動く姿も見ることができる。観音～本銚子間では醤油醸造の父である田中玄蕃の名が付いた玄蕃山の森林を抜け、その先は南東方向に進んでいく。笠上黒生から先は住宅と田畑が入り混じる景色がしばらく続く。犬吠付近からは再び建物が増え始め、住宅地の中を進んで終点の外川を目指す。

車 両

　デハ800形とデハ1000形が各1両、2000系と3000系が各1編成。2000系と3000系は2両編成で運転。このほか、デキ3形電気機関車が1両。

駅解説

CD01 銚子 ちょうし

0.0 km (0.0 km)
開 1923 (大正12) 年7月5日
住 千葉県銚子市西芝町1438
乗 5,537人 (JR線を含む)

　JR線と接続する。銚子電気鉄道のホームはJRの2・3番線ホームの下り方につながる形で設けられている。1991 (平成3) 年には駅舎に風車が取り付けられたが、現在、羽根は撤去されている。

銚子駅 2017.1.7

CD02 仲ノ町 なかのちょう

0.5 km (0.5 km)
開 1923 (大正12) 年7月5日
住 千葉県銚子市新生町二丁目297
乗 25人

　銚子駅から0.5kmの地点にある。下り方の隣駅、観音までの距離も0.5kmである。駅舎に隣接して当社の本社が、ホームに隣接して車庫が設けられている。醤油の香りが漂う駅。

CD03 観音 かんのん

1.1 km (0.6 km)
開 1923 (大正12) 年7月5日
住 千葉県銚子市前宿町36-1
乗 46人

　1991 (平成3) 年に駅舎をスイスの山小屋風に改築。改札口横の直営たい焼き店は全国区人気となったが、2017 (平成29) 年に閉店した。飯沼観音の名で知られる円福寺は南に徒歩5分。

CD04 本銚子 もとちょうし

1.8 km (0.7 km)
開 1923 (大正12) 年7月5日
住 千葉県銚子市清水町2917
乗 56人

　1923 (大正12) 年から使用されていた駅舎とホーム待合室が、テレビ番組とのタイアップによって2017 (平成29) 年に改築された。観音駅

▲単線がつつがなく続く沿線の風情 2017.1.7

寄りにあるこ線橋は、撮影名所として知られる。

CD05 笠上黒生 かさがみくろはえ

2.7 km (0.9 km)
開 1925 (大正14) 年7月5日
住 千葉県銚子市笠上町6015
乗 58人

　全線中で唯一交換施設を備える。2015 (平成27) 年に始められた駅名のネーミングライツでは、ヘアケア商品のメーカーが命名権を獲得。「髪毛黒生」を名乗り注目された。

CD06 西海鹿島 にしあしかじま

3.2 km (0.5 km)
開 1970 (昭和45) 年3月1日
住 千葉県銚子市海鹿島町5212
乗 31人

　1970 (昭和45) 年に開業した当路線でもっとも新しい駅。駅周辺にはキャベツ畑も多く、「灯台キャベツ」の名で知られる名産品となっている。

CD07 海鹿島 あしかじま

3.6 km (0.4 km)
開 1923 (大正12) 年7月5日
住 千葉県銚子市小畑新町8505-1
乗 54人

　かつてはアシカやトドが生息していたことから地名が生まれた。当駅から海岸線にかけて文学碑が多く建つ。温暖な気候を求めて、この地に文学者が多く住んだことによる。

海鹿島駅 2020.7.29

CD08 君ケ浜 きみがはま

4.7 km (1.1 km)
開 1931 (昭和6) 年6月21日
住 千葉県銚子市君ケ浜8987-4
乗 11人

　1990 (平成2) 年に活性化策として、イタリア風のアーチを設置。これは後に柱部分を除いて撤去された。駅周辺から海は見えないが、東に5分歩くと、道は海岸に出る。

CD09 犬吠 いぬぼう

5.5 km (0.8 km)
開 1935 (昭和10) 年8月14日
改 1942 (昭和17) 年 (燈台前)
住 千葉県銚子市犬吠埼9595-1
乗 107人

　南欧風の駅舎と駐車場が併設された駅前広場を活かし、さまざまなイベント会場となる駅。犬吠埼灯台は東へ徒歩15分。当駅から外川まで、線路の東側に美しい海岸線が続く。

CD10 外川 とかわ

6.4 km (0.9 km)
開 1923 (大正12) 年7月5日
住 千葉県銚子市外川町2丁目10636
乗 205人

　単式ホーム1面の終着駅。機回し線を有し、トロッコ列車「澪つくし号」の運転などに使用されていた。外川港へは駅東側の坂道を下り、徒歩10分。

もと南海電鉄の車両が活躍中 2024.12.4
写真：野田隆

281

千葉ニュータウン鉄道
ちばにゅーたうんてつどう

社 名	千葉ニュータウン鉄道株式会社	線 名	小室〜印旛日本医大　12.5km　駅数 4
住 所	〒272-0021 千葉県市川市八幡 3-3-1	運転方式	電化
会社設立	2004(平成16)年3月16日	運輸開始	1984(昭和59)年3月19日

▶ 北総鉄道7500形と同一仕様の車両で、外観上はラインカラーなどの違いがある9200形。2013(平成25)年に運用が開始された。千葉ニュータウン鉄道車両基地　2013.3.12

▲ 京成線へ乗り入れる千葉ニュータウン鉄道9100形。住宅・都市整備公団時代に導入された車両で、「C-Flyer」の愛称がある。
京成電鉄押上線四ツ木〜京成立石　2014.9.24

◀ 住宅・都市整備公団千葉ニュータウン線の開業を控え、行なわれた試乗会時の様子。千葉ニュータウン中央　1984.1.30

歴 史

　北総鉄道が運行する北総線のうち、小室〜印旛日本医大間12.5kmの線路を保有する第三種鉄道事業者。2004(平成16)年3月16日に京成電鉄の100%出資で設立された。同区間は当初、現在の都市再生機構である住宅・都市整備公団が1984(昭和59)年3月19日に小室〜千葉ニュータウン中央間を、1995年(平成7)年4月1日に千葉ニュータウン中央〜印西牧の原間を、そして2000(平成12)年7月22日には印西牧の原〜印旛日本医大間を完成させた路線であるが、公団の鉄道事業撤退にともない、千葉ニュータウン鉄道が2004(平成16)年7月1日から引き継いだ。

車 窓

※北総線を参照

車 両

　9200形1編成、9100形3編成、9800形1編成。全て8両編成。9800形は京成電鉄からのリース車両で、同社の3700形を仕様変更した形式。

駅解説

HS11 小室　こむろ
京成高砂から19.8km(白井から2.0km)
開 1979(昭和54)年3月9日
住 千葉県船橋市小室町3106
乗 3,675人

　北総線では唯一、船橋市内の駅。千葉ニュータウン鉄道との境界駅であり、当駅〜印旛日本医大間の4駅は第3種鉄道事業者の同社が保有している。

HS12 千葉ニュータウン中央　ちばにゅーたうんちゅうおう
23.8km(4.0km)
開 1984(昭和59)年3月19日
住 千葉県印西市中央南1-1390-1
乗 21,451人(京成電鉄を含む)

　千葉ニュータウンの中心部に位置。駅前には大型ショッピングモールが立ち、近くには総面積50haの北総花の丘公園がある。建設中止となった成田新幹線の駅は当駅に併設される予定だった。

HS13 印西牧の原　いんざいまきのはら
28.5km(4.7km)
開 1995(平成7)年4月1日
住 千葉県印西市原1-2191
乗 14,526人

　北総線の延伸により1995(平成7)年に開業。印旛日本医大が開業する2000(平成12)年までは当駅が終着駅だった。マンションや商業施設のほか、大井競馬のトレーニングセンターが近くにある。

HS14 印旛日本医大　いんばにほんいだい
32.3km(3.8km)
開 2000(平成12)年7月22日
住 千葉県印西市若萩1-1
乗 4,346人(京成電鉄を含む)

　北総線の終点で、日本医科大学千葉北総病院が駅名の由来。近隣の松虫寺の伝承にちなみ、「松虫姫」という副駅名が付けられている。特徴的なドーム屋根は展望台になっているが、通常は公開されていない。

東葉高速鉄道

とうようこうそくてつどう

社名	東葉高速鉄道株式会社	線名	東葉高速線　西船橋～東葉勝田台　16.2km　駅数9
住所	〒276-0049 千葉県八千代市緑が丘一丁目1120番地3	運転方式	電化
会社設立	1981(昭和56)年9月1日	運輸開始	1996(平成8)年4月27日

歴史

　当時の営団地下鉄東西線の延伸区間として計画された営団勝田台線が起源。西船橋駅と勝田台とを結ぶ路線として建設に向けた手続きが進められていたものの、競合となる他社の反対などにより、最終的に第三セクター方式で運営される方針が決定する。これを受けて、地元自治体や営団地下鉄、京成電鉄などの出資で1981(昭和56)年9月1日に設立されたのが東葉高速鉄道である。路線は1984(昭和59)年6月に工事認可を受け、同年7月から建設工事が開始。途中、用地交渉の難航などがあったものの、1996(平成8)年4月27日に西船橋～東葉勝田台間16.2kmの開業を迎え、東西線との相互直通運転も開始された。

車窓

　西船橋を出るとすぐに地下に潜り、複線トンネル内を進んでいく。飯山満付近は高架上を走るが、その後また地下へ。船橋日大前から先は基本的に高架区間で、八千代市の中央部に広がる住宅街を眼下に見ながら進んでいくが、終点の東葉勝田台の手前で再び地下区間となる。全線を通して地下と高架の変化が忙しい車窓風景だ。

車両

　2000系10編成。10両編成。直通運転を行なう東京地下鉄東西線の05系、07系、15000系も乗り入れる。

▶開業時から活躍した1000系の置き換えとして2004(平成16)年に登場。東京地下鉄05N系(右)と共同開発された。深川検車区　2004.11.2

駅解説

TR01 西船橋 にしふなばし
0.0 km (0.0 km)
開 1996(平成8)年4月27日
住 千葉県船橋市西船4-27-7
乗 350,592人 (東京地下鉄線を含む)

　東葉高速の起点駅で、JR総武本線・武蔵野線、東京メトロ東西線と接続。周辺は商業施設や住宅が密集し、千葉県西部の交通の要衝として発展している。北に500mほど行くと京成西船駅があり、京成本線との乗り換えも可能。

TR02 東海神 ひがしかいじん
2.1 km (2.1 km)
開 1996(平成8)年4月27日
住 千葉県船橋市海神2丁目15番地　地下1号
乗 8,124人

　海神トンネル内に設置された地下駅。周辺地域は戦前に京成電鉄が高級住宅地として開発し、現在も一軒家やマンションが広がる。地名の由来は、柱に神鏡が掛かった船を日本武尊が発見し、この地に祀ったという伝説が有力。

TR03 飯山満 はさま
6.1 km (4.0 km)
開 1996(平成8)年4月27日
住 千葉県船橋市飯山満町2丁目1053番地5
乗 18,057人

　関東きっての難読駅。東海神との間を流れる海老川の桜並木は圧巻。地名は谷あいの場所＝狭間を由来とする説が有力で、地元ではこの地域を「はさま」と呼ぶ人もいる。

TR04 北習志野 きたならしの
8.1 km (2.0 km)
開 1996(平成8)年4月27日
住 千葉県船橋市習志野台3丁目1番1号
乗 36,912人

　新京成線と接続し、東葉高速線内では3番目に乗降人員が多い。駅前のメインストリートとなっている商店街に立ち並ぶケヤキ並木がホーム対向壁のデザインモチーフになっている。

TR05 船橋日大前 ふなばしにちだいまえ
9.8 km (1.7 km)
開 1996(平成8)年4月27日
住 千葉県船橋市坪井東1丁目4番1号
乗 19,709人

　駅名の通り、駅前に日本大学船橋キャンパスや附属高校があり、学生街の雰囲気が広がる。西口駅舎のデザインは同大学の理工学部によるもので、ステンレスやガラスを多用した未来的な外観。

TR06 八千代緑が丘 やちよみどりがおか
11.0 km (1.2 km)
開 1996(平成8)年4月27日
住 千葉県八千代市緑が丘1丁目1104番地3
乗 37,239人

　2面4線島式ホームをもつ高架駅で、本数は少ないが当駅止まり・始発の列車も設定されている。古くからの住宅街と近年建設されたマンションが混在し、駅前には大型ショッピングセンターや映画館、図書館なども集まる。

TR07 八千代中央 やちよみどりがおかちゅうおう
13.8 km (2.8 km)
開 1996(平成8)年4月27日
住 千葉県八千代市ゆりのき台1丁目38番地
乗 21,827人

　八千代市の中心地として発展してきた地域で、周辺には市役所や文化会館、医療センターなどが集まる。隣駅の村上との間を流れる新川沿いには八千代総合運動公園が近くにあり、スポーツや自然を楽しむ人々で賑わう。

TR08 村上 むらかみ
15.2 km (1.4 km)
開 1996(平成8)年4月27日
住 千葉県八千代市村上南1丁目8番地1
乗 6,222人

　周辺住民の要望で追加設置が決まった請願駅。駅舎外観は街の発展の願いを込めて「飛躍」をコンセプトにしており、ピンク系の色調が特徴。駅北側には緑地や農地も点在する。

TR09 東葉勝田台 とうようかつただい
16.2 km (1.0 km)
開 1996(平成8)年4月27日
住 千葉県八千代市勝田台北3丁目2番5号
乗 26,053人

　東葉高速鉄道の終着駅で、京成本線の勝田台駅に近接。駅の南側は商業施設や住宅が立ち並んでいるが、北側にはバードウォッチングもできる自然豊かな公園があり、地域の憩いの場となっている。

車窓メモリアル 私鉄編

千葉県　旧九十九里鉄道

長く駅横に置かれていた廃車体

旧東金駅構内に放置されていた九十九里鉄道の車両。キハ201の残滓は、迫り来るものすらある。
提供：渡辺直樹

九十九里鉄道といえばキハ103。エンジンが前面に突き出た単端式の面影を残していた。
提供：渡辺直樹

　今では「軽便鉄道」を知る人は少ないかもしれない。その名の通り、を低規格で建設された鉄道のこと。一般的にはJR在来線の軌間1067mm以下を指すことが多い。日本では1910（明治43）年に「軽便鉄道法」が交付され、低規格ながら比較的容易に鉄道が建設できるようになり、全国に多くの軽便鉄道が誕生した。今日のように、マイカーの所有などもってのほか、道路の整備すら進んでいない社会背景も大きく後押しした。

　九十九里鉄道は1926（大正15）年11月25日に開業。東金線東金駅と上総片貝駅（現在の九十九里町）間8.6kmを結んだ軽便鉄道である。戦後は大手（京成電鉄）の傘下になって運行されてきたが、並行するバス路線に譲る形で1961（昭和36）年3月1日に全線が廃止された。その開業から廃止までの時代背景を鑑みると、日本の軽便鉄道の典型とも言える鉄道だった。

　実は廃止後10年以上、旧東金駅構内に車両が放置されていたことは、当時、鉄道ファンの間でよく知られていた。九十九里鉄道の東金駅は、現在のJR東金駅の南側に接していて、東金線の車窓からも望めたこともあり、また車両は小さな単端式ガソリンカーで前進しかできない構造という、これもまた珍しい車両だったこともあり、しかもそれが首都圏近郊に長く残されたことも、話題のひとつだった。鉄道の廃止後も「九十九里鉄道」の名を社名に残していたし、終点の上総片貝のバス停は、旧上総片貝駅跡で、駅舎もしばらく使われていた。レールは廃止されたとはいえ、どこか鉄道の残り香があったものである。

東京都の私鉄

東京都
とうきょうと

由来 もともとは入江の入口を意味する「江戸」で、明治時代の遷都時に改名。西の京都に対する「東の都」の意味。

- **都花** ソメイヨシノ
- **都木** イチョウ
- **都鳥** ユリカモメ
- **都庁所在地** 新宿区
- **都民の日** 10月1日

数字で見る東京都

人口
14,192,184人
（令和6年10月1日推計）

面積
2199.94km²
※参考値
（令和6年7月1日時点）

市町村数（特別区23を含む）
62
（令和6年10月1日時点）

都内総生産
113兆6859億円
（令和3年度 全国1位）

実質経済成長率
2.9%
（令和3年度 全国30位）

一人あたりの県民所得
576.1万円
（令和3年度 全国1位）

東京モノレール
とうきょうものれーる

社 名	東京モノレール株式会社
住 所	〒105-5110 東京都港区浜松町二丁目4番1号 世界貿易センタービルディング南館10階
会社設立	1959(昭和34)年8月7日
線 名	東京モノレール羽田空港線浜松町～羽田空港第2ターミナル　17.8km
運転方式	跨座式モノレール
運輸開始	1964(昭和39)年9月17日

▲天王洲アイルを抜けて、羽田空港へ向かう10000形。路線の大半は、かつて海だったところだ。天王洲アイル～大井競馬場　2018.3.2

歴 史

2024(令和6)年9月に開業60周年を迎える東京モノレールを運営する同社は、1959(昭和34)年に大和観光株式会社として設立された。その翌年の1960(昭和35)年には社名が日本高架電鉄株式会社となり、モノレール浜松町～(旧)羽田間の開業を目前に控えた1964(昭和39)年5月には(初代)東京モノレール株式会社に改称。その後、1967(昭和42)年に同社と日立運輸、西武日立運輸の3社が合併して日立運輸東京モノレール株式会社となる。

1981(昭和56)年には同社から分離独立し、再び東京モノレール株式会社に社名を変更。2002(平成14)年に経営権が日立物流からJR東日本に移され、同社の傘下に収まる。

◀羽田空港の延伸工事が完成したころの構内。そもそも、モノレールのトンネル自体、日本では珍しい。2004.9.7　羽田空港第2ビル

2023(令和5)年8月にはJR東日本の完全子会社となった。長年、日立グループ傘下にあったことから、すべての車両が日立製作所製となっている。

車 窓

始発から終点まで、おおむね首都高速1号や京浜運河に沿うようなルートを採る。浜松町を出発するとJR在来線や東海道新幹線と並行しながら、ビル群の間を南下。東海道新幹線の回送線を潜り、高速道路を行き交う車を横目に見ながら大田区に入る。物流地区や昭和島の車両基地を過ぎると、広大な羽田空港の敷地が見え、遠くには東京ゲートブリッジも望む。天空橋駅の手前で地下区間に入り、同駅を過ぎると再度地上へ。羽田空港第3ターミナルに向かう際には、駐機中の航空機を間近に見ることができる。その後は再び地下に入り、空港敷地の真下を通って終点の第2ターミナルに至る。

車 両

1000形6連8本、2000形6連4本、10000形6連8本の計120両が在籍している。

駅解説

MO01 モノレール浜松町
ものれーるはままつちょう

0.0 km(0.0 km)
開 1964(昭和39)年9月17日
住 東京都港区浜松町2-4-12
乗 75,646人

JR線のほか、都営地下鉄線の大門駅にも接続するターミナル駅。ホームは頭端式の2面1線。駅周辺では再開発計画が進められており、当駅の駅ビルも建て替えが進んでいる。

MO02 天王洲アイル てんのうずあいる

4.0 km(4.0 km)
開 1992(平成4)年6月19日
住 東京都品川区東品川2-3-8
乗 20,339人

天王洲エリアで1980～1990年代に始まった開発計画にともなって開業。りんかい線との接続駅だが、両駅は都道の交差点を挟んで分かれている。周辺では近年、芸術文化の発信地としてまちづくりが進められている。

MO03 大井競馬場前
おおいけいばじょうまえ

7.2 km(3.2 km)
開 1965(昭和40)年5月27日
住 東京都品川区勝島2-2-35
乗 9,320人

大井競馬場に近接し、レジャーに訪れる人が多く利用する。周辺にはショッピングモールやレジャー施設も充実。かつては近隣に大井オートレース場もあったが、1973(昭和48)年に閉場した。

MO04 流通センター りゅうつうせんたー

8.7 km(1.5 km)
開 1969(昭和44)年12月15日
改 1972(昭和47)年1月8日(新平和島)
住 東京都大田区平和島6-1-2
乗 14,454人

城南地区の物流拠点である東京流通センターに近接した駅。周辺には倉庫団地やトラックターミナル、関連企業が多く集まる。

MO05 昭和島 しょうわじま

9.9 km(1.2 km)
開 1985(昭和60)年2月7日
住 東京都大田区昭和島2-2-1
乗 5,616人

昭和島車両基地が隣接する。開業時のホームは2面2線だったが、快速列車の運行開始にともなって待避線が造られ、現在は2面4線となっている。

MO06 整備場 せいびじょう

11.8 km(1.9 km)
開 1967(昭和42)年3月20日
改 1993(平成5)年9月27日(羽田整備場)
住 東京都大田区羽田空港1-7-4
乗 1,841人

羽田空港の整備場地区に位置。周辺に点在する空港関連企業に通勤する人が多く利用する。

MO07 天空橋 てんくうばし

12.5 km(0.7 km)
開 1993(平成5)年9月27日
改 1998(平成10)年11月18日(羽田)
住 東京都大田区羽田空港1-1-2
乗 9,981人

路線開業時の終着駅だった羽田駅が前身。近年、駅直結の大型複合施設が開業し注目が集まる。京急線に接続。

MO08 羽田空港第3ターミナル
はねだくうこうだいさんたーみなる

羽田空港国際線ビル駅の時代　2010.9.21

14.0 km(1.5 km)
開 2010(平成22)年10月23日
改 2020(令和2)年3月14日(羽田空港国際線ビル)
住 東京都大田区羽田空港2-6-5
乗 4,613人

国際線が発着する羽田空港第3旅客ターミナルビルに直結する橋上駅。ホームの端には駅に進入する列車の撮影スポットが設けられている。

MO09 新整備場 しんせいびじょう

16.1 km(2.1 km)
開 1993(平成5)年9月27日
住 東京都大田区羽田空港3-5-1
乗 3,236人

各航空会社のオフィスや格納庫が立ち並ぶ整備地区の最寄り駅。駅出入口付近は羽田空港の誘導路に面し、飛行機が行き交う様子を間近に見ることができる。

MO10 羽田空港第1ターミナル
はねだくうこうだいいちたーみなる

16.9 km(0.8 km)
開 1993(平成5)年9月27日
改 2004(平成16)年12月1日(羽田空港)
　 2020(令和2)年3月14日(羽田空港第1ビル)
住 東京都大田区羽田空港3-3-2
乗 18,033人

主にJAL便が発着する国内線第1旅客ターミナルビルに直結する地下駅。開業当初から2度の改称を経て現在の駅名になった。隣の第2ターミナル駅との間に京急の羽田空港駅がある。

MO11 羽田空港第2ターミナル
はねだくうこうだいにたーみなる

17.8 km(0.9 km)
開 2004(平成16)年12月1日
改 2020(令和2)年3月14日(羽田空港第2ビル)
住 東京都大田区羽田空港3-4-2
乗 18,834人

主にANA便が発着する第2旅客ターミナルビルに直結。ホームは2面3線構造だが、東側の1面1線は臨時用で普段は使用されない。

▲1本のコンクリート製軌条が並ぶ光景はモノレールならでは。昭和島車両基地　2014.6.16

ゆりかもめ

ゆりかもめ

社 名	株式会社ゆりかもめ
住 所	〒135-0063 東京都江東区有明3丁目13番1号
会社設立	1988(昭和63)年4月25日
線 名	東京臨海新交通臨海線　新橋〜豊洲　14.7km
運転方式	案内軌条方式
運輸開始	1995年(平成7年)11月1日

▲東京湾臨海地域の足として活躍する7300系　有明駅　2018.2.28

歴史

東京都が進めていた臨海副都心の開発計画にあわせた新交通システムの運営ため、1988(昭和63)年4月25日に設立。東京湾に飛来する海鳥にちなんだ「ゆりかもめ」の愛称が与えられた東京臨海新交通臨海線は、1995(平成7)年11月1日に営業運転を開始した。開業当初は新橋(仮駅)〜有明間だった。1998(平成10)年には社名もゆりかもめに変更している。2006(平成18)年3月27日には有明〜豊洲間が延伸開業。2007(平成19)年からは臨海副都心開発の開発を推進する東京臨海ホールディングスの子会社となり、臨海エリアの発展に貢献を続けている。

車窓

全区間が高架となっているゆりかもめは、臨海地区を遊覧飛行するような感覚を味わえる路線。新橋〜汐留付近では、高層ビル群が間近に迫る迫力ある都市の姿を感じられる。

芝浦ふ頭を過ぎると眼の前にレインボーブリッジの雄大な姿が見えてくる。ここからは当路線のハイライト区間。大きく円を描くようにループしてレインボーブリッジに乗ると、車窓からの眺めは一層開放的になる。左手にはフジテレビ本社ビルやダイバーシティ東京プラザなど、特徴的な建築物が次々と現れる。

台場地区を循環するように走ると、続いて有明地区へ。有明コロシアムや東京ビッグサイトの巨大な建物群を見ながら、今も開発が進む豊洲地区へと進んでいく。東京都のウォーターフロントの変わりゆく様子をつぶさに眺めることができる、ダイナミックな車窓だ。

車両

7300系6連18本、7500系6連8本の計156両が在籍する。

駅解説

新橋 しんばし
0.0 km (0.0 km)
開 1995(平成7)年11月1日
住 東京都港区東新橋1丁目1番11号先
乗 44,343人

JR新橋駅の汐留口方面に位置するが、開業当初の同駅は現在の位置よりも豊洲寄りにあった。2001(平成13)年に移転開業している。

汐留 しおどめ
0.4 km (0.4 km)
開 2002(平成14)年11月2日
住 東京都港区東新橋1丁目9番52号先
乗 5,650人

1990年代に始まった汐留エリアの再開発にともない誕生した駅で、周辺には日本テレビや電通本社ビルなどが立ち並ぶ。かつては貨物専用の汐留駅が存在していた。

浜離宮西側、イタリア公園を足元に、高架で走る7300系　汐留～竹芝　2017.1.25

竹芝 たけしば
1.6 km (1.2 km)
開 1995(平成7)年11月1日
住 東京都港区海岸1丁目13番10号
乗 4,126人

竹芝桟橋に隣接し、伊豆諸島や小笠原諸島への船の玄関口としての役割を果たしている。駅前にはレインボーブリッジを望むデッキがあり、観光スポットとしても人気。ゆりかもめでは唯一、相対式ホームを有する。

日の出 ひので
2.2 km (0.6 km)
開 1995(平成7)年11月1日
住 東京都港区海岸2丁目7番68号
乗 2,015人

1925(大正14)年に建設された日の出ふ頭が駅名の由来。同ふ頭はクルーズ船や観光船の発着点として利用されている。周囲には商業施設や倉庫街が広がり、物流の拠点でもある。

芝浦ふ頭 しばうらふとう
3.1 km (0.9 km)
開 1995(平成7)年11月1日
住 東京都港区海岸3丁目22番12号
乗 4,313人

芝浦の運河沿いにあり、倉庫やオフィスビルが建ち並ぶエリアに位置している。駅名の由来となった芝浦ふ頭は東京港で2番目にできたふ頭。レインボーブリッジが間近だ。

お台場海浜公園 おだいばかいひんこうえん
7.0 km (3.9 km)
開 1995(平成7)年11月1日
住 東京都港区台場2丁目3番先
乗 11,171人

東京の人気観光地・お台場の玄関口で、駅と同名の公園からはレインボーブリッジを背景に広がる東京港の景色が楽しめる。周辺にはショッピングモールやレジャースポットが集積している。

台場 だいば
7.8 km (0.8 km)
開 1995(平成7)年11月1日
住 東京都港区台場2丁目6番先
乗 14,135人

お台場の中心部に位置し、フジテレビ本社ビルやショッピングモール、シティホテルなど、レジャースポットが多数存在する。

東京国際クルーズターミナル とうきょうこくさいくるーずたーみなる
8.4 km (0.6 km)
開 1995(平成7)年11月1日
改 2019(平成31)年3月16日(船の科学館)
住 東京都江東区青海1丁目1番49号先
乗 2,300人

大型クルーズ船が寄港する東京国際クルーズターミナルの最寄り駅。当初は船の科学館への最寄り駅として開業したが、同科学館は2009(平成21)年で本館展示を終了した。

テレコムセンター てれこむせんたー
9.2 km (0.8 km)
開 1995(平成7)年11月1日
住 東京都江東区青海2丁目5番8号先
乗 8,118人

台場地区の南側にあり、通信関連の企業が集まるテレコムセンタービルに直結する。ビルの上層階には展望台があり、東京湾を一望できる。

青海 あおみ
10.2 km (1.0 km)
開 1995(平成7)年11月1日
住 東京都江東区青海1丁目3番14号先
乗 1,707人

臨海副都心のシンボルゾーンとして、すがすがしく、優れたさまを意味する地名が由来。駅

◀案内軌条の自動運転で7500系があけみ橋付近をゆく　国際展示場正門～青海　2018.11.11

の北側では再開発が進められている一方、駅の南側には物流施設が集まっている。

東京ビッグサイト とうきょうびっぐさいと
11.3 km (1.1 km)
開 1995(平成7)年11月1日
改 2019(平成31)年3月16日(国際展示場正門)
住 東京都江東区有明3丁目6番15号先
乗 13,836人

大型イベントや展示会が開かれる東京国際展示場の最寄り駅。ただし、りんかい線の国際展示場駅への乗り換えは有明駅のほうが近い。

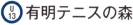 有明 ありあけ
12.0 km (0.7 km)
開 1995(平成7)年11月1日
住 東京都江東区有明3丁目7番5号先
乗 7,669人

路線開業当時の終点駅。駅周辺には広域防災拠点があり、災害時には国や自治体の対策本部や支援部隊のベースキャンプが置かれる。

有明テニスの森 ありあけてにすのもり
12.7 km (0.7 km)
開 2006(平成18)年3月27日
住 東京都江東区有明1丁目8番14号先
乗 6,351人

2020年東京五輪でも使用された競技場やアリーナが集まる。そのレガシーとして、周辺地域一帯は「有明オリンピック・パラリンピックパーク」と名付けられた。

市場前 しじょうまえ
13.5 km (0.8 km)
開 2006(平成18)年3月27日
住 東京都江東区豊洲6丁目3番12号先
乗 11,285人

東京の台所である豊洲市場の最寄り駅。市場見学や食事を楽しむ観光客が訪れるため、観光と物流の結節点として機能している。

新豊洲 しんとよす
14.0 km (0.5 km)
開 2006(平成18)年3月27日
住 東京都江東区豊洲6丁目2番20号先
乗 7,144人

従来の豊洲地区の南西側で、新たな都市開発が進むエリアに位置する。駅周辺にはエンターテインメント施設が立地し、若者に人気のスポットにもなっている。

豊洲 とよす
14.7 km (0.7 km)
開 2006(平成18)年3月27日
住 東京都江東区豊洲2丁目2番14号先
乗 27,545人

東京メトロ有楽町線の豊洲駅に隣接し、ビジネス街として急成長する豊洲エリアの玄関口として機能している。

289

多摩都市モノレール

たまとしものれーる

社 名	多摩都市モノレール株式会社
住 所	〒190-0015 東京都立川市泉町 1078 番 92
会社設立	1986(昭和61)年4月8日
線 名	多摩都市モノレール線　上北台～多摩センター　16.0km　駅数 19
運転方式	跨座式モノレール
運輸開始	1998(平成10)年11月27日

▲ 多摩地方の南北を結ぶ重要な足となった。2024.2.13　桜街道付近　写真：結解学

歴史

　多摩ニュータウン開発の一環として、多摩地域の南北を結ぶ新たな交通システムの建設・運営を目的に設立されたのが多摩都市モノレールである。
　当初から示されていたのは全長約93kmに及ぶ環状路線だったが、このうち上北台～多摩センター間が建設されることになり、1990(平成2)年に工事が開始。1998(平成10)年11月27日、第一期区間として立川北～上北台間の13.1kmが開業した。そして、約1年後の2000(平成12)年1月10日には多摩センター～立川北間の約3.4kmが開業。順調に乗車人員を伸ばしていったものの、初期投資にともなう借入金の返済が重く、2003(平成15)年には債務超過に陥る。2008(平成20)年に東京都などから経営支援を受けた結果、同年度決算で開業以来、初めての経常黒字を達成。東京都の多摩地区を南北に結ぶ貴重な鉄道線として定着した。2018(平成30)年には開業20周年を迎え、現在は当初の構想に基づいて南北両方向への延伸計画も進んでいる。

車窓

　多摩センターを出発すると、交差する京王線や小田急線を眼下に見ながら都道156号線をなぞるように北上。計画的に開発された多摩ニュータウンの整然とした街並みの中を進んでいく。周辺には目立って高い建物もなく、開放的な視界が広がる。中央大学・明星大学付近では地上付近を走り、全区間を通して唯一のトンネルを通って多摩動物公園へと抜けていく。同駅からは右手に京王動物園線が並走し、高幡不動まで進路を共にする。浅川・多摩川を越えると、路線一番の都市的な景観が広がる立川市街を経由して、終点の上北台をめざしていく。

車両

　1000系4連16本の計64両が在籍。近年は車体広告が描かれた車両も多く、バラエティに富んでいる。

駅解説

TT01 多摩センター たませんたー
0.0 km (0.0 km)
開 2000（平成12）年1月10日
住 東京都多摩市落合1丁目
乗 33,450人

　京王、小田急と3線が接続する中核駅。多摩モノレールは後発で、唯一南北ルートを採る路線。

TT02 松が谷 まつがや
0.9 km (0.9 km)
開 2000（平成12）年1月10日
住 東京都八王子市松が谷
乗 2,439人

　多摩ニュータウン内にある。谷戸とは丘陵地の谷間を意味し、松が生えていた「松が谷戸」が由来。

TT03 大塚・帝京大学 おおつか・ていきょうだいがく
1.7 km (0.8 km)
開 2000（平成12）年1月10日
住 東京都八王子市大塚
乗 7,534人

　駅名通り、帝京大学八王子キャンパスの最寄り駅。計画時の駅名は「野猿街道」だった。

TT04 中央大学・明星大学 ちゅうおうだいがく・めいせいだいがく
2.6 km (0.9 km)
開 2000（平成12）年1月10日
住 東京都八王子市東中野
乗 29,320人

　両大学の最寄り駅で、多くの学生が利用する。地名の中野とは南北朝時代の荘園に遡り、郷名「中野」から。

TT05 多摩動物公園 たまどうぶつこうえん
3.7 km (1.1 km)
開 2000（平成12）年1月10日
住 東京都日野市程久保
乗 2,108人

　京王電鉄と接続し、多摩動物公園の正門前に位置する。

TT06 程久保 ほどくぼ
4.7 km (1.0 km)
開 2000（平成12）年1月10日
住 東京都日野市程久保
乗 1,608人

　ほぼ並行する京王線には無い途中駅。程久保川に沿って、このあたりは「程久保谷」と呼ばれていた。

TT07 高幡不動 たかはたふどう
5.5 km (0.8 km)
開 2000（平成12）年1月10日
住 東京都日野市高幡
乗 22,661人

　京王電鉄京王線と接続。駅名通り、高幡不動尊金剛山の最寄り駅で、初詣や節分など参拝客で賑わう。

TT08 万願寺 まんがんじ
6.7 km (1.2 km)
開 2000（平成12）年1月10日
住 東京都日野市新井
乗 7,504人

　多摩川と浅川の合流点近く。近隣の石田寺は新選組の土方歳三ゆかりの寺だ。

TT09 甲州街道 こうしゅうかいどう
8.0 km (1.3 km)
開 2000（平成12）年1月10日
住 東京都日野市日野
乗 8,233人

　駅名は付近を通る主要道の名前から。多摩川右岸にあたり、甲州街道の日野宿本陣は西へ500mの位置。

TT10 柴崎体育館 しばさきたいいくかん
9.5 km (1.5 km)
開 2000（平成12）年1月10日
住 東京都立川市柴崎町6丁目
乗 3,862人

　駅名は近接の市民体育館から採られている。多摩川は、道路の立日橋と一体となった構造橋で越えている。

TT11 立川南 たちかわみなみ
10.2 km (0.7 km)
開 2000（平成12）年1月10日
住 東京都立川市柴崎町3丁目
乗 29,866人

　JR立川駅の南側地域の中心にあたり、ペデストリアンデッキでつながっている。周辺は商業施設が集まっている。

TT12 立川北 たちかわきた
10.6 km (0.4 km)
開 1998（平成10）年11月27日
住 東京都立川市曙町2丁目
乗 40,305人

　駅周辺は大型ショッピング施設が集まるとともに、国営昭和記念公園へも徒歩8分の位置にある。

TT13 高松 たかまつ
11.8 km (1.2 km)
開 1998（平成10）年11月27日
住 東京都立川市高松町1丁目
乗 7,024人

　都道43号線の中央分離帯高架上にあり、立川市役所や中央図書館といった公共施設が最寄りだ。

TT14 立飛 たちひ
12.4 km (0.6 km)
開 1998（平成10）年11月27日
住 東京都立川市泉町
乗 13,156人

　計画当初の駅名は「泉」で、立川飛行場跡地に隣接していることからの命名。付近の商業施設も立飛を冠している。

TT15 泉体育館 いずみたいいくかん
13.0 km (0.6 km)
開 1998（平成10）年11月27日
住 東京都立川市泉町
乗 5,954人

　駅名は近隣の市民体育館から採られている。図書館なども近接し、立川市民のスポーツ、文化拠点でもある。

TT16 砂川七番 すながわななばん
13.5 km (0.5 km)
開 1998（平成10）年11月27日
住 東京都立川市柏町3丁目
乗 4,431人

　五日市街道の交差点にあたる。駅名は、江戸時代に砂川地区が1～10番に分けられていたことが語源。

TT17 玉川上水 たまがわじょうすい
14.5 km (1.0 km)
開 1998（平成10）年11月27日
住 東京都東大和市桜が丘4丁目
乗 23,158人

　西武拝島線と接続。西武線の駅南側に駅名が示す通り、玉川上水が流れる。

TT18 桜街道 さくらかいどう
15.3 km (0.8 km)
開 1998（平成10）年11月27日
住 東京都東大和市上北台3丁目
乗 6,381人

　駅名は、南側を走る道路名から。文字通り、桜の名所で知られ、開花期には多くの見物客で賑わう。

TT19 上北台 かみきただい
16.0 km (0.7 km)
開 1998（平成10）年11月27日
住 東京都東大和市上北台1丁目
乗 12,103人

　東京都の鉄道空白域だったあたりで、新青梅街道が交差。北へ2kmで多摩湖という位置にあり、箱根ケ崎方面への延伸計画もある。

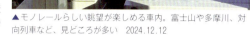

▲モノレールらしい眺望が楽しめる車内。富士山や多摩川、対向列車など、見どころが多い　2024.12.12

首都圏新都市鉄道
しゅとけんしんとしてつどう

社 名	首都圏新都市鉄道株式会社	線 名	つくばエクスプレス 秋葉原〜つくば 58.3km 駅数20
住 所	〒101-0022 東京都千代田区神田練塀町85番地 JEBL秋葉原スクエア	運転方式	電化
会社設立	1991(平成3)年3月15日	運輸開始	2005(平成17)年8月24日

▲急速に宅地開発が進む守谷周辺。みらい谷〜守谷 2015.7.13

▲TX-1000系。南流山〜流山セントラルパーク 2016.10.2

▲TX-2000系。流山セントラルパーク駅付近 2008.8.12

◀TX-2000系増備車とTX-1000系。つくばエクスプレス総合基地 2012.6.29

歴史

現在のつくばエクスプレスである常磐新線の建設のため、沿線自治体などの出資で1991(平成3)年3月15日に設立された第三セクター。常磐新線は1985(昭和60)年7月11日の運輸政策審議会で常磐線の混雑緩和を目的に整備計画が示された。当初、起点駅は東京駅となる予定だったが、費用面などから秋葉原駅に変更されたものの、都心部の山手線の駅を起点とした郊外への鉄道線としては「最後の新線」とも言われて、その期待は大きかった。建設工事は1994(平成6)年10月に開始。当初は2000(平成12)年の開業を目指していたが、用地交渉の難航や工事の遅れにより、2005(平成17)年に後ろ倒しとなった。路線名称は「つくばエクスプレス」となることが2001(平成13)年2月に決定。2005(平成17)年8月24日に秋葉原〜つくば間の開業を迎えた。開業後の利用者は当初から予定を大きく上回り、徐々にラッシュ時の混雑解消が課題となったことから、車両をそれまでの6両編成から8両編成に変更する計画が2019(令和元)年5月31日に決定された。現在は各駅で対応工事が進められており、2030年代前半に運行が開始される予定である。なお、秋葉原〜東京間は延伸計画として残されている。

車窓

つくばエクスプレスは秋葉原を起点として、つくばまでの58.3kmを結ぶ。全線にわたって地下区間と地上区間が交互に繰り返される。地下に設置された秋葉原を上野方向に出発すると、御徒町付近で右に曲がって春日通りに並行。新御徒町を過ぎて今度は左に曲がり、都道462号線に沿っていく。南千住駅の先では常磐線と東京メトロ日比谷線に挟まれる形で地上に出て隅田川を渡る。北千住を出て今度は荒川を渡ると、交差する東武伊勢崎線を上に見ながら再び地下へ。地下区間のまま八潮市に入るが、八潮の手前で地上に出てそのまま中川を渡る。さらに江戸川を渡って地下に戻り、南流山を出るとまた地上へ。沿線の建物が比較的少なくなり、高架が続くここから先の区間では、最高速度130km/hの走りを断続的に楽しめる。守谷手前の利根川橋梁は見どころの一つ。このあたりの景色は主に田畑だが、建物が増え始めるみらい平付近では半地下構造となり、それ以降は高架と比較的短い半地下を繰り返して快走。終点・つくばには地下に入って到着する。

車両

TX-1000系14編成、TX-2000系22編成と3両、TX-3000系5編成。6両編成で運転。

駅解説

 秋葉原 あきはばら

0.0 km (0.0 km)
開 2005(平成17)年8月24日
住 東京都千代田区神田佐久間町1-6-10
乗 105,000人

　つくばエクスプレスの起点で、JR各線、東京メトロ日比谷線と接続。ホームは深さ約34mの地下にあり、高架上のJR線との乗り換えは10分程度。

新御徒町 しんおかちまち

1.6 km (1.6 km)
開 2005(平成17)年8月24日
住 東京都台東区小島2-21-18
乗 39,700人

　都営大江戸線との接続駅。清洲橋通りと春日通りの交差点に位置し、JR線の御徒町駅までは徒歩10分程度。アメ横など上野周辺の観光地からもやや距離があり、比較的静かな環境が広がっている。

浅草 あさくさ

3.1 km(1.5 km)
🟥2005(平成17)年8月24日
🟥東京都台東区西浅草3-1-11
🟥18,600人

　地下鉄や東武鉄道の浅草駅からは徒歩10分程度の距離があり、東京メトロ銀座線の田原町駅も近い。開業前の仮称は「新浅草」だったが、地元からの強い要望により現在の駅名になった。

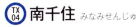 **南千住** みなみせんじゅ

5.6 km(2.5 km)
🟥2005(平成17)年8月24日
🟥東京都荒川区南千住4-4-1
🟥11,800人

　JR常磐線、東京メトロ日比谷線との接続駅。東側にはJR貨物の隅田川駅があり、その北側に日比谷線の千住検車区がある。

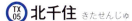 **北千住** きたせんじゅ

7.5 km(1.9 km)
🟥2005(平成17)年8月24日
🟥東京都足立区千住旭町42-3
🟥94,800人

　JR線など計5路線が乗り入れる都内北東部の交通の要衝で、乗降人員は秋葉原駅に次いで多い。都内に所在するつくばエクスプレスの駅では唯一の地上駅。

 青井 あおい

10.6 km(3.1 km)
🟥2005(平成17)年8月24日
🟥東京都足立区青井3-24-1
🟥12,000人

　環七沿いの住宅街の中に位置する地下駅。地名は江戸後期に村民が精を出して開拓した「精出耕地」の文字にちなみ、青と井を採って命名された。青は青空、井は湧き水を表し、発展への願いが込められているという。

 **六町** ろくちょう

12.0 km(1.4 km)
🟥2005(平成17)年8月24日
🟥東京都足立区六町4-1-1
🟥29,500人

　つくばエクスプレスでは東京都最北の駅。六町の地名の由来ははっきりしていないが、旧村名「六月村」の字名という。

 八潮 やしお

15.6 km(3.6 km)
🟥2005(平成17)年8月24日
🟥埼玉県八潮市大瀬6-5-1
🟥44,200人

　八潮市内では唯一の鉄道駅。2面4線構造で緩急接続を行なっているほか、秋葉原からの一部列車は当駅で折り返す。

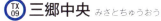 **三郷中央** みさとちゅうおう

19.3 km(3.7 km)
🟥2005(平成17)年8月24日
🟥埼玉県三郷市中央1-1
🟥28,000人

　三郷市の中央に位置する高架駅で、デザインコンセプトは「水辺を感じる駅」。周辺は路線開業後に急速に宅地開発が進められ、タワーマンションも建設された。

 南流山 みなみながれやま

22.1 km(2.8 km)
🟥2005(平成17)年8月24日
🟥千葉県流山市南流山2-1
🟥69,700人

　JR武蔵野線と接続する地下駅。開業当初から宅地開発が進められていたことから乗降人員は順調に増加しており、2011～2012年にかけて混雑解消のためのホーム延長工事が行なわれた。

流山セントラルパーク ながれやませんとらるぱーく

24.3 km(2.2 km)
🟥2005(平成17)年8月24日
🟥千葉県流山市前平井119
🟥9,500人

　近隣に流山市総合運動公園があり、開業前の仮駅名は「流山運動公園」だった。なお、流山セントラルパークという公園は存在しない。

流山おおたかの森 ながれやまおおたかのもり

26.5 km(2.2 km)
🟥2005(平成17)年8月24日
🟥千葉県流山市おおたかの森西1-1-1
🟥75,200人

　野田線と接続する高架駅。2面4線構造で緩急接続が行なわれる。流山市はつくばエクスプレスの開通以降、子育ての街としてPRを展開しており、当駅周辺もファミリー世帯の移住先として人気。駅名は市内に多くの緑が残され、希少なオオタカが生息していることから。

柏の葉キャンパス かしわのはきゃんぱす

30.0 km(3.5 km)
🟥2005(平成17)年8月24日
🟥千葉県柏市若柴174
🟥34,600人

　駅名の由来は東京大学柏キャンパスや千葉大学柏の葉キャンパス。周辺はかつて柏ゴルフ倶楽部があり、つくばエクスプレスの開業にあわせて跡地を柏の葉スマートシティとして開発。公民学連携のまちづくりが進められている。

柏たなか かしわたなか

32.0 km(2.0 km)
🟥2005(平成17)年8月24日
🟥柏市小青田5-16-1
🟥13,900人

　駅周辺はUR都市機構が宅地開発を進めているが、北側の利根川沿いは低地になっており田畑が広がっている。駅名は旧村名の「田中」に由来するが、地名には残っていない。

守谷 もりや

37.7 km(5.7 km)
🟥2005(平成17)年8月24日
🟥茨城県守谷市中央4-9
🟥43,000人

　関東鉄道常総線との接続駅。北側につくばエクスプレス総合基地があり、普通列車と区間快速の一部は当駅始発・止まりとなっている。当駅までが直流1,500V区間で、当駅から先は交流20,000V区間となる。

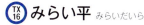 **みらい平** みらいだいら

44.3 km(6.6 km)
🟥2005(平成17)年8月24日
🟥茨城県つくばみらい市陽光台1-5
🟥10,200人

　2006(平成18)年に発足したつくばみらい市の市名は当駅に由来する。つくばエクスプレスでは唯一の地平駅舎だが、掘割構造のためホームは半地下になっている。

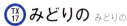 **みどりの** みどりの

48.6 km(4.3 km)
🟥2005(平成17)年8月24日
🟥茨城県つくば市みどりの1-29-3
🟥9,300人

　旧地名はつくば市下萱丸で、当駅の仮称は「萱丸」。駅開業翌年に実施された地番整理により、駅名と同じ現地名に変更された。周辺はニュータウンのつくばみどりの里地区として開発が進められ、高層マンションも見られる。

 **万博記念公園** ばんぱくきねんこうえん

51.8 km(3.2 km)
🟥2005(平成17)年8月24日
🟥茨城県つくば市島名4386
🟥6,200人

　1985(昭和60)年に開かれたつくば科学万博の会場跡地に作られた科学万博記念公園が駅名の由来。駅前には同万博に際して岡本太郎が制作した「未来を視る」というモニュメントが設置されている。

研究学園 けんきゅうがくえん

55.6 km(3.8 km)
🟥2005(平成17)年8月24日
🟥茨城県つくば市研究学園5-9-1
🟥13,400人

　駅の北西につくば市役所があり、駅前には大型商業施設やビジネスホテルもある。南側には企業の研究施設が点在するが、筑波研究学園都市の中心地ではない。

 **つくば** つくば

58.3 km(2.7 km)
🟥2005(平成17)年8月24日
🟥茨城県つくば市吾妻2-128
🟥30,000人

　つくばエクスプレスの終点。すでに街が形成されていた筑波研究学園都市の中心部に駅を新設することになったため、地下駅として建設された。各研究機関への出張者や筑波山を訪れる観光客も利用する。

東京臨海高速鉄道
とうきょうりんかいこうそくてつどう

社名	東京臨海高速鉄道株式会社	線名	りんかい線新木場〜大崎　12.2km
住所	〒135-006 東京都江東区青海1丁目2番1号	運転方式	電化
会社設立	1991(平成3)年3月12日	運輸開始	1996(平成8)年3月30日

歴史

1980年代後半、東京都は臨海副都心の開発計画の一環として、新たな鉄道路線の建設を検討していた。これを受けて、都と民間企業が出資する第三セクター方式で1991(平成3)年3月に設立されたのが現在の同社である。1992(平成4)年3月25日、第一期区間となる新木場〜東京テレポート間の工事が着工。1996(平成8)年3月30日に開業を迎えた。その後2001(平成13)年3月31日には、東京テレポート〜天王洲アイル間が延伸開業。2002(平成14)年12月1日に天王洲アイル〜大崎間が開業し、同時に埼京線との相互直通運転が開始された。その後現在に至るまで、埼玉方面から都心を経由して臨海副都心を結ぶ路線として機能している。

車窓

おもに埋立地の人工島を結ぶ性質上、大半が地下区間となっている。起点の新木場は高架駅で、東京メトロ有楽町線に並行して走行。右側には首都高湾岸線が並走する。右手には東京湾が広がり、晴れた日には対岸の千葉県を望むことができる。東雲駅を過ぎると地下に潜って有明地区に入っていく。地下区間もしばらくは首都高と並行して直進するが、台場地区の東京テレポートを過ぎると首都高と分かれ、そのまま海底を走って品川方面へ向かう。地上に出るのは大崎駅の手前。JR線と並走しながらホームに入っていく。

車両

70-000形10連8本の計80両が在籍する。同形式は路線開業当初から使用されており、2025年度下期には約30年ぶりの新型車両となる71-000形が導入される予定。このほか、直通運転を行なうJR埼京線のE233系7000番代も乗り入れる。

▲多くの車両は埼京線へと乗り入れる。
70-000形　恵比寿〜渋谷　2019.7.8

駅解説

新木場 しんきば

0.0 km (0.0 km)
開 1996(平成8)年3月30日
住 東京都江東区新木場1丁目
乗 49,341人

JR京葉線、東京メトロ有楽町線との乗換駅。周辺には木材関連の問屋街があり、かつての木場の面影を残す。駅舎にも地域のシンボルである木材がふんだんに用いられている。

R02 東雲 しののめ

2.2 km (2.2 km)
開 1996(平成8)年3月30日
住 東京都江東区東雲2丁目
乗 13,230人

改札階が地上1階、ホームが地上2階にある珍しい構造。駅周辺は高層マンションが立ち並ぶ新興住宅地。近くには若洲海浜公園があり、海水浴やバーベキューを楽しめる。

R03 国際展示場 こくさいてんじじょう

3.5 km (1.3 km)
開 1996(平成8)年3月30日
住 東京都江東区有明2丁目
乗 54,563人

東京国際展示場へのアクセス駅として、イベント開催時は多くの来場者で賑わう。駅舎のデザインは幌馬車がモチーフとなっており、屋根全体が白い膜で覆われている。

東京テレポート とうきょうてれぽーと

4.9 km (1.4 km)
開 1996(平成8)年3月30日
住 東京都江東区青海1丁目
乗 37,051人

駅名は未来都市をイメージした「テレポート」に由来。フジテレビ本社などの観光スポットが近く、休日は観光客で賑わう。同地区が舞台のドラマ『踊る大捜査線』のテーマ曲が発車メロディに採用されている。

R05 天王洲アイル てんのうずあいる

7.8 km (2.9 km)
開 2002(平成14)年12月1日
住 東京都品川区東品川2丁目3-8
乗 26,691人

駅のデザインは海をイメージし、地階に下るにしたがって色彩が濃い青色に変化する。周辺は高層オフィスビルが立ち並んでいるが、運河に面した遊歩道は散策スポットとして人気。東京モノレールとの乗換駅。

品川シーサイド しながわしーさいど

8.9 km (1.1 km)
開 2002(平成14)年12月1日
住 東京都品川区東品川4丁目12-22
乗 28,947人

周辺の再開発エリア「品川シーサイドフォレスト」に直結している。高層マンションやオフィスビルが立ち並ぶ新興地区で、乗降客は増加傾向にある。

R07 大井町 おおいまち

10.5 km (1.6 km)
開 2002(平成14)年12月1日
住 東京都品川区大井1丁目
乗 59,536人

2層構造のホームで、地下3階が大崎方面、地下5階が新木場方面となっている。JR京浜東北線、東急大井町線との乗換駅で、乗降客が多い。

R08 大崎 おおさき

12.2 km (1.7 km)
開 2002(平成14)年12月1日
住 東京都品川区大崎1丁目21-4
乗 236,978人（JR線を含む）

JR山手線、埼京線、湘南新宿ラインとの乗換駅。周辺はオフィスビルが立ち並ぶビジネス街。近くを流れる目黒川は桜の名所として知られる。

御岳登山鉄道
みたけとざんてつどう

社 名	御岳登山鉄道株式会社
住 所	〒198-0174 東京都青梅市御岳2丁目483番地
会社設立	1927(昭和2)年11月20日
線 名	御岳登山鉄道 滝本～御岳山 1.1km 駅数2
運転方式	単線交走式
運輸開始	1934(昭和9)年12月31日

◀古くから山岳信仰の地で、行基が勧請したとされる武蔵御嶽神社が山頂に鎮座する。御岳登山ケーブルカーは、登山とともに参詣路としても利用される。
滝本駅
2018.7.18

御岳登山鉄道

歴史

　標高929mの御岳山を登るケーブルカーを営業する事業者として1927(昭和2)年11月20日に設立。滝本～御岳山間の路線は1934(昭和9)年12月31日に開業した。戦時下に入り、1944(昭和19)年に営業を休止。約7年を経て1951(昭和26)年6月29日に再開した。この間、1947(昭和22)年10月31日に商号を大多摩観光開発に変更したが、1961(昭和36)年7月1日に御岳登山鉄道に復元している。1959(昭和34)年7月18日には御岳平から大展望台までを結ぶリフトを開業。1972(昭和47)年5月29日からは京王グループとなり現在に至っている。

車窓

　滝本から御岳山までの全長1.107kmを約6分で結ぶ。両駅間の高低差は423.6mで、最急勾配は25度。滝本駅を出発すると、両側を杉の森に囲まれた鉄路を約11km/hの速さで力強く登っていく。上下の車両の行き違う中間地点付近では、東京スカイツリーと同じ634mの標高標識を確認できる。その後、都道201号線を跨ぐ中の茶屋橋梁を渡り、標高831mにある御岳山に到着する。

車両

　「武蔵号」(緑色)、「御嶽号」(赤色)の2両。

駅解説

滝本 たきもと

0.0 km(0.0 km)
開 1934(昭和9)年12月31日
住 東京都青梅市御岳2-483
乗 574人

　御岳登山鉄道の山麓側の駅。標高407.6m。駅舎内には同社の本社、売店などが入居。駅に隣接して駐車場が設けられているなど、観光客輸送に特化した形態になっている。

御岳山 みたけさん

1.1 km(1.1 km)
開 1934(昭和9)年12月31日
住 東京都青梅市御岳山
乗 551人

　標高831mの地点にある山上の駅。滝本～御岳間の所要時間は約6分。駅から続く道を徒歩25分で、武蔵御嶽神社が建つ御岳山の頂上域に到達できる。

高尾登山電鉄
たかおとざんでんてつ

社 名	高尾登山電鉄株式会社
住 所	〒193-8511 東京都八王子市高尾町2205
会社設立	1921(大正10)年9月29日
線 名	高尾鋼索線 清滝～高尾山 1.0km 駅数2
運転方式	単線交走式
運輸開始	1927(昭和2)年1月21日

◀赤い車体の「もみじ」号。
2019.8.3
写真：結解学

高尾登山電鉄 高尾鋼索線

歴史

　高尾山薬王院への参拝客のための交通機関を整備するため、同院27世貫首・武藤範秀の発案によって1921(大正10)年9月29日に高尾索道として設立。ケーブルカーの建設にあたっては関東大震災など数々の困難があったものの、1927(昭和2)年1月21日に無事に開業を迎える。戦時下の1944(昭和19)年2月11日には不要不急線として休止となるが、1949(昭和24)年10月16日に営業を再開。社名は、1952(昭和27)年5月28日に現在の高尾登山電鉄に落ち着いた。なお、もともとは武蔵野不動産が筆頭株主だったが、2017(平成29)年3月以降は京王電鉄の非連結子会社となっている。

車窓

　高尾鋼索線、通称・高尾山ケーブルカーは、海抜201mの清滝から海抜472mの高尾山までの1.0kmを結ぶ。清滝駅を出発した車両は、短いトンネルを抜けモミジの森の中を登っていく。上下列車が行き違う中間地点を過ぎると勾配が一層きつくなり、終点・高尾山の手前付近で最大の31度18分に達する。ケーブルカーとしては日本一の急勾配だ。

車両

　「あおば」(緑色)、「もみじ」(赤色)の2両。

駅解説

清滝 きよたき

1.0 km(0.0 km)
開 1927(昭和2)年1月21日
住 東京都八王子市高尾町2205
乗 1,345人

　延長1.02kmのケーブルカー高尾登山電鉄の、山麓側の駅。標高201m。京王電鉄高尾山口駅から徒歩5分の距離にあり、両駅を結ぶ道の両側には土産物店、飲食店が並んでいる。

高尾山 たかおさん

1.0 km(1.0 km)
開 1927(昭和2)年1月21日
住 東京都八王子市高尾町2181
乗 1,345人

　標高472mの山上に建つ。当駅の近くに608‰のこう配があり、日本のケーブルカーで最急。当駅から高尾山の頂上までは所要30分。

> 車窓メモリアル 私鉄編

東京都　上野公園

わずか300mのモノレール線

開業半年後の上野動物園モノレール。正式には東京都交通局の上野懸垂線というれっきとした鉄道だが、園内の遊具だと思っていた親や子たちも多かったに違いない。1958.3.21（2枚とも）

　今や都市交通のひとつの型となったモノレール。羽田空港アクセスを担う東京モノレールや、大阪空港と大都市の郊外間輸送に活躍する大阪モノレールほか、都市内交通として広く活躍している。そんな日本におけるモノレールの第一号は、1957（昭和32）年に開通した東京の上野動物園である。もちろん、遊戯施設ではない。れっきとした鉄道路線であった。

　日本のモノレールは戦後、交通渋滞解消の切り札として進められた。自動車が増え、ひとつの道路に路面電車や路線バス、乗用車が集中するようになり、新たな交通機関が必要なことは明らかだが、一般の鉄道敷設は土地が必要であり、かといって地下鉄は地下トンネルを掘るため、建設費がかかる。そんな中のモノレールであった。

　この時代、モノレールはまだ発展途上で、軌条をまたぐ形の跨座式、軌条にぶら下がる形の懸垂式などがあり、

またコンクリート軌条にレールを敷いた独特のロッキード式なども存在したから、試行錯誤の時代でもあったかもしれない。その中、上野動物園のモノレールは、やはり東京都による試験的な意味があった。園内の東と西の間、わずか300mの路線で、乗ったらすぐに駅に着いてしまう。ところが、園内にいると頭上を近代的な音を立てながら何度も往来するのだから、子どもが「あれに乗りたい」と親にせがむほどの遊戯施設に思えてしまうのも無理はなかった。実際に乗ると、車両は立派なものだし、車窓は常に園内を見下ろす景観でどこかジェットコースターのようでもあったが、途中、一般道を越えるところがあり、遊戯施設ではないことを感じることはできた。一方、乗せてもらえなかった子どもは、ただ見上げて羨むのみだった。

　上野動物園のモノレールは2023（令和5）年、正式に廃止されている。

ＪＲ駅リスト　五十音順

かな	駅名	線名	頁
あ	相原	横浜線	24
	青堀	内房線	94
	赤塚	常磐線	58
	赤羽	東北本線	50
	秋川	五日市線	42
	昭島	青梅線	41
	秋葉原	東北本線	50
	上尾	高崎線	63
	阿佐ケ谷	中央本線	36
	浅草橋	総武本線	83
	浅野	鶴見線	20
	旭	総武本線	83
	足利	両毛線	71
	あしかがフラワーパーク	両毛線	71
	足柄	御殿場線	29
	安食	成田線	88
	網代	伊東線	30
	熱海	東海道本線	12
	厚木	相模線	27
	姉ヶ崎	内房線	94
	我孫子	常磐線	57
	綾瀬	常磐線	57
	荒川沖	常磐線	58
	新木	成田線	88
	安房天津	外房線	92
	安房勝山	内房線	95
	安房鴨川	外房線	92
	安房小湊	外房線	92
	安善	鶴見線	20
	安中	信越本線	78
	安中榛名	北陸新幹線	98
い	飯岡	総武本線	83
	飯倉	総武本線	83
	飯田橋	中央本線	36
	軍畑	青梅線	42
	池袋	山手線	15
	石和温泉	中央本線	38
	石岡	常磐線	58
	石神前	青梅線	42
	石川町	根岸線	25
	石橋	東北本線	51
	伊豆多賀	伊東線	30
	伊勢崎	両毛線	71
	磯子	根岸線	25
	磯部	信越本線	78
	潮来	鹿島線	88
	板橋	赤羽線	15
	市ケ谷	中央本線	36
	市川	総武本線	82
	市川大野	武蔵野線	22
	市川塩浜	京葉線	85
	市城	吾妻線	73
	伊東	伊東線	30
	稲城長沼	南武線	18
	稲毛	総武本線	82
	稲毛海岸	京葉線	85
	稲田	水戸線	75
	稲田堤	南武線	18
	井野	上越線	69
	今市	日光線	77
	入谷	相模線	27
	岩井	内房線	95
	岩島	吾妻線	73
	岩宿	両毛線	71
	岩瀬	水戸線	75
	岩波	御殿場線	29
	巌根	内房線	94
	岩舟	両毛線	71
	岩間	常磐線	58
	岩本	上越線	69
う	上野	東北本線	50
	上野原	中央本線	38
	浮間舟渡	東北本線	52
	鶯谷	東北本線	50
	宇佐美	伊東線	30
	氏家	東北本線	52
	牛久	常磐線	58
	牛浜	青梅線	41
	内原	常磐線	58
	宇都宮	東北本線	51
	祖母島	吾妻線	73
	鵜原	外房線	92
	海芝浦	鶴見線	20
	浦和	東北本線	50

かな	駅名	線名	頁
え	越中島	京葉線	85
	榎戸	総武本線	83
	恵比寿	山手線	15
	海老名	相模線	27
	江見	内房線	95
	塩山	中央本線	38
お	扇町	鶴見線	20
	王子	東北本線	50
	青梅	青梅線	41
	大網	外房線	91
	大磯	東海道本線	11
	大井町	東海道本線	10
	大岡	御殿場線	29
	大金	烏山線	77
	大川	鶴見線	20
	大口	横浜線	24
	大久保	中央本線	36
	大崎	山手線	15
	大塚	山手線	15
	大月	中央本線	38
	大戸	成田線	87
	大貫	内房線	94
	大原	外房線	92
	大平下	両毛線	71
	大船	東海道本線	11
	大前	吾妻線	73
	大宮	東北本線	51
	大森	東海道本線	10
	御徒町	東北本線	50
	岡部	高崎線	64
	岡本	東北本線	51
	小川町	八高線	44
	荻窪	中央本線	36
	尾久	東北本線	50
	奥多摩	青梅線	42
	桶川	高崎線	64
	越生	八高線	44
	小作	青梅線	41
	小田栄	南武線	18
	小田林	水戸線	75
	小田原	東海道本線	11
	御茶ノ水	中央本線	36
	小野上	吾妻線	73
	小野上温泉	吾妻線	73
	小櫃	久留里線	97
	小俣	両毛線	71
	小見川	成田線	87
	思川	両毛線	71
	小山	東北本線	51
	折原	八高線	44
	御宿	外房線	92
か	海浜幕張	京葉線	85
	甲斐大和	中央本線	38
	偕楽園	常磐線	58
	香川	相模線	27
	籠原	高崎線	64
	葛西臨海公園	京葉線	85
	笠幡	川越線	67
	笠間	水戸線	75
	鹿島サッカースタジアム	鹿島線	88
	鹿島神宮	鹿島線	88
	鹿島田	南武線	17
	柏	常磐線	57
	春日居町	中央本線	38
	上総一ノ宮	外房線	91
	上総興津	外房線	92
	上総亀山	久留里線	97
	上総清川	久留里線	97
	上総松丘	久留里線	97
	上総湊	内房線	94
	片岡	東北本線	52
	片倉	横浜線	24
	勝浦	外房線	92
	勝田	常磐線	58
	勝沼ぶどう郷	中央本線	38
	門沢橋	相模線	27
	香取	成田線	87
	金島	吾妻線	73
	金町	常磐線	57
	鹿沼	日光線	77
	金子	八高線	44
	河辺	青梅線	41
	鎌倉	横須賀線	12

かな	駅名	線名	頁
	蒲須坂	東北本線	52
	蒲田	東海道本線	10
	鎌取	外房線	91
	上大井	御殿場線	29
	上小川	水郡線	61
	上菅谷	水郡線	61
	上中里	東北本線	50
	上溝	相模線	27
	上牧	上越線	69
	亀有	常磐線	57
	亀戸	総武本線	82
	鴨居	横浜線	24
	鴨宮	東海道本線	11
	烏山	烏山線	77
	川井	青梅線	42
	河合	水郡線	61
	川口	東北本線	50
	川越	川越線	67
	川崎	東海道本線	10
	川崎新町	南武線	18
	川島	吾妻線	73
	川原湯温泉	吾妻線	73
	神田	東北本線	50
	神立	常磐線	58
	関内	根岸線	25
	函南	東海道本線	12
き	木下	成田線	88
	祇園	久留里線	97
	菊名	横浜線	24
	木更津	内房線	94
	北赤羽	東北本線	52
	北上尾	高崎線	63
	北朝霞	武蔵野線	22
	北浦和	東北本線	50
	北柏	常磐線	57
	北鎌倉	横須賀線	12
	北鴻巣	高崎線	64
	北小金	常磐線	57
	北千住	常磐線	57
	北高崎	信越本線	78
	北茅ケ崎	相模線	27
	北戸田	東北本線	52
	北八王子	八高線	44
	北藤岡	八高線	44
	北府中	武蔵野線	21
	北松戸	常磐線	57
	北本	高崎線	64
	北与野	東北本線	52
	吉祥寺	中央本線	36
	衣笠	横須賀線	12
	来宮	伊東線	30
	君津	内房線	94
	行田	高崎線	64
	桐生	両毛線	71
	錦糸町	総武本線	82
く	空港第2ビル	成田線	88
	久喜	東北本線	51
	久地	南武線	17
	久住	成田線	87
	国定	両毛線	71
	国立	中央本線	37
	熊谷	高崎線	64
	熊川	五日市線	42
	求名	東金線	97
	倉賀野	高崎線	64
	倉橋	総武本線	83
	倉見	相模線	27
	栗橋	東北本線	51
	久里浜	横須賀線	12
	久留里	久留里線	97
	黒磯	東北本線	52
	群馬大津	吾妻線	73
	群馬総社	上越線	69
	群馬原町	吾妻線	73
	群馬藤岡	八高線	44
	群馬八幡	信越本線	78
け	検見川浜	京葉線	85
こ	五井	内房線	94
	小岩	総武本線	82
	高円寺	中央本線	36
	国府津	東海道本線	11
	港南台	根岸線	25
	鴻巣	高崎線	64
	鴻野山	烏山線	77

かな	駅名	線名	頁
	郷原	吾妻線	73
	甲府	中央本線	38
	古河	東北本線	51
	小金井	東北本線	51
	後閑	上越線	69
	国道	鶴見線	20
	国分寺	中央本線	37
	九重	内房線	95
	越谷レイクタウン	武蔵野線	22
	後台	水郡線	61
	児玉	八高線	44
	五反田	山手線	15
	小机	横浜線	24
	御殿場	御殿場線	29
	小塙	烏山線	77
	小林	成田線	88
	古淵	横浜線	24
	湖北	成田線	88
	駒形	両毛線	71
	駒込	山手線	15
	小宮	八高線	44
	古里	青梅線	42
さ	西金	水郡線	61
	さいたま新都心	東北本線	50
	酒折	中央本線	38
	相模金子	御殿場線	29
	相模湖	中央本線	37
	相模原	横浜線	24
	佐倉	総武本線	83
	桜木町	根岸線	25
	笹川	成田線	87
	笹子	中央本線	38
	指扇	川越線	67
	佐貫町	内房線	94
	佐野	両毛線	71
	寒川	相模線	27
	猿田	総武本線	83
	猿橋	中央本線	38
	沢井	青梅線	42
	佐原	成田線	87
	椎柴	成田線	88
し	四方津	中央本線	38
	潮見	京葉線	85
	敷島	上越線	69
	宍戸	水戸線	75
	静	水郡線	61
	酒々井	成田線	87
	自治医大	東北本線	51
	尻手	南武線	18
	品川	東海道本線	10
	信濃町	中央本線	36
	渋川	上越線	69
	渋谷	山手線	15
	下総神崎	成田線	87
	下総豊里	成田線	88
	下総中山	総武本線	82
	下総松崎	成田線	88
	下小川	水郡線	61
	下菅谷	水郡線	61
	下曽我	御殿場線	29
	下館	水戸線	75
	下野大沢	日光線	77
	下野花岡	烏山線	77
	下土狩	御殿場線	29
	下溝	相模線	27
	社家	相模線	27
	十条	赤羽線	15
	十二橋	鹿島線	88
	宿河原	南武線	18
	上毛高原	上越新幹線	98
	昭和	鶴見線	20
	白岡	東北本線	51
	白丸	青梅線	42
	新秋津	武蔵野線	22
	新浦安	京葉線	85
	新大久保	山手線	15
	新川崎	東海道本線	12
	新木場	京葉線	85
	新検見川	総武本線	82
	新小岩	総武本線	82
	新小平	武蔵野線	22

駅名	線名	頁
新子安	東海道本線	11
新芝浦	鶴見線	20
新宿	山手線	15
新白岡	東北本線	51
新杉田	根岸線	25
新習志野	京葉線	85
新日本橋	総武本線	82
新橋	東海道本線	10
神保原	高崎線	64
新前橋	上越線	69
新町	高崎線	64
新松戸	常磐線	57
新三郷	武蔵野線	22
新茂原	外房線	91
新八柱	武蔵野線	22
新横浜	横浜線	24
新郷	成田線	87
す 水道橋	中央本線	36
巣鴨	山手線	15
逗子	横須賀線	12
雀宮	東北本線	51
裾野	御殿場線	29
駿河小山	御殿場線	29
せ 千駄ヶ谷	中央本線	36
そ 相模台下	相模線	27
蘇我	外房線	91
袖ヶ浦	内房線	94
た 太東	外房線	92
田浦	横須賀線	12
高尾	中央本線	37
高崎	高崎線	64
高崎問屋町	上越線	69
高田馬場	山手線	15
高輪ゲートウェイ	東海道本線	10
高浜	常磐線	58
滝	烏山線	77
竹岡	内房線	94
竹沢	八高線	44
立川	中央本線	37
館山	内房線	95
田端	東北本線	50
玉川村	水郡線	61
田町	東海道本線	10
玉戸	水戸線	75
俵田	久留里線	97
丹荘	八高線	44
ち 茅ケ崎	東海道本線	11
千倉	内房線	95
千歳	内房線	95
千葉	総武本線	82
千葉みなと	京葉線	85
銚子	総武本線	83
長者町	外房線	92
つ 都賀	総武本線	83
津久田	上越線	69
辻堂	東海道本線	11
津田沼	総武本線	82
津田山	南武線	17
土浦	常磐線	58
鶴田	日光線	77
鶴見	東海道本線	10
鶴見小野	鶴見線	20
天王台	常磐線	57
て と 東金	東金線	97
東京	東海道本線	10
十日市場	横浜線	24
土気	外房線	91
戸田	東北本線	52
戸田公園	東北本線	52
栃木	両毛線	71
戸塚	東海道本線	11
富浦	内房線	95
冨田	両毛線	71
友部	常磐線	58
豊田	中央本線	37
東浪見	外房線	92
鳥沢	中央本線	38
取手	常磐線	57
土呂	東北本線	51
な 長泉なめり	御殿場線	29
長浦	内房線	94
中浦和	東北本線	52
中神	青梅線	41
中菅谷	水郡線	61
永田	外房線	91
長津田	横浜線	24
中野	中央本線	36
中野島	南武線	18
中之条	吾妻線	73
長原草津口	吾妻線	73
中井	水郡線	61
中山	横浜線	24
那古船形	内房線	95
那須塩原	東北本線	52
浪花	外房線	92
滑河	成田線	87
行川アイランド	外房線	92
成田	成田線	87
成田空港	成田線	88
成瀬	横浜線	24
成東	総武本線	83
に 新座	武蔵野線	22
仁井田	烏山線	77
新治	水郡線	75
西和田	武蔵野線	22
西大井	東海道本線	12
西大宮	川越線	67
西荻窪	中央本線	36
西川口	東北本線	50
西川越	川越線	67
西国立	南武線	18
西国分寺	中央本線	37
西立川	青梅線	41
西千葉	総武本線	82
西那須野	東北本線	52
西日暮里	東北本線	50
西八王子	中央本線	37
西府	南武線	18
西船橋	総武本線	82
西松井田	信越本線	78
日光	日光線	77
二宮	東海道本線	11
ぬ 額田	水郡線	61
沼田	上越線	69
沼津	東海道本線	12
ね 根岸	根岸線	25
根府川	東海道本線	11
の 野上原	水郡線	61
野木	東北本線	51
野崎	東北本線	52
延方	鹿島線	88
登戸	南武線	18
は 拝島	青梅線	41
羽黒	水戸線	75
馬喰町	総武本線	82
箱根ヶ崎	八高線	44
羽沢横浜国大	東海道本線	12
橋本	横浜線	24
蓮田	東北本線	51
八王子	中央本線	37
八王子みなみ野	横浜線	24
初狩	中央本線	38
八丁畷	南武線	18
八丁堀	京葉線	85
鳩ノ巣	青梅線	42
羽鳥	常磐線	58
羽根尾	吾妻線	73
浜川崎	鶴見線	20
浜金谷	内房線	94
浜野	内房線	94
浜松町	東海道本線	10
羽村	青梅線	41
早川	東海道本線	11
原宿	山手線	15
原当麻	相模線	27
番田	相模線	27
ひ 東秋留	五日市線	42
東我孫子	成田線	88
東浦和	武蔵野線	22
東青梅	青梅線	41
東大宮	東北本線	51
東神奈川	東海道本線	11
東川口	武蔵野線	22
東清川	久留里線	97
東小金井	中央本線	37
東十条	東北本線	50
東逗子	横須賀線	12
東千葉	総武本線	82
東所沢	武蔵野線	22
東戸塚	東海道本線	11
東中神	青梅線	41
東中野	中央本線	36
東飯能	八高線	44
東福生	八高線	44
東船橋	総武本線	82
東松戸	武蔵野線	22
東山北	御殿場線	29
東山梨	中央本線	38
東結城	水郡線	75
東横田	久留里線	97
東鷲宮	東北本線	51
干潟	総武本線	83
常陸青柳	水郡線	61
常陸太田	水郡線	61
常陸大宮	水郡線	61
常陸鴻巣	水郡線	61
常陸大子	水郡線	61
常陸津田	水郡線	61
ひたち野うしく	常磐線	58
日向和田	青梅線	41
日野	中央本線	37
日向	総武本線	83
平井	総武本線	82
平塚	東海道本線	11
平間	南武線	17
平山	久留里線	97
ふ 深谷	高崎線	64
吹上	高崎線	64
福俵	東金線	97
福原	水戸線	75
袋倉	吾妻線	73
袋田	水郡線	61
布佐	成田線	88
富士岡	御殿場線	29
藤沢	東海道本線	11
藤代	常磐線	58
藤野	中央本線	37
二俣尾	青梅線	42
二俣新町	京葉線	85
淵野辺	横浜線	24
府中本町	南武線	18
福生	青梅線	41
太海	内房線	95
船橋	総武本線	82
船橋法典	武蔵野線	22
分倍河原	南武線	18
文挟	日光線	77
へ 弁天橋	鶴見線	20
ほ 宝積寺	東北本線	52
保田	内房線	95
保土ケ谷	東海道本線	11
本郷台	根岸線	25
本庄	高崎線	64
本庄早稲田	上越新幹線	98
誉田	外房線	91
本千葉	外房線	91
本納	外房線	91
ま 舞浜	京葉線	85
前橋	両毛線	71
前橋大島	両毛線	71
馬来田	久留里線	97
幕張	総武本線	82
幕張豊砂	京葉線	85
幕張本郷	総武本線	82
町田	横浜線	24
松井田	信越本線	78
松尾	総武本線	83
松岸	総武本線	83
松田	御殿場線	29
松戸	常磐線	57
松久	八高線	44
的場	川越線	67
真鶴	東海道本線	11
馬橋	常磐線	57
間々田	東北本線	51
万座・鹿沢口	吾妻線	73
み 三門	外房線	92
三河島	常磐線	57
三郷	武蔵野線	22
三島	東海道本線	12
三鷹	中央本線	36
御嶽	青梅線	42
水戸	常磐線	58
水上	上越線	69
南浦和	東北本線	50
南柏	常磐線	57
南越谷	武蔵野線	22
南御殿場	御殿場線	29
南酒出	水郡線	61
南酒々井	総武本線	83
南千住	常磐線	57
南多摩	南武線	18
南流山	武蔵野線	22
南橋本	相模線	27
南三原	内房線	95
南船橋	京葉線	85
南古谷	川越線	67
南与野	東北本線	52
宮ノ平	青梅線	41
宮原	高崎線	63
宮山	相模線	27
明覚	八高線	44
む 向河原	南武線	17
武蔵五日市	五日市線	42
武蔵浦和	武蔵野線	22
武蔵小金井	中央本線	37
武蔵小杉	南武線	17
武蔵境	中央本線	36
武蔵白石	鶴見線	20
武蔵新城	南武線	17
武蔵高萩	川越線	67
武蔵中原	南武線	17
武蔵引田	五日市線	42
武蔵増戸	五日市線	42
武蔵溝ノ口	南武線	17
め 目黒	山手線	15
目白	山手線	15
も 本八幡	総武本線	82
物井	総武本線	83
茂原	外房線	91
毛呂	八高線	44
や 矢板	東北本線	52
谷峨	御殿場線	29
矢川	南武線	18
谷河原	水郡線	61
八木原	上越線	69
矢倉	吾妻線	73
矢向	南武線	17
八街	総武本線	83
八積	外房線	91
梁川	中央本線	38
矢野口	南武線	18
矢部	横浜線	24
谷保	南武線	18
山方宿	水郡線	61
山北	御殿場線	29
山手	根岸線	25
大和	水戸線	75
山梨市	中央本線	38
山前	両毛線	71
八幡宿	内房線	94
ゆ 結城	水戸線	75
有楽町	東海道本線	10
湯河原	東海道本線	11
よ 八日市場	総武本線	83
洋光台	根岸線	25
用土	八高線	44
横川	信越本線	78
横芝	総武本線	83
横須賀	横須賀線	12
横田	久留里線	97
横浜	東海道本線	11
吉川	武蔵野線	22
吉川美南	武蔵野線	22
四街道	総武本線	83
四ツ谷	中央本線	36
与野	東北本線	50
与野本町	東北本線	52
代々木	山手線	15
寄居	八高線	44
り 龍ケ崎市	常磐線	58
両国	総武本線	83
わ 和田浦	内房線	95
蕨	東北本線	50

私鉄駅リスト　五十音順

駅名	線名	頁
あ 相老	わたらせ渓谷鐵道	253
相老	東武鉄道	114
愛甲石田	小田急電鉄	163
会津高原尾瀬口	野岩鉄道	245
青井	首都圏新都市鉄道	293
青砥	京成電鉄	170
青葉台	東急電鉄	133
青海	ゆりかもめ	289
青物横丁	京急電鉄	122
青山一丁目	東京メトロ	183
青山一丁目	東京メトロ	192
青山一丁目	東京都交通局	203
赤城	上毛電気鉄道	255
赤城	東武鉄道	114
赤坂	富士山麓電気鉄道	225
赤坂	上毛電気鉄道	255
赤坂	東京メトロ	189
赤坂見附	東京メトロ(銀座線)	183
赤坂見附	東京メトロ(丸ノ内線)	184
県	東武鉄道	112
赤土小学校前	東京都交通局	206
吾野	西武鉄道	142
赤羽岩淵	埼玉高速鉄道	263
赤羽岩淵	東京メトロ	194
赤羽橋	東京都交通局	203
秋津	西武鉄道	141
秋葉原	首都圏新都市鉄道	292
秋葉原	東京メトロ	186
秋山	北総鉄道	271
明戸	秩父鉄道	266
曙橋	東京都交通局	200
朝霞	東武鉄道	116
朝霞台	東武鉄道	117
浅草	首都圏新都市鉄道	293
浅草	東武鉄道	107
浅草	東京メトロ	182
浅草	東京都交通局	199
浅草橋	東京都交通局	198
麻布十番	東京メトロ	193
麻布十番	東京都交通局	203
阿左美	東武鉄道	114
あざみ野	横浜市営地下鉄	215
あざみ野	東急電鉄	133
足尾	わたらせ渓谷鐵道	253
阿字ヶ浦	ひたちなか海浜鉄道	235
足利市	東武鉄道	112
芦ヶ久保	西武鉄道	143
海鹿島	銚子電気鉄道	281
足柄	小田急電鉄	164
飛鳥山	東京都交通局	205
愛宕	東武鉄道	115
足立小台	東京都交通局	206
厚木	小田急電鉄	163
穴川	千葉都市モノレール	273
穴部	伊豆箱根鉄道	227
穴守稲荷	京急電鉄	126
阿夫利神社	大山観光電鉄	231
海士有木	小湊鉄道	277
綾瀬	東京メトロ	190
新井宿	埼玉高速鉄道	263
新井薬師前	西武鉄道	144
荒川一中前	東京都交通局	204
荒川区役所前	東京都交通局	204
荒川車庫前	東京都交通局	205
荒川七丁目	東京都交通局	204
荒川二丁目	東京都交通局	204
荒川遊園地前	東京都交通局	204
新屋	上毛電気鉄道	255
有明	ゆりかもめ	289
有明テニスの森	ゆりかもめ	289
淡路町	東京メトロ	184
安針塚	京急電鉄	124
い 飯田岡	伊豆箱根鉄道	227
飯田橋	東京メトロ(東西線)	187
飯田橋	東京メトロ(有楽町線)	191
飯田橋	東京メトロ(南北線)	193
飯田橋	東京都交通局	202
家中	東武鉄道	110
井荻	西武鉄道	144
生田	小田急電鉄	161
池上	東急電鉄	136
池尻大橋	東急電鉄	132
池ノ上	京王電鉄	155
池袋	東武鉄道	116
池袋	西武鉄道	140
池袋	東京メトロ(丸ノ内線)	185
池袋	東京メトロ(有楽町線)	190
池袋	東京メトロ(副都心線)	194
井細田	伊豆箱根鉄道	227
石上	江ノ島電鉄	219
石川台	東急電鉄	135
石下	関東鉄道	240
石原	秩父鉄道	266
伊豆熱川	伊豆急行	223
伊豆稲取	伊豆急行	223
伊豆急下田	伊豆急行	223
伊豆高原	伊豆急行	223
伊豆大川	伊豆急行	223
伊豆長岡	伊豆箱根鉄道	228
伊豆仁田	伊豆箱根鉄道	228
伊豆北川	伊豆急行	223
泉体育館	多摩都市モノレール	291
和泉多摩川	小田急電鉄	161
いずみ中央	相模鉄道	210
いずみ野	相模鉄道	210
伊勢崎	東武鉄道	113
伊勢佐木長者町	横浜市営地下鉄	213
伊勢原	小田急電鉄	163
磯崎	ひたちなか海浜鉄道	235
板荷	東武鉄道	110
板倉東洋大前	東武鉄道	109
板橋区役所前	東京都交通局	200
板橋本町	東京都交通局	200
飯給	小湊鉄道	277
市が尾	東急電鉄	133
市ケ谷	東京メトロ(有楽町線)	191
市ケ谷	東京メトロ(南北線)	193
市ケ谷	東京都交通局	201
市川真間	京成電鉄	171
一之江	東京都交通局	201
一ノ割	東武鉄道	108
市場	真岡鐵道	247
一本松	東武鉄道	118
伊勢	伊豆急行	223
井土ヶ谷	京急電鉄	124
稲城	京王電鉄	154
稲梓	伊豆急行	223
伊奈中央	埼玉新都市交通	261
稲戸井	関東鉄道	239
稲村ヶ崎	江ノ島電鉄	219
稲荷町	東京メトロ	182
稲荷山公園	西武鉄道	141
犬吠	銚子電気鉄道	281
井野	山万	275
井の頭公園	京王電鉄	156
今井浜海岸	伊豆急行	223
入生田	箱根登山鉄道	221
入曽	西武鉄道	145
入谷	東京メトロ	186
入間市	西武鉄道	142
入地	関東鉄道	240
岩槻	東武鉄道	114
岩原	伊豆箱根鉄道	227
岩本町	東京都交通局	201
印西牧の原	千葉ニュータウン鉄道	282
印旛日本医大	千葉ニュータウン鉄道	282
う 上野	東京メトロ(銀座線)	182
上野	東京メトロ(日比谷線)	186
上野御徒町	東京都交通局	202
上野広小路	東京メトロ	182
牛込神楽坂	東京都交通局	202
牛込柳町	東京都交通局	202
牛田	東武鉄道	108
内野	東京都交通局	199
内宿	埼玉新都市交通	261
東武宇都宮	東武鉄道	111
宇都宮駅東口	宇都宮ライトレール	248
宇都宮大学陽東キャンパス	宇都宮ライトレール	248
鵜の木	東急電鉄	132
馬立	小湊鉄道	277
海の公園柴口	横浜シーサイドライン	217
海の公園南口	横浜シーサイドライン	217
梅ヶ丘	小田急電鉄	160
梅郷	東武鉄道	115
梅島	東武鉄道	108
梅屋敷	京急電鉄	122
浦賀	京急電鉄	125
浦安	東京メトロ	188
浦山口	秩父鉄道	267
浦和美園	埼玉高速鉄道	263
運河	東武鉄道	115
運動公園	わたらせ渓谷鐵道	253
え 永福町	京王電鉄	156
江木	上毛電気鉄道	255
駅東公園前	宇都宮ライトレール	249
江古田	西武鉄道	140
江曽島	東武鉄道	111
江田	東急電鉄	133
江戸川	京成電鉄	170
江戸川台	東武鉄道	115
江戸川橋	東京メトロ	191
江ノ島	江ノ島電鉄	219
荏原中延	東急電鉄	135
荏原町	東急電鉄	134
恵比寿	東京メトロ	185
海老名	相模鉄道	210
海老名	小田急電鉄	163
お 扇大橋	東京都交通局	206
王子	東京メトロ	194
王子駅前	東京都交通局	205
王子神谷	東京メトロ	194
青梅街道	西武鉄道	146
大麻生	秩父鉄道	266
大洗	鹿島臨海鉄道	237
大井競馬場前	東京モノレール	287
大泉学園	西武鉄道	140
大井町	東京臨海高速鉄道	294
大井町	東急電鉄	134
大岡山	東急電鉄(目黒線)	131
大岡山	東急電鉄(大井町線)	131
大桑	東武鉄道	111
大胡	上毛電気鉄道	255
大崎	東京臨海高速鉄道	294
大崎広小路	東急電鉄	135
大佐倉	京成電鉄	172
大島	東京都交通局	201
太田	東武鉄道	112
大多喜	いすみ鉄道	279
大田郷	関東鉄道	240
大塚・帝京大学	多摩都市モノレール	291
大塚駅前	東京都交通局	205
大月	富士山麓電気鉄道	225
大手町	東京メトロ(丸ノ内線)	184
大手町	東京メトロ(東西線)	187
大手町	東京メトロ(千代田線)	189
大手町	東京メトロ(半蔵門線)	192
大手町	東京都交通局	199
大鳥居	京急電鉄	126
大野原	秩父鉄道	267
大原	いすみ鉄道	279
大仁	伊豆箱根鉄道	228
大平台	箱根登山鉄道	221
大袋	東武鉄道	108
大船	湘南モノレール	230
大町	北総鉄道	271
大間々	わたらせ渓谷鐵道	253
大宮	埼玉新都市交通	261
大宮	東武鉄道	114
大宮公園	東武鉄道	114
大森海岸	京急電鉄	122
大森町	京急電鉄	122
大山	東武鉄道	116
大山ケーブル	大山観光電鉄	231
大山寺	大山観光電鉄	231
大和田	東武鉄道	114
小川	西武鉄道	146
小川町	東武鉄道	118
小川町	東京都交通局	201
荻窪	東京メトロ	183
奥沢	東急電鉄	132
小倉台	千葉都市モノレール	273
越生	東武鉄道	118
押上	東武鉄道	107
押上	京成電鉄	173
押上	東京メトロ	192
押上	東京都交通局	199
男鹿高原	野岩鉄道	245
小台	東京都交通局	204
お台場海浜公園	ゆりかもめ	289
小田急相模原	小田急電鉄	162
小田急多摩センター	小田急電鉄	166
小田急永山	小田急電鉄	166
小田原	箱根登山鉄道	221
小田原	伊豆箱根鉄道	227
小田原	小田急電鉄	164
落合	東京メトロ	187
落合南長崎	東京都交通局	203
御茶ノ水	東京メトロ	184
追浜	京急電鉄	124
踊場	横浜市営地下鉄	213
御徒町	東京都交通局	199
鬼越	京成電鉄	171
お花茶屋	京成電鉄	170
御花畑	秩父鉄道	267
男衾	東武鉄道	118
小前田	秩父鉄道	266
小村井	東武鉄道	109
面影橋	東京都交通局	206
おもちゃのまち	東武鉄道	110
表参道	東京メトロ(銀座線)	183
表参道	東京メトロ(千代田線)	189
表参道	東京メトロ(半蔵門線)	192
親鼻	秩父鉄道	267
尾山台	東急電鉄	134
おゆみ野	京成電鉄	174
折本	真岡鐵道	247
恩田	横浜高速鉄道	135
御嶽山	東急電鉄	135
か 外苑前	東京メトロ	183
海神	京急電鉄	171
開成	小田急電鉄	164
柿生	小田急電鉄	162
学園前	京成電鉄	174
学芸大学	東急電鉄	130
学習院下	東京都交通局	206
神楽坂	東京メトロ	187
花月総持寺	京急電鉄	123
影森	秩父鉄道	267
葛西	東京メトロ	188
笠上黒生	銚子電気鉄道	281
風祭	箱根登山鉄道	221
梶が谷	東急電鉄	133
かしの森公園前	宇都宮ライトレール	249
鹿島旭	鹿島臨海鉄道	237
鹿島大野	鹿島臨海鉄道	237
鹿島サッカースタジアム	鹿島臨海鉄道	237
鹿島神宮	鹿島臨海鉄道	237
鹿島灘	鹿島臨海鉄道	237
柏	東武鉄道	115
かしわ台	相模鉄道	210
柏たなか	首都圏新都市鉄道	293
柏の葉キャンパス	首都圏新都市鉄道	293
梶原	東京都交通局	205
春日	東京都交通局(三田線)	199
春日	東京都交通局(大江戸線)	202
春日部	東武鉄道(伊勢崎線)	108
春日部	東武鉄道(野田線)	114
粕川	上毛電気鉄道	255
粕壁	東武鉄道	114
上総東	いすみ鉄道	279
上総牛久	小湊鉄道	277
上総大久保	小湊鉄道	277
上総川間	小湊鉄道	277
上総久保	小湊鉄道	277
上総鶴舞	小湊鉄道	277
上総中野	いすみ鉄道	279
上総中野	小湊鉄道	277
上総三又	小湊鉄道	277
上総村上	小湊鉄道	277
上総山田	小湊鉄道	277
霞ヶ関	東武鉄道	117
霞ケ関	東京メトロ(丸ノ内線)	184
霞ケ関	東京メトロ(日比谷線)	186

駅名	線名	頁
霧ヶ関	東京メトロ（千代田線）	189
禾生	富士山麓電気鉄道	225
加須	東武鉄道	111
片貝	上毛電気鉄道	254
片倉町	横浜市営地下鉄	214
片瀬江ノ島	小田急電鉄	166
片瀬白田	伊豆急行	223
片瀬山	湘南モノレール	230
勝どき	東京都交通局	202
合戦場	東武鉄道	110
勝田	ひたちなか海浜鉄道	235
勝田台	京成電鉄	172
神奈川	京急電鉄	123
神奈川新町	京急電鉄	123
金沢八景	横浜シーサイドライン	217
金沢八景	京急電鉄	124
金沢文庫	京急電鉄	124
要町	東京メトロ	190
金上	ひたちなか海浜鉄道	235
鎌ヶ淵	東武鉄道	107
神農原	上信電鉄	257
鎌ヶ谷	東武鉄道	115
鎌ヶ谷大仏	新京成電鉄	177
鎌倉	江ノ島電鉄	219
鎌倉高校前	江ノ島電鉄	219
蒲田	東急電鉄	132
蒲田	東急電鉄	136
上井草	西武鉄道	144
上泉	上毛電気鉄道	254
上板橋	東武鉄道	116
上今市	東武鉄道	110
上大岡	横浜市営地下鉄	213
上大岡	京急電鉄	124
上大月	富士山麓電気鉄道	225
上神梅	わたらせ渓谷鐵道	253
上北沢	京王電鉄	151
上北台	多摩都市モノレール	291
上熊谷	秩父鉄道	266
上強羅	箱根登山鉄道	221
上石神井	西武鉄道	144
上長瀞	秩父鉄道	267
上永谷	横浜市営地下鉄	213
上野毛	東急電鉄	135
上福岡	東武鉄道	117
上星川	相模鉄道	209
上本郷	新京成電鉄	178
上町	東急電鉄	136
上三依塩原温泉口	野岩鉄道	245
神谷町	東京メトロ	185
亀戸	東武鉄道	109
亀戸水神	東武鉄道	109
蒲生	東武鉄道	108
加茂宮	埼玉新都市交通	261
茅場町	東京メトロ（日比谷線）	186
茅場町	東京メトロ（東西線）	187
栢山	小田急電鉄	164
唐木田	小田急電鉄	166
川角	東武鉄道	118
河口湖	富士山麓電気鉄道	225
川口元郷	埼玉高速鉄道	263
川越	東武鉄道	117
川越市	東武鉄道	117
川崎大師	京急電鉄	126
川治温泉	野岩鉄道	245
川治湯元	野岩鉄道	245
河津	伊豆急行	223
川奈	伊豆急行	223
川間	東武鉄道	114
川俣	東武鉄道	112
川和町	横浜市営地下鉄	215
神田	東京メトロ	182
関内	横浜市営地下鉄	213
観音	銚子電気鉄道	281
き 菊川	東京都交通局	201
菊名	東急電鉄	131
木崎	東武鉄道	113
岸根公園	横浜市営地下鉄	214
鬼子母神前	東京都交通局	206
北綾瀬	東京メトロ	190
北池袋	東武鉄道	116
北浦湖畔	鹿島臨海鉄道	237
北大宮	東武鉄道	114

駅名	線名	頁
北春日部	東武鉄道	109
北鹿沼	東武鉄道	110
北久里浜	京急電鉄	125
北国分	北総鉄道	271
北越谷	東武鉄道	108
北坂戸	東武鉄道	117
北参道	東京メトロ	194
北品川	京急電鉄	122
北新横浜	横浜市営地下鉄	214
北千住	首都圏新都市鉄道	293
北千住	東武鉄道	108
北千住	東京メトロ（日比谷線）	187
北千住	東京メトロ（千代田線）	190
北千束	東急電鉄	134
北習志野	京成電鉄	177
北習志野	新京成電鉄	283
北初富	京成電鉄	178
北野	京王電鉄	153
喜多見	小田急電鉄	161
北水海道	関東鉄道	240
北真岡	真岡鐵道	247
北山	京成電鉄	255
北山田	横浜市営地下鉄	215
吉祥寺	京王電鉄	156
鬼怒川温泉	東武鉄道	111
鬼怒川公園	東武鉄道	111
木場	東京メトロ	187
希望ヶ丘	相模鉄道	209
君ヶ浜	銚子電気鉄道	281
行田市	秩父鉄道	266
競艇場前	西武鉄道	147
経堂	小田急電鉄	161
行徳	東京メトロ	188
京橋	東京メトロ	182
清澄白河	東京メトロ	192
清澄白河	東京都交通局	202
清瀬	西武鉄道	143
清滝	高尾登山電鉄	295
清原地区民センター前	宇都宮ライトレール	249
桐生	わたらせ渓谷鐵道	253
桐生球場前	上毛電気鉄道	254
銀座	東京メトロ（銀座線）	182
銀座	東京メトロ（丸ノ内線）	184
銀座	東京メトロ（日比谷線）	186
銀座一丁目	東京メトロ	191
錦糸町	東京メトロ	192
く 空港第２ビル	京成電鉄	173
久我原	いすみ鉄道	279
久が原	東急電鉄	135
久我山	京王電鉄	156
久喜	東武鉄道	111
久下田	真岡鐵道	247
鵠沼	江ノ島電鉄	219
鵠沼海岸	小田急電鉄	166
葛生	東武鉄道	113
九段下	東京メトロ（東西線）	187
九段下	東京メトロ（半蔵門線）	192
九段下	東京都交通局	201
国谷	東武鉄道	110
国吉	いすみ鉄道	279
くぬぎ山	新京成電鉄	178
九品仏	東急電鉄	134
熊谷	秩父鉄道	266
熊野前	東京都交通局（荒川線）	204
熊野前	東京都交通局・日暮里・舎人ライナー	206
弘明寺	横浜市営地下鉄	213
弘明寺	京急電鉄	124
久米川	西武鉄道	145
蔵前	東京都交通局（浅草線）	198
蔵前	東京都交通局（大江戸線）	202
グリーンスタジアム前	宇都宮ライトレール	249
栗橋	東武鉄道	109
栗平	小田急電鉄	166
黒川	小田急電鉄	166
黒子	関東鉄道	240
け 京王稲田堤	京王電鉄	154
京王片倉	京王電鉄	155
京王多摩川	京王電鉄	154
京王多摩センター	京王電鉄	154
京王永山	京王電鉄	154
京王八王子	京王電鉄	153

駅名	線名	頁
京王堀之内	京王電鉄	154
京王よみうりランド	京王電鉄	154
京急大津	京急電鉄	125
京急蒲田	京急電鉄	122
京急川崎	京急電鉄	123
京急久里浜	京急電鉄	125
京急新子安	京急電鉄	123
京急田浦	京急電鉄	124
京急鶴見	京急電鉄	123
京急富岡	京急電鉄	124
京急長沢	京急電鉄	125
京急東神奈川	京急電鉄	123
京成稲毛	京成電鉄	174
京成上野	京成電鉄	170
京成臼井	京成電鉄	172
京成大久保	京成電鉄	172
京成大和田	京成電鉄	172
京成金町	京成電鉄	173
京成小岩	京成電鉄	170
京成佐倉	京成電鉄	172
京成酒々井	京成電鉄	172
京成関屋	京成電鉄	170
京成高砂	京成電鉄	173
京成立石	京成電鉄	173
京成千葉	京成電鉄	174
京成津田沼	京成電鉄（松戸線）	177
京成津田沼	京成電鉄（千葉線）	172
京成中山	京成電鉄	171
京成成田	京成電鉄	173
京成西船	京成電鉄	171
京成曳舟	京成電鉄	173
京成船橋	京成電鉄	171
京成幕張	京成電鉄	174
京成幕張本郷	京成電鉄	174
京成八幡	京成電鉄	171
月江寺	富士山麓電気鉄道	225
検見川	京成電鉄	174
研究学園	首都圏新都市鉄道	293
県庁前	千葉都市モノレール	273
県立大学	京急電鉄	125
こ 五井	小湊鉄道	277
恋ヶ窪	西武鉄道	146
小泉町	東武鉄道	113
公園	山万	275
公園	山万	275
公園上	箱根登山鉄道	221
公園下	箱根登山鉄道	221
工機前	ひたちなか海浜鉄道	235
航空公園	西武鉄道	145
高座渋谷	小田急電鉄	165
剛志	東武鉄道	112
麹町	東京メトロ	191
糀谷	京急電鉄	126
甲州街道	多摩都市モノレール	291
庚申塚	東京都交通局	205
公津の杜	京成電鉄	172
神戸	わたらせ渓谷鐵道	253
豪徳寺	小田急電鉄	160
港南中央	横浜市営地下鉄	213
国府台	京成電鉄	170
光風台	小湊鉄道	277
江北	東京都交通局	206
幸谷	流鉄	264
高野	東京都交通局	206
荒野前	東武鉄道	237
強羅	箱根登山鉄道	221
後楽園	東京メトロ（丸ノ内線）	185
後楽園	東京メトロ（南北線）	193
小金城趾	流鉄	264
黄金町	京急電鉄	124
小絹	関東鉄道	239
国際展示場	東京臨海高速鉄道	294
国分寺	西武鉄道	146
極楽寺	江ノ島電鉄	219
国立競技場	東京都交通局	203
国領	京王電鉄	152
五香	京成電鉄	178
護国寺	東京メトロ	190
小佐越	東武鉄道	111
越谷	東武鉄道	108
腰越	江ノ島電鉄	219
小島新田	京急電鉄	126

駅名	線名	頁
小菅	東武鉄道	108
小平	西武鉄道	145
小竹向原	西武鉄道	143
小竹向原	東京メトロ	190
五反田	東急電鉄	135
五反田	東京都交通局	198
五反野	東武鉄道	108
国会議事堂前	東京メトロ（丸ノ内線）	184
国会議事堂前	東京メトロ（千代田線）	189
小手指	西武鉄道	141
小伝馬町	東京メトロ	186
寿	富士山麓電気鉄道	225
こどもの国	横浜高速鉄道	135
小中	わたらせ渓谷鐵道	253
五百羅漢	伊豆箱根鉄道	227
高麗	西武鉄道	142
狛江	小田急電鉄	161
駒込	東京メトロ	193
駒沢大学	東急電鉄	132
駒場東大前	京王電鉄	155
小室	千葉ニュータウン鉄道	282
子安	京急電鉄	123
小谷松	いすみ鉄道	279
昌政	西武鉄道	147
小涌谷	箱根登山鉄道	221
今羽	埼玉新都市交通	261
さ 境町	東武鉄道	112
栄町	千葉都市モノレール	273
栄町	東京都交通局	205
逆井	東武鉄道	115
坂戸	東武鉄道	117
相模大塚	相模鉄道	210
相模大野	小田急電鉄	162
相模大野	伊豆箱根鉄道	227
さがみ野	相模鉄道	210
鷺沼	東急電鉄	133
鷺ノ宮	西武鉄道	144
作草部	千葉都市モノレール	273
桜街道	多摩都市モノレール	291
桜ヶ丘	小田急電鉄	165
桜木	千葉都市モノレール	273
桜木町	横浜市営地下鉄	214
桜沢	秩父鉄道	267
桜上水	京王電鉄	151
桜新町	東急電鉄	132
桜台	西武鉄道	140
桜田門	東京メトロ	191
笹塚	京王電鉄	151
笹原田	真岡鐵道	247
幸浦	横浜シーサイドライン	217
五月台	小田急電鉄	166
幸手	東武鉄道	109
里見	小湊鉄道	277
佐貫	関東鉄道	240
佐野	東武鉄道	113
佐野市	東武鉄道	113
佐野のわたし	上信電鉄	257
座間	小田急電鉄	163
鮫洲	京急電鉄	122
狭山ヶ丘	西武鉄道	141
狭山市	西武鉄道	145
産業振興センター	横浜シーサイドライン	217
参宮橋	小田急電鉄	160
三軒茶屋	東急電鉄	132
三軒茶屋	東急電鉄	136
三枚橋	東武鉄道	114
し 椎名町	西武鉄道	140
汐入	京急電鉄	124
汐留	ゆりかもめ	289
汐留	東京都交通局	203
志木	東武鉄道	117
志久	埼玉新都市交通	261
市場	ゆりかもめ	289
静和	東武鉄道	109
市大医学部	横浜シーサイドライン	217
七里ヶ浜	江ノ島電鉄	219
志津	京成電鉄	172
品川	京急電鉄	122
品川シーサイド	東京臨海高速鉄道	294
西海鹿島	銚子電気鉄道	281
篠崎	東京都交通局	201
篠塚	東武鉄道	113

	駅名	線名	頁
	東雲	東京臨海高速鉄道	294
	芝浦ふ頭	ゆりかもめ	289
	芝公園	東京都交通局	199
	柴崎	京王電鉄	152
	柴崎体育館	多摩都市モノレール	291
	柴又	京成電鉄	173
	芝山千代田	芝山鉄道	275
	渋沢	小田急電鉄	163
	渋谷	東急電鉄	130
	渋谷	東急電鉄	132
	渋谷	京王電鉄	155
	渋谷	東京メトロ（銀座線）	183
	渋谷	東京メトロ（半蔵門線）	192
	渋谷	東京メトロ（副都心線）	194
	清水公園	東武鉄道	115
	志村坂上	東京都交通局	200
	志村三丁目	東京都交通局	200
	志茂	東京メトロ	194
	下赤塚	東武鉄道	116
	下飯田	横浜市営地下鉄	214
	下井草	西武鉄道	144
	下板橋	東武鉄道	116
	下今市	東武鉄道	110
	下落合	西武鉄道	143
	下北沢	京王電鉄	156
	下北沢	小田急電鉄	160
	下小代	東武鉄道	110
	下新田	わたらせ渓谷鐵道	253
	下神明	東急電鉄	134
	下高井戸	東急電鉄	136
	下高井戸	京王電鉄	151
	下館	関東鉄道	240
	下館	真岡鐵道	247
	下館二高前	真岡鐵道	247
	下妻	関東鉄道	240
	下永谷	横浜市営地下鉄	213
	下仁田	上信電鉄	257
	下丸子	東急電鉄	132
	下山口	西武鉄道	143
	下吉田	富士山麓電気鉄道	225
	石神井公園	西武鉄道	140
	市役所前	千葉都市モノレール	273
	自由が丘	東急電鉄	130
	自由が丘	東急電鉄（大井町線）	134
	十国峠山頂	十国峠	231
	十国峠山麓	十国峠	231
	修善寺	伊豆箱根鉄道	228
	松陰神社前	東急電鉄	136
	城ヶ崎海岸	伊豆急行	223
	上州一ノ宮	上信電鉄	257
	上州富岡	上信電鉄	257
	上州七日市	上信電鉄	257
	上州新屋	上信電鉄	257
	上州福島	上信電鉄	257
	城東	上毛電気鉄道	254
	沼南	埼玉新都市交通	261
	湘南江の島	湘南モノレール	230
	湘南海岸公園	江ノ島電鉄	219
	湘南台	横浜市営地下鉄	214
	湘南台	相模鉄道	210
	湘南台	小田急電鉄	165
	湘南深沢	湘南モノレール	230
	湘南町屋	湘南モノレール	230
	正丸	西武鉄道	142
	昭和島	東京モノレール	287
	女子大	山万	275
	白糸台	西武鉄道	147
	白井	北総鉄道	271
	治良門橋	東武鉄道	114
	白金台	東京メトロ	193
	白金台	東京都交通局	199
	白金高輪	東京メトロ	193
	白金高輪	東京都交通局	199
	白久	秩父鉄道	267
	城見ヶ丘	いすみ鉄道	279
	新伊勢崎	東武鉄道	112
	新板橋	東京都交通局	200
	新江古田	東京都交通局	203
	新大津	京急電鉄	125
	新大塚	東京メトロ	185
	新大平下	東武鉄道	109
	新御徒町	首都圏新都市鉄道	292

	駅名	線名	頁
	新御徒町	東京都交通局	202
	新御茶ノ水	東京メトロ	189
	新河岸	東武鉄道	117
	新柏	東武鉄道	115
	新鹿沼	東武鉄道	110
	新鎌ヶ谷	京成電鉄	178
	新鎌ヶ谷	北総鉄道	271
	新鎌ヶ谷	東武鉄道	108
	新木場	東京臨海高速鉄道	294
	新木場	東京メトロ	191
	新桐生	東武鉄道	114
	新郷	秩父鉄道	266
	新高円寺	東京メトロ	183
	新庚申塚	東京都交通局	205
	新古河	東武鉄道	109
	新小金井	西武鉄道	147
	新越谷	東武鉄道	108
	新桜台	西武鉄道	143
	新狭山	西武鉄道	145
	新柴又	北総鉄道	271
	新宿	京王電鉄	151
	新宿	小田急電鉄	160
	新宿	東京メトロ	184
	新宿	東京都交通局（新宿線）	200
	新宿	東京都交通局（大江戸線）	203
	新宿御苑前	東京メトロ	184
	新宿三丁目	東京メトロ（丸ノ内線）	184
	新宿三丁目	東京メトロ（副都心線）	194
	新宿三丁目	東京都交通局	200
	新宿西口	東京都交通局	201
	新杉田	横浜シーサイドライン	217
	新整備場	東京モノレール	287
	神泉	京王電鉄	155
	新線新宿	京王電鉄	151
	心臓血管センター	上毛電気鉄道	255
	新代田	京王電鉄	156
	新高島	横浜高速鉄道	229
	新高島平	東京都交通局	200
	新高徳	東武鉄道	111
	新千葉	京成電鉄	174
	新津田沼	京成電鉄	177
	新綱島	東急電鉄	136
	新田	東武鉄道	108
	新所沢	西武鉄道	145
	新栃木	東武鉄道	110
	新富町	東京メトロ	191
	新豊洲	ゆりかもめ	289
	新取手	関東鉄道	239
	新中野	東京メトロ	183
	新橋	ゆりかもめ	289
	新橋	東京メトロ	182
	新橋	東京都交通局	198
	新馬場	京急電鉄	122
	新藤原	野岩鉄道	245
	新藤原	東武鉄道	111
	新船橋	東武鉄道	116
	神保町	東京メトロ	192
	神保町	東京都交通局（三田線）	199
	神保町	東京都交通局（新宿線）	201
	新鉾田	鹿島臨海鉄道	237
	新松田	小田急電鉄	163
	新丸子	東急電鉄（東横線）	130
	新丸子	東急電鉄（目黒線）	132
	新三河島	京成電鉄	170
	神武寺	京急電鉄	126
	神守	関東鉄道	239
	新百合ヶ丘	小田急電鉄	162
	新横浜	横浜市営地下鉄	214
	新横浜	東急電鉄	136
	新横浜	相模鉄道	210
	森林公園	東武鉄道	117
す	水天宮前	東京メトロ	192
	水道橋	東京都交通局	199
	末広町	東京メトロ	182
	菅野	京成電鉄	171
	巣鴨	東京都交通局	200
	巣鴨新田	東京都交通局	205
	杉戸高野台	東武鉄道	109
	逗子・葉山	京急電鉄	126
	すずかけ台	東急電鉄	134
	鈴木町	京急電鉄	126

	駅名	線名	頁
	砂川七番	多摩都市モノレール	291
	スポーツセンター	千葉都市モノレール	273
	住吉	東京メトロ	192
	住吉	東京都交通局	201
せ	成城学園前	小田急電鉄	161
	聖蹟桜ヶ丘	京王電鉄	153
	整備場	東京モノレール	287
	西武園	西武鉄道	147
	西武園ゆうえんち	西武鉄道	147
	西武球場前	西武鉄道	143
	西武新宿	西武鉄道	143
	西武立川	西武鉄道	146
	西武秩父	西武鉄道	143
	西武柳沢	西武鉄道	145
	清陵高校前	宇都宮ライトレール	249
	世田谷	東急電鉄	136
	世田谷代田	小田急電鉄	160
	瀬谷	相模鉄道	209
	世良田	東武鉄道	112
	膳	上毛電気鉄道	255
	泉岳寺	京急電鉄	122
	泉岳寺	東京都交通局	198
	千川	東京メトロ	190
	仙川	京王電鉄	151
	善行	小田急電鉄	165
	せんげん台	東武鉄道	108
	千石	東京都交通局	200
	千住大橋	京成電鉄	170
	洗足	東急電鉄	131
	洗足池	東急電鉄	135
	センター北	横浜市営地下鉄	215
	センター南	横浜市営地下鉄	215
	千平	上信電鉄	257
	千駄木	東京メトロ	189
そ	草加	東武鉄道	108
	宗吾参道	京成電鉄	172
	雑司が谷	東京メトロ	194
	雑色	京急電鉄	122
	宗道	関東鉄道	240
	相武台前	小田急電鉄	162
	沢入	わたらせ渓谷鐵道	253
	ソシオ流通センター	秩父鉄道	266
	祖師ヶ谷大蔵	小田急電鉄	161
た	代官山	東急電鉄	130
	大師橋	京急電鉄	122
	大師前	東武鉄道	109
	大神宮下	京成電鉄	171
	代田橋	京王電鉄	151
	大場	伊豆箱根鉄道	228
	台場	ゆりかもめ	289
	大宝	関東鉄道	240
	大門	東京都交通局（浅草線）	198
	大門	東京都交通局（大江戸線）	203
	大谷向	東武鉄道	111
	大雄山	伊豆箱根鉄道	227
	大洋	鹿島臨海鉄道	237
	高井戸	京王電鉄	156
	高尾	京王電鉄	155
	高尾山	高尾登山電鉄	295
	高尾山口	京王電鉄	155
	高坂	東武鉄道	117
	高崎	上信電鉄	256
	高崎商科大学前	上信電鉄	257
	高島平	東京都交通局	200
	高島町	横浜市営地下鉄	214
	高田	横浜市営地下鉄	215
	高田の鉄橋	ひたちなか海浜鉄道	235
	高田馬場	西武鉄道	143
	高田馬場	東京メトロ	187
	高津	東急電鉄	133
	高輪台	東京都交通局	198
	高根木戸	京成電鉄	177
	高根公団	京成電鉄	177
	鷹の台	西武鉄道	146
	高幡不動	多摩都市モノレール	291
	高幡不動	京王電鉄	153
	高松	多摩都市モノレール	291
	高柳	東武鉄道	115
	宝町	東京都交通局	198
	滝野川一丁目	東京都交通局	205

	駅名	線名	頁
	滝不動	京成電鉄	177
	滝本	御岳登山鉄道	295
	田京	伊豆箱根鉄道	228
	武川	秩父鉄道	266
	武里	東武鉄道	108
	竹芝	ゆりかもめ	289
	竹ノ塚	東武鉄道	108
	竹橋	東京メトロ	187
	田島	東武鉄道	113
	多田	東武鉄道	113
	多田羅	真岡鐵道	247
	多々良	東武鉄道	112
	立会川	京急電鉄	122
	立川北	多摩都市モノレール	291
	立川南	多摩都市モノレール	291
	立飛	多摩都市モノレール	291
	辰巳	東京メトロ	191
	立場	横浜市営地下鉄	213
	館林	東武鉄道	112
	田奈	東急電鉄	133
	田無	西武鉄道	145
	田沼	東武鉄道	113
	田野倉	富士山麓電気鉄道	225
	多磨	西武鉄道	147
	多摩川	東急電鉄	130
	多摩川	東急電鉄	132
	多摩川	東急電鉄	132
	玉川学園前	小田急電鉄	162
	玉川上水	多摩都市モノレール	291
	玉川上水	西武鉄道	146
	多摩湖	西武鉄道	147
	多摩境	京王電鉄	154
	多摩センター	多摩都市モノレール	291
	多摩動物公園	多摩都市モノレール	291
	多摩動物公園	京王電鉄	155
	たまプラーザ	東急電鉄	133
	玉村	関東鉄道	240
	玉淀	東武鉄道	118
	多磨霊園	京王電鉄	153
	溜池山王	東京メトロ（銀座線）	183
	溜池山王	東京メトロ（南北線）	193
	田原町	東京メトロ	182
	反町	東急電鉄	131
ち	地下鉄赤塚	東京メトロ	190
	地下鉄成増	東京メトロ	190
	地区センター	山万	275
	千城台北	千葉都市モノレール	273
	千城台	千葉都市モノレール	273
	秩父	秩父鉄道	267
	千歳烏山	京王電鉄	151
	千歳船橋	小田急電鉄	161
	千鳥町	東急電鉄	135
	千葉	千葉都市モノレール	273
	千葉公園	千葉都市モノレール	273
	千葉中央	京成電鉄	174
	千葉寺	千葉都市モノレール	274
	千葉ニュータウン中央	千葉ニュータウン鉄道	282
	千葉みなと	千葉都市モノレール	273
	ちはら台	京成電鉄	174
	中央前橋	上毛電気鉄道	254
	中央林間	東急電鉄	134
	中央林間	小田急電鉄	164
	中学校	山万	275
	中央大学・明星大学	多摩都市モノレール	291
	長後	小田急電鉄	165
	彫刻の森	箱根登山鉄道	221
	銚子	銚子電気鉄道	281
	長者ヶ浜潮騒はまなす公園	鹿島臨海鉄道	237
	調布	京王電鉄	152
つ	通洞	わたらせ渓谷鐵道	253
	都賀	千葉都市モノレール	273
	塚田	東武鉄道	116
	塚原	伊豆箱根鉄道	227
	月崎	小湊鉄道	277
	築地	東京メトロ	186
	築地市場	東京都交通局	202
	月島	東京メトロ	191
	月島	東京都交通局	202
	つきのわ	東武鉄道	118
	つきみ野	東急電鉄	134
	津久井浜	京急電鉄	125
	つくし野	東急電鉄	133

駅 名	線 名	頁
つくば	首都圏新都市鉄道	293
筑波山頂	筑波観光鉄道	241
都築ふれあいの丘	横浜市営地下鉄	215
つつじヶ丘	京王電鉄	152
綱島	東急電鉄	131
常澄	鹿島臨海鉄道	237
鶴ヶ島	東武鉄道	117
鶴ヶ峰	相模鉄道	209
鶴川	小田急電鉄	162
都留市	富士山麓電気鉄道	225
鶴瀬	東武鉄道	117
都留文科大学前	富士山麓電気鉄道	225
鶴間	小田急電鉄	165
鶴巻温泉	小田急電鉄	163
鶴見市場	京急電鉄	123
て 鉄道博物館(大成)	埼玉新都市交通	261
寺内	真岡鐵道	247
寺原	関東鉄道	239
テレコムセンター	ゆりかもめ	289
田園調布	東急電鉄(東横線)	130
田園調布	東急電鉄(目黒線)	132
天空橋	東京モノレール	287
天空橋	京急電鉄	126
天台	千葉都市モノレール	273
天王宿	上毛電気鉄道	255
天王洲アイル	東京モノレール	287
天王洲アイル	東京臨海高速鉄道	294
天王町	相模鉄道	209
天矢場	真岡鐵道	247
と 東海大学前	小田急電鉄	163
東京	東京メトロ	184
東京国際クルーズターミナル	ゆりかもめ	289
とうきょうスカイツリー	東武鉄道	107
東京ディズニーシー・ステーション	舞浜リゾートライン	274
東京ディズニーランド・ステーション	舞浜リゾートライン	274
東京テレポート	東京臨海高速鉄道	294
東京ビッグサイト	ゆりかもめ	289
東大前	東京メトロ	193
塔ノ沢	箱根登山鉄道	221
東武和泉	東武鉄道	112
東武金崎	東武鉄道	110
東武竹沢	東武鉄道	118
動物公園	千葉都市モノレール	273
東武動物公園	東武鉄道	109
東武日光	東武鉄道	110
東武練馬	東武鉄道	116
東武ワールドスクウェア	東武鉄道	111
東葉勝田台	東葉高速鉄道	283
東陽町	東京メトロ	188
十日市場	富士山麓電気鉄道	225
戸頭	関東鉄道	239
外川	銚子電気鉄道	281
ときわ台	東武鉄道	116
常盤平	京成電鉄	178
徳宿	鹿島臨海鉄道	237
戸越	東京都交通局	198
戸越銀座	東急電鉄	135
戸越公園	東急電鉄	134
所沢	西武鉄道(池袋線)	141
所沢	西武鉄道(新宿線)	145
豊島園	西武鉄道	143
豊島園	東京都交通局	203
栃木	東武鉄道	109
都庁前	東京都交通局	203
戸塚	横浜市営地下鉄	213
戸塚安行	埼玉高速鉄道	263
獨協大学前	東武鉄道	108
都電雑司ヶ谷	東京都交通局	205
等々力	東急電鉄	134
舎人	東京都交通局	206
舎人公園	東京都交通局	206
殿山	ひたちなか海浜鉄道	235
騰波ノ江	関東鉄道	240
飛田給	京王電鉄	152
飛山城跡	宇都宮ライトレール	249
戸部	京急電鉄	123
冨水	小田急電鉄	164
豊四季	東武鉄道	115
豊洲	ゆりかもめ	289
豊洲	東京メトロ	191
豊春	東武鉄道	114
虎ノ門	東京メトロ	182
虎ノ門ヒルズ	東京メトロ	185
都立家政	西武鉄道	144
都立大学	東急電鉄	130
取手	関東鉄道	239
鳥浜	横浜シーサイドライン	217
な 中井	西武鉄道	144
中井	東京都交通局	203
中板橋	東武鉄道	116
仲御徒町	東京メトロ	186
中川	横浜市営地下鉄	215
中河原	京王電鉄	152
中強羅	箱根登山鉄道	221
中田	横浜市営地下鉄	213
永田	秩父鉄道	266
永田町	東京メトロ(有楽町線)	191
永田町	東京メトロ(半蔵門線)	192
永田町	東京メトロ(南北線)	193
長津田	東急電鉄	133
長津田	横浜高速鉄道	135
中妻	関東鉄道	240
長瀞	秩父鉄道	267
長沼	京王電鉄	153
中根	ひたちなか海浜鉄道	235
中野	わたらせ渓谷鐵道	253
中野	東京メトロ	187
中野坂上	東京メトロ	183
中野坂上	東京都交通局	203
中野新橋	東京メトロ	185
中野富士見町	東京メトロ	185
長原	東急電鉄	135
仲町台	横浜市営地下鉄	214
中延	東急電鉄	134
中延	東京都交通局	198
那珂湊	ひたちなか海浜鉄道	235
中三依温泉	野岩鉄道	245
中村橋	西武鉄道	140
中目黒	東急電鉄	130
中目黒	東京メトロ	187
中山	横浜市営地下鉄	215
流山	流鉄	264
流山おおたかの森	首都圏新都市鉄道	293
流山おおたかの森	東武鉄道	115
流山セントラルパーク	首都圏新都市鉄道	293
七井	真岡鐵道	247
七光台	東武鉄道	114
七里	東武鉄道	114
生麦	京急電鉄	123
並木北	横浜シーサイドライン	217
並木中央	横浜シーサイドライン	217
習志野	京成電鉄	177
成田空港	京成電鉄	173
成田湯川	京成電鉄	173
成増	東武鉄道	116
成島	東武鉄道	113
南蛇井	上信電鉄	257
南部市場	横浜シーサイドライン	217
に 新里	上毛電気鉄道	255
西吾野	西武鉄道	142
西新井	東武鉄道	108
西新井大師西	東京都交通局	206
西永福	京王電鉄	156
西大島	東京都交通局	201
西大原	いすみ鉄道	279
西大家	東武鉄道	118
西葛西	東京メトロ	188
西ケ原	東京メトロ	194
西ヶ原四丁目	東京都交通局	205
西鎌倉	湘南モノレール	230
西川田	東武鉄道	111
西桐生	上毛電気鉄道	255
西小泉	東武鉄道	113
西山	東急電鉄	131
西白井	北総鉄道	271
西新宿	東京メトロ	183
西新宿五丁目	東京都交通局	203
西巣鴨	東京都交通局	200
西里	真岡鐵道	247
西台	東京都交通局	200
西太子堂	東急電鉄	136
西高島平	東京都交通局	200
西調布	京王電鉄	152
西所沢	西武鉄道	141
西富岡	上信電鉄	257
西取手	関東鉄道	239
西日暮里	東京メトロ	189
西日暮里	東京都交通局	206
西登戸	京成電鉄	174
西畑	いすみ鉄道	279
西羽生	秩父鉄道	266
西船橋	東葉高速鉄道	283
西船橋	東京メトロ	188
西馬込	東京都交通局	198
西谷	相模鉄道	209
西山名	上信電鉄	257
二重橋前	東京メトロ	189
西横浜	相模鉄道	209
西吉井	上信電鉄	257
西早稲田	東京メトロ	194
新川	上毛電気鉄道	255
新田野	いすみ鉄道	279
新羽	横浜市営地下鉄	214
日暮里	京成電鉄	170
日暮里	東京都交通局	206
日本大通り	横浜高速鉄道	229
日本橋	東京メトロ	182
日本橋	東京メトロ	187
日本橋	東京都交通局	198
韮川	東武鉄道	112
韮山	伊豆箱根鉄道	228
楡木	東武鉄道	110
人形町	東京メトロ	186
人形町	東京都交通局	198
ぬ 沼袋	西武鉄道	144
沼部	東急電鉄	132
ね 根小屋	上信電鉄	257
根津	東京メトロ	189
練馬	西武鉄道	140
練馬	東京都交通局	203
練馬春日町	東京都交通局	204
練馬高野台	西武鉄道	140
の 能見台	京急電鉄	124
野方	西武鉄道	144
野上	秩父鉄道	267
乃木坂	東京メトロ	189
野島公園	横浜シーサイドライン	217
野田市	東武鉄道	115
登戸	小田急電鉄	161
は 拝島	西武鉄道	146
芳賀・高根沢工業団地	宇都宮ライトレール	249
芳賀台	宇都宮ライトレール	249
芳賀町工業団地管理センター前	宇都宮ライトレール	249
萩山	西武鉄道	146
白山	東京都交通局	199
白楽	東急電鉄	131
波久礼	秩父鉄道	267
馬喰横山	東京都交通局	201
箱根板橋	箱根登山鉄道	221
箱根湯本	箱根登山鉄道	221
飯山満	東葉高速鉄道	283
狭間	京王電鉄	155
羽沢横浜国大	相模鉄道	210
橋本	京王電鉄	154
馬車道	横浜高速鉄道	229
蓮沼	東急電鉄	136
蓮根	東京都交通局	200
長谷	江ノ島電鉄	227
幡ヶ谷	京王電鉄	151
秦野	小田急電鉄	163
旗の台	東急電鉄(池上線)	135
旗の台	東急電鉄(大井町線)	134
鉢形	秩父鉄道	267
八幡山	京王電鉄	151
初石	東武鉄道	115
八景島	横浜シーサイドライン	217
初台	京王電鉄	151
八丁畷	京急電鉄	123
八丁堀	東京メトロ	186
初富	京成電鉄	178
鳩ヶ谷	埼玉高速鉄道	263
花小金井	西武鉄道	145
花崎	東武鉄道	111
花輪	わたらせ渓谷鐵道	253
羽生	秩父鉄道	266
羽生	東武鉄道	112
羽貫	埼玉新都市交通	261
羽田空港第1・第2ターミナル	京急電鉄	126
羽田空港第1ターミナル	東京モノレール	287
羽田空港第3ターミナル	東京モノレール	287
羽田空港第3ターミナル	京成電鉄	126
羽田空港第2ターミナル	東京モノレール	287
浜田山	京王電鉄	156
浜町	東京都交通局	201
原市	埼玉新都市交通	261
原木	伊豆箱根鉄道	228
原木中山	東京メトロ	188
原向	わたらせ渓谷鐵道	253
はるひ野	小田急電鉄	166
半蔵門	東京メトロ	192
阪東橋	横浜市営地下鉄	213
飯能	西武鉄道	142
万博記念公園	首都圏新都市鉄道	293
ひ 東飯能	西武鉄道	142
東あずま	東武鉄道	109
東池袋	東京メトロ	190
東池袋四丁目	東京都交通局	205
東岩槻	東武鉄道	114
東大島	東京都交通局	201
東尾久三丁目	東京都交通局	204
東海神	東葉高速鉄道	283
東桂	富士山麓電気鉄道	225
東川口	埼玉高速鉄道	263
東北沢	小田急電鉄	160
東行田	秩父鉄道	266
東銀座	東京メトロ	186
東銀座	東京都交通局	198
東久留米	西武鉄道	141
東小泉	東武鉄道	113
東高円寺	東京メトロ	183
東宿郷	宇都宮ライトレール	248
東新宿	東京メトロ	194
東新宿	東京都交通局	202
東富岡	上信電鉄	257
東長崎	西武鉄道	140
東中野	東京都交通局	203
東中山	京成電鉄	171
東成田	京成電鉄	173
東新川	上毛電気鉄道	255
東日本橋	東京都交通局	198
東白楽	東急電鉄	131
東伏見	西武鉄道	144
東府中	京王電鉄	152
東松戸	北総鉄道	271
東松原	京王電鉄	156
東松山	東武鉄道	117
東水戸	鹿島臨海鉄道	237
東宮原	埼玉新都市交通	261
東向島	東武鉄道	107
東村山	西武鉄道	145
東毛呂	東武鉄道	118
東門前	京急電鉄	126
東山田	横浜市営地下鉄	215
東大和市	西武鉄道	146
東林間	小田急電鉄	164
光が丘	東京都交通局	204
氷川台	東京メトロ	190
曳舟	東武鉄道	107
ひぐち	真岡鐵道	247
樋口	秩父鉄道	267
樋越	上毛電気鉄道	255
一橋学園	西武鉄道	146
涸沼	鹿島臨海鉄道	237
日の出	ゆりかもめ	289
日ノ出町	京急電鉄	123
ひばりヶ丘	西武鉄道	141
日比谷	東京メトロ(日比谷線)	186
日比谷	東京メトロ(千代田線)	189
日比谷	東京都交通局	199
姫宮	東武鉄道	109
屏風浦	京急電鉄	124
日吉	横浜市営地下鉄	215
日吉	東急電鉄(東横線)	131
日吉	東急電鉄(目黒線)	132
日吉	東急電鉄(新横浜線)	136

駅名	線名	頁
日吉本町	横浜市営地下鉄	215
平石	宇都宮ライトレール	249
平石中央小学校前	宇都宮ライトレール	249
平磯	ひたちなか海浜鉄道	235
平沼橋	相模鉄道	209
平山城址公園	京王電鉄	153
鰭ヶ崎	流鉄	264
広尾	東京メトロ	185
ひろせ野鳥の森	秩父鉄道	266
ふ ふかや花園	秩父鉄道	266
福居	東武鉄道	112
福浦	横浜シーサイドライン	217
総元	いすみ鉄道	279
仏子	西武鉄道	142
藤岡	東武鉄道	109
藤が丘	東急電鉄	133
富士急ハイランド	富士山麓電気鉄道	225
藤沢	江ノ島電鉄	219
藤沢	小田急電鉄	165
藤沢本町	小田急電鉄	165
富士山	富士山麓電気鉄道	225
藤の牛島	東武鉄道	114
富士フイルム前	伊豆箱根鉄道	227
富士見ヶ丘	京王電鉄	156
富士見台	西武鉄道	140
富士見町	湘南モノレール	230
ふじみ野	東武鉄道	117
富士下	上毛電気鉄道	255
武州荒木	秩父鉄道	266
武州唐沢	東武鉄道	118
武州中川	秩父鉄道	267
武州長瀬	東武鉄道	118
武州日野	秩父鉄道	267
布田	京王電鉄	152
二子新地	東急電鉄	133
二子玉川	東急電鉄（大井町線）	135
二子玉川	東急電鉄（田園都市線）	133
二俣川	相模鉄道	209
二和向台	京成電鉄	177
府中	京王電鉄	152
府中競馬正門前	京王電鉄	155
富戸	伊豆急行	223
不動前	東急電鉄	131
船橋	東武鉄道	116
船橋競馬場	京成電鉄	171
船橋日大前	東葉高速鉄道	283
船堀	東京都交通局	201
分倍河原	京王電鉄	152
へ ベイサイド・ステーション	舞浜リゾートライン	274
平和島	京急電鉄	122
平和台	流鉄	264
平和台	東京メトロ	190
逸見	京急電鉄	124
ほ 方南町	東京メトロ	185
保谷	西武鉄道	141
星川	相模鉄道	209
細田	東武鉄道	112
螢田	小田急電鉄	164
程久保	多摩都市モノレール	291
堀切	東武鉄道	107
堀切菖蒲園	京成電鉄	170
堀米	東武鉄道	113
堀ノ内	京急電鉄	125
本厚木	小田急電鉄	163
本川越	西武鉄道	145
本鵠沼	小田急電鉄	165
本郷三丁目	東京メトロ	184
本郷三丁目	東京都交通局	202
本駒込	東京メトロ	193
本所吾妻橋	東京都交通局	199
本中野	東武鉄道	113
ま 舞岡	横浜市営地下鉄	213
蒔田	横浜市営地下鉄	213
前原	京成電鉄	177
牧之郷	伊豆箱根鉄道	228
馬込	東京都交通局	198
馬込沢	東武鉄道	116
益子	真岡鐵道	247
増尾	東武鉄道	115
町田	小田急電鉄	162
町屋	京成電鉄	170
町屋	東京メトロ	189
町屋駅前	東京都交通局	204
町屋二丁目	東京都交通局	204
松が谷	多摩都市モノレール	291
松戸	京成電鉄	178
松戸新田	京成電鉄	178
松原	東急電鉄	136
松飛台	北総鉄道	271
間藤	わたらせ渓谷鐵道	253
馬庭	上信電鉄	257
馬橋	流鉄	264
馬堀海岸	京急電鉄	125
丸山	埼玉新都市交通	261
丸山下	上毛電気鉄道	255
万願寺	多摩都市モノレール	291
み 三浦海岸	京急電鉄	125
三咲	京成電鉄	177
三崎口	京急電鉄	125
三郷中央	首都圏新都市鉄道	293
三島	伊豆箱根鉄道	228
三島田町	伊豆箱根鉄道	228
三島広小路	伊豆箱根鉄道	228
三島二日市	伊豆箱根鉄道	228
瑞江	東京都交通局	201
水沼	わたらせ渓谷鐵道	253
みずほ台	東武鉄道	117
溝の口	東急電鉄	135
溝口	東急電鉄	133
三田	東京都交通局（浅草線）	198
三田	東京都交通局（三田線）	199
三鷹台	京王電鉄	156
御嶽	御岳登山鉄道	295
三ツ境	相模鉄道	209
三越前	東京メトロ（銀座線）	182
三越前	東京メトロ（半蔵門線）	192
三ツ沢上町	横浜市営地下鉄	214
三ツ沢下町	横浜市営地下鉄	214
三つ峠	富士山麓電気鉄道	225
三妻	関東鉄道	240
三俣	上毛電気鉄道	254
三峰口	秩父鉄道	267
みつわ台	千葉都市モノレール	273
水戸	鹿島臨海鉄道	237
緑が丘	東急電鉄	134
みどり台	京成電鉄	174
緑町	伊豆箱根鉄道	227
みどりの	首都圏新都市鉄道	293
港町	京急電鉄	126
みなとみらい	横浜高速鉄道	229
皆野	秩父鉄道	267
南阿佐ケ谷	東京メトロ	183
南石下	関東鉄道	240
南伊奈	伊豆急行	223
南宇都宮	東武鉄道	111
南大沢	京王電鉄	154
南太田	京急電鉄	124
南大塚	西武鉄道	145
南行徳	東京メトロ	188
南栗橋	東武鉄道	109
南桜井	東武鉄道	114
南新宿	小田急電鉄	160
南砂町	東京メトロ	188
南千住	首都圏新都市鉄道	293
南千住	東京メトロ	186
南平	京王電鉄	153
南高崎	上信電鉄	257
南流山	首都圏新都市鉄道	293
南鳩ヶ谷	埼玉高速鉄道	263
南羽生	東武鉄道	111
南万騎が原	相模鉄道	210
南町田グランベリーパーク	東急電鉄	134
南守谷	関東鉄道	239
みなみ寄居	東武鉄道	118
南林間	小田急電鉄	164
見沼代親水公園	東京都交通局	206
峰	宇都宮ライトレール	249
美乃浜学園	ひたちなか海浜鉄道	235
みのり台	京成電鉄	178
三ノ輪	東京メトロ	186
三ノ輪橋	東京都交通局	204
壬生	東武鉄道	110
実籾	京成電鉄	172
宮崎台	東急電鉄	133
宮の坂	東急電鉄	136
宮ノ下	箱根登山鉄道	221
宮ノ前	東京都交通局	204
宮前平	東急電鉄	133
宮脇	筑波観光鉄道	241
茗荷谷	東京メトロ	185
明神	東武鉄道	110
妙典	東京メトロ	188
妙蓮寺	東急電鉄	131
みらい平	首都圏新都市鉄道	293
む 向ヶ丘遊園	小田急電鉄	161
向原	東京都交通局	205
武蔵小杉	東急電鉄（東横線）	131
武蔵小杉	東急電鉄（目黒線）	132
武蔵小山	東急電鉄	131
武蔵境	西武鉄道	147
武蔵砂川	西武鉄道	146
武蔵関	西武鉄道	144
武蔵新田	東急電鉄	132
武蔵野台	京王電鉄	152
武蔵藤沢	西武鉄道	141
武蔵大和	西武鉄道	147
武蔵横手	西武鉄道	142
武蔵嵐山	東武鉄道	118
六会日大前	小田急電鉄	165
六浦	京急電鉄	125
六実	東武鉄道	115
村上	東葉高速鉄道	283
め 明治神宮前	東京メトロ（千代田線）	188
明治神宮前	東京メトロ（副都心線）	194
明大前	京王電鉄	151
目黒	東急電鉄	131
目黒	東京メトロ	193
目黒	東京都交通局	199
めじろ台	京王電鉄	155
目白山下	湘南モノレール	230
も 真岡	真岡鐵道	247
百草園	京王電鉄	153
持田	秩父鉄道	266
茂木	真岡鐵道	247
元加治	西武鉄道	142
本宿	わたらせ渓谷鐵道	253
元住吉	東急電鉄（東横線）	131
元住吉	東急電鉄（目黒線）	132
本銚子	銚子電気鉄道	281
本蓮沼	東京都交通局	200
元町・中華街	横浜高速鉄道	229
元山	京成電鉄	178
元八幡	東京都交通局	201
モノレール浜松町	東京モノレール	287
樅山	東武鉄道	110
森下	東京メトロ	201
森下	東京都交通局	202
守谷	関東鉄道	239
守谷	首都圏新都市鉄道	293
茂林寺前	東武鉄道	112
門前仲町	東京メトロ	187
門前仲町	東京都交通局	202
や 八木崎	東武鉄道	114
柳生	東武鉄道	109
矢切	北総鉄道	271
薬園台	京成電鉄	177
矢口渡	東急電鉄	132
谷在家	東京都交通局	206
八坂	西武鉄道	147
八潮	首都圏新都市鉄道	293
野州大塚	東武鉄道	110
野州平川	東武鉄道	110
野州山辺	東武鉄道	112
安塚	東武鉄道	110
八千代台	京成電鉄	172
八千代緑が丘	東葉高速鉄道	283
八千代中央	東葉高速鉄道	283
谷津	京成電鉄	171
谷塚	東武鉄道	108
柳小路	江ノ島電鉄	219
柳瀬川	東武鉄道	117
八柱	京成電鉄	178
八広	京成電鉄	173
藪塚	東武鉄道	114
山下	東急電鉄	136
山田	京王電鉄	155
大和	相模鉄道	209
大和	小田急電鉄	165
山名	上信電鉄	257
谷村町	富士山麓電気鉄道	225
弥生台	相模鉄道	210
ゆ 由比ヶ浜	江ノ島電鉄	219
ゆいの杜中央	宇都宮ライトレール	249
ゆいの杜西	宇都宮ライトレール	249
ゆいの杜東	宇都宮ライトレール	249
ユーカリが丘	山万	275
ユーカリが丘	京成電鉄	172
祐天寺	東急電鉄	130
有楽町	東京メトロ	191
雪が谷大塚	東急電鉄	135
湯島	東京メトロ	189
湯西川温泉	野岩鉄道	245
ゆめが丘	相模鉄道	210
ゆめみ野	関東鉄道	239
百合ヶ丘	小田急電鉄	162
よ 用賀	東急電鉄	132
陽東3丁目	宇都宮ライトレール	249
養老渓谷	小湊鐵道	277
横須賀中央	京急電鉄	124
横瀬	西武鉄道	143
横浜	横浜市営地下鉄	214
横浜	横浜高速鉄道	229
横浜	東急電鉄	131
横浜	相模鉄道	209
横浜	京急電鉄	123
吉井	上信電鉄	257
葭池温泉前	富士山麓電気鉄道	225
葭川公園	千葉都市モノレール	273
吉野町	横浜市営地下鉄	213
吉野原	埼玉新都市交通	261
吉水	東武鉄道	113
四ツ谷	東京メトロ（丸ノ内線）	184
四ツ谷	東京メトロ（南北線）	193
四谷三丁目	東京メトロ	184
読売ランド前	小田急電鉄	162
代々木	東京都交通局	203
代々木上原	小田急電鉄	160
代々木上原	東京メトロ	188
代々木公園	東京メトロ	188
代々木八幡	小田急電鉄	160
寄居	秩父鉄道	267
寄居	東武鉄道	118
り リゾートゲートウェイ・ステーション	舞浜リゾートライン	274
龍王峡	野岩鉄道	245
竜ヶ崎	関東鉄道	240
流通センター	東京モノレール	287
竜舞	東武鉄道	113
両国	東京都交通局	202
緑園都市	相模鉄道	210
れ 蓮台寺	伊豆急行	223
ろ 芦花公園	京王電鉄	151
六郷土手	京急電鉄	122
六町	首都圏新都市鉄道	293
六本木	東京メトロ	185
六本木	東京都交通局	203
六本木一丁目	東京メトロ	193
わ YRP野比	京急電鉄	125
若葉	東武鉄道	117
若葉台	京王電鉄	154
若林	東急電鉄	136
若松河田	東京都交通局	202
和光市	東武鉄道	116
和光市	東京メトロ	190
鷲宮	東武鉄道	111
早稲田	東京メトロ	187
早稲田	東京都交通局	206
和田河原	伊豆箱根鉄道	227
和田塚	江ノ島電鉄	219
和田町	相模鉄道	209
渡瀬	東武鉄道	113
和戸	東武鉄道	111
和銅黒谷	秩父鉄道	267

電車に乗って、次はどの駅へ？

- **執　筆**　結解喜幸（JR線解説、私鉄会社解説）、佐藤正晃（各都県私鉄解説）、芝良二（各データ作成、コラム）
- **写　真**　交通新聞クリエイト、結解学、渡辺直樹、楠居利彦、野田隆、佐藤正晃、音無浩、芝良二、荒川区、京浜急行電鉄株式会社、小田急電鉄株式会社
- **資料提供**　ジェー・アール・アール、山口雅人
- **参考資料**　《書籍》『東京時刻表』（交通新聞社　2024）／『JR時刻表』各号（交通新聞社）／『鉄道要覧』（電気車研究会　2024）／『駅名来歴辞典』石野哲(JTBパブリッシング　2022)／『JR電車編成表2025冬』（ジェー・アール・アール）／『私鉄車両編成表2024』（ジェー・アール・アール）／各『トラベルMOOK』（交通新聞社）／各鉄道会社要覧・ハンドブック
　《ホームページ》国土交通省、国土地理院、鉄道各社公式（含You tube）／各地方自治体／フリー百科事典『ウィキペディア』／『今昔マップon the web』
- **各データ**　人口：各自治体の統計資料（令和6年10月1日現在）／面積：国土地理院「全国都道府県市町村別面積調」（令和6年7月1日時点）／県内総生産・実質経済成長率・一人当たりの県民所得：内閣府「県民経済計算」（令和3年度）／乗降人員：国土交通省国土数値情報駅別乗降客データ（令和4年度）

2025年3月11日発行

定　価　4400円（本体4000円+税）

発行人　伊藤嘉道
編　集　『鉄道ダイヤ情報』編集部

発行所　株式会社交通新聞社
　　　　〒101-0062
　　　　東京都千代田区神田駿河台2-3-11
編　集　☎03(6831)6560
販　売　☎03(6831)6622
コミュニケーションデザイン事業部　☎03(6831)6630

ホームページ　https://www.kotsu.co.jp/

印刷製本　TOPPANクロレ株式会社

©交通新聞社　2025　Printed in Japan
本誌に掲載の写真・記事・図表などの無断転載、複写や電磁媒体等に加工することを禁じます。